北京联合大学志

（2001—2010）

学校篇

主编　徐永利　张　楠

北京大学出版社
PEKING UNIVERSITY PRESS

内容简介

本志为《北京联合大学志(1978—2000)》的续编，系统记述了自2001年至2010年北京联合大学十年奋斗发展的历史。

本志分为两篇：第一篇为“学校篇”，记述学校党政、直属各部门机构的工作，包括对所属各学院的统筹领导，反映全校的办学历程；第二篇为“学院篇”，记述各学院的办学历程。

本志不仅有助于本校的师生员工和社会各界了解北京联合大学的办学历程，而且对教育界、学术界探讨高等教育办学经验与规律也提供了可资借鉴的历史资料。

图书在版编目(CIP)数据

北京联合大学志：2001～2010. 学校篇/徐永利，张楠主编. —北京：北京大学出版社，2014.8

ISBN 978-7-301-24861-4

Ⅰ.①北… Ⅱ.①徐… ②张… Ⅲ. ①北京联合大学－校史－2001～2010 Ⅳ. ①G649.281

中国版本图书馆CIP数据核字(2014)第221376号

书　　名：北京联合大学志(2001—2010)·学校篇

著作责任者：徐永利　张　楠　主编

责 任 编 辑：陈斌惠　王慧馨

标 准 书 号：ISBN 978-7-301-24861-4/G·3890

出 版 发 行：北京大学出版社

地　　址：北京市海淀区成府路205号　100871

网　　址：http://www.pup.cn　新浪官方微博：@北京大学出版社

电 子 信 箱：zyjy@pup.cn

电　　话：邮购部62752015　发行部62750672　编辑部62756923　出版部62754962

印 刷 者：北京中科印刷有限公司

经 销 者：新华书店

787毫米×1092毫米　16开本　36.5印张　891千字

2014年8月第1版　2014年8月第1次印刷

定　　价：200.00元

《北京联合大学志(2001—2010)》编纂委员会名单

《北京联合大学志（2001—2010）》编辑人员名单

主　编

徐永利　张　楠

副主编

周志成　黄海洋　孔繁敏　杜鸿燕　范宝祥　王维国

审　稿

熊家华　李月修　陈朝雁　平爱华

编　辑（按姓氏笔画排序）

王　岩　文　松　闫　夔　杨　影　何小莉　宋　秦　宋丽新
张　宇　张　琳　张远利　张树蕊　柳　鹄

《北京联合大学志（2001—2010）》统稿人名单

（按姓氏笔画排序）

于水波　仇瑞清　王　岩　王　锐　王文左　王作楼　王利荣
王育红　王树国　王爱琴　王梦珠　史文瑞　刘　红　刘　欣
刘　洋　孙俊青　孙晓鲲　成　洁　权　力　牟　强　闫　光
宋　秦　宋丽新　张　波　张　琳　张文阁　张立纯　张宝秀
张逸薇　李　丹　李　芳　李　敬　李　焱　李秀婷　李建忠
李承锋　李英侠　李纪春　李淑芳　李霓虹　杜　鹃　杨洪志
杨晓麟　沈继宗　陈几香　陈恒荣　陈贵喜　陈朝雁　周　运
周月朋　周长鲜　孟佳宁　孟宪东　孟煜康　罗映霞　范　维
荣芳倩　赵　楠　赵国欣　夏　莉　徐　慧　徐建华　贾艳飞
郭肇春　高　燕　梁　燕　董　焱　虞思旦　鲍桂莲　谭　兵
滕长建　薄　芯　薛　鹏　薛玉翠

序 言

2011年学校启动的《北京联合大学志(2001—2010)》编纂工作，是学校文化建设的重大工程。目前，编纂工作经过全体编写人员的辛勤努力，终于告竣，令人欣慰！

学校办学35年多，走过一条联合之路、创新之路、奋进之路！

联合之路主要体现在：1978年，北京市依托北京大学、清华大学等25所高校创建了36所大学分校，其中18所高校创办的24所大学分校成为北京联合大学的前身。1983年，北京市在对大学分校进行统一规划、整合调整的基础上，经教育部批准，于1985年组建了一所北京市属综合性普通高等院校——北京联合大学。自此，学校走上多学科综合性办学之路，管理体制与运行机制也相应地由分散独立走向集中统筹。

创新之路主要体现在：北京联合大学在长期的办学实践中，立足改革创新，积极适应北京市经济社会发展需要，深化教育教学改革，优化办学结构，提高人才培养质量，积淀形成了应用型的人才培养目标、“办学为民，应用为本”的办学理念以及“学以致用”的校训。

奋进之路主要体现在：北京联合大学秉承老大学的优良办学传统，依托首都高等教育资源，艰苦创业，奋力进取，不断改善办学环境条件。现已形成了以本科教育为主，研究生教育、高职教育、继续教育和留学生教育协调发展的完备人才培养体系，形成了全日制在校本科生2万余人，高职高专生近8000人，外国留学生1000多人以及一定数量的硕士研究生的办学规模。建校以来，共为国家培养出18万余名毕业生，90%以上在北京地区就业，成为担当促进北京高等教育普及化重任、市属规模最大的多学科综合性、应用型大学。

校志是记录、展现学校发展历程的重要载体，对“存史、资政、教化、交流”等方面具有重要意义。

我校自1991年开始酝酿、组织校志编纂工作。作为第一本校志，原来是按《北京高等教育志》的要求进行编纂的。在为《北京高等教育志》提供资料后，学校的志书几经修改，编纂下限时间延到2000年。在全校上下的共同努力下，历时15年，400余人参与，2006年7月正式出版《北京联合大学志(1978—2000)》。该志体例依据当时管理体制和办学现状，分为“学校篇”“学院篇”，总计290余万字，保存了大量历史资料，是我校23年办学历程的真实记录。

本次续志跨度10年，编纂框架对前志既有继承，又有调整：主要继承前志的体例，仍分“学校篇”“学院篇”，基本保持原有目录结构。调整部分较大的，首先是“学校篇”按章节编纂，根据形势变化对部分章节进行了补充、调整；其次“学院篇”按现有每个学院编为一章，已撤销的学院合并为一章；最后注意解决“学校篇”与“学院篇”中的交叉重复问题，力争较为系统地反映我校进入新世纪以后10年发展演进的历史轨迹。

这次续志的编纂,借鉴以往及兄弟院校经验,历经试写样稿、撰写初稿、审核定稿各阶段,涉及全校50多个单位,参与者300余人。许多老领导和校友提供了宝贵资料和热情帮助。编纂工作组成员特别是几位退休的老同志倾心投入,查阅了大量资料。他们克服种种困难,牺牲休假探亲的时间,默默耕耘,反复修改,精益求精。在此,我向参与校志编写、修订和统稿的所有同志,表示诚挚谢意!

学校的文化精神需要多方面的长期积累。一所底蕴丰厚、年轻而充满活力、蓄势待发的大学,要编好校志、年鉴,要建好档案馆、校史馆,为学校发展留下宝贵的文化遗产。

在联大人喜迎建国65年华诞之际,我衷心祝愿全校师生员工,以史为鉴、继往开来,为把学校建设成为首都人民满意的高水平、有特色应用型大学,谱写更加辉煌的篇章!

徐永利

2014年6月

凡　例

一、本志为《北京联合大学志(1978—2000)》的续编,时限为2001年至2010年。

二、本志的编纂以辩证唯物主义和历史唯物主义为指导,坚持实事求是的原则,力求达到科学性、思想性和资料性的统一。

三、本志的结构参照《北京联合大学志(1978—2000)》,根据学校当时管理体制及办学情况,设立"学校篇"和"学院篇"。

四、"学校篇"和"学院篇"纪事内容有交叉的部分,属于学校统筹的部分一般不在学院中体现,其他相关部分则有不同侧重的交叉互见。

五、"学校篇"后附大事记,内容涵盖全校各个学院。大事记以编年体为主,辅以纪事本末体。

六、本志采用公元纪年,统计数字通用阿拉伯数字。文中"至今""—今"均指到2010年12月31日。

七、本志资料主要由北京联合大学档案(校史)馆、各相关部门及学院提供,文中均不注明出处。

目　录

总　述

1978 年，北京市依靠北京大学、清华大学、中国人民大学、北京师范大学等 25 所高校创办的 36 所大学分校应运而生。1983 年，大学分校调整为 18 所，1985 年，经教育部批准，在 15 所大学分校基础上组建北京联合大学，一所面向首都的多学科综合性大学从此开始了新的征程。迈入 21 世纪后，高等教育事业进入以质量为核心、以特色求发展的内涵式发展阶段，在执着探索高水平应用型大学的办学之路上，北京联合大学面临着难得的历史机遇和严峻的现实挑战。

2001 年以来的十年，学校在认真总结 30 多年办学经验的基础上，以“发展应用性教育、培养应用性人才、建设应用型大学”为宗旨，秉承“办学为民，应用为本”的办学理念，坚持“面向大众，服务首都；应用为本，争创一流”的办学定位，不断探索办学模式和办学体制的创新，在理顺管理体制、整合办学资源和提升办学水平等方面不懈努力。经过 10 年的发展，形成了以小营校区为中心，集中与分散相结合的办学布局；形成了以本科教育为主，研究生教育、高职教育、继续教育和留学生教育协调发展的完备人才培养体系。学校的人才培养质量、综合实力、社会声誉和服务能力显著提升，为未来发展打下了坚实基础。

一、逐步改善办学条件，办学实力水平稳步提升

2001—2010 年，学校坚持“就地整合、就地发展”的方针，克服办学空间不足和资源紧张等困难，不断提高办学水平，增强办学实力。10 年间，累计实施大型基本建设任务 4 项，总计新增建筑面积 4.10 万平方米；完成第 29 届夏季奥运会足球裁判员训练场改造、既有建筑节能改造、校舍抗震加固改造等大型修缮任务 3 项，学校办学环境和条件不断得到改善。截至 2010 年年底，学校设有 13 个校区，即小营校区、学院路校区、双清路校区、外馆斜街校区、红领巾桥校区、垡头校区、丰盛校区、蒲黄榆校区、白家庄校区、盆儿胡同校区、昌平校区、平谷校区和北苑校区，分布在北京的 6 个区县，校本部位于北四环的小营校区；设有 15 所学院，即应用文理学院、师范学院、商务学院、生物化学工程学院、旅游学院、继续教育学院、特殊教育学院、信息学院、机电学院、自动化学院、管理学院、广告学院、应用科技学院、国际交流学院、平谷学院。2010 年，学校产权占地面积 45.40 万平方米，建筑面积 60.76 万平方米；教学科研实验室 196 个；图书馆产权建筑面积 19 897 平方米，藏书 240.47 万册，电子图书容量达 11 571 GB。至 2010 年年底，已建成的校园基础网络以小营校区（校本部）为中心，覆盖 10 个校区；每个校区建成的网络均为相对独立的园区网，实现“千兆到楼宇，百兆到桌面”的网络接入。

2006 年，学校顺利通过本科教学工作水平评估，办学思路、办学定位和人才培养目标进一步明确，教学中心地位进一步巩固。在巩固评建成果的基础上，学校以“质量工程”和“教学品质提升计划”为抓手，全面提升教育教学水平，学校步入新的发展时期；2008 年，学校统一在京招生代码；2009 年，所有本科专业在京内实现本科控制线上录取；2010 年，部分专业

在京外实现一批本科招生。作为北京地区规模最大的高校之一,2010年,北京联合大学设有本科专业59个,覆盖经、管、文、法、理、工、教、史、医9个学科门类,其中32个本科专业承担着北京市独立设置的高职学院优秀毕业生升本科的培养任务;另设有高职高专专业71个。截至2010年年底,学校已经建设22个校级骨干专业,其中,资源环境与城乡规划管理、机械工程及自动化、旅游管理、通信工程和金融学5个专业被评为国家级特色专业,资源环境与城乡规划管理、机械工程及自动化、旅游管理、通信工程、特殊教育、历史学和建筑环境与设备工程7个专业被评为北京市特色专业。

二、实施人才强校战略,教学科研成果逐年递增

学校坚持"党管人才",不断深化人事制度改革,提高师资队伍建设水平。建校30多年来,学校共有突出贡献专家7人,享受国务院政府特殊津贴专家49人。截至2010年年底,学校有专任教师1768人。

学校于2003年出台《关于新进校青年教师实行导师制的办法(试行)》(京联人〔2003〕48号),2004年制定《中青年骨干教师资助计划实施办法(试行)》(京联人〔2004〕60号),为中青年教师的成长创造良好环境。2006年起,学校进行教师职务聘任制改革。2007年,学校出台《北京联合大学"十一五"时期师资队伍建设规划》(京联发〔2007〕55号),提出通过实施人才强校战略和深化人事制度改革,完善学校选人、用人和培养人的机制、政策和措施,形成有利于人才发展、人才辈出的良好环境。2008年,学校成立北京联合大学教师培训学校,为教师尤其是青年教师的可持续发展全方位搭建平台。

2001—2010年,北京联合大学获评国家级优秀教师1人,国家级优秀教学团队1个;市级优秀教师21人,市级教学名师6人,市级优秀教学团队8个;入选"北京市属市管高等学校人才强教计划"的中青年骨干教师133人;拔尖创新人才9人;获得北京市级和国家级优秀教学成果奖励26项,承担北京市教委教育教学改革立项近30项;主持4门国家级精品课程,20门北京市精品课程;承担国家"十一五"规划选题项目83项,8部教材被评为国家级精品教材,50部教材被评为北京高等教育精品教材,58项入选北京高等教育精品教材建设项目。2009年,应用文科综合实验教学中心和经贸实验教学中心被评为北京市级实验教学示范中心。

10年间,全校各类科研项目到账经费8000万元,其中2010年1195万元;公开发表论文8343篇,其中,发表在国内核心刊物的2078篇,发表在国内外知名检索收录及其他有影响的刊物3655篇;授权发明专利104项;出版著作806部,其中,国内794部,国外12部。

三、改革创新培养模式,人才培育特色日益显现

2010年,学校全日制在校生近3万人,包括本科生2万余人,高职高专生近8000人,外国留学生1000余人,以及一定数量的硕士研究生。此外,还有各类成人教育学生4000余人。2001—2010年,学校培养全日制本专科毕业生6万余人,为首都经济社会快速发展提供了大批应用型人才。

学校积极开展应用型人才培养模式改革的探索与实践。2008年,初步形成建设思想政治理论课"教学体系、实践体系、考核体系"三个体系的改革框架思路。根据应用型人才的培养目标,2007年,建立"大学生KAB(know about business)创业教育基地",开设"大学生

KAB创业基础”选修课。2008年，建立“模拟公司实训基地”，开展“模拟公司实训课程”，加强创业教育。2009年，学校服务外包人才培养模式创新实验区被批准为国家级人才培养模式创新实验区。服务外包人才培养模式创新试验区和旅游应用型人才培养模式创新试验区被批准为北京市人才培养模式创新试验区，是唯一一所有两个试验区入选的高校。

在北京高校中，北京联合大学率先启动创业基金项目，自2009年起每年投入20万元支持学生创业，创业领域涉及IT网络、创意设计、产品销售等多个领域。建设校外合作教学基地，设立学生科技创新活动基金。在2008年北京残奥会上，特殊教育学院4名学生获得2项冠军、1项亚军，取得3块金牌、1块银牌，其中，谢青获得女子100米自由泳S11级冠军，并且打破世界纪录；姚永全、杜进冉与中国男子盲人门球队队友一起获得冠军；林珊与中国女子盲人门球队队友一起获得亚军。自2006年学校被确定为北京市选拔“村官”试点院校至2010年，已有1155名毕业生走上了“村官”的岗位，是北京市选派大学生“村官”最多的高校。

学校鼓励支持社团活动和志愿服务，全面提高学生综合素质。2010年12月，注册在籍的理论类、文体类、公益类、学术类等各类学生社团212个，共计1.5万余人。学校青年志愿者协会正式注册的青年志愿者1万多人，平均每年累计开展志愿服务活动10万多小时，受助人数超过8万人。2008年北京奥运会、残奥会期间，共招募1384名赛会志愿者、2456名城市志愿者和1500名社会志愿者；2009年，在国庆60周年志愿者工作中，2031名师生志愿者承担并圆满完成了国庆群众游行、广场合唱、广场联欢、国庆游园志愿服务和地铁志愿服务任务，累计服务时间达到18 000小时。

四、学科体系初步形成，科研服务能力明显增强

2006年，学校实现硕士学位授予单位和硕士学位授权学科点零的突破，专门史、计算机应用技术、食品科学成为学校首批硕士学位授权学科点，办学层次更加丰富，学校发展有了新的起点。学校分别于2003年和2007年召开全校科技工作会议，提高教职员工科研工作意识，确定学科建设和科技工作发展规划；陆续出台研究工作量认定、科研成果奖励、项目管理等文件，调动教师和科研人员的积极性与创造性。2010年，市级重点建设学科从3个增加到6个，即经济法学、特殊教育学、人文地理学、计算机应用技术、食品科学和旅游管理，校级重点学科10个、校级重点建设学科19个、校级重点培育学科2个，初步形成了符合学校实际情况并适应首都发展需求的学科体系。

学校加强科研平台建设，主办的学术刊物《旅游学刊》和《北京联合大学学报》在国内外具有重要影响。《旅游学刊》是旅游学界业界公认的最具权威性的专业学术刊物，连续5次被北京大学图书馆等40余家图书信息机构确认为全国“中文核心期刊”，在北京市各年度社会科学期刊质量评定暨历届优秀社会科学期刊评选中，都被评为优秀社科期刊。

学校聚焦首都，依托科研机构，服务首都经济社会发展的能力不断增强。2009年，获批成立北京市大学科技园。截至2010年年底，学校拥有市级科研机构4个，即生物活性物质与功能食品北京市重点实验室、北京学研究基地、北京市政治文明建设研究中心和北京市信息服务工程重点实验室；校级研究院所35个。以2个市级重点实验室和2个市级哲学社会科学研究基地为代表的科研机构承担一大批研究课题，积极为“人文北京、科技北京、绿色北京”建设献计献策。10年累计横向科研课题到校经费近2000万元，其中，2010年横向科研

课题到校经费由2002年的3.45万元增加到505万元。

五、提升校际交流品质,国际化办学不断拓展

学校从多个角度积极推进多层次、多领域的国际及港澳台的合作交流。截至2010年,已经与美国、英国、法国、瑞典等26个国家和地区的97所高校建立合作关系,开展了包括合作培养、学生交流、教师交流、合作科研等多种形式的交流项目。2003年,汉语言文学专业的留学生第一届本科生毕业;2004年,在汉语言文学专业基础上增设汉语言(经贸)、国际经济与贸易专业;2005年,成立国际交流学院,留学生教育规模层次不断提升。2007年建立的英国威尔士兰彼得孔子学院(Confucius Institute at Lampeter),是市属高校中第一个海外汉语推广基地,在海外搭建了传播中国文化新的重要平台。2008年,获全国第一批国家商务汉语考试承办资格。2010年,学校设立学生出国(境)交流奖学金,为品学兼优、家境困难的学生提供更多留学机会。10年间,全校共有1000多名学生通过参加学校举办的各种国(境)外项目,获得了宝贵的海外学习经验。

学校通过召开国际会议,搭建高层次国际合作平台。2010年,为了促进学校与各国际合作伙伴在更广的范围内进行交流和沟通,学校发起召开大学国际化发展战略研讨会,来自12个国家和地区的20所国(境)内外高校签订国际联盟协议。联盟成员之间资源共享,在联盟的平台上开展广泛的交流合作项目。

学校还积极拓展与港澳台地区高校的互动和交流,录取港澳台侨学生就读,并积极推动海峡两岸高等教育的共同发展。自1999年开始,学校与上海第二工业大学、深圳职业技术学院及台湾台北科技大学共同发起海峡两岸应用性(技职)高等教育学术研讨会,至2010年该研讨会共举办了12届。2006年,派遣3名交换生赴台湾建国科技大学学习,是首批派出赴台交流学生的大陆高校之一。

六、保障学校科学发展,党建和思想政治工作取得成效

校党委坚持围绕中心抓党建、抓好党建促发展,全面加强党建和思想政治工作。始终把思想理论建设放在首位,落实党委理论中心组学习制度,不断提高校院领导班子理论水平和治校理教能力。学校通过开展保持共产党员先进性教育活动,着力加强领导干部和师生员工能力建设;深入开展学习实践科学发展观活动,在形成发展共识、加快体制创新、推进科学发展等方面取得成效。2007年,学校接受党建和思想政治工作基本标准检查,上级检查组对学校党委构建多校区大学党建工作模式的经验和做法,以及推动基层党组织建设和学校事业快速发展等方面取得的成效给予了肯定。

科学民主决策水平不断提高。完善落实"三重一大"等系列制度,认真贯彻党委领导下的校长负责制。实行党委全委会、党委常委会和校长办公会决策制度。坚持实施党务校务公开、校领导联系基层等制度。领导班子和干部队伍建设得到加强。推进干部人事制度改革,2009年年底全员岗位聘任中150余个处级岗位公开竞聘选拔干部。干部教育培训和后备干部培养进一步常态化、规范化。

基层党组织建设水平进一步提高。选好配强基层党组织负责人,重视青年教师和学生党员发展,加强对新党员和入党积极分子的教育培训;坚持党内评选表彰制度,重视党内民主建设,积极开展主题实践活动和以"十佳党支部"创建为代表的特色品牌活动。

师生思想政治工作不断深化。搭建理论研究和总结交流平台，推动学习型党组织建设。表彰先进个人和优秀集体，树立师生身边的榜样。形成“激扬联大”“我与联大共奋进”“校长邀你共话联大”等文化活动品牌。

党风廉政建设有力推进。围绕学校中心工作，严格落实党风廉政建设责任制；以党风廉政宣传教育月为抓手开展宣传教育活动；以服务保障为目的开展行政监察；以“十大领域”为重点的廉政风险防控管理工作向纵深推进。学校在 2009 年被确定为北京市因公出国（境）公示制度唯一一所试点高校。

师生员工民生持续改善。实施师生健康幸福工程，建立教职工爱心互助基金；着力推进平安校园建设，获得北京市防范处理邪教工作先进集体和国家安全工作先进集体。

2001—2010 年，是探索的 10 年，是奋进的 10 年。北京联合大学，这所北京人民自己的大学，正沿着办首都人民满意的应用型大学之路执着前进！

第一章　领导体制与组织机构

第一节　领导体制

一、党委领导下的校长负责制的运行机制

（一）历史沿革

1990 年，中共中央颁布《关于加强高等学校党的建设的通知》，指出高等学校实行党委领导下的校长负责制。1996 年，中共中央颁发《中国共产党普通高等学校基层组织工作条例》，对党委领导下的校长负责制进行了具体规定。1998 年，第九届全国人大通过的《中华人民共和国高等教育法》，以法律的形式诠释了党委领导下的校长负责制。学校自 1994 年确立党委领导下的校长负责制以来，始终坚持党委领导，坚持民主集中制，保证了校长独立、负责地开展工作。

（二）党委领导的运行机制

中共北京联合大学委员会是学校宏观、重大问题的最高决策层，是学校的领导核心，统一领导学校的全面工作。校党委会在党员代表大会闭会期间，是学校最高决策机构，学校重大问题由校党委集体讨论决定。党委会每学期至少召开一次，且必须有 2/3 以上的委员出席。校党委会集体讨论决定学校改革和发展以及教学、科研、行政管理等重大方针政策问题。党委会实行民主集中制，讨论决定问题，执行少数服从多数的原则。重大问题的决定要表决通过，即赞成人数超过到会委员人数半数为通过。如对重要问题发生争论，赞成和反对人数接近，除紧急情况外，一般暂缓作出决定，待进一步调查研究，交换意见后，下次会议再表决决定，或向上级党组织请示。

党委常委会在党委会闭会期间，行使党委会职权。常委会向党委会负责，并负责组织召开党委会，每学期向党委会报告工作 1～2 次。常委会必须有半数以上的常委出席。其中，讨论干部任免事项时，必须有 2/3 以上的常委出席，并保证与会常委有足够时间听取情况介绍、充分发表意见。常委会列席人员为校党委办公室主任、组织部部长、宣传部部长。常委会一般两星期召开一次，如有需要可临时召开。

常委会实行集体领导和个人分工负责相结合的制度。常委会成员根据集体决定和个人分工，履行自己的职责。常委会实行民主集中制，重大问题集体讨论决定。讨论决定问题，执行少数服从多数的原则，即赞成人数超过到会常委人数半数为通过。但讨论干部任免事项时，则以应到会成员人数超过半数同意形成决定。如对重要问题发生争论，赞成和反对人数接近，除紧急情况外，一般暂缓作出决定，待进一步调查研究，交换意见后，下次会议再表决决定，或向上级党组织请示。

（三）校长负责制的运行机制

校长是学校的法定代表人，也是最高行政负责人，负责拟定学校包括重大问题在内的教学、科研、行政管理等方面的工作意见，在党委讨论决定后组织实施，是学校的执行层面，在执行的过程中，有权独立负责地开展工作，决策和解决具体的相关问题。校长是党委班子的重要成员，非党身份校长也列席党委会，参与党委决策，尊重和服从党委的集体决定，并认真组织实施，在党委集体领导下，依法行使职权，积极主动地做好教学、科研和行政管理等工作，重视和支持党建工作，对党委负责。

校长办公会是对学校行政工作进行决策的重要会议。为了保证行政决策的科学化、民主化、规范化，校长办公会必须有半数以上的校领导出席。校长办公会的正式成员为校长、校党委书记、副校长、校党委副书记、校纪委书记；列席人员为校长助理、校长办公室主任、纪检监察办公室主任。校长办公会原则上每周举行一次，如遇特殊情况则由主持人决定临时召开。

校长办公会由校长主持。校长因故不能参加时，由其指定的副校长主持会议。校长办公会实行民主集中制，坚持集体讨论决定的原则，一个问题的赞成人数超过到会正式成员的半数为通过。校长办公会议题由校长商党委书记确定，会议严格按照预定议题进行，一般不临时动议，特别是不临时提出重要议题并仓促决策。

（四）党委领导下的校长负责制的沟通机制

党委工作由党委书记主动与校长沟通，行政工作由校长主动与党委书记沟通，做到重要事项事先沟通，日常工作经常沟通，紧急情况及时沟通。

（五）党委领导下的校长负责制的保障机制

2001 年，为保证党委领导下的校长负责制顺利实施，坚持民主集中制原则，学校党委发布《关于进一步加强和完善校党委常委会决定事项督办落实反馈规则的意见》（京联党〔2001〕41 号）。

2004 年，为落实党内有关规章和市委教育工委的规定，进一步加强和完善党委领导下的校长负责制，学校根据上级党组织要求，制定并印发《关于落实“三重一大”制度的实施细则（试行）》（京联党〔2004〕54 号），建立了关于重大事项决策、重要干部任免、重要项目安排和大额度资金使用方面的相关制度（简称“三重一大”制度）及配套制度，规范领导班子和领导干部的行政行为，保证领导班子重大决策的科学化、民主化、制度化。

同年，出台《关于进一步规范校长办公会制度和议事规则的意见》（京联党〔2004〕55 号），明确了“三重一大”制度落实过程中行政工作集体决策的事项内容和规范程序。同时出台相关配套制度，如《北京联合大学党委常委会和校长办公会议题管理暂行规定》（京联党办〔2004〕20 号）等。

二、党委领导下的校长负责制的有关制度和条例

（一）中共北京联合大学第三届委员会会议制度和议事规则

2004 年 2 月，校党委三届二次全会讨论通过《中共北京联合大学第三届委员会会议制度和议事规则》（京联党〔2004〕6 号），规定了党委会的职责和党委会主要议决范围：

（1）贯彻执行党的路线方针政策、上级重要指示决定和校党代会决议的方案、措施；

(2) 学校办学方向、办学指导思想、发展规划,党的建设、精神文明和政治文明建设和德育工作规划,重大改革方案和重要规章制度等学校重大问题;

(3) 听取、审议常委会工作报告、校长工作报告、纪委会工作报告;

(4) 学校年度工作计划、工作总结,党委工作报告;

(5) 校党代会和党员代表大会的议题及会议文件;

(6) 上级党组织和常委会提交讨论的其他重要问题。

(二) 中共北京联合大学第三届委员会常务委员会会议制度和议事规则

经2004年1月8日校党委常委第二次会议讨论通过,《中共北京联合大学第三届委员会常务委员会会议制度和议事规则》(京联党〔2004〕5号)规定了党委常委会的职责和常委会的主要议决范围。

(1) 贯彻执行党的路线方针政策、上级重要指示决定、党委会决议的实施方案和重要措施。

(2) 学校办学方向、办学指导思想、发展规划、教育教学改革、科技改革、管理体制改革、学校发展和管理中的重要规范及政策、维护稳定等重要问题。

(3) 学校党的建设、党风廉政建设、思想政治工作、德育工作、精神文明和政治文明建设、校园综合治理工作中的重要问题;研究党内外思想状况和党风廉政建设状况;按有关规定讨论和处理学校党组织和党员违纪案件,提出意见、建议或作出决定。

(4) 下列范围干部的职务任免:

① 应用文理学院、师范学院、商务学院、生物化学工程学院、旅游学院、继续教育学院正处级干部;

② 校部机关及直属单位、特殊教育学院、信息学院、机电学院、自动化学院、管理学院、广告学院、应用科技学院、国际交流学院、北苑校区处级(含副处)干部的任免;

③ 在学校运用合作办学机制建立的二级学院工作的处级干部;

④ (在继续教育学院党委成立之前)继续教育学院处级(含副处)干部;

⑤ 按照有关规定应提交常委会决定任免或由常委会决定提出推荐建议的干部。

(5) 干部队伍建设中的其他重要问题。

(6) 处级(含副处)机构(含教学、科研、管理、服务)的设置和处级干部职数的确定。

(7) 教师队伍建设中的重要问题。

(8) 学校年度财务预决算、按照规定应提交会议讨论的大额度资金的使用、校办企业政策和创收资金管理制度。

(9) 学校年度工作计划与总结、学期工作要点;常委会工作报告和向上级的重要请示、报告;重要规章制度,涉及群众利益的重要问题;校部机关各部门每年度和每学期工作要点的审定。

(10) 校工会、共青团、学生会等群众组织和校教代会工作中的重要问题。

(11) 按照规定应提交会议讨论的重要项目立项,包括与国际国内的重要合作与交流项目。

(12) 出国出境组团与校领导出国出境学习考察。

(13) 需要提交党委会决定的问题。

(14) 其他应当提交常委会讨论决定的重要问题。

（三）校长职责

按照1998年《高等教育法》第41条对校长的职责规定，校长全面负责学校的教学、科学研究和其他行政管理工作，行使下列职权。

(1) 拟定发展规划，制定具体规章制度和年度工作计划并组织实施。

(2) 组织教学活动、科学研究和思想品德教育。

(3) 拟订内部组织机构的设置方案，推荐副校长人选，任免内部组织机构的负责人。

(4) 聘任与解聘教师以及内部其他工作人员，对学生进行学籍管理并实施奖励或者处分。

(5) 拟订和执行年度经费预算方案，保护和管理校产，维护学校的合法权益。

(6) 章程规定的其他职权。

学校自1994年确立党委领导下的校长负责制以来，始终坚持校长独立负责行政事务，并为校长独立行使职权提供了相应制度保障。

（四）校长办公会制度和议事规则

2004年12月，党委第38次常委会会议讨论通过《关于进一步规范校长办公会制度和议事规则的意见》(京联党〔2004〕55号)，规定了校长办公会职责和校长办公会的主要议决范围。

(1) 贯彻执行党和国家的路线方针政策和上级重要指示决定，传达上级关于行政工作的重要文件或会议精神，研究讨论贯彻落实措施。

(2) 根据党委常委会作出的需校长办公会办理的决策事项，研究制订具体的实施方案、落实措施。对学校行政工作中的重要问题提出工作意见，必要时提交校党委常委会讨论通过后组织实施。讨论落实学校党委关于学校办学方针、指导思想、发展规划、重大改革方案等决定的实施意见和重要措施。

(3) 研究决定学校教学、科研、经费、管理、人事、学生、后勤、产业等行政工作中的重要问题，确定实施教学改革、科研改革、人事制度改革，检查评估教学质量和科研成果，年度总体行政工作安排和实施计划等的落实措施。讨论校长工作报告和向上级的重要请示报告。

(4) 听取校长、副校长重要工作通报，听取各学院、校机关各部门、各直属单位有关行政工作重要事项的汇报，并就请示的重要问题作出决定。讨论处理工会、教代会、团代会、学代会关于行政工作的提案，以及关系师生员工切身利益的重要问题。

(5) 审议和审定以学校行政名义发布的涉及学校行政工作全局的政策性文件和有关规章制度，以及以校行政名义上报主管部门的重要文件。

(6) 讨论决定对学生开除学籍处分；讨论决定对教职工的行政处分；讨论系处级干部的行政处分意见及拟定提交党委常委会讨论决定的报告；讨论决定各种行政收费项目、工资和福利问题等。

(7) 审定大额资金的使用：

① 10万元(含10万元)以上、100万元(不含100万元)以下的基本建设项目或技术工程项目；

② 10万元(含10万元)以上、50万元(不含50万元)以下的重大维修项目；

③ 10 万元(含 10 万元)以上、50 万元(不含 50 万元)以下的大宗物资或设备购置项目;

④ 一次性 5 万元(含 5 万元)以上、10 万元(不含 10 万元)以下的干部培训、协会会费、对外宣传费等资金款项的支出;

⑤ 100 万元(不含 100 万元)以下的借贷、投资。

(8) 需要由校长办公会讨论的其他重要问题。

(五) 校党委常委会议决定事项督办落实反馈规则

2001 年 11 月,党委制定了《关于进一步加强和完善校党委常委会决定事项督办落实反馈规则的意见》(京联党〔2001〕41 号),规定督办工作的程序,提出工作要求。

(六) 常委会和校长办公会议题管理制度

2004 年 12 月,党委为加强对上述"两会"会议的管理,严格审批程序,提高会议效率,根据《中共北京联合大学第三届委员会常务委员会会议制度和议事规则》的精神,在原校长办公会有关组织程序的基础上,制定了《北京联合大学党委常委会和校长办公会议题管理暂行规定》(京联党办〔2004〕20 号),加强两会议题准备工作,严格会议申报审批制度以提高会议效率。

(七) 校领导联系学院制度

2005 年 12 月,学校发布《关于建立校领导联系学院制度的通知》(京联党〔2005〕50 号),决定建立校领导班子成员联系学院制度,规定每名校领导联系若干所学院,每学期不少于两次深入所联系学院调查研究,了解和掌握各方面工作的开展情况和师生思想动态,听取意见,指导工作,帮助解决问题。2001—2010 年,校党委、校行政领导人情况如表 1.1-1、表 1.1-2 所示。

表 1.1-1　2001—2010 年校党委领导人

姓　名	职　务	任职时间	分管工作、联系单位
熊家华	书记	—2002.08	负责党委全面工作
席文启	书记	2002.09—2008.06	负责党委全面工作,联系应用文理学院、信息学院
徐永利	书记	2008.06—今	负责党委全面工作,分管党委、校长办公室;联系应用文理学院、信息学院、人民代表大会制度研究所
孙　权	副书记	—2009.02	分管人事、组织、工会、老干部、国际交流合作处、团委、学生处;联系商务学院、自动化学院、国际交流学院
高　东(女)	副书记	2003.11—2008.10	分管团委、学生处、宣传部、人文社科部;联系师范学院、管理学院、东方信息技术学院、廊坊分校
韩宪洲	副书记	—2003.11	分管团委、学生处、国际交流合作处、人事处
付晨光	副书记	2008.10—今	分管组织部、人事处、工会、老干部处;联系商务学院、关心下一代工作委员会、老教育工作者协会
周志成	副书记	2008.10—今	分管宣传部、保卫处(部)、人文社科部、学生处(部)、团委、后勤服务公司;联系师范学院、北苑校区
黄海洋(女)	纪委书记	2002.11—2010.10	负责纪委全面工作,分管纪监办、机直党委(机关总支)办公室、审计处;联系生物化学工程学院
张　楠(女)	纪委书记	2010.10—今	负责纪委全面工作,分管纪监办、机直党委(机关总支)办公室、审计处、国有资产管理处、档案(校史)馆;联系生物化学工程学院

表 1.1-2　2001—2010 年校行政领导人

姓　名	职　务	任职时间	分管工作、联系单位
熊家华	校长(兼)	—2001.03	负责行政全面工作
张妙弟	校长	2001.03—2007.04	负责行政全面工作，分管财务处；联系应用文理学院、旅游学院、机电学院
柳贡慧	校长	2007.04—今	负责行政全面工作，分管国际交流合作处、港澳台办公室；联系旅游学院、机电学院、国际交流学院
张　铃	副校长	—2007.04	分管国有资产管理处、保卫处(部)、后勤管理处、后勤服务公司、体委、体育教学部；联系继续教育学院、平谷学院
高　林	副校长	—2008.04	分管教务处、成教处(培训部)、招生就业处、高教研究室、实训基地、电教中心、考试中心、师资培训基地；信息网络中心的技术工作；联系广告学院、国际语言文化学院、网通软件职业技术学院、高职研究所
徐永利	副校长	—2001.03	分管财务处、基建处、经管合作办；兼任特殊教育学院院长
冯　虹	副校长	2001.06—今	分管财务处、基建处、体育教学部(体委)、图书馆、学报编辑部；联系特殊教育学院、台湾研究院、北京学研究所
韩宪洲	副校长	2003.11—2010.05	分管保卫处(部)、行政管理处、后勤服务公司；联系东方信息技术学院、廊坊分校；兼任师范学院党委书记
张连城	副校长	2007.04—今	分管财务处、体育教学部(体委)、基建处、信息网络中心；联系特殊教育学院
黄先开	副校长	2009.01—今	分管教务处、招生就业处(招生)、高职处、培训中心、公共外语教学部、基础课教学部；联系应用性高等教育发展研究中心；兼任旅游学院院长
鲍　泓	副校长	2010.10—今	分管科研处、研究生处、实验实训基地；联系应用科技学院、广告学院、自动化学院、功能食品科学技术研究院
古红梅(女)	副校长	2010.11—今	分管经济管理与合作办学办公室、招生就业处(就业)、行政管理处、门诊部；联系继续教育学院

2009 年 4 月 29 日，经校党委常委会讨论通过，学校党政领导分工作如下调整如表1.1-3所示。

表 1.1-3　2009 年 4 月校党委常委会调整的党政领导分工

姓　名	分管工作	联系单位
徐永利	负责党委全面工作，分管党委办公室、校长办公室	应用文理学院、信息学院、人民代表大会制度研究所
柳贡慧	负责行政全面工作，分管国际交流合作处、港澳台办公室	旅游学院、机电学院、国际交流学院
付晨光	分管组织部(含统战部)、离退休人员工作处、工会、人事处	商务学院、自动化学院
周志成	分管宣传部、学生部(处)、武装部、团委、人文社科部	师范学院、管理学院、关心下一代工作委员会
黄海洋	负责纪委全面工作，分管纪监办、机直党委(机关总支)办公室、审计处	生物化学工程学院
冯　虹	分管科研处、基建处、规划与法规处、图书馆、学报编辑部	特殊教育学院、北京学研究所、台湾研究院

续表

姓　名	分管工作	联系单位
韩宪洲	分管保卫处(部)、行政管理处、后勤服务公司	东方信息技术学院、廊坊分校
张连城	分管财务处、国有资产管理处、经管与合作办、体育教学部(含体委)、信息网络中心、门诊部	继续教育学院、平谷学院、北苑校区、老教育工作者协会
黄先开	分管教务处、成教处、招生就业处、基础课教学部、公共外语教学部、实验实训基地、继续教育学部	广告学院、应用科技学院、应用性高等教育发展研究中心

2010 年 12 月 6 日,经校党委常委会讨论通过,学校党政领导分工作如下调整(如表 1.1-4)

表 1.1-4　2010 年 12 月校党委常委会调整的党政领导分工

姓　名	分管工作	联系单位
徐永利	负责党委全面工作,分管党委办公室、校长办公室	应用文理学院、信息学院、人民代表大会制度研究所
柳贡慧	负责行政全面工作,分管国际交流合作处、港澳台办公室	旅游学院、机电学院、国际交流学院
付晨光	分管组织部(含统战部)、离退休人员工作处、人事处、工会	商务学院、关心下一代工作委员会、老教育工作者协会
周志成	分管宣传部、保卫处(部)、人文社科部、学生处(部)、团委	师范学院、北苑校区
张　楠	分管纪监办、机直党委(机关总支)办公室、审计处、档案(校史)馆	生物化学工程学院
冯　虹	分管财务处、国有资产管理处、体育部(体委)、图书馆、学报编辑部	管理学院、台湾研究院、北京学研究所
张连城	分管基建处、信息网络中心、行政管理处	特殊教育学院
黄先开	分管教务处、招生就业处(招生)、高职处、培训中心、公共外语教学部、基础课教学部	平谷学院、应用性高等教育发展研究中心
鲍　泓	分管科研处、研究生处、实验实训基地	应用科技学院、广告学院、自动化学院、功能食品科学技术研究院
古红梅	分管经济管理与合作办学办公室、招生就业处(就业)、后勤服务公司、门诊部	继续教育学院

第二节　党的机构

一、机构设置

2001 年党委职能部门包括:党委办公室(与校长办公室合署)、组织部(含统战部)、宣传部、学生部(处)(与德育教研室合署)、老干部处、纪检监察办公室(与审计处合署)、机关党总支办公室、保卫处(部)、工会、团委。2003 年 4 月,成立机关和直属单位党委办公室,与机关党总支办公室合署办公。2005 年 5 月,老干部处更名为离休退休人员工作处。校党委职能部门对各学院对应职能部门垂直管理。学校党的组织机构历任负责人的任职情况如表 1.2-1 所示。

表 1.2-1　2001—2010 年党的组织机构历任负责人

部　门	正　职	任职时间	副　职	任职时间
党委办公室	张　军 张　伟 范宝祥	—2005.04 2005.04—2009.12 2009.12—今	张　伟 肖　芳 孙桂生 何霄云 王文杰 王淑颖	—2005.04 2002.01—2003.05 2003.08—2004.03 2005.04—2007.12 2008.10—今 2010.01—今
组织部	周明珠 丛　森 贾　方	—2004.06 2004.06—2006.03 2007.01—今	平爱华 贾　方 仲计水	—2003.06 2003.09—2006.03 2006.03—2007.01(主持工作) 2009.06—今
宣传部	张连城 张　琴 张　奕	—2004.03 2004.03—2008.12 2007.02—2009.06(代部长) 2009.06—今	朱晓言 张文杰 王恩江 孔　军	—2005.04 2003.09—2005.03 2009.07—今 2010.01—今
学生工作部(处)	耿晓冬 王爱民 肖　芳 张文杰	—2001.07 2003.01—2004.10 2004.10—2009.12 2009.12—今	杨培华 王爱民 韩　青 柴永红 张　莉 尹福斌 何霄云 杨　飞	—2002.01 2001.10—2003.02 2002.01—2003.12 2004.01—2006.04 2004.10—2005.04(兼) 2005.04—2006.01(主持工作) 2004.10—2009.12(兼) 2007.12—今 2010.01—今
离退休人员工作处(2005 年 5 月前称老干部处)	麻淑仙 朱晓言 闫健美	—2005.03 2005.04—2008.10 2009.03—今	刘　庄 杜鸿燕 李承锋	2005.04—2007.04 2007.04—2010.01 2010.01—今
纪检监察办公室	李　平 平爱华 欧阳媛	—2003.12 2003.12—2009.12 2009.12—今	张素琴	—2004.05
机关和直属单位党委办公室(2003 年成立,与机关党总支办公室合署办公)	张敏鲜 刘朝生 王　扬 平爱华	—2005.01 2005.12—2007.06(兼) 2007.06—2009.12 2009.12—今	刘朝生 闫丽君	2003.09—2005.12 2008.10—今

续表

部门	正职	任职时间	副职	任职时间
保卫处(部)	麦柏松 马振宾 孙桂生 李 湛	—2003.09 2003.09—2007.06 2007.10—2010.08 2010.08—今	马振宾 孙桂生 陈贵喜 周 琨	2001.01—2003.09 2006.04—2007.10 2007.10—今 2008.01—今
群团组织				
团委	张 琴 尹福斌	2003.09—2004.03 2004.03—2009.12	谢飞雁 潘宏波 卜晨光 廖琪丽	2002.09—2006.01 2006.01—2010.03 2007.10—2009.07(兼) 2009.10—2009.12 2009.10—今(兼) 2009.10—今(兼)
工会	孙 权 付晨光	—2008.10 2008.10—今	焦述康 兰荣林 张俊玲	—2004.04 2004.03—2010.08 2010.08—今

二、第三次党员代表大会

2003年12月27—28日,中共北京联合大学第三次党员代表大会召开。出席党代会的代表共209人。这次大会的任务是:贯彻党的十六大精神,总结第二届党委任期以来的工作,提出今后一个时期学校的主要任务和重点工作,选举产生第三届党委和纪委。大会的主要议程有4项:① 听取和审查席文启同志代表中共北京联合大学第二届委员会作的题为《增进团结 深化改革 加快发展 努力开创建设应用性大学的新局面》工作报告;② 听取和审查中共北京联合大学纪律检查委员会工作报告;③ 选举中共北京联合大学第三届委员会委员;④ 选举中共北京联合大学纪律检查委员会委员。大会选举结果如下:

① 选举产生中共北京联合大学第三届委员会委员,名单如下(以姓氏笔画为序):

孔繁敏、冯虹、曲学利、许贵才、孙权、张铃、张仲林、张秀国、张妙弟、张宝秀、周明珠、郑一淳、耿凯燕、顾志良、郭淑敏、高东、高林、席文启、黄海洋、韩宪洲、廖文国。

② 选举产生中共北京联合大学第三届委员会书记、副书记、常委委员,名单如下:

书记:席文启;

副书记:孙权、高东;

常委委员(以姓氏笔画为序):冯虹、孙权、张铃、张妙弟、高东、高林、席文启、黄海洋、韩宪洲。

③ 选举产生中共北京联合大学纪律检查委员会书记、副书记、委员,名单如下:

书记:黄海洋;

副书记:平爱华;

委员(以姓氏笔画为序):平爱华、李玉玲、李庆平、张立珊、张素琴、郭堃、黄海洋、程雨琴、谢宝春。

第三节　行政机构

一、机构调整

2001 年，行政机构设有教务长、校长办公室（与党委办公室合署）、人事处（含人才交流服务中心）、教务处与设备处合署、科研开发处（1992 年成立，简称科研处）（含科协）、保卫处（部）、成教处（与教育培训部合署）、财务处、总务处、基建处、对外交流合作处（含对外培训中心）、经济管理办公室、高教研究室和高职研究所合署、审计处（与纪检监察办公室合署），行使对应的管理和服务权限。

2002 年 6 月，学校设立发展规划处，与高教研究室合署办公，高教研究室加挂发展规划处牌子，开展高等教育政策、法律、法规研究，探索构建现代大学制度，统筹学校发展规划。2004 年 12 月，高教研究室更名为应用性高等教育研究所，纳入应用性高等教育研究中心管理，发展规划处分离出去。2006 年 6 月，为加强依法治校工作，发展规划处更名为规划与法规处。2009 年 12 月，规划与法规处撤销，其业务职能及有关人员并入党委、校长办公室。

2002 年 3 月，总务处更名为后勤管理处。2004 年 3 月，后勤管理处更名为行政管理处。

2002 年 12 月，学校成立国有资产管理处，随后将设备处（与教务处合署办公）与总务处的房产科划归国有资产管理处。

2003 年 1 月，学校将招生职能从教务处分离出来，与就业指导中心合并成立招生就业处。

2003 年 7 月，科研开发处更名为科学技术与研究生工作处。2010 年 1 月，对科学技术与研究生工作处进行业务划分，分成科学研究处（简称科研处）和研究生处两个部门。

2004 年 5 月，审计处（与纪检监察办公室合署办公）从纪检监察办公室分离，独立行使职能，为正处级处室。

2004 年 8 月，对外交流合作处更名为国际交流合作处，行使相应职能，原对外交流合作处处长、副处长分别任国际交流合作处处长、副处长。

2004 年，市教委发布文件《关于同意北京联合大学校本部内部机构设置的批复》（京教人〔2004〕52 号），学校内部党政管理机构为：校长办公室、组织部（含统战部）、宣传部、纪检监察办公室、审计处、学生工作部（处）（含武装部）、老干部处、教务处、人事处（含人才交流服务中心）、科学技术与研究生工作处、财务处、经济管理办公室、高教研究室与发展规划处、保卫处（部）、国际交流合作处（含国际交流服务中心）、成教处（含自学考试办公室）、行政管理处、基建处、国有资产管理处、招生就业处。

2005 年，经济管理办公室与合作办学办公室合并，成立经济管理与合作办学办公室。

2007 年 7 月，校本部继续教育中心更名为继续教育中心。师资培训基地办公室、教育培训部、考试中心实质性合并，纳入继续教育中心，业务归校成教处指导；2007 年 11 月，继续教育中心更名为继续教育部；2009 年 12 月，继续教育部更名为培训中心，同时撤销成教处，业务并入培训中心。

2009年12月,学校设立高职处。

2010年,全校共有14个行政机构(处室),分别是:校长办公室(与党委办公室合署办公)、人事处、财务处、基建处、教务处、高职处、招生就业处、科研处、研究生处、国际交流合作处、行政管理处、国有资产管理处、审计处、经济管理与合作办学办公室。

二、机构设置

2001—2010年,学校行政机构设置及历任负责人如下表1.3-1所示。

表1.3-1　2001—2010年行政机构设置及历任负责人

部　门	正　职	任职时间	副　职	任职时间
校长办公室	张　军 张　伟 范宝祥	—2005.04 2005.04—2009.12 2009.12—今	张　伟 肖　芳 孙桂生 何霄云 王文杰 王淑颖	—2005.04 2002.01—2003.05 2003.07—2004.03 2005.04—2007.12 2008.10—今 2010.01—今
人事处	滕祥东 曲学利	—2009.12 2009.12—今	杨　森 贾　方 张祖明 任伟宁 杨　冰	2001.01—2002.01 2002.01—2003.09 2003.11—今 2003.01—2010.01 2010.01—今
财务处	郭秀萍 范　蓓 毕玉兰	—2002.12 2002.12—2009.12 2009.12—今	马文平 肖富宁 杨　咏	2001.01—2007.01 2002.03—今 2007.01—2009.12
基建处	纪学礼 王士齐 赵振江 李志祺	—2002.01 2002.01—2003.06 2003.07—2007.10 2007.10—今	王士齐 赵振江 李志祺 王建男 王存浩	—2002.01 2003.04—2003.07(兼) 2004.06—2007.10 2004.03—2006.06(兼) 2009.12—今
教务处 (2002年12月前与设备处合署办公)	江小明 孙建京 王　洪 石明培 唐少清 杨　鹏	—2002.03 2002.03—2003.03(兼) 2003.03—2007.01 2007.01—2007.10 2007.10—2009.12 2010.03—今	张俊玲 任伟宁 王　洪 虞思旦 周华丽 曲　艺 邓秉华 牛爱芳 张建敏	—2002.12 —2003.01 2002.03—2003.03 2002.01—2003.08 2003.09—2010.01 2004.04—2008.08(兼) —2010.01 2008.09—今 2009.07—今

续表

部　门	正　职	任职时间	副　职	任职时间
国有资产管理处	张俊玲 王惠明 刘明连	2005.04—2007.07 2007.07—2010.11 2010.11—今	张俊玲 王惠明 王　颖	2002.12—2005.04(主持工作) 2002.12—2007.07 2009.10—今
高职处	齐再前	2010.01—今	孙晓鲲	2010.01—今
招生就业处	高　桥 张　伟	2003.01—2009.12 2009.12—今	李翠华 常海斌 权　力	2003.01—2005.01 2005.04—今 2010.01—今
科学研究处(2003年7月前称科研开发处，2010年前称科学技术与研究生工作处)	张丹海 姜招峰 方德英	—2002.01 2002.01—2009.12 2009.12—今	刘文忠 汪明骏 满东升 熊黑钢	2004.03—2010.01 2003.10—今 2008.05—2010.01 2006.04—2007.05(兼)
研究生处	熊黑钢	2009.12—今	满东升	2010.01—今
国际交流合作处(2004年8月前称对外交流合作处)	程建芳 庞　明	—2005.04 2005.04—今	李建忠 庞　明 吴中平 王树国	—2003.12 2003.05—2005.04 2003.12—2005.04 2010.01—今
行政管理处(2002年3月前称总务处，2004年3月前称后勤管理处，与后勤党总支合署办公)	赵　迪 王恒刚 吴富友(总支书记) 郭保元(总支书记) 郭保元 王恒刚(总支书记) 刘明连 王惠明 周　运(总支书记)	—2002.03 2002.03—2004.03 2002.03—2004.12 2004.06—2007.02 2007.02—2008.10 2007.02—2010.11 2008.10—2010.11 2010.11—今 2010.01—今	李宝贵 王惠明 尹　忠 吴富友 吴富友 黄建华 孙桂生 耿芾博 郭保元 程　光	—2001.10 —2002.12 2001.01—2002.01 —2002.03 2002.12—2004.12(兼) 2002.03—2008.04(兼) 2004.03—2006.04(主持工作) 2006.12—今 2005.04—2006.12(兼) 2008.04—今(兼)
审计处(2001—2004年与纪检监察办公室合署办公)	张素琴	2004.05—2007.06	张素琴 张晓华	—2004.05 2007.06—今(主持工作)
经济管理办公室	姚长生	—2005.10	赵小海 范　蓓 杨　咏	—2002.01 —2002.12 2003.10—2005.10
合作办学办公室	张连城	2004.01—2005.10(兼)		

续表

部　门	正　职	任职时间	副　职	任职时间
经济管理与合作办学办公室	姚长生	2005.10—2006.06	杨　咏 李静文 徐　慧	2005.10—2007.01 2008.07—今(主持工作) 2007.01—2008.07(主持工作) 2008.07—今
成教处 (2009年撤销，业务并入培训中心)	谭文丛	—2009.12	张　龙 隋凤林	—2001.03 2002.01—2005.04
教学督导室	张丹海 曲　艺	2004.04—2007.01 2007.01—2008.08	曲　艺	2004.04—2007.01
规划与法规处 (2004年12月前与高教研究室合署办公，2006年6月前称发展规划处，2009年12月撤销)	江小明 张　伟	2002.06—2007.01 2005.11—2009.12(兼)	虞思旦	2003.08—2010.01

2001—2010年，学校直属机构设置及历任负责人如下表1.3-2所示。

表1.3-2　直属机构设置及历任负责人

部　门	正　职	任职时间	副　职	任职时间
基础课教学部	任开隆 兰荣林(总支书记) 兰荣林 车　燕(总支书记) 陈　冬 张　东(总支书记) 邓秉华 任伟宁(总支书记)	—2002.04 —2003.10 2002.04—2004.09 2003.10—2005.10 2005.04—2010.01 2005.04—2010.01 2010.01—今 2010.01—今	高　进 车　燕(总支副书记) 姚淑娜(总支副书记) 陈　冬 高兴茹 张　东 尚学海 邢春峰	—2005.01 2002.06—2003.10 2001.01—2003.09(兼) 2003.10—2005.03 2004.04—今 2005.04—2010.01 2007.10—2010.01 2010.01—今
专业基础部	张曙明 王绍光(支部书记)	—2002.06 —2002.06	郑　坚 陈恒荣	—2002.06 —2002.06
电子技术实训基地	尤　克	—2002.06		
电子信息技术实验实训基地 (2006年前称电子信息技术实训教学基地)	尤　克 张曙明(总工程师) 王绍光(支部书记) 尤　克(支部书记) 刘　东	2002.06—2007.01 2002.06—2003.05 2002.06—2007.01 2007.01—2010.01 2007.01—今	郑　坚 陈恒荣 朱国瑛 高润泉 刘　莹 袁家政	2002.06—2006.01 2002.06—2007.06 2009.07—今 2003.06—2004.10 2007.04—2010.01 2004.10—今 2006.01—2008.02 2010.01—今

续表

部　门	正　职	任职时间	副　职	任职时间
人文社会科学教学部（2003年12月前称社会科学教学部）	刘晓新 张　利（支部书记） 汪惠清（总支书记） 孟宪东（总支书记） 梁　怡	—2003.12 —2001.01 2001.01—2002.05 2002.05—今 2003.12—2010.03	范红雨 孟宪东 张　利（总支副书记） 韩　青 喜　蕾 马小芳 许　峰 匡志盈	—2010.01 2001.01—今 2001.01—2001.09 2003.12—2004.12 2005.01—2007.04 2007.10—2010.01 2010.01—今 2010.06—2010.11
体育教学部	霍德臻 茅　隽（支部书记） 范清惠 李　伟（支部书记）	—2005.03 —2005.10 2005.04—今 2005.03—今	范清惠 邓永瑞 李　伟 杨洪志	—2005.04 —2010.01 2005.04—今 2009.06—今
公共外语教学部（外语部）	翟世骏 胡秀琴（支部书记） 吴中平 刘　楣（支部书记） 李建忠 李建忠（总支书记） 谢职安	—2002.04 —2002.06 2002.04—2004.01 2002.06—2005.10 2004.01—2005.09 2005.09—今 2005.09—今	李桂芹 吴中平 程　前 欧阳娟 翟世骏 刘晓霞 李建忠	—2002.04 2001.01—2002.04 2002.04—2004.05 2002.04—2004.05 2004.05—今 2004.05—今 2005.09—今（兼）
图书馆	张世良 朱玉英（支部书记） 王恒刚（总支书记） 陈军科 王恒刚 刘坚力（总支书记）	2002.04—2005.03 2002.06—2004.03 2004.03—2007.02 2006.01—2010.01 2010.01—今 2007.02—今	仇瑞清 隋凤林 王远声 朱玉英 王恒刚 苏幼香 王建远	—2001.07 2001.01—2002.01 —2002.07 —2002.06 2002.06—2004.03（兼） —2004.03 2004.10—2007.02（兼） 2002.04—今 2002.04—今
学报编辑部	刘　斌 周小华	—2007.01 2007.01—今	赵连稳 李亚青	2005.06—今 2007.09—今
信息网络中心	张连城（兼） 岳江红	—2007.05 2007.09—今	王　辉 岳江红	2003.03—2004.02 2003.07—2007.09
档案（校史）馆	杜鸿燕	2010.01—今		
后勤服务公司	李宝贵 滕长建	2001.10—2009.09 2009.09—今	卢建华 郭保元 周　运 何天增 安传钢	2001.10—2003.08 2001.10—2005.04 2005.06—2010.01 2010.01—今 2010.01—今

续表

部　门	正　职	任职时间	副　职	任职时间
门诊部	聂　斌 聂　斌(支部书记) 杨　敏 杨　敏(支部书记) 刘　庄(支部书记)	2005.04—2005.04 2005.04—2007.12 2005.05—今 2007.12—2008.08(兼) 2008.09—今	聂　斌	2005.05—2007.12(兼)
职业教育师资培训基地	刘树明 赵　迪 仇瑞清	—2002.01 2002.01—2005.04 2005.09—2007.07	马万昌 姜春梅 姜　红	2002.04—2002.09(兼) 2002.04—2003.09 2003.10—2007.07
考试中心	胡纪华 田建敏	—2005.06 2005.06—2007.06		
教育培训部	谭文丛	—2007.06(兼)	牛爱芳 隋凤林	2005.04—2007.01 2002.01—2005.03
培训中心(2007年11月前称继续教育中心,2009年12月前称继续教育部)	谭文丛 肖　芳	2007.07—2009.12(兼) 2009.12—今	仇瑞清 田建敏 姜　红	2007.07—2009.12(常务) 2007.07—今 2007.07—今
北京学研究所	张妙弟 张宝秀	—2008.06(兼) 2008.06—今(兼)	李颖伯 马万昌 李　洵 孟　斌	—2002.04 2002.04—2005.04 2005.01—2010.01 2010.01—今
应用性高等教育研究所(2004年12月前称高等教育研究室,与发展规划处合署办公)	江小明 鲍　洁	2002.02—2004.11 2005.05—2007.01 2007.01—2010.01(兼)	鲍　洁 虞思旦 曲　艺	—2002.02 2003.08—2004.11 2005.05—2005.11 2008.09—2010.01
高等技术与职业教育研究所(2004年12月前称高等职业教育研究所)	鲍　洁	2002.04—2010.01	鲍　洁	—2002.04

续表

部　门	正　职	任职时间	副　职	任职时间
应用性高等教育发展研究中心	高　林	2005.05—2008.08(兼)	江小明 鲍　洁 曲　艺 周华丽 虞思旦	2005.05—2007.01(兼) 2005.05—2010.01(兼) 2008.08—2009.12 2010.01—今(主持工作) 2010.01—今
台湾研究院	徐博东 孙玉海(支部书记) 刘　红 谭文丛(支部书记)	2005.04—2008.06 2005.04—2009.12 2008.06—2009.12 2009.12—今	孙玉海 刘文忠 谭文丛	2005.04—2009.12(兼) 2010.01—今 2009.12—今(常务,兼)
人民代表大会制度研究所	席文启	2004.04—今(兼)	刘文忠 王维国	2004.04—2007.10 2007.10—今
书画研究所			马万昌	2005.03—2008.01(常务)
电教中心	浦万成	—2005.01	徐洪生	—2005.04

第四节　院、部设置

一、学院设置

2001 年 1 月,学校共设有学院(分校)14 所,具体情况如表 1.4-1 所示。

表 1.4-1　2001 年 1 月学院(分校)分布情况

序　号	学院名称	办学地点
1	应用文理学院	海淀区北土城西路 197 号
2	职业技术师范学院	朝阳区安定门外外馆斜街 5 号
3	旅游学院	朝阳区北四环东路 99 号
4	信息学院	朝阳区北四环东路 97 号
5	应用技术学院	朝阳区北四环东路 97 号
6	机械工程学院	朝阳区白家庄西里
7	商务学院	朝阳区延静东里甲 3 号
8	化学工程学院	朝阳区垡头西里三区 18 号
9	中医药学院	东城区花园街 22 号
10	继续教育学院	西城区西单北大街丰盛胡同 13 号
11	特殊教育学院	丰台区蒲黄榆二巷甲 1 号
12	国际语言文化学院	海淀区西三环北路厂洼街 4 号
13	广告学院	西城区黄化门街 5 号 海淀区温泉镇东埠头 1 号
14	廊坊分校	河北省廊坊市东方大学城

2001年2月,中医药学院从学校转出,并入首都医科大学。

2001年6月,北京市教委发文(京教计〔2001〕58号),同意北京联合大学与东方(华北)大学城开发有限公司合作办学,在北京联合大学信息学院的基础上加挂北京联合大学东方(华北)大学城信息技术学院的校牌,办学地点设在东方(华北)大学城。学院是由东方大学城开发有限公司参与投资,公司与学校合作办学的市属高等学校。2004年1月,学院被列入学校所属二级学院系列,所有制形式、管理体制不变,同时更名为"北京联合大学东方信息技术学院"。2009年7月,学校对所属院校进行整体调整,撤销东方信息技术学院建制。

2002年7月,根据北京市机构编制委员会文件《关于北京联合大学化学工程学院更名的函》(京编办事〔2002〕119号),化学工程学院更名为生物化学工程学院。

2002年4月,根据北京市机构编制委员会2002年1月文件《关于同意北京联合大学机械工程学院等3所学院并入北京联合大学的函》(京编办事〔2002〕2号)和学校2002年3月25日文件《关于校本部进行专业调整并重新组建学院的意见》(京联党〔2002〕11号)要求,撤销校本部内原信息学院、应用技术学院、机械工程学院建制,调整专业,重新组建信息学院、机电学院、自动化学院和管理学院。新组建的4所学院均为正处级建制,学院财务、人事、资产和后勤等管理职能统一由学校管理。信息学院取消法人资格,撤销系和直属教研室,实行教研部建制,设置多媒体教研部、软件教研部、电子教研部、信息系统教研部、通信教研部、网络教研部,纳入校本部直接管理;机电学院由原机械工程学院机械工程系、材料工程系、应用技术系汽车类专业和原应用技术学院机电系组成;自动化学院由原信息学院的自动化系和机械工程学院的电气工程系调整合并成立;管理学院以原应用技术学院为主体,并入部分管理学相关专业。基础课程、英语课程、思想政治课程和体育课程教学任务由校本部直属教学部承担。

2003年2月,根据市机构编制委《关于北京联合大学职业技术师范学院更名的批复》,职业技术师范学院更名为师范学院。

2003年4月,学校制定文件《关于成人教育部并入继续教育学院的意见》(京联党组〔2003〕43号),11月文件获得批复。校成人教育部并入继续教育学院后,继续教育学院拥有两个校区,分别是西城区西单北大街丰盛胡同13号院和鼓楼大街前海东沿50号院。

2003年4月,学校与中国网络通信有限公司、禾光永业科技有限责任公司签订合作办学协议,9月,市教委发布《关于同意筹建北京联合大学网通软件技术学院的通知》(京教计〔2003〕90号),同意学校与中国网络通信有限公司、禾光永业科技有限责任公司合作,筹建网通软件职业技术学院,12月,学院正式成立。2008年,学校与网通北京分公司、禾光永业科技有限责任公司解除合作关系,网通软件职业技术学院撤销建制,保留院名至学生全部毕业,现有专业并入应用科技学院。

2004年5月,市教委《关于同意北京联合大学应用技术学院(平谷)更名的批复》(京教人〔2004〕20号)同意平谷学院正式成为北京联合大学下属的不具有独立法人资格的直属学院,同年9月,举行揭牌仪式暨新学期开学典礼。平谷学院前身为北京联合大学应用技术学院(平谷校区),2000年校址迁至平谷成人中专(平谷区迎宾路七号)。

2005年4月,经市教委批准,学校作出《关于我校"国际交流培训中心"更名为"国际交流学院"及相关事宜的决定》(京联党〔2005〕20号),5月正式成立国际交流学院。

2007年3月,学校党委和行政研究决定成立应用科技学院,并印发《关于成立应用科技学院(筹)的通知》(京联党〔2007〕8号)。2008年4月,网通软件职业技术学院与国际语言文化学院合并,同时吸收信息学院、管理学院、东方信息技术学院、网通软件职业技术学院和国际语言文化学院的高职专业成立应用科技学院。

2007年9月,学校上报北京市教委《关于北京市化工学校与我校生物化学工程学院合并方案的请示》(京联文〔2007〕23号)和《关于北京市医药器械学校整体并入我校方案的请示》(京联文〔2007〕24号),12月,按照市教委文件《关于同意北京市化工学校、北京市医药器械学校并入北京联合大学的批复》(京教函〔2007〕809号),北京市医药器械学校被批准整体并入北京联合大学,北京市化工学校并入后由生物化学工程学院负责制订具体方案。2008年10月,按照市教育委员会《〈关于北京市化工学校和北京市医药器械学校并入北京联合大学实施方案〉的批复》(京教函〔2008〕561号)要求,相关并入工作正式启动。11月24日,在原北京市化工学校报告厅举行并入宣布大会,宣布化工学校并入后由生物化学工程学院负责制订具体方案;28日,在原北京市医药器械学校召开并入宣布大会,宣布在北京市医药器械学校原址成立北京联合大学北苑校区,并宣布了北苑校区干部的任免决定,高玉培任北苑校区管委会主任,于水波任北苑校区党总支书记兼管委会副主任,潘雪任北苑校区管委会副主任兼校教务处中专部主任。

2009年7月,学校撤销廊坊分校。廊坊分校建立于1999年8月,主要为学校解决因生源不断扩大、教学行政用房相对紧张的问题,为各学院培养一年级学生。

2010年12月,根据市编办文件精神和学校制定的《关于取消特殊教育学院法人设置并入校本部工作方案的决定》,特殊教育学院取消法人设置并入校本部。从2010年12月31日之后,特殊教育学院由学校处级法人学院体制调整为学校处级非法人学院体制运行。

至2010年12月31日,学校设有16个学院(校区),分别是:应用文理学院、师范学院、商务学院、生物化学工程学院、旅游学院、继续教育学院、特殊教育学院、信息学院、机电学院、自动化学院、管理学院、国际交流学院、广告学院、应用科技学院、平谷学院和北苑校区。分布情况见下表1.4-2。

表1.4-2 2010年12月学院(校区)分布情况

序 号	学院名称	办学地点
1	应用文理学院	学院路校区、双清路校区、丰盛校区
2	师范学院	外馆斜街校区
3	商务学院	红领巾桥校区
4	生物化学工程学院	垡头校区
5	旅游学院	北四环校区
6	特殊教育学院	蒲黄榆校区
7	继续教育学院	盆儿胡同校区
8	信息学院	北四环校区
9	机电学院	白家庄校区
10	自动化学院	北四环校区
11	管理学院	北四环校区
12	国际交流学院	北四环校区
13	广告学院	昌平校区
14	应用科技学院	昌平校区
15	平谷学院	平谷校区
16	北苑校区	北苑校区

二、直属教学、教辅机构设置

(一)基础课教学部

1. 机构设置

2001年—2010年4月,基础课教学部设有办公室、数学教研室、大学物理教研室。

2010年,基础课教学部教职工共58人,其中教授3人、副教授22人、讲师30人、助理讲师1人、助理经济师1人、中级工1人。

2010年4月起,基础课教学部设有办公室、高等数学教研室、工程数学教研室、应用数学教研室、大学物理教研室。

2001—2010年基础课教学部历任负责人包括:书记:兰荣林、车燕、张东、任伟宁;主任:任开隆、兰荣林、陈冬、邓秉华;行政副主任:高进、张东、高兴茹;教学副主任:华乐康、高兴茹、邢春峰。

2010年基础课教学部教研室主要教学工作如表1.4-3所示。

表1.4-3 2010年基础课教学部教研室主要教学工作

教研室	主要教学工作
高等数学教研室	工科类高等数学课程 文科B类高等数学课程 校内数学竞赛
工程数学教研室	线性代数课程 概率论与数理统计、概率论与随机过程课程 离散数学、运筹学、复变函数与积分变换课程 数学建模竞赛
应用数学教研室	高职应用数学与计算课程 高职“专接本”高等数学课程
大学物理教研室(下设物理实验室)	工科类大学物理课程 工科类大学物理实验课程 现代物理概论课程 各类物理竞赛

2. 规章制度

2001年,制定《基础部安全管理职责》;

2002年,制定《基础部教学关键岗设置方案》和《基础部教学关键岗岗位职责和聘任条件》;

2005年,完成《基础部常规教学机制》《基础课教学部考勤制度的有关规定》《基础课教学部办公室职责范围和岗位职责》《基础部关于使用和保管设备的暂行规定》的制定工作;

2006年,完成《基础部关于教学档案存放、借阅的暂行规定》《基础部关于复查学生成绩的暂行规定》的制定工作;

2007年,制定《物理实验室开放实施细则》;

2009年,制定《基础部关于教师参加进修培训的暂行规定》《基础部科研论文奖励办法》。

3. 主要工作

(1) 主要课程。

2001—2009 年开设的主要课程如表 1.4-4。

表 1.4-4　2001—2009 年开设的主要课程

年　份	数学类	物理类	公共选修课
2001	高等数学、应用数学与计算、线性代数、应用数学、经济数学、概率论与数理统计、概率与数理统计、概率论与随机过程、数值计算方法、大学数学、大学数学(Ⅰ)、大学数学(Ⅱ)、大学数学(2)、经济数学(2)、工程数学、数学课程实验、运筹学、计算机应用数学、离散数学	技术物理、现代物理概论、大学物理、普通物理、物理、电学与光学、现代物理与高新技术	
2002	计算机数学、应用数学与计算(上)、应用数学与计算(下)、高等数学 A、高等数学 B、高等数学、高等数学(B)、离散数学、工程数学、线性代数、概率与数理统计、概率与随机过程、概率论与随机过程、数学实验(概率统计)、数学建模、课程实践(经济数学)、线性代数与数理统计、工程数学(线性代数)、数学软件包的使用	普通物理、物理实验、技术物理、大学物理、现代物理概论	
2003	高等数学 A、高等数学 B、高等数学 C、高等数学 D、线性代数 B、概率论与数理统计、经济数学、应用数学与计算 B、应用数学与计算、应用数学与计算(一)、应用数学与计算(二)、数学建模	现代物理概论、普通物理、物理实验、技术物理	
2007	高等数学 A(一)、高等数学 A(二)、高等数学(一)、高等数学(二)、高等数学 C(一)、高等数学 C(二)、应用数学与计算 A、应用数学与计算 B、应用数学与计算 C、概率论与数理统计 A、概率论与数理统计、数学建模、线性代数、线性代数 B、计算机应用数学	大学物理 A(一)、大学物理 A(二)、物理实验 A(一)、物理实验 A(二)、现代物理概论	数学建模、工科数学Ⅰ(提高班)、工科数学Ⅱ(提高班)、现代趣味物理现象的演示与探索
2009	高等数学(一)、高等数学(二)、高等数学 A(一)、高等数学 A(二)、高等数学 C(一)、高等数学 C(二)、高等数学(机)(一)、高等数学(机)(二)、概率论与数理统计、概率论与数理统计 A、概率论与数理统计 B、概率论与随机过程、线性代数、线性代数 A、线性代数 B、复变函数与积分变换、离散数学、运筹学、数学建模、应用数学与计算 A、应用数学与计算 B、应用数学与计算 C	大学物理、大学物理 A(一)、大学物理 A(二)、大学物理 B、现代物理概论、物理实验、物理实验 A(一)、物理实验 A(二)	数学建模、工科数学(提高班)、数学文化、统计应用与软件导论、物理学与人类文明、大学物理(提高班)、现代科学技术导论、实用日语会话

(2) 统考与实验室开放。

2009 年起，物理实验室利用课余时间对学生开放。

2010年，基础课教学部开始组织全校范围的《高等数学》《微积分》的统考工作，统一命题、阅卷、成绩分析并在全校公布，有力地促进了基础课教学质量的提升。

(3) 参赛与获奖。

2001—2010年，基础课教学部多次组织学生参加大学生数学建模竞赛、大学生物理竞赛、大学生物理实验竞赛(见表1.4-5)。

表1.4-5　2001—2010年基础课教学部组织学生参赛获奖情况

年　份	参赛或获奖名称	获奖情况	主办机构
2001	北京市大学生数学建模与计算机应用竞赛	3个队获二等奖	北京市教委
2002	北京市大学生数学建模与计算机应用竞赛	1个队北京赛区二等奖 1个队北京赛区专科组一等奖	北京市教委
	美国大学生数学建模与计算机应用竞赛	1个二等奖	美国国家科学基金会 美国数学会 美国运筹与管理学会及其应用联合会
2003	全国大学生数学建模竞赛	1个大专组二等奖	教育部高等教育司 中国工业与应用数学学会
	北京大学生数学建模竞赛	1个队获北京赛区专科组一等奖 1个队获北京赛区专科组二等奖	北京市教委
	第20届全国部分地区大学生物理竞赛	获团体奖	北京物理学会 北京高校物理教学研究会
2004	北京大学生数学建模竞赛	1个队获北京赛区甲组二等奖 1个队获北京赛区乙组一等奖 1个队获北京赛区乙组二等奖	北京市教委
2005	北京大学生数学建模竞赛	1个北京赛区甲组二等奖	北京市教委
	第22届全国部分地区大学生物理竞赛	1个三等奖	北京物理学会 北京高校物理教学研究会
2006	北京大学生数学建模竞赛	1个队获北京赛区甲组一等奖 1个队获北京赛区乙组二等奖	北京市教委
	第23届全国部分地区大学生物理竞赛(非物理类B组)	1个三等奖	北京物理学会 北京高校物理教学研究会
2007	北京大学生数学建模竞赛	1个北京赛区甲组二等奖	北京市教委
	第24届全国部分地区大学生物理竞赛	团体奖 1个二等奖 1个三等奖	北京物理学会 北京高校物理教学研究会
2008	北京大学生数学建模竞赛	2个队获北京赛区甲组二等奖	北京市教委
	北京市大学生物理实验竞赛	1个三等奖	北京市教委
	第25届全国部分地区大学生物理竞赛	团体奖	北京物理学会 北京高校物理教学研究会

续表

年　份	参赛或获奖名称	获奖情况	主办机构
2009	北京大学生数学建模竞赛	1个队获北京赛区甲组一等奖 1个队获北京赛区甲组二等奖	北京市教委
	北京市大学生物理实验竞赛	2个二等奖 3个三等奖	北京市教委
	第26届全国部分地区大学生物理竞赛	团体奖	北京物理学会 北京高校物理教学研究会
2010	全国大学生数学建模竞赛	1个队获北京赛区甲组二等奖 1个队获北京赛区乙组一等奖	北京市教委
	北京市大学生物理实验竞赛	2个一等奖 3个二等奖 1个三等奖	北京市教委
	第27届全国部分地区大学生物理竞赛	团体奖	北京物理学会 北京高校物理教学研究会

(4) 教材建设与精品课程建设。

2001年编写的高职本科《电学与光学》多媒体教材在全国第三届计算机多媒体与网络物理教学研究成果评比交流大会上获二等奖；

2003年编写的教材《大学物理教程》被列为北京联合大学精品教材；

2004年编写的教材《现代物理概论》被列为北京联合大学精品教材；

2006年编写的教材《实用微积分》被评为北京市精品教材,《大学物理》《计算机数学基础》被教育部列为普通高等教育"十一五"国家级规划教材。

2003年,"应用数学与计算"课程被评为国家级精品课程,"高职高专数学"课程被评为北京市级精品课程；

2005年,"大学物理"课程被评为北京联合大学精品课程。

(二) 电子信息技术实验实训基地

1. 机构设置

(1) 机构调整。

2002年7月,由专业基础课教学部、原电子信息技术实训基地和管理学院电工电子实训中心合并成立电子信息技术实训基地,该基地是学校直属教学单位,主要承担校本部各学院的计算机基础课程和电工电子实训课程等相关教学任务；行使对校本部相关实验室(机房)的管理职能；承担信息化服务社会等任务。合并后电子信息技术实训基地共有51人,其中教授1人,副高职称14人,实验(实训)室、机房等30个[小营校区实训楼3～6层20个实验(实训)室,北院大机房1个；廊坊分校大机房7个,电工电子实验室2个]。9月,因电子信息技术实训基地成立和邹尔宁同志调离，补选支委，组成电子信息技术实训教学基地支部委员会，王绍光任书记，胡应平任组织委员，尤克任宣传委员。同月，在实验楼新建专业计算机实训机房4个。2006年，电子信息技术实训基地更名为电子信息技术实验实训基地。同年7月，根据《关于“电子信息技术实验实训基地”加挂“电子信息实践教学中心”牌子的通知》(京联发〔2006〕26号)文件精神，电子信息技术实验实训基地加挂电子信息实践教学中心的牌子。8月，电子信息技术实验教学中心接受北京市教委高校实验教学示范中心专家组进校考察评审。

专业基础课教学部是校本部直属教学单位，承担校本部各学院、广告学院、应用技术学院平谷分院以及培训中心等教学单位的计算机基础课程、电工电子基础课程和工程制图课程等相关课程的教学和实验任务，负责组织实施与计算机公共基础学科建设和电工电子学科建设有关的各项计划，统筹规划全校有关教学单位的计算机公共基础类课程和电工电子类的教学工作。2001年3月，专业基础课教学部利用北京市普通高等学校教学条件设备贴息贷款项目立项，申请21.36万贷款扩建廊坊分校电工电子基础实验室。2002年5月，经选举产生中共专业基础部支部委员会，王绍光任书记，胡应平任组织委员，邹尔宁任宣传委员。2002年7月，除电工电子教研室整建制转入信息学院外，其余人员(包括电工电子实验室)转入电子信息技术实训基地。

原电子信息技术实训基地于2000年9月成立，是北京市教委投资并组织论证建设的重点实训基地，由校本部负责承建，编制3人，是校直属教学管理单位。主要任务是起草并执行学校实训基地建设与管理规划、与学校教务处共同下达校本部各学院的实训教学任务。主要面向电子、信息、计算机、网络、通信、电子商务、自动化、广告、装潢、软件、管理等专业的学生进行职业技术和实践训练。

管理学院电工电子实训中心的前身是应用技术学院电工电子实训中心。2002年，校本部学院调整时随学院更名为管理学院电工电子实训中心。

(2) 人员配置。

历任书记为：王绍光、尤克、刘东；历任主任为：尤克、刘东；历任副主任为：郑坚、陈恒荣、朱国瑛、高润泉、刘莹、袁家政。

2010年，电子信息技术实验实训基地有教职工50人，教师28人，实验人员15人，管理人员7人；职称结构为：教授1人、副高职称14人，中级职称32人，其他2人。学历结构为：博士3人，硕士22人，本专科24人，其他1人；设有计算机基础教研室、程序设计教研室、计算机辅助设计教研室、电工电子实验室、计算机基础实验室(机房)和1个教务及建设管理办公室。基地党支部有党员25人，下设教研室、实验室和办公室3个党小组。

2010年4月，根据《关于部分校直属教学单位教研室设置的决定》(京联发〔2010〕17号)文件精神，电子信息技术实验实训基地设教研室3个、实验室2个：计算机基础教研室，付铳任主任，林志英任副主任；程序设计教研室，崔武子任主任；计算机辅助制图教研室，梁军任主任；计算机(机房)实验室，殷守军任主任，林青任副主任；电工电子实验室，沈允中任主任，张翠霞任副主任。

（3）荣誉。

电子信息技术实验实训基地党支部获学校2007—2009年度先进基层党组织，并有多名党员获得校级优秀党员、优秀党务工作者等称号。

基地工会多次被评为北京联合大学"先进职工之家"，2009年获得北京联合大学"三育人"先进集体。

2009年9月，基地教师高润泉获得"2009年北京市优秀教师"称号。

2010年，基地获北京联合大学"三育人"集体奖。

同年7月，在山东济南举行第五届全国大学生"飞思卡尔"杯智能汽车竞赛（华北赛区）中，潘峰老师指导的光电一队、光电二队、摄像头一队、电磁一队分别获得华北赛区光电组一等奖、光电组二等奖、摄像头组一等奖、电磁组三等奖。8月，在杭州举行的2010年第五届全国大学生"飞思卡尔"杯智能汽车竞赛中，潘峰老师指导的摄像头一队获得全国总决赛摄像头组二等奖，光电一队获得全国总决赛光电组二等奖。12月，在北京举行的首届北京市大学生计算机应用大赛中，梁军老师指导的学生获得二等奖，梁军老师被评为优秀指导教师。

2. 规章制度

2003年9月，制（修）定《电子信息技术实验实训基地实验室主任岗位责任》《电子信息技术实验实训基地办公室岗位职责》《电子信息技术实验实训基地教研部主任、课程负责人岗位责任》《实验（实训）室安全制度》《实验（实训）室低值耐用品管理办法》《实验（实训）室仪器设备管理办法》。

2006年2月，制（修）定《电子信息技术实验实训基地系务公开制度》。

2009年7月，制（修）定《电子信息技术实验实训基地干部岗位职责》，包括《主任岗位职责》《支部书记岗位职责》《教学副主任岗位职责》《总工程师、实验副主任岗位职责》《科研、行政副主任岗位职责》。

3. 主要工作

（1）课程教学与教材建设。

电子信息技术实验实训基地承担校本部各学院的计算机基础课程和电工电子实训课程等相关教学任务，并负责组织全校通识教育计算机公共基础10门课程的建设任务，根据办学定位、服务层面、应用性人才培养目标和"分类指导、分层培养、因材施教、突出特色"的人才培养理念，制定通识教育计算机公共基础10门课程教学大纲并进行课程网络学堂建设，推进教育教学改革和教育教学品质提升。

2008年10月，基地召开C语言程序设计课程改革研讨会，柳贡慧校长，谭浩强教授，信息学院专业负责人李金平教授，自动化学院专业负责人李红星教授，管理学院于丽娟教授，廊坊分校滕长建校长及陈恒荣副校长，教务处牛爱芳副处长等以及电子信息技术实验实训基地的负责人和承担教学任务的教师参加了会议。电子信息技术实验实训基地课程承担情况如表1.4-6所示。

表 1.4-6 电子信息技术实验实训基地承担课程

课程类型	课程名称	开课学期	学分	学时	课程性质	考核方式	适用专业大类	备注
通识教育必修课程计算机基础课程	大学计算机基础	1	3	48	必修	考试	所有非计算机类本科专业	
	C语言程序设计	2	4	64	必修	考试	工科类、理科类,必选其中1门	校级精品课程
	Visual Basic 程序设计	2	4	64	必修	考试		校级精品课程
	Java 程序设计	2	4	64	必修	考试		
	Visual FoxPro 程序设计	2	4	64	必修	考试	文科类、经管类、医学类,必选其中1门	
	Visual Basic 程序设计	2	4	64	必修	考试		校级精品课程
	Access 数据库应用	2	4	64	必修	考试		
	图形图像处理技术	2	4	64	必修	考试	艺术类,必选其中1门	
	网页制作设计技术	2	4	64	必修	考试		
	多媒体技术与应用	1	3	48	必修	考试		
计算机辅助工程制图(工程制图)课程	计算机辅助工程制图	2	3	48	专业必修	考试	工科类	校级精品课程
电工电子实习实训课程	电工实习	2	2	48	专业必修	考查	工科类	
	电子电路工艺装配实训	2	1	24	专业必修	考查	工科类	
	实用电工实训	3	2	48	专业必修	考查	工科类	
	电工技术实训	3	1	24	专业必修	考查	工科类	
	电工与电子技术综合实验	3	1	24	专业必修	考查	工科类	
	电工技术综合实验	3	1	24	专业必修	考查	工科类	

(2) 教育教学研究与改革。

2007—2009 年,出版教材 12 本、计算机课程研究论文集 2 本,其中国家"十一五"规划教材 5 本,申报国家"十二五"规划教材 2 本,北京高等教育精品教材 2 本,校级精品教材 4 本,校级精品课程 2 门;主持全国高等学校教学研究中心组织实施的"十一五"国家课题子课题 1 项,主持校级教学改革项目 8 项,获得北京联合大学校级教学成果奖 8 项。2008—2010 年,学校教育教学成果获奖情况如表 1.4-7。

表 1.4-7 校级高等教育教学成果获奖情况

所获奖项	推荐成果名称	成果适用层次	成果主要完成人姓名	成果主要完成单位	备 注
二等奖(2008)	应用性本科计算机基础课程教学方法改革的研究与实践	本科	付钪、刘莹、崔武子、林志英、和青芳、鞠慧敏、徐歆恺	电子信息技术实验实训基地、师范学院	联合申报
	学以致用,实践导学	本科	尤克、付钪、陈恒荣、朱国瑛、张建敏、何娟、李论	电子信息技术实验实训基地、廊坊分校	联合申报
	C程序设计教程(第二版)高等教育"十一五"国家级规划教材·高职高专)	高职	崔武子、李青、齐华山、李红豫、赵重敏	电子信息技术实验实训基地	
三等奖(2008)	程序设计课程改革的应用性研究与教学实践	本科	刘东、崔武子、李红豫、滕长建、于水波、和青芳、林志英、盛宏宇、李金平、李红星	电子信息技术实验实训基地、廊坊分校、高职所、信息学院、自动化学院	联合申报
	计算机辅助制图三维到二维教学模式创新	本科	高润泉、郑坚、印平、孙力红、邬葆苓、梁军、乐娜	电子信息技术实验实训基地、自动化学院	联合申报
	实训基地示范性开放实验室	综合	沈允中、高润泉、刘东、张翠霞、殷守军	电子信息技术实验实训基地	
二等奖(2010)	以提高学生能力为导向,创建多校区电子信息技术公共课的优质共享资源	本科	刘东、高润泉、付钪、沈允中、潘峰	电子信息技术实验实训基地	
	应用型人才分类指导、分层教学的探索与实践——实验班教学改革	本科	鲍泓、滕长建、谢职安、徐建华、孟庆丰、邢春峰、梁怡、刘东、张建敏、苏利敏	信息学院、校教务处、外语部、基础部、社科部、实训基地	联合申报
三等奖(2010年)	优化课程体系,培养"三创"应用型人才	本科	沈洪、佟建新、张姝、王育坚、赵亦松、李金平、张建敏、孟宪东、李伟、高润泉	信息学院、校教务处、人文社科部、外语部、体育部、实训基地	联合申报

(3) 电子政务与信息化培训。

2007 年 3 月,由北京市人事局、市教委、市信息办联合挂牌,北京联合大学被确立为北京市首批 6 家信息化人才培养基地之一。基地被确认为具体落实"北京市信息化人才培养基地"各项管理培训教学等任务的实施单位。2004—2010 年,电子信息技术实验实训基地主要承办的培训项目如表 1.4-8。

表 1.4-8 2004—2010 年电子信息技术实验实训基地(北京市信息化人才培养基地)主要承办的培训

培训时间	培训项目	培训人数	主办或委托机构
2004.10	市区县局级领导干部电子政务培训班	37	中共北京市委组织部、北京市信息办和北京联合大学
2005.05	市直机关局级领导干部电子政务培训班	31	中共北京市委组织部、北京市直机关工委

续表

培训时间	培训项目	培训人数	主办或委托机构
2005.08—2005.09	全国高检系统处级电子政务培训	29	信息产业部、最高人民检察院检察技术信息研究中心委托
2005.11—2005.12	市区县干部电子政务培训班	38	北京市委组织部委托
2007.07	2007年区县局级领导干部信息化与电子政务培训班	35	中共北京市委组织部干教处、北京市信息化工作办公室主办 北京联合大学(北京市信息化人才培养基地)、北京市信息化促进中心承办
2007.09	河南省检察机关信息主管(CIO)高级培训班	46	河南省人民检察院委托
2010.09	2010年新疆和田地区、兵团农十四师赴京挂职锻炼专业技术干部培训班	50	中共北京市委组织部、北京市对口支援和经济合作工作领导小组办公室委托
2010.11	西藏拉萨党政干部培训班	27	中共北京市委组织部、中共拉萨市对口支援办公室委托

(三)人文社会科学部

1. 机构设置

人文社会科学部(以下简称“人文社科部”)成立于2003年12月,由原校社科部和校学生处下设的校德育教研室、艺术教研室合并而成,下设办公室、马克思主义哲学原理教研室、邓小平理论教研室、中国近现代史教研室、德育教研室、中文教研室、艺术教研室。部领导班子为主任梁怡、党总支书记兼副主任孟宪东、副主任范红雨、韩青。2004年韩青调离,由喜蕾接任副主任。2007年喜蕾辞去副主任职务,马小芳接任。

2010年3月,学校重新聘任后,领导班子和教研室设置有所调整。部领导班子中,主任和教学副主任暂时空缺,由孟宪东主持党政和教学工作,许峰任科研副主任。教研室调整为马克思主义基本原理教研室、马克思主义中国化教研室、中国近现代史教研室、思想政治教育教研室、中文艺术教研室。

2003年校人文社科部成立时,共有教师36人,行政人员4人。教师中,职称结构是教授3人,副教授7人,讲师21人,助教5人;学位结构是博士2人,硕士9人,其余为本科学士。截至2010年年底,行政人员减至3人,教师队伍减至31人,但历经新老交替和培训进修,其结构得到总体优化和提升:职称结构是教授4人,副教授13人,讲师14人;学位结构是博士5人(含在读博士1人),硕士22人,本科学士4人。

2. 规章制度

为了更好地保障教学和科研以及队伍建设工作,人文社科部重视加强管理,在学校相关规章制度的基础上,制定了适用于本部门的多项管理规章制度,主要有以下内容:

《人文社科部领导岗位职责》(2004年制定),内容包括:主任、党总支书记、教学副主任、科研副主任、办公室主任、教研室主任等各个岗位的工作职责;

《领导班子民主生活会制度》(2004年制定);

《人文社科部会议制度》(2004年制定),内容包括:部务会议制度、全体人员会议制度、教研室议事制度;

《人文社科部教学管理制度》(2004年制定),内容包括:教研室主任工作内容、教研室工作流程、教学任务安排工作规定、互(外)聘教师教学运行管理工作暂行规定、教研活动暂行规定、人文社科部教学优秀奖评选办法、教学活动附表;

《人文社科部行政管理制度》(2006年制定),内容包括:请销假制度、人文社科部财务管理制度、人文社科部年终考核评优制度、人文社科部教师外出学习与参加会议制度;

《人文社科部科研管理制度》(2010年制定),内容包括:人文社科部科研奖励办法、马克思主义理论学科建设课题立项资助办法。

3. 主要工作

人文社科部作为校党委和行政直接领导的思想政治理论课教学科研机构,所承担的主要工作有三方面:一是面向校本部所有学院专业的专科、本科、研究生的思想政治理论课教学任务;二是面向校本部所有学院专业的本科及以上学生人文、社会、艺术类的素质选修课的教学任务;三是面向全校的马克思主义学科建设及人文社会艺术等各类科研任务。

马克思主义基本原理教研室、马克思主义中国化教研室、中国近现代史教研室、思想政治教育教研室主要承担着思想政治理论课教学任务和马克思主义理论学科的建设任务。这四个教研室根据教育部相关文件的统一要求,开设的课程包括:《马克思主义基本原理概论》《毛泽东思想和中国特色社会主义理论体系概论》《中国近现代史纲要》《思想道德修养与法律基础》《形势与政策》。

中文艺术教研室主要承担人文素质类选修课程的教学任务和相关的科研任务。开设的主要课程包括:《中国传统文化》《大学语文》《阅读与写作》《中国民俗文化》《人际交往心理学》《艺术概论》《西方乐话》《音乐经典作品赏析》《歌曲演唱技巧》等。

2001—2010年,十年中,人文社科部主持或主要参与国家级课题3项,省部级课题19项,校级课题14项;"中国文化概论"课程为北京市级精品课程;"思想道德修养与法律基础"为校级精品课程;出版学术专著7部;出版主编教材13部,其中《大学语文》《中国文化概论》为教育部国家"十一五"规划教材;发表学术论文300余篇,其中核心期刊近百篇。

主要获奖情况有:

北京市纪念毛泽东诞辰110周年优秀论文奖(2003年);

北京市纪念邓小平诞辰100周年优秀论文奖和优秀组织奖(2004年);

北京市第9届哲学社科科学优秀成果二等奖(2006年);

北京市保持共产党员先进性教育优秀论文奖(2006年);

北京联合大学优秀教学成果二等奖(2006年);

北京联合大学优秀教学成果一等奖(2008年);

北京市高校思想政治理论课教学基本功大赛三等奖(2008年);

教育部高校思想政治理论课精彩教案奖(2008年);

教育部高校思想政治理论课精彩多媒体课件奖(2008年);

北京高校思想政治理论课优秀案例奖(2009年);

首都大学生思想政治教育优秀研究成果专著类二等奖(2009年);

教育部第9届多媒体课件大赛三等奖(2009年)。

此外,思想政治理论课教师积极辅导学生理论社团活动,担任学生业余党校主讲教师。艺术教师辅导学生社团活动,积极开展校园文化建设,在各项活动中也取得了优异的成绩。艺术教师获得的奖项主要有:

北京市“金话筒”歌手大奖赛美声唱法一等奖、民族唱法二等奖(2004年);

全国歌唱大赛“十佳歌手”(2004年);

全国新创民族歌曲大赛歌唱家“金”奖(2004年);

全国旅游歌曲歌唱大赛“金”奖(2005年);

中国首届非职业优秀管乐团队展演优秀指挥奖(2005年);

北京市第一届教师歌手大奖赛演唱三等奖、优秀表演奖(2006年);

第三届大学生器乐比赛(管乐甲组)优秀指挥奖、优秀指导教师奖(2007年);

第二届全国非职业优秀管乐团队展演金奖、优秀指挥奖(2008年);

全国第二届大学生艺术展演活动优秀指挥奖、优秀指导教师奖(2009年);

北京市第四届大学生器乐比赛优秀指挥奖、优秀指导教师奖(2010年)。

(四)公共外语教学部

1. 机构设置及领导班子

公共外语教学部(以下简称“外语部”)为校本部直属教学部门。2001年,有教师44名,其中副教授7人,讲师18名。2010年,原广告学院英语教研室并入外语部,有教职员工71人,其中教授1人,副教授11人,讲师45人;下设办公室、第一教研室、第二教研室、高职教研室和自主学习中心。

历任支部书记为:胡秀琴、刘楣、李建忠;历任主任为:翟世骏、吴中平、李建忠、谢职安;历任副主任为:李桂芹、程前、欧阳娟、翟世骏、刘晓霞。

2. 规章制度

为保证教学和管理工作顺利进行,外语部先后制定了一系列管理制度。具体有:2005年制定《党政联席会议制度》《处级干部岗位职责》,2006年制定《办公室工作岗位职责》《工作管理条例》《外语部教学质量评价标准》《外语部监考工作暂行规定》《考核工作实施细则》及《重大事项公示制度》等。

3. 主要工作

外语部是校本部直属教学部门,其主要工作是负责本部信息、管理、自动化、机电学院以及昌平校区广告学院的本科、专科和专接本公共英语教学工作。

从2008年起,外语部启动信息学院院级实验班英语教学改革,并于2009年将院级实验班扩大到管理学院和自动化学院。2010年,外语部牵头负责组织全校大学英语课程(本科和专接本)的“三统一”工作,即统一教材、统一进度和内容以及统一期末考试等。为了响应学校提出的“国际化”和提升教学品质的号召,2010年外语部启动每年定期面对全校学生的大学英语四级统考、雅思、托福和考研开设强化班和冲刺班。

从2006年起,外语部连续多年积极选派教师参加校外事处组织、美国国际继续教育组织派员主讲的暑假英语教学法培训班。

2009年,2位教师分获教育部教育管理信息中心组织的第8届全国多媒体课件大赛高教文科组二、三等奖。

第五节　教职工代表大会

一、代表大会

学校为加强民主管理，建立教职工代表大会制度。教职工代表大会在校党委领导下定期召开，闭会期间由教代会常设主席团行使职权。代表大会听取和讨论校长工作报告，对学校的办学指导思想、发展规划、重大改革方案、财务年度工作报告及其他有关学校发展的重大问题提出意见和建议；讨论通过学校提出的校内教职工聘任、奖惩、分配等改革的原则和办法，以及其他与教职工权益有关的重要规章制度；审议学校提出的教职工福利费管理使用的原则和办法，以及其他有关教职工生活福利的事项；参与民主评议领导干部，参与民主推荐学校领导人选；制定、修订、废止本级教代会的文件；尊重和支持校长及行政系统行使职权。

（一）第二届教职工代表大会

召开时间：2004 年 3 月 27—28 日

主要议题：

① 校长张妙弟作题为《全心全意依靠广大教职工，为把我校建成高水平的应用性大学而奋斗》的工作报告；

② 校工会常务副主席焦述康作题为《团结动员广大教职工，为把我校建成高水平的应用性大学而奋斗》的工作报告；

③ 讨论、通过《关于延伸和补充北京联合大学“十五”时期发展规划的若干意见》；

④ 选举产生第二届教代会常设主席团、第二届工会委员会和工会经费审查委员会。

（二）第三届教职工代表大会

召开时间：2010 年 12 月 24—25 日

主要议题：

① 校长柳贡慧作题为《全心全意依靠广大教职工，积极推进改革，实现学校发展模式的战略性转变》的工作报告；

② 校党委副书记、工会主席付晨光作题为《贯彻科学发展，坚持以人为本，充分发挥教代会、工会在构建和谐校园中的作用》的工作报告；

③ 讨论北京联合大学财务工作报告；

④ 审议通过《北京联合大学教职工代表大会工作规程》；

⑤ 选举产生第三届教代会常设主席团、第三届工会委员会和工会经费审查委员会，选举提案管理委员会、民主管理与监督工作委员会、教学科研工作委员会三个教代会专门工作委员会。

二、机构与职能

（一）教代会常设主席团

教代会大会主席团是大会的领导机构，在党委领导下开展工作，实行常任制。主席团的职责：

① 审议大会议题并提请大会通过；

② 组织、主持会议；

③ 听取和讨论各代表团对各项议案的审议意见；

④ 草拟大会决议和决定；

⑤ 处理大会期间及闭会期间其他重要问题。

教职工代表大会常设主席团成员如表 1.5-1 所示。

表 1.5-1 教职工代表大会常设主席团成员

届次 职务	第二届(2004.03—2010.12)	第三届(2010.12—今)
主　席	孙权	付晨光
副主席	兰荣林、朱玉英、王宪迎	张俊玲、郭堃、王希庆、李秀婷
成　员	王石、王立霞、王宪迎、白桦、兰荣林、朱玉英、孙权、李月修、李金平、杨宜、张伟、张琴、张建林、项胜利、赵双华、赵振武、倪苏敏、高苏、谭娟(19 人)	王希庆、王恒刚、尹福斌、付晨光、白桦、曲学利、刘晓霞、劳凤学、李纪春、李秀婷、李金平、杨宜、张松岩、张俊玲、张恩祥、范蓓、范宝祥、赵红、赵艳霞、倪苏敏、高玉培、郭堃、雷红(23 人)

（二）教代会专门工作委员会

1. 民主管理与监督工作委员会

负责学校在重大内部管理体制改革及管理政策、措施出台前的征集意见工作。审议准备提交教代会讨论的与民主管理有关的议案。代表广大教职工监督、检查经教代会审议通过的有关政策措施的落实。建立学校主管组织、人事的校领导与相关职能部门的联系制度，开展必要的代表巡视和双向沟通工作。例如，2007 年颁布的《北京联合大学十一五发展战略规划》《北京联合大学劳动人事争议调解委员会工作规划》等一系列影响改革发展的重大事项和决策出台前都经民主管理监督委员会征集意见，由教代会审议并通过实施。另外，通过中层干部会、教职工代表大会、教代会常设主席团会、代表团团长会等会议制度，以校园网、办公网络等网络宣传方式，以文件、公告、通报、信息简报等公文形式推进校务公开，保障了广大教职工的知情权和监督权。

2. 提案工作委员会

负责对代表提案进行收集登记、审查整理、传递反馈，并及时交付相关部门处理。将涉及全局性重大问题的提案，向教职工代表大会提出建议同时列入大会议题。监督检查提案的落实，组织教职工代表检查有关部门处理落实提案的情况，负责向下次教职工代表大会做书面报告。提案在实施过程中遇到困难或执行不力时，对属于应该执行的，督促有关部门认真执行。民主管理与提案工作的主要情况如表 1.5-2 所示。

表 1.5-2 民主管理与提案工作主要情况

时　间	内　容
2004.04	召开第二届教代会常设主席团会议，讨论教代会常设主席团工作规程、提案工作规程及细则，成立提案工作组，讨论女教职工委员会换届工作
2004.06	教代会常设主席团听取了职能部门校务公开、提案落实情况工作汇报，总结推广了校务公开工作经验
2004.09	召开第二届教代会常设主席团会议，听取提案工作小组意见处理情况汇报，并提出了合理化建议
2006.07	召开教代会常设主席团会议，讨论、审议《北京联合大学教师职务聘任工作实施细则》
2007.06	第二届教代会常设主席团会议，审议《北京联合大学劳动人事争议调解委员会工作规划》《北京联合大学教师申诉办法》

续表

时　间	内　容
2007.07	召开校务公开会议，传达北京市教育工会高校民主管理工作会议精神，并对校务公开细则进行修订
2008.09	召开教代会常设主席团会议，审议通过《北京联合大学爱心互助基金会章程》
2009.06	召开第二届教代会常设主席团会议，审议北京联合大学教代会常设主席团成员、工会委员会委员、副主席、主席、经费审查委员会委员替补暂行规定，增补付晨光同志为教代会常设主席团成员、工会委员会委员、教代会常设主席团主席、校工会主席
2009.12	召开第二届四次教代会，对《北京联合大学教职工公费医疗管理规定》和《提案工作报告》进行了审议和讨论

第六节　常设专门委员会

2001—2010年，北京联合大学各类专门委员会、领导小组情况如表1.6-1所示。

表1.6-1　2001—2010年各类专门委员会、领导小组

<table>
<tr><th>序号</th><th>名　称</th><th>成立(调整)日期</th><th>成立(调整)文号</th><th>主　任(组长)</th><th>副主任(副组长)</th><th>委员(成员)</th></tr>
<tr><td rowspan="6">1</td><td rowspan="6">北京联合大学学术委员会</td><td>2000年3月7日调整</td><td></td><td>高林</td><td>孙权、张妙弟</td><td>王俊、王瑞林、王毓银、朱耀廷、江小明、孙建京、刘斌、贡文清、何立千、吴勤学、张丹海、张恩祥、杨天荣、嵇光国
秘书长：张丹海(兼)
副秘书长：江小明(兼)</td></tr>
<tr><td>2002年6月12日调整</td><td>京联发〔2002〕19号</td><td rowspan="5">张妙弟</td><td rowspan="3">孙权、高林、冯虹(常务)</td><td>王见定、王毓银、王瑞林、冯虹、朱耀廷、刘斌、江小明、许家成、孙权、孙建京、杨宜、吴勤学、何立千、张恩祥、张妙弟、张丹海、林强、姜招峰、高林、程前、蹇真
秘书长：姜招峰
副秘书长：江小明</td></tr>
<tr><td>2002年11月29日调整</td><td>京联发〔2002〕44号</td><td>增补张世良为校学术委员会委员</td></tr>
<tr><td>2003年5月14日调整</td><td>京联发〔2003〕23号</td><td>增补陈强为校学术委员会委员，蹇真不再担任校学术委员会委员</td></tr>
<tr><td>2005年11月4日调整</td><td>京联发〔2005〕35号</td><td rowspan="2">冯虹(常务)、席文启、孙权、高林</td><td>王瑞林、王洪、冯虹、刘斌、朱耀廷、江小明、许家成、孙权、孙建京、李萍、李哲英、李红星、张世良、张丹海、张恩祥、张妙弟、林强、杨宜、席文启、姜招峰、徐博东、高林、梁怡、曾庆黎、谢职安、熊黑钢、薛立军
秘书长：姜招峰</td></tr>
<tr><td>2006年5月15月调整</td><td>京联发〔2006〕10号</td><td>增补宁泽群、陈军科为校学术委员会委员，王瑞林、张世良不再担任</td></tr>
</table>

续表

序号	名 称	成立(调整)日期	成立(调整)文号	主 任(组长)	副主任(副组长)	委员(成员)
1	北京联合大学学术委员会	2007年6月1日调整	京联党〔2007〕20号	柳贡慧	席文启、冯虹、孙权、高林	朱耀廷、薛立军、李萍、林强、宁泽群、许家成、李哲英、张恩祥、李红星、杨宜、王洪、姜招峰、石明培、陈军科、徐博东、梁怡、陈冬、谢职安、鲍洁、周小华
		2007年12月18日调整	京联发〔2007〕74号			增补唐少清为校学术委员会委员,石明培不再担任
		2010年3月17调整	京联发〔2010〕8号		徐永利、冯虹(常务)、付晨光、黄先开	孔昭林、支芬和、方德英、付晨光、冯虹、宁泽群、刘东、刘红、曲学利、许家成、张恩祥、李红星、李哲英、杨宜、杨飒、杨鹏、周小华、林强、范清惠、姜招峰、柳贡慧、赵平勇、赵亚平、徐永利、黄玉丽、黄先开、谢职安、韩建业、鲍泓、熊黑钢、薛立军 秘书长:方德英
		2010年12月3调整	京联发〔2010〕43号		鲍泓任常务副主任委员	冯虹任副主任委员,不再担任常务副主任委员
2	北京联合大学体育运动委员会	2000年3月13日调整		张铃	霍德臻	马谊平、孔繁敏、王玉芳、白志平、江小明、许贵才、曲学利、张建林、赵鹏、高东、徐建伦、耿晓东、梁绿琦、郭堃、焦述康 秘书长兼办公室主任:霍德臻
		2006年6月28月调整	京联发〔2006〕19号			王玮、王洪、王恩江、王辉、牛彤、尹福斌、兰荣林、匡志盈、刘长金、刘明连、肖芳、吴中平、张龙、张立珊、张琴、陈华、范宝祥、范清惠、赵振武、赵鹏、耿晓东、顾志良、郭堃、唐小恒 秘书长:范清惠
		2007年6月1日调整	京联党〔2007〕20号	张连城	高东、张铃(顾问)	唐小恒、郭堃、范宝祥、王玮、赵鹏、赵振武、耿晓东、张龙、张立珊、刘明连、顾志良、吴中平、姚立、匡志盈、王辉、陈华、刘长金、牛彤、石明培、尹福斌、兰荣林、肖芳、张奕、范清惠

续表

序号	名　称	成立(调整)日期	成立(调整)文号	主　任(组长)	副主任(副组长)	委员(成员)
3	北京联合大学学位评定委员会	2001年6月20日调整	京联发〔2001〕82号	高林	韩宪洲、孙建京	孔繁敏、刘允新、关仲和、江小明、李培均、赵鹏、唐小恒、梁绿琦、鲍泓
		2002年6月12日调整	京联发〔2002〕20号	张妙弟	高林、张铃	马芳芳、牛志民、尹庆民、刘莹、刘允新、祁梅、许家成、孙建京、张恩祥、张妙弟、张铃、赵鹏、耿凯燕、徐建伦、高林、唐小恒、虞思旦 秘书长：虞思旦
		2003年6月2日调整	京联发〔2003〕28号	张妙弟	高林、张铃	王兵、王爱民、牛志民、尹庆民、田建敏、刘莹、刘允新、许家成、孙建京、杨飒、佟建新、张妙弟、张铃、耿凯燕、徐建伦、高林、唐小恒、虞思旦 秘书长：虞思旦
		2006年3月1日调整	京联发〔2006〕2号	张妙弟	席文启、冯虹(常务)、高林(常务)、孙权、高东	尹庆民、王兵、王洪、孔繁敏、宁泽群、冯虹、田景文、刘允新、孙权、孙建京、许家成、朱耀廷、肖芳、张妙弟、张宝秀、张恩祥、佟建新、杨亚军、杨宜、杨飒、郑坚、林强、姜招峰、姜春梅、赵鹏、席文启、唐少清、耿凯燕、高东、高林、章泽英、鲍泓、薛立军
		2007年6月1日调整	京联党〔2007〕20号	柳贡慧	冯虹、高林	席文启、孙权、高东、孔繁敏、朱耀廷、张宝秀、薛立军、尹庆民、刘允新、唐少清、林强、罗晓惠、赵鹏、王兵、宁泽群、许家成、姜春梅、鲍泓、佟建新、张恩祥、杨飒、田景文、郑坚、杨宜、章泽英、耿凯燕、杨亚军、姜招峰、石明培、肖芳
		2009年6月11日调整	京联党〔2009〕27号	柳贡慧	徐永利、冯虹(常务)、黄先开(常务)、付晨光、周志成、黄海洋	尹福斌、支芬和、方新、方德英、王美萍、付晨光、冯虹、宁泽群、平爱华、刘在云、孙建京、许家成、佟建新、吴中平、张宝秀、张俊玲、李启隆、杨宜、杨飒、肖芳、单金成、周志成、林强、罗晓惠、范清惠、郑坚、姜招峰、柳贡慧、赵鹏、唐少清、徐永利、高桥、黄玉丽、黄先开、黄海洋、韩建业、鲍泓、熊黑钢、谭文丛、薛立军 硕士学位评定组组长：冯虹(兼) 学士学位评定组组长：黄先开(兼)

续表

序号	名　称	成立(调整)日期	成立(调整)文号	主　任(组长)	副主任(副组长)	委员(成员)
3	北京联合大学学位评定委员会	2010年6月1日调整	京联发〔2010〕29号	柳贡慧	徐永利、冯虹(常务)、黄先开(常务)、付晨光、周志成、黄海洋	孔昭林、支芬和、方建军、方德英、毛智勇、王彤、王美萍、付晨光、冯虹、宁泽群、刘在云、许家成、吴中平、张伟、张文杰、张宝秀、张恩祥、李启隆、李哲英、杨宜、杨鹏、杨亚军、沈洪、肖芳、单金成、周志成、林强、欧阳媛、范清惠、姜招峰、柳贡慧、徐永利、顾志良、曹长兴、盛宏、黄玉丽、黄先开、黄海洋、程光、韩建业、鲍泓、谢职安、熊黑钢、薛立军、巍绍谦 硕士学位评定组组长：冯虹(兼) 学士学位评定组组长：黄先开(兼)
4	北京联合大学学生工作指导委员会	2006年1月9日调整	京联党〔2006〕3号	席文启	高东(常务)、高林	于熙、王立霞、王洪、王玮、王恩江、牛彤、尹福斌、冯凡、丛森、匡志盈、刘佩东、李九丽、李月修、李玉玲、周运、肖芳、陈华、范宝祥、张龙、张立珊、张莉、张琴、孟宪东、高桥、郭堃 秘书长由学生处处长兼任
5	北京联合大学老干部工作领导小组	2003年1月16日调整	京联党〔2003〕4号	席文启	孙权、张铃	张玉如、周明珠、滕祥东、麻淑仙、范蓓、王恒刚
		2006年4月3日调整	京联党〔2006〕11号		孙权、张铃、黄海洋	兰荣林、朱晓言、刘庄、张玉茹、张伟、范蓓、郭保元、贾方、聂斌、滕祥东
		2007年6月1日调整	京联党〔2007〕20号		孙权、张连城、黄海洋	张伟、朱晓言、杜鸿燕、兰荣林、张玉如、范蓓、贾方、滕祥东、郭保元、聂斌
		2008年10月21日调整	京联党〔2008〕34号	徐永利	孙权、张连城、黄海洋	张伟、朱晓言、杜鸿燕、兰荣林、张玉如、范蓓、贾方、滕祥东、刘明连、杨敏
		2010年12月17日调整	京联党〔2010〕128号		付晨光、张楠	张玉如、范宝祥、贾方、曲学利、张俊玲、毕玉兰、闫健美、周运、杨敏、李承锋

续表

序号	名　称	成立(调整)日期	成立(调整)文号	主　任(组长)	副主任(副组长)	委员(成员)
6	北京联合大学计划生育委员会	2002年6月12日调整	京联发〔2002〕21号	张铃	肖芳	王丽英、曲学利、许贵才、肖芳、张连波、张建林、张铃、顾志良、徐天立、高东、郭淑敏、傅桂禄、廖文国 日常工作由校长办公室负责
		2004年6月15日调整	京联发〔2004〕26号		王丽英、丛森、曲学利、刘允新、李玉玲、许贵才、肖芳、张建林、张连城、顾志良、徐天立、耿凯燕、郭淑敏、傅桂禄、廖文国、滕长建	秘书长：孙桂生 日常工作由行政管理处负责
		2007年6月1日调整	京联党〔2007〕20号	张连城		唐小恒、傅桂禄、唐少清、林强、冯冬明、李纪春、赵振江、张龙、黄建华、刘明连、李九丽、吴中平、张文杰、匡志盈、陈华、于熙、刘长金、牛彤、郭保元、何霄云、张祖明、杨敏、李宝贵
7	北京联合大学教材建设委员会	2000年12月3日成立		高林	孙建京	王惠连、石明培、任开隆、杨亚军、吴勤学、张俊玲、陈智、赵长奎、贺真、袁玫、高苏、高萍、高满如、萧萍、樊月华 秘书：王翠茹
		2006年9月18日调整	京联发〔2006〕36号		王洪	尹庆民、王兵、王洪、刘允新、刘瑞武、孙建京、张连城、张宝秀、杨飒、杨亚军、陈冬、单文谦、范清惠、郑坚、姜春梅、高林、曹传福、董焱、谢职安、鲍有文、滕长建 秘书：周华丽
8	北京联合大学党风廉政建设责任制领导小组	1999年4月5日成立		熊家华	孙权	漆克德、王凤霞、茅庆年
		2007年6月1日调整	京联党〔2007〕20号	席文启	柳贡慧、孙权、高东、黄海洋	平爱华、张伟、贾方、张奕、兰荣林 办公室主任：平爱华
		2008年10月21日调整	京联党〔2008〕34号	徐永利	柳贡慧、孙权、高东、黄海洋	平爱华、张伟、贾方、张奕、兰荣林

续表

序号	名　称	成立(调整)日期	成立(调整)文号	主　任(组长)	副主任(副组长)	委员(成员)
9	北京联合大学高职高专重点专业建设委员会	2000 年 11 月 5 日成立		高林	孙建京、江小明	李兴国、饶卫红、赵平勇、申功迈、樊月华、李雷、刘贵庆、方新、黄标、唐小恒、高萍
10	北京联合大学师资队伍建设领导小组	1999 年 6 月 9 日成立		熊家华	高林	孙权、张铃、孙建京、江小明、茅庆年、张丹海
		2003 年 3 月 29 日调整	京联发〔2003〕11 号	席文启 张妙弟	张铃、孙权、高林	常任组员：孙建京、张丹海、周明珠、滕祥东、王洪、姜招峰、江小明、范蓓、任伟宁 非常任组员：相关单位领导 办公室设在人事处 办公室主任：任伟宁 秘书：牛爱芳
		2006 年 9 月 18 日调整	京联发〔2006〕30 号	席文启 张妙弟	孙权、高林	王洪、任伟宁、范蓓、贾方、张丹海、姜招峰、滕祥东 办公室主任：任伟宁
		2007 年 6 月 1 日调整	京联党〔2007〕20 号	席文启 柳贡慧	孙权、高林	石明培、任伟宁、范蓓、贾方、曲艺、姜招峰、滕祥东
		2008 年 10 月 21 日调整	京联党〔2008〕34 号	徐永利 柳贡慧	孙权	冯虹、唐少清、姜招峰、滕祥东、任伟宁
11	《北京联合大学学报》编辑委员会	2000 年 3 月 6 日成立		高林	孙权、刘斌	马尔华、孙建京、李连弟、曲学利、刘德谦、贡文清、吴勤学、张丹海、张妙弟、张连城、张娅娅、张恩祥、杨天荣、赵玉娥、欧阳娟、葛明德、鲍泓、嵇光国
		2003 年 7 月 1 日调整	京联发〔2003〕33 号	张妙弟	冯虹(常务副主任)、孙权(兼人文社科学科组组长)、高林(兼自然科学学科组组长)、刘斌	人文社科学科组：李连弟、李萍、许家成、朱耀廷、杨宜、张秀国、张连城、赵鹏、梁怡、韩宪洲、潘先伟 自然科学学科组：孙建京、石焕南、江小明、任开隆、陈强、张丹海、张宝秀、张恩祥、林强、姜招峰、鲍泓
		2007 年 6 月 1 日调整	京联党〔2007〕20 号	柳贡慧	冯虹、孙权、高林、周小华	朱耀廷、张宝秀、李萍、林强、赵鹏、许家成、鲍泓、张恩祥、孙建京、杨宜、石焕南、方德英、潘先伟、江小明、姜招峰、石明培、陈冬、刘东、梁怡、谢职安

续表

序号	名　称	成立(调整)日期	成立(调整)文号	主　任(组长)	副主任(副组长)	委员(成员)
11	《北京联合大学学报》编辑委员会	2010年5月6日调整	京联发〔2010〕22号	柳贡慧	冯虹(常务)、周小华	王维国、支芬和、毛智勇、方德英、邓秉华、冯虹、宁泽群、刘东、刘红、许家成、孙建京、宋志伟、张宝秀、张恩祥、杨亚军、杨宜、杨鹏、林强、范清惠、周小华、孟宪东、姜招峰、柳贡慧、赵平勇、赵亚平、顾志良、韩建业、谢职安、鲍泓、熊黑钢、薛立军
12	北京联合大学教学指导委员会	2002年6月12日成立	京联发〔2002〕18号	高林	张铃、孙建京	王洪、王爱民、孔繁敏、任开隆、刘瑞武、江小明、许家成、孙明、孙建京、李连弟、李培均、吴中平、张宝秀、张铃、张丹海、赵亦松、赵鹏、骆武刚、高林、高扬、曹传福、梁绿琦、鲍洁、鲍泓、薛立军 秘书长：王洪 副秘书长：王爱民
		2006年9月11日调整	京联发〔2006〕37号	高林	韩宪洲、孙建京	孔繁敏、丛森、冯虹、任开隆、刘瑞武、江小明、许家成、张丹海、张连城、张宝秀、张恩祥、肖芳、赵亦松、赵鹏、顾志良、高扬、高桥、曹传福、梁怡、程建芳、谢职安、鲍洁、鲍泓、滕长建、滕祥东、薛立军 秘书长：王洪
		2009年4月3日调整	京联发〔2009〕15号	黄先开	唐少清(常务)、滕祥东、肖芳、高桥	支芬和、王美萍、刘东、刘在云、吴中平、张宝秀、张俊玲、李启隆、李哲英、杨飒、陈冬、单文谦、庞明、罗晓惠、范清惠、梁怡、盛宏、黄玉丽、谢职安、鲍有文、鲍洁、谭文丛、薛立军 秘书长：周华丽
		2010年4日12日调整	京联发〔2010〕13号	黄先开	杨鹏(常务)、齐再前、曲学利、张伟、张文杰	孔昭林、支芬和、王彤、王美萍、邓秉华、刘东、刘在云、吴中平、张永敬、张恩祥、李启隆、李哲英、沈洪、肖芳、周华丽、庞明、范清惠、盛宏、黄玉丽、程光、谢职安、魏绍谦 校人文社科部主任(暂缺) 秘书长：牛爱芳

续表

序号	名称	成立(调整)日期	成立(调整)文号	主任(组长)	副主任(副组长)	委员(成员)
13	北京联合大学学科建设领导小组	2003年5月11日成立	京联发〔2003〕22号	张妙弟 席文启	冯虹、高林	孔繁敏、王洪、孙明、孙建京、冯虹、丛森、江小明、许家成、李培均、刘瑞武、张丹海、张妙弟、张恩祥、骆武刚、姜招峰、赵鹏、席文启、高扬、高林、鲍泓、滕祥东、薛立军。 办公室设在科研处 办公室主任:姜招峰(兼)
		2007年6月1日调整	京联党〔2007〕20号	柳贡慧	冯虹、高林	席文启、孔繁敏、薛立军、唐少清、林强、赵鹏、许家成、鲍泓、张恩祥、孙建京、顾志良、王洪、刘瑞武、丛森、石明培、姜招峰、滕祥东
14	北京联合大学毕业生就业领导小组	2003年5月20日成立	京联发〔2003〕25号	高林	张铃	王洪、王爱民、王丽霞、冯凡、刘政权、李翠华、李玉玲、李月修、李庆平、李九丽、张铃、张建林、张立珊、陈华、高林、高桥、郭堃、崔爱玲 办公室设在招生就业处 办公室主任:高桥(兼)
		2006年9月18日调整	京联发〔2006〕31号	张妙弟	高林、高东	王立霞、王玮、王洪、王恩江、王辉、尹福斌、冯凡、刘沛东、李九丽、张龙、李玉玲、张立珊、肖芳、匡志盈、陈华、范宝祥、唐小恒、高桥、郭堃、常海斌
		2007年6月1日调整	京联党〔2007〕20号	柳贡慧	高林、高东	唐小恒、郭堃、范宝祥、王玮、李玉玲、王立霞、张龙、张立珊、闫健美、李九丽、张文杰、匡志盈、陈华、王辉、刘沛东、高桥、常海斌、石明培、肖芳、尹福斌
15	北京联合大学招生工作领导小组	2003年6月29日成立	京联发〔2003〕32号	高林	高桥	佟建新、张恩祥、刘明连、陶秋燕、牛志民、尹庆民、王兵、刘允新、唐小恒、丛森、耿凯燕、曲学利、霍德臻、平爱华
		2005年7月5日成立	京联发〔2005〕17号	张妙弟		席文启、高林、黄海洋、高桥
		2007年6日1日调整	京联党〔2007〕20号	柳贡慧		高林、黄海洋、高桥

续表

序号	名　称	成立(调整)日期	成立(调整)文号	主　任(组长)	副主任(副组长)	委员(成员)
16	北京联合大学招生委员会	2005年7月5日成立	京联发〔2005〕16号	高林		马振宾、王洪、平爱华、孙桂生、肖芳、张伟、张琴、范蓓、高林、高桥、各学院主管招生院领导 秘书长：高桥 下设两个办公室：招生工作办公室，设在招生就业处；招生监察办公室，设在纪检监察办公室
17	北京联合大学预算执行情况和财务决算审计工作领导小组	2003年10月8日成立	京联发〔2003〕49号	张妙弟	黄海洋、韩宪洲	张素琴、范蓓、张俊玲、平爱华
18	北京联合大学依法治校工作领导小组	2003年10月30日成立	京联发〔2003〕54号	张妙弟	张铃、黄海洋	马振宾、王爱民、王洪、王恒刚、平爱华、张连城、张军、张素琴、范蓓、姜招峰、高桥、焦述康、谭文丛、滕祥东 办公室设在校长办公室 办公室主任：张军 副主任：平爱华、焦述康
		2009年2月18日成立	京联发〔2009〕3号	徐永利 柳贡慧	孙权、付晨光、黄海洋、冯虹	王惠明、兰荣林、孙桂生、平爱华、刘明连、肖芳、张伟、张奕、张晓华、范蓓、贾方、唐少清、李静文、虞思旦、滕祥东 办公室设在党校办 办公室主任：张伟(兼)
19	北京联合大学教育科研项目规划小组	2003年12月30日成立	京联发〔2003〕64号	高林	王洪	王洪、江小明、汪明骏、周华丽、鲍洁、谭文丛 秘书处设在校教务处 秘书：周华丽
		2007年3月20日调整	京联发〔2007〕9号		石明培、鲍洁	王洪、平爱华、石明培、刘文忠、江小明、周华丽、范蓓、高林、鲍洁、谭文丛、滕祥东 秘书处设在校教务处 秘书：周华丽

续表

序号	名　称	成立(调整)日期	成立(调整)文号	主　任(组长)	副主任(副组长)	委员(成员)
20	北京联合大学关心下一代工作委员会	2004年6月21日成立	京联党办〔2004〕16号	孙权	高东、麻淑仙	王俊、王爱民、邓秉华、尹福斌、孔庆芳、白炳琦、任伟宁、芮彤、孙柯、孙宏亮、李永俊、李震亚、张文杰、张奇生、张振厚、高东、贾方、袁林、耿春棉、麻淑仙、彭远征、葛德玉、萧金麟 下设办公室,主任:李永俊 副主任:尹福斌
		2008年3月20日成立	京联党〔2008〕10号	张铃	肖芳、朱晓言、尹福斌	贾方、任伟宁、邓秉华、张奕、郭淑敏、肖金麟、葛德玉、骆武刚、张连波、陈光远、李永俊、芮彤、姚书华、孙宏亮、袁林 主管领导:高东 顾问:白炳琦
		2010年12月17日调整	京联党〔2010〕127号		付晨光、周志成、郭淑敏、廖文国	闫健美、张文杰、仲计水、牛爱芳、王恩江、郇燕飞、张秀国、骆武刚、徐淑静、陈光远、李永俊、姚书华、陈保平、袁林 主管领导:付晨光 顾问:白炳琦 办公室主任:闫健美(兼) 副主任:张文杰(兼)
21	北京联合大学红十字会理事会	2004年5月26日成立	京联发〔2004〕18号	张铃	唐小恒、傅桂禄、林强、张建林、冯冬明、李庆平、田建敏、黄建华、刘明连、徐建华、耿晓东、于水波、赵振武、匡志盈、陈华	副秘书长:祁春利、唐昊、杨波、葛雪亮、梁磊、李平、马俊红、韩松、马振龙、张莉、刘川、刘世清、王恩江、朱玉英、陈利华 秘书长:孙桂生、尹福斌 秘书:田东阳、王子君 理事会办公室设在校医务室
		2007年6月1日调整	京联党〔2007〕20号	张连城	郭保元	唐小恒、傅桂禄、范宝祥、林强、冯冬明、赵振武、耿晓冬、张龙、黄建华、刘明连、李九丽、吴中平、张文杰、匡志盈、于熙、陈华、刘长金、于水波、尹福斌、聂斌
22	北京联合大学合作办学领导小组	2005年4月22日成立	京联发〔2005〕9号	张妙弟	韩宪洲、张连城	王洪、范蓓、高桥、庞明、滕祥东 办公室设在合作办学办公室

续表

序号	名　称	成立(调整)日期	成立(调整)文号	主　任(组长)	副主任(副组长)	委员(成员)
23	北京联合大学教学质量监控委员会	2005年11月4日成立	京联发〔2005〕36号	张妙弟	高林、高东	王兵、王洪、尹庆民、曲艺、刘允新、刘莹、孙建京、佟建新、张莉、张连城、张丹海、张宝秀、张妙弟、杨飒、姜春梅、姚莉、高林、高东、曹传福、章泽英、滕祥东 秘书长：张丹海 办公室设在校教学督导室
		2007年6月1日调整	京联党〔2007〕20号	柳贡慧	高林、高东	张宝秀、尹庆民、刘允新、罗晓惠、王兵、姜春梅、佟建新、杨飒、郑坚、章泽英、姚力、杨亚军、王辉、曹传福、石明培、滕祥东、曲艺、肖芳
		2007年9月10日调整	京联发〔2007〕40号		高林、高东	王春广、王洪、孔繁敏、牛爱芳、丛森、石明培、曲艺、刘东、刘允新、刘瑞武、孙建京、许家成、肖芳、张恩祥、陈冬、范清惠、柳贡慧、单金成、杨宜、周明珠、赵鹏、高林、高东、梁怡、程建芳、谢职安、鲍泓、滕长建、滕祥东、薛立军 秘书长：曲艺
24	北京联合大学师德师风建设领导小组	2006年6月15日成立	京联党〔2006〕26号	孙权	高林	王洪、王辉、王立霞、王丽英、尤克、兰荣林、刘长金、刘允新、许贵才、李伟、李月修、李玉玲、李建忠、匡志盈、张琴、张丹海、张建林、陈冬、孟宪东、顾志良、姜招峰、耿凯燕、郭堃、程建芳、廖文国、滕长建、滕祥东 办公室设在校工会 办公室主任：兰荣林 副主任：王洪、张丹海、滕祥东
25	北京联合大学学生申诉处理委员会	2006年4月29日成立	京联发〔2006〕9号	高东	高林	马振宾、王洪、尹福斌、平爱华、肖芳、张伟、张莉、高桥、郭保元 法律顾问、教师代表、学生代表各一人
26	北京联合大学教师职务聘任工作领导小组	2006年11月20日成立	京联发〔2006〕44号	张妙弟、席文启	孙权	王洪、冯虹、孙权、张妙弟、姜招峰、席文启、高林、滕祥东 办公室设在校人事处 办公室主任：滕祥东
		2007年6月1日调整	京联党〔2007〕20号	柳贡慧、席文启	孙权	高林、石明培、冯虹、姜招峰、滕祥东
		2008年10月21日调整	京联党〔2008〕34号	柳贡慧、徐永利	孙权	冯虹、唐少清、姜招峰、滕祥东

续表

序号	名　称	成立(调整)日期	成立(调整)文号	主　任(组长)	副主任(副组长)	委员(成员)
27	北京联合大学教师职务聘任委员会	2006年11月20日成立	京联发〔2006〕43号	张妙弟、席文启	孙权、高林	王洪、孔繁敏、冯虹、孙权、许家成、张丹海、张妙弟、张铃、张恩祥、李哲英、周传家、林强、姜招峰、赵鹏、席文启、高东、高林、高扬、顾志良、黄立凡、黄海洋、梁怡、韩宪洲、谢职安、鲍泓、滕祥东、薛立军 办公室设在校人事处 办公室主任：滕祥东 相关职能处室负责人为办公室成员
		2007年11月29日调整	京联发〔2007〕61号	柳贡慧、席文启	孙权、高林	王洪、方新、孔繁敏、冯虹、孙权、孙建京、刘允新、刘瑞武、许家成、张连城、张恩祥、林强、杨宜、柳贡慧、赵鹏、姜招峰、席文启、高林、高东、唐少清、黄立凡、梁怡、韩宪洲、谢职安、鲍泓、滕祥东、薛立军
			京联发〔2007〕61号成立聘任委员会监察委员会	黄海洋		兰荣林、平爱华
		2008年10月21日调整	京联党〔2008〕34号	柳贡慧、徐永利	孙权	高东、冯虹、韩宪洲、张连城、孔繁敏、张宝秀、薛立军、顾志良、张恩祥、赵鹏、许家成、鲍泓、孙建京、杨宜、方新、林强、滕祥东、姜招峰、唐少清、梁怡、谢职安、黄立凡
				该委员会监察委员会成员：黄海洋、平爱华、兰荣林		
28	产学合作教育领导小组	2006年10月8日成立	京联发〔2006〕40号	高林	张连城	王兵、王洪、王春广、尹庆民、毛新生、刘允新、刘瑞武、许家成、孙建京、佟建新、张连城、张宝秀、李中根、杨亚军、杨咏、杨宜、杨飒、范蓓、郑坚、姜招峰、赵彤、高林、高桥、滕长建、魏梅 办公室设在合作办学办公室 办公室主任：杨咏(兼)
29	北京联合大学研究生工作领导小组	2006年9月28日成立	京联发〔2006〕34号	张妙弟	冯虹(常务)、高林	孔繁敏、王丽英、冯虹、许家成、张妙弟、张恩祥、姜招峰、赵鹏、唐少清、高扬、高林、顾志良、鲍泓、薛立军 办公室设在校科研处 办公室主任：姜招峰
		2007年6月1日调整	京联党〔2007〕20号	柳贡慧	冯虹、高林	孔繁敏、薛立军、唐少清、林强、赵鹏、许家成、鲍泓、张恩祥、孙建京、顾志良、姜招峰

续表

序号	名　称	成立(调整)日期	成立(调整)文号	主　任(组长)	副主任(副组长)	委员(成员)
30	北京联合大学民族宗教工作领导小组	2007年9月11日成立	京联党〔2007〕43号	孙权	贾方	于水波、马建龙、王扬、王颖、王育红、张文杰、丛森、肖芳、程雨琴、刘敏、张振山、张立珊、李纪春、李九丽、李淑芬、李庆平、耿晓东、程建芳、滕长建 办公会设在党委组织部 办公室主任：仲计水
31	北京联合大学教师申诉受理小组	2007年6月25日成立	京联发〔2007〕25号	孙权	黄海洋	兰荣林、平爱华、石明培、曲艺、张伟、张祖明、贾方 办公室设在校工会 办公室主任：兰荣林
32	北京联合大学财经领导小组	2007年5月8日成立	京联发〔2007〕13号	柳贡慧	张连城	范蓓、张素琴、徐慧 办公室设在财务处 办公室主任：范蓓
		2009年10月22日调整	京联发〔2009〕36号			冯虹、韩宪洲、黄先开、范蓓、杨咏、李静文、张晓华
33	北京联合大学高等职业教育教学领导小组	2007年3月20日成立	京联发〔2007〕8号	高林	王洪(常务)、鲍洁、石明培	尹庆民、王兵、王辉、刘允新、孙建京、张宝秀、杨亚军、杨飒、单文谦、罗晓惠、姚力、姜春梅、顾志良、盛宏、鲍有文
		2009年5月31日调整	京联发〔2009〕19号	黄先开	唐少清(常务)、王洪、鲍洁	支芬和、牛爱芳、王美萍、王惠明、刘在云、何小莉、佟建新、张宝秀、张俊玲、李启隆、杨飒、肖芳、陈军科、单文谦、周华丽、岳江红、罗晓惠、范蓓、郑坚、高桥、滕祥东、薛立军 秘书：张公鹏
34	北京联合大学科学技术工作指导委员会	2009年5月4日成立	京联发〔2009〕17号	冯虹	姜招峰	王洪、王美萍、冯虹、平爱华、田景文、刘东、许家成、张立珊、张俊玲、李哲英、汪明骏、陈冬、单文谦、林强、范清惠、姜招峰、唐少清、梁怡、黄玉丽、程光、韩建业、谢职安、董焱、熊黑钢、滕祥东 秘书长：汪明骏
		2010年12月24日调整	京联发〔2010〕44号	鲍泓		

续表

序号	名称	成立(调整)日期	成立(调整)文号	主任(组长)	副主任(副组长)	委员(成员)
35	北京联合大学图书馆工作委员会	2005年10月21日成立	京联发〔2005〕30号	冯虹	张世良、王恒刚	王兵、王彤、王辉、王建远、牛志民、尹庆民、平爱华、田景文、白威、刘允新、许家成、孙建京、苏幼香、杨亚军、杨飒、佟建新、沈伦、赵欣华、耿凯燕、章泽英、甄旭
36	北京联合大学社会治安综合治理委员会	2007年6月1日调整	京联党〔2007〕20号	张连城		唐小恒、傅桂禄、范宝祥、王玮、冯冬明、李纪春、耿晓东、李庆平、黄建华、刘明连、李九丽、程建芳、张文杰、匡志盈、陈华、于熙、刘佩东、于水波、张伟、张奕、肖芳、郭保元、孙桂生、兰荣林、庞明、尹福斌、徐慧
37	北京联合大学科学技术协会委员会	2003年10月28日调整	京联发〔2003〕52号	张妙弟、席文启	冯虹、高林、高东	牛志民、丛森、冯虹、刘允新、刘瑞武、许家成、李培均、李赤峰、张琴、张曙明、张妙弟、张丹海、林强、赵鹏、赵允溪、姜招峰、高林、高东、高扬、席文启、鲍泓、薛立军 秘书长：姜招峰 副秘书长：张琴、李赤峰
		2007年6月1日调整	京联党〔2007〕20号	柳贡慧	高林、冯虹、高东	牛志民、薛立军、刘允新、林强、赵鹏、单金成、许家成、鲍泓、方新、孙建京、顾志良、刘端武、丛森、姜招峰、尹福斌、李赤峰
38	北京联合大学教师资格认定工作领导小组	2007年6月1日调整	京联党〔2007〕20号	柳贡慧	孙权	滕祥东、石明培、姜招峰、任伟宁
39	北京联合大学校务公开领导小组	2007年6月1日调整	京联党〔2007〕20号	柳贡慧	孙权	张伟、平爱华、兰荣林
40	北京联合大学劳动人事争议调解委员会	2007年6月25日调整	京联发〔2007〕26号	孙权	黄海洋	兰荣林、孙桂生、平爱华、张伟、张祖明、贾方 办公室主任：兰荣林 办公室设在校工会
		2009年12月17日调整	京联党〔2009〕59号	黄海洋	付晨光	兰荣林、孙桂生、平爱华、张伟、张祖明、贾方

第二章　本科教育

第一节　专业设置

一、专业设置简介

按照学校的办学定位和以应用为导向、以学科为支撑的本科专业建设指导思想，至2010年全校本科专业的设置涵盖经济学、法学、教育学、文学、历史学、理学、工学、医学、管理学9大学科门类，共59个本科专业（见表2.1-1）。

表2.1-1　2010年本科专业设置情况

序号	专业名称	专业代码	学科门类	二级学科
1	经济学	020101	经济学	经济学类
2	国际经济与贸易	020102	经济学	经济学类
3	金融学	020104	经济学	经济学类
4	法学	030101	法学	法学类
5	学前教育	040102	教育学	教育学类
6	特殊教育	040103	教育学	教育学类
7	汉语言文学	050101	文学	中国语言文学类
8	英语	050201	文学	外国语言文学类
9	日语	050207	文学	外国语言文学类
10	新闻学	050301	文学	新闻传播学类
11	广告学	050303	文学	新闻传播学类
12	音乐学	050401	文学	艺术类
13	绘画	050404	文学	艺术类
14	艺术设计	050408	文学	艺术类
15	表演	050412	文学	艺术类
16	历史学	060101	历史学	历史学类
17	信息与计算科学	070102	理学	数学类
18	生物技术	070402	理学	生物科学类
19	资源环境与城乡规划管理	070702	理学	地理科学类
20	地理信息系统	070703	理学	地理科学类
21	电子信息科学与技术	071201	理学	电子信息科学类

续表

序号	专业名称	专业代码	学科门类	二级学科
22	环境科学	071401	理学	环境科学类
23	应用心理学	071502	理学	心理学类
24	材料科学与工程	080205Y	工学	材料科学类
25	工业设计	080303	工学	机械类
26	过程装备与控制工程	080304	工学	机械类
27	机械工程及自动化	080305Y	工学	机械类
28	汽车服务工程	080308W	工学	机械类
29	自动化	080602	工学	电气信息类
30	电子信息工程	080603	工学	电气信息类
31	通信工程	080604	工学	电气信息类
32	计算机科学与技术	080605	工学	电气信息类
33	生物医学工程	080607	工学	电气信息类
34	电气工程与自动化	080608Y	工学	电气信息类
35	建筑环境与设备工程	080704	工学	土建类
36	建筑电气与智能化	080712S	工学	土建类
37	化学工程与工艺	081101	工学	化工与制药类
38	制药工程	081102	工学	化工与制药类
39	交通工程	081202	工学	交通运输类
40	物流工程	081207W	工学	交通运输类
41	食品科学与工程	081401	工学	轻工纺织食品类
42	包装工程	081403	工学	轻工纺织食品类
43	食品质量与安全	081407W	工学	轻工纺织食品类
44	生物工程	081801	工学	生物工程类
45	针灸推拿学	100502	医学	中医学类
46	信息管理与信息系统	110102	管理学	管理科学与工程类
47	工业工程	110103	管理学	管理科学与工程类
48	工程管理	110104	管理学	管理科学与工程类
49	工商管理	110201	管理学	工商管理类
50	市场营销	110202	管理学	工商管理类
51	会计学	110203	管理学	工商管理类
52	财务管理	110204	管理学	工商管理类
53	人力资源管理	110205	管理学	工商管理类
54	旅游管理	110206	管理学	工商管理类
55	电子商务	110209W	管理学	工商管理类
56	酒店管理	110218S	管理学	工商管理类
57	公共事业管理	110302	管理学	公共管理类
58	会展经济与管理	110311S	管理学	公共管理类
59	档案学	110502	管理学	图书档案学类

二、专业调整情况

截至2010年年底，学校已对应用文理学院、师范学院等9所学院的18个本科专业进行了整合调整，停办了部分办学效益较差的专业（见表2.1-2）。

表2.1-2　2001—2010年专业调整情况

学　院	专业名称	调整情况
信息学院	电子信息科学与技术	2006年由应用文理学院调整至信息学院
管理学院	信息管理与信息系统	2006年由应用文理学院调整至管理学院
师范学院	生物技术	2007年停止招生
师范学院	金融学	2007年停止招生
商务学院	艺术设计	2008年停止招生
应用文理学院	英语	2008年由国际语言文化学院调整至应用文理学院
旅游学院	日语	2008年由国际语言文化学院调整至旅游学院
师范学院	文秘教育	2008年停办
特殊教育学院	社会工作	2008年停办
应用文理学院	食品科学与工程	2009年由师范学院调整至应用文理学院
应用文理学院	金融学	2009年停止招生
应用文理学院	会计学	2009年停止招生
生物化学工程学院	工业设计	2009年由机电学院调整至生物化学工程学院
生物化学工程学院	建筑环境与设备工程	2009年由机电学院调整至生物化学工程学院
管理学院	会计学	2009年新增招生
商务学院	电子商务	2009年停止招生
应用文理学院	广告学	2010年发文停办
师范学院	会计学	2010年发文停办
生物化学工程学院	工商管理	2010年发文停办
生物化学工程学院	工程管理	2010年由管理学院调整至生物化学工程学院

学校还面向北京市经济产业结构需求，积极申办新专业。根据北京市教委相关工作安排和要求，学校每年5月布置准备新专业申报工作，详细规定申报条件与要求，由学院根据申报条件要求和专业发展需要，完成新增专业论证与申报准备工作，填报《普通高等学校增设专业申请表（试行）》、新增专业可行性论证报告、新增专业指导性培养计划和其他需要补充说明的材料，报送学校教务处，学校教务处受理学院申报后，组织召开学校教学指导委员会会议，通过专业负责人陈述、答辩、专家无记名投票方式，遴选确定学校申请新增专业名单，报校长办公会通过后上报北京市教育委员会，经教育部公布后设立申报的新增专业。2001—2010年共成功申办了28个本科专业（见表2.1-3）。

表 2.1-3　2001—2010 年新增本科专业

序号	专业名称	专业代码	学科门类	申办时间(年)	申办学院
1	工程管理	110104	管理学	2001	管理学院
2	财务管理	110204	管理学	2001	商务学院
3	人力资源管理	110205	管理学	2001	生物化学工程学院
4	广告学	050303	文学	2001	应用文理学院
5	环境科学	071401	理学	2001	应用文理学院
6	建筑环境与设备工程	080704	工学	2002	机电学院
7	市场营销	110202	管理学	2002	商务学院
8	生物工程	081801	工学	2002	生物化学工程学院
9	公共事业管理	110302	管理学	2002	应用文理学院
10	食品科学与工程	081401	工学	2002	师范学院
11	针灸推拿学	100502	医学	2002	特殊教学院
12	工业设计	080303	工学	2003	机电学院
13	学前教育	040102	教育学	2003	特殊教学院
14	电子商务	110209	管理学	2003	商务学院
15	国际经济与贸易	020102	经济学	2004	商务学院
16	包装工程	081403	工学	2004	生物化学工程学院
17	表演	050412	文学	2004	广告学院
18	生物医学工程	080607	工学	2005	生物化学工程学院
19	会计学	110203	管理学	2005	应用文理学院 师范学院 生物化学工程学院
20	应用心理学	071502	理学	2005	师范学院
21	绘画	050404	文学	2005	广告学院
22	食品质量与安全	081407W	工学	2006	应用文理学院
23	汽车服务工程	080308W	工学	2006	机电学院
24	地理信息系统	070703	工学	2007	应用文理学院
25	酒店管理	110218S	管理学	2008	旅游学院
26	会展经济与管理	110311S	管理学	2009	商务学院
27	建筑电气与智能化	080712S	工学	2009	自动化学院
28	物流工程	081207W	工学	2010	自动化学院

三、专业建设规划

2003 年，按照北京市关于制定“十五”延伸补充规划的要求，学校制定了 2003—2008 年的学科专业建设规划，依据北京市“十五”发展规划确定了学校本科专业的服务面向，形成了服务于首都高新技术产业、现代服务业和都市型工业的本科专业布局结构。

2006 年以来，学校紧密结合首都经济社会发展对各类人才的需求，以提高学科专业水平为目标，调整学科布局，优化专业设置，改造和提升传统学科专业，打造品牌专业和特色专业，注重发展新兴学科和交叉学科专业，大力发展社会急需的学科专业，初步形成了符合北京市产业发展需求的应用型学科专业体系。详细情况如图 2.1-1 所示。

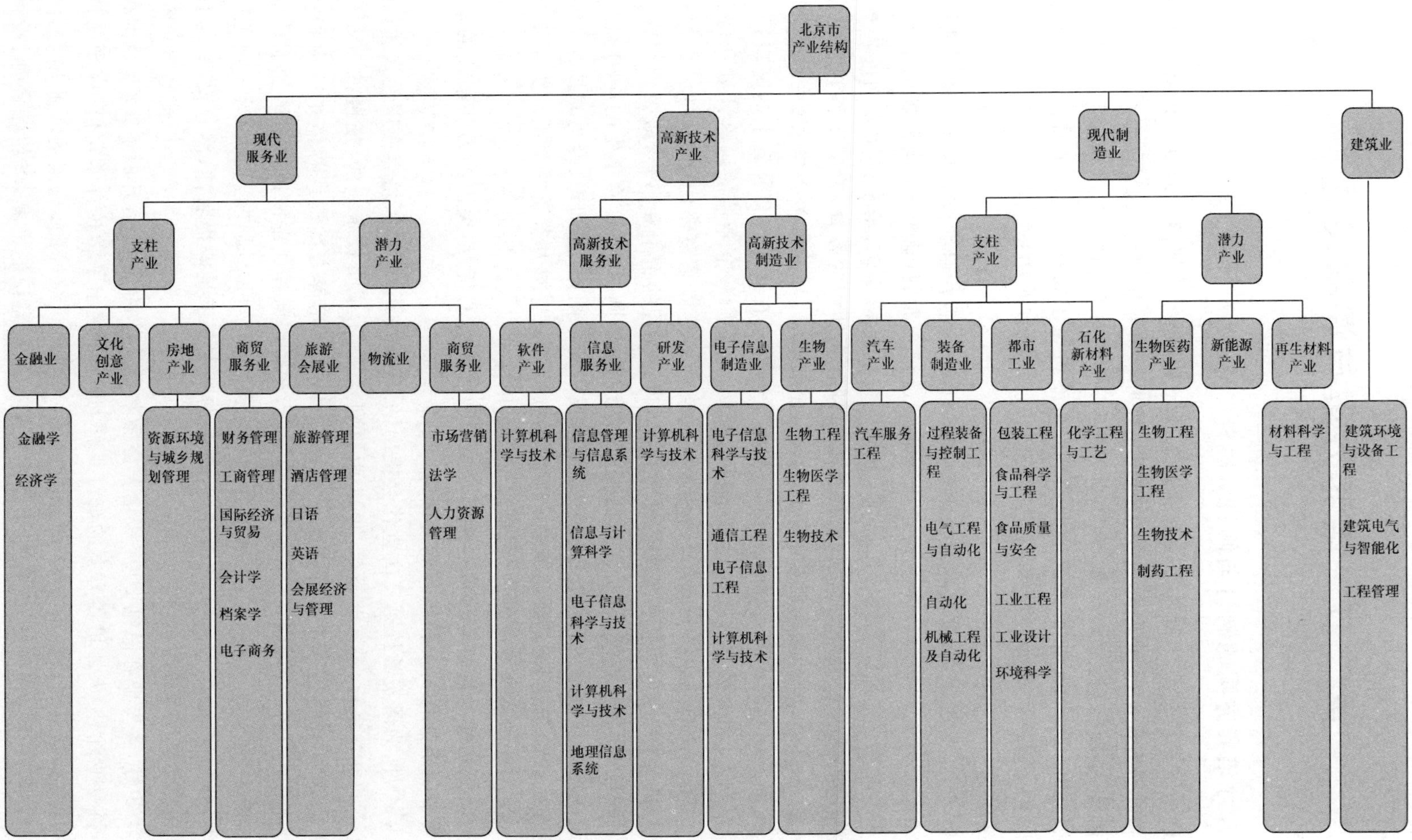

图2.1-1 学校本科专业与北京市“十一五”产业结构需求对应情况

第二节 培养方案与课程设置

一、人才培养方案的制订与修订

学校遵循国家教育方针和高等教育的基本规律和原则，依据国家对高等院校专业人才培养目标和规格方面的原则要求，在努力实现学校办学指导思想的前提下，以培养应用性本科人才为指导，不断探索。2001—2010年学校制订了2003版和2007版两版人才培养方案(原则意见)，并对2004级和2005级的人才培养方案进行了修订。2010年12月，学校出台《关于制订2011版普通本科培养方案的原则意见》(京联教〔2010〕32号)，准备开展新一轮人才培养方案的修订工作。

2003年4月，学校出台《北京联合大学制(修)订2003版普通本科培养计划的原则意见》(京联教〔2003〕9号)，开始对各专业人才培养方案进行全面制(修)订。制订新的培养方案注重以下几个原则：一是注重基础的原则，重视学生在基础知识、基本技能方面的训练，注重自然科学原理、人文社会科学原理、工程技术原理方面知识的教育，改变本科教育教学内容偏窄、偏专、偏深的倾向，突出概念、方法、思想、原理教育，培养学生自学和终身学习的能力；二是拓宽专业面向的原则，由狭窄的对口型专业教育向在通识教育基础上的宽口径专业教育转变，原则上，同一级学科统一设置学科基础课，改革原狭窄专业的培养计划和课程体系，形成一份宽口径的专业培养方案；三是知识结构和课程体系整体优化的原则，贯彻整体优化、少而精的原则，合理调整各专业的课程体系，进行课程的重组和整合，减少课程内容的重复，提高课程的综合化程度；四是注重应用能力培养的原则，注重培养学生的应用能力、对新技术的适应能力、社会实践能力；五是注意个性发展的原则；六是知识、能力素质协调发展的原则，处理好政治与业务、基础与专业、学习与健康、知识与能力素质的关系。为了引导规范学校技术应用性本科教育的发展，单独制订了应用性本科人才培养方案，这些专业的人才培养方案适应应用性本科教学的基本要求及技术教育培养的特点，突出能力和素质的培养，在培养方案中明确加强实践和实践能力训练。

2004年4月，为落实学校第三次党代会提出的“发展应用性教育、培养应用性人才、建设应用型大学”的办学宗旨，进一步落实2003版原则意见，形成全校统一的、规范的专业培养计划，修订了2004级本科人才培养方案。在保持2003版培养方案的课程体系结构和学时比例不变的情况下，各本科专业针对本专业的特点，在必修课程或选修课程中增加通用能力和专业能力的培养环节，并进一步明确了公共基础课程和学科基础课程，全校统一规范的课程包括四类，即马列、德育、大学英语及体育，规范的基本要求是课程名称、学分要求、考核方式、开课学期、教学大纲基本一致。

2005年3月，各专业在总结2004级培养方案整改工作的基础上，开展了2005级本科专业(试点本科专业除外)人才培养方案的修订工作，进一步突出了学校办学定位、体现应用性人才培养的特色，其目的是落实2003版原则意见，形成全校统一的、规范的专业培养计划。在此轮培养方案修订过程中，提出各专业应注重学生创新意识的培养，增加综合性、设计性实验的数量，使有综合性、设计性实验课程占实验课程总数的比例达到60%，并强调强化学生实践能力的培养，切实加大集中实践教育教学环节的比例，规定工科各专业的集中实践教育教学周数应达到35～40周，理学各专业的集中实践教育教学周数应达到30～35周，经济学、管理学各专业的集中实践教育教学周数应达到25～30周，文、史、法等专业的集中实践教育教学周数应达到20～25周。

2007年3月，依据《教育部关于进一步深化本科教学改革全面提高教育教学质量的若干意见》(教高〔2007〕2号)等文件精神，根据学校本科专业建设的实际需要，出台了《北京联合大学制(修)订2007版普通本科培养计划的原则意见》(京联教〔2007〕11号)，对制订人才培养方案的指导思想、基本原则、专业类别划分、总体框架、教学进程与学分设置要求、主要教学环节的设置要求等进行了规范，强调以科学的教育理念为先导，遵循高等教育的基本规律，体现现代教育的发展，加大教育教学改革力度，加强分类指导，努力构建具有应用性人才培养特色的课程体系，突出注重能力培养加强实践教学、统一性与多样性相结合加强分类指导的原则。

人才培养方案详细情况如表2.2-1所示。

表2.2-1　2001—2010年人才培养方案概览

	毕业生基本要求	教学周、学时	集中实践环节学时	毕业总学分
2003版人才培养方案(原则意见)	① 有一定的人文社会科学和自然科学的基本理论知识和素养；② 掌握本专业的基础知识、基本理论、基本技能，并对相关专业的基础知识、基本原理、基本方法有所了解，具有独立获取知识、提出问题、分析问题、解决问题的基本能力及开拓创新的精神，注重培养复合型人才，并根据专业特点有所侧重；③ 面向首都社会发展和经济建设第一线的应用型人才的最显著的特征是有较强的实践能力，因此，各专业应提出明确的实践能力要求并对学生进行较系统的专业实践能力培养，提高学生的综合素质和社会竞争力；④ 提高学生的外语、计算机应用能力，注重因材施教；⑤ 加强对学生非专业素质的培养，使之具有良好的学习方法和习惯，正确的思维方式和强烈的创新意识，树立团结协作观念，注重培养组织管理能力以及良好的表达能力等	秋季学期20周，春季学期21周，理论教学(含实验)学时原则上控制在2400～2600学时，课内平均周学时不超过24学时	理工科35～40周，文科(含经管类)25～30周	
2004级本科人才培养方案	同2003版毕业生基本要求	理论教学运行周以16周(或18周)为基准，理论教学(含实验)学时不超过2600学时	执行2003版的规定	

续表

	毕业生基本要求	教学周、学时	集中实践环节学时	毕业总学分
2005级本科人才培养方案	①说明学生在德育方面的要求;②说明学生应具备的人文社会科学、自然科学、外语和计算机等通识教育领域的基本理论知识和素养的程度要求;③说明学生应掌握的本专业以及相关领域内的基本理论与基础知识的水平;④说明学生应具备的专业基本能力、技能以及职业工作能力的水平或程度;⑤说明学生应具备的非专业素养要求;⑥说明学生应具备的身心素质要求	理论教学运行周以15周(不含黄金周)为基准,理论教学(含实验)学时不超过2600学时	工科35～40周,理学30～35周,经济学、管理学25～30周,文、史、法、教育学20～25周	
2007版人才培养方案(原则意见)	①说明本专业人才的知识要求,主要包括素质性知识要求和专业性知识要求;②说明本专业人才的能力要求,应具体阐述本专业对人才应用能力的要求和关键能力的要求;③说明本专业人才的素质要求,应具体阐述本专业对责任感、道德水平、意志品质、身心素质、人文素养等非专业因素构成的人才基本素质的要求	理论课教学原则上每学期以15周为基准运行,理论教学(含实验课)总学时控制在2400～2700学时	工科类不得少于40周,文科B类、理科类和理科B类不得少于35周,文科类和艺术类不得少于30周	原则上不超过210学分

注:表中总学分未填写的为当年培养方案未对此项作要求。

二、人才培养目标

学校始终坚持探索应用性教育,以培养适应首都经济社会发展需要的应用性人才为己任。

2003年4月,《北京联合大学制(修)订2003版普通本科培养计划的原则意见》(京联教〔2003〕9号),明确提出"培养具有相关基本理论和较强实践能力的高级工程技术人才和应用型专门人才"。同年9月,还针对学校批准的技术应用性本科专业出台了《关于制(修)订2003版技术应用性本科培养计划的原则意见》,要求"培养掌握基本理论知识,具有较强的技术应用能力和实践能力,满足某行业实际需求的本科层次的技术应用性人才"。

在《关于制(修)订北京联合大学2005级本科专业培养计划的意见》(京联教〔2005〕19号)中,要求将学校本科专业的培养目标表述为:"培养德、智、体、美全面发展的,面向首都社会发展和经济建设事业第一线,从事×××××领域工作,具有×××××高级应用性专门人才"。

2007年3月27日,《北京联合大学制(修)订2007版普通本科培养计划的原则意见》(京联教〔2007〕11号)的指导思想中明确指出"培养适应首都生产、建设、管理、服务第一线实际需要的高级应用性专门人才"。

2010年12月30日,《关于制订2011版普通本科培养方案的原则意见》(京联教〔2010〕32号)中再一次申明:"学校普通本科教育人才培养的总目标是培养基础扎实、实践能力强,具有创新创业精神和社会责任感,具有较强的适应能力和可持续发展能力的高素质应用性人才"。

三、课程设置

课程体系的设置要服务于专业培养目标、满足毕业生的基本要求。学校在调整人才培养方案的同时也对课程体系设置进行了调整。

《北京联合大学制(修)订2003版普通本科培养计划的原则意见》(京联教〔2003〕9号)中规定全校课程体系按照基础和专业、必修和选修二维结构进行构建,具体如表2.2-2所示。

表2.2-2　课程体系及学时比例(2003版)

<table>
<tr><td rowspan="3">基础部分
(70%左右)</td><td rowspan="2">必修部分65%左右</td><td>公共基础课程</td></tr>
<tr><td>学科基础课程</td></tr>
<tr><td colspan="2">公共选修课程5%左右</td></tr>
<tr><td rowspan="3">专业部分
(30%左右)</td><td colspan="2">专业必修课程10%左右</td></tr>
<tr><td rowspan="2">选修部分20%左右</td><td>专业限选(方向)课程15%左右</td></tr>
<tr><td>专业、跨专业任选课程5%左右</td></tr>
</table>

《关于制(修)订北京联合大学2005级本科专业培养计划的意见》(京联教〔2005〕19号)中明确规定课程设置要求如下:各类课程设置及学时比例仍遵循2003版原则意见的规定;思想政治理论课程的设置应执行学校两课指导委员会的相关规定;各专业主要课程的设置应遵循《普通高等学校本科专业目录和专业介绍(1998年颁布)》的相关规定,98目录中规定的主要课程应全部以必修课的形式开设,校内同名本科专业允许以专业限选课的形式开设;各专业核心课程应从教育部98目录中规定的相应专业的主要课程中产生,原则上每个专业的核心课程可以设置8~10门。

在《北京联合大学制(修)订2007版普通本科培养计划的原则意见》(京联教〔2007〕11号)中规定,课程体系仍按照基础部分和专业部分、必修部分和选修部分二维结构进行构建,但对学时比例进行了调整,具体如表2.2-3所示。

表2.2-3　课程体系及学时比例(2007版)

<table>
<tr><td rowspan="3">基础部分
(约65%)</td><td rowspan="2">必修部分(约60%)</td><td>公共基础课程</td></tr>
<tr><td>学科基础课程</td></tr>
<tr><td colspan="2">公共选修课程(约5%)</td></tr>
<tr><td rowspan="3">专业部分
(约35%)</td><td colspan="2">专业必修课程(约15%)</td></tr>
<tr><td rowspan="2">选修部分(约20%)</td><td>专业限选(方向)课程(约15%)</td></tr>
<tr><td>专业、跨专业任选课程(约5%)</td></tr>
</table>

第三节　教学基本建设

一、专业建设

(一)专业建设情况简介

学校根据北京市"十一五"时期产业发展与空间布局调整规划,积极优化专业结构与布局,适应北京市产业的发展要求,发挥已有专业优势,凝练学科专业特色,并通过特色专业建设,探索专业建设实践,丰富专业建设理论。截至2010年,学校已经建设22个校级骨干专业,机械工程及自动化等7个北京市级特色专业建设点,资源环境与城乡规划管理等5个国家级特色专业建设点(见表2.3-1、表2.3-2)。

表2.3-1 国家级特色专业建设点名单

序号	专业名称	学院	专业带头人	年份
1	资源环境与城乡规划管理	应用文理学院	张宝秀	2008
2	机械工程及自动化	机电学院	方新	2008
3	旅游管理	旅游学院	宁泽群	2009
4	通信工程	信息学院	李哲英	2010
5	金融学	管理学院	杨宜	2010

表2.3-2 北京市级特色专业建设点名单

序号	专业名称	学院	专业带头人	年份
1	资源环境与城乡规划管理	应用文理学院	张宝秀	2008
2	机械工程及自动化	机电学院	方新	2008
3	通信工程	信息学院	李哲英	2008
4	旅游管理	旅游学院	宁泽群	2008
5	特殊教育	特殊教育学院	刘全礼	2008
6	历史学	应用文理学院	顾军	2009
7	建筑环境与设备工程	生物化学工程学院	张恩祥	2009

(二)特色专业建设点简介

1. 国家级特色专业建设点

1)资源环境与城乡规划管理专业

资源环境与城乡规划管理专业于2008年被教育部批准为国家级特色专业建设点。该专业是在创办于1978年的原北京大学分校地理系地理学本科专业的基础上发展起来的,一直坚持“依托学科,面向应用”的课程体系改革思路,面向首都及地方社会发展和经济建设第一线,通过学科专业理论,密切产学研结合和集中实践环节,侧重培养具有城市要素调研、识图制图、空间分析和综合应用等专业核心能力的城乡规划管理和房地产开发管理的复合应用型人才。

(1)学科基础。

该专业依托的学科是人文地理学,于2008年4月被评为市级重点建设学科,2009年评为北京市学术创新团队。2004年与首都师范大学合作培养硕士研究生。

(2)历史沿革。

该专业是在创办于1978年原北京大学分校地理系地理学本科专业的基础上发展起来的,专业名称随着教育部本科专业目录更替进行调整,经历了1982年的区域规划与管理专业、1984年的城镇规划与管理专业、1992年的经济地理学与城乡区域规划专业及1998年的资源环境与城乡规划管理专业。专业在2002年被北京市教委认定为市级重点改造专业,2003年被评为北京联合大学应用性本科重点建设专业,随后在2005年被认定为北京市品牌建设专业，2006 年成为北京联合大学校级骨干专业，2008 年被评为国家级特色专业建设点项目。

（3）建设理念。

该专业建设理念的变革与创新主要集中在通过课程体系改革和“依托学科，面向应用”课程体系的构建，在专业人才培养和教育教学全过程中体现对应用性专门人才的培养。具体体现在以下三个方面：构建了“依托学科，面向应用”课程体系，创建了专业必修的综合性课程和集中实践教学模块化。

（4）教学团队。

专业团队有教师 20 人，平均年龄 39 岁，硕博士比例为 90%，其中博士 7 人，占总数的 35%，博士教授 3 人，博士副教授 3 人。师资队伍具有年轻、学历高、外语好、学缘结构合理、团队合作精神好等特点。其中，有 10 名教师是“双师”素质型教师，有 5 名教师分别在中国地理学会、北京地理学会、北京城市科学研究会及其专业委员会担任副理事长、理事或委员职务，8 名教师有企业工作经验等。还聘请在企事业单位工作的专家作为专业人才培养师资队伍的有益补充。

（5）教学改革。

利用国家和北京市“质量工程”建设的有利契机，推进教育教学理念的更新，加大教育教学改革的力度，在教育教学领域取得一些成果。

2009 年，以张宝秀、张景秋、尹卫红、孙颖、熊黑钢为主体的专业教学团队所研究的“资源环境与城乡规划管理专业‘依托学科、面向应用’的课程体系改革”获 2008 年北京市教育教学成果（高等教育）二等奖；

2009 年，张景秋（排名第五）参加的“创新应用性本科人才培养模式，深化专业课程改革”获 2008 年北京市教育教学成果（高等教育）二等奖；

2008 年，由尹卫红、张宝秀、孙颖、张景秋、张小军研究的“培养创新性、应用性地学人才——基于任务的‘城市要素调研方法与实务’课程改革”获北京联合大学 2008 年校级高等教育教学成果一等奖。

2007 年，资源环境与城乡规划管理专业教学团队被评为校级优秀教学团队。

熊黑钢的“自然地理学”，张景秋的“城市地理学”被评为校级精品课程；叶盛东的“场地设计”，李雪妍的“房地产营销策划”被评为校级示范课，叶盛东，李雪妍被评为示范课教师。

2）机械工程及自动化专业

机械工程及自动化专业于 2008 年被教育部批准为国家级特色专业建设点，所依托的学科是校级重点建设学科——机械制造及其自动化。机械工程及自动化专业的前身为 1978 年建立的机械设计与制造专业，以及 1988 年建立的机械电子工程专业，自 1999 年起开始招生，已有 5000 多名学生毕业。机械工程及自动化专业毕业生就业面向北京市高新技术制造业（如航天制造业、移动通信、计算机及网络、集成电路、光电显示等制造业）、现代制造业（如汽车制造业、装备制造业、都市工业）、制造（生产）服务业生产第一线。

（1）建设理念。

根据北京市“十一五”产业发展规划，并根据我国大众化高等教育发达地区地方本科院校生源的特点，与北京制造业企业用人部门共同研究制订人才培养方案，构建培养现场工程师能力的课程体系;将原来并行设置的几门专业课程,改革为根据现场工程师能力的需要综合而成的一门跨学科理论实践一体化课程;将课程设计改革为工程训练;将以理论研究和工程研究为主的毕业设计改革为在企业进行,以解决生产现场实际技术问题作为研究课题,培养学生综合应用所学专业知识与技术解决实际问题的应用能力;根据现场工程师的能力要求进行课程改革,将侧重基础理论及其在工业企业中当前和未来应用的工程课程,改革为侧重讲授应用当前技术和工艺方法,解决当前制造业企业问题的技术课程;并编写出版相应的新教材;根据现场工程师的能力要求进行实践教学体系改革,将实验从侧重实验方法和相关基础理论,改革为侧重设计实际问题的解决方案及其实施;将侧重训练掌握解决各种新问题的通用设计方法的课程设计,改革为侧重训练解决专门技术领域实际问题的能力的工程训练,企业参与对学生实习及企业实践的考核;建立产学合作的教师培养机制,加强对教师工程实践能力的培养,建设专兼结合的教学团队。

(2) 人才培养。

该专业培养的学生具有机电一体化技术应用能力、数控技术应用能力,能在高新技术制造业、现代制造业企业生产现场从事技术应用、技术开发、生产管理等工作。

该专业与SMC(中国)有限公司、华德液压集团等企业人力资源部门共同制订专业人才培养方案,并根据对现场工程师的能力要求,共同研究制定专业技术课程、工程训练、综合性课程的教学大纲。

该专业培养方案的特点是综合性课程,目标是学生能独立完成未来现场工程师的某一项具体职业工作,教学方式采用项目驱动式教学法。综合性课程要求学生掌握从概念设计、方案选择论证、方案实施、系统调试,直到写出项目报告的全部相关技术。综合性课程的考核标准包括对技术的掌握程度(知识与能力的考核)及团队精神、职业素质、技术应用的创新意识等(素质的考核)。在综合性课程的教学过程中,学生3～4人组成一个项目小组在实验室中完成相应的工程任务;每个项目小组接受不同的工作任务,按照现代制造业生产一线实际工作的完整程序,独立制订项目计划并实施,直至完成任务,项目小组要提交项目报告,并接受答辩。

(3) 教学团队。

机械工程及自动化专业有师资19人。其中,博士4人、在读博士3人,硕士8人;教授4人,副教授8人,高级工程师1人,讲师6人;35岁以下6人,36～45岁4人,46～55岁9人;专业教师具有不同的专业背景且多学科交叉,19位教师分别毕业于13所不同的高校,具有企业工作经历的教师10人;北京市优秀教师1人,北京市高校骨干教师2人。学校教学质量示范教师1人、校级优秀教师1人,校级精品课程负责人3人。

该专业以产学合作为手段促进团队建设,尤其是青年教师的培养,采取的措施有:聘请企业一线有经验的工程师讲授需要较多工程经验的课程;建立青年教师到企业顶岗实践的相应机制;与企业共同开展技术创新的科学研究;校企双方合作指导学生进行企业真题的毕业设计;与企业合作开展制定国家工程师职业资格标准的工作;为企业举办技术培训等。

(4) 教学改革。

机械工程及自动化专业教师充分利用国家和北京市“质量工程”建设的有利契机推进教学改革,在实践教学体系建设、产学合作教育等方面取得丰硕成果,连续三届获得北京市级教学成果奖；2007 年被评为北京市优秀教学团队；现有校级精品课程 4 门，国家级“十一五”规划教材 1 部，北京市精品教材 1 部，主编的应用性本科教材 12 部；2008 年被评为北京市级特色专业建设点、国家级特色专业建设点。

该专业近三届毕业生一次就业率为 97%，其中 87%以上到制造业企业成为设备维修工程师、测试工程师、工艺工程师、品质控制工程师等，主要岗位分布为技术应用 70%，技术开发 18%，生产管理 12%。毕业生的就业岗位 60%以上与其所选修的综合性课程、毕业设计的项目相关。

(5) 教学资源。

该专业的专业基础及专业课程中开设了 20 门理论课程，均有自制的适合生源情况的教学课件，还配套开设有相应的综合性或设计性实验，并出版了该专业教师主编的教材 12 部。

(6) 实践教学。

在国家和北京市“质量工程”的支持下，机械工程及自动化专业建设了自动化控制、数控、测试技术、电机驱动与控制、流体传动与控制、液压、SMT、CAD/CAM、单片机应用技术、数控加工工艺等实验室。在实践教学方面，进行了三项建设：实践教学环节建设——建设注重工作组织能力、工作管理能力和工作技术能力等综合应用能力培养的实验、实习、实践、工程训练、毕业设计等；实践教学环境建设——建设接近真实工作环境，工艺、技术、设备、材料都贴近生产实际，并具备工作现场的综合工程环境；实践教学师资建设——建设既具有较高的学历层次，又具备实际工作经历的实践教学师资队伍，通过产学合作的培养机制实现。已建设成由 45 周整周实践(包括 6 个工程技术训练、3 个实习与实践、1 个综合性课程以及企业毕业设计)和 18 门课程实验、2 个 24 学时的综合性实验构成的实践教学体系。

3) 旅游管理专业

旅游管理专业于 2009 年被教育部批准为国家级特色专业建设点，始建立于 1980 年，是我国最早的旅游管理本科专业之一，主要培养具有综合职业素质、适应北京地区旅游业发展需要的应用型经营管理专门人才。该专业根据北京地区旅游行业发展需求，借鉴国际先进的高等教育理念，采用开放式教学方式，并以核心职业能力培养为主线，以综合职业素养为重要方面，对人才培养方案进行积极改革；高度重视实践教学，借助与北京旅游行业的长期合作关系，建立了长期稳定的校外实践教学基地。

(1) 建设理念。

根据学校“发展应用性教育，培养应用性人才，建设应用型大学”的办学宗旨和“面向大众，服务首都；应用为本，争创一流”的办学定位，以及北京市旅游局 2001—2010 年旅游行业的人才规划要求，注重培养复合型、外向型和市场型的高级经营管理人才。

同时，建立健全产学研相结合的专业教师培养机制，加强对专业教师职业素质和实际研究能力的培养，努力建设一个高质量的旅游业界的兼职教师队伍，建成一支具有产学研合作特点的专兼职相结合的教学团队。

(2) 人才培养。

该专业毕业生就业率始终保持在 95%以上，大部分就职于北京市国际旅行社和北京中国旅行社等知名机构。北京市星级饭店 95%的部门经理级以上干部，都有过在本院培训相关专业课程的经历。北京市旅游局于德斌副局长、国贸饭店中方总经理辛涛女士等都是该专业的优秀毕业生。2004年以来该专业毕业生中,有50多名毕业生担任了部门主管和经理以上工作职务。北京市旅游局和国家旅游局对该专业毕业生给予了高度评价,认为他们在北京旅游业分布最广,培养的人才适应性强,热爱北京旅游事业,工作踏实肯干。

有两届本科学生(4名)先后参加了2006年在泰国曼谷举行的"亚太旅游研究生论坛"和2009年在韩国首尔举行的"亚太旅游研究生论坛",并在论坛学术会议上用英文宣讲论文。近两年来,该专业本科学生在学术期刊和正式出版物上发表学术论文6篇,其中3篇发表在核心期刊上。

(3) 教学团队。

旅游管理专业拥有一支专业教学经验丰富、促进行业发展能力较强的市级专业教学团队——"旅游管理专业课程PBL教学改革团队",该教学团队共有22名专业教师,具有行业兼职背景与经历的专业教师占63.6%(14人),教师职称结构、学历结构及年龄结构合理。其中,高级职称比例为54.5%(教授3人,副教授9人);具有研究生学历的比例为86.4%(博士10人,硕士9人);45岁以下教师比例为77.27%。专业教师来自经济学、地理学、城市规划学、园林学、统计学、管理信息系统、市场营销、财务管理、人力资源管理、生态旅游等不同专业,这种多元化学缘背景为旅游管理专业的建设与完善提供了良好基础。

(4) 教学改革。

根据学校应用性人才培养的办学定位,以及北京市旅游局2001—2010年旅游行业的人才规划要求,2003年以来,打破常规,以旅游企业管理经营人才核心职业能力培养为主线,以综合职业素质养成为重要方面,对专业的人才培养方案进行了大胆改革。

在专业四年的人才培养计划中,第一、二学年为基本知识和基本理论学习阶段,以工商管理主干课程为主;第三学年为学生核心能力培养阶段,试行专业模块课程(引入PBL教学方法加以改造)教学方式;第四学年为专业方向知识拓展和与社会建立广泛联系阶段,主要通过专业方向选修课、实习、做毕业论文来实现,该学期课程采取系列讲座、讲演等多样化方式进行,并聘请企事业单位、研究机构专家、国外的专家教授前来讲授相关课程和内容。该改革方案于2005年9月正式开始实施,对5届旅游管理本科专业的学生实施这一人才培养计划,共有学生359人完成此项学业。

(5) 教学资源。

该专业除了拥有专业教师的教学团队外,在硬件方面,还拥有2个专业实验室。2005年以来,在北京市教委的资助下,该专业先后筹建了旅游电子化管理模拟实验室和酒店管理模拟实验室(又称Opera实验室),投入经费近千万元。

在校外实践教学基地建设方面,借助旅游学院与北京旅游行业的长期合作关系,首先在北京首旅集团、北京全聚德餐饮集团建立了长期稳定的实践教学基地。2008年6月又与北京7个旅游企业和地区正式签约挂牌,使它们成为该专业的实践教学基地和产学研合作基地,分别是美国喜达屋集团下属的北京国际俱乐部酒店、法国雅高酒店集团下属的北京诺富特和平宾馆、美国凯悦酒店集团下属的北京东方君悦大酒店、北京西藏大厦、北大博雅国际会议中心、北京外企服务集团公司、密云县旅游局。这些企事业单位在提供学生实习、教师挂职轮训方面都提供了大量的机会,同时,也与专业教师开展了数项企业急需解决的科研课题。这些为旅游管理专业实现真正的产学研一体化办学,奠定了坚实的基础。

(6) 实践教学。

该专业高度重视实践教学对学生能力培养的作用，在培养方案中设计了课程实践教学和集中实践教学两大类的实践教学环节。

集中实践教学的主要目的在于，通过集中时间进行实际体验的方式，师生充分了解行业发展现状、企业经营管理流程和业务知识，了解旅游企业运行真实情况，既为学生的学位论文做好前期实地调研准备，也为学生今后就业打下良好业务基础。这种实践教学主要体现为5个月或6个月的毕业实习，对该环节的管理流程主要表现为实习讲座——统一公布实习信息——召开实习招聘会——实习单位的确定——该专业对学生做实习动员——签署实习协议——实习过程的指导与管理(该专业实习负责小组)——实习总结。

4) 通信工程专业

通信工程专业于2010年被教育部为国家级特色专业建设点。该专业面向通信行业，培养从事通信系统设计、开发和工程建设等方面的高级工程技术人才。专业建设以“依托学科为基础、完善的实践教学环境为支撑”，以应用型专业人才培养为目标，成为通信工程师的摇篮。经过三十多年的学科及专业建设，该专业的教学、实践及科研体系更加完善，师资队伍结构更加合理，毕业生就业率保持较高水平。

(1) 历史沿革。

该专业始建于1978年，依托学科是通信与信息系统学科，通信与信息系统学科1995年被评为北京市重点建设学科(B类)，是校级重点建设学科，主要研究方向包括通信集成电路、信息网络通信技术等。该专业每年为北京市输送约140名应用型高级工程技术人才，毕业生就业率一直较高，学生安心于生产一线工作岗位，也有不少学生成为行业精英。2004年该专业被评为北京市品牌建设专业，2008年被批准为北京市级特色专业建设点。通信工程专业的通信与网络课程群教学团队被评为2009年北京市优秀教学团队。

(2) 建设理念。

作为工程技术人才培养的应用型专业，注重学生的基本工程技术素质培养及技术应用能力的训练，打破了以理论课程为核心的培养方式，提出了“宽基础、精专业”的培养理念，根据IT领域对人才的技术要求，确立了以学科理论与工程技术为核心的培养方案。

(3) 人才培养。

该专业以北京地区所需要的IT业应用型工程技术人才为培养目标，突出应用型专业技术人才的技术素质培养，特别是工程师基本素质的培养。特别注意学生的学科理论与专业技术应用能力的训练，在人才培养中坚持5个“不断线”：

① 以基本知识应用为目标，保证四年基础理论应用不断线；

② 以技术应用能力训练为目标，保证四年技术应用实践不断线；

③ 以就业导向为目的，保证四年专业教育不断线；

④ 以提高就业竞争力为目的，保证四年创新意识培养不断线；

⑤ 以心理素质训练为目的，保证四年人文教育不断线。

2006年以来，该专业对培养方案进行了重大调整，改革了人才培养模式，使之符合应用性人才培养的要求。该专业采用“实践、认识、再实践”的方法，不断对专业方向、专业人才培养的体系内容进行分析、改革和总结。在总结经验的基础上，确定了应用型通信工程专业对学科基本理论与技术的深度和广度要求、专业培养方案的核心内容(核心理论与技术体系)，以及以技术体系为核心的实践教学体系。这种教学改革为该专业培养具有一定工作能力的高级工程技术人才提供了基本教学保证。

(4) 教学团队。

该专业以学科建设为基础,引进高水平教师,不仅要求教师有高学历,还特别注意教师的理论与技术应用能力。目前该专业有教授2名,副教授6名,讲师6名;其中博士后1人,博士3人,在职攻读博士学位的教师3人;97%以上的讲师具有硕士以上学位。

(5) 教学改革。

在专业建设中,充分利用国家和北京市"质量工程"建设的有利契机,积极进行"加强核心课程建设,强调方法能力"的教学改革,突出学科基础理论和基本技术的工程应用教学。重点加强"电路分析""电子线路""信号与系统""数字信号处理""通信电路""通信系统原理"和"移动通信"等课程建设,形成以知识和技术应用能力为核心的专业基础和专业课程结构,并实现"实践、认识、再实践"指导下的基本教学方法。在教学改革中,提出了"减少课程门数、突出知识与技术应用能力的训练"的课程体系。该专业根据学科系列、专业基础系列和专业技术系列对课程体系进行了整合,形成三条相互支撑的课程系列,每一系列中的课程之间实现网状连接,学生毕业所需要的总学分为168学分,其中53学分为实践性教学环节。在课程体系建设中,突出现代分析技术和硬件技术。在减少课程门数的基础上,形成系统硬件设计、仿真技术应用和设备操作训练三个硬件课程系列,每一系列包含认知、使用和设计三个台阶。

同时,在人才培养过程中积极改革考核方法,确立了"用课程考试对学生基本知识学习进行评价""用实验设计和技术应用作为对学生专业技术学习的基本评价""用毕业设计成绩作为对学生专业学习的综合评价",以及"用学生就业方向作为对专业教学体系的评价"的基本评价体系。

(6) 教学资源。

专业带头人李哲英教授是教育部教学指导委员会委员、享受国务院政府特殊津贴专家,2007年被评为北京市第三届高校教学名师,2008年获北京市教育工会"师德标兵"称号,2009年被评为全国优秀教师。该专业积极引进国外优质教学资源,充分利用国内教学资源,聘请了4名国际知名大学和国内"211工程"大学的教授为兼职教授。该专业特别注重发挥青年教师的作用,特别强调在实践中培养锻炼青年教师,为青年教师提供了良好的科研与教学研究环境。为了提高教师的理论与技术应用能力,该专业与企业联合成立了新技术研发中心,极大地提高了该专业的师资素质与水平。此外,通信与网络课程群教学团队被评为2009年北京市优秀教学团队。

(7) 实践教学。

该专业特别强调实践教学环境的建设,把实践环节作为人才培养的核心环节之一,使之成为知识与技术应用、创新应用的基本教学环节。从第一学期开始,实验、课程设计和实训时间的比例逐年加大,并逐步增加创新意识培养的力度。每学年与企业相结合开设相应的工程素质培训课程;同时,确定把毕业设计与企业和合作研究中心的生产与研究课题相结合,实现大多数学生的毕业设计在企业完成。此外,通过对实践性教学环节的设计,使学生能够在实践性教学环节中积累工作经验。

(8) 其他特色。

该专业与信息学院工程应用技术中心、微电子应用技术研究所、校企合作中心、校企合作基地相结合，建立了与培养方案相适应的实践教学环境，建设并完善了现有校企联合研发中心，进一步加强了与台湾掌宇集电科技有限公司、北京计算机一厂凯虹技术中心稳固的校企合作关系。

此外，该专业还与瑞典皇家理工学院（KTH）、林雪平大学、隆德大学，以及台湾中原大学建立了合作培养硕士生和博士生的合作关系。

5) 金融学专业

金融学专业于 2010 年被教育部批准为国家级特色专业建设点。该专业始建于 1995 年，至今已向社会输送毕业生 1700 余人，多年来就业率一直保持在 95%以上，专业对口率在 70%左右，毕业生社会声誉较好。2010 年，金融学专业开始面向全国"一本"招生，生源质量进一步提高。同年专业获批教育部第六批高等学校特色专业建设点，是北京市属高校两个金融学国家级特色专业建设试点之一。

金融学专业一直紧扣区域经济和产业发展对专业进行动态调整，寻求差异化的发展道路。结合北京市服务外包基地城市和金融后台中心城市建设发展的规划部署，以及社会对中小企业金融服务的巨大需求，在立足培养主流金融机构所需专门人才的基础上，通过建设金融业务流程外包课程群和中小企业金融服务课程群，培养社会紧缺的金融服务外包人才和中小企业金融服务人才。

(1) 建设目标。

立足首都金融业发展，依托国家级服务外包人才培养创新试验区与北京市级经贸实验教学示范中心平台，在国家级特色专业建设的基础上，秉承学校办学理念，立足金融学、服务科学和信息科学的交叉，改革人才培养模式。

(2) 教学团队。

金融学专业共有 26 名专业教师，40 岁以下教师占 81%，高级职称比例为 58%，博士比例达到 54%。师资队伍建设是该专业发展的重要工作，通过开展教师技能培训、教学研究、学术交流、企业实践等多种形式对中青年教师进行持续培养，有北京市社科理论百人工程学者 1 人，北京市学术创新人才 1 人，北京市优秀教师 1 人，北京市中青年骨干教师 7 人，北京市青年教师基本功大赛获奖者 2 人，全国多媒体课件大赛获奖者 1 人，北京市高校多媒体教育软件大赛获奖者 1 人。目前，已形成了一支以中青年教师为主，职称和学历层次较高、教学和科研水平较高、学术思想活跃、具有发展潜力的教学团队。

(3) 教学方法。

坚持"双主体"的教学模式，依托 Blackboard 网络学堂优质教学资源，合理运用"互动式"教学方法，发挥学生主动性、积极性和创造性；践行"知行合一"的教学理念，灵活运用"体验式"教学方法，实施"导师制"引导本科生参与教师科研项目的研究，将创新意识、创新思维和创新技能的培养贯穿教学过程；落实"动态调整"的教学机制，创新运用"模块式"教学方法，鼓励学生选择教学资源自主学习，提升学生创新能力，提高学生参与科技竞赛与科研项目的比例，获得更高级别的奖励。

(4) 实践教学。

通过进一步加强校内实验室、校外实习基地和实践教学共享平台的建设，增加实践教学比重，改革实践教学内容，开发金融投资类综合实践、金融业务流程外包实践和中小企业金融服务实践等课程；创新实践教学模式，将应用性科研项目纳入综合性、设计性、自选性、协作性实验教学；强化实践教学环节，提高金融实验室人员的综合素质和实践指导教师的教学水平；改革实践教学评价与考核方式，完善校内与校外结合、产学研一体化的实践教学体系；有效支持培养经济社会发展紧缺的复合应用型金融人才的需要。电子金融实验室是管理学院北京市经贸实验示范中心重要组成部分。它不仅对管理学院经管类学生全天候开放，而且多次承担全国高校大学生世华杯金融投资模拟交易大赛等学生课外科技竞赛活动。

(5) 学科竞赛。

学生在参与学科竞赛和科技立项方面均取得了骄人的成绩，获得北京市举办的各类学科大赛一、二、三等奖 5 人次；获得“挑战杯”首都大学生课外学术科技项目哲学社会类作品三等奖 1 项；获得学校 2010 年“启明星”大学生科技创新项目和本科生科学研究计划10 项。

上述资源环境与城乡规划管理专业、机械工程及自动化专业、旅游管理专业和通信工程专业 4 个国家级特色专业建设点，同时也是北京市级特色专业建设点。

2. 北京市级特色专业建设点

1) 特殊教育专业

特殊教育专业于 2008 年被北京市教委批准为北京市级特色专业建设点。该专业是特殊教育学院最早设置的本科师范类专业，也是北京市属高校中唯一的特殊教育专业。该专业为北京市培养特殊教育学校或有特殊儿童随班就读的普通学校的拥有特殊教育专业技能的教师。特殊教育专业经过十年的教学改革和科学研究，取得可喜成果，在基础特殊教育的研究领域里，部分研究项目已处于全国领先的地位。

(1) 历史沿革。

该专业是 2000 年在原北京特殊教育师资培训中心，即北京第一师范特殊教育专业的基础上建立的，是全国第一个本科层次、直接为特殊教育学校或有特殊儿童随班就读学校培养师资的本科专业。

(2) 培养目标。

该专业的培养目标是具有掌握特殊教育的基本理论和基本方法，具有特殊教育的正确理念和从事特殊教育工作的基本素养，能够从事特殊教育教学、咨询或特殊儿童相关训练的专门人才。

(3) 建设理念。

以北京特殊教育实践的需要为导向，以学生临床实践能力的培养为核心，毕业生理论与实践的基本素质扎实，特殊教育专业的教材和科研水平具全国一流的特色专业。

(4) 人才培养。

该专业首先要具备基本的理论知识和理念，包括普通儿童、普通教育的知识和理念。为了实现这个特色，把理论课程浓缩到几门课程中，重点讲授基本的理论知识，进而形成相应的理念。突出临床特色，除开设相关课程外，还加强了临床实践。例如，开设“行为改变技术”“心理与教育测量技术”“教育、心理咨询学”“语文、数学教学法”等课程，同时，加大实习、见习的比例，突出教师素养的培养。为了突出教师培养的特点，该专业加强了“两字一话”(粉笔字、钢笔字、普通话)、教学基本功(包括备课基本功、板书基本功)和现代教育技术(包括课件制作)的教学,并且为了形成学生未来教学的技能,改变传统的实习、见习方法,以集中实习掌握方法、以课程统揽形成能力,不仅在平时练习,还开设相关课程,如开设“写字课”“备课课”等。

(5) 教学团队。

该专业现有教师 11 人,其中教授 2 人,副教授 4 人;有博士学位者 4 人,硕士学位者 4 人,硕士在读 3 人;平均年龄 38 岁。本团队年富力强,年龄、职称的结构合理,是一个素质较高的团队,发表了一系列在全国具有重要影响的文章并出版了一批著作成果。

教师基本上是“双师型”教师,研究方向涵盖了特殊教育的基本理论、盲生教育、聋生教育、智力落后生教育、学业不良儿童教育、孤独症儿童教育、特殊教育的方法和特殊儿童的教育交流技术等方面。

(6) 教学改革。

目前该专业的教学改革主要集中在三个方面。

一是根据北京尤其是特殊教育事业发展的实际,调整教学计划和培养方向。除去传统的为特殊教育学校培养教师外,加大了毕业生的临床技能,主要是训练特殊儿童的技能和为他人提供咨询的技能的培养力度;同时,把培养方向调整为:为普通学校培养随班就读的教师——包括资源教师。

二是调整学生的实践教学的内容和方式,增加师范生基本素养和特殊教育专业临床要求的咨询内容。

三是针对全国特殊教育师资培训缺少教材的实际,强调加强教材建设。2007 年以来,该专业教师完成出版了下列教材或可以作为教材的专著:

《学业不良儿童教育学》(刘全礼著,天津教育出版社,2007 年);

《学习障碍儿童教育概论》(毛荣建著,天津教育出版社,2007 年);

《特殊儿童的家庭教育》(刘全礼著,天津教育出版社,2007 年);

《行为改变技术》(许华红著,天津教育出版社,2007 年);

《随班就读教育学》(刘全礼著,天津教育出版社,2007 年);

《残障儿童的早期干预概论》(刘全礼著,天津教育出版社,2007 年);

《特殊教育导论教学资料选》(刘全礼著,天津教育出版社,2007 年);

《盲文》(钟经华主编,天津教育出版社,2007 年);

《视力障碍儿童的心理与教育》(钟经华主编,天津教育出版社,2007 年);

《智力落后儿童的特点与教育纲要》(刘全礼著,天津教育出版社,2007 年);

《孤独症儿童的教育与康复》(王梅主编,华夏出版社,2007 年);

《因材施教教育学——因材施教的理论与实践研究》(刘全礼著,新蕾出版社,2009 年);

《学业不良儿童的特征与对策》(刘全礼著,新蕾出版社,2009 年);

《临床家庭教育学导论》(刘全礼著,新蕾出版社,2009 年);

《教育咨询学引论》(刘全礼著,新蕾出版社,2009 年)。

(7) 教学资源。

该专业的教学资源比较丰富,有包括心理实验室、学业不良实验室、心理测量室在内的 6 个实验室,10 个实践教学基地,还有与全国同行建立的广泛的人员联系。

2）历史学专业

历史学专业于2009年被北京市教委批准为北京市级特色专业建设点。该专业创办于1978年，依托的专门史学科是校级重点建设学科、硕士学位授权点；拥有4个校内实验室，是国家级“应用文科综合实践教学示范中心”的重要组成部分；拥有8家校外人才培养基地，其中首都博物馆被评为北京市校外人才培养基地。

（1）建设理念。

该专业的办学理念是“依托学科，面向应用，立足首都，服务社会”。办学三十余年来，确定了以历史学为本、以文物博物馆和文化旅游为用的办学思路，以为北京市培养既有较高的历史文化素质又具有较强的应用能力的应用型史学人才为己任，构建了基础与应用相结合、校内与校外相结合、课堂教学与服务社会相结合的特色鲜明的教学体系。

（2）人才培养。

该专业人才培养的规格是能够胜任博物馆陈列与管理、文物保护与修复、文物鉴定与经营、文化旅游、历史文化网站建设等工作。为达到这一培养目标，2007年修订了新的培养方案，细化了对两个专业方向核心应用能力的培养，增加了每学年4周的集中实践环节，突出了培养方案的实践性特点。特别是每个专业方向都设计了一门以实践为主线的综合课程，贯穿4个学年，将不同学习阶段的实践教学环节串联起来，力争做到三个“配合”：集中实践环节与理论课程学习相配合，集中实践内容与学生专业应用能力提高阶段相配合，集中实践体系与行业需求及就业需求相配合。

（3）教学团队。

该专业拥有一支水平较高、结构合理、能够满足应用性教学所需的专兼职师资队伍。专职师资队伍共有20人，其中64%具有博士学位，高职称比例占45%，绝大多数都毕业于北京大学、北京师范大学、南开大学等名牌大学；兼职师资队伍中具有高级职称的行业专家8名，占兼职师资总数的80%。该专业教学团队被评为北京市学习型班组，拥有国家教育部新世纪优秀人才、北京市百千万人才工程市级人选、北京市拔尖创新人才、首都劳动奖章获得者、“培养新世纪社科理论人才百人工程”人选、北京市青年骨干教师等。该专业制订有中青年教师培训计划，组织教师到首都博物馆、北京神舟国旅等相关行业一线学习交流，这些培训保证了专业师资队伍教育教学水平，尤其是实践教学水平的稳步提高。

（4）教学改革。

在国家和北京市“质量工程”建设的引导下，该专业推进教育教学理念的更新，加大教育教学改革的力度，在教育教学领域取得了较大进步。在课程建设方面，韩建业教授主讲的专业基础课“考古学通论”被评为北京市高等学校精品课程，顾军教授主讲的“中国传统文化通论”和“中国民俗学”先后被评为校级精品课程。在教材建设方面，为配合应用性教学的需要，制订了编写出版12本文物博物馆系列和文化旅游系列的应用性教材的计划。近几年已经出版了8种，其中《中国传统文化概论》和《中华文物古迹旅游》被评为北京高等教育精品教材。

该专业把保证和提高人才培养质量作为专业建设的立足点，并取得重要成绩。2004年以来，该专业学生的毕业论文连续获得校级优秀毕业论文一等奖，有多篇毕业论文公开发表。在大学生“挑战杯”课外科技活动中也连创佳绩，如“东城区第三次全国文物普查”和“北京市非遗保护工作调查”两个社会实践小组的成果双双获得2008年首都大学生社会实践优秀成果奖；其中《北京非物质文化遗产保护工作调查报告》还获得首都大学生第五届“挑战杯”课外科技活动大赛二等奖；2005级学生杨瑛的作品《大高玄殿的历史考察》《大学生实用就业网创业计划书》在学校第二届挑战杯竞赛中分别获得课外科技作品三等奖、创业设计竞赛金奖。

该专业的毕业生普遍受到相关行业的欢迎，近5年毕业生一次性就业率均在95%以上。2005年、2007年、2009年更是达到了100%。专业对口率始终保持在85%以上。许多毕业生已经成为部门的领导和业务骨干。

（5）教学资源。

该专业在国家级“应用文科综合实验教学中心”中，拥有金属文物保护与修复、陶瓷文物保护与修复、文物鉴定、非物质文化遗产保护与利用四个实验室，对培养学生专业基本技能和专业核心应用能力发挥了重要作用。该专业还拥有图书资料3万余册和部分电脑、摄影摄像器材。

（6）实践教学。

多年来，该专业在实践教学方面进行了大量的探索与实践，初步形成了应用性特点突出的实践教学体系，并取得了一系列成果：

① 构建了综合基础实践、专业应用实践、创新拓展实践相结合的实践课程体系。着重培养学生的基本技能、专业核心应用能力与创新能力。突出设计性、综合型和创新性的实验内容，引导学生进行自主式、合作式、研究式的学习。在指导实践教学的方法上不断创新。比如，在网络上，开设了历史系学生社会实践论坛，运用实习日志、田野调查报告、专题网刊等多种形式，记录学生的实践过程和成果，增进师生之间的交流，取得了很好的效果。

② 形成校内外相衔接的实践教学模式。校内四个实验室，承担了该专业12门课程的实践环节，设有60个实验（实践）项目，对培养学生专业基本技能和专业核心应用能力起到了重要作用。校外长期与相关行业单位密切合作，先后与国家博物馆、首都博物馆、北京神州国旅集团等8家博物馆和旅行社签订了就业实习基地协议。其中首都博物馆被评为校级校外示范性实践教学基地。此外，还聘请行业知名专家和领导做兼职教师，承担实验（实践）课程讲授和学生实践指导工作。

③ 产学研合作取得显著成效。该专业积极组织学生承担相关政府部门和企事业单位的科研课题与社会活动，真题真做。例如，2003级、2004级学生参加了北京市政协负责的北京名人故居的普查工作，基本摸清了北京市300余家名人故居的情况，为市政协此项重点课题的完成提供了坚实依据；2005级学生参加北京市东城区“全国第三次文物普查”工作，2006级、2007级学生配合北京市非物质文化遗产保护中心，进行北京市非物质文化遗产保护工作调查，实习中，8名学生的作品在北京市文化局主办的《群文博览》发表。这些活动加深了学生对行业的了解，锻炼了学生的实践能力，也为学校赢得了较好的社会声誉。

3）建筑环境与设备工程专业

建筑环境与设备工程专业于2009年被北京市教委批准为北京市级特色专业建设点。该专业适应北京市大力发展的生产性服务业和都市服务业的要求，培养的学生具有暖通空调系统和建筑环境智能控制系统的初步设计、安装调试与施工管理技术、优化运行与节能管理技术的现场应用能力。从2002年起，该专业明确提出了“技术学科为依托，产学合作教育为主线，突出现场技术实践能力，培养现场工程师”的教学改革思路。先后建立了“建筑环境智能控制试验室”等8个实验室,并与11家企业建立了规范稳定的产学合作关系,获得多项市级和校级教学成果奖。

(1) 历史沿革。

该专业建于1987年,根据教育部的本科专业目录,2002年调整为建筑环境与设备工程专业,同时根据市场的需求,将专业扩展为暖通空调系统和建筑环境智能控制两个专业方向。同年,该专业被确定为学校技术应用性本科试点专业,2005年被确定为北京市品牌建设专业,2009年被批准为北京市级特色专业建设点。

(2) 教学团队。

该专业共有14名专职教师,还聘请了湖南大学李念平教授为讲座教授,跨国企业“仲量联行”亚太区首席执行官许国鸿、“世邦魏理仕”亚太区首席执行官朱显明为客座教授;北京科德毅成自控公司等企业的高级工程师为兼职讲师。

专业建立了教师到企业实践的相应机制,该专业教师在企业实践过程中主持《北京南站空调通风施工与调试工程》等大中型工程项目20多项。专业还鼓励教师参加行业技术培训。全体教师获得“监理工程师”和“楼宇自动化”证书。1人获制冷空调维修技师资格。有5名教师参加了注册建造师、注册造价师的培训。培养了一支既有扎实的技术理论知识,又有较丰富工程实践经验的师资队伍。

(3) 人才培养。

2002年,该专业被确定为北京联合大学技术应用性本科试点专业,承担起改革和探索技术应用性本科人才培养模式的任务。面对高等教育大众化阶段学生的生源特点和北京市对技术应用性人才的需求,专业明确提出了“技术学科为依托,产学合作教育为主线,突出现场技术实践能力,培养现场工程师”的专业教学改革思路。

① 企业全程介入的产学合作教育。从2002年起专业与企业专家按工程技术岗位链划分了工作领域,准确分析了各工作领域的执业能力,为本科的定位和课程体系设计提供了依据。共同制订培养方案、核心课程教学大纲、综合性课程建设、课程成绩评定标准、就业导向的毕业设计与实践、入学教育、校内外实践教学基地等。企业介入人才培养的全过程,2005年“培养技术应用性人才的产学合作教育运行机制探究”项目荣获北京市高等教育教学成果一等奖。

② 课程整合,形成技术应用能力导向的技术系列课程。专业按行业领域需要和技术应用逻辑重新组织教学内容,进行了大幅度的课程整合。根据专业核心应用能力的要求,设计了建筑设备系统设计、建筑设备施工管理、空调制冷技术、检测与控制技术、建筑智能化5个系列课程组。在各个课程组中,技术理论课程和实践课程一一对应、互为支撑,部分课程把技术理论与实践内容融合成一体。

③ 强化实践教学体系,突出核心技术应用能力。根据对工作领域的执业能力的分析研究,培养方案中明确提出了三大核心应用能力,包括建筑设备系统的初步设计能力、建筑设备系统的施工和组织管理技术的应用能力、建筑设备及电气控制系统的运行管理与维修技术的应用能力。为了强化核心技术应用能力的培养,专业构建了支撑核心能力实践教学体系。整个实践教学体系包括12门课程实验、4个计划单列综合实验课、3个课程设计、4个技术训练、2个专业方向各连续10周的“专业综合工程训练模块”、课内短期企业实践(2周)、假期工作实践和就业导向的毕业设计与实践。集中实践实习总时间(43周)达一年以上。

④ 集中实践课程和技术综合性课程开发。专业特别强化了集中实践课程和技术综合性课程的建设与改革。共开发了8门集中的实践课程和24项课程实验，奠定了实践教学的基础。2006年，“建筑环境智能控制试验室‘基于工作过程’的实践项目体系规划与开发”获得校级教学成果一等奖。2008年，“基于‘技术单元综合化’的工程训练课程开发”获得校级教学成果三等奖。

2007年确定了“专业综合训练模块二：暖通空调施工工艺与组织管理”和“专业综合训练模块三：建筑环境智能控制技术”，在原有基础上，进行综合性课程改革，依托上述综合性课程的教学团队被评为北京市优秀教学团队。由于课程的内容、教学方案、考核标准都与企业共同制定，并强调了技术理论、实践训练、企业环境的融合，因此学生解决现场实际问题的技术应用能力得到明显提高。

（4）实践教学。

2002—2008年，该专业先后建立了建筑环境智能控制试验室、暖通空调故障诊断与检测实验室、空调制冷职业技术训练室、建筑设备工程设计训练室等8个实验室，总面积达到1100平方米，学校与企业投资超过500万元；自行研制12种实验/训练装备，获得专利1项，构建了以技术应用能力培养为目标，采用主流和先进技术，具备工作现场的综合工程环境，体系完整、特色鲜明的技术应用性本科实践教学支撑平台。

从2002年起，专业与“仲量联行”“世邦魏理仕”等11家企业签订了协议书，建立了稳定的校外实践教学基地，同时也是就业基地。成立了由学校和企业管理人员组成的工作小组，制定了系列管理文件，以保证校外实践的规范化运行。包括指导性教材、实践课程大纲、教学任务书、企业安排表、安全协议书、企业选派现场工程师名单、企业成绩评定表等。

（5）科研成果。

建筑环境与设备工程专业依托的二级学科为供热、供燃气、通风及空调工程。设立了建筑环境智能控制技术、暖通空调系统故障诊断与节能研究、自然通风与建筑节能三个应用性的研究方向。近5年，依托学科研究平台，完成了“高大空间气流组织的模拟分析与实验研究”“无源差动式热量计研制”“智能控制VAV空调系统试验平台的研制”“襄樊汽车涂装车间温湿度高精度控制系统研制”等横纵向科研课题25项；以第一作者发表科研论文62篇，其中中文核心期刊论文31篇，ISTP、EI检索14篇；获得发明专利授权2项，实用新型专利授权4项。

该专业培养的学生具有暖通空调系统和建筑环境智能控制系统的初步设计、安装调试与施工管理技术、优化运行与节能管理技术的现场应用能力，能在建筑设备工程设计、建筑安装工程管理、设施管理等领域第一线从事技术应用、技术革新和生产管理等工作。根据对2002—2008年的毕业生统计，一次就业率保持在96%以上；主要岗位分布为设计5%、设备安装管理60%、运行管理的现场工程技术人员15%；其中在本行业就业的占81%以上。

二、课程建设

2003年4月，教育部发布《教育部关于启动高等学校教学质量与教学改革工程精品课程建设工作的通知》，启动了国家精品课程的建设项目。

2003—2010年，学校根据教育部、北京市教委和学校的相关文件要求，开始评选校级精品课程，并逐级申报北京市级及国家级精品课程。截至2010年，学校建设完成北京市级本科精品课程5门（见表2.3-3），校级精品课程62门。

表 2.3-3　2001—2010 年获批北京市级本科精品课程

序号	课程名称	适用层次	课程负责人	所在学院	获评年份
1	财税法学	本科	刘隆亨	应用文理学院	2005
2	考古学通论	本科	韩建业	应用文理学院	2007
3	电子商务网站建设	本科	薛万欣	管理学院	2009
4	城乡规划管理综合实践	本科	张宝秀	应用文理学院	2010
5	机械工程技术综合实践	本科	方　新	机电学院	2010

三、教材建设

根据教育部教高函〔2002〕17 号文件，学校教师参加编著“十五”规划教材立项 22 项，其中本科 7 项(见表 2.3-4)。

2001—2010 年，学校共有 83 种选题列入教育部普通高等教育“十一五”国家级教材规划选题，其中本科教材 21 种，见表 2.3-5。

2001 年以来学校确立校级精品教材建设项目 105 项，评选了校级精品教材 39 种，同时积极参加北京市高等教育精品教材的立项及评选工作，共计 20 种本科教材获“北京高等教育精品教材”称号(见表 2.3-6)。有 4 种本科教材获得“国家级精品教材”称号(见表 2.3-7)。相关学院也开展了院级精品教材建设立项和评奖工作，国家、北京市、学校和学院四级教材建设与管理体系逐步形成。

表 2.3-4　获“十五”国家规划教材选题

序号	所在单位	教材名称	主　编	适用层次
1	信息学院	数字电路逻辑设计	王毓银	本科
2	旅游学院	餐饮管理	蔡万坤	本科
3	广告学院	创新思维学	卢明森	本科
4	广告学院	广播电视广告原理	姚　力	本科
5	广告学院	广告英语	周燕萍	本科
6	广告学院	企业形象导入	刘瑞武	本科
7	广告学院	广告设计与制作	李景斌	本科

表 2.3-5　获“十一五”国家规划教材选题

序号	所在单位	教材名称	主　编	适用层次	出版社
1	信息学院	IT 工程监理实务	叶明芷	本科	电子工业出版社
2	信息学院	电子技术及其应用基础(第 2 版)	李哲英	本科	高等教育出版社
3	信息学院	Visual C＋＋面向对象编程教程(第 2 版)	王育坚	本科	清华大学出版社
4	信息学院	电子科学与技术导论	李哲英	本科	电子工业出版社
5	管理学院	计算机网络及应用	周　立	本科	高等教育出版社
6	管理学院	企业连锁经营与管理	张荣齐	本科	科学出版社
7	自动化学院	电子技术基础实验——分析、调试、综合设计	王传新	本科	高等教育出版社
8	机电学院	数控机床与编程	方　新	本科	高等教育出版社
9	计算机研究会	高等院校计算机应用技术	谭浩强	本科	清华大学出版社

续表

序号	所在单位	教材名称	主　编	适用层次	出版社
10	计算机研究会	C++面向对象程序设计	谭浩强	本科	清华大学出版社
11	计算机研究会	C程序设计(修订版)	谭浩强	本科	清华大学出版社
12	计算机研究会	C语言程序设计教程(第3版)	谭浩强	本科	高等教育出版社
13	电子信息技术实验实训基地	计算机辅助工程制图(第2版)	孙力红	本科	清华大学出版社
14	基础部	大学物理教程	夏兆阳	本科	高等教育出版社
15	应用文理学院	中国财税法学	刘隆亨	本科	法律出版社
16	应用文理学院	档案管理基础(第2版)	张　虹 姬瑞环	本科	中国人民大学出版社
17	师范学院	电子工艺基础(第3版)	王卫平	本科	电子工业出版社
18	师范学院	Linux 网络技术	王　波	本科	机械工业出版社
19	师范学院	风险投资运作	高成亮	本科	首都经济贸易大学出版社
20	旅游学院	餐饮管理	蔡万坤	本科	旅游教育出版社
21	旅游学院	形体训练	张　岚	本科	旅游教育出版社

表2.3-6　2001—2010年获"北京高等教育精品教材"称号教材

序号	所在单位	教材名称	主　编	适用层次	获评年份	出版社
1	信息学院	Visual Basic 程序设计(第2版)	谭浩强	本科	2004	清华大学出版社
2	信息学院	QBASIC 语言教程(第2版)	谭浩强	本科	2004	清华大学出版社
3	应用文理学院	中国税法概论(第4版)	刘隆亨	本科	2004	北京大学出版社
4	应用文理学院	中华文物古迹旅游	朱耀廷	本科	2004	北京大学出版社
5	信息学院	模拟集成电路基础	李金平	本科	2004	清华大学出版社
6	旅游学院	餐饮管理	蔡万坤	本科	2004	高等教育出版社
7	应用文理学院	经济法概论(第6版)	刘隆亨	本科	2006	北京大学出版社
8	应用文理学院	中国传统文化通论	朱耀廷	本科	2006	北京大学出版社
9	应用文理学院	现代市场营销学(第3版)	冯丽云	本科	2006	经济管理出版社
10	应用文理学院	网络系统管理应用与开发	孙建华	本科	2006	人民邮电出版社
11	应用文理学院	功能食品教程	金宗濂	本科	2006	中国轻工业出版社
12	师范学院	服装画电脑表现方法	曹建中	本科	2006	东华大学出版社
13	商务学院	财务会计与分析	朱传华	本科	2006	北京交通大学出版社
14	信息学院	Visual C++面向对象编程教程	王育坚	本科	2006	清华大学出版社
15	电子信息技术实验实训基地	C语言程序设计实践教程	崔武子	本科	2006	清华大学出版社
16	电子信息技术实验实训基地	界面设计与 Visual Basic	崔武子	本科	2006	清华大学出版社
17	自动化学院	音响工程设计与应用	孙建京	本科	2008	电子工业出版社
18	广告学院	企业形象导入	刘瑞武	本科	2008	高等教育出版社
19	机电学院	数控机床与编程	方　新	本科	2008	高等教育出版社
20	商务学院	财务管理案例分析	朱传华	本科	2008	清华大学出版社； 北京交通大学出版社

表 2.3-7　2001—2010 年获"国家级精品教材"称号教材

序号	所在单位	教材名称	主　编	获评年份	出版社
1	北京联合大学	计算机公共基础	高　林	2007	高等教育出版社
2	信息学院	C 语言程序设计教程(第 3 版)	谭浩强	2007	高等教育出版社
3	信息学院	C 语言程序设计(第 2 版)	谭浩强	2009	清华大学出版社
4	信息学院	计算机网络技术基础(第 3 版)	尚晓航	2009	高等教育出版社

四、现代教育技术条件建设

1. 多媒体教学手段有力支撑学校教学工作开展

学校多媒体教学系统承载着多媒体演示教学、电子监考、校长巡控、远程教学互动等多种教育教学应用,是北京地区基于统一网络管理下最大的高校多媒体网络教学系统。

2001—2007 年,为丰富教育教学手段,各校区陆续开展扩充多媒体教学教室建设。自 2008 年开始,由校本部教务处牵头,开始实施面向各校区的基于网络化管理和应用的多媒体教学系统的整体建设:2008—2010 年累计投入建设资金 1482 万元,完成 522 间多媒体教室的建设与改造,形成了覆盖 11 个校区及学院庞大的多媒体网络教学系统;2010 年在多媒体教学系统基础上开发远程监看功能,实现跨校区学校多媒体教学监看,有效提高远程跨校区教学监管力度。

2. 以精品课程建设为着眼点,丰富教育教学资源,完善教学资源制作手段

2007 年前,由校信息网络中心建设录课教室和电教中心演播室承担重大活动视频录制与教学课程视频资源建设工作。

2007—2010 年,随着各级精品课程建设工作的开展,现代教学技术中心和各校区同类机构实施精品课程申报工作,三年间共计完成各级别精品课程申报近百门,其中国家级精品课程 3 门,市级精品课程 16 门。

2007—2009 年,多个校区为解决精品课程申报和后期建设问题,引进录课教室和相关设备,进一步充实教学影像资源的制作力量。

2010 年开始,进一步开展国家级及市级精品课程后续建设工作,完善课程结构、丰富教学影像资源,开始了录课场所(及设备)的系统建设。2009 年年底,校本部小营校区完成首间集录播、直播于一体的多资源格式的全自动录播教室,极大丰富了精品课程资源建设的手段,可以实现全面符合国家级精品课程建设标准的课程录制工作。

截至 2010 年年底,各校区均建设有各种类型录课教室,虽不能全面满足课程资源建设需求,但在一定程度上扭转了精品课程长期只申报、少建设的局面。

3. 网络教学资源及平台建设,服务教学质量的提升

2005 年,学校引进 Blackboard 网络学堂,开始建设网络教学资源。2010 年,学校建设了数苑网,实现了数学课程网上考试、优质教学资源共享建设。

第四节　教学管理

一、教学管理机构

（一）教学管理组织机构设置

2001年，学校修订了《北京联合大学基础课教学协作组管理办法》，明确了基础课教学协作组是协助主管校长对相关基础课程的教学进行研究、咨询、指导和服务的学术性组织，主要作用是指导相关基础课程的建设、教学研究与教学改革，促进基础课程教学质量的提高。

2001年，校内相同（或相近）且涉及面较大的专业成立相应专业委员会。每个专业委员会设成员5～8人，由各有关学院教务处推荐本学院该专业的负责人和学术带头人（一般具有高级专业技术职务）组成。

2003年，学校成立考试领导小组，组长由校长担任。

2004年，学校成立技术应用性人才培养基地建设领导小组和校级技术应用性本科试点专业协作组。

2005年，学校成立教材建设委员会，由主管教学的副校长任主任，校教务处处长任副主任，委员由教学经验丰富、水平较高的学科专业带头人和学校有关职能部门的管理人员组成。校教材建设委员会每届任期3年。

2006年，学校颁布了《北京联合大学全日制普通高等教育学生退学审批工作实施细则》，设立退学处理专题校长会议，由校长担任主席，副局级学院教务处处长、本部学院教学副院长等担任委员。

（二）学校教务处管理职能

2001—2010年，学校教务处的管理职能经历过六次调整：一是2003年师资管理从教务处调整至人事处；二是2003年实验室设备管理从教务处调至国有资产管理处；三是2003年学校成立招生就业处，招生工作从教务处调至招生就业处；四是2004年学校成立教学督导室，学生评教、教学督导等教学质量监控工作调至督导室；五是2005年电教中心归入教务处，负责多媒体教学管理和制作；六是2008年撤销教学督导室，相关职能并入教务处。至2009年学校岗位聘任时，教务处设置了综合办公室、教学科、教务科、学籍科、教学服务中心、教务信息管理科、实践教学科、教学督导与评价科、现代教学技术中心9个科室。教务处是学校教学管理的主要职能部门，既要行使行政管理职能以保证和服务于教学工作，又要行使学术管理职能，规划、设计、组织好教学工作。学校教务处教学管理主要职责如下。

1. 培养计划管理

（1）学校人才培养计划的制（修）订。根据学校人才培养定位提出制（修）订培养计划的指导性意见；组织、协调、指导全校培养计划的制订和修订工作；组织培养计划的初审并提交校教学指导委员会审批；组织培养计划汇编并导入教务系统。

（2）校本部培养计划的实施与落实。根据校本部各专业培养计划，提出每学期教学安排表;审批培养计划微调申请;组织、协调各教学单位下达教学任务及教师配课;根据教学规律编制学期教学进程表、课程安排表;审批调、停课请求;组织、协调学生选课和重修工作。

2001—2010年,教务处组织进行了2003版和2007版两版人才培养方案(原则意见)的制订,适时修订了2004级、2005级人才培养方案,并具体实施了培养方案的落实。

2. 教学运行管理

(1) 教学组织管理。一是教师教学文件管理。提出制(修)订课程教学大纲的原则、内容及规格要求,提出教学日历和教案编写的规范要求;汇编全校基础课教学大纲,抽查教学大纲和教学日历的执行情况;负责编制校历。二是实践性教学环节的组织管理。提出各类实践性教学环节的基本要求,对照实践教学大纲,检查教学过程与教学质量;汇总和分析全校实践教学情况,提出改进教学质量的原则意见,总结和推广先进经验;负责校内外实习基地建设的统筹规划,负责协调实习基地建设中的相关问题;支持实践教学的改革和教材编写,并组织专家评议;组织全校学生校外科技竞赛活动;确保全校毕业设计(论文)教学进程有序,监督检查全校毕业设计(论文)教学的过程管理工作,及时发现问题,提出整改建议;检查毕业设计(论文)的归档工作,组织评审校级优秀毕业设计(论文);保证校本部实践教学所需教学设施到位,状态良好;协调、处理校本部实践教学中出现的问题。

(2) 学籍与成绩管理。汇总学生报到、注册情况,编制新生班级号、学号,建立新生信息库并完善有关信息;督促检查课程成绩登录情况,并对成绩进行必要的统计分析;受理并审核成绩登录错误更正申请;审批学生成绩复议申请,并督促完成核查工作;负责学籍管理条例的制定,负责休学、复学、延长学制、留级、退学、转学、转专业等学籍异动处理;负责高基报表、预算及决算的统计及发布;负责组织对延长学制和结业生返校进修的教学安排;负责学位授予年报信息整理。

(3) 毕业与学位管理。负责全校毕业资格审核工作,组织召开一年两度的校学位委员会毕业资格审核会,对全校毕业生的毕业及学位资格进行审核,汇总毕业及学位授予数据,经校学位评定委员会审定后,制定学历学位证书号码编制方案和印制规范,打印证书;负责安排落实全校毕业生电子注册工作;负责安排落实全校各类学生学位信息年报工作;负责组织全校往届生毕业证书换发、学位证书补授及电子注册工作。

(4) 学生证、准考证等管理。制定有关学生证、准考证管理条例与制度;定制、发放及补办学生证、准考证;负责在校生成绩单及在读证明审查盖章工作。

3. 考试管理

(1) 校内考试组织管理。负责各类考试管理条例的制(修)订工作;负责组织全校基础课统考工作,确定考试时间、组织考试命题、试卷制备和成绩分析;负责校本部期末考试、开学重考和毕业补考的组织安排,明确考试时段、分配考场用教室并公布考表;负责检查校本部教考分离课程的试卷。负责校本部考场巡视和督查违纪事件的处理;负责校本部停课考试期间的考务协调、状态监控、信息通报等工作。

(2) 校本部全国大学英语四、六级考试的组织管理;负责制定考试管理条例和发布报名通知;负责联络上级主管部门和学校总考务办公室;负责汇总、导入和处理报名数据,并向上级主管部门提交报名数据;负责组织、实施考前培训和各项考务工作;负责督查违纪事件处理;负责统计、公布成绩,提出分析报告和发放成绩证书;负责考务费用的测算和管理。

(3)教学质量管理与评价。一是教学检查。组织开学初、期中、期末教学检查工作,提出教学检查工作的指导性意见,对教学环节中的教学条件、环境、教风、学风情况进行检查,提出评价意见和整改方案并进行跟踪,对全校教学检查情况进行总结和通报;对教学过程中出现的教学事故或教学管理事故进行处理,受理与教学质量有关的信访。二是教学质量评价。组织全校性各类教学评估工作;建立健全教学质量保障与评价体系,并确保其有效运行;制定教学各环节的工作规范,并进行监督检查;收集、整理和分析各类教学信息,编制教学质量年报,编发教学工作简报;建立健全和组织实施听课制度、学生评教制度,规范评教程序,确保测评过程和结果的公开公正;组织校教学督导组开展各项工作;组织教学质量专题研讨、观摩、交流工作;对教学质量测评数据进行统计处理,并及时反馈测评结果。

4. 教学基本建设管理

(1)专业建设与管理。负责拟定学校的专业建设规划,并制订分阶段实施计划;负责学校年度招生计划的专业资格审核;负责组织全校各类专业建设项目的申报、评审、市级推荐、经费划拨以及建设成效检查工作;负责专业带头人(负责人)相关管理文件的制(修)订、聘任及考核工作。

(2)课程建设与管理。负责制定全校课程建设规划及分阶段实施办法;制订课程建设管理办法和课程建设评估方案;组织开展全校课程建设质量评价和校精品课程的评选工作;组织市级和国家级精品课程的申报工作;管理课程建设专项经费,总结和推广课程建设经验;负责协作组的组织工作。

(3)教材建设与管理。在校教材建设委员会的指导下,制订学校教材建设规划和年度教材编写计划,并组织实施;负责制定教材建设经费预算,管理教材建设基金,检查经费使用情况;负责组织规划教材、精品教材建设、评奖和优秀教材推介;负责公开出版教材和自编教材的编写、审定、推荐、出版以及优秀教材的评选等工作;负责提出教材选用原则,组织各教学单位选用、预订教材,开展教材使用情况调查。

(4)实验室建设与管理。制定和实施学校实验室建设规划;制定实验室建设、使用与管理制度,负责实验室考核;审核实验室建设立项,监督和检查项目建设进程、设备的使用与管理状况,组织项目验收;负责上级部门实验室专项的立项申报及建设管理工作;协调管理全校实验室资源,确保实验室开放、设备完好率、设备使用率、实验开出率达标;检查实践教学的质量与落实情况;组织和协调实践教学的改革。

5. 教师工作管理

负责组织优秀教学团队的申报、评审、市级推荐、经费划拨以及建设成效检查工作;协助人事处做好课程建设关键岗的人员聘任、考核工作;开展教学名师、示范教师、教学优秀奖和优秀教学管理者的评选活动;负责校本部学期教学工作量计算。

6. 教学档案及教学资源管理

制定各类教学档案管理制度,明确学校、学院(部)各级单位建档责任、存档内容、保存范围和保管期限;汇总和分类整理各类教学档案,按校档案室要求提供教学档案;负责校本部多媒体教室的建设,改进教室功能,统一调配教室资源,提高教室利用率。

7. 学校教学管理信息化建设

教务处负责教务管理信息系统、学校网络教学资源平台及教务处网站的规划、建设和维护;负责教学影像、视频资料的采集和发布。2003年,金安桥教务管理信息系统开始部署;2005年,部分学院开始使用该系统;2009年,学校开始建设正方教务管理信息系统,2010年,在全校实现统一部署、推广和使用,实现了全校在基础教学数据、教学计划管理、教学任务下达、编制课表、考试、教学评价、实践教学、学籍管理和毕业生管理等诸多教学环节集中和分散相结合的管理,极大地推进了教学管理的数字化、网络化和信息化。

2009年,教务处建设全校教学管理信息化平台门户,开发教务处网站,负责在多校区大学内及时传达学校重要通知、教学动态等重要教学信息,并集成了多个教学信息系统链接,如教务管理信息系统、网络学堂、学院路在线、名师讲堂、校长巡控和家长促学系统等。

二、学籍(学士学位)管理

2003年,由于出现春季招生和招收"专接本"学生的新情况,有些专业的班级超过了10个,原班号不能满足需要,因此对2003级新生班号编码长度进行调整,调整到10位,并对学院代码、本专科代码,以及春季招生、专接本招生、秋季招生等招生类别代码进行了规定。

2005年,教育部颁布了新的《普通高等学校学生管理规定》,并于2005年9月1日正式施行。学校根据教育部规定,修订了学籍管理规定,明确本科最长修读年限7年,高职高专5年,"专接本"4年。超过最长修读年限者不予注册。规定提前修满规定的毕业学分者,经教务处审核批准后,可以提前毕业。

2006年,《北京联合大学全日制普通高等教育学生退学审批工作实施细则》(京联教〔2006〕8号)发布,规定由校长会议负责学生退学的审批,对退学的审批程序、退学受理时间、退学决定书文号的编码规则及退学决定书的送达、存档进行了规定。

2006年,学校颁布了《北京联合大学全日制普通高等教育学士学位授予工作实施办法》(京联教〔2006〕29号),授予学位的外语标准方面主要有以下变化:一是规定非英语或非艺术类专业学生,全国大学英语四级考试百分制成绩达到50分或毕业前大学英语学位统考成绩及格,参加学校(院)组织的对外合作办学项目,在英语国家接受学历学位教育期间课程成绩全部通过者,其大学英语成绩可视为达到授予学士学位的英语成绩标准;二是英语类专业学生、对英语有特殊要求专业的学生、艺术类专业学生、高水平运动员以及身体残疾,无法正常参加英语考试的学生,其大学英语成绩达到所在学院根据实际情况设定,报校学位评定委员会学士学位评定组审批的授予学士学位英语标准;三是修习小语种的学生,其外语成绩达到学院参照英语标准设定,并报校学位评定委员会学士学位评定组审批的授予学士学位外语标准。

不得授予学士学位的情况有三种:一是在校期间受记过及以上处分的;二是高中起点本科学生,必修课和限定选修课(不含大学英语)不及格,经重修、重考或毕业前补考及格但未达70分的课程,累计达到或超过25学分的;专科起点本科生必修课和限定选修课(不含大学英语)不及格,经重修、重考或毕业前补考及格但未达70分的课程,累计达到或超过13学分的;三是学生离校前做结业处理,未取得毕业证书的。

2008年,为了与《北京联合大学学生违纪处分条例(试行)》(京联学〔2008〕7号)相配套衔接,对《北京联合大学全日制普通高等教育学士学位授予工作实施办法》(京联教〔2006〕29

号)中相关条款进行调整,具体变化如下:第一,在校期间受过记过及以上处分而不能授予学士学位的应届本科毕业生,受处分后能认真悔改,表现突出,获得优秀志愿者等社会公认的荣誉称号或对社会有突出立功表现的经本人申请,学院学士学位评定组同意,可报请校学位评定委员会学士学位评定组会议讨论,决定是否授予学士学位;第二,因未达70分的课程累计达到或超过25学分的(专升本为13学分)而不能授予学士学位的应届本科毕业生,满足下列条件之一的:① 学校或学院核定的市级及以上学科竞赛中获得二等奖及以上奖励,② 毕业设计(毕业论文或毕业实习)成绩优秀,③ 获得国家权威部门认定的科学技术发明专利,经本人申请,学院学士学位评定组同意,可报请校学位评定委员会学士学位评定组会议讨论,决定是否授予学士学位;第三,因未达70分的课程累计达到或超过25学分(专升本为13学分)而未获学位的毕业生,可在最长修业年限内回原所在学院进修所有不及格记录的课程,若成绩全部达到或超过70分且符合其他学位授予条件,可申请补授学士学位。

2008年,出台了2008版学位授予规定补充款。变化如下:将"在校期间受过记过及以上处分不得授予学士学位"的规定修改为"在校期间受过记过及以上处分,且在毕业离校前尚未解除者不得授予学士学位";将"在校期间受过记过及以上处分者不得授予学士学位"的规定新增内容为:"在校期间受过记过及以上处分不能授予学士学位的往届本科毕业生,离校后在工作岗位上表现突出,且满足如下条件之一者,在最长修业年限范围内,凭单位出具的个人鉴定及获奖证书或正式公布的获奖文件,向原所在学院申请,并经院学士学位评定组同意,可报请校学位评定委员会学士学位评定组会议讨论,决定是否授予学位:一是获得北京市区县级及以上优秀志愿者等社会公认的荣誉称号,或对社会有突出立功表现的;二是获得与工作相关的行业性奖励或所在单位及以上级别先进个人称号的。"

2009年,颁布了《北京联合大学学士学位授予规定》(京联发〔2009〕33号),该规定与2008年制定的学位授予标准相比,有以下特点:规定授予学士学位的标准,除了达到学校规定的学位外语标准外,在校期间所学课程(不含辅修课程)的平均学分绩点≥2.0;规定"在校期间有考试作弊等学术不诚信行为者,取消学士学位授予资格";还规定"因考试作弊等取消学士学位授予资格的在校学生,从取消学位授予资格至毕业时无再次考试作弊或其他学术不诚信行为,而且满足以下条件之一者,可申请恢复学士学位授予资格:一是在校期间所学课程(不含辅修课程)平均学分绩点≥3.0;二是达到全国硕士生统一录取标准(须提供成绩单和录取单位证明或录取通知书)。"

三、教学管理制度

2001—2010年,学校重视加强教学管理规章制度建设,到2010年基本形成了一套完整的教学管理规章制度体系,大体上经过三个阶段。

第一阶段:2001—2003年(本科教学评估前)。

本阶段主要是基本教学管理制度建设阶段,在专业建设、教学计划管理、学籍管理等重要方面建立了校内统一的管理制度,建设成果是教务处编印了北京联合大学教学管理文件汇编(2001年、2003年)。

第二阶段:2003年5月—2006年年底(评建过程中)。

本阶段是依据教育部颁发的高等学校教学管理要点,制定了全校统一的规章制度,构建完成了全校统一的教学管理制度体系,建设成果是2006年教务处编印的《北京联合大学教学管理文件汇编》。

第三阶段：2007—2010 年(本科教学评估后)。

本阶段主要在前期制度建设的基础上,进一步完善实施全校统一的教学管理规章制度。

2010—2010 年,学校制(修)定教学管理文件情况如表 2.4-1 所示。

表 2.4-1　2001—2010 年制(修)定教学管理文件

序号	年　份	文件名称
1	2001	《北京联合大学专业委员会管理办法》
2	2001	《北京联合大学教学计划管理规定》
3	2001	《北京联合大学基础课教学协作组管理办法》
4	2001	《北京联合大学实训基地实行资源共享的暂行办法》
5	2001	《北京联合大学考试管理规定》
6	2002	《北京联合大学精品课程建设管理办法(试行)》
7	2003	《关于专业设置调整管理的暂行规定》
8	2004	《北京联合大学教学督导工作暂行办法》
9	2004	《北京联合大学教学成果奖励暂行实施办法》
10	2005	《北京联合大学"4131"教学质量建设工程实施方案》
11	2005	《北京联合大学实践教学体系框架》
12	2005	《北京联合大学本科毕业设计(论文)工作评价标准(试行)》
13	2005	《北京联合大学校内实践教学基地管理办法(试行)》
14	2005	《北京联合大学实践教学管理办法(试行)》
15	2005	《北京联合大学实验室开放管理办法(试行)》
16	2005	《北京联合大学教师教学质量评价标准(试行)》
17	2005	《北京联合大学全日制学生学籍管理规定》
18	2005	《北京联合大学教育科研项目管理办法》
19	2005	《北京联合大学教材工作管理办法》
20	2006	《北京联合大学校内同名本科专业管理规定》
21	2006	《北京联合大学全日制普通高等教育学士学位授予工作实施办法》
22	2006	《北京联合大学中外合作办学项目学生学籍管理暂行规定》
23	2006	《北京联合大学校本部学生成绩复议管理办法》
24	2006	《北京联合大学全日制普通高等教育学生退学审批工作实施细则》
25	2007	《北京联合大学考试管理规定》
26	2007	《北京联合大学高水平运动员运动训练课程管理办法》
27	2008	《北京联合大学全日制普通高等教育学士学位复议暂行规定》
28	2009	《北京联合大学学生学业考核管理办法》
29	2009	《北京联合大学全日制普通高等教育学生学籍管理规定(试行)》
30	2009	《北京联合大学学士学位授予规定》
31	2009	《关于执行北京联合大学全日制普通高等教育学生学业考核、学籍管理和学士学位授予管理文件的过渡方案》
32	2009	《北京联合大学高水平运动员学籍管理规定(试行)》
33	2010	《全日制普通高等教育学生转专业及转学审批工作实施细则》

第五节　教学评估与质量提升

一、本科教学工作水平评估

2006年10月，学校通过了教育部本科教学工作水平评估。2003—2006年近四年的评建工作，全面提升了学校的教育教学水平，标志着学校从此步入新的发展时期。

（一）评建过程

2003年启动评建工作，经过评估启动与自查摸底、广泛自评与重点项目建设、预评估与建设改进等三个阶段的准备工作以后，2006年10月教育部专家进校评估，同月至2007年12月完成一年多的整改后再次邀请评估专家回校考察指导。

1. 评估启动与自查摸底阶段（2003年2月—2004年2月）

（1）确定“一号工程”。校党委将本科“迎评促建”工作确定为全校的“一号工程”，以此统领学校其他工作。

（2）成立评估领导小组和评估办公室，落实评建任务。

（3）在全校开展办学思想的大讨论。形成了“发展应用性教育、培养应用性人才、建设应用型大学”的办学宗旨和应用为本的办学定位；制定了《关于延伸和补充〈北京联合大学“十五”时期发展规划〉的若干意见》。

（4）启动摸底自查，在全校进行了教学状态和教学管理状态自查。

（5）启动5项工程建设项目：专业建设工程、师资队伍建设工程、教师规范工程、学生规范工程、环境建设工程。

2. 广泛自评与重点项目建设阶段（2004年2月—2005年11月）

（1）进一步完善办学指导思想体系，最终形成了包括办学宗旨、办学定位、校训、办学理念、办学指导思想五个方面内容的办学指导思想体系，并在全校取得高度共识。

（2）全校深入动员，落实评建任务，制定奖罚条例，开展全面建设。

（3）开展“三风”“五能力”建设。“三风”建设包括：教风、学风、机关作风建设；“五能力”建设包括：领导班子的办学能力、职能部门的履职能力、教师的执教能力、学生的学习能力、后勤部门的服务能力建设。

（4）开展了11个重点任务专项建设，包括：专业建设、师资队伍与执教能力建设、学生工作与课风建设、应用性教育建设、定量指标建设、材料建设、环境建设、网络支撑、统筹协调、保障接待、宣传展示等重点任务。

（5）开展薄弱项目建设，如新办专业、重点专业建设，双语教学、综合性设计性实验建设，基础课程、技能课程建设等。

（6）启动“4131教学质量建设工程”。建设目标是力争在2008年前，在全校建设100门校级精品课程、100种校级精品教材、100名校级课堂教学质量示范教师、100项校级教学成果奖、30个校级骨干专业和10个校级示范实践教学中心。

（7）深化应用性教育改革，探索创新教育模式。以全面展开和重点试点相结合的“大范围,小步走;小范围,大步走”的工作方针,在全校范围内,按教育部的基本要求稳步进行本科专业课程体系和教学内容改革;在小范围内,遴选少数试点专业和项目,大胆进行应用性人才培养模式的研究、实践、探索和创新。

(8) 进行教学四个基本环节的反复检查。学校多次组织对课堂教学、实践教学、考试与试卷、毕业设计(论文)等四个教学环节的检查。

3. 预评估与建设改进阶段(2005 年 11 月—2006 年 10 月)

(1) 接待北京市教委专家组进校预评估考察。2005 年 11 月 22—25 日,以刘春生为组长、刘光栋为副组长的市教委专家组一行 19 人,对学校进行了预评估考察。专家组对学校评建存在的问题提出了反馈意见。

(2) 针对专家组意见查找问题、认真改进、开展重点建设。

4. 教育部专家进校评估(2006 年 10 月)

1) 接待教育部专家组进校评估考察

2006 年 10 月 15—20 日,以朱传礼为组长、肖瑞峰为副组长,夏建国、李国臣、袁军堂、张诚一、魏克新、凌云、王鹏飞、马世力、陈解放等教育部专家进校评估考察。

2) 教育部评估专家组对学校的评估结论

(1) 总体印象。

北京联合大学是 1978 年依托北京大学、清华大学等 30 多所大学分校组建的一所市属的综合性大学。在困难的条件下,学校坚持“办学为民,应用为本”的办学理念,恪守“学以致用”的校训,不断深化教育教学改革,适应首都发展需要,为首都的经济建设与社会发展服务,为北京市各行各业输送了大量人才,为北京地区高等教育提前走向大众化、普及化,对促进北京市的经济和社会发展发挥了重要作用。

学校高度重视评估工作,评建成效显著。开展评建工作以来,北京联合大学认真贯彻“以评促建,以评促改,以评促管,评建结合,重在建设”的原则,加大建设力度,不断深化改革,办学水平和教学质量明显提高,办学条件、校园环境和文化氛围明显改善,一定程度上解决了特殊办学体制下长期困扰学校发展的部分难点问题,推动了学校教学水平的提高和各项工作的开展。

(2) 主要成绩。

第一,办学指导思想明确,办学思路清晰,定位准确,教学中心地位突出。学校以首都发展需要为动力,结合学校自身的实际情况,努力探索应用型大学的办学新路,确定了“发展应用性教育,培养应用性人才,建设应用型大学”的办学宗旨和“面向大众,服务首都,应用为本,争创一流”的办学定位,积极适应地方经济社会发展的需要。全校牢固树立了教学工作的中心地位,形成了“领导重视教学、制度保证教学、经费支持教学、科研促进教学、全校服务教学”的良好局面。

第二,注重应用性师资队伍建设,努力提高教学水平。在师资队伍建设中努力贯彻学校的办学定位,不断提高教师的数量、质量,优化结构,尤其注重加大引进和培养的力度,着力引进具有丰富实践经验、又能胜任教学的骨干,充实到师资队伍中来,同时鼓励教师参加行业企业实践,承接应用性课题,或通过社会兼职提高专业应用能力,为主要教学环节质量的不断提高奠定基础。

第三，加强实践教学基地建设，实践教学成效显著。学校不断加大实践教学中心的投入力度，构建实践教学体系，强化实践教学环节的质量标准，努力营造适合培养学生应用能力的实践教学环境。学校加强了基础实验室和专业实验室的建设，加大了教学、科研仪器设备的投入，提高了校园网建设的水平，在应用性人才培养中发挥了重要作用。

第四，专业建设与教学改革成效明显。学校适应首都产业结构变化，不断调整更新，形成了对应良好的应用性学科专业体系；致力于构建突出应用能力培养，体现知识、能力、素质协调发展、课内与课外相结合的教学体系和课程体系；大力推进教学方法改革，引入多种教学手段，不断提高教学的效果与水平；大力实施精品课程和教材建设，承担多项国家规划教材项目和北京市精品教材项目；开展应用性本科教学改革，在人才培养目标、课程体系、学科专业建设、教学法、实践教学等方面进行了有益的探索，取得了可喜的成果。

第五，教学管理组织完备，制度健全，质量控制严格。学校教学管理组织系统健全，职责分明，服务意识强。教学管理规章制度健全，各主要教学环节质量标准完善，执行严格。学校对教学质量的督察、监测、评估等活动已逐步制度化、规范化，教学信息的采集与反馈及时，有效发挥评估的激励与导向、检测与诊断、反馈与改进、决策与调控等多种功能，教学质量监控体系逐步形成。

第六，产学研合作教育覆盖面广，成效显著。学校大力开展产学合作教育，采用共建学院、共建专业、共建校内外实践教学基地、合作开发课程，合作培养“双师”素质教师，合作开展双证书教育等多种形式，推动办学模式与人才培养模式的创新。产学合作教育开展时间长，覆盖专业面广，取得了显著成效。

(3) 办学特色。

学校重视教育科研，努力探索应用性高等教育的办学规律，系统地提出了以“应用”为核心的学校办学指导思想体系，创新性地确立了“发展应用性教育，培养应用性人才，建设应用型大学”的办学宗旨；采取整体改革推进与重点改革突破的策略，引领与指导学校人才培养的全局，形成了主动适应首都经济社会发展与产业结构变化的应用性学科专业体系；依托行业企业，坚持产学结合，在课程体系、教学内容、教学方法、考核方式的改革以及实践教学体系建设、教师队伍建设等方面探索了应用性本科教育人才培养的规律与教学模式，并在实施中取得了显著的成效，培养的人才受到社会和用人单位的高度评价。

在长期办学过程中，北京联合大学初步形成了鲜明的办学特色。

(4) 希望与建议。

进一步改善办学条件，完善教学设施，优化教学环境，尽早建成更集中、更完整、更宽广的校园。

进一步理顺办学体制，建立更和谐、更合理、更顺畅的运行机制。

建议北京市委、市政府采取积极有效的措施，尽快解决制约学校发展的空间问题，为学校的进一步发展奠定基础。

经专家组全体成员无记名投票，一致同意以上评估结论。

5. 完成一年整改，邀请评估专家回校考察指导(2006 年 10 月—2007 年 12 月)

学校顺利通过教育部评估并没有停止评建工作，在一年的整改建设时期，学校继续认真整改，扎实建设，巩固评建成果，继续深化和提高教育教学质量。

1) 扎实开展评建整改

学校确立了“整建结合、统分结合、点面结合和项目管理”的工作思路。针对仍然存在的问题,学校以“应用、整合、质量和队伍建设”四个方面内容为主线,抓住主要矛盾,区分执行问题、制度问题和深层次问题,制定了整改建设工作主要措施,并决定整改建设工作以“项目建设”的形式进行。为此,设立了11个评建整改建设项目,从整改存在的主要问题、提升学校的优势与亮点和本科评估延伸建设三个层面开展整改建设工作;明确了每个项目建设目标和整改任务,并制定了专项建设措施;对整改建设项目设立三级责任体系,逐项分解任务,逐级落实任务,责任到人。

学校把一年的整改建设任务与学校制定的《教学质量与教学改革工程2007—2010年实施方案》紧密结合,使整改建设取得的成效成为教学质量与教学改革工程的阶段性建设成果。

2) 再次邀请评估专家回校考察指导

在完成一年的评建整改工作任务后,学校于2007年12月5—6日再次邀请了4位教育部评估专家朱传礼教授、魏克新教授、夏建国教授、张诚一教授和4位预评估专家刘春生教授、刘光栋教授、李纪安教授、宋烈侠教授再次来校考察整改建设工作。《光明日报》《中国教育报》对北京联合大学加强建设、认真整改的做法给予了宣传报道。

专家组经过考察,对学校的评建整改工作给予充分肯定和高度评价,并提出了具体的考察指导意见。

(1) 学校在评估整改一年后主动诚恳邀请专家回校考察整改情况,请专家为学校的发展提出指导意见,这种认真完成评估三个阶段的工作,实实在在落实评估20字方针——“以评促建,以评促改,以评促管,评建结合,重在建设”,重在建设的态度和精神是难能可贵的,这一做法在本科教学水平评估中还是第一次,具有重要的现实意义。

(2) 通过实地考察与研讨,专家组认为,北京联合大学在本科评估之后,认真细致地梳理了评估专家的反馈意见,把整改建设工作与提高教学质量和学校长远发展相结合,并作为学校的“一号工程”。学校领导高度重视,进行了认真策划、部署和落实,在理清和分析本科教学工作问题存在根源的基础上,学校制定了《北京联合大学本科教学工作水平评估整改方案》,分三类设立了11个评建整改项目。一年来,学校紧紧围绕“应用、整合、质量和队伍建设”主线展开,进行了认真的整改建设工作,以努力提高教学质量为目标,在学科专业整合、专业培养计划修订、应用型大学师资队伍建设、实施实验室开放试点建设、加强学生实践能力、继续保持良好的学风状态等具体工作方面取得了显著的整改成效。

(3) 学校坚持科学的发展观,在无法满足办学条件改善(土地问题)的困难条件下,分析可利用的资源,创造条件,积极改革,抓住机遇,坚定地高举“应用”的大旗,在教学中认真落实学校的办学定位与宗旨,以教学研究带动教学改革的深化,提升了优势和亮点,为学校下一步发展打下了坚实的基础。

(4) 建议北京市进一步加大对北京联合大学的支持力度,扶植北京联合大学应用型大学的特色;建议北京联合大学进一步优化整合资源,把教学研究和“应用”教育发展的难点和本质特征进行更深入的研究与实践,在办学质量与效益上不断提升,形成鲜明的应用性特色与发展活力。

(二) 七条主要评建成绩

1. 评建促进了办学指导思想体系的形成并在全校范围得到广泛共识,促进了全校教学中心地位的进一步巩固与提升

在评建工作的推动下,确定了“发展应用性教育,培养应用性人才,建设应用型大学”的

办学宗旨,"面向大众,服务首都,应用为本,争创一流"的办学定位,"学以致用"的校训,"办学为民,应用为本"的办学理念和办学思路,形成了系统的办学指导思想体系,并在全校达成了统一的认识。

学校以评建为动力,通过建立全校教务处长联席会和教学例会制度,设立教学成果奖、优秀教师奖、精品课程奖、精品教材奖等多种教学奖励,在专业技术职务评审、岗位聘任和年度考核中都突出了对教学质量的要求,全校上下形成了"领导重视教学、制度保证教学、经费支持教学、科研促进教学、全校服务教学"的良好局面,教学工作的中心地位得到牢固树立。

2. 评建促进了全校师资队伍的建设,优化了结构,生师比等项指标有了明显的改善

在评建期间,全校引进教师 335 人,其中具有博士、硕士学位者 319 人,具有高级职称者 55 人;资助 85 名教师在职取得博士或硕士学位;在读博士生、硕士生 250 人,使全校博士、硕士学位比例达到 53.2%,高级职称比例达到 35.1%,具有专业实践工作经历的"双师"素质教师达到 17.6%,师资队伍的质量和结构得到优化。全校生师比例达到 16.4∶1,得到明显改善。

3. 评建加强了实践教学基地建设,实践教学成果显著

学校加强了基础实验室和专业实验室的建设,2003 年以来,投入专项建设经费 7900 万元,改善实践教学条件,在学生大量增加的情况下,生均教学、科研仪器设备金额,由 2002 年的 5038 元增长到 2005 年的 7253 元;百名学生配备计算机台数、百名学生配备多媒体教室和语音教室座位数得到快速增长;校园网的建设水平在北京市属高校中达到领先地位。办学条件明显改善,学生的实践能力和综合素质得到提高。

4. 评建促进了学科专业结构体系的形成和优化,专业建设与教学改革成效明显

学校适应首都产业结构变化,不断调整更新专业,形成了本科优势专业、特色专业和学科专业群;整合了校内重复布点的同名专业;加强了新办专业的教学质量要求,形成了以校级重点建设学科为支撑,服务于首都重点发展的高新技术产业、现代服务业和现代制造业的学科专业体系。

深化了应用性教育改革,探索创新了教育模式;构建了突出应用能力培养,体现知识、能力、素质协调发展、课内与课外相结合的教学体系和课程体系;推进教学方法改革,引入多种教学手段,提高了教学的效果与水平;实施了精品课程和教材建设,承担了多项国家规划教材项目和北京市精品教材项目;开展了应用性本科教学改革,在人才培养目标、课程体系、学科专业建设、教学法、实践教学等方面进行了探索,取得了一定成果。

5. 评建促进了全校统一的教育教学管理平台的建设、教学质量标准的建立和质量监控制度的健全,促进了主要教学环节质量的提升

学校首次统一了全校的教学管理文件、全校的毕业标准和对学生的奖励与处罚标准。成立了全校教学质量监控委员会;制定了《北京联合大学教学质量监控工作试行方案》;开始构建网络测评系统,用于教学质量测评。制定了《北京联合大学教师教学工作条例》《北京联合大学教师教学质量评价标准(试行)》《北京联合大学以课风建设为重点的学风建设工作计划》《北京联合大学学生违纪处分条例》。这些文件对教学质量标准给予了规范,强化了对教学质量的检查、监控和督导,有效发挥了激励与导向、检测与诊断、反馈与改进、决策与调控等多种功能,加强了全员的责任意识和质量管理。

6. 评建促进了产学合作教育的加强,推动了办学模式与人才培养模式的创新

全校2003年前签约、至2006年仍在执行的产学合作项目有25个,2003—2006年新签约的产学合作项目有164个,共计189个。2003年以来,全校每学年在校外开展实践教学活动的实习单位平均为200个左右,引进行业职业资格证书与技术等级50多种。

学校采用共建学院、共建专业、共建校内外实践教学基地、合作开发课程、合作培养"双师"素质教师、合作开展双证书教育等多种形式,大力开展产学合作教育,推动了办学模式与人才培养模式的创新。

7. 促进了学校"应用性"特色的凸现,坚定了建设一流应用型大学的方向

评建推动了以"应用"为核心的办学指导思想体系的形成,推动了教师队伍朝着更加有利应用性教育的方向建设,推动了学科专业结构的调整,使之更加符合北京市经济建设和社会发展的需要,推动了课程体系、教学内容、教学方法、考试方式的改革和实践教学体系的建设,使之更有利于应用性人才的培养,推动了学校对应用性教育的研究与实践。从综合效果看,评建强化了学校应用型的特色。经过长期的积淀和近几年的凝练,学校已经初步形成了鲜明的办学特色。

二、教学质量与教学改革工程

随着高等教育规模持续扩大、高等教育体制改革不断深入,高等学校教学工作面临着许多新情况、新问题,国家教育部认真总结高等教育大众化推进过程的成就和经验,先后推出保障提高高等教育教学质量的政策和建设措施。2004年,教育部召开第二次全国普通高等学校本科教学工作会议,会议提出了"大力加强教学工作,切实提高教学质量"的主题。2005年,教育部出台《关于进一步加强高等学校本科教学工作的若干意见》(教高〔2005〕1号)。2007年,经国务院批准,教育部、财政部联合下发了《关于实施高等学校本科教学质量与教学改革工程的意见》,正式启动"高等学校本科教学质量与教学改革工程"(简称"质量工程")。同年,北京市出台了《北京市教育委员会关于进一步深化本科教学改革全面提高北京高等学校教学质量的实施意见》。6月,学校启动教学质量与教学改革工程,以科学发展观为指导,以"整合、优化、凝练、提升"为教学工作思路,坚持"巩固、深化、提高、发展"的方针,围绕北京地区经济社会发展需要,扎实系统地推进质量工程项目建设,稳步提升了应用型人才培养质量。

(一)质量工程项目实施的基本情况

1. 建立健全组织管理机构,为实施质量工程提供可靠的组织保障

2007年以来,学校在总结"十五"期间教育教学改革和建设经验的基础上,结合"十一五"时期学校发展规划,有效推进教学质量与教学改革工程实施。为加强质量工程的统筹领导工作,提高项目建设质量,确保项目建设达到预期成效,学校建立健全了组织管理机构。2007年,学校成立了质量工程领导小组,负责制定方针、政策,并对质量工程项目实施过程中的重大事宜做出决策;明确了质量工程管理办公室(挂靠在校教务处),负责制定质量工程的总体规划和实施计划,组织进行质量工程项目的申报、建设进度和经费使用情况的检查和评估等。同时要求各学院根据学校质量工程建设的总体规划,结合实际,制定本学院实施质量工程的方案和具体措施,并负责对工程项目进行有效管理。依托学校的教学指导委员会

等学术机构开展各分项目的建设工作。学校针对实施方案、项目管理、奖励机制等方面，出台了《北京联合大学教学质量与教学改革工程 2007—2010 年实施方案》(京联发〔2007〕19 号)、《北京联合大学精品课程建设与评估标准》(京联教〔2007〕27 号)、《北京联合大学关于校级优秀教学团队建设管理办法(试行)》(京联人〔2007〕55 号)，并结合《北京联合大学高等教育教学成果奖励暂行实施办法》(京联教〔2004〕20 号)、《北京联合大学教材工作管理办法》(京联教〔2005〕41 号)、《北京联合大学教育科研项目管理办法》(京联教〔2005〕44 号)、《关于加强实践教学队伍建设的意见》(京联人〔2006〕34 号)、《北京联合大学教学质量测评工作方案(试行)》(京联教〔2009〕50 号)等系列政策文件，保障教学质量与教学改革工程的顺利实施。

学校以"培育有潜质的项目、设立校级建设项目、申报北京市级项目、申报国家级项目"为质量工程组织实施步骤，层层推荐，优中选优，逐步形成学院、学校、北京市和国家四级质量工程建设体系，结合学校的实际情况，在专业结构调整与专业建设、教学改革与教学资源建设、实践教学与人才培养模式、教学团队与高水平教学队伍、教学管理制度建设与质量监控等方面全面开展质量工程，针对上述方面，分别提出了建设目的、建设目标、建设任务、实施步骤和实施计划。

2. 建立完善配套政策文件，为实施质量工程提供可靠的政策和体制保障

根据教育部和北京市关于质量工程的相关文件精神，学校出台系列的配套政策和文件。例如，为激励和引导教师将主要教学精力投入到教学中，提高执教能力和职业道德素养，提高人才培养质量，将质量工程建设成果与职称聘任和考核相结合，制定了教育教学奖励暂行办法等文件；为保证专款专用，出台了关于教学质量提高经费的使用办法等文件，确保教学经费真正地用于教学。

此外，根据各类项目的具体特点，学校出台了系列文件。例如，为加强特色专业建设，学校明确了特色专业遴选标准、设计了指标体系；为加强和促进示范性就业中心建设，出台了《北京联合大学关于进一步加强毕业生就业工作的意见》《毕业生就业工作先进集体和先进个人的评选办法》，设立"北京联合大学创业基金""北京联合大学家庭困难学生就业帮扶基金"，成立北京联合大学创业项目审查认定小组、北京联合大学家庭困难学生就业帮扶基金资格认定小组，制定《北京联合大学创业基金管理办法》；为加强精品课程建设，出台了《北京联合大学精品课程建设与评估标准》(京联教〔2007〕27 号)；为规范教育教学改革立项的管理，制定了《北京联合大学教育科研项目管理办法》(京联教〔2005〕44 号)；为加强精品教材建设，制定了北京联合大学教材工作管理办法、教材选用管理办法、教材选用质量评价办法、教材评优办法和教材建设管理办法等；为加强实践教学建设，制定了《北京联合大学实践教学管理办法(试行)》(京联教〔2005〕37 号)、《北京联合大学实验室开放管理办法(试行)》(京联教〔2005〕53 号)、《北京联合大学关于加强实践教学的意见》(京联教〔2006〕35 号)、《北京联合大学关于进一步加强产学研合作教育的意见》《北京联合大学关于加强实践教学队伍建设的意见》(京联人〔2006〕34 号)、《关于印发〈北京联合大学双师素质教师队伍管理办法〉的通知》(京联人〔2008〕23 号)等一系列管理制度，切实推进了实验教学示范中心建设和校外人才培养基地建设，提高了实践教学效果；为规范学科竞赛活动，吸引和鼓励更多的师生参与学科竞赛活动和大学生科学研究与创业行动项目，制定了《北京联合大学教师指导学生课外科技活动的有关规定(试行)》(京联发〔2009〕1 号)、《北京联合大学全日制普通高等教育

学生课外科技活动奖励办法(试行)》(京联发〔2008〕12号)、《北京联合大学校长特别奖评选办法(试行)》(京联学〔2006〕20号)以及《北京联合大学教育教学奖励暂行办法》(京联发〔2010〕30号)等;为加强教学团队建设、引导教师提高实践教学能力,提升实践教学队伍的执教水平,制定了《北京联合大学关于校级优秀教学团队建设管理办法(试行)》(京联人〔2007〕55号)、《关于实践教学队伍建设的意见》和《关于提高教师专业实践与应用能力的实施办法》等;为加强教学名师建设,出台了《关于做好2010年人才强教深化计划项目专项经费申报工作的通知》《北京联合大学校级教学名师评选办法》等文件。各项配套政策的建立和完善,为质量工程的实施提供了可靠的政策和体制保障。

3. 规范实施程序,确保质量工程项目管理的制度化、规范化和科学化,提高项目实施效果

为确保质量工程项目管理的制度化、规范化和科学化,确保真正将有实力、有特色、具备示范作用的项目遴选出来,学校确立了各类项目的遴选程序(见图2.5-1)。

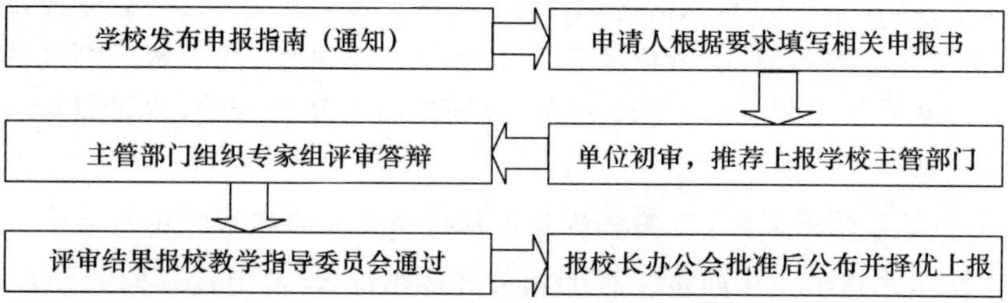

图2.5-1　项目遴选程序

为了保证项目的建设与实施效果,根据各类项目特点,制定了具体的实施程序,如特色专业在被确立为市级特色专业建设点之后,各特色专业按照“明确特色专业内涵—明确建设目标—确立建设方向—确立建设原则—制定具体的建设规划”的实施程序,从专业建设理念的更新、特色人才培养方案的构建、高水平师资队伍与教学团队的建设、精品课程和精品教材建设、拓展教学资源,强化实践教学等方面进行重点建设。对于精品课程,各课程团队成立项目小组,按照精品课程“五个一流”的标准加强精品课程建设,并通过开展项目实施情况检查等加强过程监控,确保建设质量。对于校外人才培养基地,校企双方在产学研合作指导委员会指导下,共同开展研究,将研究成果引入到企业的经营管理之中,并及时转化为学校教学内容;共同设计与制订实习、实践环节计划;共同制定师资培养的长远规划和配套政策;共同进行人才培养基地建设,开展定期检查、学年评估。对于大学生科学研究与创业行动计划和大学生学科竞赛,构建了大学生课外科技活动体系,搭建学生科学研究平台、学生科技竞赛平台和学生科研资助平台等三大平台,通过这三大平台组织实施大学生科学研究与创业行动计划项目、大学生学科竞赛活动。对于名师讲学计划,学校从重大和一般两个层面,认真组织实施和落实名师讲学计划的各项任务,充分调动校院两级的积极性,确保计划的实施效果。

(二)质量工程项目的实施经验

(1)把握机遇、转变观念,统一实施质量工程思想。

统一思想,充分认识教育教学质量对学校发展的重要意义,将质量工程建设作为推动学校进行应用型大学内涵建设的难得机遇,作为提高人才培养质量和提升学校声誉的战略举措,是质量工程取得成效的重要思想基础。为此学校专门召开质量工程建设动员大会和培训大会,使质量工程成为转变教育思想观念、增强质量意识的动员工程,成为推动学校教学

改革的带动工程。

质量工程的一个重要思想就是体现创新、凸显特色，学校在不断发展的过程中坚持走特色化发展道路，将创新和特色贯穿在应用性人才培养的全过程。基于多校区、分散办学的现状，学校鼓励学院以质量工程建设为切入点，系统总结凝练各学院在应用性人才培养各环节的特色点和创新点，并以“点”带“面”，打造专业特色、学科特色、学院特色，进而推进学校特色内涵建设。

(2) 系统规划、统筹设计，稳步推进质量工程全面实施。

为落实教育部和北京市教委质量工程工作精神，学校按照自身教育教学改革实际需求，全面规划、统筹设计实施方案：以推进高等教育质量内涵建设为重点，紧紧围绕北京市经济社会发展与高等教育发展需求，明确建设内涵、建设定位，突出改革创新，明确建设目标、加强政策保障，确保质量工程高成效实施。

在质量工程建设过程中，本着边评建、边凝练，再实践、再凝练的原则，明确学校质量工程建设思路：立足“面向大众，服务首都；应用为本，争创一流”的办学定位，以专业结构调整与专业建设为龙头、以人才培养质量提高和特色强化为目标、以课程及教材建设为重点、以师资队伍和教学资源建设为保障、以实践教学创新和人才培养模式改革为突破点，形成学院、学校、北京市和国家四级质量工程建设体系，并将项目申报和项目培育结合起来，将项目培育和日常教学工作结合起来，全面系统促进学校特色内涵发展。

(3) 落实举措、创新管理，积极构建质量工程长效机制。

为确保质量工程对提高教育教学质量的长效性，学校通过完善制度体系、创新管理模式、加大政策倾斜力度、建立检查评估机制等多项措施，积极构建质量工程的长效机制。

为从制度体系上确保质量工程的有效实施，学校制定了《北京联合大学教学质量与教学改革工程2007—2010实施方案》，明确建设目标、建设重点，建设思路；制(修)订了《北京联合大学教育教学奖励暂行办法》《北京联合大学教育科研项目管理办法》《北京联合大学高等教育教学成果奖励暂行实施办法》等，提高教师参与质量工程项目和将教学研究成果应用日常教育教学过程的积极性；实施了《关于实践教学队伍建设的意见》和《关于提高教师专业实践与应用能力的实施办法》，将政策规定与政策引导相结合，提高教师实践教学能力，提升实践教学队伍的执教水平。

为加强质量工程项目的过程管理，学校建立质量工程项目建设成效检查评估机制和奖惩机制，依照质量工程管理工作要求，明确建设任务，通过项目负责人自我评价与学校考评相结合的方式，定期对项目进行建设成效检查，并根据检查结果进行奖惩。

为充分发挥优质质量工程项目的辐射作用，学校积极搭建内部交流和外部学习相结合的交流互动学习平台，充分发挥优质质量工程项目的引领、示范带动作用。此外，学校还通过政策倾斜等多种方式加大对市级以上质量工程项目的配套投入，加大对项目负责人和主要参与者的奖励力度，激发教师参与质量工程建设的积极性；管理部门注意引导帮助专业及教师根据自身发展实际，挖掘优势，凝练特色，总结提升建设成果；在具体建设过程中学校还注重通过政策引导专业及教师不仅注重“点”“线”的建设，更加注重系统性和全面性建设。

(三) 质量工程与教学改革成果

通过全校师生共同努力，在教育教学与质量工程建设方面取得了一批标志性成果：5个专业获准为国家级特色专业，7个专业获准为北京市级特色专业；获得国家级实验教学示范中心称号1个、北京市实验教学示范中心称号2个；获批北京市校外人才培养基地2个；获得国家级精品课程称号4门、北京市级精品课程称号20门;8种教材被评为国家级精品教材,50种教材被评为北京市级精品教材;承担国家"十一五"规划教材选题项目83项,北京市精品教材建设项目58项;获批国家级人才培养模式创新实验区1个,北京市级人才培养模式创新试验区2个;获评国家级优秀教学团队1个,北京市级优秀教学团队8个,北京市级教学名师奖6人,北京市优秀教学管理人员1人;获得2008年北京市教学成果奖一等奖2项、二等奖8项。北京市级质量工程与教学改革成果情况如表2.5-1所示。

表2.5-1 市级质量工程与教学改革成果(含高职)

类 别	序号	项目名称	学 院	项目负责人	年 份
特色专业建设点	1	资源环境与城乡规划管理	应用文理学院	张宝秀	2008
	2	机械工程及自动化	机电学院	方 新	2008
	3	旅游管理	旅游学院	宁泽群	2008
	4	通信工程	信息学院	李哲英	2008
	5	特殊教育	特殊教育学院	刘全礼	2008
	6	历史学	应用文理学院	顾 军	2009
	7	建筑环境与设备工程	生物化学工程学院	张恩祥	2009
实验教学示范中心	1	经贸实验教学中心	管理学院 商务学院	董 焱	2008
	2	应用文科综合实验教学中心	应用文理学院	韩建业	2009
校外人才培养基地	1	首旅集团校外人才培养基地	旅游学院	王美萍	2009
	2	首都博物馆校外人才培养基地	应用文理学院	顾 军	2010
人才培养模式创新实验区	1	服务外包人才培养模式创新试验区	信息学院	鲍 泓	2009
	2	旅游复合应用性人才培养模式创新试验区	旅游学院	汪艳丽	2009
精品课程	1	Web技术应用基础	管理学院	樊月华	2003
	2	应用数学与计算	校基础部	王信峰	2003
	3	公共关系概论	应用文理学院	李兴国	2003
	4	通信技术概论	信息学院	卢孟夏	2003
	5	财税法学	应用文理学院	杨积堂	2005
	6	可编程序控制器	生物化学工程学院	曹 辉	2005
	7	基础化学	生物化学工程学院	赵玉娥	2006
	8	中国文化概论	校人文社科部	王瑾瑾	2006
	9	园林植物繁育技术	特殊教育学院	鲍平秋	2006
	10	考古学通论	应用文理学院	韩建业	2007
	11	项目管理	应用科技学院	支芬和	2007
	12	音响工程技术	自动化学院	孙建京	2007
	13	就业指导	校招生就业处	高 桥	2007
	14	办公自动化信息系统	自动化学院	李 平	2008
	15	中式面点工艺	旅游学院	王 美	2008
	16	电子商务网站建设	管理学院	薛万欣	2009
	17	市场营销实务	应用科技学院	李宇红	2009
	18	机械工程技术综合实践	机电学院	方 新	2010
	19	城乡规划管理综合实践	应用文理学院	张宝秀	2010
	20	英语北京导游	旅游学院	刘爱服	2010

续表

类　别	序号	项目名称	学　院	项目负责人	年　份
精品教材	1	QBASIC 语言教程(第二版)	信息学院	谭浩强	2004
	2	Visual Basic 程序设计(第二版)	信息学院	谭浩强	2004
	3	中国税法概论(第四版)	应用文理学院	刘隆亨	2004
	4	餐饮管理	旅游学院	蔡万坤	2004
	5	模拟集成电路基础	信息学院	李金平	2004
	6	中华文物古迹旅游	应用文理学院	朱耀廷	2004
	7	现代电信交换技术与通信网	校电子信息技术实验实训基地	尤　克 黄静华	2004
	8	机械 CAD/CAM	机电学院	方　新	2004
	9	Java 程序设计	师范学院	朱喜福	2004
	10	电子工艺基础[第 2 版]	师范学院	王卫平	2004
	11	计算机网络安全与应用技术	信息学院	袁家政	2004
	12	计算机网络技术基础(第二版)	信息学院	尚晓航	2004
	13	网络数据库应用教程	信息学院	袁　玫	2004
	14	网络系统管理——Linux 实训篇	应用文理学院	孙建华	2004
	15	现代音响工程	自动化学院	孙建京	2004
	16	C 语言程序设计实践教程	校电子信息技术实验实训基地	崔武子	2006
	17	财务会计与分析	商务学院	朱传华	2006
	18	界面设计与 Visual Basic	校电子信息技术实验实训基地	崔武子	2006
	19	服装画电脑表现方法	师范学院	曹建中	2006
	20	Visual C++面向对象编程教程	信息学院	王育坚	2006
	21	现代市场营销学(第三版)	应用文理学院	冯丽云	2006
	22	功能食品教程	应用文理学院	金宗濂	2006
	23	经济法概论(第六版)	应用文理学院	刘隆亨	2006
	24	网络系统管理应用与开发	应用文理学院	孙建华	2006
	25	中国传统文化通论	应用文理学院	朱耀廷	2006
	26	中式烹调工艺基础	旅游学院	高　山	2006
	27	中式面点工艺	旅游学院	王　美	2006
	28	实用电子电路基础	信息学院	刘维恒	2006
	29	应用广告原理	广告学院	刘瑞武	2006
	30	实用微积分	校基础部	任开隆	2006
	31	西式面点工艺	旅游学院	王美萍	2006
	32	可编程序控制器系统原理及应用	生物化学工程学院	曹　辉	2006
	33	基础化学	生物化学工程学院	赵玉娥	2006
	34	文秘写作实训教程	师范学院	郭　冬	2006
	35	服装教学实训范例——女装	师范学院	王　珉 王京菊	2006
	36	商务英语实用教程	师范学院	张东昌	2006
	37	听障儿童语言训练	特殊教育学院	吴立平	2006
	38	计算机网络(第二版)	信息学院	袁家政 须　德	2006
	39	建筑电气控制技术	自动化学院	窦晓霞	2006
	40	数据库原理与应用	自动化学院	张俊玲	2006
	41	音响工程设计与应用	自动化学院	孙建京	2008
	42	企业形象导入	广告学院	刘瑞武	2008

续表

类　别	序号	项目名称	学　院	项目负责人	年　份
精品教材	43	数控机床与编程	机电学院	方　新	2008
	44	财务管理案例分析	商务学院	朱传华	2008
	45	C程序设计教程(第二版)	校电子信息技术实验实训基地	崔武子	2008
	46	液压与气压传动	机电学院	毛智勇	2008
	47	国际贸易实务操作教程	商务学院	崔　玮	2008
	48	女装设计基础	师范学院	倪映疆 潘　凝	2008
	49	社交礼仪	应用文理学院	李兴国	2008
	50	大学生就业指导	校招生就业处	高　桥	2008
教学团队	1	技术应用性本科综合性课程建设教学团队	机电学院	方　新	2007
	2	高职电子商务核心课程教学团队	应用科技学院	支芬和	2007
	3	旅游管理专业课程PBL教学团队	旅游学院	宁泽群	2008
	4	楼宇智能化工程技术专业教学团队	自动化学院	范同顺	2008
	5	通信工程专业通信与网络课程群教学团队	信息学院	李哲英	2009
	6	烹饪工艺与营养专业实践课程教学团队	旅游学院	王美萍	2009
	7	应用文科综合实验教学团队	应用文理学院	韩建业	2010
	8	特殊教育教学团队	特殊教育学院	许家成	2010

国家级教学质量与教学改革工程成果如表2.5-2所示。

表2.5-2　国家级教学质量与教学改革工程成果(含高职)

类　别	序号	项目名称	学　院	项目负责人	年　份
特色专业	1	资源环境与城乡规划管理	应用文理学院	张宝秀	2008
	2	机械工程及自动化	机电学院	方　新	2008
	3	旅游管理	旅游学院	宁泽群	2009
	4	通信工程	信息学院	李哲英	2010
	5	金融学	管理学院	杨　宜	2010
人才培养模式创新实验区	1	服务外包人才培养模式创新实验区	信息学院、管理学院	鲍　泓	2009
实验教学示范中心	1	应用文科综合实验教学中心	应用文理学院	韩建业	2009
精品课程	1	公共关系概论	应用文理学院	李兴国	2005
	2	Web技术应用基础	应用科技学院	樊月华	2003
	3	应用数学与计算	应用科技学院	王信峰	2003
	4	工程化程序设计	应用科技学院	王　辉	2010

续表

类　别	序号	项目名称	学　院	项目负责人	年　份
精品教材	1	墙面装饰构成与工艺技术	管理学院	蔡　红	2008
	2	建筑装饰工程招投标与合同管理	管理学院	蔡　红	2008
	3	服装立体制版(第2版)	师范学院	王　珉	2008
	4	中文 Visual Basic 6 程序设计案例教程	机电学院	刘彩虹	2008
	5	计算机公共基础	北京联合大学	高　林 袁　玫	2007
	6	C语言程序设计教程(第3版)	信息学院	谭浩强	2007
	7	C语言程序设计(第2版)	信息学院	谭浩强	2009
	8	计算机网络技术基础(第三版)	信息学院	尚晓航	2009
教学成果奖	1	高等职业教育人才培养模式的研究	北京联合大学、北京海淀走读大学等	张丹海 郭　静 姚伟玉 祁　梅 于　深	2004
	2	高职教育实训基地建设的研究与实践	北京联合大学	孙建京 关仲和 唐小恒 张俊玲 尤　克	2004
	3	高等职业教育课程理论研究与改革实践	北京联合大学	高　林,等	2005
教学团队	1	烹饪工艺与营养专业实践课程教学团队	旅游学院	王美萍	2009

三、教学品质提升计划

(一) 2010年教育教学工作会

2010年4月23日,学校召开2010年教育教学工作会,会议的主题是“凝聚改革发展共识,提升教育教学品质”。大会由徐永利书记主持,市教委副主任郭广生应邀出席,学校各级党政领导、教师代表、学生代表等近500人参加大会,各校区师生也以网络视频方式收看了大会。

柳贡慧校长作了《凝聚改革发展共识 提升教育教学品质 办好北京人自己的大学》的主题报告。报告中,柳贡慧校长对2007年以来学校教学工作所取得的成绩进行了回顾,提出了学校未来十年教育教学工作的总体目标及各阶段的分目标,并对学校今后教育教学工作提出了明确的思路及要求。柳贡慧校长强调,这次大会要集全校师生智慧,为学校教育教学改革与发展献计献策,全力共谋学校发展,凝聚改革发展共识,提升教育教学品质。

黄先开副校长作了《实施教学品质提升计划切实提高人才培养质量》的专题报告。报告中,黄先开副校长分析了学校教育教学工作所面临的形势、影响学校教育教学质量的因素,明确了学校实施教学品质提升计划的必要性,并从指导思想、设计思路、计划愿景、内容框架、措施保障等方面对将要实施的教学品质提升计划进行了解读。他强调,未来五年,实施教学品质提升计划将是学校教育教学工作的重点,也是学校提升教学质量和品牌形象的战略举措。

郭广生副主任在会上发表讲话。他认为,学校在《国家中长期教育改革和发展规划纲要》即将正式颁布实施之际隆重召开教学工作会,无论是从一个月的会期、提升教育教学品质的会议主题,还是从开幕式的领导报告、参会人员的热情来看,教学工作会都体现了学校办学的准确定位和发展的清晰思路,体现了学校党委对推动教育教学工作的坚定决心,会议的召开必将具有重要的历史意义。此外,他表示,近年来,北京联合大学在外延,特别是在内涵发展上取得了长足进展,形成了学校可持续、科学发展的有利机制,为首都教育的大众化、普及化做出了突出贡献,在首都高教体系中愈发显示出特殊地位。他希望北京联合大学进一步解放思想、服务好区域经济,进一步突出特点、深化改革,进一步坚持以人为本、严格管理,推进学校又好又快的发展。

在教学工作会上,学校出台了《北京联合大学关于实施教学品质提升计划的意见》《北京联合大学教育教学奖励暂行办法》和《北京联合大学关于进一步加强教风学风建设的意见》等三个文件。

(二)教学品质提升计划及其实施

2010年,学校出台了《北京联合大学关于实施教学品质提升计划的意见》,教学品质提升计划主要围绕学科专业、人才培养模式、课程体系、实践教学、教师、学生、招生就业、教学管理等教学过程中的八个关键要素,从建设目标、建设思路与主要内容上组织实施八项计划,分别是:学科专业整合优化计划、人才培养模式创新计划、课程体系建设优化计划、实践教学效能提升计划、教师执教能力提升计划、学生学习效能提升计划、招生就业质量提升计划、教学管理效能提升计划。

教学品质提升计划要求校教务处、高职处、招生就业处、学生处、团委、人事处、财务处、科研处等多个职能部门全力配合,协调统一推进。制定必要的实施细则,推进教学品质提升计划的有效实施。学校成立教学品质提升计划领导小组(领导组办公室设在校教务处),协调组织教学品质提升计划的实施。领导小组由学校相关职能部门负责人组成,下设办公室。

教学品质提升计划由学校从统筹教学经费中列支专项资金,按年度制订实施计划,并认真测算各项资金支出及奖励额度,确保专项资金专款专用。教学品质提升计划领导小组办公室,根据教学品质提升计划总体建设目标和任务,制定学校的阶段性目标及任务,并发布年度计划申报指南。各教学单位应根据学校教学品质提升计划的总体目标及阶段性目标和任务,在充分调查研究论证的基础上,结合本单位的特色和定位,明确本单位各阶段建设重点,制订详细实施方案,经学校论证后组织实施,并注意加强计划的过程监控与管理,确保所申报计划达到预期效果。

四、应用文科综合实验教学中心

2000年,应用文理实验楼建成投入使用,应用文理学院成立了应用文理综合实训基地,陆续新建了新闻传播、广告设计、公共事业管理、模拟法庭、大学生英语体验中心等文科类实验室,还设立了实验教学基金。2004年,在应用文理综合实训基地的基础上成立了应用文科实验教学中心,文科实验室得到快速发展和完善。尤其是教育部启动"本科教学改革与教学质量工程"以后,学校投入上千万资金,改造了原有实验室,新建了一批文科类实验室,并以应用文理学院为主体，成立了校级应用文科综合实验教学中心，作为校级实验教学示范中心进行重点建设。通过整合提升，中心获得了飞越式发展，2009 年被评为北京高等学校实验教学示范中心、国家级实验教学示范中心。

应用文科综合实验教学中心是全校性人文社科类专业的综合实验教学平台和培养应用性文科人才的校内实验教学基地。至 2010 年年底，中心已建成基础平台和专业应用两大类实验室共 24 个，实验教学场地面积 3650 平方米，拥有各类教学设备 1879 台(件)，实验教学设备的固定资产总值为 1518 万元。中心主要服务于学校历史学、档案学、新闻学、汉语言文学、广告学、公共事业管理、英语、法学 8 个文科类专业、14 个专业方向、约 3400 名本科生的实验教学。

中心提出了“人文综合、文理交融，学以致用、实践育人”的教学理念。强调实践能力的培养要打破专业之间的传统藩篱，引导文科专业之间及文理科专业之间走向综合、交叉互动、集成融合；强调实践能力的培养要围绕区域建设中的真实问题，以应用为本，以能力培养为核心，培养综合素质高、应用能力强、具有创新精神的人文社科类复合型应用型人才。

中心建设了“三层次、五类型、四结合”的系统性、模块化、递进式实验教学体系，并落实到了人才培养方案中。“三层次”，即基础平台、专业应用、拓展创新三个层次的课程；“五类型”，即观察体验类演示实验、情景仿真类模拟实验、全真案例类实操实验、专业集成类综合实验、自主研发类创新实验五种类型的实验教学方法；“四结合”，即四种实验教学的实现途径：实践教学与理论教学相结合、校内实验与校外实践相结合、单个专业纵向综合与多个专业横向综合实践教学相结合、实践教学与应用性科研相结合。

中心以人为本，通过人文实践，熏陶人文素养，培养人文精神，提升实践能力，正在努力为培养首都“人文北京”和中国特色世界城市建设需要的高素质应用型人文社科类人才做着应有的贡献。中心经过数年建设，已经形成了鲜明的特色，对地方综合性大学的文科综合实验教学中心建设和文科综合实验教学起着良好的示范作用。

五、人才培养模式创新实验区

为积极推进人才培养模式改革，着力培养学生创新精神和创新能力，进一步提高学校教育教学质量，根据北京市教委及教育部关于开展人才培养模式创新试验区相关通知精神，学校积极开展了人才培养模式创新试验区项目建设工作。学校一直坚持结合北京市经济社会发展需求和自身实际，以项目为载体，以政策为导向，支持各学院积极探索人才培养模式改革与创新。2009 年，学校服务外包人才培养模式创新实验区被批准为国家级人才培养模式创新实验区。服务外包人才培养模式创新试验区和旅游应用型人才培养模式创新试验区被批准为北京市人才培养模式创新试验区。学校是唯一一个有两个试验区入选的高校。

服务外包人才培养模式创新实验区，是学校积极应对北京市服务外包产业快速发展的人才需求的产物。2009 年，学校在信息学院服务外包应用型人才培养试点经验和成果基础上，面向国家和北京市服务外包产业需求，依托信息和管理学院 IT 类和经管类相关专业，正式设立服务外包人才培养模式创新实验区。实验区人才培养模式建立“特区化”管理理念。全程提供优质教育资源和特惠政策，培养具备开阔的国际化视野、务实的本土化态度、精湛的业务能力、较强的跨文化理解沟通能力和团队合作能力的复合型服务外包人才。满足服务外包企业对人才知识、能力和素质的要求。面向服务外包产业和首都经济建设要求，紧密围绕复合型人才培养目标，创建“一体两翼、三三分流”的人才培养新模式，三个阶段为“大类培养、行业认知”“分流培养、职场体验”“实战训练、职业定向”；三类服务外包人才为“ITO(信息技术外包)”“BPO(业务流程外包)”“服务外包企业管理”。构建以“两个依托、三个结合、五项计划”为支撑的开放式教学体系：两个依托平台是校内综合集训、校外企业顶岗实践；三个结合是工管结合、产学结合、国内外结合；实行开放办学；五项计划是学科交叉计划、名师讲学计划、综合实力拓展计划、企业践学计划和跨文化教育计划。

旅游应用型人才培养模式创新试验区，立足学校旅游学院深厚的行业背景和高等旅游教育成功经验，应对北京市旅游产业新变化，改变学科色彩浓厚的传统旅游管理人才培养模式，顺应旅游产业外延扩张和内涵发展的新特征，以产业需求为导向、学科建设为支撑，在深化素质教育基础上，探索新型旅游应用性人才的分类培养模式。试验区实行“分类培养”和“个性化教育”相结合，进行模块化教学并注重营造成长环境。试验区根据能力倾向和职业偏好将学生进行分类培养，重点创设相应的综合素养教育环境氛围，以“旅游应用型人才”培养为主体，将“休闲人才培养”纳入未来生长点，真正以产业需求为导向，从“产业应用和能力培养”角度出发创新人才培养模式。

为进一步提高学校的办学水平和教学质量，贯彻落实学校“分类指导、分层教学、因材施教、突出特色”的办学理念，鼓励优秀学生脱颖而出，培养基础扎实、思维活跃、适应能力强、综合素质高的应用性本科人才。

六、教学质量监控与评价

(一) 教学质量监控与评价组织

为了加强对教学质量的监控，促进教学质量的提高，保障学校教学方针、政策的贯彻执行，2004 年 4 月，第 13 次党委常委会研究决定，成立北京联合大学督导室。督导室为校内正处级建制。督导室是在学校领导下，行使教学督导职能的专门机构，其有关工作按照《北京联合大学教学督导工作暂行办法》(京联发〔2004〕15 号)执行。《北京联合大学教学督导工作暂行办法》由总则、结构、职责、实施和附则五章 26 条构成。2004 年 6 月正式启用北京联合大学教学督导室印章。2008 年，学校印发《关于教务处、教学督导室、本科评建办公室机构调整的意见》(京联党〔2008〕30 号)，督导室正式并于教务处。

为了加强对校部教学质量监控和测评工作，2004 年 5 月，第 17 次校党委会研究决定，成立校本部教学质量测评领导小组，成员如下：

组长：高林；

副组长：韩宪洲、高东；

成员：王洪、滕祥东、姜招峰、王爱民、张丹海、佟建新、章泽英、刘莹、杨飒、陈冬、翟世骏、范红雨、霍德臻。

2004 年 10 月，根据京联督〔2004〕2 号文，聘请以下 54 名同志为北京联合大学教学督导员，重点完成校本部的教师教学质量测评工作，聘期一年(以姓氏笔画为序)：

应用文理学院：牛志民、刘季稔、吕雅贤、李娜、李兴国、李震亚、杨爱英、陈双基、周明、巫云仙、范欣、金宗濂、赵胜年、唐小恒、郭世明、龚秀敏；

师范学院：王成尧、张智新、赵平勇、徐英俊；

商务学院：王宪迎、刘树明、李萍、陈治、孟丽芬、葛德玉；

旅游学院：王瑞林、李隆茂、赵晓燕；

生物化学工程学院：王惠连、孙建京、林强、赵玉娥；

国际语言文化学院：杨亚军；

特殊教育学院：许家成、陈莞；

校机关：王洪、冯虹、任伟宁、孙权、曲艺、江小明、张铃、张丹海、张妙弟、姜招峰、席文启、高林、韩宪洲、滕祥东；

图书馆：张世良；

其他专家：李元和、张云汉、贡文清。

2005年，第32次校长办公会讨论决定，成立北京联合大学教学质量监控委员会，委员会办公室设在校教学督导室，其组成人员如下：

主任：张妙弟；

副主任：高林、高东；

秘书长：张丹海；

委员（以姓氏笔画为序）：王兵、王洪、尹庆民、曲艺、刘允新、刘莹、孙建京、佟建新、张莉、张连城、张丹海、张宝秀、张妙弟、杨飒、姜春梅、姚力、高林、高东、曹传福、章泽英、滕祥东。

2006年，根据京联发〔2006〕15号文，聘请以下24位同志为北京联合大学教学督导员，聘期为一年（以姓氏笔画为序）。

理工学科组督导员：王成尧、王惠连、孙建京、李英、李元和、李颖伯、张丹海、何镇湖、陈治、赵长奎、赵玉娥、唐小恒、葛德玉；

人文学科组督导员：曲艺、刘树明、李萍、李震亚、何小庭、汪惠清、徐英俊、郭世明、郭冬、龚秀敏、鲍圆圆。

2007年9月，根据京联发〔2007〕40号文，调整北京联合大学教学质量监控委员会，委员会办公室设在校督导室。调整后人员名单如下：

主任：柳贡慧；

副主任：高林、高东；

秘书长：曲艺；

委员（以姓氏笔画为序）：王春广、王洪、孔繁敏、牛爱芳、丛森、石明培、曲艺、刘东、刘允新、刘瑞武、孙建京、许家成、肖芳、张恩祥、陈冬、范清惠、柳贡慧、单金成、杨宜、周明珠、赵鹏、高林、高东、梁怡、程建芳、谢职安、鲍泓、滕长建、滕祥东、薛立军。

2007年，根据京联发〔2007〕76号文，聘请以下22位同志为北京联合大学教学督导员，聘期为一年（以姓氏笔画为序）：

理工学科组督导员：李元和、李英、李颖伯、张丹海、张曙明、陈治、尚晓航、高扬、曹传福、葛德玉、樊月华；

人文学科组督导员：王棣、王惠连、王湘、江小明、张国忠、张铃、张月杰、周传家、郭世明、褚天寅、鲍圆圆。

2009年，根据京联发〔2009〕2号文，聘请以下22位同志为北京联合大学教学督导员，聘期为一年（以姓氏笔画为序）：

理工学科组督导员：王绍光、石焕南、江云霞、叶明芷、何镇湖、刘维恒、刘智、任开隆、李元和、张丹海、张曙明、陈治、武继玉、尚晓航、高扬、胡应平、唐希源、鲁志融、曹传福、葛德玉、廖文国、樊月华；

人文学科组督导员：马万昌、王惠连、王棣、王领、王湘、江小明、刘树明、孙权、李颖伯、沈明山、张国忠、张铃、张妙弟、张月杰、周传家、钟越、高林、郭世明、黄立凡、靳长缨、褚天寅、鲍圆圆。

2009年，根据京联发〔2009〕81号文，聘请以下17位同志为北京联合大学教学督导员，聘期为一年：

王惠连、任开隆、孙权、江小明、张铃、张丹海、张妙弟、李萍、李颖伯、陈治、周传家、赵胜年、郭世明、高林、曹传福、葛德玉、樊月华。

(二) 教学质量监控方面的相关管理规定

学校在教学质量监控方面相继出台了系列文件：

《北京联合大学校本部教师教学质量测评工作方案》(京联督办〔2004〕1号)；

《关于开展示范课观摩教学活动的通知》(京联督〔2005〕1号)；

《北京联合大学教学质量监控工作试行方案》(京联督〔2005〕3号)；

《校本部教学质量监控工作实施细则》(京联督〔2006〕1号)；

《北京联合大学本科毕业设计(论文)管理工作的规定》(京联教〔2006〕3号)；

《北京联合大学教学质量测评工作方案》(京联督办〔2008〕19号)；

《北京联合大学教学督导与评价工作暂行办法》(京联教〔2009〕80号)；

《北京联合大学教学质量学生评价工作管理办法》(京联教〔2010〕29号)；

《北京联合大学教育教学督导工作条例》(京联教〔2010〕26号)。

2004—2009年，教学质量测评，实行校、院(部)两级管理，院(部)为实施测评的主体。测评范围包括教学实施计划中列出的理论课程和实践课程，毕业设计(论文)和其他实践环节的任课教师。测评分自我测评、同行测评、学生测评、领导测评和专家测评五个维度。

2010年，经过多方调研和论证，将质量测评纬度定为一个维度，即以学生测评为主。

(三) 校内与上级领导部门的教学检查

学校对教学质量非常重视。每学期开学初有例行的教学检查，检查人员包括校领导、学院主管领导、教务处全体人员、教学督导人员、学院教科办工作人员和辅导员等。常规检查与重点检查相结合。常规检查主要检查教学环境及设备准备情况、教师到岗及授课情况、学生出勤及听课情况、教材到位情况、学期初补考情况等。

重点检查内容包括教师教学文件准备情况、补考试卷到位情况、监考教师到位及履行监考职责的情况、学生带证情况和考风考纪情况。集中实践环节重点检查实验实训条件、教学计划执行情况。

每学期的期中教学检查，主要以各教学单位自查为主、学校抽查为辅，全面检查与重点检查相结合。

学校还对学生毕业设计环节进行中期抽查，本科毕业设计(论文)相关材料检查主要包括开题报告、任务书、指导手册、开题答辩成绩单、评语表、论文相关数据及实验记录等；高职毕业综合实践检查相关材料主要包括题目申报表、任务书、指导记录表、进度检查表等。

学校每学期还会组织期末试卷检查，根据工作实际确定检查重点。

（四）教学名师

截至2010年，学校共有6名教师获得北京市"高等学校教学名师奖"称号（见表2.5-3）。

表2.5-3　2001—2010年获得北京市"高等学校教学名师奖"人员名单

年份	届次	获奖教师	类别
2003	一	赵玉娥	
2006	二	周传家	
2007	三	李哲英	本科
2008	四	支芬和	高职高专
2010	六	韩建业	本科
		李宇红	高职高专

第六节　教学研究与成果

一、研究机构和研究成果评奖制度

（一）研究机构

为加强对应用性高等教育的研究，推动学校的发展，经校党委研究决定，2004年12月成立北京联合大学应用性高等教育发展研究中心。研究中心为学校教育科学研究机构，应用性高等教育研究所、高等技术与职业教育研究所、高等技术与职业教育课程研发中心等一起构成研究中心，为该中心的下设机构。

应用性高等教育研究所的前身是北京联合大学高等教育研究室，成立于1990年，是一个教育教学研究与管理的处级机构。研究领域和特色：研究内容涉及应用性人才培养模式、课程体系、双证书教育、实践教学研究等；研究层面涉及高职、本科及研究生教育；研究类型覆盖应用性本科、技术应用性本科、高职。应用性高等教育研究所以应用性教育发展研究为特色。

2001—2010年期间，研究中心除接受市教委高教处、北京市教育科学规划办、北京市教科院、中国高教学会等上级部门和组织下的研究项目外，还承担了校内教育教学研究的组织和管理工作。

（二）研究成果评奖制度

2004年10月，为表彰和奖励在学校教学建设、教学改革、教学管理、教学研究等工作中贡献突出的教师和教学管理人员，营造重视提高工作水平、重视工作质量的良好氛围，保障教学工作的中心地位，同时为培育和推荐北京市级和国家级优秀教学成果做准备，学校制定下发《北京联合大学高等教育教学成果奖励暂行实施办法》（京联教〔2004〕20号）。

2007年，学校下发《北京联合大学科研工作量制度实施暂行办法》（京联发〔2007〕47号）。

2008年，学校下发《北京联合大学教研工作量制度暂行实施办法》（京联教〔2008〕7号）和《北京联合大学研究工作量制度实施办法》（京联发〔2008〕52号）。

2009年6月,根据《北京联合大学研究工作量制度实施办法》(京联发〔2008〕52号),学校制定《北京联合大学校本部研究工作量实施细则》京联办〔2009〕10号。

2010年6月,学校下发《北京联合大学研究工作量制度实施办法》(京联发〔2010〕37号)。

二、北京市教学成果奖

为鼓励教育工作者积极开展教育教学研究,提高学校教学水平和教学质量,根据国家教委、北京市教委组织申报优秀教学成果奖的相关文件精神,学校在2001—2008年组织申报并获得北京市级优秀教学成果一等奖1项、二等奖10项(见表2.6-1)。

表2.6-1　2001—2008年市级优秀教学成果奖获奖情况(不含高职)

序号	年　份	获奖项目	获奖等级	成果完成人
1	2001	机类现代高等应用型人才实践教学体系的创立	二等奖	方新、陈瑞阳、毛智勇、王瑞岷、郑业明
2	2001	《经济法概论(第四版)》(高等教育法学教材)	二等奖	刘隆亨
3	2004	培养技术应用性人才的产学合作教育运行机制探究	一等奖	张恩祥、方新、杨飒、毛智勇、李春旺
4	2004	开展国际合作办学　提高教学质量	二等奖	孙明、刘允新、王丽薇、高丽霞、王育红
5	2008	搭建"产学研一体化"工作平台实现高等旅游教育模式改革与创新	二等奖	赵鹏、王美萍、李淑芳、汪艳丽、汤利华
6	2008	全国大学生广告艺术大赛的组织与开展	二等奖	刘瑞武、刘楠、于雷、郭有霞
7	2008	艺术设计专业应用性教育的研究与创新实践	二等奖	王宪迎、裴朝军、鲁彦娟、张嘉秋、楚天
8	2008	资源环境与城乡规划管理专业"依托学科、面向应用"的课程体系改革	二等奖	张宝秀、张景秋、尹卫红、孙颖、熊黑钢
9	2008	楼宇智能化工程技术专业教学体系的构建与实施	二等奖	范同顺、郑坚、苏玮、杜明芳、黄娜
10	2008	面向应用的地方综合性大学办学道路的探索与实践	二等奖	高林、席文启、张妙弟、王洪、鲍洁
11	2008	创新应用性本科人才培养模式,深化专业课程改革	二等奖	鲍洁、高林、曹辉、鲍有文、张景秋

三、校级优秀教学成果奖

为表彰和奖励在学校教学建设、教学改革、教学管理、教学研究等工作中贡献突出的教师和教学管理人员,营造重视提高工作水平、重视工作质量的良好氛围,有效保障教学工作的中心地位,同时,也为学校培育和推荐北京市级和国家级优秀教学成果做准备,从2004年开始,学校每两年进行一次教学成果奖的申报、评审,共评出教学成果奖217项。其中2004年评出特等奖4项,一等奖11项,二等奖15项,三等奖17项;2006年评出一等奖17项,二等奖19项,三等奖20项;2008年评出一等奖18项,二等奖23项,三等奖23项;2010年评出一等奖14项,二等奖15项,三等奖21项(见表2.6-2)。

表 2.6-2　校级教学成果奖获奖情况统计表(含高职)

序号	年份	成果名称	成果完成单位	级别	等　级
1	2004	高等职业教育课程改革与实践	北京联合大学	校级	特等奖
2	2004	全国高职高专教育指导性专业目录的研究	北京联合大学、清华大学	校级	特等奖
3	2004	高等职业教育专业质量评估方案的研究与实践	高等职业教育研究所、教务处、管理学院	校级	特等奖
4	2004	高职高专数学课程的深化改革	校基础部	校级	特等奖
5	2004	开展国际合作办学　提高教学质量	商务学院	校级	一等奖
6	2004	坚持特色,滚动发展,组好梯队,建设应用型人才的食品科学学科	应用文理学院	校级	一等奖
7	2004	“WEB技术应用基础”课程建设	管理学院	校级	一等奖
8	2004	基于产学合作的高职教学模式研究	生物化学工程学院	校级	一等奖
9	2004	公共关系概论精品课程	应用文理学院	校级	一等奖
10	2004	艺术设计学科建设与发展	师范学院	校级	一等奖
11	2004	通信技术概论(课程)	信息学院	校级	一等奖
12	2004	中华文物古迹旅游(教材)	应用文理学院	校级	一等奖
13	2004	计算机网络安全与应用技术	信息学院	校级	一等奖
14	2004	烹饪专业高等职业教育的教学改革	旅游学院	校级	一等奖
15	2004	深层次产学合作教育的研究与实践	机电学院	校级	一等奖
16	2004	校企合作,促进教学建设	管理学院	校级	二等奖
17	2004	高职教育化学课程内容体系、建设的研究与实践	生物化学工程学院	校级	二等奖
18	2004	程序设计类课程中基于建构主义教学思想的四部教学法	继续教育学院	校级	二等奖
19	2004	将专业竞赛作为实训引入教学环节,提高学生综合设计能力	商务学院	校级	二等奖
20	2004	网络数据库应用教程	信息学院	校级	二等奖
21	2004	校企合作应用性教育教学模式的探索与实践——组态王培训中心的建设与运行	自动化学院	校级	二等奖
22	2004	经络语音模型(头部)	特殊教育学院	校级	二等奖
23	2004	聋人汉语阅读与写作课程建设	特殊教育学院	校级	二等奖
24	2004	面向应用型人才培养的大学物理课程内容设计与教材建设的研究与实践	校基础部	校级	二等奖
25	2004	提高入学基础差学生英语水平的研究与实践	商务学院	校级	二等奖
26	2004	资源环境与城乡规划管理专业集中实践教学	应用文理学院	校级	二等奖
27	2004	师范学院教学标准化管理体系的设计与构建	师范学院	校级	二等奖
28	2004	以就业为主导智能建筑专业教学体系的研究与实践	自动化学院	校级	二等奖
29	2004	教学质量监控体系的建设与实施	生物化学工程学院	校级	二等奖

续表

序号	年份	成果名称	成果完成单位	级别	等级
30	2004	大学语文	校人文社科部	校级	二等奖
31	2004	用教学信息化促进教学管理上水平	生物化学工程学院	校级	三等奖
32	2004	应用性本科双语教学的研究与实践	管理学院	校级	三等奖
33	2004	高校实验室闭环管理系统的研究与构建	校国有资产管理处	校级	三等奖
34	2004	建筑环境与设备工程专业实践教学基地的实践与研究	机电学院	校级	三等奖
35	2004	建立健全多层次教学质量监控体系,稳步提高教育质量	应用文理学院	校级	三等奖
36	2004	高职技能教学课件——“大众自动变速器构造原理与维修”VCD光盘	校电教中心、机电学院	校级	三等奖
37	2004	高职高专“双证书”教育教学模式的研究与实践	校教务处	校级	三等奖
38	2004	建设特色信息资源,全面提升教学服务水平	生物化学工程学院	校级	三等奖
39	2004	计算机辅助工程制图课程改革建设	校电子信息技术实践教学基地	校级	三等奖
40	2004	“电子工艺实训”课程与教材建设	师范学院	校级	三等奖
41	2004	对建设应用性大学新生、毕业生测评系统的研究与实践	校招生就业处	校级	三等奖
42	2004	食品科学与工程专业课程体系建设与教学内容研究	师范学院	校级	三等奖
43	2004	“双证书”教育人才培养模式的研究与实践	商务学院	校级	三等奖
44	2004	大学物理(教材)	商务学院	校级	三等奖
45	2004	经营模拟课的自动化	管理学院	校级	三等奖
46	2004	双语教学方法研究与实践	师范学院	校级	三等奖
47	2004	视障学生练习与考试系统	特殊教育学院	校级	三等奖
48	2006	面向首都经济建设发展,构建应用性本科教育的学科专业体系	校教务处、师范学院、应用文理学院、商务学院、生物化学工程学院、旅游学院	校级	一等奖
49	2006	应用性本科教育人才培养模式的研究与实践	高等技术与职业教育研究所、生物化学工程学院、信息学院、管理学院、机电学院	校级	一等奖
50	2006	计算机科学与技术(专接本)专业教学模式及培养方案改革—基于IBL教育法研究与实践	信息学院	校级	一等奖
51	2006	艺术设计专业教学理念的研究与创新实践	商务学院	校级	一等奖
52	2006	“以学生为本”教育思想研究	校组织部、继续教育学院、规划处、分校、校教务处、校团委、校学生处、管理学院	校级	一等奖

续表

序号	年份	成果名称	成果完成单位	级别	等　级
53	2006	中等职业技术教育师资培养模式的构建	师范学院	校级	一等奖
54	2006	听障儿童言语训练标准教程	特殊教育学院	校级	一等奖
55	2006	建设应用型大学之路	应用文理学院	校级	一等奖
56	2006	校企合作培养应用性计算机应用技术专业(高职)人才的教学建设	自动化学院	校级	一等奖
57	2006	旅游管理专业课程模块化教学改革的探索与实践	旅游学院	校级	一等奖
58	2006	经管类应用性本科教学改革的研究与实践	管理学院	校级	一等奖
59	2006	大众化教育阶段的数学素质要求与应用性人才培养的大学数学课程建设	校基础部	校级	一等奖
60	2006	文管类高职双证书教育的研究与实践	高等教育研究所、应用文理学院、商务学院、规划处、旅游学院、高职研究会、考试中心	校级	一等奖
61	2006	工商管理应用性本科双语教学的研究与实践	管理学院	校级	一等奖
62	2006	"可编程序控制器"应用性教学研究与实践	生物化学工程学院	校级	一等奖
63	2006	与就业相结合的应用性本科毕业设计运行模式及质量保证机制的研究与实践	机电学院	校级	一等奖
64	2006	建筑环境智能控制试验室"基于工作过程"的实践项目体系规划与开发	机电学院	校级	一等奖
65	2006	机电液讯一体化实训课程建设	机电学院	校级	二等奖
66	2006	大学生就业指导课程的设置与实践教学	校招生就业处、机电学院、管理学院	校级	二等奖
67	2006	强化学科基础的实践教学模式——城市与区域 综合教学实习	应用文理学院	校级	二等奖
68	2006	实用微积分	校基础部	校级	二等奖
69	2006	应用型大学学生教育与管理模式的探索和实践	校学生处、校教务处、校团委、分校	校级	二等奖
70	2006	高职高专精品课程建设与评估标准的研究与实践	校教务处、管理学院、校信息网络中心、校基础部、应用文理学院	校级	二等奖
71	2006	应用型大学教学体系研究与实践	生物化学工程学院、校电子信息技术实验实训基地、应用文理学院、校人事处	校级	二等奖
72	2006	"友善用脑"在思想政治理论课和人文素质课教学中的实验与研究	校人文社科部	校级	二等奖

续表

序号	年份	成果名称	成果完成单位	级别	等级
73	2006	北京市高等教育精品教材——《图案设计教学与应用》	商务学院	校级	二等奖
74	2006	计算机网络	信息学院	校级	二等奖
75	2006	以电子金融实训室建设促进经管类应用型人才培养	管理学院	校级	二等奖
76	2006	数据库原理与应用	自动化学院	校级	二等奖
77	2006	建设应用型大学研究	应用文理学院	校级	二等奖
78	2006	残疾人高等教育本科人才培养体系的研究和实践	特殊教育学院、特殊教育研究所	校级	二等奖
79	2006	制药工程专业实践性教学建设	生物化学工程学院	校级	二等奖
80	2006	注重实践教学,培养多能一专的应用性音乐人才	师范学院	校级	二等奖
81	2006	应用型高等教育教师教学质量的测评系统	校督导室、校教务处	校级	二等奖
82	2006	应用型大学师资队伍建设的探索与实践	校人事处、应用文理学院、旅游学院、生物化学工程学院、商务学院、师范学院	校级	二等奖
83	2006	综合性有机化学实验项目的建立与实施	应用文理学院	校级	二等奖
84	2006	西式烹调工艺	旅游学院	校级	三等奖
85	2006	教学基地与实践教学体系建设在电子信息专业应用型人才培养中的实践与创新	校电子信息技术实验实训基地	校级	三等奖
86	2006	应用型人才培养电类基础课课程体系的创新与实践	自动化学院	校级	三等奖
87	2006	高等教育大众化形势下公共选修课教学管理的研究与实践	校教务处	校级	三等奖
88	2006	与行业主管部门合作　携手培养应用性人才	应用文理学院	校级	三等奖
89	2006	VB程序设计课程教学改革的研究与实践	校电子信息技术实验实训基地、应用文理学院	校级	三等奖
90	2006	旅游英语专业人才培养模式探索与实践	旅游学院	校级	三等奖
91	2006	改革大学英语教学培养自主学习能力	师范学院	校级	三等奖
92	2006	以学生为主体的英语课堂教学	商务学院	校级	三等奖
93	2006	以科学发展观指导分校教学管理,构建教学监控体系	廊坊分校	校级	三等奖
94	2006	项目进课堂,边学边实践——“公共关系策划”课程创新	应用文理学院	校级	三等奖
95	2006	LBD教学模式在高职实践教学中的应用	旅游学院	校级	三等奖

续表

序号	年份	成果名称	成果完成单位	级别	等　级
96	2006	艺术设计专业教学与参赛结合实践	师范学院	校级	三等奖
97	2006	金融专业系统性模拟实验项目的研究与建设	师范学院	校级	三等奖
98	2006	基于人机工程学的实践教学体系建设	机电学院	校级	三等奖
99	2006	二年制软件职业技术人才教学模式探索与研究	网通软件职业技术学院	校级	三等奖
100	2006	“计算机文化基础与程序设计”教学文件建设	商务学院	校级	三等奖
101	2006	多媒体技术基础及应用	信息学院	校级	三等奖
102	2006	会计模拟实训教程	商务学院	校级	三等奖
103	2006	高职院校“数据库”实训课的改革与探索	平谷学院	校级	三等奖
104	2008	创新应用性人才培养模式理论体系，深化专业课程改革	应用性高等教育研究中心、生物化学工程学院、信息学院、应用文理学院、机电学院、管理学院、师范学院、广告学院	校级	一等奖
105	2008	高等职业教育实践课程“工作导向同步协作式”教学模式的研究与实践	旅游学院	校级	一等奖
106	2008	听障学生计算机编程语言教学研究与实践	特殊教育学院	校级	一等奖
107	2008	培养创新性、应用性地学人才——基于任务的“城市要素调研方法与实务”课程改革	应用文理学院	校级	一等奖
108	2008	应用型大学思想政治理论课教学模式改革的实验与研究	校人文社科部、校宣传部、校学生工作部、校团委、校教务处	校级	一等奖
109	2008	制药工程专业校外实习基地建设	生物化学工程学院	校级	一等奖
110	2008	“企业全程介入”技能型人才培养模式的探究	机电学院	校级	一等奖
111	2008	全国大学生广告艺术大赛——文科实践教学平台	广告学院	校级	一等奖
112	2008	以应用为导向，教、学、管一体化的大学英语教学体系的研究与实践	商务学院	校级	一等奖
113	2008	食品科学与工程专业技术应用型人才专业核心能力的构建与培养	师范学院	校级	一等奖
114	2008	校企深度合作，全面共建基于实际项目工作历程的高职“项目管理”精品课程	管理学院、应用科技学院	校级	一等奖
115	2008	地方高校应用性本科教材建设与管理体系构建的研究与实践	校教务处、应用文理学院、生物化学工程学院、旅游学院、商务学院、师范学院、自动化学院	校级	一等奖

续表

序号	年份	成果名称	成果完成单位	级别	等　级
116	2008	构建应用型大学师资队伍建设体系构建的研究与实践	校人事处、校教务处、应用科技学院、机电学院、旅游学院、自动化学院	校级	一等奖
117	2008	构建旅游院校"产学研一体化"办学的研究和实践	旅游学院	校级	一等奖
118	2008	楼宇智能化工程技术专业	自动化学院	校级	一等奖
119	2008	应用性本科教育的高等数学教材建设与教学实践	校基础部、机电学院	校级	一等奖
120	2008	应用心理学专业实践教学体系	师范学院	校级	一等奖
121	2008	《英美诗歌名篇选读》教材建设	应用文理学院	校级	一等奖
122	2008	财务管理专业应用性本科教育人才培养模式研究	商务学院	校级	二等奖
123	2008	材料科学与工程(检测与质量管理工程)复合型应用性本科专业教学改革与实践	机电学院	校级	二等奖
124	2008	《高等职业学校思想政治理论课教学体系论》	校人文社科部	校级	二等奖
125	2008	思想政治理论课教学改革研究	生物化学工程学院	校级	二等奖
126	2008	北京联合大学心理素质教育工作体系的构建	北京联合大学心理素质教育中心	校级	二等奖
127	2008	"中式烹饪工艺"网络教学	旅游学院	校级	二等奖
128	2008	应用性本科计算机基础课程教学方法改革的研究与实践	校电子信息技术实验实训基地、师范学院	校级	二等奖
129	2008	档案学专业实践教学改革与实施	应用文理学院	校级	二等奖
130	2008	应用性本科经管类专业"管理学"课程改革与实践	管理学院	校级	二等奖
131	2008	机械工程及自动化专业现场工程师人才培养模式的研究与实践	机电学院	校级	二等奖
132	2008	"工程制图"多媒体教学的改革及电子模型的开发	生物化学工程学院	校级	二等奖
133	2008	职教师资实践能力培养的探索与实践	师范学院	校级	二等奖
134	2008	大学生心理健康辅导活动课程体系的构建	全校"大学生心理健康教育"课程协作组	校级	二等奖
135	2008	教学研究成果转化方法的研究与实践	应用科技学院、校教务处	校级	二等奖
136	2008	工科技术应用性本科人才教育教学体系建设	机电学院、生物化学工程学院	校级	二等奖
137	2008	以培养学生创业能力为核心的电子商务实践教学改革的研究与实践	商务学院	校级	二等奖
138	2008	艺术设计专业产学研结合教学新模式的探索与实践	师范学院	校级	二等奖

续表

序号	年份	成果名称	成果完成单位	级别	等　级
139	2008	学以致用　实践导学	校电子信息技术实验实训基地、廊坊分校	校级	二等奖
140	2008	高职生"就业指导"课程建设	就业指导教学科研中心、时代英杰国际教育科技(北京)有限公司	校级	二等奖
141	2008	以赛带练,提升学生专业素养与职业竞争力	管理学院、校团委、用友软件股份有限公司	校级	二等奖
142	2008	应用型大学教学质量监控工作模式的研究与实践	校督导室、校教务处、商务学院、特殊教育学院、生物化学工程学院	校级	二等奖
143	2008	电子信息大类专业高职高专数学课程教学体系改革的探索与实践	校基础部、自动化学院、信息学院	校级	二等奖
144	2008	C程序设计教程(第二版)(高等教育"十一五"国家级规划教材·高职高专)	校电子信息技术实验实训基地	校级	二等奖
145	2008	"考古学通论"课程建设	应用文理学院	校级	三等奖
146	2008	基于"技术单元综合化"的工程训练课程开发	机电学院、生物化学工程学院	校级	三等奖
147	2008	二年制高职软件技术专业课程建设	应用科技学院(网通)	校级	三等奖
148	2008	应用型大学实践教学基地研究与实践	自动化学院、机电学院、应用文理学院、商务学院、校教务处	校级	三等奖
149	2008	促进基础课教学改革、提高教学质量的探索与实践	廊坊分校	校级	三等奖
150	2008	《中国文化概论》教材	校人文社科部、商务学院、国际关系学院、师范学院	校级	三等奖
151	2008	"自动控制原理"课程教学模式与实验改革	自动化学院	校级	三等奖
152	2008	改革与规范艺术设计专业毕业设计	商务学院	校级	三等奖
153	2008	经管类实践教学中心建设的改革与创新	管理学院	校级	三等奖
154	2008	程序设计课程改革的应用性研究与教学实践	校电子信息技术实验实训基地、廊坊分校、高职所、信息学院、自动化学院	校级	三等奖
155	2008	高等特殊教育课程考核质量评价研究与实践	特殊教育学院	校级	三等奖
156	2008	地方高校应用性本科教育学科专业体系构建的研究与实践	校教务处	校级	三等奖
157	2008	师范学院计算机师范专业实践教学改革	师范学院	校级	三等奖
158	2008	日语精读精品课程建设	旅游学院	校级	三等奖

续表

序号	年份	成果名称	成果完成单位	级别	等　级
159	2008	夯实基础、面向应用、提高能力、培养创新意识的“Access 数据库技术及应用”课程建设	应用文理学院	校级	三等奖
160	2008	多校区网络教学平台建设与管理模式的研究与实践	校网络中心、校教务处、师范学院、商务学院	校级	三等奖
161	2008	课堂教学与考试环节教学质量控制的研究与实践	应用文理学院	校级	三等奖
162	2008	.NET 环境下案例教学与实践(教材)	生物化学工程学院	校级	三等奖
163	2008	课件“小提琴协奏曲‘梁山伯与祝英台’”	师范学院	校级	三等奖
164	2008	英语(文秘)专升本专业人才培养模式研究与配套教学管理体系改革	师范学院	校级	三等奖
165	2008	计算机辅助制图三维到二维教学模式创新	校电子信息技术实验实训基地、自动化学院	校级	三等奖
166	2008	实训基地示范性开放实验室	校电子信息技术实验实训基地	校级	三等奖
167	2008	产学研联动,打造 UEB“校园企业”应用创新人才培养服务平台的系统规划与建设	管理学院、商务学院、校团委	校级	三等奖
168	2010	基于工作过程的“市场营销实务”课程改革实施方案	应用科技学院、管理学院	校级	一等奖
169	2010	“暖通空调自控”核心课程体系与特色课程的创新实践	生物化学工程学院	校级	一等奖
170	2010	通信工程特色专业应用型人才培养体系建设	信息学院	校级	一等奖
171	2010	大学生心理素质教育类课程体验式教学的研究与实践	校学生处、旅游学院、商务学院、师范学院、广告学院、机电学院、应用文理学院、信息学院、特殊教育学院	校级	一等奖
172	2010	基于多元质量观的课程考试改革研究与实践	商务学院	校级	一等奖
173	2010	建筑电气与智能化专业实践教学体系构建与实施	自动化学院	校级	一等奖
174	2010	适应国家产业结构调整,创新服务外包人才培养模式	校办、信息学院、管理学院、应用性高等教育研究中心 、校教务处、校培训中心	校级	一等奖
175	2010	“可编程控制器应用”课程及其实践体系建设	自动化学院	校级	一等奖
176	2010	大学生英语第二课堂培养模式构建的研究与实践	商务学院	校级	一等奖

续表

序号	年份	成果名称	成果完成单位	级别	等级
177	2010	应用文科综合实验教学体系的创建与实践	应用文理学院	校级	一等奖
178	2010	高等职业教育课程模式创新与专业教学改革实践	应用性高等教育发展研究中心、应用科技学院、东营职业技术学院、浙江机电职业技术学院、北京信息职业技术学院	校级	一等奖
179	2010	建设优秀教学团队，提升整体育人水平	校人事处、校教务处、自动化学院、管理学院、机电学院、特殊教育学院	校级	一等奖
180	2010	实施“学生自主实践计划项目”提升学生综合实践创新能力	师范学院	校级	一等奖
181	2010	计算机控制技术专业依托国家职业标准的实践教学体系改革与创新	生物化学工程学院	校级	一等奖
182	2010	一种综合性实践教学课程教学模式的研究与实践	机电学院	校级	二等奖
183	2010	IT职业技能训练教学资源库构建与实践	应用科技学院	校级	二等奖
184	2010	高职实践教学改革与实践——学生员工制集中顶岗实践	平谷学院、应用科技学院	校级	二等奖
185	2010	以提高学生能力为导向，创建多校区电子信息技术公共课的优质共享资源	校电子信息技术实验实训基地	校级	二等奖
186	2010	全国特殊师范教育专业课规划教材	特殊教育学院	校级	二等奖
187	2010	高职高专日语视听说多媒体系列教材的创新与应用	应用科技学院、中国传媒大学	校级	二等奖
188	2010	对残疾特长生实施个别化教育的探索与实践	特殊教育学院	校级	二等奖
189	2010	会展经济与管理专业实践教学体系的研究与实践	商务学院	校级	二等奖
190	2010	基于应用性人才培养的数学实践教学课程的改革与创新	校基础部、校教务处	校级	二等奖
191	2010	高等教育大众化背景下地方普通高校学生学籍管理制度构建的研究与探索	校教务处、原政策法规处、自动化学院、生物化学工程学院、应用科技学院	校级	二等奖
192	2010	首都博物馆校外人才培养基地的建设与创新	应用文理学院	校级	二等奖
193	2010	本科自动化专业综合性实践课程——“工程训练”的建设	生物化学工程学院	校级	二等奖
194	2010	语言文学为基础、商务技能为特色——应用型大学英语专业建设模式研究	应用文理学院	校级	二等奖
195	2010	经贸实验教学中心（市级示范中心）建设	管理学院、商务学院	校级	二等奖

续表

序号	年份	成果名称	成果完成单位	级别	等　级
196	2010	应用型人才分类指导、分层教学的探索与实践——实验班教学改革	信息学院、校教务处、校外语部、校基础部、校人文社科部、校电子信息技术实验实训基地	校级	二等奖
197	2010	基于工程背景的"暖通空调施工组织与管理"一体化课程改革	生物化学工程学院	校级	三等奖
198	2010	应用型本科人才培养的实证研究——做强地方本科院校	应用文理学院	校级	三等奖
199	2010	应用性工科产学合作教育人才培养模式创新实践研究	机电学院	校级	三等奖
200	2010	构建教学质量与教学改革工程管理体系,提升学校教育教学品质	校教务处	校级	三等奖
201	2010	酒店管理专业核心课程"集成融合式"教学模式改革与创新	旅游学院	校级	三等奖
202	2010	高职外语教学国际化、创新型人才培养实践探索	应用科技学院	校级	三等奖
203	2010	档案学专业人才培养模式创新及实践	应用文理学院	校级	三等奖
204	2010	北京联合大学高职专业结构调整与优化的研究与实践	高职处	校级	三等奖
205	2010	《实用商务英语教程》教材建设	师范学院	校级	三等奖
206	2010	数学建模和数学实验在创新型人才培养中作用的研究与实践	师范学院、生物化学工程学院	校级	三等奖
207	2010	高职高专英语教学方式方法改革研究	平谷学院	校级	三等奖
208	2010	建设项目流水作业的设计与实施训练	生物化学工程学院	校级	三等奖
209	2010	电子类专业基础课程理论与实验协同性研究	信息学院	校级	三等奖
210	2010	引入ISO 9000质量管理理念提高教育服务管理水平的研究与实践	机电学院	校级	三等奖
211	2010	优化课程体系,培养"三创"应用型人才	信息学院、校教务处、校人文社科部、校外语部、校体育部、校电子信息技术实验实训基地	校级	三等奖
212	2010	开辟提高学生艺术综合实践能力的新途径——艺术教育系"排练"课程的实践教学尝试	师范学院	校级	三等奖
213	2010	构建新型工业工程专业应用人才培养模式的探索与实践	机电学院	校级	三等奖
214	2010	以服装设计专业资质认证为导向的人才培养模式	师范学院	校级	三等奖
215	2010	聋人园林技术专业建设	特殊教育学院	校级	三等奖
216	2010	以就业为导向,践行课程模式改革	旅游学院	校级	三等奖
217	2010	基于创新人才培养的电子商务网站建设课程改革	管理学院	校级	三等奖

四、教育教学研究与改革项目

为继续推进学校教育教学研究与改革工作的深入开展，促进各级教职员工开展教育教学研究与改革的积极性，提高办学水平和教学质量，提升教学品质，2001—2008年学校获市级教育教学研究与改革立项项目27项(见表2.6-3)。

表2.6-3　2001—2008年市级教育教学研究与改革立项项目

序号	年份	项目名称	牵头单位	项目负责人
1	2001	高职教育化学课程内容体系改革、建设的研究与实践	生物化学工程学院	赵玉娥
2	2001	高职教育中学生创造能力的开发与训练	生物化学工程学院	王惠连
3	2001	高职应用广告学课程体系改革与探索	广告学院	刘瑞武
4	2002	项目驱动进行电子商务专业建设的探索与实践	管理学院	支芬和
5	2002	立足国际商务环境，开展工商管理本科专业课程的双语教学	管理学院	陶秋燕
6	2002	高职服装设计专业创新教学模式与课程体系改革	师范学院	王　珉
7	2005	面向高等学校大众化生源的课程开发与实践	应用科技学院	王　洪
8	2005	工科技术应用性本科人才教育教学体系建设	机电学院	张恩祥
9	2005	新世纪高职高专教育性质、地位、作用与人才培养模式的研究	应用性高等教育研究中心	高　林
10	2005	北京市高职教育“专接本”模式研究	北京市高职研究会	张妙弟
11	2005	改革与规范艺术设计专业毕业环节	商务学院	王宪迎
12	2005	学生创新能力培养实践课程的建设	广告学院	王惠连
13	2006	应用型大学实践教学基地建设研究	自动化学院	孙建京
14	2006	高等教育大众化背景下应用型大学教学质量监控机制的研究	校督导室	张丹海
15	2006	高职软件技术专业课程开放模式研究	校信息网络中心	张连城
16	2006	北京地区高职教育实训基地建设与管理研究	北京市高职研究会	贡文清
17	2006	无障碍教学理念下听障学生课堂教学模式的研究	特殊教育学院	李启隆
18	2006	应用性本科人才培养的数学课程建设	校基础部	陈　冬
19	2007	应用性本科教育人才培养模式的研究与实践	应用性高等教育研究中心	鲍　洁
20	2007	电子商务应用性人才培养模式的研究与实践	管理学院	支芬和
21	2007	高等职业教育实践课程“工作导向同步协作式”教学模式的研究与实践	旅游学院	王美萍
22	2007	北京“十一五”高等教育精品教材研究	应用文理学院	牛志民
23	2007	高职教育教学管理实务研究与实践	北京市高职研究会	贡文清
24	2007	服装平面与立体裁剪造型比较设计与实践	师范学院	赵平勇
25	2008	高等职业技术师范教育实践教学创新与实践	师范学院	尹庆民
26	2008	应用型大学本科机械工程及自动化专业建设	机电学院	方　新
27	2008	应用型大学工科专业人才培养方案研究	自动化学院	孙建京

第三章　高等职业教育

第一节　培养目标、培养模式与专业设置

一、培养目标

2001 年,学校高职教育的培养目标主要包括:拥护党的基本路线,适应首都国际化大都市经济建设中高新技术支柱产业和新兴第三产业发展需要的生产、建设、管理、服务第一线的具有较高综合素质的高等技术创新、技术传播、技术应用性的专门人才。

2007 年,学校高职教育的培养目标调整为:面向首都经济建设和社会发展需要,培养德、智、体、美等全面发展的,具备相关专业的基础理论知识、相关基本能力和技能,了解相关技术(或职业)领域基本规范,能够满足从事相关领域生产、建设、管理、服务第一线工作需要的高素质技术技能型高级专门人才。

2001—2010 年,培养高职毕业生 3 万余名。2010 年,在校高职生 8000 余人。

二、培养模式

学校构建了"研究先导、试点实践、分层推广"的人才培养模式创新机制。

作为联合国项目专家委员会主任和秘书处单位,以及国内各类相关高职学术组织负责人单位,学校先后组织多种高职学术交流活动,参与国家和北京市高职教育建设、改革与评估方案制订,发表论文、出版专著,组织高职师资培训以及开展课题研究等,不断探索高职教育发展规律,把握高职教育发展新趋势。

学校结合高职教育教学中遇到的重点、难点问题,通过设立研究课题,组织专业试点等方式,组建由专门高职科研机构、学校教学管理部门、学院、试点专业相结合的研究团队,深入开展教育科研和实践试点活动,取得一系列高水平研究成果,如高职专业目录、职业能力系统化 VOCSCUM 和 DCCD 课程开发方法等。学校以专业调研为起点,明确人才培养目标,以专业核心能力培养为主线,重视综合职业素质养成,优化高职教育人才培养方案,深化教学内容与方法改革,学校高职人才培养模式有以下三种基本类型:

(1) 高职和社会用人需求相结合的培养模式。例如,2001 年 4 个专业深入开展社会调研,根据社会能力需求,建立能力与课程关系。强调以就业为导向,以能力为根本,被评为部级试点和北京市重点专业。2001 年,学校"高等职业教育人才培养模式的研究"高职教学成果获国家教育教学成果二等奖。

(2) 借鉴澳大利亚链路方式开展课程体系改革的培养模式。例如,学校借鉴澳大利亚

链路方式开展课程体系改革，对工作岗位进行分析，形成能力链路。11 个高职专业被评为示范专业。

（3）借鉴德国经验开展以工作过程导向进行课程设计的模式。例如，2009 年，市场营销实务课程采用了以工作过程为导向进行课程改革的思路，被评为北京市精品课程。2009 年，学校启动了高等职业教育高技能人才培养模式创新实验区工作。

三、专业设置

2008—2010 年，学校下设高职专业布点学院 9 个，其中应用科技学院、平谷学院为独立高职学院；有招生权的高职专业 71 个，涉及教育部高职高专专业指导性目录中的 14 个专业大类，面向首都重点发展的现代服务业、高新技术产业和现代制造业，特别是面向北京生产性服务业等支柱产业和文化创意产业等新兴产业，培养生产、管理与服务一线的高素质技术技能型人才。

2006—2010 年，学校先后在 62 个专业上进行招生。在此期间，专业名称没有变化的专业包括国际商务、营销与策划、电子商务、财务管理、会计、金融保险、酒店管理、旅游管理、物流管理、计算机信息管理、广告设计与制作、电脑艺术设计、视觉传达艺术设计、信息传播与策划（现代传播）、汽车技术服务与营销、文秘、应用法语、通信技术、计算机网络技术、计算机应用技术、软件技术、数字媒体技术、音像技术、药物制剂技术、汽车检测与维修技术、机电一体化技术和楼宇智能化工程技术，共计 26 个专业。在细分领域寻求专业特色的专业主要包括表演艺术、电子商务、国际商务、计算机多媒体技术、市场营销、视觉传达艺术设计、信息传播与策划和艺术设计等 8 个专业。

学校设置的专业与北京市重点发展的金融业、电信业、商务服务业、生物医药业、文化传媒业、旅游业、技术服务业、房地产业、汽车服务业、信息技术业和物流业等现代服务业相对应。其中，与北京金融业对应的专业包括财务管理、会计和金融保险等；与北京电信业对应的专业包括通信技术和计算机网络技术等；与北京商务服务业对应的专业包括国际商务、营销与策划、应用法语和电子商务等；与北京生物医药业对应的专业包括电子商务（医药）和药物制剂技术等；与文化传媒业对应的专业包括广告设计与制作、电脑艺术设计、视觉传达艺术设计和信息传播与策划（现代传播）等；与旅游业对应的专业包括酒店管理和旅游管理等；与技术服务业对应的专业包括音像技术和机电一体化技术等；与房地产业对应的专业有楼宇智能化工程技术；与汽车服务业对应的专业有汽车检测与维修技术等；与信息技术产业对应的专业有计算机应用技术、软件技术和数字媒体技术等；与物流业对应的专业有物流管理等。

2006—2010 年，学校有招生计划的专业如表 3.1-1 所示。

表 3.1-1 2006—2010 年有招生计划的专业一览表

序号	2006 年	2007 年	2008 年	2009 年	2010 年
1		表演艺术			表演艺术
2		表演艺术(表导)	表演艺术(表导)	表演艺术(表导)	
3		表演艺术(舞美造型)	表演艺术(舞美造型)		
4		表演艺术(影视艺术)	表演艺术(影视艺术)	表演艺术(影视艺术)	
5	财务管理	财务管理	财务管理	财务管理	财务管理
6	餐饮管理与服务	餐饮管理与服务	餐饮管理与服务	餐饮管理与服务	
7	电脑艺术设计	电脑艺术设计	电脑艺术设计	电脑艺术设计	电脑艺术设计
8	电子商务	电子商务	电子商务	电子商务	电子商务
9	电子商务(网络营销、网络编辑)	电子商务(网络营销、网络编辑)	电子商务(网络营销、网络编辑)	电子商务(网络营销、网络编辑)	
10			电子商务(医药)	电子商务(医药)	
11			电子信息工程技术	电子信息工程技术	电子信息工程技术
12		服装设计	服装设计	服装设计	服装设计
13			供热通风与空调工程技术	供热通风与空调工程技术	
14	广告设计与制作	广告设计与制作	广告设计与制作	广告设计与制作	广告设计与制作
15	国际商务	国际商务	国际商务	国际商务	国际商务
16			国际商务(国际物流)	国际商务(国际物流)	国际商务(国际物流)
17	会计	会计	会计	会计	会计
18	机电一体化技术	机电一体化技术	机电一体化技术	机电一体化技术	机电一体化技术
19	计算机多媒体技术	计算机多媒体技术			
20			计算机多媒体技术(动漫技术)	计算机多媒体技术(动漫技术)	计算机多媒体技术(动漫技术)
21			计算机多媒体技术(影视技术)	计算机多媒体技术(影视技术)	计算机多媒体技术(影视技术)
22	计算机控制技术		计算机控制技术	计算机控制技术	计算机控制技术
23	计算机网络技术	计算机网络技术	计算机网络技术	计算机网络技术	计算机网络技术
24	计算机信息管理	计算机信息管理	计算机信息管理	计算机信息管理	计算机信息管理

续表

序号	2006 年	2007 年	2008 年	2009 年	2010 年
25			计算机应用	计算机应用	
26	计算机应用技术	计算机应用技术	计算机应用技术	计算机应用技术	计算机应用技术
27		技术监督与商检	技术监督与商检		
28	金融保险	金融保险	金融保险	金融保险	金融保险
29	酒店管理	酒店管理	酒店管理	酒店管理	酒店管理
30	楼宇智能化工程技术	楼宇智能化工程技术	楼宇智能化工程技术	楼宇智能化工程技术	楼宇智能化工程技术
31	旅游管理	旅游管理	旅游管理	旅游管理	旅游管理
32		旅游英语	旅游英语	旅游英语	
33		烹饪工艺与营养	烹饪工艺与营养	烹饪工艺与营养	烹饪工艺与营养
34	汽车技术服务与营销	汽车技术服务与营销	汽车技术服务与营销	汽车技术服务与营销	汽车技术服务与营销
35	汽车检测与维修技术	汽车检测与维修技术	汽车检测与维修技术	汽车检测与维修技术	汽车检测与维修技术
36	软件技术	软件技术	软件技术	软件技术	软件技术
37					商务日语
38					市场营销（国际合作）
39			市场营销（医药）	市场营销（医药）	市场营销（医药）
40	视觉传达艺术设计	视觉传达艺术设计	视觉传达艺术设计	视觉传达艺术设计	视觉传达艺术设计
41		视觉传达艺术设计（模特）	视觉传达艺术设计（模特）		
42		视觉传达艺术设计（展示艺术设计）	视觉传达艺术设计（展示艺术设计）	视觉传达艺术设计（展示艺术设计）	视觉传达艺术设计（展示艺术设计）
43	数控技术	数控技术	数控技术	数控技术	数控技术
44	数字媒体技术	数字媒体技术	数字媒体技术	数字媒体技术	数字媒体技术
45			体育场馆管理	体育场馆管理	
46		听力语言康复技术	听力语言康复技术	听力语言康复技术	听力语言康复技术
47	通信技术	通信技术	通信技术	通信技术	通信技术
48	网络系统管理	网络系统管理	网络系统管理		
49	文秘	文秘	文秘	文秘	文秘
50	物流管理	物流管理	物流管理	物流管理	物流管理
51			物业设施管理	物业设施管理	物业设施管理
52	信息传播与策划（现代传播）	信息传播与策划（现代传播）	信息传播与策划（现代传播）	信息传播与策划（现代传播）	信息传播与策划（现代传播）
53	药物制剂技术	药物制剂技术	药物制剂技术	药物制剂技术	药物制剂技术
54	医疗器械制造与维护	医疗器械制造与维护	医疗器械制造与维护		

续表

序号	2006 年	2007 年	2008 年	2009 年	2010 年
55		艺术设计(网络广告)	艺术设计(网络广告)	艺术设计(网络广告)	艺术设计(网络广告)
56		音乐表演	音乐表演	音乐表演	音乐表演
57	音像技术	音像技术	音像技术	音像技术	音像技术
58	应用法语	应用法语	应用法语	应用法语	应用法语
59	应用韩语	应用韩语	应用韩语	应用韩语	
60			应用日语	应用日语	应用日语
61			应用西班牙语	应用西班牙语	应用西班牙语
62	营销与策划	营销与策划	营销与策划	营销与策划	营销与策划

2001—2007 年,学校高职专业设置及各专业招生人数见表 3.1-2。

表 3.1-2　2001—2007 年高职专业设置及各专业招生人数

序号	专业名称	2001 年	2002 年	2003 年	2004 年	2005 年	2006 年	2007 年	合计
1	旅游英语	51	24	52	59	31	31	30	278
2	应用日语	21	19	22	29	31			122
3	应用法语		23	27	27			30	107
4	应用韩语					30	22	28	80
5	电子商务与信息管理	18	20		16	23			77
6	电子商务								
7	旅游管理(饭店管理)	45	19	19					83
8	旅游管理(市场营销)		22	21					43
9	旅游管理(财务管理)			17					17
10	旅游财会			28					28
11	餐饮经营与管理	22	16	11	17	30	30	22	148
12	烹饪与餐饮管理	28	28	29	33				118
13	烹饪工艺与营养					31	17	18	66
14	酒店管理					29	31	61	121
15	财务管理						28	35	63
16	电子商务与信息管理	59	25						84
17	艺术设计(环境艺术设计)	20							20
18	艺术设计(电脑美术设计)	23			35				58
19	国际商务文秘	54	55	79					188
20	市场营销(国际商贸)		31	37	65				133
21	税收与会计		31	38	34				103
22	外事文秘	41	47	36	39				163
23	文秘					40	38	36	114
24	财务会计	43	42	36	39				160

续表

序号	专业名称	2001 年	2002 年	2003 年	2004 年	2005 年	2006 年	2007 年	合计
25	会计					40	38	36	114
26	计算机应用技术(网络)	45	40	36	70				191
27	计算机应用技术					38	74	61	173
28	声像技术	44	34	36	38				152
29	数字媒体技术					76	74	61	211
30	电子商务	38	40	36	39				153
31	音乐表演与传播	29	32	30	30	30		30	181
32	音乐表演						30		30
33	音乐表演与传播(舞蹈)	11	36						47
34	舞蹈与表演			25					25
35	装潢(电脑平面设计)	33							33
36	实用营养技术	18	25	25					68
37	服装设计与工艺		22	25	25	25			97
38	服装设计						25	25	50
39	电脑美术设计			25	25	25			75
40	电脑艺术设计						25	25	50
41	技术监督与商检			25	30	30		30	115
42	分析检测技术	26	20						46
43	公关与营销	29	24		37				90
44	广告策划与制作	99	96	123	94				412
45	计算机网络技术	71	41	53	42	40	37	35	319
46	旅游管理	14	19	17	22				72
47	文博旅游	41	35	67	57				200
48	城市信息管理与应用		27	26	39				92
49	室内检测与控制技术			32	37	35	31		135
50	广告设计与制作					26	27	35	88
51	公共关系								
52	自动化技术	29	18	37	27				111
53	计算机应用技术	32	61	42					135
54	计算机控制技术	38	37	4					79
55	化工工艺	36		22					58
56	药剂		29		17				46
57	药物制剂技术					30	24	29	83
58	财务会计(涉外会计)	100	80	106	33				319
59	会计					50	34	45	129

续表

序号	专业名称	2001 年	2002 年	2003 年	2004 年	2005 年	2006 年	2007 年	合计
60	市场营销	24			24				48
61	视觉艺术		27	26	15				68
62	视觉传达艺术设计					17	40	41	98
63	装饰与装潢材料								
64	医疗器械技术				18	25			43
65	医疗器械制造与维护						26	29	55
66	计算机应用技术				26	25	25	28	104
67	计算机控制技术				16	27	21	28	92
68	供热通风与空调工程技术								
69	物业设施管理								
70	听力语言康复	102	80	73	60				315
71	听力语言康复技术					50	40	40	130
72	装潢广告设计	15	15	20	21				71
73	办公自动化	20	20	25	26				91
74	计算机应用技术					26	34	34	94
75	园林	15	25	20	22				82
76	园林技术					22			22
77	按摩	12							12
78	钢琴调率		15	15	15				45
79	音乐表演					14	14	14	42
80	视觉传达艺术设计					21	30	30	81
81	计算机应用技术(网络管理员)	52							52
82	计算机应用技术(网络技术)		32	32	36				100
83	计算机应用技术(软件设计员)	122							122
84	计算机应用技术(软件技术)		28	60	81				169
85	软件技术					33	34	61	128
86	电子技术	50	27	35	33				145
87	通信技术	62		67	69	29	31	71	329
88	通信技术(现代通信与网络)		57						57
89	通信技术(计算机与通信网络)		25						25

续表

序号	专业名称	2001 年	2002 年	2003 年	2004 年	2005 年	2006 年	2007 年	合计
90	自动化技术(网络与办公自动化)	45							45
91	计算机应用技术(多媒体技术)		24	33	35				92
92	计算机多媒体技术(动漫设计)								
93	计算机多媒体技术							31	31
94	计算机网络技术							64	64
95	多媒体艺术设计				34				34
96	电脑艺术设计					30	29	21	80
97	电子信息工程技术							31	31
98	汽车商务		30	86	55				171
99	汽车商务(现代交通技术)		25						25
100	汽车技术服务与营销					50	32	64	146
101	物流管理			30	28	20	65	65	208
102	现代材料营销与管理		30						30
103	材料科学与工程(材料检测与微机应用)			25	27				52
104	图像图形艺术设计		30	28					58
105	室内环境控制工程		30	26	27				83
106	楼宇机电设施管理		30	25	27				82
107	供热通风与空调工程技术					32	32	32	96
108	机电应用技术(计算机控制)		30						30
109	室内环境控制工程		27						27
110	现代汽车应用技术		30	30	27				87
111	汽车检测与维修技术					63	64	32	159
112	机电应用技术			66	55				121
113	物业设施管理					32	32	32	96
114	数控技术					32	33	33	98
115	机电一体化技术					32	33	33	98
116	自动化技术		84	61	64				209
117	智能建筑控制工程		28	56	58				142
118	楼宇智能化工程技术					59	57	60	176
119	多媒体网络技术		57	62	60				179
120	网络系统管理					31	31	35	97

续表

序号	专业名称	2001年	2002年	2003年	2004年	2005年	2006年	2007年	合计
121	计算机应用技术					60	62	66	188
122	音响工程			32	27				59
123	音响技术					31	31		62
124	音像技术							30	30
125	建设工程管理				37				37
126	国际金融与保险				65				65
127	国际商务				123	63			186
128	计算机信息管理				35	30	32	32	129
129	电子商务				99	59	32	60	250
130	金融保险					29	32	34	95
131	建筑工程管理					30	32	32	94
合　计		1677	1924	2177	2400	1662	1540	1835	13215

2008—2010年,学校高职专业设置及各专业招生计划如表3.1-3所示。

表3.1-3　2008—2010年高职专业设置及各专业招生计划

学　院	专业名称	科类	年制	2008年	2009年	2010年
机电学院	数控技术	理	三	34	40	36
	机电一体化技术	理	三	34	40	36
	汽车检测与维修技术	理	三	68	40	36
	汽车技术服务与营销	理	三	34	41	36
	物流管理	理	三	68	82	70
	物业设施管理	理	三	38		
自动化学院	计算机应用技术	理	三	56	31	28
	楼宇智能化工程技术	理	三	56	35	27
	网络系统管理	理	三	29		
	音像技术	理	三	29	31	
师范学院	会计	文	三	15	22	
	文秘	文	三	15	30	22
	会计	理	三	5	16	
	文秘	理	三	5	12	8
	计算机应用技术	理	三	30	42	
	数字媒体技术	理	三	30	42	30
	技术监督与商检	理	三	20		
	电脑艺术设计	艺	三	17	25	25
	服装设计	艺	三	13	25	25
	音乐表演	艺	三	18	22	38
	电脑艺术设计	单	三	8		
	服装设计	单	三	12	8	
	音乐表演	单	三	12		

续表

学 院	专业名称	科类	年制	2008 年	2009 年	2010 年
	文秘	单	三	14		
	会计	单	三	14		
	计算机应用技术	单	三	30	33	
	数字媒体技术	单	三	30		
生物化学工程学院	会计	文	三	30		
	计算机控制技术	理	三	28	64	34
	计算机应用技术	理	三	28		
	医疗器械制造与维护	理	三	29		
	供热通风与空调工程技术	理	三		32	
	物业设施管理	理	三		32	68
	药物制剂技术	理	二	28	32	
	药物制剂技术	理	三			34
	视觉传达艺术设计	艺	三	20	40	40
	视觉传达艺术设计	单	三	20		
旅游学院	旅游英语	文	三	42	30	
	应用法语	文	三	26	30	25
	应用韩语	文	三	26	30	
	应用日语	文	三	14	30	25
	财务管理	文	三	13	14	27
	酒店管理	文	三	30	28	50
	餐饮管理与服务	文	三	14	14	
	烹饪工艺与营养	文	三			5
	旅游英语	理	三	42		
	应用日语	理	三	14		10
	财务管理	理	三	15	15	28
	酒店管理	理	三	30	28	50
	餐饮管理与服务	理	三	15	13	
	电子商务	理	三		30	
	应用法语	理	三			10
	烹饪工艺与营养	理	三			5
	烹饪工艺与营养	单	三	20	28	20
广告学院	营销与策划	文	三	42	40	32
	信息传播与策划(现代传播)	文	三	42	40	32
	营销与策划	理	三	15	19	15
	信息传播与策划(现代传播)	理	三	15	19	15
	广告设计与制作	艺	三	75	68	68
	艺术设计(网络广告)	艺	三	35	35	35
	视觉传达艺术设计(展示艺术设计)	艺	三	35	35	35
	表演艺术(模特)	艺	三	13		
	表演艺术(舞美造型)	艺	三	6		
	表演艺术(表导)	艺	三	10	12	

续表

学　院	专业名称	科类	年制	2008 年	2009 年	2010 年
	表演艺术(影视表演)	艺	三		13	
	表演艺术	艺	三			15
特殊教育学院	听力语言康复技术	文	二	24	21	16
	听力语言康复技术	理	二	23	20	14
平谷学院	广告设计与制作	文	三	27	15	15
	旅游管理	文	三	16	16	15
	网络系统管理	文	三	25		
	电子商务	文	三	16	16	15
	金融保险	文	三	16	16	15
	国际商务	文	三	16		
	国际商务(国际物流)	文	三		16	29
	计算机应用技术	文	三		16	15
	广告设计与制作	理	三	26	15	14
	旅游管理	理	三	16	16	14
	计算机应用技术	理	三		16	14
平谷学院	网络系统管理	理	三	27		
	电子商务	理	三	16	16	14
	金融保险	理	三	16	16	14
	国际商务	理	三	16		
	国际商务(国际物流)	理	三		16	29
	网络系统管理	单	三	10		
	广告设计与制作	单	三	10	33	
	计算机网络技术	单	三		30	36
	旅游管理	单	三		30	36
	国际商务(国际物流)	单	三		30	
应用科技学院	电脑艺术设计	艺	三	30	30	60
	计算机多媒体技术(影视技术)	文	三	60	30	17
	计算机多媒体技术(动漫技术)	文	三			17
	金融保险	文	三	35	30	35
	国际商务	文	三	35	30	35
	应用西班牙语	文	三		20	25
	商务日语	文	三			25
	电子商务	文	三	35		34
	电子商务(医药)	文	三		17	
	电子商务(网络营销、网络编辑)	文	三		30	
	市场营销(国际合作)	文	三			20
	会计	文	三			34
	体育场馆管理	文	二		15	
	软件技术	理	三	70	120	66
	计算机网络技术	理	三	70		
	电子信息工程技术	理	三		60	66
	通信技术	理	三	70	60	66
	计算机多媒体技术(动漫设计)	理	三	70	60	
	计算机多媒体技术(动漫技术)	理	三			17

续表

学　院	专业名称	科类	年制	2008 年	2009 年	2010 年
	计算机多媒体技术(影视技术)	理	三		30	17
	计算机信息管理	理	三	70	30	35
	国际商务	理	三	35	30	33
	金融保险	理	三	35	30	33
	电子商务	理	三	35		33
	电子商务(医药)	理	三		17	
	电子商务(网络营销、网络编辑)	理	三		30	
	软件技术	理	二	60		
	体育场馆管理	理	二	30	15	
	应用西班牙语	理	三		10	11
	商务日语	理	三			11
	会计	理	三			34
	市场营销(国际合作)	理	三			10
	市场营销(医药)	单	三		34	34
招生总人数				2546	2470	2168

第二节　培养方案与课程设置

一、培养方案的制(修)订

2007 年,学校组织完成全校 2007 版高职高专人才培养计划制(修)订工作,在 2007 版人才培养计划制(修)订过程中,借鉴和分层推广试点专业成功经验,引导高职专业以就业为导向,聚焦职业能力与素质培养,采用职业能力系统化和工作过程系统化等先进职业教育课程开发方法进行课程体系改革。

以下是学校计算机应用技术专业、通信技术专业、机电一体化技术专业和广告专业的培养方案概况。

(1) 计算机应用技术专业形成的专业特色是以就业为导向的双证书教育。计算机信息管理专业在人才培养方案制订过程中,遵循“学以致用”的原则,主要参考市场主流技术、实用技术和成熟技术,并兼顾先进、前沿技术。使学生凭借这些技术找到工作,并很快进入角色。该专业面向的主要岗位包括:管理信息系统的实现、运行、测评、维护与再开发工作岗位;应用软件的实现、运行、测评、维护与再开发;电子政务或电子商务等实现、运行、测评、维护与再开发;信息、信息系统产品的销售与售前/售后服务工作岗位。辅修工作岗位包括软件开发工程师(桌面应用程序开发方向);电子商务师;软件测试员;IT 项目/部门经理和 IT 产品营销员。该专业教学对象特点包括:形象思维能力较好;喜欢自己动手做小制作;喜欢具体实用的技术;为人处世灵活;不喜欢理论,抽象能力一般。该专业把“证书教育”列入教学计划,证书的取得与教学整合,与课程结合,使学生既能学得应有的理论知识,又能熟练掌握工作技能,取得岗位资格证书,为就业创造较好的条件。

(2) 通信技术专业以就业为导向,以职业能力培养为核心,加强产学研合作。以培养生产、建设、管理、服务第一线的应用性专门人才为根本任务,以教学体系改革为突破口,建设高等职业教育的精品专业。专业核心能力包括:通信网络的建立、维护、管理。培养目标包括精维护、重调测;懂施工、管理;知设计。将通信网落实在宽带接入网及光纤通信网上。重新调整专业建设委员会,邀请联想神州数码副总裁担任通信技术专业建设委员会负责人。就光纤通信、移动通信工程的市场需求、教学环节、实践环节、教材建设方面作专题讨论,明确了专业建设方向。在教学计划中增加专业导论课,由专业负责人和教授主讲,加强学生的主体意识,组织系列技能考核比赛活动,强化高职学生技能和技术应用能力,通过比赛过程——培训、练习(利用开放实验、实训室)、比赛、答辩,提高学生的综合素质。

(3) 机电一体化技术专业分析行业、企业人才需求,将专业培养目标确定为"北京现代制造业企业生产第一线从事机电一体化设备安装、调试、维护、维修的高等技术应用型人才"。专业成立了由北京现代制造业企业人力资源专家参加的专业指导委员会。对机电一体化设备维护与维修(保全)人员应具备的知识、能力、素质进行分解,明确了相应的知识、能力、素质三条主线,建立了对应的理论、实践、素质、证书四个体系,理论与实践课程包括技术、训练、体验、证书培训、项目中心课程范型5种形式。每门技术基础和专业技术课程都配有相应的实验和实训环节;集中实践教学环节达36周,安排上遵循循序渐进原则;第5学期的10周专业综合实训与考证,重点培养学生的机电一体化设备保全能力;第6学期的16周毕业顶岗实践,重点培养学生的关键能力。顶岗毕业实践教学环节,安排学生在中钞卡厂、首钢日电电子有限公司、北京中钞特种防伪有限公司、北京巴布科克·威尔科克斯公司有限公司等多家合作企业进行半年的顶岗毕业实践。与企业合作建立了PLC全集成自动化控制实训室、液压气动技术实训室、模块化生产加工系统实训室、数控加工实训室。与企业共建校外实践教学基地,已有17家企业成为本专业稳定的校外实践基地,其中7家企业成为签约的校外实践基地。

(4) 广告专业与行业互动,了解政策、行业动向,与广告企业建立合作关系;与市场互动,教师去市场调查研究,进公司参与公司实务操作;与企业互动,学生到公司实习了解广告运作的程序。专业教师与行业专家共同组成教材编辑委员会,设计教材;依靠社会行业专家与专业教师建立起专兼职教师队伍。

二、课程设置与调整

学校始终将课程改革视为高职教育内涵发展的核心,以研究指导实践,推动高职课程建设、改革与创新。学校成立了高职英语、高职数学、高职计算机基础等全校高职公共课程教学协作组,设立专项建设与改革项目,支持全校高职公共基础课程建设。2002年,在学校启动的校级精品课程和精品教材建设工程中均明确有高职精品课程和教材建设任务。2003年开始,将学校原创的"职业能力系统化(VOCSCUM)"课程模式及开发方法和"双证课程"理念应用于专业课程改革中,形成了多个典型专业课程开发方案并在全国推广,成果获2004年北京市教学成果一等奖、2005年国家级教学成果二等奖。2007年,学校出台高等职业教育精品课程建设与评价标准,建立起精品课程与精品教材建设联动机制,通过精品课程和教材建设等工作,重点支持高职通用能力课程、重点专业核心能力课程及特色实践课程改革,突破学科系统化课程模式，在职业能力系统化课程建设理念指导下，以专业核心能力培养为主线，及时反映行业主流应用技术与前沿研究成果，实现教育标准与行业主流技术标准融合，建设了一批校级及以上高职精品课程与教材，有力提升了高职人才培养质量。

（1）计算机应用技术专业根据课程内容，采用多种课程范型。

①“问题中心”的课程：

程序设计；

通信与网络基础；

数据库原理与应用。

②“训练中心”的课程：

计算机基础；

面向对象的程序设计；

Web 技术应用基础。

操作系统（Windows XP/2000 Server / Linux）

③“项目中心”课程：

管理信息系统；

电子商务。

④“体验中心”课程：

电子商务（MCP 认证科目之一）。

⑤“培训中心”课程：

SQL Serve 2000（MCP 认证科目之一）；

Macromedia 多媒体互动设计师。

（2）通信技术专业从建设和完善高职教学体系（含专业教学体系和专业管理体系）、高职实训体系、高职人才培养体系和专业教学质量保障体系入手，以打造精品专业课程、精品实训课程、精品教学方式，努力实现高质量、高效益的高职教学改革成果。

（3）机电一体化技术专业综合实训与考证集中实践教学环节为与产学合作办学企业共同建设与开发，教学大纲、教材、评价标准及考核方式均与合作企业共同完成，使之能满足企业和教育两个标准。该专业从 2002 年起进行双证书教育试点，通过职业资格证书的培训养成学生的职业素质，并通过这种企业认可的形式测试出学生对各种技能、技术的实际掌握程度，增强学生的就业能力。专业与合作企业（如德国 FESTO 公司）共同开发职业资格培训与考证教学环节，包括培训大纲、培训内容、评价标准、考核方式、培训教材；或采用合作企业（如德国 SIEMENS 公司）的培训大纲、培训内容、评价标准、考核方式、培训教材，甚至教师的试讲也需经过合作企业认可。与企业共同建设校内实践教学基地，在实训室可进行 CAD 技术、CAM 技术、单片机测控技术、传感器技术、液压气动技术、变频驱动技术、PLC 自动控制技术、数控技术、数控加工、模块化生产加工系统、工业网络通讯等实训项目的教学。

（4）广告专业形成以能力为本位的课程模式和以应用为主的课程体系（见图 3.2-1）。

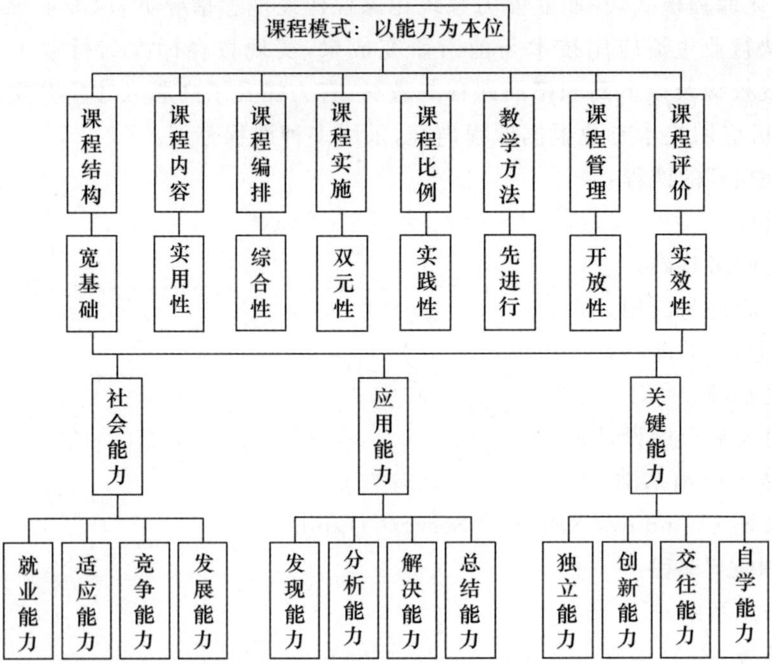

图 3.2-1 以能力为本位的课程模式和以应用为主的课程体系

广告专业课程设置突出应用性，注重人文素质与专业技能的结合；培养方案中突出实践性，注重基本实践能力和操作技能的实训；课程体系中强化人文素质课和文化课比重。专职教师要参加行业的广告实践活动，专业聘请行业专家、学者、资深人士讲学或做专题讲座；重视校园文化(含专题讲座、各种比赛活动等)和广告经营单位的实践活动；在行业企业建立实践基地，让学生学会职业技能、熟悉岗位工作程序；在学校建立行业企业的培训基地，根据企业对人才规格的要求，为企业培训在职人员或定向培养所需人才；通过正规教育，使学生获得高等职业教育的学历证书；在学生毕业前夕，经过专业培训，让学生考取相关的岗位资格证书。

第三节 教学管理

一、教学管理机构

(一) 高等职业教育领导小组

2006 年，根据北京市对学校“就地整合，就地发展”的工作部署，以及学校“四教协调、分类管理、优化发展”的工作思路，学校组建高等职业教育领导小组，加强对高等职业教育发展的领导。

2007 年，设立并实施学校高等职业教育整改工程项目，依据学校高职教育“十一五”发展规划，提出了高等职业教育专业建设与改革的三年实施方案以及筹建以高职教育为主体的应用科技学院的设想。2008 年，学校继续优化高等职业教育结构，以面向信息产业和现代服务业的高职专业为主体，整合东方信息技术学院、网通软件职业技术学院、国际语言文化学院，以及信息学院和管理学院的相关高职专业，成立应用科技学院，初步形成应用科技学院、平谷学院集中办高等职业教育，旅游学院、特教学院、广告学院等办特色专业的高等职业教育发展格局。

（二）高等职业教育教学管理部门

2001—2009 年，学校高职教育教学管理工作主要由校教务处和相关学院负责。

2009 年，学校在校教务处单独增设高等职业教育办公室，专门负责全校高等职业教育教学建设与改革的统筹管理工作，教学运行仍由相关学院管理。

2009 年 12 月，学校开展新一轮聘任，增设高职处，将高职管理职能由教务处分离，统筹全校的高等职业教育管理工作。高职处岗位职责主要包括：认真执行教育部、北京市教委等上级部门关于高职教育工作的各项法律、法规及方针政策，贯彻党的教育方针，坚持教育、教学改革，严格教学管理，努力提高高职教学质量和办学效益；在主管校长领导下，提出并制定高职、专升本教育的专业发展规划，组织开展高职、专升本的专业建设与评估工作；组织制订高职、专升本各专业人才培养方案与教学计划、课程教学大纲及有关教学文件；组织开展高职精品课程与教材的建设与管理工作；组织全校高职教育教学质量监控工作，健全、完善校级高职教育教学质量监控体系；组织制定高等职业教育实践教学体系建设文件，推动校内实践基地和校外实践基地建设，推动产学研合作；组织全校开展高职教育教学改革研究，开展教育教学改革经验交流，积极推广提高高职教学质量和办学效益的先进经验；高职学生各类技能竞赛的组织与落实等。高职处下设综合办公室和北京市高职研究会秘书处办公室。

二、学籍管理

2001—2010 年，学校颁布了《北京联合大学全日制学生学籍管理规定（试行）》（京联发〔2006〕1 号）和《北京联合大学全日制普通高等教育学生学籍管理规定（试行）》（京联发〔2009〕32 号）两个学籍管理文件。

三、教学管理制度

2002 年，学校颁布《北京联合大学精品课程建设管理办法（试行）》（京联发〔2002〕39 号），该办法强调精品课程实行基础课、专业课、实践课分类建设的原则；课程建设要根据教学规律进行规划，有目标、有计划、分层次、分阶段地系统建设，建设周期为两年；精品课程建设要随着社会需求的变化、专业和学科的发展、教学改革的深入持续进行，要在教学改革中与时俱进；要注重教学质量和教学效果等软件建设和教学课件、教材等硬件建设，实行软硬件建设并举。

2003 年，学校颁布《关于专业设置调整管理的暂行规定》（京联教〔2003〕27 号），规定强调各学院的专业设置和调整应适应首都经济建设、科技进步和社会发展的需要，符合教育部和北京市教委制定的高等学校统一专业目录及有关规定和要求，遵循教育规律，正确处理好需要与可能、近期与长远、局部与整体、特殊与一般、数量与质量的关系。各学院的专业设置和调整应符合学校总体规划和学院发展规划确定的方向和目标，有利于全校专业布局的优化、配套、融合、互补；有利于提高全校的教育教学质量和办学效益。鼓励学院创办对首都经济、科技和社会发展起先导作用的专业;鼓励各学院开展多种形式的联合办学,合办共建新专业,形成自己的特色。

2004年,学校颁布《北京联合大学高等教育教学成果奖励暂行实施办法》(京联教〔2004〕20号),该办法是北京联合大学开展教学成果奖励评审与奖励的指导性文件。

2005年,学校颁布《北京联合大学教育科研项目管理办法》(京联教〔2005〕44号),该办法由学校教育科研规划领导小组统筹协调。

2005年,学校颁布《北京联合大学教材工作管理办法》(京联教〔2005〕41号),该办法强调学校教材工作原则上实行校、院二级管理;二级法人学院的教材工作可以实行校、院、系三级管理;合作办学学院教材工作参照二级法人学院的管理办法。

2007年,学校颁布《北京联合大学制(修)订2007版高职高专培养计划的原则意见》(京联教〔2007〕12号),该意见强调高职高专专业培养计划的制(修)订应以"发展应用性教育,培养应用性人才,建设应用型大学"为宗旨,遵循高等职业教育的规律和特点,以服务为宗旨,以就业为导向,走产学结合发展道路,科学合理地确立人才培养目标、培养模式和质量标准,培养适应首都生产、建设、管理、服务第一线实际需要的高素质技术—技能型高级专门人才;应遵循"就业导向、服务首都""以职业素质和职业能力培养为主线,优化课程体系""深化实践教学体系改革""改革教学方法与考核方法""创新性与可行性相结合"的原则。

2007年,学校颁布《北京联合大学制(修)订2007版高职"专接本"本科培养计划的原则意见》(京联教〔2007〕41号)。

2007年,学校颁布《2007版高职培养计划进一步修订完善补充意见》(京联教〔2007〕64号),根据本意见修订完成的培养计划,自2008级新生开始全面执行,原则上2007级学生从第二学年开始执行。

2010年,学校颁布《北京联合大学高职学生顶岗实习管理办法》(京联职〔2010〕7号),办法强调要坚持过程管理与目标管理,要抓好顶岗实习过程中各环节的教学质量,建立以健全顶岗实习教学文件;建立以企业评价为主、学校评价为辅的考核制度,要将顶岗实习、毕业环节和就业进行有机结合。

第四节　教学基本建设

一、专业建设

2004年,学校组织专家对全校16个高职重点专业进行评估,诊断、分析高职重点专业建设情况,进一步明确改革方向。

"十五"期间,学校建成4个国家级、11个北京市级和16个校级高职高专教育教学改革试点专业,1个专业被评为全国高职精品专业。

因北京市和教育部对高等职业教育的支持主要面向独立设置高职院校,学校自筹专项建设经费,遴选支持8个高职示范建设专业进行改革试点,突出工学结合、产学合作,带动高职专业整体建设水平。例如,自动化学院智能建筑控制工程专业从人才培养目标出发,以职业素质为基础,以专业核心技术能力培养为主线,通过对企业广泛调研,明确不同性质的企事业单位对不同课程、实践环节的需求，对建筑智能化工程建设程序与工作内容进行深入分析，明确本行业涵盖的知识内容并进行归纳、综合与整理，完成专业课程体系构建，专业建设成果获2008年北京市教学成果二等奖。

2009年，学校启动校级高职示范专业评审工作，对烹饪工艺与营养、电子商务、数控技术、园林技术、国际商务、计算机控制技术、广告设计与制作、服装设计、酒店管理、计算机多媒体技术10个高职示范建设专业进行立项。2010年，对软件技术、金融保险、汽车检测与维修技术、楼宇智能化工程技术、信息传播与策划、视觉传达艺术设计和计算机应用技术7个高职示范专业进行立项。

在此推动下，全校高职专业建设水平得到有效提升。以8个示范建设专业为重点，通过专家培训指导、组织专业负责人到国内知名高职示范建设院校考察学习、组织专业负责人与专家充分交流研讨等方式，引导专业负责人深入理解目前国内外先进的高职教育课程开发方法的内涵和使用方法，如就业导向的职业能力系统化课程开发方法、工作过程系统化课程开发方法。

二、课程改革

2002年，学校启动高职教育教学改革试点专业课程体系建设项目，通过组织高职专业负责人培训研讨、设立校级高职专业课程体系改革试点项目、聘请校内外高等职业教育研究专家指导等方式，推进高职专业课程体系改革。

2004年以后，学校将德国“设计导向基于工作过程”的职业课程理念与开发方法引入国内，并进行本土化研究，在学校高职专业进行了试点探索，有效解决了引进的基于工作过程课程在我国高等职业教育实施过程中出现的矛盾，在课程开发中体现了基于工作过程课程的先进理念与本质特征，成为引领高职专业课程改革的亮点。例如，应用科技学院组织专业负责人认真学习基于工作过程的课程开发方法，聘请专家学者进行培训指导和研讨，在新版培养计划制订中既体现了基于工作过程课程的特色，又解决了实施中的问题，在这一先进课程理念指导下，形成了多门校级精品课程。旅游学院为更好地面向酒店业培养高素质、高技能人才，紧贴酒店人才市场发展需要，以开餐服务为载体，以实践能力和职业素质培养为重点，集成酒店管理、餐饮管理与服务、烹饪工艺与营养三个专业的生产制作类、餐饮服务类和营销推广类实践课程，按酒店业工作流程构建教学内容，系统优化课程体系、同步授课，不同专业学生在同一时间共同协作学习，探索了旅游类餐饮经营管理岗位群实践课程“工作导向，同步协作式”教学模式。其成果“旅游类高等职业教育实践课程‘工作导向，同步协作式’教学模式的研究与实践”获2008年北京市高等教育教学成果一等奖，并被推荐参评2009年国家级教学成果奖。

2003—2010年，学校有4门课程被评为国家级高职精品课程、15门课程被评为北京市级高职精品课程。

学校系统梳理了我国高等职业教育发展历程中课程改革情况，提出我国高职课程经历了三次改革：第一次是在20世纪90年代以后，改良的学科系统化课程改革；第二次是在21世纪初期，以培养职业适应力为主的职业技术—技能为核心的系统化课程改革；第三次是在2004年以后，以培养职业竞争力为主的基于工作过程系统化课程改革。三次改革，三次跨越，正在向形成中国特色的高等职业教育课程体系的目标迈进。该观点得到高职教育界同仁的广泛认同,成为进一步研究和指导高职课程改革的重要理论基础,被教育部编入2007年高职教育文件资料汇编。

学校"高职电子商务核心课程教学团队""楼宇智能化工程技术专业教学团队"和"烹饪工艺与营养专业实践课程教学团队"分别被评为2007年、2008年、2009年北京市优秀教学团队,2009年,"烹饪工艺与营养教学团队"获得国家级优秀教学团队称号。2003年,赵玉娥教授获得北京市高等学校教学名师奖;2008年,支芬和教授获得北京市高等学校教学名师奖;2010年,李宇红教授获得北京市高等学校教学名师奖。

三、实践教学

2005年,学校研究确立实践教学体系框架。经过两年多的实践检验,2007年在学校新版高职高专人才培养计划制(修)订中,明确规定了各专业大类高职专业的实践教学比例和集中实践教学周数,要求有条件的专业在毕业前一学期设立旨在培养学生就业能力的、不少于8周的集中实践教学环节,要求相关专业将行业主流技术与职业资格证书引入人才培养过程。学校积极搭建第二课堂和第一课堂相辅相成的课外实践教学平台,鼓励学生参与学科专业竞赛、行业企业主流技术大赛、参与行业企业技术实践,鼓励相关学院和专业组织学生模拟公司、创业教育基地。学校通过承接企业技术服务或简单业务流程外包、全国大学生广告艺术大赛,成立UEB、"联合扬帆"等学生模拟公司多种方式和途径,为学生提供课外实践机会,支持鼓励学生学以致用,拓展视野,培养综合职业素质和团队合作能力,真正实现"做中学",实现以赛促练。

"十五"期间,建立了100多个校外实训基地,引入行业职业资格证书与技术等级证书40多种,建立了一批校企共建实训中心。

四、教材建设

2001—2010年,学校编写出版高职教材300余种,其中承担"十五"国家级规划教材15种、"十一五"国家级规划教材63种、北京市精品教材建设项目41项,国家级精品教材6种、北京市级精品教材27种。《数字模拟技术》等教材在国内高职示范校使用,产生广泛影响。2002年,《数字电路逻辑设计(脉冲与数字电路第三版)》获得全国普通高等学校优秀教材二等奖。

2001—2010年,学校编写出版的高职国家级规划教材如表3.4-1所示。

表3.4-1　2001—2010年学校编写出版的高职国家级规划教材

序号	教材名称	主　编	获奖级别	获批时间(年)
1	大学数学简明教程	王信峰	"十五"国家级规划教材	2001
2	计算机工程与实训	沈　辉	"十五"国家级规划教材	2001
3	常用工具INTERNET软件	李　鼎	"十五"国家级规划教材	2001
4	社交礼仪	李兴国	"十五"国家级规划教材	2002
5	微机组装与维修	梁　和	"十五"国家级规划教材	2002
6	网络数据库应用教程	袁　玫	"十五"国家级规划教材	2004
7	数据库技术及其在网络中的应用	王育平	"十五"国家级规划教材	2004
8	机械CAD/CAM	方　新	"十五"国家级规划教材	2004

续表

序号	教材名称	主 编	获奖级别	获批时间(年)
9	Java语言程序设计	朱喜福	"十五"国家级规划教材	2004
10	实用微积分	任开隆	"十五"国家级规划教材	2005
11	数字逻辑电路	王毓银	"十五"国家级规划教材	2005
12	移动通信实用技术	马芳芳	"十五"国家级规划教材	2005
13	自动控制原理与系统	俞梅芳	"十五"国家级规划教材	2005
14	餐饮管理	蔡万坤	"十五"国家级规划教材	2005
15	社交礼仪	李兴国	"十五"国家级规划教材	2006
16	网页设计与制作(修订版)	周 立	"十一五"国家级规划教材	2006
17	墙面装饰构成与工艺技术	蔡 红	"十一五"国家级规划教材	2006
18	建筑装饰工程招投标与合同管理	蔡 红	"十一五"国家级规划教材	2006
19	网页设计与制作	王晓红	"十一五"国家级规划教材	2006
20	电子商务网站建设	薛万欣	"十一五"国家级规划教材	2006
21	市场调研	赵伯庄	"十一五"国家级规划教材	2006
22	机械CAD/CAM(第2版)	方 新	"十一五"国家级规划教材	2006
23	机械工程检测技术(修订版)	陈瑞阳	"十一五"国家级规划教材	2006
24	机电控制技术	陈瑞阳	"十一五"国家级规划教材	2006
25	中文3ds max 7角色设计案例教程	季红益	"十一五"国家级规划教材	2006
26	中文3ds max 7装饰设计案例教程	季红益	"十一五"国家级规划教材	2006
27	中文Flash 8动画设计案例教程	孟昭勇	"十一五"国家级规划教材	2006
28	中文Dreamweaver 8应用和网页界面设计案例教程	孟昭勇	"十一五"国家级规划教材	2006
29	中文Authorware 7.0案例教程	傅 浩	"十一五"国家级规划教材	2006
30	Visual Basic 6程序设计案例教程	刘彩虹	"十一五"国家级规划教材	2006
31	Visual Basic.NET程序设计案例教程	张恩祥	"十一五"国家级规划教材	2006
32	ASP.NET语言程序设计案例教程	魏雪英	"十一五"国家级规划教材	2006
33	烹饪材料	孟祥萍	"十一五"国家级规划教材	2006
34	烹饪学	郭亚东	"十一五"国家级规划教材	2006
35	中国文化概论	王瑾瑾	"十一五"国家级规划教材	2006
36	大学语文(第2版)	任公伟	"十一五"国家级规划教材	2006
37	现代音响工程(修订版)	孙建京	"十一五"国家级规划教材	2006
38	财务报表分析(第2版)	周 凤	"十一五"国家级规划教材	2006
39	基础化学(第2版)	赵玉娥	"十一五"国家级规划教材	2006
40	微型计算机维修教程	王永平	"十一五"国家级规划教材	2006
41	Visual Basic.NET程序设计	祝铭钰 赵 瑛	"十一五"国家级规划教材	2006
42	电子组装工艺及设备	王卫平	"十一五"国家级规划教材	2006
43	服装立体制版(第2版)	王 珉	"十一五"国家级规划教材	2006
44	秘书写作(第2版)	郭 冬	"十一五"国家级规划教材	2006
45	实用商务英语教程	张东昌	"十一五"国家级规划教材	2006
46	声乐教学法概论	曾 泓	"十一五"国家级规划教材	2006
47	色彩	王 珉	"十一五"国家级规划教材	2006
48	实用写作范例评点	郭 冬	"十一五"国家级规划教材	2006
49	电子产品制造工艺	王卫平	"十一五"国家级规划教材	2006

续表

序号	教材名称	主　编	获奖级别	获批时间(年)
50	Java网络应用编程入门	朱喜福	“十一五”国家级规划教材	2006
51	Java程序设计	朱喜福	“十一五”国家级规划教材	2006
52	Visual FoxPro简明教程(第3版)	魏绍谦	“十一五”国家级规划教材	2006
53	C语言程序设计	刘　莹	“十一五”国家级规划教材	2006
54	电工实用技术实训教材(含光盘)	张永红	“十一五”国家级规划教材	2006
55	C程序设计教程(第2版)	崔武子	“十一五”国家级规划教材	2006
56	计算机数学基础	王信峰	“十一五”国家级规划教材	2006
57	电子设计自动化	杨　静	“十一五”国家级规划教材	2006
58	移动通信系统原理及工程技术	马芳芳	“十一五”国家级规划教材	2006
59	计算机公共基础(第2版)	高　林 袁　玫	“十一五”国家级规划教材	2006
60	计算机网络技术基础(修订版)	尚晓航	“十一五”国家级规划教材	2006
61	高职高专计算机教学改革新体系规划教材	谭浩强	“十一五”国家级规划教材	2006
62	计算机网络工程与实训(第2版)	沈　辉	“十一五”国家级规划教材	2006
63	计算机网络安全与应用技术(第2版)	袁家政	“十一五”国家级规划教材	2006
64	高职高专电子信息专业基础系列教材	鲍　泓	“十一五”国家级规划教材	2006
65	网络系统管理——Windows 2000实训篇	尚晓航	“十一五”国家级规划教材	2006
66	计算机网络基础	杜　煜	“十一五”国家级规划教材	2006
67	计算机网络	袁家政	“十一五”国家级规划教材	2006
68	三维动画设计与制作	沈　洪	“十一五”国家级规划教材	2006
69	天线技术	许学梅	“十一五”国家级规划教材	2006
70	公共关系实用教程	李兴国	“十一五”国家级规划教材	2006
71	秘书英语(第2版)	王　毅	“十一五”国家级规划教材	2006
72	计算机网络与Internet应用基础教程	朱根宜	“十一五”国家级规划教材	2006
73	控制系统数字仿真与监控组态软件应用	童启明	“十一五”国家级规划教材	2006
74	计算机图文处理	高美娟	“十一五”国家级规划教材	2006
75	数字电子技术	张明莉 王　斌	“十一五”国家级规划教材	2006
76	管理理论与实务	陈　琳	“十一五”国家级规划教材	2006
77	证券投资学(第2版)	杨　宜	“十一五”国家级规划教材	2006
78	档案学管理基础	张　虹	“十一五”国家级规划教材	2007

2001—2010年,学校编写出版的市级及以上高职精品教材如表3.4-2所示。

表3.4-2　2001—2010年学校编写出版的市级及以上高职精品教材

序号	教材名称	主　编	获奖级别	获批时间(年)
1	计算机公共基础	高　林 袁　玫	国家级精品教材	2007
2	墙面装饰构成与工艺技术	蔡　红	国家级精品教材	2008
3	建筑装饰工程招投标与合同管理	蔡　红	国家级精品教材	2008
4	中文Visual Basic 6程序设计案例教程	刘彩虹	国家级精品教材	2008
5	服装立体制版(第2版)	王　珉	国家级精品教材	2008
6	计算机网络技术基础(第三版)	尚晓航	国家级精品教材	2009

续表

序号	教材名称	主　编	获奖级别	获批时间(年)
7	网络系统管理——Linux 实训篇	孙建华	北京市级精品教材	2004
8	机械 CAD/CAM	方　新	北京市级精品教材	2004
9	现代电信交换技术与通信网	尤　克 黄静华	北京市级精品教材	2004
10	电子工艺基础(第 2 版)	王卫平	北京市级精品教材	2004
11	现代音响工程	孙建京	北京市级精品教材	2004
12	Java 程序设计	朱喜福	北京市级精品教材	2004
13	网络数据库应用教程	袁　玫	北京市级精品教材	2004
14	计算机网络安全与应用技术	袁家政	北京市级精品教材	2004
15	网络管理基础	尚晓航	北京市级精品教材	2004
16	文秘写作实训教程	郭　冬	北京市级精品教材	2006
17	商务英语实用教程	张东昌	北京市级精品教材	2006
18	服装教学实训范例——女装	王　珉 王京菊	北京市级精品教材	2006
19	基础化学	赵玉娥	北京市级精品教材	2006
20	可编程序控制器系统原理及应用	曹　辉	北京市级精品教材	2006
21	西式面点工艺	王美萍	北京市级精品教材	2006
22	数据库原理与应用	张俊玲	北京市级精品教材	2006
23	建筑电气控制技术	窦晓霞	北京市级精品教材	2006
24	计算机网络(第二版)	袁家政 须　德	北京市级精品教材	2006
25	实用微积分	任开隆	北京市级精品教材	2006
26	听障儿童语言训练	吴立平	北京市级精品教材	2006
27	应用广告原理	刘瑞武	北京市级精品教材	2006
28	社交礼仪	李兴国	北京市级精品教材	2008
29	国际贸易实务操作教程	崔　玮	北京市级精品教材	2008
30	大学生就业指导	高　桥	北京市级精品教材	2008
31	液压与气压传动	毛智勇	北京市级精品教材	2008
32	C 程序设计教程(第 2 版)	崔武子	北京市级精品教材	2008
33	女装设计基础	倪映疆 潘　凝	北京市级精品教材	2008

五、现代化教学手段

1997—2003 年,北京市政府和市教委直接拨款 2150 万元、学校自筹配套资金 1000 万元,规划建设电子信息技术实训基地等 6 个校级重点实训基地,建成了电子信息技术、机电应用技术、精细化工中试三个规模较大的实训基地。学校在实训基地建设上,强调实训环境的真实性,教学过程的可视性,技术设备的前瞻性。在实训基地功能作用的发展方向上,强调产学研结合。此外,在市教委和行业企业大力支持下,学校各专业还建有校外实训基地 51 个。高等职业教育实训基地建设成果获北京市 2000 年教学成果一等奖、2001 年国家级教学成果二等奖。

2003 年以来,学校依靠自身投入,本着相对独立与资源共享相结合的思路,继续加强高职实训基地建设,尽力创造条件满足高等职业教育教学要求。学校的 9 个校级实践教学中心,都明确有高等职业教育实践教学项目。学校投资建设各类多媒体教室、语音教室、实验室和实训室,努力满足人才培养需要,同时,积极拓展高职校外实践教学基地建设,与100多家行业企业单位建立了长期稳定的产学合作关系,承担高职学生校外实践教学的任务。截至2009年,学校已引入行业职业资格证书与技术等级证书40多种,建立了一批校企共建的培训中心,合作形式由单一企业接纳学生实习或提供设备资金支持,发展到校企合作共建实训基地或培训中心。

2002年,对"支持示范性职业技术学院建设"项目资金中的教育部专项资金分配方案进行了部分调整,用于建设DSP应用实验室、通信基础实验室、光纤通信实训室、软件开发工程实训室。

(1) DSP应用实验室。

该实验室根据北京市重点发展的电子信息产业的需要,培养学生实际动手能力,面向电子信息工程、通信工程、计算机应用技术和自动化工程专业。

(2) 通信基础实验室。

该实验室根据北京市重点发展的电子信息产业的需要,建立面向通信工程、电子工程、电子信息技术及音响专业的实验教学体系。

(3) 光纤通信实训室。

通信技术专业是教育部确定的高职精品专业。该实训室是通信技术专业实训环境建设的重要组成部分,面向通信技术、电子信息技术专业、计算机网络技术;预计开设课程实训与实验480学时/学期,以及毕业实践。

(4) 软件开发工程实训室。

该实训室培养中国软件市场所需的工程化、实用型的软件技术人才,以及掌握软件系统开发技术、具有一定水平的软件项目管理人才。

主要设备购置使用情况如下。

(1) DSP应用实验室。

主要设备包括DSP教学实验开发系统TDB-C5410、DSP仿真器TDB-XDS510EPP及DSP EVM板等。

(2) 通信基础实验室。

主要设备包括通信电路实验系统、通信原理实验系统、通信网络工程实验系统、数字示波器、数字万用表、函数信号发生器等。

(3) 光纤通信实训室。

主要设备包括传输设备、宽带接入设备、路由器、C&C08-S用户机、光纤通信实验箱等。

(4) 软件开发工程实训室。

主要设备包括计算机、投影机、服务器等。

2002年教育部专项资金使用情况如表3.4-3所示。

表 3.4-3　2002 年教育部专项资金使用情况

类　别	用　途	建设项目	资金预算(万元)	实际使用(万元)
教育部专项资金：355 万元	电子信息技术实训基地建设	DSP 应用实验室	70	70
		通信基础实验室	113	113
		光纤通信实训室	118	118
		软件开发工程实训室	66	66
合计			367	367

说明：实际使用经费比教育部专项资金多出 12 万元，由学校补足。

第五节　教学评估与质量提升

一、校外评估

（一）精品课程评估

学校在 2002 年启动了全校精品课程建设工作。2003 年，全国及北京地区精品课程建设工作正式启动。教育部在教高〔2003〕1 号文中明确指出："精品课程是具有一流教师队伍、一流教学内容、一流教学方法、一流教材、一流教学管理等特点的示范性课程"；落实到精品课程建设上，学校强调"双师素质的教师队伍、应用性特色课程、互动式教学方式、能力导向性考核、人性化教学管理"。在具体建设工作中，学校确立了"理念导向、项目扶持、培养骨干、分类建设"的工作方针，主要做了如下几方面工作。

① 理念导向：加强应用性教育理念培训与研讨，明确精品课程建设的指导思想；

② 课程选择与布局：侧重公共基础课与重点/试点专业核心能力课程，实现精品课程建设合理布点；

③ 遴选教师：选拔具有实践经验或行业企业工作经历的专业负责人、骨干教师主持精品课程建设；

④ 课程建设：立足教学改革，整合教学科研成果，强化应用性课程特色；

⑤ 精品课程建设管理：寻求传统教学与网络教学的新结合点，实现学习资源的校际共享与教学管理的跨校协作。

国家级精品课主要关注课程设置、教学内容、教学方法与手段、教学效果、特色、政策支持及辐射共享。

2003 年以来，"Web 技术应用基础""应用数学与计算""公共关系概论""工程化程序设计"4 门高职课程被评为国家级精品课程，"通信技术概论""可编程序控制器""项目管理""中式面点工艺""中国文化概论""基础化学""园林植物繁育技术""音响工程技术""就业指导""办公自动化信息系统""市场营销实务""英语北京导游""Web 技术应用基础""应用数学与计算""公共关系概论"等 15 门课程被评为北京市级精品课程（见表 3.5-1）。

表 3.5-1 2003—2010 年获评市级及以上高职精品课程

序号	课程名称	负责人	精品课程级别	备 注
1	公共关系概论	李兴国	2003 年市级精品课程 2005 年国家级精品课程	应用文理学院
2	Web 技术应用基础	樊月华	2003 年市级精品课程 2003 年国家级精品课程	管理学院
3	应用数学与计算	王信峰	2003 年市级精品课程 2003 年国家级精品课程	校基础部
4	通信技术概论	卢孟夏	2003 年市级精品课程	信息学院
5	可编程序控制器	曹 辉	2005 年市级精品课程	生物化学工程学院
6	基础化学	赵玉娥	2006 年市级精品课程	生物化学工程学院
7	中国文化概论	王瑾瑾	2006 年市级精品课程	校人文社科部
8	园林植物繁育技术	鲍平秋	2006 年市级精品课程	特殊教育学院
9	项目管理	支芬和	2007 年市级精品课程	管理学院
10	音响工程技术	孙建京	2007 年市级精品课程	自动化学院
11	就业指导	高 桥	2007 年市级精品课程	校招生就业处
12	办公自动化信息系统	李 平	2008 年市级精品课程	自动化学院
13	中式面点工艺	王 美	2008 年市级精品课程	旅游学院
14	市场营销实务	李宇红	2010 年市级精品课程	应用文理学院
15	工程化程序设计	王 辉	2010 年国家级精品课程	应用科技学院
16	英语北京导游	刘爱服	2010 年市级精品课程	旅游学院

(二)北京市本科院校高职评估

2009 年,北京市教委成立调研工作专家组,对普通本科院校举办的高等职业教育进行调研考察。专家组认为北京联合大学的高职办学思路、定位、理念清晰,学校以应用性、地方性、学科专业设置具有综合性,管理运行规范,高职特征鲜明,形成特色,办学时间长、教学教研水平高、规模大,在高职研究、教学改革、产学合作、国际交流等方面起到了先进引领作用。

二、校内评估

(一)专业评估

学校于 2004 年在 16 个高职重点专业中开展了校内专业自评工作,引导重点专业认识、使用专业建设标准,促进高职专业建设进入科学化、规范化轨道。学校研制的高职高专专业评价方案,在教育部组织的高职院校评估中被采用为专业评价方案,取得很好的效果。“高等职业教育专业质量评价方案的研究与实践”被评为 2004 年北京市高等教育教学成果一等奖。

(二)课程评估

学校始终将课程改革视为高职教育内涵发展的核心,以研究指导实践,推动高职课程建设、改革与创新,2002—2003 年,共立项建设高职精品课程 30 门。

2002 年,在学校启动的校级精品课程和精品教材建设工程中均明确有高职精品课程和教材建设任务。

2007 年,学校出台高等职业教育精品课程建设与评价标准,建立起精品课程与精品教材建设联动机制,通过精品课程和教材建设等工作,重点支持高职通用能力课程、重点专业核心能力课程及特色实践课程改革，突破学科系统化课程模式，在职业能力系统化课程建设理念指导下，以专业核心能力培养为主线，及时反映行业主流应用技术与前沿研究成果，实现教育标准与行业主流技术标准融合，建设了一批校级及以上高职精品课程与教材，有力提升了高职人才培养质量。

三、学生实践能力提升项目

2010 年 3 月，学校高职处开始组织实施高职(含专升本)学生实践能力提升计划。该计划旨在通过项目的开展，使“分类指导、因材施教”的人才培养理念得到贯彻与落实，学生的创新意识与实践能力得到增强。高职(含专升本)学生实践能力提升计划需要在学院支持、专业指导教师精心指导和有关部门协助下共同完成。2010 年高职学生实践能力提升计划重点支持项目情况如表 3.5-2 所示。

表 3.5-2　2010 年高职学生实践能力提升计划重点支持项目

编号	项目名称	项目负责人	所在学院	指导教师
1	商务秘书英语自主学习软件开发	马心怡	师范学院	戴立黎
2	当当网网站 LOGO	徐悠箬	师范学院	江　山
3	形象宣传系统《天堂树》(原创小说)	田　情	师范学院	张　旗
4	网路店经营(花卉网站)	赵　娜	师范学院	金　光
5	壳聚糖及其衍生物抑菌活性的研究	徐建伟	生物化学工程学院	韩永萍
6	天然植物重金属含量分析及壳聚糖对重金属的吸附性能的研究	胡长娥	生物化学工程学院	霍　清
7	苦丁茶口胶的制备	许梦飞	生物化学工程学院	李可意
8	附桂骨痛复方最佳提取工艺的中试放大	侯云翔	生物化学工程学院	葛喜珍
9	复合酶—超声提取灰树花子实体多糖的工艺研究	温　妮	生物化学工程学院	刘红梅
10	杂粮类糕点的设计与研究	李祺冉	旅游学院	王　美
11	食用天然色素在面点工艺中的运用	王　雪	旅游学院	王　美
12	景牧苑(鲜果乐园)旅游度假山庄功能标识系统设计	肖　东	旅游学院	田雅琳
13	雪雅小庄功能标识系统设计	邓少辰	旅游学院	肖轶楠
14	水榭萍乡功能标识系统设计	张笑迎	旅游学院	李爱军
15	密云渔街菜品经营状况调研	刘　帅	旅游学院	田　彤
16	北京护城河及周边水质调查分析	吴　畏	特殊教育学院	马密霞
17	多合一型遥控器	单晓林	自动化学院	张世德
18	企业网络安全规划综合实践	刘　洋	自动化学院	于　鑫
19	计算机测控实验台的研制	张　昆	机电学院	刘长青
20	可重配置刀库控制系统开发	孙京豫	机电学院	张建成
21	竞赛类走迷宫机器人的结构改装与策略设计	何　辰	机电学院	郭洪红
22	机器人视觉控制板的设计和制作	黄亚征	机电学院	张保钦
23	嵌入式设备上 Qt 聊天项目设计	宋冲亚	应用科技学院	李爱菊
24	基于 JMX 的 Java 虚拟机监视系统的开发	杨　刚	应用科技学院	刘　琨

续表

编号	项目名称	项目负责人	所在学院	指导教师
25	创建适合销售药品的 BTOC 网店	贾媛媛	应用科技学院	邱　红
26	学校视觉识别应用系统——校园形象片	孙　伟	应用科技学院	徐　涛
27	学校视觉识别应用系统——导示系统	孟　晨	应用科技学院	李　鑫
28	学校视觉识别应用系统——环境设计	游　佳	应用科技学院	佘怡宁
29	平谷区旅游纪念品宣传画册	许晓伟	平谷学院	赵国玲
30	平谷学院三维实景动画	栾　洋	平谷学院	刘金善
31	平谷区第一小学"数学多媒体教学课件"开发	宋　越	平谷学院	丰新秋
32	金融服务行业服务人员用语礼仪应用调查研究	陈　珺	平谷学院	程　飞
33	北京市老年旅游消费市场分析与开发研究	周　萌	平谷学院	张鹏娟
34	"度"平面设计工作室视觉识别系统设计	路　畅	平谷学院	霍文杰
35	北京互动沟通文化传媒有限公司宣传册设计	严　琪	平谷学院	杨宏坤

第六节　教学研究与成果

一、教学研究机构

学校高等技术与职业教育研究所(简称高职所)于 1997 年 12 月经北京市编办批准成立,是学校从事高等职业教育研究的专门机构,同时也是教育部高职高专电子信息类教学指导委员会秘书处和多个学会与研究会的秘书处单位。高职所主要为学校发展高等职业教育服务,同时积极推动北京市以及全国高等职业教育发展。

高职所自成立以来,紧密配合学校的办学定位,积极开展科学研究、咨询服务、学术交流。高职所主持完成或在研的省部级以上课题 20 余项,其中"IT 领域高职课程结构改革与教材改革的研究与实验"为全国教育科学"十五"规划国家级课题,"高等职业教育课程标准研究"为全国教育科学"十五"规划教育部重点课题。"高职高专教育课程设置与教学内容体系原则的研究"课题的主要研究成果获得 2005 年国家级高等教育教学成果二等奖,"高等职业教育课程理论研究与改革实践"获得 2008 年高等教育国家级教学成果一等奖,"面向应用的地方综合性大学办学道路的探索与实践"获得北京市 2008 年高等教育教学成果二等奖,"高等职业教育质量保障体系研究"课题的研究成果之一获得 2004 年北京市级高等教育教学成果一等奖,"创新应用性本科人才培养模式,深化专业课程改革"获得 2008 年北京市高等教育教学成果二等奖。

高职所还积极开展国际合作研究。2004 年,为把德国先进的职教课程理论和经验本土化,进行教师教育与培训,与德国、马来西亚、爱尔兰等国的四所大学合作共同开展欧盟立项课题 Design of acurriculum on curriculum Development(简称 DCCD),已经取得了很大的进展。2006 年 3 月,教育部高教司和中国教科文组织全委会秘书处合作,申请联合国教科文组织职教中心(UNESCO-UNEVOC)的"中国高等职业教育联合革新计划——高职教师教育与培训"项目(JIP-TVET in China)。高职所是项目承担单位之一,同时也是项目秘书处单位。2006 年 7 月,高职所被联合国教科文组织职教中心批准为其网络成员(UNESCO-UN-

EVOC Centre)。

高职所受教育部委托多次组织开展了全国高职高专教育专题调研与文件起草等工作：完成全国大专与高职发展问题的调研、16省市高职专升本情况的调研；组织全国高职高专院校人才培养工作水平评估专家评估方案和评估工作专题研讨会，参与《国家职业教育实训中心建设方案》和教学管理等文件的起草工作，组织教育部高职高专电子信息类教学指导委员会活动，全国高职高专院校评估工作等。受北京市教委委托举办北京市高职公共课教师培训班；开展专题调研，参加北京市高职专业论证、院校质量评估，组织开展课程置换等。并参与学校多项教学管理工作。自1999年起，与上海第二工业大学、深圳职业技术学院、台北科技大学合作，连续12年成功举办了海峡两岸高职（技职）教育学术研讨会，在海峡两岸产生较大影响。高职所在各类学术期刊、学术会议上发表研究论文、完成研究报告、调研报告等共200余篇，主编出版高职著作15种，与20余所国（境）内外同类机构或院校开展学术交流与合作。

二、教学研究成果

"十五"期间，学校支持承担了全国教育科学"十五"规划国家级课题"IT领域高职课程结构与教材改革的研究与实验""加入WTO后高职高专教育发展策略研究"等国家与省部级课题9项、子课题若干项，在北京市高等职业教育中的"中心"地位和作用逐步显现。

学校作为联合国项目专家委员会主任和秘书处单位，以及各类相关高职学术组织负责人单位，依托专业教育科研机构和学术组织，以"一所"（高等职业教育研究所）、"一委"（教育部高职高专电子信息类专业教学指导委员会主任和秘书处单位）、"三会"（全国高等院校计算机基础教育研究会、北京高等院校计算机基础教育研究会、北京市高等职业教育研究会理事长和秘书处单位）、"一中心"（联合国教科文组织国际职业技术教育与培训联系中心）为主要平台，通过组织开展教学研究、指导高等职业院校教育教学改革活动、提供高等职业教育培训等途径，面向北京市乃至全国提供高水平的优质教务服务，对北京市乃至全国的高等职业教育发展起到引导、推动和服务作用。

"十五"期间，以学校原创的"职业能力系统化课程模式与开发方法"形成的专著《点击核心——高职专业课程开发导引》被教育部纳入"银领工程系列丛书"向全国推广；学校主要参与的全国《普通高等学校高职专业教育指导性专业目录》由教育部颁布，在全国推广使用。"十一五"以来，学校在重点研究方向——高职课程研究上，通过欧盟资助项目DCCD，将德国职业教育基于工作过程的课程开发理念和方法引进中国，研制开发出适合我国国情的高等职业教育的基于工作过程的课程设计方法和方案，已在应用科技学院和全国20多所高职院校进行了专业试点实践。

学校针对高职教育发展中的核心问题，研究开发了"职业能力系统化课程及开发方法"，并出版了专著，被纳入教育部高教司主编的"银领系列丛书"向全国推广；同时在部分专业教学和教育部组织的多个项目中应用，已在全国性会议和高职高专院校中对高职专业教师和院系领导6000多人次进行了培训。学校在全国率先成立了高职课程研发推广中心，为进一步开展高职课程研究与课程开发及推广建立了平台。

学校多次受教育部委托举办高等职业教育教师教育培训班。开展的高职教师教育课程研究得到UNESCO专家的指导和支持,得到教育部和北京市的重视和支持。2004年,学校获得欧盟批准资助的多国合作研究项目,开展对高职教育教师教育的课程研究,并进行试点实践,使研究与国际前沿接轨。

1999年,学校经教育部评审被确定为首批全国高职教师师资培训基地之一;2001年,成为全国首批高职示范校建设单位之一;2006年,成为联合国教科文组织国际职业教育与培训联系中心。此外,学校还是北京市高等职业教育研究会理事长单位。

学校组织启动了高技能人才培养模式创新试验区、高职示范专业建设项目等专项建设工作,结合质量工程项目实施,明确规定了高职精品课程、精品教材、教学改革立项项目、教学成果奖的建设任务要求,鼓励支持高技能人才培养模式创新,集中优势,办出精品,推广经验,创建一流高等职业教育品牌,引领学校高职专业教学改革,带动学校高等职业教育整体发展。

2001—2010年,学校高职教学内容及教学方法改革获得的立项数量分别为:2001年市级3项,2002年市级2项,2005年市级2项,2008年市级10项;2005年校级11项,2007年校级54项,2010年校级1项,其中市级立项项目情况详见表3.6-1所示。

表3.6-1 市级高职教育教学改革立项项目

序号	项目名称	主持人	级别	获批时间(年)
1	高职教育化学内容体系改革、建设的研究与实践	赵玉娥	市级	2001
2	高职教育中学生创造能力的开发与训练	王惠连	市级	2001
3	高职应用广告学课程体系改革	刘瑞武	市级	2001
4	项目驱动进行电子商务专业的探索与实践	支芬和	市级	2002
5	高职服装设计专业创新教学模式与体系改革	王　珉	市级	2002
6	新世纪高职高专教育性质、地位、作用与人才培养模式的研究	高　林	市级	2005
7	北京市高职教育"专接本"模式研究	张妙弟	市级	2005
8	高等职业技术师范教育实践教学体系构建与实践	薛立军	市级	2008
9	搭建"产学研一体化"工作平台实现高等旅游教育模式改革与创新	赵　鹏	市级	2008
10	全国大学生广告艺术大赛的组织与开展	刘瑞武	市级	2008
11	艺术设计专业应用性教育的研究与创新实践	王宪迎	市级	2008
12	资源环境与城乡规划管理专业"依托学科、面向应用"的课程体系改革	张宝秀	市级	2008
13	楼宇智能化工程技术专业教学体系的构建与实施	范同顺	市级	2008
14	"基于行业学习(IBL)"教学法的研究与实践——"高职专接本"教育类型的教学模式改革	鲍有文	市级	2008
15	面向应用的地方综合性大学办学道路的探索与实践	高　林	市级	2008
16	创新应用性本科人才培养模式,深化专业课程改革	鲍　洁	市级	2008
17	旅游类高等职业教育实践课程"工作导向同步协作式"教学模式的研究与实践	王美萍	市级	2008

2001—2010年,学校共获得高职教育教学国家级奖项3项,市级奖项18项,校级奖项94项,情况详见表3.6-2所示。

表 3.6-2　2001—2010 年市级及以上优秀教育教学成果获奖项目

序号	成果名称	主要完成人	获奖级别	获奖等级	获奖年份
1	高职教育实训基地建设的研究与实践	孙建京、关仲和、唐小恒、张俊玲、尤克	国家级	二等奖	2001
			市级	一等奖	
2	高等职业教育人才培养模式的研究	张丹海、姚伟玉、祁梅、于深	国家级	二等奖	2001
			市级	一等奖	
3	高等职业教育课程改革与实践	高林、鲍洁、王洪、陶秋燕、张恩祥	国家级	二等奖	2005
			市级	一等奖	2004
4	高等职业教育专业质量评估方案的研究与实践	鲍洁、梁燕、周华丽、陶秋燕、赵楠	市级	一等奖	2004
5	高职高专数学课程的深化改革	王信峰、戈西元、邢春峰、张静、车燕	市级	二等奖	2004
6	“WEB 技术应用基础”课程建设	樊月华、周立、陈文博、郭凤英、黄艳	市级	二等奖	2004
7	基于产学合作的高职教学模式研究	曹辉、霍罡、杭和平、李志娟、张春艳	市级	二等奖	2004
8	公共关系概论课程改革的研究与实践	李兴国	市级	二等奖	2004
9	“通信技术概论”课程的研究与实践	卢孟夏、薛永毅、胡智娟、杨延嵩、段丽	市级	二等奖	2004
10	全国高职高专教育指导性专业目录的研究	江小明、袁德宁、李志宏、常立学、刘洪宇	市级	二等奖	2004
11	高等职业技术师范教育实践教学体系构建与实践	薛立军、张仲林、尹庆民、刘彦文、高满茹	市级	一等奖	2008
12	旅游类高等职业教育实践课程“工作导向同步协作式”教学模式的研究与实践	王美萍、田雅琳、任欢、王美、张丽娟、田彤、张可心	市级	一等奖	2008
13	搭建“产学研一体化”工作平台实现高等旅游教育模式改革与创新	赵鹏、王美萍、李淑芳、汪艳丽、汤利华	市级	二等奖	2008
14	全国大学生广告艺术大赛的组织与开展	刘瑞武、刘楠、于雷、郭有霞	市级	二等奖	2008
15	楼宇智能化工程技术专业教学体系的构建与实施	范同顺、郑坚、苏玮、杜明芳、黄娜	市级	二等奖	2008
16	“基于行业学习(IBL)”教学法的研究与实践——“高职专接本”教育类型的教学模式改革	鲍有文、张姝、曹国良、袁玫、佟建新	市级	二等奖	2008
17	面向应用的地方综合性大学办学道路的探索与实践	高林、席文启、张妙弟、王洪、鲍洁、孔繁敏、张恩祥、周华丽、江小明	市级	二等奖	2008
18	创新应用性本科人才培养模式，深化专业课程改革	鲍洁、高林、曹辉、鲍有文、张景秋	市级	二等奖	2008

三、学生竞赛成果

学校鼓励高职学生积极参与各类赛事，以赛促练，提高实践能力，取得了一定成绩。2006 级电子商务专业(高职)学生时硕在全国第二届信息技术应用及培训(ITAT)教育技能大赛中获得全国特等奖(全国共 5 人)；阎继新、常莉莉、刘达等多名高职学生在北京市挑战杯竞赛中获得二、三等奖;师范学院数字媒体技术专业(高职)学生魏斌于2007年8月在上海华东理工大学举办的第8届"广茂达杯"中国智能机器人大赛中获得一等奖。2001—2010年,校本部学生获市级及以上奖励情况如表3.6-3所示。

表3.6-3　2001—2010年校本部学生获市级及以上奖励情况

序号	学科专业竞赛名称	获奖学生	获奖级别	获奖时间(年)
1	北京市大学生电子科技设计竞赛	李赫、董蕾、张蓟平、田欣、刘博、白杰、石文彬、毛莎	北京市大学生电子科技设计竞赛二等奖	2002
2	北京市大学生电子科技设计竞赛	孙超、王玮、邱墨桐、姜楠、高宁、姚春林、文化、顾涛、贺瑾、梁薇、孙岩、姚良、朱超、吴洁、张丽、焦婕、王佳、洪唯佳	北京市大学生电子科技设计竞赛三等奖	2002
3	中国首届电子商务大赛	常胜军、李森、高超、曹佳琦	创业精英大奖,最佳客户服务奖,教师获"优秀指导教师"奖;北京联合大学获"优秀组织奖"	2005
4	中国大学生"明日网商"挑战赛	张春月	睿智英才奖	2008
5	全国高职高专实用英语口语大赛	王帅	全国高职高专实用英语口语大赛非专业组二等奖	2009
6	"亚龙杯"全国大学生智能建筑工程实践技能竞赛	孙跃、娜日莎	"亚龙杯"全国大学生智能建筑工程实践技能竞赛(高职组)二等奖	2009
7	第七届全国高职高专实用英语口语大赛北京赛区复赛非英语组比赛	周语墨、王迪荣	学生荣获非英语组比赛的三等奖;教师获"优秀指导教师"奖;北京联合大学获"优秀组织奖"	2010
8	教育部第二届全国大学生电子商务"创新、创意及创业"挑战赛总决赛	"联合天翼"等4支团队19人	高职类全国一等奖、二等奖、三等奖和单项奖	2010

2009年,学校启动高技能人才培养模式创新试验区和高职示范专业建设项目。

第七节　高职升本科专业

一、招生和专业设置

根据《国务院关于大力推进职业教育改革与发展的决定》(国发〔2002〕16号)精神和北京市《关于开展选拔高等职业教育(专科层次)优秀应届毕业生进入本科阶段学习试点工作的通知》(京教高〔2002〕42号)的要求,学校从2003年开始高职升本科(简称"专接本")工作,当年开始招生工作。2005年,学校出台了《北京联合大学关于高等职业教育专科优秀应届毕业生获得进入本科阶段学习升学考试资格的选拔推荐办法(试行)》(京联学〔2005〕50号),明确了选拔推荐条件和选拔推荐办法及要求。在确定招生考试科目时强调高职专业核心能力，在推荐、报名、命题、考试和录取等过程中强调公平、公开和公正，采取网上录取方式。

2003 年，学校共设置 14 个“专接本”专业，2004 年设置 25 个“专接本”专业，两年累计录取“专接本”学生 1900 余人。至 2010 年，学校共设置 32 个“专接本”专业。

2007—2010 年，学校高职升本科专业设置及招生计划如表 3.7-1 所示。

表 3.7-1　2007—2010 年高职升本科专业设置及招生计划一览表

序号	专业名称	2007 年	2008 年	2009 年	2010 年
1	档案学(信息开发、秘书)			32	38
2	电气工程与自动化	34	24	33	33
3	电子商务	78	63	71	58
4	电子信息工程	33	45	66	57
5	工业工程(物流管理)				30
6	法学	83	70	96	55
7	工商管理	139	215	215	153
8	工商管理(金融证券)	67	74		
9	广告学	25	42	62	35
10	广告学(营销策划)	15	10	21	13
11	国际经济与贸易	64	81	104	90
12	会计学	77	122	164	137
13	机械工程及自动化	79	96	122	112
14	计算机科学与技术	130	123	180	139
15	计算机科学与技术(听障生)	2	3	5	4
16	建筑环境与设备工程	13	17	14	16
17	金融学			120	130
18	酒店管理			24	27
19	历史学(文博旅游)	5			
20	旅游管理	36	67	48	48
21	人力资源管理	30	45	58	53
22	日语	8	10	12	11
23	生物技术	24	28	60	31
24	市场营销	55	84	55	54
25	信息管理与信息系统	80	93	107	106
26	学前教育	4	10	24	26
27	艺术设计	69	98	166	165
28	艺术设计(网络传播)				28
29	艺术设计(听障生)	1	3	3	2
30	表演				5
31	音乐学	9	13	15	14
32	英语	53	80	106	65
33	英语(文秘)	53	45	51	39
34	艺术设计(数字艺术)				17

二、培养模式

高职“专接本”的培养目标是“以就业为导向，以服务为宗旨”，保障学生高标准达到本科水平，并且具有特色。

2003 年，学校制订了“专接本”学生培养计划原则意见，提出把培养目标定在“技术应用型”上，计划为“专接本”学生设立应用性本科试点专业，学校教务处要求各学院对“专接本”学生单独编班。

2007年6月，学校在总结2003版培养计划原则意见实施经验基础上，根据《国务院关于大力推进职业教育改革与发展的决定》(国发〔2002〕16号)，依据《教育部关于进一步深化本科教学改革全面提高教学质量的若干意见》(教高〔2007〕2号)，以及北京市教委《关于开展选拔高等职业教育(专科层次)优秀应届毕业生进入本科阶段学习试点工作的通知》(京教高〔2002〕42号)要求，结合高职“专接本”本科专业建设实际需要，提出学校制(修)订2007版高职“专接本”本科专业培养计划的原则意见。意见指出，高职“专接本”本科专业的培养计划制(修)订应以“发展应用性教育，培养应用性人才，建设应用型大学”为宗旨，科学合理确立应用性本科人才培养目标、培养模式和质量标准；设计、构建高职高专教育与应用性本科教育相衔接的课程体系和培养模式，同时，应积极研究、探索高职“专接本”本科专业的人才培养模式；面向首都社会发展和经济建设事业第一线，培养适应首都生产、建设、管理、服务第一线实际需要的、从事与专业相关领域工作，具有相应专业基本知识、基本理论和较强实践能力的高级工程技术专门人才或高级应用性专门人才。该指导意见强调以下原则：

(1) 重视课程体系衔接的原则。高职高专教育优秀应届毕业生进入本科阶段学习，有助于构建应用性人才培养的立交桥，其培养计划制(修)订应在尊重和保持高职高专人才培养特色基础上，遵循应用性本科人才培养标准，恰切处理好与相应本科专业、高职高专专业培养计划间的课程衔接关系，为生产建设第一线培养高层次、高质量的本科层次的高级工程技术专门人才或高级应用性专门人才。

(2) 注意拓展基础的原则。高职“专接本”本科培养计划原则上应以所在本科专业基本理论、学科基础理论的基本要求作为基础和专业基础课程设置依据，适当加强基础和专业基础课程比重，弥补高职高专学生基础课程薄弱的不足。

(3) 强调提高学生技术实践水平的原则。高职“专接本”本科培养计划的专业课程和实践教学环节设置，应注意发挥原高等职业学校学生的专业技能优势，加强学生对新知识、新技术、新技能的学习和运用能力培养，提高学生技术实践水平，增加综合性、设计性实践训练、项目课程或任务驱动课程等教学环节的比例。

(4) 灵活组织教学的原则。在制订高职“专接本”本科培养计划时，提倡各专业根据专业教学实际情况，采用相关课程学分认定或分级教学等灵活多样的教学组织形式，处理好高职“专接本”本科专业与相应本科专业、高职高专专业培养计划的课程衔接关系。

三、培养方案与课程设置

2003年，“专接本”学生培养的原则性意见在教学方面提出的要求是：

① 注重基础知识学习，原则要求开设高等数学、物理、思想政治理论和大学英语，考虑到部分学生已过四级英语，对英语作了更进一步的规定，如规定了什么情况可以免修、免听或免考等具体要求；

② 学科知识要进行补充学习；

③ 专业知识要求把重点放在提高上。

各学院在具体教学过程中针对高职接本科学生制订或修订教学计划。例如，信息学院总结2003年经验，针对2004年入学的“专接本”学生提前制订了教学计划，学生入学后进行摸底测验，根据多数学生的情况修订教学计划，以保证教学的科学规范。

2007年，学校明确“专接本”学生培养计划的总体框架由以下几个方面构成：专业代码、专业名称、标准修读年限、毕业学分、授予学位、就业范围及工作岗位、培养目标、基本要求、核心课程、必要说明、专业基准培养计划、专业基准实施计划、集中实践教学环节进程、教学年历、教学环节统计表。强调高职“专接本”专业培养目标及基本要求的表述，原则上应与相应本科专业相同。

2007年，学校高职“专接本”本科培养计划的课程体系按照基础部分和专业部分，必修部分和选修部分二维结构进行构建，基础部分包括公共基础课程、专业基础课程和公共选修课程；专业部分包括专业必修课程和专业跨专业选修课程。各类课程界定按学校2007版本科培养计划原则意见执行。学校高职“专接本”本科培养计划的课程体系及学分比例如表3.7-2所示。

表3.7-2 高职“专接本”本科培养计划的课程体系及学分比例

基础部分 （约45%）	必修部分（含公共基础课程和专业基础课程）（约40%）
	公共选修课程（约5%）
专业部分 （约55%）	专业必修课程（约35%）
	专业、跨专业选修课程（约20%）

高职“专接本”本科的教学进程与学分设置要求如下：

（1）教学基本进程要求。

高职“专接本”本科培养计划依据标准修读年限编制，标准修读年限为2年，共4个学期。

具体学年学期的安排执行学校统一规定。凡国家统一规定的国庆节和“五一”劳动节调休时间原则上不安排调课。

（2）学分设置要求。

学分设置原则上执行相应本科专业的相关要求，执行京联教〔2007〕11号文相应条款的规定。

（3）计划总学分设置要求。

计划总学分设置应同时满足如下要求：高职“专接本”本科专业毕业总学分原则上应不超过100学分；高职“专接本”本科专业的理论教学（含实验课）总学分应控制在65～80学分。各专业原则上课内平均周学时不得超过25学时；原则上每学期考试课程应控制在4门以内；学校集中实践教学环节主要包括各类实习、训练、设计、毕业设计（论文）及以集中实践环节形式开设的独立设置的实验课程等；工科类专业的集中实践教学周不得少于26周，文科B类、理科类和理科B类专业的集中实践教学周不得少于24周；上述专业毕业设计（论文）时间不得少于15周；文科类和艺术类专业的集中实践教学周不得少于20周，其毕业论文时间不得少于13周；入学教育和毕业教育纳入集中实践教学环节统计，但不计学分。

高职“专接本”本科专业应按如下要求设置全校性公共基础课程：根据《北京联合大学2007级思想政治理论课课程设置与教学实施方案》的要求，各专业可结合生源情况，从《马克思主义政治经济学原理》（2学分）、《当代世界经济与政治》（2学分）中选择一门；各专业要开设大学英语课程，总学分不得低于8学分；各学院要根据专业人才培养目标和生源情况，研究制订其他相关基础课程的开设方案。

第四章　学科建设与研究生教育

第一节　学 科 建 设

一、重点(建设)学科建立

2002 年 9 月,北京市教委批准学校经济法学、食品科学、计算机应用技术为北京市重点建设学科。其中,食品科学于 1992 年、计算机应用技术于 1995 年曾被批准为北京市重点建设学科。

2003 年 5 月,学校成立了学科建设领导小组。

2003 年 7 月 7 日,在北京联合大学 2003 年科技工作会上,学校提出了《北京联合大学 2003—2008 年学科建设规划》,构建北京联合大学学科体系的基本框架。

2004 年 6 月,学校启动校级重点建设学科建设工作。同年 10 月,召开校级重点建设学科复审答辩会,由校内外专家对各学院申报的校级重点建设学科进行评审;10 月 28 日,公布了首批 13 个校级重点建设学科名单;11 月 11 日,公布了校级重点建设学科带头人和建设项目负责人名单。

2007 年 9 月 8 日,组织校外专家对申报新增校级重点建设学科进行了评审推荐,经 9 日校学术委员会全体会议一致通过,并经同年第 32 次校长办公会讨论通过,新增 9 个校级重点建设学科。

2008 年 4 月,经济法学、计算机应用技术和食品科学 3 个市级重点建设学科建设项目通过北京市教委验收,进入第二个建设周期。

2008 年 4 月,经北京市教委批准,特殊教育学、人文地理学和旅游管理学新增为北京市重点建设学科(见表 4.1-1)。

经 2010 年 4 月 1 日校学术委员会全体会议评审,并经同年第 10 次校长办公会讨论通过,设立 10 个校级重点学科(见表 4.1-2)。

经 2010 年 4 月 29 日校学术委员会全体会议评审,并经同年第 12 次校长办公会讨论通过,新增 5 个校级重点建设学科和 2 个校级重点培育学科(见表 4.1-3、表 4.2-4)。

2010 年 10 月,通过市教委组织的市级重点学科建设项目中期检查,检查结果特殊教育学、人文地理学、计算机应用技术、食品科学、旅游管理学为良好,经济法学为合格。

表 4.1-1　北京市重点建设学科

序　号	学科名称	代　码	学科带头人	批准时间(年)
1	经济法学	030107	刘隆亨	2002
2	特殊教育学	040109	许家成	2008
3	人文地理学	070502	张宝秀	2008
4	计算机应用技术	081203	鲍　泓	2002
5	食品科学	083201	姜招峰	2002
6	旅游管理学	120203	宁泽群	2008

表 4.1-2　校级重点学科

序　号	学科名称	代　码	学科带头人	批准时间(年)
1	经济法学	030107	杨积堂	2010
2	特殊教育学	040109	许家成	2010
3	专门史	0602L3	韩建业	2010
4	人文地理学	070502	张宝秀	2010
5	通信与信息系统	081001	李哲英	2010
6	计算机应用技术	081203	鲍　泓	2010
7	生物化工	081703	林　强	2010
8	食品科学	083201	姜招峰	2010
9	企业管理学	120202	冯　虹	2010
10	旅游管理学	120203	宁泽群	2010

表 4.1-3　校级重点建设学科

序　号	学科名称	代　码	学科带头人	批准时间(年)
1	金融学	020204	杨　宜	2007
2	国际贸易学	020206	赵亚平	2007
3	中外政治制度	030202	刘　红	2007
4	马克思主义理论	030205	☆梁　怡	2010
5	职业技术教育学	040108	黄先开	2007
6	应用心理学	040203	☆曾美英	2007
7	英语语言文学	050201	谢职安	2010
8	传播学	050302	☆孔昭林	2004
9	艺术设计学	050404	☆赵平勇	2004
10	新闻学	050301	☆张娅娅	2004
11	机械制造及其自动化	080201	张恩祥	2004
12	电路与系统	080902	李金平	2007
13	控制理论与控制工程	081101	李红星	2004
14	环境科学	083001	赵　卓	2007
15	管理科学与工程	1201	方德英	2007
16	档案学	120503	孙爱萍	2007
17	信号与信息处理	081002	田景文	2010
18	模式识别与智能系统	081104	方建军	2010
19	生物医学工程	0831	杭和平	2010

注：带☆号的为学科建设项目负责人。

表 4.1-4 校级重点培育学科

序 号	学科名称	代 码	学科带头人	批准时间(年)
1	区域经济学	020202	郑海霞	2010
2	针灸推拿学	100512	刘东明	2010

二、召开学科建设研讨会和学科带头人年度考核会

2006 年 6 月,召开校学术委员会全体会议,对市级、校级重点建设学科带头人(学科建设项目负责人)进行中期考核,市级重点建设学科带头人鲍泓、姜招峰及校级重点建设学科带头人李哲英、朱耀廷、田景文考核结果匀为优秀。同年 7 月,召开学科建设研讨会,组织校外专家对校级重点建设学科进行评议,提出建设性意见。

2007 年 7 月,召开校学术委员会全体会议,对市级、校级重点建设学科带头人(学科建设项目负责人)进行 2006—2007 学年度考核,市级重点建设学科带头人鲍泓、姜招峰及校级重点建设学科带头人李哲英、朱耀廷、田景文考核结果均为优秀。

2008 年 6 月,校学术委员会召开全体会议,对市级重点建设学科带头人、校级重点建设学科带头人(建设项目负责人)进行了 2007—2008 学年度考核,市级重点建设学科带头人鲍泓、姜招峰及校级重点建设学科带头人韩建业考核结果均为优秀。同年 9 月 28 日,召开新增硕士学位授权学科评审推荐会。

三、北京市重点建设学科基本情况

1. 食品科学

食品科学学科以研究“生物活性物质与人类健康关系”为特色,以“生物活性物质—功能食品—人类健康关系”为主线,以生物活性物质制备、功能分析、功能评价方法及毒理学研究为主要内容,以第三代功能食品和新型药物的研发为目标,致力于将研究明确的生物活性物质产业化以获得第三代功能食品,乃至于具有医疗效果的新型药品。学科以生物活性物质与功能食品北京市重点实验室为依托,经多年发展建设,已具备明显的学科优势。

主要研究方向有:生物活性物质制备及生理功能研究、功能食品的功能评价方法研究、生物活性物质的毒理学研究、天然活性高分子物质的研究。

2. 经济法学

经济法学学科以经济法领域为研究重点,在财税法学、金融法学、银行法和经济法基本理论研究方面取得了系列成果,形成学科优势,先后出版经济法、财税法等专著和教材 4 套,获得国家司法部、国家税务总局、北京市的优秀教学成果奖、精品教材奖等多个奖项。

主要研究方向有:经济法、财税法、金融法、首都有关领域的法制建设。

3. 人文地理学

人文地理学学科密切结合北京城乡建设和发展的实际需要,探索学科应用方向,走产学研结合之路,注重城市与区域综合研究,综合运用地理学科的理论与方法,重点研究经济、社会制度转型背景下北京城市空间结构演变与城市发展的相互作用,探讨城市与区域人口、经济、社会、文化与资源环境协调发展的路径,已形成一定的学科优势并取得系列研究成果。

主要研究方向有：区域开发与持续发展、城市化与城市发展、历史与文化地理。

4. 计算机应用技术

计算机应用技术学科是从事数字图像处理相关方向的研究，在数字博物馆和旅游信息化等相关领域提供应用技术支持。学科建有北京市高等学校创新平台"数字化技术创新基地"及北京市信息服务工程重点实验室。学科拥有北京市数字化技术创新团队、图像理解与可视化应用创新团队以及北京市高层次人才、学术创新人才、全国优秀教师、北京市优秀教学名师、享受国务院政府特殊津贴专家等，承担软件工程一级学科硕士研究生的人才培养工作。

主要研究方向有：网络与分布式计算研究、信息系统工程研究、多媒体应用技术研究、嵌入式系统研究。

5. 旅游管理学

旅游管理学学科以旅游学院专业教师为核心，依据北京市旅游产业规划和发展的需求，利用综合性大学的多学科优势，积极开展与其他相关学科（特别是与自然科学学科）的交叉领域的研究，以应用研究和应用基础研究为主要特点，重点研究北京市旅游的可持续发展问题，为北京市社会经济发展服务。是中国休闲哲学专业委员会（国家二级学会）的副主任单位和学术处挂靠单位。多次与联合国教科文组织国际社会学协会休闲研究委员会、北京大学、中国社科院、中国艺术研究院等单位联手举办高层次国际学术研讨会。

主要研究方向有：旅游信息化服务研究、旅游目的地开发与管理、旅游公共服务与管理研究、旅游接待业管理。

6. 特殊教育学

特殊教育学学科在支持性教育理论与实践研究、高等特殊教育理论与实践研究、基础特殊教育理论与实践研究、学前特殊教育理论与实践研究等方面取得显著成果。特殊教育学学科拥有北京市特殊教育创新团队、北京市优秀教学团队和北京市特色建设专业。学科支撑的特殊教育本科专业创建于2000年。

主要研究方向有：发展性障碍儿童研究、残疾人高等教育研究、残疾人沟通与辅助技术研究。

第二节　研究生教育

一、学位点建设

2002年12月26日，根据北京市学位办关于市属市管高等学校申请新增博士、硕士学位授予单位进行的初审工作的通知，校党委会研究决定成立申硕工作领导小组。随后学校召开申硕工作领导小组会议，布置了申硕工作，申硕工作正式启动。经济法学、专门史、食品科学、计算机应用技术和人文地理学5个学科确定为申报学科。

2003年1月10日上午，学校参加了教育部组织的"申硕"答辩，下午申硕评估专家及教委领导到学校进行实地考察。3月5日，学校申硕工作领导小组召开全体会议，总结本次"申硕”工作，找出存在的问题，为下一步申硕工作打下了基础。

同年 9 月 10 日，学校接到《中华人民共和国国务院学位委员会关于反馈申请新增学位授予单位相关评估结果的通知》，未能取得硕士学位授权单位资格。

2005 年 4 月，学校接到国务院学位委员会颁发的《关于第十次博士、硕士学位授权审核工作中新增学位授予单位审核工作的通知》(学位〔2005〕14 号)和北京市学位委员会《关于北京地区第十次博士、硕士学位授权审核工作中新增学位授予单位有关事项的通知》(京学位〔2005〕3 号)后，校科学技术与研究生工作处根据上述文件要求和校党委的决定，调整申硕领导小组，再次开始了申请硕士学位授权单位及硕士点工作。

根据校党委的研究及 2003 年申请硕士学位授予单位的经验，决定推荐计算机应用技术、专门史、食品科学、特殊教育学、旅游管理学 5 个二级学科为申硕学科。2005 年 5 月 26 日，通过了北京市学位委员会组织的专家答辩和评估考察；6 月 10 日，申请新增硕士学位授予单位的申报材料报送北京市学位委员会；9 月 20 日，学校参加了国务院学位委员会组织的答辩工作。

2006 年 1 月 25 日，经国务院学位委员会第 22 次会议审议，批准北京联合大学增列为硕士学位授予单位，专门史、计算机应用技术、食品科学为硕士学位授权学科点，见表 4.2-1。

2010 年 3 月，学校成立 2010 年申请新增硕士点工作领导小组，随后召开硕士点工作领导小组会议，确定申报方案。4 月，学校接到国务院学位委员会《关于委托省(自治区、直辖市)学位委员会中国人民解放军学位委员会进行博士学位授权一级学科点初审和硕士学位授权一级学科点审核工作的通知》以及北京市教育委员会、北京市学位委员会《关于开展北京地区博士学位授权一级学科点初审和硕士学位授权一级学科点审核工作的通知》。5 月 20 日，召开校学术委员会和校学位评定委员会硕士学位评定组会议，推荐历史学、计算机科学与技术、食品科学与工程、工商管理学申报硕士学位授权一级学科点。

表 4.2-1 硕士学位授权学科点

序号	学科点名称	代 码	学科点带头人	类 别	批准时间(年)
1	专门史	060105	韩建业	二级学科点	2006
2	计算机应用技术	081203	鲍 泓	二级学科点	2006
3	食品科学	083201	姜招峰	二级学科点	2006

二、硕士点基本情况与特色

1. 专门史

2004 年，专门史学科被评为校级重点建设学科；2006 年，被国务院学位委员会批准为硕士学位授权学科点。该学科主要依托应用文理学院、台湾研究院。

2010 年，该学科点有教授 7 人，副教授 11 人，讲师 13 人，其中具有博士学位的 16 人，具有硕士学位的 8 人；承担了国家社科基金项目 5 项，省部级项目 12 项，获各类科研项目经费 176 万元，发表学术论文 350 余篇，其中核心期刊论文 60 余篇，出版学术著作、教材、译著 60 余部，获省部级奖 12 项。

主要研究方向：北京文化史、北方物质文化史、台湾历史文化。

2. 计算机应用技术

1995 年,计算机应用技术学科被评为北京市重点建设学科(B 类);2002 年,再次被北京市教育委员会评为北京市重点建设学科;2006 年,被国务院学位委员会批准为硕士学位授权学科点。该学科主要依托信息学院、自动化学院。

2010 年,该学科点有教授 12 人,副教授 23 人,其中具有博士学位的 14 人,具有硕士学位的 46 人。拥有信息技术研究所和数字化技术创新平台,具备良好的实验室条件,可用于研究生教学与培养的实验室面积 1920 平方米,仪器设备总值 1500 万元,其中,万元以上仪器设备 117 台(件),中外文藏书 17 万余册,中外文期刊 120 余种。完成科研课题 35 项,获科研经费 400 万元以上,申请专利 11 项。在国内外核心期刊、学术会议发表学术论文 380 篇,被国际著名检索系统收录论文 30 篇,出版学术著作 20 部,获省部级奖 6 项。

主要研究方向:网络与分布式计算研究、信息系统工程研究、多媒体应用技术研究、嵌入式系统研究。

3. 食品科学

1992 年,食品科学学科被评为北京市重点建设学科(A 类);2002 年,再次被北京市教育委员会评为北京市重点建设学科;2006 年,被国务院学位委员会批准为硕士学位授权学科点。该学科主要依托应用文理学院、师范学院和生物化学工程学院。

2010 年,该学科点拥有生物活性物质与功能食品北京市重点实验室和国家级保健功能食品检测中心,具备良好的实验室条件、购置了多种大型进口仪器,建有 SPF 动物房。有教授 9 人,副教授 11 人,讲师 27 人,其中具有博士学位的 13 人,硕士学位的 30 人;承担和参加了国家、省部级各类科研课题 24 项,到账科研经费 239.9 万元;发表学术论文 143 篇,其中核心期刊论文 50 篇,SCI 收录论文 17 篇,申请专利 9 项,出版著作 6 部。

主要研究方向:生物活性物质制备及生理功能研究、功能食品的功能评价方法研究、生物活性物质的毒理学研究、天然活性高分子物质的研究。

第三节　研究生培养方案

一、专门史学科硕士研究生培养方案(2010 年制订)

(一) 学科名称

专门史。

(二) 培养目标

培养掌握马克思主义基本理论和相关社会科学理论,热爱祖国,遵守法纪,具有良好的道德品质、严谨学风和创新精神,适应学科发展形势的专门史专业高层次、高素质人才。

通过培养,学生要系统掌握专门史专业的基本知识、基本理论和基本技能,具有较强的史学研究能力和实践能力,了解学科发展历史、现状和最新动态,能承担与本学科有关的研究和教学工作,学位论文具有较重要的学术价值或应用价值,并具有一定的创新性。较熟练地掌握 1 门外国语,毕业后能在本学科领域独立从事研究和教学工作,或在实际部门从事相关工作。

（三）研究方向

专门史是对人类历史的专门领域进行研究的学科，着重探讨人类社会在各个领域的具体发展状况及其规律，是人类历史多样性研究的重要方面。本专业的研究生除要掌握本专业基本理论、基本知识和技能外，还要深入研究其中一个方向。

本专业包括3个研究方向：

① 社会文化史；

② 宗教文化史；

③ 台湾历史文化。

（四）招生对象

本科毕业生，或者具有本科同等学力者，参加全国硕士研究生统一考试合格，并经复试合格者。

（五）学习年限

基本学制为3年。研究生最长修业年限（含休学）为5年。

（六）课程设置

（总学分：38学分）

1. 学位课程

(1) 马克思主义理论课(3学分)：

① 中国特色社会主义理论与实践（第2学期开设，36学时） 2学分；

② 自然辩证法概论或马克思主义与社会科学方法论（第1学期开设，18学时） 1学分。

(2) 外国语(6学分)：

① 基础外语（第1学年开设，144学时） 4学分；

② 专业外语（第2学年开设，36学时） 2学分。

(3) 基础理论课程(9学分)：

① 历史学理论与方法 3学分；

② 历史文献学 3学分；

③ 中国史专题 3学分。

2. 非学位课程

1) 研究方向课程(8学分)

(1) 社会文化史方向(8学分)：

① 社会学理论与方法 3学分；

② 社会文化史专题 3学分；

③ 文化遗产学 2学分。

(2) 宗教文化史方向(8学分)：

① 宗教学理论与方法 3学分；

② 宗教文化史专题 3学分；

③ 文化遗产学　2 学分。

(3) 台湾历史文化方向(8 学分):

① 台湾问题研究　5 学分;

② 台湾历史文化　3 学分。

2) 选修课程(不少于 6 学分)

① 马克思主义与社会科学方法论　1 学分;

② 北京历史与文化专题　2 学分;

③ 物质文化史专题　2 学分;

④ 社会文化史研究　2 学分;

⑤ 北京历史地理　2 学分;

⑥ 北京对外文化交流史　2 学分;

⑦ 近现代中国与世界　2 学分;

⑧ 民俗学理论与方法　2 学分;

⑨ 北京体育文化　2 学分;

⑩ 北京宗教史　2 学分;

⑪ 宗教文化史研究　2 学分;

⑫ 宗教学　2 学分;

⑬ 佛教研究　2 学分;

⑭ 道教研究　2 学分;

⑮ 基督教研究　2 学分;

⑯ 台湾政党政治发展史　2 学分;

⑰ 台湾历史文献选读　2 学分;

⑱ 两岸关系史　2 学分;

⑲ 中国古代政治制度　2 学分;

⑳ 社会统计学　2 学分;

㉑ 文化遗产数字化　2 学分;

㉒ 自然科学史　2 学分;

㉓ 自然辩证法　2 学分;

㉔ 第二外语(不记学分)。

(选修本科高年级课程,按 1/2 记学分)

3) 补修课程

对于同等学力和跨专业考取的硕士研究生,必须补修 2 门本科的主要课程,不计学分。

(七) 培养方式

硕士生入学后即进行师生双向互选,确定导师,制订培养计划,导师负责全部培养工作。

公共课以讲授为主,辅以自学;基础课和专业课采取讲授、讨论和自学相结合的方法,要求大量研读原著,重点指导学生掌握专业基本理论和基础知识,着重培养学生分析和研究问题的能力。特别要求重视田野实践环节,通过实际调研获取第一手资料,并培养学生专业核心应用能力、协作精神和创新能力。

硕士生在校期间必须撰写 1 篇以上与专业有关的学术论文;参加 1 次以上学术会议;做

1次以上与专业相关的教学实习和毕业实习,并撰写实习报告;协助导师做科研工作,并承担课题部分研究工作。

(八)考核方式

学位课程采用考试方式进行,成绩达到75分方能取得学分;非学位课程采取考试或考核方式,成绩达到60分或者"合格"方能取得学分。外国语第一学期、第二学期期末成绩必须达到75分方为合格,否则必须重修。

考试或考核方式采取笔试、撰写论文或读书报告、课堂讨论综合考核评定成绩。

在硕士学位研究生课程学习基本结束,完成开题报告和论文综述之后,须进行一次综合性的中期考核,考核时间为二年级下学期初。考核小组由5人组成,一般由学科教学组组长负责。考核内容为研究生的政治思想表现、学位课程修习情况、毕业论文的准备情况及对本学科国内外最新研究动态的掌握程度和文献综述等。对考核不合格或完成学业确有困难者,劝其退学或作肄业处理。

(九)学位论文

学位论文在导师指导下确定研究课题,并独立完成。选题力求和科研项目结合进行。论文题目确定后,由学科组组织专家审议研究生的开题报告。研究生应在导师指导下拟定论文写作计划,写作计划经学科学术委员会批准后,报研究生处备案。

(十)论文答辩和学位授予

论文答辩和学位授予工作严格按照"北京联合大学硕士学位授予工作细则"办理。硕士学位论文必须有外单位专家写出评阅意见,评阅通过后方可组织论文答辩。答辩委员会由3～7名单数专家组成。硕士论文答辩后,校学位委员会根据答辩委员会和学科学位分委员会的意见,并按照有关规定做出是否授予学位的决定。

(十一)参考书目

1. 社会文化史方向

(1) 周积明,宋德金. 中国社会史论[M]. 武汉:湖北教育出版社,2002.

(2)〔美〕杜赞奇. 文化、权力与国家:1900—1942年的华北农村[M]. 王福明. 译. 南京:江苏人民出版社,1994.

(3)〔美〕黄宗智. 华北的小农经济与社会变迁[M]. 北京:中华书局,2000.

(4) 赵世瑜. 小历史与大历史:区域社会史的理念、方法与实践[M]. 北京:生活・读书・新知三联书店,2006.

(5) 郑振满. 明清福建家族组织与社会变迁[M]. 北京:中国人民大学出版社,2009.

(6) 科大卫. 皇帝与祖先——华南的国家与宗族[M]. 南京:江苏人民出版社,2009.

(7) 梁景和. 中国社会文化史的理论与实践[M]. 北京:社会科学文献出版社,2010.

(8) 李长莉. 晚清上海社会的变迁:生活与伦理的近代化[M]. 天津:天津人民出版社,2002.

(9) 侯旭东. 北朝村民的生活世界[M]. 北京:商务印书馆,2005.

(10)〔美〕孔飞力. 叫魂:1768年中国妖术大恐慌[M]. 陈兼,刘昶. 译. 上海:上海三联书店,2002.

2. 宗教文化史方向

(11) 吕大吉. 宗教学通论新编[M]. 北京：中国社会科学出版社，1998.
(12) 张勋燎，白彬. 中国道教考古[M]. 北京：线装书局，2006.
(13) 麻天祥，等. 中国宗教史[M]. 武汉：武汉大学出版社，2012.

3. 台湾历史文化方向

(14) 连横. 台湾通史[M]. 北京：商务印书馆，1983.
(15) 薛化元，等. 台湾的历史[M]. 台北：玉山社出版事业股份有限公司，2004.
(16) 陈支平. 台湾文献汇编[M]. 北京：九州出版社，2005.
(17) 陈云林. 馆藏民国台湾档案汇编[M]. 北京：九州出版社，2007.
(18) 邹爱莲. 明清宫藏台湾档案汇编[M]. 北京：九州出版社，2009.

二、食品科学学科硕士培养方案(2010年制订)

(一) 学科名称

食品科学。

(二) 培养目标

培养德、智、体全面发展，政治素质、知识和能力结构适应社会经济发展需要，具备食品科学的基本理论和技能，熟知天然活性物质分离、制备、分析技术，了解国际食品质量安全体系和标准体系，从事生物技术、食品质量与安全检测的高级专业技术人才。特别是要加强研究生综合素质和创新能力的培养。具体要求如下。

(1) 掌握马克思主义的基本理论，热爱祖国，具有良好的道德品质、较强的事业心、创新能力和献身精神，遵纪守法，服从国家需要，积极为我国的食品科技进步和经济建设服务。

(2) 在本学科内掌握坚实的基础理论和系统的专门知识；掌握本学科的现代实验方法和技能；在所研究方向的范围内了解本学科发展的现状和趋势；具备创新意识和敬业精神，具有独立从事食品科学领域的研究、技术开发和现代企业管理能力。培养能在高等院校、科研院所、轻工业、食品保健、生物医药技术公司等部门从事教学、科研、开发、生产、经营与管理等方面的专门人才。

(3) 较为熟练地掌握一门外国语，能阅读本专业的外文资料。

(4) 具有健康的体格和健全的人格与心理。

(三) 研究方向

本专业包括六个研究方向：

① 生物活性物质制备及生理功能研究；
② 功能食品的功能评价方法研究；
③ 生物活性物质的毒理学研究；
④ 天然活性高分子物质的研究；
⑤ 食品资源贮藏与加工中营养与活性成分稳定性研究；
⑥ 影响食品安全的环境因素研究。

(四) 招生对象

所学及所从事专业属于食品科学、生物医学领域的有志于在食品科学与工程专业继续学习深造和进行科学研究的本科毕业生或具同等学力者。

（五）学习年限

攻读硕士学位研究生，学习年限一般为3年，全日制硕士研究生最长修业年限(含休学)为4学年，非全日制硕士研究生最长修业年限(含休学)为5学年。因特殊原因不能按期完成学业者，应在毕业前一年的12月上旬提交延期答辩的申请报告。全日制硕士研究生提前答辩时间不超过半年，在职硕士研究生不超过1年。

（六）课程设置

研究生实行学分制，硕士生必须取得规定的学分后(应修学分为36～42个学分)方可参加论文答辩，培养方案中的课程分为学位课程、非学位课程和必修环节三个环节。

每学分标准学时为18学时。

1. 学位课程

(1) 马克思主义理论课(3学分)：

① 中国特色社会主义理论与实践(第2学期开设，36学时)　2学分；

② 自然辩证法概论或马克思主义与社会科学方法论(第1学期开设，18学时)　1学分。

(2) 外国语(6学分)：

① 公共外语(第1学年开设，144学时)　4学分；

② 专业外语(第2学年开设，36学时)　2学分。

(3) 基础理论课程(3～4门，9～12学分)：

① 分子生物学　3学分；

② 高级生物化学　3学分；

③ 高级食品化学　3学分；

④ 现代食品科学进展　2学分；

⑤ 实验设计与数据处理　3学分。

2. 非学位课程

1) 研究方向课程(2～4门，6～12学分)：

① 现代食品分析技术　3学分；

② 天然产物化学　3学分；

③ 高级食品毒理学　3学分；

④ 食品分离技术　3学分。

2) 选修课程(2～3门，4～6学分)：

① 生物化学与分子生物学实验　2学分；

② 神经生物学　2学分；

③ 食品营养与安全　2学分；

④ 功能食品方法与检测技术　2学分。

3) 补修课程：

对于同等学力或跨专业考取的研究生，必须补修2门大学本科的主要课程。

同等学力和跨专业考入的研究生按规定补修本专业大学本科的课程，不计学分。

3. 必修环节

（1）教学实践 1 学分：硕士研究生应参加一定的教学实践，巩固和深化本科阶段所学知识，并使他们在教学上得到一定锻炼。教学实践内容可以是辅导答疑、批改作业、带学生实验及带本科生的毕业论文等直接面向学生的教学辅导工作，考核工作由导师负责完成。

（2）文献综述 1 学分：掌握近年来有关该研究课题和研究方向的国内外研究现状和发展趋势，撰写文献综述。

（3）开题报告 1 学分：说明该选题的目的、意义、国内外研究现状，完成课题的条件和可行性，提出研究方案并进行开题报告答辩。

（4）参加学术活动和社会实习 1 学分：硕士研究生至少参加一次与专业相关的国内或国际的学术交流会，并有论文交流，以开阔科研思路与眼界；在读期间应有不少于两个月的与专业相关的社会实习经历。

以上考核合格者，记入相应的学分；考核不合格者，应重新安排，再次不通过者，按必修课不及格处理，不能授予学位。

（七）培养方式

食品科学学科硕士研究生培养方式灵活多样，低年级集中管理，论文实验开始后为导师主管的分散方式。建立和完善有利于发挥学术群体作用的研究生学术报告系列讨论活动。强调在研究生学习期间发挥个人的主动性和自觉性，更多地采用启发式、研讨式的培养方式，加强研究生的自学、动手、表达和写作能力的训练和培养。

（八）考核方式

（1）学位课程一律采用考试方式进行考核，成绩达到 75 分方能取得学分；非学位课程采用考试或者考查的方式进行考核，成绩达到 60 分或者“合格”方能取得学分。

（2）外国语第一学期、第二学期期末成绩必须达到 75 分方为合格，否则必须重修，硕士研究生最迟要在入学后两年内通过第一外国语的考试，方能取得规定的学分。

（3）选修课程、补修课程可视情况采取考试或考查方式。

（4）不及格者随下一届研究生补修。

（5）考核课程的名称必须与培养方案所设课程名称一致，另外，考核后应把成绩登记在《北京联合大学研究生考核成绩登记单》上，任课老师签字，课程结束后下一学期开学两周内交到校科研处。

（九）学位论文

1. 开题报告

填写正式的研究生学位论文开题报告并进行开题答辩，由导师、学科组负责人审核同意后，作为研究生未来申请论文答辩时的必备材料之一。此项工作在第三学期末或第四学期初完成。

2. 中期考核

中期考核包括业务课、综合考试和思想政治表现、科研能力、能否进行开题报告等，中期考核作为进入论文阶段的先决条件，学习成绩良好，具有一定科研能力者，按计划进入学位论文阶段；学习成绩差，或缺乏科研能力、解决实际问题能力差，或不安心学习及其他原因不宜继续攻读硕士学位者,经过中期考核,终止学习,取消学籍。

3. 撰写论文并进行答辩

硕士生要用至少一年时间完成学位论文,论文要求对所研究的课题有新的见解。论文一般应包括以下内容:

① 摘要(500～1000 字,应概括论文的主要内容和结论,并译成英文);

② 引言(说明课题的研究目的和意义);

③ 实验材料与方法;

④ 实验结果与分析;

⑤ 讨论;

⑥ 结论;

⑦ 致谢;

⑧ 参考文献;

⑨ 附录。

以下内容可放在附录中:缩略语、论文中使用的主要符号、意义和单位;作者简历,包括出生年月、学历、工作经历及奖励、成果等。

(十) 论文答辩和学位授予

在申请学位之前,硕士生至少要有 1 篇与学位论文选题有关的、以研究生为第一作者的学术论文发表被 SCI 收录(或被接受即将发表)或核心期刊上发表。论文的评审和答辩程序按有关规定进行。

(十一) 参考书目及杂志

1. 相关图书

(1) 周宗灿,李涛. 基因与环境的交互作用:健康危险性评定与预警[M]. 上海:上海科学技术出版社,2009.

(2) 王心如. 毒理学:实验方法与技术[M]. 2 版. 北京:人民卫生出版社,2007.

(3) Timbrell John A. *Principles of Biochemical Toxicology* [M]. Fourth Edition,2008.

(4) 徐任生,叶阳,赵维民. 天然产物化学[M]. 北京:科学出版社,2006.

(5) 卢艳花. 中药有效成分提取分离实例[M]. 北京:化学工业出版社,2006.

(6) *Fennema's Food Chemistry*, Fourth Edition (Food Science and Technology). 2007.

2. 相关杂志

(1)《毒理学杂志》。

(2)《中国药理学与毒理学杂志》。

(3) *FOOD CHEM TOXICOL*。

(4) *FOOD ADDIT CONTAM*。

(5) *CHEM SENSES*。

(6) *CRIT REV FOOD SCI*。

(7) *Chemical Abstracts*(CA)。

三、计算机应用技术学科硕士研究生培养方案(2010年制订)

（一）学科名称

计算机应用技术。

（二）培养目标

培养具有坚实学科理论基础、具备独立从事信息服务、计算机工程、计算机应用系统研究与应用开发工作、嵌入式处理器和SoC设计研究与应用开发工作能力的高层次应用型工程技术人才。

（三）研究方向

本专业包括四个研究方向：

① 网络与分布式系统应用技术；

② 信息系统与多媒体信息处理；

③ 嵌入式系统与SoC技术；

④ 智能控制技术。

（四）招生对象

招生范围比较广泛，电类本科专业的学生均可报考。

（五）学习年限

计算机应用技术硕士研究生的学习年限一般为3年，全日制硕士研究生最长修业年限（含休学）为4学年，非全日制硕士研究生最长修业年限（含休学）为5学年。

（六）课程设置

应修学分为36～42学分，最低不得低于36个学分，最高不得高于42个学分；其中两年半学制最低学分不得低于32学分，三年制最低学分不得低于36学分。本学科学生在计算最低总学分时，应将第一外国语按一门课计算。按方向参加论文答辩，培养方案中的课程分为学位课程、非学位课程和必修环节三个环节。①、②方向的学生可选修③、④方向的课程，同样③、④方向的学生也可选修①、②方向的课程。

研究方向：01网络与分布式系统应用技术，02信息系统与多媒体信息处理。

1. 学位课程

(1) 马克思主义理论课(4学分)：

① 科学社会主义理论与实践　2学分；

② 自然辩证法概论(理科)　2学分。

(2) 第一外国语(6学分)：

① 基础外语　4学分；

② 专业外语　2学分。

(3) 基础理论课程(3～4门，9～12个学分)：

① 组合数学　2学分；

② 数值分析　2学分；

③ 高等计算机系统结构　3学分；

④ 算法设计与分析 3学分。

2. 非学位课程

1) 研究方向课程(2～4门,4～8个学分):

① 软件过程工程 2学分;

② 高级数据库系统 2学分;

③ 现代网络技术 2学分;

④ 高级操作系统 2学分。

2) 选修课程(2～4门,4～8个学分,也可选方向三和四中的课):

① 分布式计算 2学分;

② 知识工程 2学分;

③ 数据挖掘技术 2学分;

④ 图形学与可视计算 2学分;

⑤ 数字图像处理 2学分。

(3) 补修课程(跨专业考取的研究生):教学组安排。

3. 必修环节

(1) 教学实践1学分:一个学期教学实践、一个学期工程实践,由教学组安排。

(2) 文献综述1学分。

(3) 开题报告1学分,由教学组安排。

(4) 参加学术活动1学分,由教学组安排。

研究方向:03嵌入式系统与SoC技术,04智能控制技术。

1. 学位课程

(1) 马克思主义理论课(4学分):

① 科学社会主义理论与实践 2学分;

② 自然辩证法概论(理科) 2学分。

(2) 第一外国语(6学分):

① 基础外语 4学分;

② 专业外语 2学分。

(3) 基础理论课程(3～4门,9～12个学分):

① 组合数学 2学分;

② 数值分析 2学分;

③ 高等计算机系统结构 3学分;

④ 现代信号处理 3学分。

2. 非学位课程

1) 研究方向课程(2～4门,4～8个学分):

① 软件过程工程 2学分;

② SoC理论与技术 2学分;

③ 嵌入式系统设计 2学分;

④ 智能控制理论与技术 2学分。

2）选修课程（2～4门，4～8个学分，也可选方向一和二中的课）：

① 现代电子测量技术　2学分；

② 集成电路设计　2学分。

3）补修课程（跨专业考取的研究生）：由教学组安排。

3. 必修环节

（1）教学实践1学分：一学期教学实践、一个学期工程实践。

（2）文献综述1学分。

（3）开题报告1学分，由教学组安排。

（4）参加学术活动1学分，由教学组安排。

（七）培养方式

该学科采用全日制脱产学习的培养方式，其中部分学生可采取与境外高校联合培养的方式。

（八）考核方式

考核方式分课程考核、学位论文考核两个部分。

（1）课程考核，按学位课和非学位课考核。学位课成绩在75分以上方能取得学分；非学位课成绩在60分以上方能取得学分。

（2）硕士学位论文考核，按学位论文开题、学位论文中期检查、学位论文答辩三个部分按次序考核。

（九）学位论文

硕士学位论文答辩按下列程序进行（相关条件见《京联研〔2009〕5号》文件）：

① 学生本人申请硕士论文答辩；

② 导师审查并签署意见；

③ 学院教学科研办公室审查是否符合硕士学位论文申请条件；

④ 学位论文答辩。

（十）论文答辩和学位授予

论文答辩由学科分委员会组织，按答辩程序完成答辩。学科分委会将学位申请者基本信息报请北京联合大学硕士学位委员会，校硕士学位委员会最终授予硕士学位。

（十一）参考书目

（1）《中国科学》（E辑、F辑）。

（2）《计算机学报》。

（3）《软件学报》。

（4）《电子学报》。

（5）《通信学报》。

（6）《仪器仪表学报》。

（7）《模式识别与人工智能》。

（8）《信息与控制》。

（9）《控制与决策》。

(10)《计算机科学》。

(11)《计算机工程》。

(12)《计算机应用》。

(13)《计算机辅助设计与图形学学报》。

(14)《计算机工程与应用》。

(15)《计算机集成制造系统》。

(16)《计算机系统应用》。

(17)《计算机研究与发展》。

(18)《数值计算与计算机应用》。

(19)《自动化学报》。

(20)《科学通报》。

第四节　研究生管理制度与导师

一、研究生培养的有关规定

(1)《关于成立北京联合大学硕士研究生学位课教学组的通知》(京联研〔2007〕5 号);

(2)《北京联合大学硕士研究生培养工作实施暂行办法》(京联研〔2007〕6 号),《北京联合大学研究生管理暂行办法》(京联研〔2007〕10 号);

(3)《北京联合大学课程管理暂行办法》(京联研〔2008〕11 号);

(4)《北京联合大学硕士研究生中期考核实施暂行办法》(京联研〔2008〕12 号);

(5)《北京联合大学硕士研究生开题报告暂行办法》(京联研〔2008〕13 号);

(6)《北京联合大学硕士学位授予暂行办法》(京联研〔2009〕5 号);

(7)《北京联合大学硕士学位论文写作暂行规范》(京联研〔2009〕6 号);

(8)《北京联合大学研究生教学实践环节的规定》(京联研〔2009〕7 号)。

二、学位工作

学校从 2007 年开始招收硕士研究生,至 2010 年 12 月已毕业 1 届共 27 名学生,授予学位的研究生有 27 名,共评选出 3 篇优秀硕士论文。

校学位评定委员会硕士学位评定组于 2006 年 6 月 2 日召开全体会议,对学校硕士研究生指导教师的资格进行了审定,遴选出学校第一批硕士研究生指导教师。

(1) 专门史学科(8 人):孔繁敏、左芙蓉、朱耀廷、佟洵、陈文寿、徐博东、顾军、韩建业;

(2) 计算机应用技术学科(9 人):田景文、张宁、李红星、李金平、李哲英、高林、董焱、鲍泓、鲍有文;

(3) 食品科学学科(10 人):张波、林强、姜招峰、荣瑞芬、赵伟、赵玉娥、赵晓红、龚平、惠伯棣、魏涛。

校学位评定委员会硕士学位评定组于 2008 年 5 月 26 日召开全体会议,对学校拟新增硕士研究生指导教师的资格进行了审定,遴选出学校 2008 年新增硕士研究生指导教师。

（1）专门史学科（4 人）：李振广、赵连稳、梁怡、杨靖筠；

（2）计算机应用技术学科（2 人）：王育坚、周训伟；

（3）食品科学学科（2 人）：高丽萍、尚小雅。

校学位评定委员会硕士学位评定组于 2010 年 6 月 4 日召开全体会议，对学校硕士研究生指导教师的资格进行了审定，遴选出专门史学科的张连城、刘红、刘文忠、朱松岭为学校 2010 年新增的硕士研究生指导教师。

第五章　继续教育

第一节　管理机构与模式

一、沿革

（一）管理机构

2001—2009年，学校继续教育工作管理机构名称为校成人教育处，2009年12月，管理机构变更为培训中心。培训中心下设办公（财务）室、成人教育办公室、考试培训办公室、自学考试办公室和项目管理办公室。

2004年5月，学校成立北京联合大学（校本部）继续教育中心，将校本部的教育培训部、全国教育重点建设师资培训基地和考试中心纳入。2007年7月，学校将北京联合大学（校本部）继续教育中心更名为北京联合大学继续教育中心，将校本部的教育培训部、职业教育师资培训基地和考试中心三部门人、财、物实质性合并，全面归口校成教处领导。2007年11月，北京联合大学继使教育中心更名为北京联合大学继续教育部。

（二）办学机构

2001—2010年，开展继续教育工作的有应用文理学院、师范学院、商务学院、生物化学工程学院、旅游学院、继续教育学院、信息学院、机电学院、自动化学院、管理学院、特殊教育学院、广告学院、平谷学院、北苑校区和北京联合大学教育培训部等15个单位。其中，应用文理学院、师范学院、商务学院、生物化学工程学院、旅游学院、继续教育学院、机电学院、特殊教育学院和平谷学院设有民办学校办学许可三级法人资质的培训中心。

2004年以后，随着学校机构与职能的调整，继续教育办学单位也陆续发生了变化。至2010年，学校继续教育办学新格局已基本形成，具备民办学校办学许可法人资质的单位分别是：北京联合大学培训中心、应用文理学院、师范学院、商务学院、生物化学工程学院、旅游学院、继续教育学院、特殊教育学院和北苑校区（见表5.1-1）。小营校区的信息学院、机电学院、自动化学院和管理学院不再下设继续教育办公室。

表5.1-1　2010年具备民办学校办学许可法人资质单位

序号	单位名称	教育培训机构名称	负责人	法人代表
1	校培训中心	北京联合大学培训中心	黄先开	黄先开
2	应用文理学院	北京联合大学应用文理学院培训中心	孔繁敏	—
3	师范学院	北京联合大学师范学院培训中心	周小翔	周小翔
4	商务学院	北京联合大学商务学院培训中心	丁绍英	刘允新

续表

序号	单位名称	教育培训机构名称	负责人	法人代表
5	生物化学工程学院	北京联合大学生物化学工程学院培训中心	赵国群	赵国群
6	生物化学工程学院	北京市创业培训学校	段辉琴	段辉琴
7	旅游学院	北京联合大学旅游学院培训中心	冯冬明	范　蓓
8	继续教育学院	北京联合大学继续教育培训中心	单金成	单金成
9	特殊教育学院	北京联合大学特殊教育学院崇文培训中心	麻一青	麻一青
10	平谷学院	北京联合大学平谷学院职业技术培训中心	王　荣	王　荣
11	北苑校区	北京市医药培训中心	张海华	高玉培
12	北苑校区	北京医药职业技能培训学校	张海华	高玉培

学校从事继续教育的管理人员有60人(见表5.1-2)。

表5.1-2　2010年继续教育管理人员编制情况

单位名称	机构名称	管理人员数
校培训中心	北京联合大学培训中心	16
应用文理学院	成教科、考试与培训中心	4
师范学院	培训中心	5
商务学院	培训中心	3
生物化学工程学院	培训中心	8
旅游学院	继续教育部	4
继续教育学院	继续教育学院	16
特殊教育学院	成教部	2
机电学院	教科办	2
人数合计		60

二、管理模式

学校继续教育业务管理工作由校培训中心负责,各学院(校区)继续教育业务均接受校培训中心的归口管理。

校培训中心的基本职能是:为学校的继续教育改革提供总体方案和发展规划并组织实施;负责全校成人学历教育的招生、学籍、教学计划、教学检查、毕业生资格审核和学位审核等工作的组织管理;负责全校非学历继续教育的资源协调与数据统计;承担北京市高等教育自学考试部分专业的主考组织和自考助学工作。

校培训中心除履行成人教育处的上述管理职能外,还兼有校本部具体办学的业务职能,负责学校小营校区、特殊教育学院和机电学院成人学历教育的招生、学籍、教学计划、教学检查、毕业生资格审核和学位审核等工作的组织管理,并协调教学计划落实和教学日常管理工作,负责非学历继续教育培训项目开发、运行及全校合作办学的归口管理。

第二节 成人高等教育(夜大学)

一、培养目标

学校成人高等教育(夜大学)的培养目标主要是:面向北京市、面向基层、面向生产工作一线,侧重培养应用型、实用型人才。其中,成人本科教育是为社会主义现代化建设培养适应生产、建设、管理、服务需要的德、智、体全面发展,有系统专业理论知识和较强应用能力的高级专门人才;成人专科教育是培养德、智、体全面发展的实用型、技能型较强的生产、工作第一线的技术型(含管理、操作、服务等)人才,毕业生要求掌握岗位所要求的专业(技术)理论,具有较高的职业技能和实际工作能力。

二、专业设置

学校成人高等教育依托学校全日制普通高等学历教育申请和设置本、专科专业,具备开设资质的本、专科专业共计 75 个,涉及文学、工学、管理学、教育学、医学和法学 6 个学科门类。其中,专科专业 42 个,专科起点本科专业 26 个,高中起点本科专业 7 个(见表 5.2-1)。

表 5.2-1 成人高等教育(夜大学)专业设置情况

序号	类别序号	专业名称	修业年限	脱产	业余	层次	开设时间(年)
1	1	商务计算机技术	4		√	专科	1999
2	2	中文导游	2	√		专科	1999
3	3	外贸会计	3		√	专科	1999
4	4	环境艺术设计	3		√	专科	1999
5	5	计算机应用技术	2/3	√	√	专科	2000
6	6	暖通空调	3		√	专科	2000
7	7	会计	3		√	专科	2000
8	8	计算机应用	4		√	专科	2000
9	9	电子商务	3		√	专科	2001
10	10	物业管理	3		√	专科	2001
11	11	商务英语	2/3	√	√	专科	2001
12	12	音乐学	3		√	专科	2001
13	13	幼儿艺术教育	3		√	专科	2001
14	14	计算机软件	3	√		专科	2002
15	15	听力语言康复技术	2	√		专科	2002
16	16	影视传播	3		√	专科	2003
17	17	钢琴调律	2	√		专科	2003
18	18	电子政务	3		√	专科	2004
19	19	多媒体设计与制作	2/3	√	√	专科	2005
20	20	影视动画①	2/3	√	√	专科	2005

① 北京市教育委员会正式批文的专业名称为“电视节目制作”,2006 年专业更名为“影视动画”。

续表

序号	类别序号	专业名称	修业年限	脱产	业余	层次	开设时间(年)
21	21	针灸推拿学	2/3	√	√	专科	2005
22	22	音乐表演	2.5		√	专科	2007
23	23	文化事业管理	2.5		√	专科	2008
24	24	机械制造及自动化	2.5		√	专科	2008
25	25	计算机网络技术	2/3	√	√	专科	1999 以前
26	26	烹饪	4		√	专科	1999 以前
27	27	工业分析与检验	4		√	专科	1999 以前
28	28	汽车技术服务与营销	4		√	专科	1999 以前
29	29	广告设计与制作	3		√	专科	1999 以前
30	30	旅游管理	3		√	专科	1999 以前
31	31	商务管理	3		√	专科	1999 以前
32	32	计算机应用技术	3		√	专科	1999 以前
33	33	财务会计	2/3	√	√	专科	1999 以前
34	34	电子与信息应用技术	4		√	专科	1999 以前
35	35	工商管理	3		√	专科	1999 以前
36	36	广告设计与制作	3		√	专科	1999 以前
37	37	汉语言文学	3		√	专科	1999 以前
38	38	旅游日语	3		√	专科	1999 以前
39	39	旅游英语	3		√	专科	1999 以前
40	40	计算机信息管理	3		√	专科	1999 以前
41	41	艺术设计	3		√	专科	1999 以前
42	42	英语	3		√	专科	1999 以前
43	1	英语	3		√	专升本	1999
44	2	电子信息工程	3		√	专升本	2001
45	3	广告学	3		√	专升本	2001
46	4	会计学	3		√	专升本	2001
47	5	教育学(特殊教育)	3		√	专升本	2001
48	6	金融学	3		√	专升本	2001
49	7	通信工程	3		√	专升本	2001
50	8	音乐学	3		√	专升本	2001
51	9	档案学	3		√	专升本	2002
52	10	文秘教育	3		√	专升本	2002
53	11	艺术设计(摄影)	3		√	专升本	2003
54	12	针灸推拿学	3		√	专升本	2003
55	13	工程管理	2	√		专升本	2003
56	14	自动化	3		√	专升本	2003
57	15	食品科学与工程(营养与食品检测)	3		√	专升本	2003
58	16	电子商务	2/3	√	√	专升本	2004

续表

序号	类别序号	专业名称	修业年限	脱产	业余	层次	开设时间(年)
59	17	教育学(听力语言康复)	2	√		专升本	2004
60	18	机械设计制造及自动化	3		√	专升本	2006
61	19	公共事业管理	2.5		√	专升本	2008
62	20	法学	2.5		√	专升本	2009
63	21	工程管理	2.5		√	专升本	2010
64	22	工商管理	3		√	专升本	1999 以前
65	23	化学工程与工艺	3		√	专升本	1999 以前
66	24	计算机科学与技术	3		√	专升本	1999 以前
67	25	旅游管理	3		√	专升本	1999 以前
68	26	信息管理与信息系统	3		√	专升本	1999 以前
69	1	工商管理	5		√	高起本	1999
70	2	电子信息工程	4/5	√	√	高起本	2001
71	3	制药工程	5		√	高起本	2003
72	4	旅游管理	2		√	高起本	2004
73	5	广告学	5		√	高起本	1999 以前
74	6	艺术设计	5		√	高起本	1999 以前
75	7	计算机科学与技术	5		√	高起本	1999 以前

三、招生情况

(1) 逐步统一招生代码。2004 年信息学院、机电学院、自动化学院、管理学院和广告学院统一使用学校招生代码 068;2009 年起全校统一使用招生代码 068。

(2) 招生规模稳中有降。2001—2010 年,实际招生注册人数的年平均数为 1938 人,其中 2006 年注册人数 2114 人,此后呈下降趋势,2010 年注册人数 1671 人。

(3) 招生专业数稳中有降。2006 年,依据上级主管部门要求,成人高等教育招生专业目录进行调整,个别专业名称发生变更,少数相近专业进行归并,招生专业数逐步稳定在 30 个左右,2010 年以后减少至 25 个。

(4) 优势热门专业招生人数相对集中。2001—2010 年,招生专业总人数位列前三名的是:艺术设计、计算机网络技术和电子商务。2006 年以后,年招生规模达到 100 人以上的专业是:艺术设计、多媒体设计与制作、会计、工商管理、针灸推拿学。2001—2010 年各专业招生情况详见表 5.2-2。

根据教育部学生司《关于同意北京联合大学特殊教育学院成人教育为残疾人举行单独考试的函》(教学司〔2002〕48 号)文件要求,从 2003 年 11 月开始,学校特殊教育学院为听障、视障和肢残三类残疾学生举办成人高等教育单独招生考试,这也是北京市成人高考首次面向残疾人实行单考单招,填补了我国成人教育面向残疾人单独招生政策的空白。截至 2010 年,特殊教育学院共招收残疾学生 1134 人,涉及单考单招的专科专业有:针灸推拿、艺术设计、钢琴调律、计算机网络技术、文化事业管理;专科起点本科专业有:针灸推拿学、艺术设计、计算机科学与技术和公共事业管理(见表 5.2-3)。

表 5.2-2 2001—2010 年各专业招生情况统计

单位：人

序号	专业名称	2001 年		2002 年		2003 年		2004 年		2005 年		2006 年		2007 年		2008 年		2009 年		2010 年	
		专科	本科	专科	本科	专科	本科	专科	本科	专科	本科	专科	本科	专科	本科	专科	本科	专科	本科	专科	本科
1	办公自动化	16		6		32		37													
2	财务会计	87		65		61		13		34											
3	电子商务	36		80		158		212		145		126	1	106	24	30	45	17	22		
4	电子商务(商务管理)			58																	
5	电子信息工程		93		58		28														
6	电子信息应用技术	13		9																	
7	工商管理	14	74	18	116		87		77		78		97		85		132		117		93
8	广告创意与传播	14		16		28		2		38											
9	广告摄影	75		75		70		50													
10	广告学		86		44		109		65		274		124								
11	汉语言文学	25		14		7															
12	化学分析与环境监测技术	28																			
13	会计	47																			
14	会计学		2		60		20				14		7		40		120		83		70
15	计算机科学与技术		102		73		139		128		63		61		27		28		37		12
16	计算机网络技术	271		237		352		329		182		151		86		94		81		45	
17	计算机软件			13		29															
18	计算机应用	24		247		3															
19	计算机应用技术	45		26		47		60						19		13					
20	教育学(特殊教育)		4		30	43	30	53	69		31		40		36		32		42		16
21	旅游管理	52	16	37	41	55	41	49	57	34	44	50	50	19	31	42	33	32	29	129	15
22	旅游日语	2																			
23	旅游英语	36		14		47		18		23		16		15		16		19			
24	汽车技术与管理	3				7		29		16		6									
25	商务管理	50				43		36		98		88		82		68		99		55	
26	商务计算机技术	46		24																	
27	通信工程		4		50		47		47		35		15		8		12				
28	物业管理	13																			
29	信息管理应用	110		58		70															
30	信息管理与信息系统		46		28		60		12		80		30		12		14		16		48

续表

序号	专业名称	2001年		2002年		2003年		2004年		2005年		2006年		2007年		2008年		2009年		2010年	
		专科	本科	专科	本科	专科	本科	专科	本科	专科	本科	专科	本科	专科	本科	专科	本科	专科	本科	专科	本科
31	信息管理与应用	18		48		26		66		34											
32	艺术设计	48	60	32	86	102	114	65	201		174	149	167	119	275	108	169	79	178	28	197
33	音乐学	3	18		37		29		28		34		34		26		25		19		16
34	英语	39	62		76	20	65		39		51		56		62		46		97		46
35	幼儿艺术教育	63						46				35		54		71		70		60	
36	中文导游(导游)	16		20		25		40		28		31		31		11		14		9	
37	中医学	16	15																		
38	档案学		1		1																
39	化学工程与工艺				11		26		29		28		12		12						
40	商务英语			14		5		55		43		31		23		13				9	
41	听力语言康复			42						26		41		34		16		9			
42	外贸会计			45		37		48													
43	文秘教育				2																
44	自动化						22		32		24		11		15		14				
45	钢琴调律					4															
46	影视动画(影视传播)					2						29		12		10		15		40	
47	工程管理								19		32										21
48	针灸推拿学								15		11	107	16	60	13	45	31	140	38	70	31
49	电子政务									9											
50	多媒体设计与制作									73		178		203		198		193		107	
51	工业分析与检验									21		26		37		30		34		79	
52	广告设计与制作									45		17		16		25		74		86	
53	会计									50		82		176		180		118		140	
54	计算机信息管理									192		200		21		148		130		59	
55	机械设计制造及其自动化												30		21		32		28		78
56	机械制造与自动化															53		27		61	
57	文化事业管理															82		6		15	
58	公共事业管理																9		44		36
59	法学																		4		
合计	招生总数	1210	583	1198	713	1273	817	1208	818	1091	973	1363	751	1113	687	1254	742	1157	754	992	679

表 5.2-3　2003—2010 年成人高等教育残疾人录取情况　　单位：人

年份 专业名称	2003	2004	2005	2006	2007	2008	2009	2010	合　计
文化事业管理	—	—	—	—	—	—	6	5	11
公共事业管理	—	—	—	—	—	—	11	9	20
计算机网络技术	16	62	52	58	47	34		26	295
计算机科学与技术	—	2	3	—	—	—	—	—	5
钢琴调律	9	1	—	—	—	—	—	—	10
艺术设计(电脑美术)	—	—	47	39	42	35	—	8	171
艺术设计(摄影)	15	17	10	1	14	—	—	—	57
针灸推拿	—	—	24	55	60	46	140	70	395
针灸推拿学	23	15	11	8	13	31	38	31	170
总计	63	97	147	161	176	146	195	149	1134

四、毕业生情况

学校成人高等教育年平均毕业 1504 人，具体情况如表 5.2-4 所示。

五、教学管理

（一）学籍学位管理

学校成人高等教育遵从国家高等教育办学的法律法规进行办学。遵照教育部关于《普通高等学校学生管理规定》的文件精神，2005 年 12 月，学校制定《北京联合大学成人高等教育学生管理规定》(京联成〔2005〕8 号)。自 2003 年起学校开始有成人本科毕业生，针对毕业生申请学位的不同情况，不断补充完善实施细则，2007 年 7 月，废止《关于授予成人高等教育本科毕业生学士学位的暂行规定》(京联发〔2000〕54 号)，制定《北京联合大学成人高等教育学士学位授予工作实施办法》(京联成〔2007〕1 号)。

（二）教学过程管理

为规范办学和提高教学质量，校成人教育处先后于 2001 年、2004 年和 2007 年共 3 次整理编制《北京联合大学成人教育文件汇编》，涉及学籍管理、学位管理、教学管理、考试管理、评优奖励、毕业管理等基本规范和管理制度、管理流程、管理表格，尤其加强对本科毕业环节的规范管理工作。2001 年制定并颁布《关于成人教育本科生毕业设计(论文)管理的规定》，2004 年制定《北京联合大学成人教育本科毕业设计(论文)答辩程序及实施办法》《北京联合大学成人教育本科毕业设计(论文)成绩评定参考标准》和《毕业设计(论文)及答辩相关表格及样式》。

六、教学计划、课程设置

学校成人高等教育按照北京市教委要求，每年制(修)订专业教学进程表，同时向上级主管单位申报新专业并备案新老专业教学进程表。专业教学进程表包含学习形式、层次类别、课程设置、学时安排及教学进程，它既是各专业教学计划执行和管理的依据，也是专业方向

表 5.2-4　2001—2010 年各专业毕业生情况统计

单位：人

序号	专业名称	2001 年		2002 年		2003 年		2004 年		2005 年		2006 年		2007 年		2008 年		2009 年		2010 年	
		专科	本科	专科	本科	专科	本科	专科	本科	专科	本科	专科	本科	专科	本科	专科	本科	专科	本科	专科	本科
1	办公自动化	23		50		45		26		2				29		28					
2	保险	41		35		15															
3	财务会计	167		26		106		45		35		61		42							
4	电子与信息应用技术	9		13		16		14		16		9		1							
5	法学(经济法)	20		10																	
6	饭店管理	52		35																	
7	服装设计	48		24		9		1				2									
8	工商管理	27		13		28	10	35	24	14	71		21		77		55		140		63
9	广告策划与制作	30		26		35		19		16				26		33		48		12	
10	广告摄影	69		62		74		61		69				60		45		1			
11	国际金融	19		2																	
12	汉语言文学	60		32		11		24		12				1							
13	计算机应用	92		69		104		35		50		37		14				1			
14	空调与制冷工程	11		9		15		1													
15	旅游日语	9																			
16	旅游英语	21		30		22		31		18				37		19		38		14	
17	商务管理	24				64		44				5		47		32		177		73	
18	商务英语	6						13				3		55		12		36		20	
19	商业实务计算机技术	13		34		29		58		48		24									
20	涉外财会	17																			
21	实用电子电器	1																			
22	市场营销	4																			
23	外贸会计	18		54		113				47				35		49		1			
24	外贸英语	11																			
25	信息管理与应用	143		102		109		204		119		2		104		77					
26	英语	25		46		17	44	46	66	28	61			8	58		33		77		31
27	导游(中文)	21		24		15		17				19		32		22		25		28	
28	化工分析与检测技术			16		19		21		26											
29	会计			40		74		57								35		100		153	
30	计算机网络技术			96		170		246		227				323		287		144		116	

续表

序号	专业名称	2001年		2002年		2003年		2004年		2005年		2006年		2007年		2008年		2009年		2010年	
		专科	本科	专科	本科	专科	本科	专科	本科	专科	本科	专科	本科	专科	本科	专科	本科	专科	本科	专科	本科
31	物业管理			12																	
32	现代商务管理			40																	
33	艺术设计			1		18		6	10	27		4	29	84	98	50	38	169	207	104	298
34	环境艺术设计					15		12		1											
35	旅游管理					53	32	49	15	41	41			44	36	45	26	60	42	16	33
36	计算机科学与技术						19		2		67		29		125		110		149		45
37	信息管理与信息系统						19		48		35				61		38		77		10
38	电脑美术设计							23		1											
39	电子商务							40		130		52		218		105		208		87	26
40	计算机应用技术							104		9		14		40		52				6	
41	教育学							47	28		28	39		46	66		42		46		31
42	音乐学							14	52		36				28		27		65		15
43	幼儿艺术教育							60								42		60		25	
44	电子信息工程								4		56		38				17				
45	广告学								35		51		20		103		146		165		116
46	会计学								24		39				19		10		5		37
47	通信工程								5		48				47		45		43		1
48	计算机软件									11				13							
49	化学工程与工艺										11				27		25		38		12
50	钢琴调律											5		1							
51	工程管理														19		32				
52	针灸推拿学														23	15	15	53	18	51	14
53	自动化(智能控制网络技术)														21		26		30		15
54	多媒体设计与制作															26		197		185	
55	计算机信息管理															1		213		38	
56	听力语言康复技术															26		34		24	
57	汽车技术与管理																	25		13	
58	影视动画																	22		8	
59	机械设计制造及其自动化																		27		18
60	工业分析与检验																			56	
毕业生总数		981	0	901	0	1176	124	1353	313	947	544	276	137	1260	808	1001	685	1612	1129	1029	765

调整、教学计划修订的基础。2003 年，完成涉及学校 12 个学院，44 个专业本、专科的《北京联合大学成人教育指导性教学计划》修订。2006 年根据北京市考试院文件（京考成招〔2006〕7 号）要求，成人学历教育的学制和专业名称发生变化，3 年学制普遍调整为 2.5 年，少数相近专业名称出现合并或修正。基于此，校成人教育处组织全校性的教学计划修订。自 2006 年始，学校不同校区的同名专业教学计划在课时、课程设置及学费标准上实现统一。

成人教育各专业教学进程情况如表 5.2-5—表 5.2-10 所示。

表 5.2-5　成人教育专业教学进程(会计学)

专业名称：会计学[1]　专业类别工商管理类　学历层次：专升本　修业年限：业余3年　单位：课时

序号	课程名称	理论	实践	第一学期		第二学期		第三学期		第四学期		第五学期		第六学期	
				考试	考查	考试	考查	考试	考查	考试	考查	考试	考查	考试	考查
1	高等数学	80		80											
2	大学英语	240		60		60		60		60					
3	计算机基础	30	30	60											
4	数据库原理与应用	30	30			60									
5	邓小平理论	60		60											
6	线性代数	60				60									
7	概率与数理统计	60						60							
8	应用文写作	40													40
9	会计学原理	40		40											
10	西方经济学	60				60									
11	货币银行学	40							40						
12	民商法	60								60					
13	财政学	40									40				
14	国际金融	60								60					
15	管理学	40											40		
16	国际贸易	60										60			
17	中级财务会计	80				80									
18	财务管理	80						80							
19	成本会计	60						60							
20	管理会计	40								40					
21	高级财务会计	40										40			
22	审计	80										80			
23	税法	60										60			
24	会计电算化	20	20											40	
25	会计实务		40												40
26	毕业论文		160												160
合计		1460	280	300		320		260	40	220	40	240	40	40	240

① 北京市教育委员会 2001 年批准设立。

表 5.2-6 成人教育专业教学进程[艺术设计(摄影)]

专业名称：艺术设计(摄影)① 专业类别：艺术类 学历层次：专升本 修业年限：业余 3 年 单位：课时

课程类别	课程序号	课程名称	学时安排			学分	考核方式		学年学期课程时数安排					
			总学时	理论学时	实践教学		考试	考查	第一学年		第二学年		第三学年	
									第一学期	第二学期	第三学期	第四学期	第五学期	第六学期
公共基础课	1	邓小平理论	40	40		2	√		40					
	2	大学英语	160	160		8	√		60	60	40			
	3	应用文写作	60	60		3	√		60					
	4	计算机应用	120	60	60	6	√		60	60				
	5	马克思主义哲学	40	40		2	√				40			
专业基础课	6	相机与镜头	60	30	30	3	√		60					
	7	感光材料与曝光控制	60	40	20	3	√			60				
	8	暗房工艺	60	30	30	3	√				60			
	9	摄影用光	60	20	40	3	√			60				
	10	摄影构图	60	30	30	3	√			60				
	11	影调控制	60	30	30	3	√				60			
	12	素描	40	40		2	√				40			
	13	色彩	40	40		2	√				40			
专业课	14	色彩构成	40	40		2	√					40		
	15	平面构成	40	40		2	√					40		
	16	艺术摄影与广告	60	50	10	3	√					60		
	17	摄影艺术概论	60	60		3	√					60		
	18	摄影史	60	60		3	√							60
	19	专题摄影	160	100	60	8	√					80	80	
	20	艺术摄影	120	60	60	6	√						80	40
	21	作品赏析	80	80		4		√					80	
	22	摄影美学	60	60		3		√					60	
	23	数码摄影	60	30	30	3	√							60
	24	毕业创作与制作	140	20	120	7	√							140
合计			1740	1220	520	87			280	300	280	280	300	300

① 北京市教育委员会 2003 年批准设立。

表 5.2-7 成人教育专业教学进程(针灸推拿学)

专业名称：针灸推拿学[①] 专业类别：中医类 学历层次：专升本 修业年限：业余3年

课程类别	课程序号	课程名称	学时安排			学分	考核方式		学年学期课程时数安排					
			总学时	理论学时	实践教学		考试	考查	第一学年		第二学年		第三学年	
									第一学期	第二学期	第三学期	第四学期	第五学期	第六学期
公共基础课	1	毛泽东思想与邓小平理论	36	36		2	√		2					
	2	法律基础	36	36		2	√			2				
	3	计算机基础	108	54	54	6	√				5			
	4	英语	144	144		8	√		4	4				
专业基础课	5	人体解剖学	144	108	36	8	√		4	4				
	6	组织病理学	72	72			√				4			
	7	医用生化学	36	36		2		√	2					
	8	医学心理学	36	36		2		√	2					
	9	医古文	72	72		4	√		4					
	10	中医学基础	144	144		8	√		4	4				
	11	中药学	72	72		4	√				4			
	12	方剂学	72	72		4	√					4		
	13	经络学	54	54		3	√			3				
	14	腧穴学	90	60	30	5	√			5				
	15	中国医学史	36	36		2		√	2					
	16	中医经典选读	180	180		10	√				5	5		
专业课	17	中医临床概论	144	144		8	√					4	4	
	18	西医临床概论	144	144		8	√				4	4		
	19	中医骨伤学	90	60	30	5	√						5	
	20	推拿学	108	72	36	6	√					4	4	
	21	中医妇科学	36	36		2		√					2	
	22	中医儿科学	36	36		2		√					2	
	23	毕业实习												
合计			1890	1704	186	101								

① 北京市教育委员会2003年批准设立。

表 5.2-8 成人教育专业教学进程(工商管理类电子商务)

专业名称：电子商务① 专业类别：工商管理 学历层次：专升本 修业年限：2 年

课程类别	课程序号	课程名称	学时安排			学分	考核方式		学年学期课程时数安排			
									第一学年		第二学年	
			总学时	理论学时	实践教学		考试	考查	第一学期	第二学期	第三学期	第四学期
公共基础课	1	邓小平理论	48	40	8	3	√		3			
	2	经济应用数学	64	64		4	√		4			
	3	计算机基础	96	48	48	6		√	6			
	4	英语	128	128		8	√		4	4		
	5	运筹学	48	48		3		√		3		
专业基础课	6	西方经济学	48	48		3		√	3			
	7	物流管理	48*	32	16	3		√	3			
	8	电子商务法	32	32		2		√	2			
	9	管理学原理与方法	48	48		3		√		3		
	10	经济法	32	32		2		√		2		
	11	市场学	32	32		2		√		2		
	12	图形处理技术	48	32	16	3		√		3		
	13	专业英语	96	96		6		√		3	3	
	14	会计原理与实务	32	32		2		√		2		
	15	电子商务概论	48	32	16	3	√				3	
专业课	16	网络技术与应用	64**	48	16	4	√				4	
	17	数据库原理与应用	64**	48	16	3	√			3		
	18	网络营销	48*	32	16	3	√					3
	19	网页设计与制作	64	48	16	4		√			4	
	20	IT 项目评估与管理	48*	32	16	3	√					3
	21	电子商务网站建设	48*	32	16	3	√				3	
	22	电子商务与金融	48*	32	16	3		√				3
	23	管理信息系统	48**	32	16	3	√				3	
	24	电子商务案例分析	32	16	16	2		√				2
	25	专业选修课	128			8			2	2	2	2
	26	证书	32			2					2	
合计			1472	1144	328	91			27	25	24	13

注：集中实训 12(周)×20＝240 学时，占总学时 18.3%；毕业设计 10(周)×20＝200 学时；选修课 10 学时。“*”为有一周实训的课程，“**”为有两周实训的课程。

① 北京市教育委员会 2004 年批准设立。

表 5.2-9　成人教育专业教学进程(理工类电子商务)

专业名称：电子商务 ① 专业类别：理工类　学历层次：专升本　修业年限：3 年

课程类别	课程序号	课程名称	学时安排			学分	考核方式		学年学期课程时数安排					
			总学时	理论学时	实践教学		考试	考查	第一学年		第二学年		第三学年	
									第一学期	第二学期	第三学期	第四学期	第五学期	第六学期
公共基础课	1	邓小平理论	48	40	8	3	√		3					
	2	经济应用数学	64	64		4	√		4					
	3	计算机基础	96	48	48	6		√	3	3				
	4	英语	128	128		8	√		3	3	2			
	5	运筹学	48	48		3		√			3			
专业基础课	6	西方经济学	48	48		3		√		3				
	7	物流管理	48*	32	16	3		√			3			
	8	电子商务法	32	32		2		√	2					
	9	管理学原理与方法	48	48		3		√		3				
	10	电子商务法	32	32		2		√			2			
	11	市场营销	32	32		2		√			2			
	12	图形处理技术	48	32	16	3		√				3		
	13	专业英语	96	96		6		√				3	3	
	14	会计原理与实务	32	32		2		√		2				
	15	电子商务概论	48	32	16	3	√			3				
专业课	16	网络技术与应用	64**	48	16	4	√						4	
	17	数据库原理与应用	64**	48	16	4	√				4			
	18	网络营销	48*	32	16	3	√					3		
	19	网页设计与制作	64	48	16	4		√				4		
	20	项目管理	48*	32	16	3	√						3	
	21	电子商务网站建设	48*	32	16	3	√						3	
	22	电子商务与金融	48*	32	16	3		√						3
	23	管理信息系统	48**	32	16	3	√					3		
	24	电子商务案例分析	32	16	16	2		√						2
	25	专业选修课	64	64		4							4	
	26	证书	32	16	16	2								2
合　计			1408	1144	264	88			15	17	16	16	17	14

注：集中实训 11(周)×20＝220 学时，占总学时 15.6％；毕业设计 10(周)×20＝200 学时。“*”为有一周实训的课程，“**”为有两周实训的课程。

① 北京市教育委员会 2004 年批准设立。

高校之一。

2008—2010年,体育教学科研成功申报了4项校级课题,其中2项为校级重点课题。

2010年,在市教委组织的有62所高校参加的第15届体育科研报告会上,学校有17篇论文获奖,投稿篇数、获奖人数均排名第一,并以团体总分第一的优异成绩摘得最佳组织奖。

(四)国家学生体质健康标准测试

2003年,教育部下发文件《大学生体质健康标准》,学校从同年下半年开始试行,成立了由体育教师、团委干部和校门诊部大夫组成的测试工作组,把对学生体质的监测工作纳入学校日常体育工作之中,成为北京市最早实施《大学生体质健康标准》的院校之一。2005年,学校测试率达到99%,被评为北京市高校实施《大学生体质健康标准》先进学校。截至2010年,学校每年对所有的在校大学生进行一次体质健康测试,对不及格的学生追踪并督促其参与体育锻炼,开展了测试工作研讨活动,学校的《大学生体质健康标准》的达标率达90.6%,通过对已实施《标准》的2006～2010级学生数据的分析,学校学生在校期间身体素质逐年稳步提高。学校于2005年、2006年两次被北京市教委评为《大学生体质健康标准》先进院校。

第四节 群众性体育活动

一、学生课外体育活动

2001年3月开始,学校利用在廊坊分校集中办学,一年级学生从传统的走读为主变成集体住宿的便利条件,加强了对学生课外活动的管理,在分校8个学院的一年级学生中,开展了早锻炼活动,要求学生每周参加两次集体会操、三次班级晨练,并提出了"一早带五早"的要求,即以出早操为龙头,带动早睡、早起、早锻炼、吃早饭和早自习的活动。2001—2006年,廊坊分校一年级的学生,仅坚持群体健身活动,养成良好的习惯,而且推动了学风建设。在2003—2007年的教育部评估验收检查中,由于学校规范学生的日常群体活动,强化了出早操和课外活动的管理,在落实各项群众性体育活动中,各有关部门能够齐抓共管、各负其责。群众性的出早操、课外活动、学生体育社团活动成为学校教学评估中的一大亮点。2006年,校院两级学生体育协会、体育社团数量达72个。2010年,经过整合,体育协会和社团保持在50余个。

二、教职工体育活动

在校工会的大力提倡和积极组织下,学校教职工体育活动广泛开展,"每天锻炼一小时,健康工作五十年,幸福生活一辈子"逐步在全校形成了共识。2003年,学校先后成立了"北京联合大学教职工网球协会""北京联合大学篮球协会""北京联合大学登山协会""北京联合大学乒乓球协会""北京联合大学足球协会等组织(协会)",教职工依靠协会平台,常年开展健身活动,尤其是网球协会,领导带头,以"健康网球、快乐网球"为宗旨,坚持经常性活动和训练,在2010年北京市高校网球团体赛中获得第三名。

三、阳光体育活动

2007年5月,中共中央国务院下发了《关于加强青少年体育增强青少年体质的意见》。为贯彻文件的精神,同年9月学校在校本部田径场举行“阳光体育活动”的启动仪式,至此,阳光体育活动在全校全面开展起来。学校要求各学院要把阳光体育活动纳入学校教育、教学计划当中,与体育课、早操、大课间体育活动、课外体育活动和《国家学生体质健康标准》达标活动有机结合。各学院要坚持“因地制宜、小型多样”的方针,形成多层次、多形式、多时段、多色彩的全方位的体育健身新局面。充分发挥体育教师、团委、体育社团的主观能动性。通过体育教师的指导,学生会的工作,力求使学生积极、踊跃地参与,使活动深入开展并取得明显效果,以提高《国家学生体质健康标准》测试的优秀率。

2009年,学校组织“全国亿万学生阳光体育冬季长跑活动”,包括“全国亿万学生阳光体育冬季长跑活动”启动仪式、“12.9”火炬接力赛、3分钟跳绳争霸赛、爬楼梯系列大赛、健身长跑、长跑水平测试等。

2010年,学校提出“健康幸福工程”,校、院相关部门结合群体性体育健身的工作要求,建立了各级管理人员的岗位责任制,力求达到各尽其责,分层次管理的目标,使活动呈现出“学生为本、育人为先,健康第一、质量至上”的勃勃生机。

第五节　体育运动竞赛

一、高水平运动队概况

1987年,学校被列为北京市8所可以招收高水平运动队的试点院校之一,成为北京市第一批高水平运动队试点单位。1991年,北京市教委再次批准学校招收体育特长生资格。2005年停招一年。2006年年初,在教育部重新审批高水平运动队建设高校的评估中,学校通过了教育部对校专项训练场地、教练员队伍、运动队管理和竞赛成绩等17项综合指标的评估,被确定为全国200所高水平运动队建设学校之一,重点项目有足球、篮球、健美操。2010年,在教育部新一轮高水平运动队建设评估中,全国确定了268所高校,学校再次通过审批,成为“高水平运动队建设学校”,可招生的项目是足球、健美操。

高水平运动队常年坚持训练,取得了优异的成绩,截至2010年底,学校共培养国家级运动健将15人,分别是张强、郭斌、董宇、王培蕾、刘杨、许超、赵巳彤、张忱、石少楠、侯新宇、李想、董鸿艳、郭爽、高伟、张士杭。

高水平运动队参加由教育部、国家体育总局举办的全国规模的各类、各项比赛,共获得全国冠军29项、亚军15项、季军13项。同时,学校还积极参加北京市教委组织的各项体育竞赛,获得冠军39项、亚军38项、季军29项。

在2008年北京残奥会上,学校共派出4名运动员,获得了三金一银的优异成绩。谢青获女子100米自由泳-S11金牌,并打破世界纪录;姚永全与杜进冉获男子盲人门球金牌;林珊获女子盲人门球银牌。

（一）运动队管理

1. 招生管理

2006年，按教育部要求，学校建立和完善了以“六公开”为主要内容的招生信息公开制度，严格执行招生工作“六不准”并从三个方面加强了对高水平运动员招生工作的管理。第一，学校遵守相关招生的政策，严格按照教育部、北京市教委有关高水平运动员招生政策执行，2006年年底筹建了专门的招生网站，2007年实现网络报名，并由专人负责管理，定期维护。第二，学校制定严格的招生规章制度、处罚条例等管理性文件。第三，根据《北京联合大学高水平运动员招生工作方案》，在每年高水平运动员招生过程中，学校都成立由纪检监察办公室、招生就业处、财务处、校体委、保卫处组成的招生工作领导小组，对整个招生过程进行全面的监督、管理，在招生过程中，制定了严格的考试大纲，并从《北京联合大学高水平运动员测试专家库》中聘请校外的专家对考生进行测试。

2. 学籍管理

学校根据《教育部国家体育总局关于进一步加强普通高等学校高水平运动队建设的意见》（教体艺〔2005〕3号）的文件精神，结合学校2004版《北京联合大学体育特长生管理条例》，颁布并实施了《北京联合大学高水平运动员学籍管理规定（试行）》（京联发〔2007〕11号），2007年制定了《北京联合大学高水平运动员运动训练课程管理办法》和《北京联合大学高水平运动队管理条例》。2008年颁布《北京联合大学高水平运动队训练管理与竞赛奖励办法》。2009年，对原有《北京联合大学高水平运动员学籍管理规定（试行）》进行修订，颁布并执行新的《北京联合大学高水平运动员学籍管理规定》。至此，学校建立了一套完整的高水平运动员的学籍管理办法及培养方案。学校历年招收的高水平运动员名册齐全，由学校招生部门统一管理；高水平运动员在入校时要签订协议，协议规定高水平运动员在校期间要按照学校要求，完成规定的训练、比赛任务，学校各高水平运动队都严格执行这项制度。

3. 日常管理

2006年开始，学校各高水平运动队设领队一名。高水平运动队以年级为单位，从体育部抽调教师担任专职班主任。根据相关制度要求，已将训练纳入到运动训练课中。

4. 教练员队伍管理

学校体委办公室每学期向高水平运动员下发《北京联合大学教练员工作情况调查问卷》，对教练员进行评议，对评议不合格的教练员要求定期整改，整改后仍不合格的教练员应被更换。

（二）高水平运动队及训练

2001—2010年，关于运动队管理的各项规章制度逐步完善，形成了一整套完善的训练竞赛管理体系。

按照《北京联合大学高水平运动队管理办法》规定，各高水平运动队有多年、年度、阶段、周与课时训练计划，训练量达到10小时/周以上。

完善参加校外竞赛的管理制度。学校体委要求各高水平运动队积极参加由北京市教委、大学生体育协会组织的各项比赛，在赛前须提出书面申请，经校体委领导同意后，方可组织参加比赛，赛后以书面形式进行总结，报校体委办公室存档。

建立高水平运动队的考勤体系。出勤包括训练课出勤和文化课出勤。训练课考勤包括:教练员、队长在课上记录;校体委办公室人员监督;各队领队抽查;校体委领导定期检查的“三位一体”的考勤记录模式。文化课出勤采用班主任轮值考勤制度。

(三)校外体育运动竞赛

学校高水平运动队在全国、北京市高校比赛中多次取得好成绩:健美操队多次代表北京市大学生参加全国大学生运动会并获得金牌,并于2006—2010年连续五年在全国健美操锦标赛的多个项目中获得冠军;篮球队曾获得北京市高校亚军、中国大学生篮球联赛(北京赛区)第三名;足球队曾代表北京市大学生出访英国;篮球队受邀到中国台湾建国科技大学进行交流访问;田径队在全国大学生田径锦标赛中曾获得百米亚军等成绩。2001—2006年在校师生参加各级体育比赛所获成绩情况,如表7.5-1、表7.5-2所示。2006—2010年学校高水平运动队参赛成绩情况,如表7.5-3—表7.5-7所示。

表7.5-1　2001—2006年参加全国及世界级体育比赛成绩

项目	年　份	比赛名称	项　目	名　次	获奖单位或个人	主办单位
篮球	2001	全国聋哑人篮球联赛选拔赛	聋人篮球	第二名	特殊教育学院	中国残联、国家体育总局
	2003	全国聋哑人篮球联赛选拔赛	聋人篮球	第三名	特殊教育学院	
网球	2001	“巴士杯”第7届全国大学生网球比赛	女子单人赛	第五名	张媛	中国大学生体育协会
			女子双打	第三名	张媛、胡枚	
足球	2003	全国残疾人足球比赛	足球	第三名	特殊教育学院	中国残联、国家体育总局
健美操	2002	第10届全国大学生健美操、艺术体操锦标赛	女子单人操	第一名 第五名	李思莹、韩琳	中国大学生体育协会
			女子三人操	第四名	俞海涛、吴娟、韩琳	
	2003	健美操世界杯	男子六人操	第四名	唐红斌	国际健美操联合会
	2003	健美操全国冠军赛	男子六人操	第一名	唐红斌	国家体育总局
	2004	全国健美操精英风采大赛	男子单人操	第一名	唐红斌	
	2004	健美操世界杯	男子六人操	第三名		国际健美操联合会
	2004	全国第7届大学生运动会健美操比赛	男子单人操	第二名		教育部国家体育总局共青团中央
			男子六人操	第二名		
			男子三人操	第六名		
	2004	第8届世界杯锦标赛	男子六人操	第三名		国际健美操联合会

续表

项目	年　份	比赛名称	项　目	名　次	获奖单位或个人	主办单位
田径	2002	第9届全国大学生田径锦标赛	男子10000米竞走	第六名	季连旭	中国大学生体育协会
	2005	第10届全国大学生田径锦标赛	柔道	第五名	郑　芳	中国残联、国家体育总局
柔道	2003	第19届盲人运动会	柔道	第二名	齐青松	中国残联、国家体育总局
	2004	雅典残奥会选拔赛	男子柔道	第二名	齐青松	
	2006	全国盲人柔道锦标赛	男子柔道	第二名	齐青松	中国残联、国家体育总局
				第二名	任　鹏	
				第三名	孙怀柔	

表7.5-2　2001—2006年参加北京市高校体育比赛成绩

类别	年　份	比赛名称	项目/组别	名　次	获奖单位或个人
篮球	2001	北京市高校篮球联赛	男子甲组	第四名	校男子篮球队
	2002	北京市高校篮球联赛	男子甲组	第六名	校男子篮球队
	2002	"红牛特步"TBBA中国大学生三人篮球联赛(北京地区联赛)	男子组	第二名	校男子篮球队(联大一队)
	2002	"红牛特步"TBBA中国大学生三人篮球联赛(北京地区联赛)	男子组	第三名	校男子篮球队(联大二队)
	2002	第5届CUBA中国大学生篮球联赛北京地区选拔赛	男子甲组	第四名	校男子篮球队
	2003	第6届CUBA中国大学生篮球联赛北京地区选拔赛	男子甲组	第三名	校男子篮球队
	2003	北京市高校篮球赛	男子甲组	第三名	校男子篮球队
	2003	北京市"都宝杯"篮球联赛	男子甲组	第五名	校男子篮球队
	2004	李宁杯北京大学生篮球联赛	男子甲组	第四名	校男子篮球队
	2004	中国大学生篮球联赛中国大学生篮球联赛北京地区选拔赛	男子甲组	第四名	校男子篮球队
	2004	第3届BBA男子篮球联赛	社会公开组	第二名	校男子篮球队
	2005	北京大学生篮球联赛	男子甲组	第二名	校男子篮球队
	2006	北京大学生篮球联赛	男子甲组	第五名	校男子篮球队
足球	2001	"飞利浦杯"中国大学生足球联赛(北京地区)	男子甲组	第七名	校男子足球队
	2002	"飞利浦杯"中国大学生足球联赛(北京地区)	男子甲组	第二名	校男子足球队
	2002	第1届中英足球对抗赛	男子甲组	第三名	校男子足球队

续表

类别	年 份	比赛名称	项目/组别	名 次	获奖单位或个人
	2003	高校“御林军杯”足球赛	男子甲组	第三名	校男子足球队
	2004	北京市高校足球联赛	男子甲组	第五名	校男子足球队
	2005	“飞利浦”中国大学生足球联赛(北京地区)	男子甲组	第六名	校男子足球队
	2006	北京市高校足球联赛	男子甲组	第八名	校男子足球队
健美操	2002	首届“二人行”杯健美操大赛	健美操	第三名	韩琳、吴娟
	2002	北京市高校健美操比赛	女子单人操	第一名	韩琳
				第二名	李思莹
				第三名	吴娟
	2002	北京市高校健美操比赛	六人操	第二名	校健美操队
			混合双人操	第三名	校健美操队
			团体	第二名	校健美操队
	2003	北京市高校健美操比赛	女子单人操	第一名	韩琳
			三级规定动作	第一名	李雯
			女子三人操	第三名	施海婷、程美舒、赵佳妮
			大众规定操	第一名	校健美操队
			通级(二级)	第一名	校健美操队
	2004	北京市高校第25届健美操、艺术体操比赛	大众六人操(甲组)	一等奖	校健美操队
			竞技三人操(甲组)	第二名	校健美操队
	2005	北京市高校第26届健美操、艺术体操比赛	竞技三人操(甲组)	第一名	施海婷、程美舒、赵佳妮
			大众六人操	第一名	蒋韦、艾鹏
			竞技二级女子单人操	第二名	蒋韦
			竞技二级男子单人操	第一名	艾鹏
				第三名	白如伟
	2006	北京市高校第27届健美操、艺术体操比赛	女子单人操	第一名	赵佳妮
			男子单人操	第三名	王蓓蕾
			男子单人操	第四名	卢建宾
			男子三人操表演	第一名	王蓓蕾、卢建宾、许超
田径	2001	北京市高校田径运动会	女子5000米竞走	第三名	王丽华
			女子10000米竞走	第三名	王丽华
			男子标枪	第六名	马东伟
	2002	北京市高校第40届学生田径运动会	男子丙组4×100米接力	第三名	吴涛、石曾、郭大龙、李伟
			男子400米	第四名	郭大龙
			男子4×400米接力	第四名	吴涛、牟涛、郭大龙、张全利
			男子110米栏	第三名	黄松
				第四名	牟涛

续表

类别	年　份	比赛名称	项目/组别	名　次	获奖单位或个人
田径	2004	第29届高校杯室内田径邀请赛	女子800米跑	第四名	王颖楠
				第六名	王春竹
	2005	北京市高校第43届学生田径运动会	女子4×100米接力	第六名	王颖楠、王春竹、刘然、金丽华
	2006	北京市高校第44届学生田径运动会	男子跳远	第二名	叶明
			女子(乙组)团体	第五名	校田径代表队
			男子(乙组)团体	第五名	校田径代表队
			男女团体	第五名	校田径代表队
乒乓球	2001	北京市高校锦标赛	男子团体	第六名	校乒乓球男队
			女子团体	第五名	校乒乓球女队
	2002	北京市高校乒乓球锦标赛。	男子团体	第三名	校乒乓球男队
			女子团体	第五名	校乒乓球女队
	2003	北京市高校乒乓球锦标赛	男子团体	第五名	校乒乓球男队
			女子团体	第五名	校乒乓球女队
	2004	北京市高校乒乓球锦标赛	男子团体	第五名	校乒乓球男队
			女子团体	第五名	校乒乓球女队
	2005	北京市高校乒乓球锦标赛	男子团体	第五名	校乒乓球男队
			女子团体	第五名	校乒乓球女队
武术	2005	北京市高校武术比赛	女子自选枪术	第三名	郭娜
			女子自选剑术	第六名	郭娜
			女子南拳	第六名	郭娜
	2006	北京市高校武术比赛	女子自选剑术	第二名	郭娜
			女子南拳	第四名	郭娜
			女子自选枪术	第五名	郭娜
排球	2001	北京市高校排球联赛	男子(甲组)	第六名	校男子排球队
			女子组	第七名	校女子排球队
桥牌	2005	“联重世界杯”北京市大学教师桥牌名人赛	桥牌	第二名	校桥牌队
			公开组双人赛	第三名	校桥牌队
篮球	2006	“贺龙杯”中国业余篮球赛(北京地区公开赛)	男子	第二名	校篮球队
足球	2006	李宁杯全国大学生“五人制”足球比赛(北京赛区)	男子足球	第五名	校足球队
跆拳道	2005	北京市“跆协杯”跆拳道比赛	女子乙组51kg	第一名	王烨

注：上述比赛的主办单位均为北京市教委和北京市大学生体育协会。

表 7.5-3　2006 年高水平运动队成绩

比赛名称	项　目	名　次	运动队(个人)	主办单位
北京大学生篮球联赛	男子甲组	第五名	校篮球队	北京市教委、北京市大学生体育协会
“贺龙杯”中国业余篮球赛(北京地区公开赛)	男子篮球	第二名	校篮球队	
首届东部高校篮球友谊赛	男子篮球	第一名	校篮球队	
北京市高校足球联赛	男子甲组	第八名	校足球队	
李宁杯全国大学生“五人制”足球比赛(北京赛区)	男子足球	第五名	校足球队	
北京市高校第 27 届健美操、艺术体操比赛	女子单人操	第一名	赵佳妮	
	男子单人操	第三名	王蓓蕾	
	男子单人操	第四名	卢建宾	
	男子三人操表演	第一名	王蓓蕾、卢建宾、许超	
“华康杯”全国健美操锦标赛(2006 年 12 月深圳)	女子单人操	第一名	赵佳妮	国家体育总局
	男子三人操	第一名	王蓓蕾、卢建宾、许超	
	混合双人操	第二名	赵佳妮、许超	
	普及组六人操	第一名	吴頔、俞晓泫、张纬、蒋韦、施海婷、程美舒	
第 3 届迎奥运奔向 2008 北京大学生越野攀登比赛	越野	第四名	校田径队	北京市教委、北京市大学生体育协会
首都高校第 44 届学生田径运动会	女子乙组	第五名	校田径代表队	
	男子乙组	第五名		
	男女团体	第五名		

表 7.5-4　2007 年高水平运动队成绩

比赛名称	项　目	名　次	运动队(个人)	主办单位	参赛时间
“半山亭”北京市大学生足球联赛	男子足球	第五名	足球队	北京市教委、北京市大学生体育协会	2007.03—2007.06
第 27 届北京市高校田径赛	乙组团体	第一名	田径队		2007.05
中国大学生篮球联赛(CUBA)(北京赛区)	男子篮球	第六名	篮球队		2007.11
全国大学生运动会健美操比赛	六人操	第四名	健美操队		2007.07
	团体	第六名			
	混合操	第七名			
	最佳贡献奖				

续表

比赛名称	项　目	名　次	运动队(个人)	主办单位	参赛时间
北京市高校健美操比赛	团体	第一名	健美操队	国家体育总局	2007.06
全国健美操锦标赛	男子单人操	第一名	许超		2007.10
	男子三人操	第一名	王蓓蕾、郭斌、董宇		
	六人健美操	第一名	吴颀、俞晓泫、韩冰瑶、阎红、李想、刘静		
	混合双人操	第二名	许超、赵巳彤		
	男子三人操	第三名	王超、安剑宇、石少楠		
	六人操	第三名	王蓓蕾、卢建宾、许超、郭斌、王超、安剑宇		
北京大学生越野攀登比赛	越野	第六名	田径队	北京市教委、北京市大学生体育协会	2007.11
首都高校第45届学生田径运动会	女子团体	第一名	田径队		

表 7.5-5　2008 年高水平运动队成绩

比赛名称	项　目	名　次	运动队(个人)	主办单位	备　注
首都高校第46届学生田径运动会	女子乙组团体	第二名	田径队	北京市教委、北京市大学生体育协会	2008.05
	男子乙组团体	第六名			
2008—2009年度北京市大学生足球联赛	男子	第五名	足球队		2008.10
“Star”杯北京高校篮球联赛	男子	第五名	篮球队		2008.05
全国健美操联赛(九华山庄站)	健美操	两金两银	健美操队		2008.09
全国健美操锦标赛	六人操	第一名	健美操队	国家体育总局	2008.10
	三人操	第一名			
	混合双人操	第二名			
	男子单人操	第二名			
	男子单人操	第三名			

表 7.5-6 2009 年高水平运动队成绩

比赛名称	项 目	名 次	运动队(个人)	主办单位	备 注
2009 年 NIAN 我的蜕变街舞大赛	啦啦操	最佳活力奖	啦啦操队	国家体育总局	2009.04
2009 年健力宝啦啦队全国选拔赛	啦啦操	团体第一名	啦啦操队		2009.05
		单人晋级	赵巳彤		
2009 年全国健美操分站赛(日照)	精英组男子六人操	第六名	董宇、郭斌、刘扬、张强、石少楠、罗飞		2009.09
	男子三人操	第一名	董宇、张强、刘扬		
	混合三人操	第一名	郭斌、赵巳彤		
	女子单人操	第一名	赵巳彤		
	男子单人操	第五名	安建宇		
2009 年全国健美操分站赛(济南)	新人组男子六人操	第三名	侯新宇、李想、石少楠、林擎、王超、安建宇		2009.09
	混双	第二名	张忱、石少楠		
	男子三人操	第三名	林擎、侯新宇、王超		
	大众集体	第三名	俞晓泫、阎红、韩冰瑶、韩阳、刘丹、林文婷		
2009 年全国健美操锦标赛	混合双人操	第二名	张忱、石少楠		2009.11
	女子单人操	第六名	张忱		
2009 年首都高校第 30 届健美操·艺术体操比赛	团体总分	第一名	健美操队	北京市教委、北京市大学生体育协会	2009.12
	啦啦队	第一名	郭成、吴迪、韩阳、林文婷、贾彬彬、刘丹、刘浩媛、韩冰瑶、杨振龙、阎红		
	大众健美操	第一名	阎红、林文婷、刘浩媛、赵巳彤、张忱、李想		
	健美操竞技男子单人操	第一名	张强		
	健美操女子单人操	第三名	李想		
	健美操混合双人操	第一名	郭斌、赵巳彤		
	健美操混合双人操	第二名	张忱、石少楠		
	健美操男子三人操	第二名	林擎、王超、石少楠		
	健美操六人操	第二名	石少楠、王超、李想、张忱、林擎、安建宇		
2009—2010 年度北京大学生足球联赛	男子足球	第六名	足球队		2009.09
中国大学生篮球联赛(CUBA)(北京赛区)	男子篮球	第六名	篮球队		2009.11
北京大学生越野攀登比赛	登山乙组团体	第一名	田径队		
首都高校第 47 届学生田径运动会	男团乙组	第三名	田径队		2009.05
	女团乙组	第二名			
	男女团乙组	第二名			

表 7.5-7　2010 年高水平运动队成绩

比赛名称	项　目	名　次	运动队(个人)	主办单位
2010 年北京市高校健美操锦标赛	男子单人操	第一名	张强	北京市教委、北京市大学生体育协会
		第四名	侯新宇	
	女子单人操	第三名	李想	
	混合双人操	第二名	郭斌、赵巳彤	
	男子三人操	第一名	董宇、刘扬、石少楠	
		第三名	王超、林擎、安建宇	
	男子六人操	第一名	董宇、刘杨、张强 郭斌、许超、侯新宇	
2010 年全国体育大会(健美操项目比赛)	男子单人操	第二名	张强	国家体育总局、中华全国体育总会
	混合双人操	第二名	郭斌、赵巳彤	
	男子三人操	第三名	董宇、刘扬、李萌	
	男子六人操	第二名	董宇、刘扬、张强 郭斌、许超、李萌	
	大众器械	二等奖	阎红、张忱、林文婷 刘丹、韩冰瑶、刘浩媛	
	大众徒手	二等奖	阎红、张忱、林文婷 刘丹、韩冰瑶、刘浩媛	
2010 年全国健美操联赛(常州)	男子单人操	第一名	侯新宇	国家体育总局
		第三名	张强	
		第五名	张士行	
	女子单人操	第二名	赵巳彤	
		第六名	曲威	
	混合双人操	第二名	郭斌、赵巳彤	
		第三名	高伟、孙爱旋	
	男子三人操	第一名	董宇、刘扬、石少楠	
	女子三人操	第三名	李想、董鸿艳、孙爱旋	
	男子六人操	第一名	董宇、刘扬、张强 郭斌、石少楠、安建宇	
	混合六人操	第一名	侯新宇、高伟、张士行 李想、董鸿艳、郭爽	
2010 年全国健美操锦标赛	男子单人操	第三名	张强	
		第五名	侯新宇	
	女子单人操	第四名	赵巳彤	
		第八名	曲威	
	混合双人操	第三名	郭斌、赵巳彤	
	男子三人操	第三名	刘扬、董宇、石少楠	
	男子六人操	第二名	董宇、刘扬、张强 郭斌、石少楠、安建宇	
	混合六人操	第一名	侯新宇、高伟、张士行 李想、董鸿艳、郭爽	
	大众器械	一等奖	阎红、张忱、林文婷 韩阳、刘丹、韩冰瑶	
	大众徒手	二等奖	阎红、张忱、林文婷 韩阳、刘丹、韩冰瑶	

续表

比赛名称	项　目	名　次	运动队(个人)	主办单位
2010年北京市高校健美操、艺术体操锦标赛	大众器械	第一名	张忱、林文婷、李想 董鸿艳、张忱、孙爱旋	北京市教委、北京市大学生体育协会
	大众啦啦操	第一名	董宇、石少楠、杨振龙 贾彬彬、郭成、李鑫 曹乃文、李想、刘浩媛 韩阳	
2010年全国青少年健康活力大赛(健美操)	男子单人操	第一名	张强	教育部、国家体育总局
		第四名	侯新宇	
	女子单人操	第三名	赵巳彤	
		第六名	曲威	
	混合双人操	第一名	郭斌、赵巳彤	
		第三名	高伟、孙爱旋	
	男子三人操	第二名	董宇、刘扬、张士行	
	男子六人操	第一名	董宇、刘扬、张强 郭斌、侯新宇、张士行	
	大众器械	第一名	阎红、张忱、林文婷 李想、董鸿艳、赵巳彤	
	大众徒手	第一名	阎红、张忱、林文婷 李想、董鸿艳、赵巳彤	
首都高校第48届学生田径运动会	男子100米	第八名	李殿腾	北京市教委、北京市大学生体育协会
	男子200米	第八名	王骁男	
	男子1500米	第一名	刘飞龙	
	男子800米	第二名		
	男子500米	第五名	张硕	
		第八名	蒋航	
	男子110米栏	第一名	丁松	
	男子400米栏	第四名		
	男子400米栏	第八名	陈嘉宇	
	女子跳高	第三名	邢艳楠	
	男子跳高	第六米	付亚军	
	女子800米	第二名	刘晨	
	女子400米	第三名		
	女子1500米	第四名	郭阳	
	女子三级跳	第五名	段宏娟	
	男子铅球	第六名	李淼	
	男子铁饼	第四名	李淼	
	男子铁饼	第五名	高宇亮	
	男子标枪	第四名	高宇亮	
	女子4×100米	第四名	郭阳、赵芳、刘晨、李小茜	
	女子4×400米	第一名	郭阳、赵芳、刘晨、李小茜	
第7届鹫峰越野登山比赛	乙组	第一名	田径队	
北京大学生篮球联赛	男子篮球	第七名	篮球队	
中国大学生篮球联赛(CUBA)(北京赛区)	男子篮球	第六名		

二、校内学生群体活动竞赛

2003年以来，学校和各个学院因地制宜、小型多样、分层次、有计划地组织了丰富多彩的群体竞赛活动。在2004年的体育工作会上，对全校性开展的体育竞赛活动进行了规范，把四个有联大特色的全校性的传统竞赛项目统一确定为："联大杯"足球赛、"振联杯"篮球赛，"健康杯"健美操赛、"一二·九"火炬接力赛，每年定期举办竞赛活动。学校坚持举办学生田径运动会，各个学院每年举办一次院运动会，学校每两年举办一次全校性的、全体学生参加的田径运动会。2008年开始举办新生运动会，2009年学校进一步调整了第十三届运动会的竞赛项目的结构。2001—2010年校运动会录办单位，如表7.5-8所示。

表7.5-8　2001—2010年校运动会承办单位

届　次	召开时间(年)	承办单位	备　注
第9届	2001	信息学院	校体育部协办
第10届	2004	生物化学工程学院	
第11届	2006	应用文理学院	
第12届	2008	商务学院	
第13届	2010	自动化学院	校体育部协办

近三届校运动会成绩如下：

第11届校运动会获得团体前6名的依次为：应用文理学院、信息学院、师范学院、机电学院、东方信息学院、商务学院；

第12届校运动会获得团体前8名的依次为：应用文理学院、管理学院、机电学院、师范学院、旅游学院、自动化学院、信息学院、商务学院；

第13届校运动会获得团体前8名的依次为：商务学院、管理学院、师范学院、应用文理学院、旅游学院、生物化学工程学院、信息学院、特殊教育学院。

第六节　体育设施

2001—2010年，由于学校办学条件、办学场所不断发生变化，运动场馆情况也有所变化。至2010年，学校有11类活动场地(场所)100多处，包括：篮球场44个、标准足球场1个、小足球场、田径场8个、网球场13个、综合体育馆1个、综合操场3个、地下活动室2个、室内乒乓球活动室5个、健美操活动室3个、健身房14个、各类跑道、沙坑等简易场地12个。2004—2006年学校体育运动场(馆)面积统计，如表7.6-1所示。

表 7.6-1　2004—2006 年体育运动场、馆面积统计

单位：平方米

<table>
<tr><th rowspan="2">序号</th><th rowspan="2">学院名称</th><th colspan="3">2004 年</th><th colspan="3">2005 年</th><th colspan="3">2006 年</th><th rowspan="2">备　注</th></tr>
<tr><th>室内</th><th>室外</th><th>合计</th><th>室内</th><th>室外</th><th>合计</th><th>室内</th><th>室外</th><th>合计</th></tr>
<tr><td>1</td><td>应用文理学院</td><td>935.41</td><td>4169.00</td><td>5104.41</td><td>935.41</td><td>4169.00</td><td>5104.41</td><td>935.41</td><td>4169.00</td><td>5104.41</td><td></td></tr>
<tr><td>2</td><td>师范学院</td><td>2163.16</td><td>1758.00</td><td>3921.16</td><td>2163.16</td><td>1758.00</td><td>3921.16</td><td>2258.16</td><td>1663.00</td><td>3921.16</td><td></td></tr>
<tr><td>3</td><td>商务学院</td><td>1199.04</td><td>5884.45</td><td>7083.49</td><td>1199.04</td><td>5884.45</td><td>7083.49</td><td>1199.04</td><td>5884.45</td><td>7083.49</td><td></td></tr>
<tr><td>4</td><td>生物化学工程学院</td><td>60.00</td><td>8367.54</td><td>8427.54</td><td>60.00</td><td>8367.54</td><td>8427.54</td><td>60.00</td><td>8367.54</td><td>8427.54</td><td></td></tr>
<tr><td>5</td><td>旅游学院</td><td>464.00</td><td>8880.00</td><td>9344.00</td><td>464.00</td><td>8880.00</td><td>9344.00</td><td>464.00</td><td>8880.00</td><td>9344.00</td><td></td></tr>
<tr><td>6</td><td>信息学院</td><td rowspan="3">843.20</td><td rowspan="3">23029.00</td><td rowspan="3">23872.20</td><td rowspan="3">843.20</td><td rowspan="3">23029.00</td><td rowspan="3">23872.20</td><td rowspan="3">843.20</td><td rowspan="3">23029.00</td><td rowspan="3">23872.20</td><td rowspan="3"></td></tr>
<tr><td>7</td><td>自动化学院</td></tr>
<tr><td>8</td><td>管理学院</td></tr>
<tr><td>9</td><td>机电学院</td><td>480.00</td><td>3880.00</td><td>4360.00</td><td>480.00</td><td>3880.00</td><td>4360.00</td><td>480.00</td><td>3880.00</td><td>4360.00</td><td></td></tr>
<tr><td>10</td><td>特殊教育学院</td><td>924.00</td><td>8025.00</td><td>8949.00</td><td>924.00</td><td>8025.00</td><td>8949.00</td><td>924.00</td><td>8025.00</td><td>8949.00</td><td></td></tr>
<tr><td>11</td><td>广告学院</td><td>400.00</td><td>21860.00</td><td>22269.00</td><td>400.00</td><td>21860.00</td><td>22260.00</td><td>400.00</td><td>21860.00</td><td>22260.00</td><td></td></tr>
<tr><td>12</td><td>国际语言文化学院</td><td>364.56</td><td>11901.76</td><td>12266.32</td><td>364.56</td><td>11901.76</td><td rowspan="2">12266.32</td><td>364.56</td><td>11901.76</td><td rowspan="2">12266.32</td><td rowspan="2">租用场地</td></tr>
<tr><td>13</td><td>网通软件职业技术学院</td><td>1351.00</td><td>26920.00</td><td>28271.00</td><td>与国际语言文化学院使用同一场地</td><td>与国际语言文化学院使用同一场地</td><td>与国际语言文化学院使用同一场地</td><td>与国际语言文化学院使用同一场地</td></tr>
<tr><td>14</td><td>平谷学院</td><td>0.00</td><td>19800.00</td><td>19800.00</td><td>0.00</td><td>19800.00</td><td>19800.00</td><td>0.00</td><td>19800.00</td><td>19800.00</td><td></td></tr>
<tr><td>15</td><td>国际交流学院</td><td>0.00</td><td>0.00</td><td>0.00</td><td>0.00</td><td>0.00</td><td>0.00</td><td>0.00</td><td>364.00</td><td>364.00</td><td></td></tr>
<tr><td colspan="2">总计</td><td>8248.96</td><td>140305.75</td><td>153668.12</td><td>7833.37</td><td>117554.75</td><td>125388.12</td><td>7928.37</td><td>117823.75</td><td>125752.12</td><td>9184.37</td></tr>
</table>

第八章　科学研究及产业

第一节　科学研究机构

一、沿革

经过多年的建设与发展，学校的研究机构不断发展壮大，在学术研究、社会服务、政策咨询等方面发挥了重要作用，产出了一批高层次科研成果，提高了学校的学术水平和社会影响力。

2007 年，学校召开科技工作会议时，共有 26 个校级（含）以上科研机构，其研究领域、方向和科研成果均与首都经济建设、科技发展和社会服务紧密相关。

2010 年，学校发布了《北京联合大学校级科研机构管理办法》（京联科〔2010〕4 号），对全校科研机构进行了规范与梳理，并对校级院管科研机构进行统一调整和认定，至 2010 年年底共有市级科研机构 4 个，校级科研机构 35 个，其中校级校管科研机构 4 个，校级院管科研机构 31 个。2010 年学校科研机构情况详见表 8.1-1 所示。

表 8.1-1　2010 年科研机构详情

序号	科研机构名称	负责人	职称	职　务	所属单位	备　注
1	生物活性物质与功能食品北京市重点实验室	姜招峰	教授	主任	校直属单位	市级科研机构
2	北京学研究基地	张宝秀	教授	主任	校直属单位	市级科研机构
3	北京市政治文明建设研究中心	席文启	教授	主任	校直属单位	市级科研机构
4	北京市信息服务工程重点实验室	鲍　泓	教授	主任	校直属单位	市级科研机构
5	北京学研究所	张宝秀	教授	所长	校直属单位	校级校管科研机构
6	应用性高等教育发展研究中心	高　林	教授	主任	校直属单位	校级校管科研机构
7	台湾研究院	谭文丛	助理研究员	党支部书记兼常务副院长	校直属单位	校级校管科研机构
8	人民代表大会制度研究所	席文启	教授	所长	校直属单位	校级校管科研机构
9	北京联合大学中小企业研究中心	陶秋燕	教授	主任	管理学院	校级院管科研机构
10	北京联合大学首都金融研究中心	杨　宜	教授	主任	管理学院	校级院管科研机构
11	北京联合大学首都经济与企业发展研究所	尹庆民	教授	所长	管理学院	校级院管科研机构
12	北京联合大学广告研究所	楚　天	教授	所长	广告学院	校级院管科研机构
13	北京联合大学传动研究所	孙建东	教授	所长	机电学院	校级院管科研机构
14	北京联合大学餐饮科学研究所	闫喜霜	教授	所长	旅游学院	校级院管科研机构

续表

序号	科研机构名称	负责人	职称	职　务	所属单位	备　注
15	北京联合大学现代休闲方式与旅游发展研究所	宁泽群	教授	所长	旅游学院	校级院管科研机构
16	北京联合大学服务经济与贸易研究所	崔　玮	教授	所长	商务学院	校级院管科研机构
17	北京联合大学管理科学与应用研究所	陈建斌	教授	所长	商务学院	校级院管科研机构
18	北京联合大学会展经济研究中心	李智玲	教授	主任	商务学院	校级院管科研机构
19	北京联合大学生物化工技术应用研究所	林　强	教授	所长	生物化学工程学院	校级院管科研机构
20	北京联合大学艺术设计研究所	薄芙丽	教授	所长	师范学院	校级院管科研机构
21	北京联合大学职业技术教育教师教育研究所	徐英俊	教授	所长	师范学院	校级院管科研机构
22	北京联合大学计算机技术研究所	刘　东	教授	所长	校电子信息技术实验实训基地	校级院管科研机构
23	北京联合大学特殊教育研究所	许家成	教授	所长	特殊教育学院	校级院管科研机构
24	北京联合大学微电子应用技术研究所	李哲英	教授	所长	信息学院	校级院管科研机构
25	北京联合大学信息技术研究所	鲍　泓	教授	所长	信息学院	校级院管科研机构
26	北京联合大学可靠性检测与传感网技术研究所	田景文	教授	所长	信息学院	校级院管科研机构
27	北京联合大学民族与宗教研究所	杨靖筠	副教授	所长	应用文理学院	校级院管科研机构
28	北京联合大学人居研究中心	尹卫红	教授	主任	应用文理学院	校级院管科研机构
29	北京联合大学城市与区域发展研究所	熊黑钢	教授	所长	应用文理学院	校级院管科研机构
30	北京联合大学奥林匹克文化研究中心	冯　霞	副研究员	主任	应用文理学院	校级院管科研机构
31	北京联合大学文化遗产研究所	顾　军	教授	所长	应用文理学院	校级院管科研机构
32	北京联合大学环境保护研究所	赵　卓	教授	所长	应用文理学院	校级院管科研机构
33	北京联合大学首都法治研究中心	杨积堂	教授	主任	应用文理学院	校级院管科研机构
34	北京联合大学档案事务研究所	孙爱萍	副教授	所长	应用文理学院	校级院管科研机构
35	北京联合大学功能食品科学技术研究院	姜招峰	教授	院长	应用文理学院	校级院管科研机构
36	北京联合大学现代物流研究所	李　平	副教授	所长	自动化学院	校级院管科研机构
37	北京联合大学自动化工程研究所	李红星	教授	所长	自动化学院	校级院管科研机构
38	北京联合大学智能建筑技术研究所	范同顺	教授	所长	自动化学院	校级院管科研机构
39	北京联合大学应用经济与管理研究所	吴勤学	教授	所长	管理学院	校级院管科研机构

二、主要科学研究机构及其研究方向

（一）市级研究机构

1. 生物活性物质与功能食品北京市重点实验室

生物活性物质与功能食品北京市重点实验室是在北京联合大学应用文理学院营养保健食品研究所和保健食品功能检测中心的基础上组建而成，2001 年由市教委和市科委共同认定为北京市重点实验室。实验室以研究食品与人类健康关系为主要内容，以研究食品保健功能为重点，形成了实验室特色。实验室学术队伍 44 人。其中教授 17 人，副教授 16 人，博士 27 人，硕士 10 人。现有实验室 4000 余平方米，拥有许多大型先进的仪器设备，总计价值 4000 余万元（50 万元以上的大型仪器设备 18 台）。实验室依托食品科学（北京市重点建设学科）、食品科学与工程（一级学科硕士学位点）建设，近 5 年主持国家科技支撑计划重点项目 1 项，国家自然科学基金项目 4 项，北京市自然科学基金项目 3 项，其他省部级等项目 44 项。共获得科研经费 1100 余万元；发表论文共计 400 余篇，其中以通讯单位或第一完成单位发表 CSCD 收录论文 200 余篇，SCI、EI 收录论文 28 篇，IF（影响因子）累计 47；授权发明专利 13 项。获得省科技进步三等奖 1 项；参与制定国家行业标准 1 项。

主要研究方向包括：

（1）生物活性物质制备及生理功能研究通过分子、细胞和个体水平多层次进行生物活性物质的生理功能及作用机制的研究，探索新的作用机制，为建立新的活性筛选模型奠定实验基础，将为第三代功能食品和新型药物的研发提供具有自主知识产权的“源头创新”的成果。

（2）功能食品的功能评价方法研究利用适合功能食品特点的试验动物模型研究功能食品的功效关系，建立和完善相应的第二代功能食品的动物功能评价方法；在细胞和分子水平建立相关生物活性物质的快速体外检测方法，为第三代功能食品的开发和研究提供科学依据。

（3）生物活性物质的毒理学研究通过体内、体外的方法，在个体、细胞及分子水平上研究生物活性物质及功能食品的吸收、代谢动力学特点、毒理学作用机理及损伤效应的量效和构效关系，研究生物活性物质及功能食品安全检测新技术与新方法，为开发安全、有效的第三代保健食品、建立和完善功能食品的毒理学评价方法提供理论依据。

实验室第一任主任（2001.11—2005.07）金宗濂教授，长期从事保健食品与营养学方面的科研和教学工作，1993 年获国务院特殊津贴，近十多年来，共发表论文 200 余篇，出版专著 3 部。由于他在保健食品研究、开发领域的贡献，1996 年被国家卫生部评选为第一届食品卫生评审委员及功能检测机构认定专家组成员。1995 年，他主持出版《功能食品评价原理与方法》一书，是国内第一本有关保健功能评价的专著，2000 年获北京市科技进步三等奖。他主持研究的高能野战口粮增力胶囊 1999 年被评为中国人民解放军科技进步三等奖。曾获国家科技进步三等奖 1 项，省部委以上科技进步二等奖 2 项，科技进步三等奖 2 项，并被评为北京市优秀教师和全国优秀教师。

第二任实验室主任（2005.07—今）姜招峰教授，博士生导师，国家保健食品评审专家，

“北京市人才强教计划”高层次人才、食品科学北京市重点建设学科带头人、食品科学与工程一级硕士学科点负责人;主要研究方向为自由基生物学及自由基医学、神经生物化学及分子生物学(衰老发生机理及老年性痴呆发病机理研究)和生物活性物质(天然抗氧化剂)的研究与开发等;近5年主持国家科技部“十一五”科技攻关项目1项,国家自然科学基金项目1项,省部级科研项目2项;发表文章36篇,其中13篇被SCI收录(影响因子在4.0以上的2篇);出版专著2部,译著2部。

2. 北京学研究基地

北京学研究基地是北京市哲学社会科学规划办公室与北京市教委于2004年9月联合批准设立的首批北京市哲学社会科学研究基地之一,是以成立于1998年的北京联合大学北京学研究所为核心,整合校内外研究力量,“立足北京、研究北京、服务北京”为宗旨,“地域性、综合性、应用性、开放性”为特色的市级跨学科研究平台。

主要研究方向包括:北京城市的现代化建设与发展、北京历史文化遗产的保护与传承、北京城乡发展与建设研究;以中观到微观层次的调查研究为重点,积极开展北京城市及区域发展的综合研究和应用研究,努力为推进首都北京城乡经济发展、社会进步和文化建设提供决策咨询,为北京城乡可持续发展服务,为首都发挥全国文化中心的示范作用作出贡献。

北京学研究基地每年举办一次北京学学术年会、一次国际或全国性学术研讨会,每年出版一部《北京学研究报告》和《北京学研究》文集,并负责《北京社会科学年鉴》“北京学”栏目的编写。此外,还与北京社会主义学院、北京经济社会发展研究会、北京地理学会等兄弟单位合作举办“北京文化论坛”等其他学术活动。

“十一五”期间,北京学研究基地先后承担国家级科研项目5项、北京市社科规划及其他省部级项目近30项、北京市教委及其他委办局项目30余项,研究基地自设课题100余项,发表论文近300篇,并出版了一批北京文化史、北京宗教研究、北京文物古迹等方面的著作。

北京学研究基地坚持科研与教学相结合,利用研究成果为教学服务。研究人员将研究成果大量融入课程中,专职科研人员还在校内开设北京地域文化、北京历史地理、文化遗产管理、名人故居与北京城、古典园林赏析、民俗学等多门课程。还定期举办“北京学讲堂”,每年邀请10位左右的校内外、国(境)内外专家学者前来作学术讲座,营造校园学术氛围,提高学生的人文素养;同时积极参与首都图书馆“首图讲坛·乡土课堂”周末系列讲座,将研究成果与市民分享。

北京学研究基地在研究内容和研究力量组织方面都坚持开放性,已经与韩国首尔市立大学首尔学研究所、加拿大文化更新研究中心、北京地理学会、北京史研究会、北京经济社会发展研究会、鄂尔多斯学研究会、温州学研究所、泉州学研究所、河洛文化研究会等多家国内外地方学和地方文化研究机构建立了长期的合作关系,目前是中国地方学研究联席会执行主席单位。

基地第一任主任(2004.09—2008.06)张妙弟教授,原北京联合大学校长,北京学研究所所长,民族与宗教研究所名誉所长,城市与区域发展研究所学术委员会主任,北京哲学社会科学“十五”规划专家组成员,北京市政协委员,市政协文史委员会副主任。

第二任主任(2008.06—今)张宝秀教授,现任北京联合大学应用文理学院院长,北京学研究所所长,北京市科协第七届委员会委员,北京地理学会副理事长。

3. 北京市政治文明建设研究中心

北京市政治文明建设研究中心是依托北京联合大学人民代表大会制度研究所建立的北京市哲学社会科学研究基地之一，成立于 2006 年 4 月 8 日。中心的主要研究方向包括：中国特色社会主义政治文明建设研究；人大制度理论与实践研究；廉洁与廉政教育研究；宗教与邪教问题研究；城乡社区自治研究；新型城镇化的理论与实践研究；北京人口问题的理论与实践研究等。主要研究领域包括：人民代表大会制度和工作研究、我国基本政治制度方面的研究、中国基层民主的研究、中国特色社会主义政治文明建设的理论问题和实践问题的研究等。

中心开展了与人民代表大会制度和政治文明建设相关的大量研究，形成了一些标志性研究成果。据学校科研系统的统计显示，立项平均7.3项/年；竞争性纵向课题到账经费平均每人每年 3.57 万元；发表论文平均 4 篇/人·年，其中，多篇论文被《新华文摘》《人大报刊复印资料》等知名刊物全文转载；研究中心所主编的《海淀人大现象》《政治文明建设 30 年研究(上、下册)》《地方人大常委会设立 30 年研究》《地方人大常委会设立 30 年重大事件》等图书出版后引起社会和学界的广泛关注，成为畅销图书。此外，《北京乡镇人大发挥职能作用情况》等课题研究报告，还得到北京市人大常委会领导的批示，作为文件下发各区县人大广泛学习，产生了很好的社会效果。

2006—2010 年，研究中心主任由原北京联合大学党委书记、北京联合大学人民代表大会制度研究所所长席文启教授兼任。席文启教授先后担任东城区人大代表、北京市人大代表、北京市人大常委会民族与宗教委员会主任，多年来一直致力于政治哲学研究，专著及主编著作 10 余部，发表关于人民代表大会制度的论文 20 余篇，主持及参与省部级纵向和横向课题 10 多项。

中心研究队伍建设采取“三结合”的方式，即专职研究人员与兼职研究人员相结合、校内研究人员与校外研究人员相结合、理论研究工作者与实际研究工作者相结合。中心还以聘用特约研究员的方式吸收校外专家和实际工作者加盟研究队伍并参与中心的研究，用联合申报课题和组建跨单位课题组的方式实现研究力量的整合与优化，并选择相关联的校外研究机构进行合作；同时，中心还与国家和北京市相关部门和机构保持着较为密切的联系。2006—2010 年，研究中心聘请的顾问、特约研究员和特约观察员名单如表 8.1-2、表 8.1-3 所示。

该研究中心现有专职研究人员 5 名，其中正高职称人员 3 名、副高职称人员 1 名、博士学位人员 4 名。研究所人员多次接受中央电视台及《人民日报》《光明日报》《检察日报》《人民代表报》等媒体的专访和报道。在采访中，研究所人员就人大制度建设和人大工作中的热点和难点问题表达看法和见解，受到社会和学界的关注。

北京市政治文明研究中心学术委员会委员名单如下(22 人，以姓氏笔画为序)：王维国、刘文忠、刘维林、朱峻峰、李正斌、陈军科、李林、李洪雷、李燕奇、张飞天、周小华、周长鲜、张娅娅、侯少文、席文启、梁怡、唐莹莹、黄远龙、崔英楠、韩玉芳、傅旭、阚珂

研究中心办公室人员如下：2005 年 7 月至 2010 年 2 月，办公室秘书为周长鲜；2010 年 3 月至今，办公室主任为周长鲜。

表 8.1-2　2006—2010 年北京市政治文明研究中心聘请顾问名单

姓　名	工作单位、职务、职称	备　注
于均波	北京市委副书记、北京市人大常委会主任	
陈喜庆	中央统战部副部长	
索连生	北京市人大常委会副主任	
满运来	北京市政协副主席	
(以姓名笔画为序)		
史绍杰	北京市委组织部副部长	
叶茂林	北京市教委科研处处长	
刘　伟	北京市委副秘书长	
刘　阳	北京市委党校副校长	
刘牧雨	北京市社会科学院院长	
刘维林	北京市人大常委会副秘书长、研究室主任	
李　林	中国社会科学院法学所所长	
张文啟	北京市社科联常务副主席	
张平夫	北京市政协副秘书长、研究室主任	
吴玉华	北京市司法局局长	
张国华	北京市教委副主任	
李建平	北京市哲学社会科学规划办公室副主任	
宋贵伦	北京市委宣传部副部长、北京市社科联党组书记	
宋惠昌	中共中央党校哲学部教授、博士生导师	
李敬德	北京市委党校教授	
李鹏程	中国社会科学院哲学研究所所长	
陈之昌	北京市哲学社会科学规划办公室主任	
陈启刚	北京市委副秘书长	
侯少文	中共中央党校教务部副主任、教授;博士生导师	
傅　旭	《人民日报》国内政治部副主任、高级记者	
阚　珂	全国人大常委会办公厅新闻局局长	
张春生		2010 年 1 月 16 日增聘
周成奎		2010 年 1 月 16 日增聘
程湘清		2010 年 1 月 16 日增聘
刘政		2010 年 1 月 16 日增聘
尹中卿		2010 年 1 月 16 日增聘
杨光斌	中国人民大学政治学系主任	2010 年 7 月 19 日增聘
杨海蛟	中国社会科学院政治学系主任	2010 年 7 月 19 日增聘
袁达毅	北京市委党校	2010 年 7 月 19 日增聘
侯少文	中共中央党校教务部副主任	2010 年 10 月 29 日增聘
王长江	中共中央党校党建部主任	2010 年 10 月 29 日增聘
周为民	中共中央党校马克思主义理论教研部副主任	2010 年 10 月 29 日增聘
周熙民	中共中央党校文史教研部副主任	2010 年 10 月 29 日增聘

表 8.1-3　2006—2010 年北京市政治文明研究中心特约研究员和特约观察员

姓　名	工作单位、职务(职称)
韩玉芳	北京市委党校教授，北京市委党校政治学教研部
李燕奇	北京市委党校教授，北京市委党校校刊编辑部
李相波	最高人民法院办公厅
刘飞宇	中国人民大学法学院
李洪雷	中国社会科学院法学所
李学勇	《解放军报》副编审、主任编辑
裴智勇	《人民日报》记者
李　微	《检察日报》记者
王　峰	《法制日报》记者
汲传排	《北京日报》记者
张飞天	《中国人大》记者
鲁来顺	《北京人大》编辑部主任
谢蒲定	《人大研究》副主编
陈星言	北京市人大常委会研究室调研处
杨发航	北京市东城区新闻报道中心记者

4．北京市信息服务工程重点实验室

北京市信息服务工程重点实验室是北京市教育委员会和北京市科学技术委员会于 2010 年 9 月联合认定的市级科研机构。重点实验室下设信息技术研究所、微电子应用技术研究所、可靠性检测与传感网技术研究所及互联网应用创新平台示范基地、数字化技术创新基地、网络虚拟实验技术中心等多个研究所和研究平台。

2010 年，实验室专兼职人员包括教授 16 人，副教授 30 人，有北京市高层次人才、学术创新人才、全国优秀教师、北京市优秀教学名师、享受国务院特殊津贴的专家等；主要依托学校信息学院、自动化学院、电子信息技术实验实训基地等；拥有北京市高等学校创新平台数字化技术创新基地等，具备良好的实验室条件，可用于研究生教学与培养的实验室总面积 2000 平方米，仪器设备总值 1500 万元，其中，万元以上仪器设备 117 台(件)。

实验室在研课题有国家自然科学基金、国家科技支撑计划、国家级“服务外包人才培养模式创新实验区”和北京市“服务外包人才培养模式创新试验区”项目等纵向、横向 30 余项；申请和授权国家发明专利 12 项；在国内外核心期刊、学术会议发表学术论文 380 篇，SCI、EI 收录论文 100 余篇；出版学术著作 20 部；获省部级奖 3 项。

实验室主任鲍泓教授为北京联合大学副校长、北京市信息服务工程重点实验室主任、计算机应用技术北京市重点建设学科带头人、北京联合大学软件工程一级硕士学位授权学科点带头人、国家级服务外包人才培养模式创新实验区负责人，曾被评为北京市跨世纪优秀人才工程学术、技术带头人、北京市人才强教深化计划数字化技术研究学术创新团队带头人，主要从事网络与分布式系统、数字图像处理和服务科学研究。

（二）校级研究机构

2010 年，学校有独立编制的校级校管科研机构 4 个，分别是北京学研究所、应用性高等教育发展研究中心、台湾研究院和人民代表大会制度研究所，依托学校进行建设，按照《北京联合大学校级科研机构管理办法》(京联科〔2010〕4 号)进行管理。北京学研究所和人民代表大会制度研究所已申请并获批成立了市级科研机构,台湾研究院主要研究台湾的政治、经济、历史文化、法律,应用性高等教育发展研究中心主要是研究应用性高等教育发展问题,主要情况如下。

1. 北京学研究所

1998 年 1 月,经北京市政府编制办公室批准,在北京联合大学设立北京学研究所。该所是一个处级实体性科研机构。老舍夫人胡絜青先生为北京学研究所题写了所名。为祝贺北京学研究所的成立,我国著名的历史地理学家、中国科学院院士、北京大学侯仁之教授应邀为研究所题词"立足北京、研究北京、服务北京",这成为北京学研究所的办所宗旨。

2003 年 12 月,北京联合大学和首都图书馆签约合办北京学研究所。22 日举行了签约仪式,副校长冯虹和首都图书馆副馆长韩朴分别代表北京联合大学和首都图书馆在合作协议书上签字。北京学研究所在联合大学和首都图书馆两处悬挂统一规格式样的"北京学研究所"标牌。根据合作协议,北京学研究所实行所长负责制,所长由北京联合大学党委任命;副所长设 2 人,联合大学和首都图书馆各 1 人,分别由双方领导提名、聘任;北京学研究所在两处各设一办公室,由副所长分别主持工作。北京学研究所在原有 5 个研究室的基础上,新设北京地方文献研究室。

2004 年 9 月,以北京学研究所为核心的北京学研究基地被批准为首批北京市哲学社会科学研究基地之一。北京学研究基地已实施两期(第一期 2005—2007 年,第二期 2008—2010 年)建设工程,在北京市哲学社会科学规划办公室和北京市教育委员会组织的一期、二期验收中均合格。

北京学研究所一直以北京历史文化和北京城乡发展为重点研究方向,具体研究方向的表述前后略有变化,2010 年年底在进行北京学研究基地二期建设总结时,确定北京学主要研究方向 2 个——北京城市的现代化建设与发展、北京历史文化遗产的保护与传承,具体表述如下。

① 北京城市的现代化建设与发展,主要研究北京城市空间结构形成及其变化规律、城市功能演变、城乡统筹发展模式和中国特色世界城市建设途径,为城乡发展实践提供决策参考。

② 北京历史文化遗产的保护与传承,主要研究北京文化遗产的内涵、类型、分布和保护利用现状,开展北京历史文化名城整体保护和各类物质文化遗产、非物质文化遗产保护与传承的调查研究,努力为首都人文北京建设服务。

北京学研究所设有 6 个研究室:北京城市研究室、北京历史文化研究室、北京经济与管理研究室、北京旅游研究室、北京学理论研究室、北京地方文献研究室(与首都图书馆共建),以及办公室、图书资料室等行政管理辅助机构。2010 年 12 月 31 日,各研究室主任、副主任分别为:北京学理论研究室主任张宝秀(兼),副主任赵连稳(兼);北京历史文化研究室主任顾军(兼),副主任杨靖筠(兼);北京经济与管理研究室主任杨宜(兼),副主任高洪力(兼);北京旅游研究室主任石美玉(兼),副主任李秀娜(兼);北京地方文献研究室主任李诚(兼),副主任王炜(兼)。

2001—2010 年,北京学研究所名誉所长为陶西平;历任所长为张妙弟、张宝秀;历任联大副所长为李颖伯、马万昌、李洵、孟斌;历任首图副所长为韩朴、陈坚;顾问有侯仁之、舒乙、单霁翔、张妙弟(2008 年 6 月增聘)。

北京学研究所成立以后，自 1999 年开始，每年举办一次北京学学术研讨会即北京学年会，年会汇集校内外、京内外及国(境)内外的专家学者共同研讨北京学的理论与实践问题，其中 2001—2010 年举办了第 3～12 次北京学学术研讨会，如表 8.1-4 所示。

表 8.1-4　2001—2010 年历次北京学学术研讨会详情

序号	召开时间	名　称	会议文集名称	出版社、出版时间
1	2001.10.20—21	走向现代化的北京——第三次北京学学术研讨会	北京学研究专辑(三)	北京联合大学学报.2002(1)
2	2002.11.22	北京学基础理论研究与北京城市经营与开发——第四次北京学学术研讨会	北京学研究专辑(四)	北京联合大学学报.2003(1)
3	2003.09.19	北京：都城的文脉传承与国际化大都市建设——第五次北京学学术研讨会	北京学研究专辑(五)	北京联合大学学报.2004(1)
4	2004.09.24	北京市哲学社会科学研究基地授牌仪式暨 2004 年工作年会	北京学研究文集 2004(上、下)	燕山出版社.2005.
5	2005.10.29	迈向现代化国际大都市的宏伟蓝图——第七次北京学学术研讨会	北京学研究文集 2005	同心出版社.2006.
6	2006.12.08—09	第八次北京学学术研讨会暨北京文化史论坛	北京学研究文集 2006	同心出版社.2007.
7	2007.12.23	北京文化研究与区域发展——第九次北京学学术研讨会	北京学研究文集 2007	同心出版社.2009.
8	2008.06.27	回顾与展望——庆祝北京学研究所成立十周年暨第十次北京学学术研讨会	北京学研究文集 2008	同心出版社.2009.
9	2009.06.12	人文北京与北京学研究——第十一次北京学学术研讨会	北京学研究文集 2009	同心出版社.2009.
10	2010.05.28	世界城市建设与北京学研究——第十二次北京学学术研讨会	北京学研究文集 2010	同心出版社.2010.

北京学研究所与韩国首尔市立大学首尔学研究所、加拿大文化更新研究中心、北京史研究会、北京地理学会、北京经济社会发展研究会、鄂尔多斯学研究会、温州学研究所、泉州学研究所、河洛文化研究会等多家国内外地方学和地方文化研究机构建立了长期的学术合作关系。2008 年 12 月起，担任民间学术团体“中国地方学研究联席会”轮值主席单位，每年编辑、寄发 4 期联席会会刊《地方学研究信息》，会刊内容包括地方学研究、地方文化研究、学术信息、学会工作等栏目。

北京学研究所坚持科研与教学相结合，利用研究成果为教学服务，在校内开设了“北京学基础”“北京地域文化”“文化遗产管理”“民俗学”等全校性人文素质选修课程。还多次邀请国内外著名专家学者开展北京历史文化、风俗民情、城市发展等领域的学术讲座。

2001—2010年，北京学研究所负责人、专职科研人员主持立项和以北京学研究所为项目申报单位及承担单位、校内人员主持立项的委办局级及以上项目共23项；北京学研究所负责人和专职科研人员作为第一作者或主编，出版著作、文集11部，作为第一作者，发表论文53篇，作为第一执笔人完成的科研成果获得科研奖励4项。具体情况，如表8.1-5、表8.1-6所示。

表8.1-5　2001—2010年北京学研究所主持的主要科研项目

序号	项目名称	项目来源	项目级别	负责人	到校经费（万元）	项目起止时间
1	当代中国城市发展丛书·北京卷(合作单位)	当代北京编辑部项目	国家级项目《当代中国城市发展丛书》子课题	张妙弟	47.88	2004.11—2010.10
2	图录·北京及周边地区清代建筑遗址图片	国家清史编修委员会项目	国家重大项目《国家清史纂修工程》子课题	张妙弟	40	2006.07—2009.09
3	北京城市空间结构与居民职住分离互动研究(40871079)	国家自然科学基金面上项目	国家级	孟　斌	40	2009.01—今
4	图说北京城(01BJACS002)	北京市哲学社会科学"十五"规划重点项目	省部级重点	张妙弟	5	2001.06—2004.12
5	北京市区部分功能转移和新城功能定位与发展研究(04BJDCS023)	北京市哲学社会科学"十五"规划重点项目	省部级重点	张妙弟(后变更为张景秋)	5	2004.12—2010.12
6	北京学基础理论框架研究(04BJDZH056)	北京市哲学社会科学"十五"规划重点项目	省部级重点	马万昌	5	2004.12—2010.12
7	支撑北京郊区可持续旅游发展的产业与环境战略研究(SZ200411417014)	北京市哲学社会科学"十五"规划一般项目、北京市教育委员会社科计划重点项目	省部级	张妙弟	10	2003.10—2007.09
8	北京名人故居保护与利用现状及对策研究(05BJDCS024)	北京市哲学社会科学"十五"规划重点项目	省部级重点	张宝秀	5	2005.04—2007.11
9	清代"满城"时空结构研究(06JC770001)	教育部人文社会科学研究青年项目	省部级	朱永杰	3	2006.12—今
10	北京学研究报告2008(08AfCS018)	北京市哲学社会科学"十一五"规划重点项目	省部级重点	张妙弟	自筹资金	2008.06—2009.07

续表

序号	项目名称	项目来源	项目级别	负责人	到校经费（万元）	项目起止时间
11	北京学研究报告2009（09AfCS018）	北京市哲学社会科学“十一五”规划重点项目	省部级重点	张宝秀	自筹资金	2009.09—2009.12
12	北京学研究报告2010（10AfCS022）	北京市哲学社会科学“十一五”规划重点项目	省部级重点	张宝秀	自筹资金	2010.11—今
13	北京城市空间结构与城市发展研究（PHR201007146）	2010年度北京市属高等学校人才强教深化计划“人文地理学学术创新团队”项目	省部级	张宝秀	65.275	2010.01—今
14	北京文物古迹旅游	北京市教育委员会人文社会科学研究计划项目	委办局级	朱耀廷	2.5	2001.06—2003.12
15	北京历史保护区的发展研究（2002SK098）	北京市教育委员会人文社科研究计划项目	委办局级	李颖伯	1	2002.01—2003.12
16	关于北京郊区县佛教文化资源开发的研究（2002SK099）	北京市教育委员会人文社科研究计划项目	委办局级	张连城	1.5	2002.01—今
17	世界文化遗产保护理论与实践研究——以北京市为例	北京市教育委员会人文社科研究计划项目	委办局级	张妙弟	3	2006.01—2007.12
18	北京市新农村基础设施建设现状和发展趋势综合研究	北京市委组织部优秀人才资助项目	委办局级	朱永杰	3	2006.10—2010.03
19	北京近代建筑保护研究（SM200811417002）	北京市教育委员会人文社科研究计划项目	委办局级	李 洵	5	2008.06—2010.12
20	北京市非物质文化遗产传承人才保护与培养的科研和教学工作调研（SM200911417011）	北京市教育委员会人文社科研究计划项目	委办局级	张宝秀	4.11	2009.01—2010.12
21	北京地下文物保护调研	北京市政协文史和学习委员会项目	委办局级	张宝秀	0.5	2009.02—2009.06

续表

序号	项目名称	项目来源	项目级别	负责人	到校经费(万元)	项目起止时间
22	运河对北京城市发展的综合影响探析	北京市属高等学校人才强教深化计划"中青年骨干人才培养计划"项目	委办局级	朱永杰	10	2010.01—今
23	北京石作文化研究	北京市委组织部优秀人才资助项目	委办局级	苑焕乔	6	2010.10—今

表 8.1-6　2001—2010 年北京学研究所出版的著作、文集

序号	著作、文集名称	作　者	出版社	出版时间(年)
1	北京的长城与桥梁	张宝秀、朱祖希、马万昌	光明日报出版社	2004
2	清代驻防城时空结构研究	朱永杰	人民出版社	2010
3	北京学研究文集 2004(上、下)	张妙弟	燕山出版社	2005
4	北京学研究文集 2005	张妙弟	同心出版社	2006
5	北京学研究文集 2006	张妙弟	同心出版社	2007
6	北京学研究文集 2007	张妙弟	同心出版社	2009
7	北京学研究文集 2008	张妙弟	同心出版社	2009
8	北京学研究文集 2009	张妙弟	同心出版社	2009
9	北京学研究文集 2010	张妙弟	同心出版社	2010
10	地域文化与城市发展——2009 北京学国际学术研讨会论文集(上、下)	张妙弟	同心出版社	2010

2. 应用性高等教育发展研究中心

2001—2002 年,高等职业教育研究所与高等教育研究室合署办公,两块牌子一套人员。

2002 年,学校进行全员聘任与机构调整,高等教育研究室与高等职业教育研究所分为两个独立的处级单位,分别开展工作。高等教育研究室随后加挂学校发展规划处的牌子,兼具学校发展战略研究与政策咨询的职能。

为了配合学校"发展应用性教育、培养应用性人才、建设应用性大学"的办学宗旨,2004 年 12 月学校批准成立北京联合大学应用性高等教育发展研究中心(以下简称"高教研究中心"),高等教育研究室更名为应用性高等教育研究所,高等职业教育研究所更名为高等技术与职业教育研究所,两个研究所一起作为应用性高等教育发展研究中心的两个实体研究机构纳入旗下管理。2009 年为了便于校级科研机构管理,经校长办公会决定,应用性高等教育发展研究中心与应用性高等教育研究所、高等技术与职业教育研究所合并,三块牌子一套人员,以应用性高等教育发展研究中心作为一个校级科研机构实体,对校外保留应用性高等教育研究所和高等技术与职业教育研究所两块牌子的使用,依此延续至今。

应用性高等教育研究所重点从事应用性高等教育的院校研究。并负责组织全校教育科研项目的申报工作。研究内容涉及应用性人才培养模式、课程体系、双证书教育、实践教学研究等;研究层次涉及本科甚至研究生教育;研究类型覆盖应用性本科、技术应用性本科等。

高等技术与职业教育研究所以中微观研究为主，紧密结合学校的发展实际与北京和全国高等职业教育的发展，开展研究、咨询与服务，注重研究成果的应用与影响力。研究方向主要围绕高等技术与职业教育的课程与教学规律研究，教师教育研究，质量与评价研究，比较与发展战略规划研究等。高等技术与职业教育研究所是教育部高职高专电子信息类专业教学指导委员会秘书处和多个全国性学会与研究会的秘书处单位；2006 年 7 月，联合国教科文组织国际职教中心批准北京联合大学为联合国教科文组织国际职业技术教育与培训联系中心（UNESCO-UNEVOC Centre），高等技术与职业教育研究所为该中心执行机构。

2001—2010 年历任机构负责人为：高教研究室主任江小明，历任副主任鲍洁、虞思旦；应用性高等教育研究所历任所长江小明、鲍洁，历任副所长虞思旦、曲艺；高等技术与职业教育研究所所长鲍洁，副所长鲍洁；应用性高等教育发展研究中心主任高林，历任副主任鲍洁、江小明、曲艺、周华丽、虞思旦。

2010 年，高教研究中心有专职研究人员 8 人，其中教授 1 人，副研究员 2 人，助理研究员 5 人。

高教研究中心自成立以来，积极开展教育研究工作。在高等技术与职业教育研究方面，取得了在全国有影响力的系列研究成果：高职课程开发方法、高职专业目录、高职专业质量评价方案等多项研究成果被教育部采用，在全国推广使用；在全国较早提出和开展应用性本科教育方面的研究“应用性本科教育导论”等研究成果在全国应用型本科院校产生重要影响。2001—2010 年高教研究中心承担的教育科学研究课题，主要成果及获奖情况，出版专著情况，如表 8.1-7—表 8.1-9。

表 8.1-7　2001—2010 高教研究中心承担的教育科学研究课题统计

序号	课题名称	负责人	课题年份	课题来源、类别
1	IT 领域高职教育课程结构改革和教材改革的研究与实验	高　林	2001	全国教育科学规划国家一般课题
2	高职高专教育课程设置与教学内容体系原则的研究	高　林	2001	教育部重点项目
3	高等职业教育课程标准研究	鲍　洁	2006	全国教育科学规划教育部重点课题
4	应用型大学发展与学科专业建设研究	孙建京	2008	全国教育科学规划教育部规划一般课题
5	海峡两岸高等技职教育评价制度比较研究	周华丽	2010	全国教育科学规划职业教育研究专项教育部重点课题
6	高等职业教育质量保障体系研究	鲍　洁	2001	北京市哲学社会科学规划课题
7	文管类高职双证书教育的研究与实践	江小明	2002	北京市教育科学规划重点课题
8	“我国高校应用型人才培养模式研究”——高等学校计算机应用型人才培养模式研究	高　林	2006	全国教育科学规划国家级重点课题子课题
9	高职高专专业规范研制项目	高　林	2007	教育部重点项目
10	北京市属本科高校专业规模效益研究	曲　艺	2009	北京市教育科学规划重点课题
11	北京地区“高职升本科”招生制度实施成效的研究	虞思旦	2010	北京市教育科学规划一般课题
12	台湾与大陆高等职业教育比较研究	鲍　洁	2002	中国高教学会重点课题
13	应用型大学本科教学体系与人才培养模式研究	孙建京	2006	中国高教学会重点课题

续表

序号	课题名称	负责人	课题年份	课题来源、类别
14	应用性本科专业教学质量评价标准的研究与应用	江小明	2006	中国高教学会重点课题
15	应用性本科教育人才培养模式的研究与实践	鲍　洁	2007	北京市教委重点教改项目
16	关于课程开发的课程设计	高　林	2004	欧盟项目
17	中国高等职业教育联合革新计划——高职教师教育与培训	高　林	2006	联合国教科文组织资助项目
18	高职教师教育与培训研究	鲍　洁	2007	联合国教科文资助组织项目
19	中国高等职业教育课程改革状况调研	鲍　洁	2010	联合国教科文资助组织项目

表 8.1-8　2004—2009 年高教研究中心主要成果及获奖情况

序号	成果名称	奖项名称	完成人	年　份
1	北京市哲学社会科学"十五"规划课题"高等职业教育质量保障体系研究"最终成果	北京市哲学社会科学"十五"规划优秀成果	鲍洁	2004
2	应用性本科教育人才培养模式的研究与实践	北京联合大学校级教学成果一等奖	鲍洁、曹辉、鲍有文、李宇红、杨飒、薛万欣、袁玫、支芬和、梁燕、王莉方	2008
3	高职实训基地建设研究与实践	国家级高等教育教学成果二等奖	孙建京、关仲和、唐小恒、张俊玲、尤克	2001
4	论文《高职专升本课程衔接的分析与探讨》	中国高等职业技术教育研究会优秀论文一等奖	鲍洁	2003
5	高等职业教育质量评估方案的研究与实践	北京市级高等教育教学成果一等奖	鲍洁、梁燕、周华丽、陶秋燕、赵楠	2004
6	专著《点击核心——高等职业教育专业设置与课程开发导引》	中国高等职业技术教育研究会优秀著作奖	高林、鲍洁主编	2005
7	高等职业教育课程理论研究与改革实践	国家级高等教育教学成果二等奖	高林、鲍洁、王洪、陶秋燕、张恩祥	2005
8	文管类高职双证书教育的研究与实践	校级教育教学成果(高等教育)一等奖	江小明、张宝秀、李智玲、虞思旦、孔昭林、李娟娟、王美萍、何晓莉、胡纪华、孟丽芬	2006
9	"以学生为本"教育思想研究	校级教育教学成果(高等教育)一等奖	孙权、高东、周明珠、虞思旦、张文杰、周华丽、尹福斌、柴永红、李久丽、赵琦	2006
10	面向应用的地方综合性大学办学道路的探索与实践	北京市高等教育教学成果二等奖	高林、席文启、张妙弟、王洪、鲍洁	2008
11	创新应用性本科人才培养模式,深化专业课程改革	北京市高等教育教学成果二等奖	鲍洁、高林、曹辉、鲍有文、张景秋	2008
12	地方高校应用性本科教材建设与管理体系构建的研究与实践	校级教育教学成果(高等教育)一等奖	周华丽等	2008
13	创建《普通高等学校高职高专教育指导性专业目录》促进高职高专教育健康发展	国家级高等教育教学成果二等奖	葛道凯、江小明、李志宏、张少刚、赵　莉、袁德宁	2009

表 8.1-9 2004—2010 年高教研究中心出版专著统计

序号	专著名称	出版单位	主　编	出版年
1	点击核心——高等职业教育专业设置与课程开发导引	高等教育出版社	高林、鲍洁	2004
2	高等职业教育电子信息类专业“双争课程”解决方案	高等教育出版社	高林、许远	2004
3	新世纪高等技术与职业教育改革的探索与实践	高等教育出版社	鲍　洁	2004
4	育才通道——高等职业教育专业建设探索	高等教育出版社	江小明(2)	2005
5	应用性高等教育课程研究丛书《应用性本科教育导论》	科学出版社	高　林	2006
6	中国高职院校计算机教育课程体系 CVC—2007	中国铁道出版社	高林(2)	2007
7	职业教育与培训学习领域课程开发手册	高等教育出版社	高林(1)、鲍洁(3)	2007
8	台湾技职教育的过去、现在与未来	清华大学出版社	高　林	2007
9	高职高专电子信息类专业指导性专业规范(Ⅰ)	高等教育出版社	高林、鲍洁.等	2009
10	高等职业教育专业课程体系改革与创新	人民邮电出版社	高林、鲍洁.等	2009
11	应用型大学教学质量引论	中国计量出版社	曲　艺	2009
12	应用型大学发展与建设研究	中央文献出版社	孙建京	2010
13	中国高等职业教育计算机教育课程体系 CVC-2010	中国铁道出版社	高林等	2010

2001—2010 年，高教研究中心承办及参与的学术交流活动如下。

承办在北京联合大学举行的 2003 年、2008 年海峡两岸高等职业(技职)教育学术研讨会；组织北京联合大学人员赴台湾参加 2000 年、2004 年、2007 年、2010 年海峡两岸高等技职教育学术研讨会；组织北京联合大学人员参加 2001 年、2002 年、2005 年、2006 年、2009 年在大陆举办的海峡两岸高等职业(技职)教育学术研讨会。

2002 年 3 月，受教育部委托举办全国“四年制高职教育”专题座谈会。

2002 年 5 月，举办北京联合大学“技术应用性本科”专题研讨会。

2003 年 1 月，受教育部委托组织召开全国高职高专人才培养工作水平评估方案研讨会。

2003 年 9 月，与德国德累斯顿大学合作举办职业教育师资和行政管理人员培训和继续教育的模型及问题国际学术研讨会。

2004 年 7 月，举办北京联合大学建设应用性大学研讨会。

2005 年 1 月，举办北京联合大学“发展应用性高等教育”学术论坛。

2007 年 7 月，主办职业教育基于工作过程的课程设计与教师教育国际研讨会。

2008 年 10 月，承办北京联合大学主办的应用性本科教育国际研讨会。

2008 年 10 月，受教育部委托承办全国高职发展改革政策咨询研讨会。

2010 年 6 月，承办国家中长期发展规划学术报告会。

2001—2010 年高教研究中心完成的培训、大赛任务如下。

受北京市教委委托，承担北京市职业院校教师素质提高工程中公共课教师培训项目，在 2008—2010 年完成每年两期培训任务，共培训北京高职院校公共课教师 300 名，受到北京市教委的肯定，也受到高职院校公共课教师的欢迎与好评；

承办由教育部、天津市人民政府、科学技术部、工业和信息化部、国家民族事务委员会、民政部、财政部、人力资源和社会保障部、中华全国总工会、共青团中央等 31 家单位主办的

2009年、2010年全国职业院校技能大赛(高职组)“电子产品设计与制作”“嵌入式技术应用”“芯片级检测与维修”“信息安全技术应用”等竞赛项目。

3. 台湾研究院

台湾研究院前身是1989年5月成立的北京联合大学文法学院台湾研究室和2000年12月成立的北京联合大学台湾研究所。2005年4月，学校撤销台湾研究所，建立台湾研究院。海峡两岸关系协会原会长汪道涵为台湾研究院题写了院名，国台办原副主任唐树备担任名誉院长。

台湾研究院秉承“两个坚持、两个服务”(坚持以学科建设为依托、坚持自身研究特色，努力为学校提高人才培养质量服务、为北京市和中央对台工作服务)的宗旨，积极展开对台研究工作。台湾研究院完成了一批科研课题，其中多项成果受到国台办、市台办的表彰。同时，积极组织、参与重大的学术交流活动，接受了数千次海内外新闻媒体的采访，宣传了祖国大陆的对台政策，并使台湾研究院成为学校对外交流的重要窗口。2005—2010年台湾研究院承担省部级以上课题情况，如表8.1-10所示。2002—2010年出版著作情况，如表8.1-11所示。

表8.1-10　2005—2010年台湾研究院省部级以上课题统计

序号	项目名称	负责人	立项时间	项目级别
1	大国格局变动中的两岸关系	徐博东	2005.05.20	国家三级
2	台商对大陆投资与台湾“产业空洞化”问题研究	徐博东	2005.11.01	省部二级
3	国外议会重大事项决定权的行使	刘文忠	2006.05.01	省部一级
4	二战后分裂国家的统一与统一国家的分裂	徐博东	2006.05.31	省部二级
5	海峡两岸经济合作的经济增长效应研究	孙兆慧	2006.12.15	省部二级
6	美国对华政策及我对策研究	李振广	2007.01.01	省部二级
7	北京奥运与两岸关系研究	李振广	2007.01.01	省部二级
8	民进党继续执政后政策走向及对策建议	李振广	2007.01.10	省部二级
9	“法理台独”及其对两岸关系影响的评估	朱松岭	2007.01.31	国家三级
10	海峡两岸经济合作的经济增长效应研究	张玉冰	2007.01.31	省部二级
11	当代海外“台侨”与台湾“侨务”研究	陈文寿	2007.01.31	省部一级
12	当代海外“台侨”与台湾“侨务”研究	陈文寿	2007.04.16	省部二级
13	台湾“宪改”与“美国”	陈文寿	2007.05.31	国家三级
14	涉台教育机制思考	李　立	2007.05.31	国家三级
15	海峡两岸文化交流与中国统一大业	刘　红	2008.01.01	省部二级
16	甲午战争以来台湾民众国家、民族意识的演变	胡文生	2008.01.20	省部二级
17	后扁时代民进党大陆政策的可能走向及我应采取的对策	徐博东	2008.01.31	国家三级
18	国民党大陆政策走向及其影响	李振广	2008.01.31	国家三级
19	京台旅游业合作机制研究	张玉冰	2008.01.31	国家三级
20	海峡两岸文化交流合作与中国统一大业	陈文寿	2009.01.15	省部一级
21	台商大陆农业投资与大陆台资农业企业状况分析	孙兆慧	2009.02.26	省部二级
22	中国引资政策研究	陈文寿	2009.06.19	省部二级
23	未来一段时期民进党大陆政策的发展演变及对策建议	胡文生	2010.06.30	省部二级
24	台湾的孙中山崇拜研究	宋淑玉	2010.09.20	国家三级
25	“台湾主体性”与国家认同研究	刘　红	2010.09.20	国家三级
26	新形势下台湾问题与两岸关系研究	陈文寿	2010.10.01	省部一级

表 8.1-11　2002—2010 年台湾研究院出版的著作统计

序　号	著作名称	第一作者	出版年
1	目击台海危机	朱显龙	2002
2	世纪交锋——民进党如何与共产党打交道	徐博东	2002
3	民进党研究——大陆学者眼中的民进党	徐博东	2003
4	透析台湾民进党	徐博东	2003
5	丘逢甲传	徐博东	2003
6	丘逢甲传(修订本)	徐博东	2003
7	同源一脉——台湾文化根系中华	徐博东	2004
8	向西方学习——走近胡适	胡文生	2005
9	台湾政局大事记	台研院	2006
10	台湾研究论文精选(文史篇)	台研院	2006
11	台湾研究论文精选(对外关系与军事篇)	台研院	2006
12	台湾研究论文精选(经济篇)	台研院	2006
13	台湾研究论文精选(政治篇)	台研院	2006
14	两岸关系大事记	台研院	2006
15	台湾研究论文精选(两岸关系篇)	台研院	2006
16	台湾政党政治发展的回顾与前瞻	陈文寿	2006
17	企业文化内训必读	朱松岭	2006
18	首都:落实科学发展观研究	刘文忠	2007
19	中国特色社会主义政治文明研究	刘文忠	2007
20	彭湃年谱	宋淑玉	2007
21	亲历西安事变	李　立	2007
22	台湾光复	李跃乾	2007
23	新中国反分裂史略	陈险峰	2007
24	和谐社会的政治文明建设	刘文忠	2008
25	政治文明建设 30 年	刘文忠	2008
26	台湾政局发展与两岸关系	台研院	2008
27	国民党沉浮台湾—从蒋氏父子到连战马英九(上、下册)	李　立	2008
28	世纪争锋:国民党与民进党决战台湾	李　立	2008
29	简明国际关系史	李振广	2008
30	我与五七干校	宋淑玉	2009
31	对台湾对外政策调整的看法	宋淑玉	2009
32	客家文化研究	宋淑玉	2009
33	地方立法的民主性与科学性研究	刘文忠	2009
34	儒学与海峡两岸文化根基	台研院	2009
35	大国格局变动中的两岸关系	徐博东.等	2009
36	海外台侨与台湾侨务	陈文寿	2009
37	两岸旅游业发展与合作	孙兆慧	2009
38	八年来台湾政治发展的省思与前瞻	孙兆慧	2009
39	地方人大常委会设立 30 年研究	刘文忠	2010
40	黄埔北伐	胡文生	2010

续表

序 号	著作名称	第一作者	出版年
41	民国军制	李跃乾	2010
42	民初纪元	陈 星	2010
43	台湾政治文化转型探源	李振广	2010
44	国家认同：危机与重构	郭 艳	2010
45	宪法规则下的权利博弈：中国农民权利保护研究	刘文忠	2010

台湾研究院从跨学科与交叉学科的角度对台湾的政治、经济、历史文化、法律进行系统研究，并结合北京与台湾的互动交流，为首都经济发展和社会进步提供智力支持和决策参考。

(1) 台湾政党政治研究。

从现代政党政治理论的视角观察、研究台湾政党政治的发展演变，总结其发展规律，探索台湾政党政治的经验及对两岸关系的影响。

(2) 两岸关系研究。

以两岸关系历史动态研究为基础，以政治学为学科依托，研究台湾政治、经济、文化动态、台湾选举等领域。

(3) 京台经济贸易研究。

主要研究领域包括 ECFA 体系及对两岸经贸的影响、京台人力资源开发比较研究、京台两地中小企业研究、京台服务业合作、京台高科技产业合作、京台农业合作研究。

(4) 台湾史研究。

重点研究台湾历史发展的基本脉络及其作为中国区域发展范式之一的特性，同时从区域化和国际化的视角，全面探寻影响台湾历史进程中的各种内外部因素，为两岸关系和平发展和国家终极统一提供系统化的历史理论支撑。

(5) 台港澳法律研究。

在厚重法学与政治学基础理论研究的基础上，重点研究台港澳的法律体系的差异性和法律适用中的法律冲突；从政治和法律互动的视角关注法律如何建设性的参与国家统一的两岸社会进步。

(6) 其他机构

包括院办公室、信息资料中心。

历任机构负责人情况：2001—2005 年，台湾研究所所长为徐博东，副所长为朱显龙、李延；2005—2009 年，台湾研究院历任院长为徐博东、刘红，党支部书记兼副院长为孙玉海；自 2010 年起，台湾研究院负责人变更，唐树备任名誉院长，谭文丛任党支部书记兼常务副院长，刘文忠任副院长。

至 2010 年年底台湾研究院有专职研究人员 14 人，其中研究员 5 人，副研究员 8 人，助理研究员 1 人；具有博士学位的 11 人，硕士生导师 7 人，行政人员 3 人；另有 100 多位海峡两岸著名专家学者担任本院客座教授。

4. 人民代表大会制度研究所

人民代表大会制度研究所是由北京联合大学与北京市人大常委会研究室共同合作创办

的，所址设在北京联合大学。北京联合大学与北京市人大常委会研究室于 2004 年 4 月 20 日在北京联合大学举行了合作签字仪式；5 月 24 日在北京市人大常委会举行了揭牌仪式，由时任北京市人大常委会副秘书长刘维林担任名誉所长、时任北京联合大学党委书记席文启教授担任所长。2006 年 4 月 8 日，以人民代表大会制度研究所为依托，成立了北京市政治文明建设研究中心。

人民代表大会制度研究所的办所宗旨为：坚持以马克思主义为指导，服务于坚持和完善人民代表大会制度的理论与实践，服务于总结、研究和宣传人民代表大会工作的新进展和新经验。北京市哲学社会科学研究基地“北京市政治文明建设研究中心”依托人大制度研究所成立后，研究所在注重人大制度理论与实践研究的基础上，扩展到对中国特色社会主义政治文明建设与发展的研究。

历任副所长为李正斌（外聘）、刘文忠、王维国

至 2010 年年底，人民代表大会制度研究所有专职研究人员 6 名，其中高级职称人员 5 人，具有博士学位人员 4 人。同时聘有高层专家、学者、实际工作者担任顾问、特约研究员和特约观察员，形成了一支专兼职相结合、校内外相结合、理论工作者与实际工作者相结合的研究队伍。

自 2004 年以来，研究所先后举办了六届“北京市区县人大干部研修班”，受到了北京市人大领导和各区县人大的一致肯定；自 2006 年以来，研究中心会同武汉大学“政治文明与发展研究中心”连续举办了五届“政治文明论坛”，在学术界具有一定的知名度；此外，中心还搭建了“人民代表大会制度理论与实践”的网站，建立了“政治文明研究数据库”等，为中心的长远发展打下了坚实的信息平台基础。研究所在课题研究、学术著作的出版等方面具体情况，如表 8.1-12—表 8.1-14 所示。

表 8.1-12 2010 年人民代表大会制度研究所申报主持的主要课题项目

序号	项目名称	负责人	项目来源	项目级别	立项时间
1	人大执法检查监督方式研究	崔英楠	北京市人大理论研究会重点课题	委办局	2010.05
2	财政预算监督：区县人大的探索与启示	周长鲜	北京市人大理论研究会重点项目	委办局	2010.05
3	乡镇人大主席团常设性研究	郑广永	北京市人大理论研究会重点课题	委办局	2010.06
4	人大代表联系选区（社区）制度的理论与实践	周长鲜	北京市人大理论研究会	委办局	2010.06
5	北京市基层群众自治制度建设的现状、问题与对策	王维国	北京市哲学社会科学规划办	省部级	2010.09
6	西藏长治久安的法治对策研究	杨积堂	国家社科基金	国家级	2010.08
7	民意表达与社会矛盾化解的根本途径探究	周长鲜	北京市哲学社会科学规划办	省部级	2010.10
8	“人大学”的学科建立及其实践教学探索	周长鲜	北京市教委	市教委	2010.10

表 8.1-13　2004—2010 年人民代表大会制度研究所出版的主要学术专著

序号	著作名称	作　者	出版年	出版单位
1	政治文明与中国特色社会主义	席文启(主编)	2006	红旗出版社
2	中国农业经济立法研究	刘文忠	2006	兰州大学出版社
3	我与人民代表大会	席文启	2006	中国言实出版社
4	北京政治文明建设研究报告	席文启(主编)	2007	同心出版社
5	公民有序政治参与的途径	王维国	2007	人民出版社
6	中国特色社会主义政治文明研究	席文启(主编)	2007	中共党史出版社
7	求真集	席文启	2007	红旗出版社
8	协商民主与政治发展	王维国.等	2007	红旗出版社
9	和谐社会的民主法制建设	崔英楠	2007	红旗出版社
10	社会主义建设经验的哲学思考	郑广永	2008	中共中央党校出版社
11	制度与规则解析	唐莹莹	2008	知识产权出版社
12	德国政党依法执政的理论与实践	崔英楠	2009	中国社科出版社
13	社会公正性研究	王维国、郑广永	2009	人民出版社
14	妇女参政:新中国成立近 60 年的制度演进(1949—2009)	周长鲜	2009	中国社会科学出版社
15	地方人大常委会 30 年——重大事件回放与点评	王维国、崔英楠、唐莹莹、郑广永、周长鲜	2010	人民日报出版社
16	中国共产党执政资源初探	周长鲜	2010	人民日报出版社
17	行政救济中的法律问题	崔英楠(主编)	2010	中国社会科学出版社

注:限填署名本单位或作者在本单位工作期间出版的专著;2005—2008 年发表的学术专著,不包括教材、词典、工具书、普及读物等。

表 8.1-14　2006—2010 年人民代表大会制度研究所发表的代表性学术论文

序号	论文名称	作　者	发表时间	发表刊物
1	当代德国政党法治化研究	崔英楠	2006(3)	《中国社会科学院研究生院学报》(《中国社会科学文摘》2006.4 转载)
2	论我国循环经济立法的价值取向	唐莹莹	2006(5)	《当代法学》
3	消费者权利的保护边界问题探讨	唐莹莹	2006(6)	《法律适用》
4	论党的执政理论的三个维度	王维国	2007(2)	《新视野》
5	德国宪制中的政党民主	崔英楠	2007(2)	《法学》
6	政党的宪法地位和实际角色	崔英楠	2007(3)	《科学社会主义》
7	全球化与国外政党政治的发展	崔英楠	2007(4)	《中国社会科学院研究生院学报》
8	公共性为"自我"实现的一个不可或缺的条件	王维国	2007(5)	《中国社会科学院研究生院学报》(《伦理学》(人大复印资料)全文转载)
9	健全公民有序参与立法的听证程序	崔英楠	2007(6)	《新视野》(《中国社会科学文摘》摘要转载)
10	"地产新政"颁布后的冲击波	周长鲜	2007(8)	《学术纵横》
11	中国特色社会主义政治文明对世界政治文明的贡献	席文启	2008(1)	《新视野》(《社会主义论丛》2008 年第 5 期全文转载)
12	树立和落实科学发展观:人大的视角	王维国	2008(2)	《理论导刊》

续表

序号	论文名称	作　者	发表时间	发表刊物
13	五年来人大制度创新回顾	王维国	2008(3)	《瞭望东方周刊》
14	论扩大我国公民有序政治参与的实现	王维国	2008(3)	《新视野》
15	超越西方政治参与扩大论与限制论	王维国	2008(3)	《经济社会体制比较》
16	生态文明与循环经济立法	唐莹莹	2008(3)	《当代法学》
17	政治哲学视野下的未来公共性之发展趋势	郑广永	2008(4)	《学术研究》
18	成熟的公民社会：未来公共性的实现形式	郑广永	2008(5)	《山西师范大学学报(社会科学版)》(核心)
19	俄罗斯与立陶宛等国政党法比较	崔英楠	2008(5)	《俄罗斯东欧中亚研究》
20	政府绩效评估对人大绩效评估的启示	唐莹莹	2008(5)	《经济社会体制比较》
21	对改革开放30年中国政治体制改革的回顾与思考	郑广永	2008(7)	《江汉论坛》
22	科学办学　服务首都	徐永利	2009(1)	《前线》
23	发挥人大职能作用　推进首都民主法治建设	席文启	2009(1)	《新视野》(中国社会科学引文索引，CSSCI)
24	正确认识反腐败斗争的几个问题	崔英楠	2009(1)	《新视野》(人大报刊复印资料〈中国共产党〉2009,(5)转载)
25	关于健全立法听证程序的几个问题	崔英楠	2009(1)	《中国社会科学院研究生院学报》
26	论中国特色社会主义政治发展道路	席文启	2009(2)	《新视野》(中国社会科学引文索引，CSSCI)
27	反腐斗争着力点：廉政制度建设	崔英楠	2009(2)	《经济社会体制比较》
28	论我国地方人大常委会制度的确立与完善	席文启	2009(4)	《科学社会主义》
29	城市基层管理体制的路径与模式选择	王维国	2009(5)	《经济社会体制比较》
30	改革开放以来民主问题研究反思	王维国	2009(5)	《中国社会科学院研究生院学报》
31	对完善地方立法工作体制的几点思考	唐莹莹	2009(5)	《新视野》(中国社会科学引文索引)
32	地方人大常委会会议制度的确立及存在问题探讨	郑广永	2009(12)	《人大研究》
33	坚持用科学发展观统领学校工作	徐永利	2010(1)	《北京联合大学学报(人文社会科学版)》

注：限填作者署名本单位发表的论文，非署名本单位者不填写；2005—2008年在学术期刊发表的学术研究论文，不包括会议论文、网络论文、论文集等。

第二节　科学研究课题

一、概况

学校科研课题按纵向科研课题及横向科研课题两大类进行管理、纵向科研课题包括国家级、省部级、委办局级及校级科研课题；横向课题包括各级各类企事业单位委托的科研课题。自2000年以来，学校不断加大对教师科研工作的支持和奖励力度，教师对争取科学研究课题的积极性不断提高，科学研究课题的水平、获得校外竞争性项目的课题数量及经费数量也不断提高。在取得成绩的同时；也应看到学校在高级别、大型的纵向和横向的科研项目上仍需提高。具体表现为以下4点。

(1) 学校从校外获得的科研项目立项数和经费数不断增加，纵向科研项目立项档次逐渐提高，高级别科学研究课题数量和质量都有较明显的进步；横向科研项目单个项目的合同经费数额不断提高，横向课题年度到校科研经费数从十万级迈入百万级、千万级大关，学校整体服务社会能力有了较大提升。

(2) 学校在校内的科研经费投入连年稳步增长，校内立项的科学研究课题数量不断增加，课题质量得到进一步提升。校内竞争性项目的设立为学校争取校外竞争性项目打下了坚实的基础。

(3) 学校主持的高级别纵向科研项目的年度立项数量尚在个位数与十位数之间徘徊，整体表现尚不够稳定。国家重大、重点科研课题有待进一步争取。

(4) 学校主持的大型横向科研项目有突破，但仍然较少。

二、项目与经费

2002年以来学校在各类省部级以上纵向科研项目上的立项数及各类科研项目到校经费，如表8.2-1、表8.2-2所示。

表8.2-1　2004—2010年各类省部级以上纵向科研项目历年立项数

年份	科技支撑计划项目	全国社科规划教育单列项目	国家社科项目	国家自科基金	教育部社科项目	北京市自科基金	市规划办项目	其他省部以上项目	总计
2004	0	0	2	0	0	1	4	0	7
2005	0	0	2	0	2	3	6	0	13
2006	0	0	0	1	4	2	12	0	19
2007	0	0	1	3	1	2	6	0	13
2008	0	0	0	1	3	1	5	1	11
2009	0	0	0	3	4	1	8	3	19
2010	1	0	4	2	5	3	6	7	28

注：统计数据截止到2010年12月31日，不含“人才强教”项目。

表 8.2-2　2002—2010 年各类科研项目历年到校经费数　　单位：万元

年份	科技部	国家自然科学基金	国家社科基金	国家部委其他项目	北京市项目(教委\市规划办\市自然科学基金)	横向课题	校院级课题	其他课题	总　计
2002	0	1.80	7.35	29.00	203.83	3.45	1.27	27.40	274.10
2003	0	1.50	4.80	95.56	284.99	20.90	34.05	100.30	542.10
2004	16.50	0	17.00	43.35	237.28	173.20	114.65	53.59	655.57
2005	20.00	6.00	18.80	40.27	433.98	137.60	30.14	27.20	713.99
2006	6.00	25.20	14.50	87.70	337.28	115.73	49.60	96.95	732.96
2007	20.00	68.20	17.26	69.53	704.80	268.53	65.14	18.27	1231.73
2008	0	101.40	3.31	33.78	855.43	495.68	19.10	0	1508.70
2009	237.00	90.00	2.00	45.00	428.00	228.00	41.00	74.00	1145.00
2010	74.51	92.40	37.20	17.00	266.00	505.00	97.50	104.89	1194.50

注：各项目经费以当年到账经费为准，北京市项目中包含人才强教项目经费。

三、重点研究项目

2004—2010 年学校主持的国家社科基金与自科基金等国家级科研课题，如表 8.2-3—表 8.2-5 所示。

表 8.2-3　2004—2010 年国家社会科学基金项目

年　份	项目编号	负责人	名　称	项目类别
2004	04BYY005	钟经华	汉语盲文简写方案	一般项目
2004	04CKG001	韩建业	中国西北地区先秦时期的自然环境与文化发展	一般项目
2005	05AZZ003	徐博东	大国格局变动中的两岸关系	重点项目
2005	05BZJ018	佟　洵	首都宗教与社会主义和谐社会建设	一般项目
2007	07BZZ010	朱松岭	“法理台独”及其对两岸关系影响的评估研究	一般项目
2010	10BKG007	韩建业	早期中国文化圈的形成和发展研究	一般项目
2010	10BZZ038	刘　红	所谓的“台湾主体性”与国家认同问题研究	一般项目
2010	10BZS061	宋淑玉	台湾的孙中山崇拜研究	一般项目
2010	XZ1001	杨积堂	西藏长治久安的法治对策研究	西藏项目

表 8.2-4　2006—2010 年国家自然科学基金项目

年　份	项目编号	负责人	名　称	项目类别
2006	50678023	魏　微	电催化氧化——膜过滤耦合净化水中污染物的方法及机理研究	面上项目
2007	70703001	郑海霞	密云水库流域环境服务价值评估和生态补偿机制研究	青年基金
2007	40771194	熊黑钢	新疆绿洲地下水变化与地表生态环境效应及其评价研究	面上项目
2007	40771063	张景秋	北京城市办公业的空间格局演变及其动力机制研究	面上项目
2008	40871079	孟　斌	北京市城市空间结构与军民住分离互动研究	面上项目
2009	50974021	柳贡慧	气体循环钻井动态流动理论及携岩能力研究	面上项目
2009	40901069	刘　敏	中国山岳型景区经营权价值评估研究	青年基金
2009	60972145	鲍　泓	基于视觉感知的中国书画图像语义自动分类研究	面上项目

续表

年　份	项目编号	负责人	名　称	项目类别
2010	31071512	姜招峰	壳寡糖及其衍生物抑制β——淀粉样蛋白神经退行性毒性作用研究	面上项目
2010	61070120	何　宁	基于变分原理和水平集方法的复杂图像分割研究	面上项目

表 8.2-5　2008 年国家科技支撑计划项目

年　份	项目编号	负责人	名　称
2008	2007BAE42B05	姜招峰	食品包装用生物分解塑料的成型加工和应用技术

注：本项目被列为"十一五"国家科技支撑计划重点项目，北京联合大学为课题负责单位，负责整个课题的组织和实施，使用该技术研发成的塑料包装制品具有较强的阻氧性能、耐高温、耐高压，而且产品成本低廉，能增加食品的保质期。

第三节　科学研究管理

一、管理机构

（一）沿革

2001 年，学校科研管理机构沿袭了 2000 年的基本设置，科研工作实行校院两级管理，《北京联合大学科研工作管理办法（试行）》（京联发〔2000〕166 号）明确了校院两级科研管理部门的工作职责。

2010 年，根据学校安排，校科学技术与研究生工作处（简称科研处）分为校科研处和校研究生处 2 个处。

（二）管理机构

学校设立校科研处，应用文理学院、师范学院、生物化学工程学院、旅游学院、特殊教育学院等二级法人学院设立学院科研处，其他非法人学院设立教学科研办公室，具体负责科研工作。全校科研管理机构情况详见表 8.3-1。

表 8.3-1　全校科研管理机构

序　号	学校(学院)	设立机构	负责人职务
1	校本部	校科研处	处长
2	应用文理学院	院科研处	处长
3	师范学院	院科研处	处长
4	商务学院	院科研处	处长
5	生物化学工程学院	院科研处	处长
6	旅游学院	院科研处	处长
7	特教学院	院科研处	处长
8	信息学院	院教科办	
9	机电学院	院教科办	
10	自动化学院	院教科办	
11	管理学院	院教科办	

（三）校科学技术与研究生工作处的职责

校科研处由处长主持全面工作，下设三名副处长，分管13个科室。

(1) 一名副处长分管行政办公室、校学术委员会办公室、专项经费及绩效考评办公室、校科学技术协会办公室。主要负责行政工作包括科研处行政及日常管理工作，文件收发、复印及存档工作，资料室建设工作，信息化建设及管理工作，对外宣传工作，科研处档案归档工作。

校学术委员会办公室主要职责为：组织召开校学术委员会会议；协助校学术委员会履行各项职能。

专项经费及绩效考评办公室主要职责为：各项专项经费的申报、审核及财政评审工作；各项专项经费使用过程管理工作；各项专项经费绩效考评工作；校内经费预算申报、审核及使用过程管理工作。

校科学技术协会办公室主要职责为：完成中国科协、市科协布置的各项工作；完成校科协日常工作；组织学术演讲、学术交流工作。

(2) 一名副处长分管学科建设办公室、科研工作量与奖励办公室、科研项目管理办公室、知识产权办公室。主要负责学科建设包括申请新增硕士学位授权学科点，市级重点学科及重点建设学科申报、评审、推荐工作，市级重点学科及重点建设学科建设过程管理及考核验收工作，校级重点学科及重点建设学科申报、评审、建设过程管理及考核验收工作，市级科研机构申报、评审、推荐工作，市级科研机构建设过程管理及考核验收工作，校级科研机构申报、评审、建设过程管理及考核验收工作；校学科建设领导小组办公室工作。

科研工作量与奖励办公室主要职责为：全校科研工作量申报及核定工作；校本部科研工作量申报、统计、核定工作；校级科研奖励申报、评审、核定工作；校级以上各类有关科研方面的政府奖励申报、评审、推荐工作；科研及研究生数据统计工作；科研项目及科研成果认定工作。

科研项目管理办公室主要职责为：各级、各类纵向科研项目申报、立项、过程管理及结题验收工作；横向科研项目、纵向科研项目子项目立项、过程管理及结题验收工作；文科科研项目配套经费管理工作；自然科学类科研项目配套经费管理工作；科技创新平台申报、立项、过程管理工作；科研成果转化与产业化工作。

知识产权办公室主要职责为：专利申请及数据统计工作；知识产权保护工作；各级、各类学术专著出版基金的申报、评审工作。

(3) 一名副处长分管研究生招生办公室、研究生培养办公室、研究生学位办公室、研究生工作办公室、综合办公室。主要负责研究生招生工作包括硕士生招生计划的制定，研究生招生宣传工作，研究生招生考务工作，研究生录取工作，研究生新生入学工作。

研究生培养办公室主要职责为：硕士生培养方案制订与审核；研究生培养计划的审核；研究生学籍管理；研究生教务管理；研究生课程建设；研究生培养督导与质量评估；办理研究生出国成绩单。

研究生学位办公室主要职责为：校学位委员会日常事务，学位授予管理工作；负责受理申请硕士学位论文答辩的资格审核及有关管理工作；导师队伍建设。

研究生工作办公室主要职责为：研究生党建与思想教育工作；研究生奖学金管理及中期考核；研究生助学金管理；组织研究生各类学术活动。

综合办公室主要职责为:研究生办公室日常管理;研究生办公室经费管理;研究生办公室人事、外事工作;计算机与信息管理;内部资料管理与归档。

二、管理制度

结合科研发展的需要,学校陆续出台了科研管理的相关制度,不断完善科研管理工作。主要管理制度如下。

(1)《北京联合大学哲学社会科学类科研配套经费管理办法(试行)》(京联发〔2002〕26号)。

(2)《北京联合大学苗圃工程项目管理暂行办法》(京联发〔2002〕46号)。

(3)《北京联合大学校级科研机构管理暂行办法》(京联科〔2003〕1号)。

(4)《北京联合大学校本部引进人才科研启动费项目管理暂行办法》(京联科〔2003〕8号)。

(5)《北京联合大学学科带头人制度实施暂行办法》(京联科〔2004〕1号)。

(6)《北京联合大学校本部科研工作量制度实施暂行办法》(京联科〔2004〕2号)。

(7)《北京联合大学科研成果奖励暂行办法》(京联科〔2004〕3号)。

(8)《北京联合大学学术专著出版基金管理暂行办法》(京联科〔2004〕6号)。

(9)《〈北京联合大学校级科研机构管理暂行办法〉补充规定》(京联科〔2004〕8号)。

(10)《北京联合大学市级重点建设学科建设经费使用的规定》(京联科〔2004〕9号)。

(11)《北京联合大学校级重点建设学科建设经费使用的规定》(京联科〔2004〕11号)。

(12)《北京联合大学校本部2003—2004学年校内科研岗位的编制核定与岗位聘任暂行办法》(京联党办〔2004〕9号)。

(13)《关于鼓励申请职务专利的几点意见》(京联科〔2006〕1号)。

(14)《北京联合大学自然科学类科研课题配套经费管理暂行办法》(京联科〔2007〕3号)。

(15)《北京联合大学校级科研项目管理暂行办法》(京联科〔2007〕6号)。

(16)《北京联合大学科研项目管理暂行办法》(京联发〔2007〕23号)。

(17)《北京联合大学科研项目经费管理暂行办法》(京联发〔2007〕24号)。

(18)《北京联合大学科研工作量制度实施暂行办法》(京联发〔2007〕47号)。

(19)《北京联合大学科研机构考核暂行办法》(京联发〔2007〕48号)。

(20)《北京联合大学学术著作出版基金管理办法》(京联发〔2009〕5号)。

(21)《北京联合大学研究工作量制度实施办法》(京联发〔2010〕37号)。

(22)《北京联合大学科研成果及文学艺术类创作作品奖励办法》(京联发〔2010〕38号)。

(23)《关于对〈北京联合大学校本部研究工作量实施细则〉补充说明的通知》(京联办〔2010〕7号)。

(24)《北京联合大学重新认定、增设校级科研机构的申报通知》(京联科〔2010〕1号)。

(25)《关于申报市教委2011年度科研计划项目采取倾斜政策的通知》(京联科〔2010〕2号)。

(26)《关于做好2009—2010年科研工作量统计与审核实施工作的通知》(京联科〔2010〕3号)。

(27)《北京联合大学校级科研机构管理办法》(京联科〔2010〕4号)。

(28)《北京联合大学横向科研项目管理补充办法》(京联科〔2010〕5号)。

(28)《关于北京联合大学科研经费提升任务分解指标的通知》(京联科〔2010〕6号)。

(30)《关于公布校级科研机构认定增补结果的通知》(京联科〔2010〕7号)。

三、科技工作会

（一）2003 年科技工作会

2003 年 7 月 7 日，北京联合大学 2003 年科技工作会在生物化学工程学院召开，会议的主题是“提高认识，开创进取，努力提高北京联合大学科技水平”。教育部科技司谢焕忠司长、北京市哲学社会科学规划办公室王新华主任、北京市科学技术委员会李锦涛副主任、北京市教育委员会科学技术与研究生工作处孙善学处长先后在会上作了重要讲话。

张妙弟校长致开幕词，冯虹副校长作了题为《提高认识，开创进取，努力提高我校科技水平》的主报告，全面总结北京联合大学 2000 年以来的科技工作取得的成绩和存在的主要问题，提出了北京联合大学到 2008 年科技工作发展的主要任务和战略目标。校党委书记席文启作了总结讲话，强调联大各级党委一把手要抓科研工作，应将科研工作纳入到各级党委的重要工作之中。

（二）2007 年科技工作会

2007 年 12 月 15 日，北京联合大学 2007 年科技工作会在商务学院召开。北京市哲学社会科学规划办陈之昌主任，北京市教育委员会郭广生副主任出席大会。冯虹副校长作了题为《统一认识，科学发展，为实现科技强校而努力工作》的主题报告，大会提出了《北京联合大学“十一五”时期学科建设规划》及《北京联合大学“十一五”时期科学技术工作发展规划》，学校科研与学科建设工作进入新的发展阶段。

第四节　科技成果与知识产权管理

科研课题的成果鉴定一般是由课题下达部门来完成，课题的完成单位负责提出鉴定组成员，报项目下达单位批准后进行鉴定和验收。成果登记在报奖时进行。

一、科技成果的奖励

2001—2010 年，学校在人文社会科学方面学术成果有了一个较大水平的提高，有多个项目获得省部级奖项。情况详见表 8.4-1—表 8.4-3。

表 8.4-1　2001—2010 年获北京市哲学社会科学优秀成果奖项目

届　次	获奖时间	获奖级别	成果名称	成果形式	作　者
第 6 届	2001.01	二等奖	《中华人民共和国经济史》	专著	董英辅
第 6 届	2001.01	二等奖	《基督教与北京教堂文化》	专著	佟　洵
第 7 届	2002.12	二等奖	《目击台海危机》	专著	朱显龙
第 7 届	2002.12	二等奖	《北京戏剧史》	专著	周传家
第 8 届	2004.12	二等奖	《中国北方地区新石器时代文化研究》	专著	韩建业
第 8 届	2004.12	二等奖	《伊斯兰教与北京清真寺》	专著	佟洵. 等
第 8 届	2004.12	二等奖	《透析台湾民进党》	专著	徐博东
第 9 届	2006.09	二等奖	《国外中共党史研究述评》	专著	梁　怡
第 9 届	2006.09	二等奖	《特殊教育导论》	专著	刘全礼

表 8.4-2　2001—2010 年获得的各类奖项

序号	获奖人员	成果名称	奖项名称	获奖时间(年)
1	孔昭林.等	机构革命	第三届全国人事科研成果三等奖	2001
2	张妙弟.等	北京文化企业集团运行机制研究	北京市第五届优秀调研成果三等奖 北京市宣卫系统优秀调研成果二等奖	2002
3	刘隆亨	金融法学	司法部法学优秀科研成果三等奖	2002
4	朱耀廷	《成吉思汗》	北京市优秀图书一等奖	2002
5	佟　洵	《伊斯兰教与北京清真寺文化》	第十四届中国图书奖	2005
6	郭淑敏	产业结构与职业教育	北京市优秀高等教育科研成果一等奖	2005
7	周传家	中国小剧场研究	北京市哲学社会科学“十五”规划优秀成果奖	2006
8	韩建业	中国北方地区新石器时代文化研究	教育部第四届中国高校人文社科研究优秀成果三等奖	2006
9	贺　真	北京市科技计划项目档案管理的对策与方法	北京市档案局优秀科技成果三等奖	2006
10	孙爱萍	北京市档案馆档案资料目录中心建设研究	北京市档案局优秀科研成果三等奖	2007
11	孙爱萍	具有保存价值的非国有档案信息资源构建与管理研究	北京市档案局优秀科研成果三等奖	2008
12	孔繁敏.等	建设应用型大学之路	北京市教育科学研究成果二等奖	2008
13	沈　蕾	基于中国第二历史档案馆和北京市档案馆馆藏的民国公文程式研究	北京市档案局优秀科技成果二等奖	2010
14	潘世萍	北京城市规划管理审批档案动态管理研究	国家档案局优秀科技成果三等奖 北京市档案局优秀科技成果二等奖	2010

表 8.4-3　2001—2010 年论文类获奖统计

序号	奖励名称	成果名称	获奖作者	发证机关	获奖时间	获奖级别	获奖等级	成果形式
1	跨国零售买方势力阻碍中国产业升级的机制及对策研究	跨国零售买方势力阻碍中国产业升级的机制及对策研究	赵亚平	中华人民共和国商务部	2008.11	部级	优秀论文奖二等奖	论文
2	产业集群与提升轻工业国际竞争力	产业集群与提升轻工业国际竞争力	王华(第二作者单位)	中华人民共和国商务部	2008.11	部级	优秀论文三等奖	论文

续表

序号	奖励名称	成果名称	获奖作者	发证机关	获奖时间	获奖级别	获奖等级	成果形式
3	商务部2008“扩大对外开放 提升产业国际竞争力”全国征文	跨国零售买方势力阻碍中国产业升级的机制及对策研究	赵亚平、庄尚文（外校）	中华人民共和国商务部	2008.11	部级	二等奖	论文
4	加工贸易推动产业结构升级：理论模型分析与政策建议	加工贸易推动产业结构升级：理论模型分析与政策建议	崔玮	中华人民共和国商务部	2009.10	部级	优秀论文二等奖	论文
5	商务部2009“集聚力量、转型升级，提升产业国际竞争力”全国征文	加工贸易推动产业结构升级：理论模型分析与政策建议	崔玮、赵亚平	中华人民共和国商务部	2009.10	部级	二等奖	论文

2001年，在由国家科学技术部、统计局、财政部、计委、经济贸易委、教育部和国防科工委共同主持的全国R&D资源清查工作先进个人评选工作中，徐兵同志获得“先进个人”称号。学校在北京地区全社会R&D资源清查及2000年度科研统计工作中成绩显著，被评为先进单位，徐兵同志被评为此项工作的先进个人，此奖项由北京市科学技术委员会、北京市统计局、北京市教育委员会共同颁发。

2001年，梁玉勇获“第11届北京优秀青年工程师”称号。

2002年，唐少清获“第12届北京优秀青年工程师”称号；赵红获北京地区产学研工作先进个人称号。

2005年，韩建业入选教育部新世纪优秀人才支持计划；应用文理学院科研处王艾珍被北京市社科规划办公室评为北京市“九五”规划项目管理先进个人；秦立栓获“第15届北京优秀青年工程师”称号。

2006年，李智玲获“2005年度中国会展业会展教育奖”；孙长宾获“第16届北京优秀青年工程师”称号。

2007年，王琪获“第17届北京优秀青年工程师”称号。

二、部分科研成果转让及推广

2003年，保健食品功能检测中心将“红曲降压功能研究”成果转让给浙江一家公司，获得转让费60万元；2004年又将“新型减肥食品”技术转让给上海鑫富药业集团，获得转让费25万元。技术转让推动了企业经济的发展。

2004年，“多级滑套喷射泵组合装置”在华北油田（主要是大庆油田和任丘油田）投入使用。采用此项技术打斜井时不破坏地面建筑。

“会展统计管理系统”专利技术在2005—2010年的第7届～12届北京科博会的数据录入、管理和分析中使用，对科博会的数据管理和统计工作起到了重要支持作用。

2008年，“实现计算机主机与外部设备分开摆放的实验教学设备”的发明专利，在学校两所学院的实验室中投入使用。

三、专利知识产权(专利、软件登记、植物新品种)

2001—2010年学校获得的授权专利项目,如表8.4-4所示。

表8.4-4 2001—2010年授权专利

序号	专利号	名 称	申请日	授权日
1	CN200410039595.8	用粉煤灰微珠制造微滤膜	2004.02.19	2005.08.24
2	CN200510063217.8	利用工业废渣制备多孔滤膜	2005.04.07	2006.10.11
3	CN200510084227.X	牛初乳免疫球蛋白微囊化的制备方法	2005.07.18	2006.03.22
4	CN200510112795.6	一种通过短信信息远程监控被控设备的系统及方法	2005.10.14	2006.06.28
5	CN200510132746.9	同轴式连杆无级脉动变速器	2005.12.28	2006.09.13
6	CN200510134764.0	番茄果实中番茄红素含量的无损伤检测方法	2005.12.21	2007.06.27
7	CN200610000610.7	杠杆直接驱动的减肥保健床	2006.01.09	2006.06.28
8	CN200610007961.0	疲劳驾驶检测技术	2006.02.24	2006.10.25
9	CN200610109242.X	摄影测量中亚像素级轮廓线提取方法	2006.08.03	2007.01.03
10	CN200710118611.6	分类精选滚筒筛装置	2007.07.10	2008.01.16
11	CN200710119593.3	一种嵌入式传感网络终端评估系统及方法	2007.07.26	2008.03.19
12	CN200710122050.7	一种生产密封材料的离心造粒方法及其产品与用途	2007.09.20	2008.04.09
13	CN200710143946.3	一种自动提取中国书画作品中印章图像的方法	2007.08.15	2008.02.13
14	CN200710176431.3	红曲中降压活性物质的提取方法以及红曲降压药物	2007.10.26	2009.04.29
15	CN200710177979.X	超氧化物歧化酶微胶囊的制备方法	2007.11.23	2008.05.21
16	CN200710187641.2	听障学生学习计算机程序设计语言的仿真教学系统	2007.11.20	2008.05.28
17	CN200710195619.2	改进型差动式无源热量表	2007.12.04	2009.03.25
18	CN200710306936.7	金莲花药材指纹图谱的构建方法及其标准指纹图谱	2007.12.28	2008.05.21
19	CN200710306937.1	甘草药材指纹图谱的建立方法及其标准指纹图谱	2007.12.28	2008.07.09
20	CN200710306938.6	枸杞HPLC指纹图谱的建立方法及其标准指纹图谱	2007.12.28	2008.07.09
21	CN200810056488.4	一种复合酶降解制备低聚壳聚糖的工艺方法	2008.01.18	2008.07.09
22	CN200810088970.6	有机氯类农药的纳米敏感材料	2008.04.10	2008.08.27
23	CN200810088971.0	一种人参多糖的提取方法	2008.04.10	2008.08.27
24	CN200810101192.X	一种声音触发预警系统	2008.02.29	2008.08.13
25	CN200810101193.4	预警保健床垫	2008.02.29	2008.08.13
26	CN200810101194.9	一种语音识别物体应答系统及方法	2008.02.29	2008.08.06

续表

序号	专利号	名　称	申请日	授权日
27	CN200810101301.8	一株吉氏芽孢杆菌突变株及其发酵生产碱性果胶酶	2008.03.04	2008.08.06
28	CN200810101849.2	一种带IC卡片的轴承及其管理方法	2008.03.13	2008.08.13
29	CN200810102381.9	机内多点状态智能扫描电路	2008.03.21	2008.08.20
30	CN200810102383.8	采用双单片机的交流电力电子开关触发状态实时检测电路	2008.03.21	2008.08.20
31	CN200810103929.1	采用曲线平移法处理材料载荷变形曲线的方法	2008.04.11	2008.11.12
32	CN200810103931.9	确定材料载荷变形曲线初始直线段和力学性能参数的方法	2008.04.11	2008.11.12
33	CN200810103932.3	材料载荷变形曲线初始直线段很短时的双弹性模量法	2008.04.11	2008.11.12
34	CN200810103933.8	确定塑性材料非比例伸长应力的P〈SUB〉p〈/SUB〉/P〈SUB〉0.2〈/SUB〉滞后环法	2008.04.11	2008.11.12
35	CN200810111657.X	三维油藏含水率测量的智能传感阵系统	2008.05.16	2008.10.15
36	CN200810112451.9	一种阀一振子一体有阀压电泵	2008.05.23	2008.12.24
37	CN200810112452.3	一种液体输送混合用无阀压电泵	2008.05.23	2008.10.15
38	CN200810112453.8	一种有阀压电泵	2008.05.23	2008.10.15
39	CN200810112484.3	具有抗菌作用的透明水凝胶及其制备方法	2008.05.23	2008.10.08
40	CN200810116134.4	中国林蛙lectin样功能基因Rdr—lec序列、构建方法及其氨基酸序列和用途	2008.07.03	2010.01.06
41	CN200810116135.9	中国林蛙onconase样功能基因Rdr—onc序列、构建方法及其氨基酸序列和用途	2008.07.03	2010.01.06
42	CN200810167037.8	乙醇的催化发光气敏材料	2008.10.09	2009.03.11
43	CN200810167038.2	一种纳米复合光催化剂薄膜的制备方法	2008.10.09	2009.03.11
44	CN200810180450.8	一种分解氮氧化物的纳米催化材料	2008.11.27	2009.09.02
45	CN200810182440.8	含银粒子的纳米锆铝复合氧化物薄膜的制备方法	2008.12.08	2009.09.02
46	CN200810187960.8	基于FPGA的液相色谱数据处理系统	2008.12.31	2010.07.07
47	CN200810212259.7	一种枸杞多糖的提取分离方法	2008.09.08	2009.01.21
48	CN200810223716.2	二氯聚天冬氨酸铂	2008.10.09	2009.07.29
49	CN200810224672.5	负离子发生器	2008.10.23	2009.02.25
50	CN200810224673.X	空气清新除尘装置	2008.10.23	2009.03.18
51	CN200810225449.2	流量分配器以及使用该流量分配器的差动式热量表	2008.10.31	2009.03.18
52	CN200810227132.2	一种拉脱式原油黏度测量装置及方法	2008.11.24	2009.04.22
53	CN200820114484.2	盲童学习机	2008.05.21	2009.06.10
54	CN200820123223.7	电动机缺相保护器	2008.10.23	2009.08.19
55	CN200820123816.3	臭氧发生器	2008.11.18	2009.12.30
56	CN200820124391.8	超高压工具的液压动力源	2008.12.12	2009.09.09

续表

序号	专利号	名　称	申请日	授权日
57	CN200910076365.1	中国林蛙功能基因 Rd-RNase2 序列、构建方法及其氨基酸序列和用途	2009.01.14	2010.07.14
58	CN200910076366.6	中国林蛙功能基因 Rd-RNase3 序列、构建方法及其氨基酸序列和用途	2009.01.14	2010.07.14
59	CN200910078949.2	粮食湿度检测器	2009.03.02	2009.08.19
60	CN200910079478.7	蜂花粉无糖活性速溶颗粒	2009.03.12	2009.08.12
61	CN200910080840.2	一种预防顺铂所致肾细胞凋亡及贫血的中药组合物及其制备方法	2009.03.24	2010.09.29
62	CN200910082372.2	一种基于机器学习的中国书画颜色分层分析方法	2009.04.15	2009.10.14
63	CN200910082373.7	一种基于结构特征的中国书画印章图像自动提取方法	2009.04.15	2009.09.16
64	CN200910085297.5	从小蓟中提取抗肿瘤活性物质的方法以及小蓟抗肿瘤药物	2009.06.05	2009.10.28
65	CN200910087599.6	一氧化碳报警器	2009.06.30	2009.12.23
66	CN200910088011.9	微生物发酵法制备附桂骨痛复方的工艺	2009.07.02	2009.12.23
67	CN200910088320.6	纤维素酶酶活促进剂及其制备方法	2009.07.03	2009.12.30
68	CN200910089296.8	可燃气体泄漏报警器	2009.07.16	2009.12.09
69	CN200910119184.2	β—榄香烯的提取分离方法和装置及其填料制备方法	2009.03.06	2009.07.29
70	CN200910136772.7	拟除虫菊酯农药的纳米敏感材料	2009.05.15	2009.09.30
71	CN200910211111.6	盲文书写器	2009.11.05	2010.06.02
72	CN200910236308.5	双单片机共用一个键盘电路	2009.10.16	2010.04.07
73	CN200910236311.7	双单片机共用一个串行存储器电路	2009.10.16	2010.04.07
74	CN200910237166.4	动态定量称重实验装置	2009.11.13	2010.09.15
75	CN200910237476.6	数控机床消除主轴间隙装置	2009.11.09	2010.05.05
76	CN200910242225.7	液压式管口组对整形设备	2009.12.10	2010.06.09
77	CN200910242226.1	一种舵机测试器	2009.12.10	2010.06.09
78	CN200920105105.8	一种防误伤可见光故障定位仪	2009.01.14	2009.12.09
79	CN200920106303.6	粮食湿度检测器	2009.03.02	2010.01.06
80	CN200920106304.0	用于超高压工具的液压增压器及使用该增压器的超高压系统	2009.03.02	2009.12.30
81	CN200920145633.6	盲用多功能计量教具	2009.03.19	2010.02.03
82	CN200920154249.2	苯系物气体检测管	2009.05.15	2010.10.06
83	CN200920157724.1	盲文辅助学习器	2009.06.01	2010.08.18
84	CN200920179975.X	工业网络环境下的立式电加热炉智能化模糊温控系统	2009.12.09	2010.08.04
85	CN200920278123.6	用于管道焊接的管口整形机	2009.12.16	2010.10.27
86	CN201010000462.5	一株有机磷农药降解菌的培养方法	2010.01.11	2010.06.09
87	CN201010128645.5	一种热固性树脂基阻火模块	2010.03.18	2010.08.11
88	CN201010145421.5	一种门禁系统及其门口机和接收机	2010.04.13	2010.09.22

续表

序号	专利号	名　称	申请日	授权日
89	CN201010145422.X	一种加热容器	2010.04.13	2010.09.22
90	CN201010158596.X	基于图像识别的自动计时记谱的围棋棋具	2010.04.22	2010.10.06
91	CN201010172193.0	一种三维物体的显示方法	2010.05.14	2010.11.24
92	CN201010175877.6	一种机器人手爪结构	2010.05.19	2010.09.08
93	CN201010176344.X	一种含片及其制备方法	2010.05.19	2010.09.15
94	CN201010176353.9	一种咀嚼片及其制备方法	2010.05.19	2010.10.13
95	CN201010215586.5	一种可变频率方波发生器	2010.07.02	2010.10.20
96	CN201010215588.4	一种可变频率和幅值的三角波发生电路	2010.07.02	2010.10.20
97	CN201010215672.6	一种放大器增益可控的显示仪表	2010.07.02	2010.10.13
98	CN201010215685.3	回差电压可调的任意电平滞回电压比较器	2010.07.02	2010.11.10
99	CN201010248051.8	抑菌性可食用一次性包装膜及其制备方法	2010.08.06	2010.12.01
100	CN201020046851.7	车载太阳能制冷系统	2010.01.15	2010.10.27
101	CN201020138116.9	台灯自动调光控制器	2010.03.23	2010.11.17
102	CN201020157242.9	停电应急自动照明电路	2010.04.13	2010.11.17
103	CN201020166430.8	电缆断点检测器	2010.04.22	2010.11.17
104	CN201020166441.6	高灵敏度心脏病监测报警器	2010.04.22	2010.11.17

第五节　学术交流

一、校内和国内的学术活动

2001—2010 年，学校积极开展广泛的学术交流，随着经费投入的加大，学术交流活动的活跃度和层次也大幅提升。为了进一步提高学校教职工的学术水平和学校的学术地位，及时掌握国内外学术领域的最新动态，促进相关学科的教学与科研发展，增进与国内外学术界的联系，支持教学和科研单位举办高水平的国内外学术会议及高层次的学术讲座，进一步规范学校的学术交流，学校在科研管理系统中规范了学术会议、学术讲座的申报。2001—2010 年，学校共举办各种学术研讨会 76 个，其中国际学术会议 21 个、全国性学术会议 55 个，共有 406 人次教师参加各种学术会议。其中 2001 年参加学术会议 1 人次；2002 年举办全国性学术会议 2 个；2003 年举办国际学术会议 1 个、全国性学术会议 8 个；2004 年举办国际学术会议 7 个、全国性学术会议 10 个；2005 年举办国际学术会议 10 个、全国性学术会议 13 个；2006 年举办国际学术会议 3 个、全国性学术会议 16 个；2007 年参加学术会议 14 人次；2008 年举办全国性学术会议 6 个；2009 年参加学术会议 228 人次。

二、国内重点院校考察、访问

2001—2010 年校领导出访国内其他高校调研活动统计详见表 8.5-1。

表 8.5-1　2001—2010 年校领导出访国内其他高校调研活动统计

序号	出访时间	出访校领导		到访学校	交流内容
		姓名	职务		
1	2004.10.29	孙　权	党委副书记	山西省交城县城头学校	对口支援建设
2	2005.03.11	张妙弟	校长	北京吉利大学	高等职业教育和如何培养更多更好的应用型人才
3	2006.05.19	席文启	党委书记	广州大学	新校园建设的思路和经验
4	2007.02.03	席文启	党委书记	福建省龙岩学院	加强学校之间的合作与客家文化研究交流
		张妙弟	校长		
5	2008.12.12	冯　虹	副校长	厦门大学、集美大学、厦门理工学院	大学数学、大学物理教学及物理实验室建设与改革
6	2009.07.24	柳贡慧	校长	空军研究所	科研合作
		冯　虹	副校长		
7	2009.07.29	徐永利	党委书记	密云县政府	休闲旅游、食品科学、IT 产业等领域的合作
8	2009.09.02	徐永利	党委书记	房山区政府	大学生实践基地、食品科学、师资培养等领域的合作
9	2009.09.23	徐永利	党委书记	河北经贸大学	经贸类学科专业建设
		付晨光	党委副书记		
10	2009.09.25	徐永利	党委书记	怀柔区政府	农产品的深加工和提炼、神话题材网络游戏的制作、广告片大赛等领域的合作
		周志成	党委副书记		
11	2009.10.22	柳贡慧	校长	天津理工大学	办学理念、指导思想、教学与科研关系、岗位聘任等问题
12	2009.11.06	周志成	党委副书记	河北经贸大学	学生工作现状、学生工作队伍建设、共青团工作、后勤服务等
13	2009.11.27	柳贡慧	校长	上海大学、上海工程技术大学	办学特色的形成、教务管理中的实践教学、质量工程等问题
14	2010.02.02	柳贡慧	校长	江南大学	洽商两校科研合作及联合培养研究生事宜
15	2010.03.09	徐永利	党委书记	青海省教育厅	开展合作,支持青海的教育事业
		黄先开	副校长		
16	2010.05.12	周志成	党委副书记	北京科技大学	德育工作
17	2010.06.12	徐永利	党委书记	江西科技师范大学南昌大学	学校发展规划及学校管理
18	2010.07	徐永利	党委书记	青海市政府	与青海省高校紧密合作,共同发展
		黄先开	副校长		

续表

序号	出访时间	出访校领导		到访学校	交流内容
		姓名	职务		
19	2010.07.06	柳贡慧	校长	新疆维吾尔自治区政府、新疆大学	与新疆高校的合作交流，开展职业教育师资培训及多种形式的人才培养合作
		周志成	党委副书记		
20	2010.08.05	徐永利	党委书记	西藏自治区政府	就北京援藏工作及北京联合大学对口支援拉萨师范高等专科学校工作交换了意见
		张连城	副校长		
21	2010.10.28	周志成	党委副书记	阿里巴巴商学院	本科生创新创业人才培养
22	2010.12.07	徐永利	党委书记	河北医科大学	学科建设与发展、科学研究
		付晨光	党委副书记		

三、学术团体

教职工在重要学术团体任职情况详见表 8.5-2。

四、学术论文和著作

2001—2010 年，学校教职员工公开发表论文总计 8343 篇，其中国内核心刊物 2078 篇，国内外知名检索收录及其他有影响的刊物 3655 篇，普通刊物 2610 部。著作 806 部，其中国内 794 部，国外 12 部。2004—2007 年获出版基金资助的学术专著统计，如表 8.5-3 所示。

五、科协相关工作

学校科协成立 1998 年 12 月。为保障学生科技活动顺利开展、满足新时期青年成长发展需求，校团委于 2004 年 11 月组建学生科技协会，并联合教务处、科研处等相关职能部门先后制定《北京联合大学学生课外科技活动管理办法》《北京联合大学全日制普通高等教育学生课外科技活动奖励办法(试行)》《北京联合大学教师指导学生课外科技活动的有关规定(试行)》《北京联合大学教师指导学生课外科技活动研时认定办法》等一系列政策保障性文件。

学校自 2007 年起设立学生科技活动基金，每年投入资助经费 20 万元，用于支持校级学生科研立项。此外，还获得了北京市本科生科学研究计划专项经费，为有参与科研兴趣、具备一定科研能力的学生提供参与和开展科学研究拓宽了渠道。自 2007 年以来，校团委在市级、校级基金项目中共获得 145 万元经费支持，资助 491 个项目，2208 人次学生参与了课题研究，435 人次教师对项目进行了指导。政策及经费的支持保障有力地推动了学生科技创新工作的开展。

表 8.5-2　2008 年 6 月教职工在重要学术团体任职情况统计

序号	姓　名	学　位	职　称	学术兼职单位名称	兼职岗位	任职起始年份
1	田景文	博士	副教授	中国计算机协会嵌入式系统分会	常务理事	2005
				中国电子学会	高级会员	2006
				中国电子学会嵌入式系统专家委员会	委员	2006
2	薛为民	博士	副教授	中国人工智能学会智能控制与智能管理委员会	委员	2003
3	郭淑敏	双学士	研究员	全国职业院校德育研究会	理事	2001
				全国职技高师思想政治教育研究会	理事	2002
4	孔繁敏	硕士	教授	全国高等教育自学考试指导委员会文史专业委员会	委员	2001
3	唐小恒	在读博士	研究员	中国化工高等教育学会	理事	2003
				中国产学研合作教育协会	常务理事	2002
6	张宝秀	博士	副教授	北京地理学会	副理事长	2003
				劳动部职业技能鉴定中心物业管理命题专家组	组长	2002
7	牛志民	硕士	研究员	北京市高教学会教材研究会	理事长	2003
8	刘隆亨	学士	教授	中国法学会财税法学研究会	会长	2001
				北京市法学会	副会长	2002
				中国西部开发法律研究会	副会长	2000
9	杨积堂	博士	副教授	北京市法学会财税法研究会	常务理事	2003
10	赵永林			北京市法学会财税法研究会	常务理事	2003
11	金宗濂	硕士	教授	中国食品科学技术学会	常务理事	1996
				中国农学会农产品贮藏加工分会	常务理事	1996
				中国中医药学会养生保健学会	副会长	1994
				中国保健协会	常务理事	2002
				北京食品学会	常务副理事长	2004
				中国老年学会老年营养与食品专业委员会	副主任委员	2004
12	惠伯棣	博士	研究员	国际类胡萝卜素亚太分会	常务理事	1999
13	姜招峰	博士	教授	山东医药生物技术学会	副理事长	2001
14	朱耀廷	学士	教授	中国人才研究会	常务理事	1983
15	佟　洵	学士	教授	中国宗教协会	理事	2003
				北京道教协会	监事长	2005

续表

序号	姓　名	学　位	职　称	学术兼职单位名称	兼职岗位	任职起始年份
16	周传家	博士	研究员\教授	中国昆剧研究会	副会长	1997
				中国武侠文学研究会	副会长	1998
				北京史研究会	监事长	2006
17	熊黑钢	博士	教授	新疆地理学会	副理事长	2002
				《干旱区地理》杂志社	副主编	2001
18	张景秋	博士	副教授	中国地理学会	城市地理委员会委员	2005
19	贺　真	学士	教授	北京市档案学会第四届理事会	常务理事、副理事长	2001
				北京市档案现代化应用技术委员会	主任	2001
				中国档案学会	理事	2004
20	孔昭林			中国行政管理学会教学研究会	理事	1995
				全国县级行政管理研究会	理事	2002
				全国政策科学研究会	理事	2002
				北京市行政管理学会	常务理事	2001
21	訾秀玲		副教授	全国高校计算机基础研究会	课程委员会委员	2004
22	陈军科	博士	教授	中国管理哲学研究学会	常务秘书长	2001
23	霍德臻		副教授	中国高校教育学会体育研究会	委员	1990
				北京高校足球协会	副主席	2002
24	唐大中		教师	北京市大学生体育协会足球分会	副秘书长	2004
25	范清惠	学士	副教授	北京市大体协户外运动分会	副主席	2004
				北京市大学生体育协会冰雪轮滑协会	副主席	2005
				北京市大学生体育协会两操协会	副主席	2006
26	李　伟	学士	讲师	北京市大学生体育协会跆拳道协会	副秘书长	2006
27	曲学利	双学士	研究员	中国高等教育学会高等特殊教育研究会	秘书长	2005
				中国高等教育学会	理事	2005
				中国教育学会特殊教育分会	秘书长	2004
				中国教育学会	理事	2004

续表

序号	姓名	学位	职称	学术兼职单位名称	兼职岗位	任职起始年份
28	许家成	学士	教授	全国残疾人康复协会社区康复专业委员会	副主任委员	2003
				全国残疾人康复协会智力残疾康复专业委员会	副主任委员	2003
				全国残疾人康复协会	理事	2003
29	刘全礼	硕士	教授	中国心理卫生协会残疾人心理卫生分会	常务理事	2002
				中国教育学会家庭教育专业委员会	理事	2002
				中国残疾人康复协会	理事	2003
30	陈　莞	学士	副教授	中国音乐治疗学会	理事	2005
31	张松岩	学士	讲师	北京水彩学会	理事	2005
32	徐博东	本科	教授	中国和平统一促进会	理事	2005
				全国台湾研究会	理事、特邀研究员	1988
				中国统战理论研究会	理事	2005
				北京市台港澳交流促进会	常务理事	2000
33	张翠霞	学士	高级实验师	北京高等教育学会电子工艺实习研究会	副秘书长	2006
34	何立千	学士	教授	中国农学会农产品贮藏加工分会	主任委员	1995
35	罗宜军	学士	副教授	中国高等秘书学会	理事	1995
36	郭　冬	学士	教授	教育部全国考试委员会	专业委员	1999
				劳动社会保障部秘书职业鉴定指导审定委员会	专业委员	2003
37	黄立凡	学士	教授	中国音乐协会手风琴学会	理事	2000
38	归文昌	学士	高工	北京自动化学会	副秘书长	1997
39	林　强	博士	教授	中国高教学会产学研分会	理事	2006
40	梁　怡	历史学硕士	教授	中国近现代史史料学学会	理事	2003
41	张　利	法学硕士	副教授	北京高教学会中国革命史研究会第七届理事会	秘书长	2005
				中华人民共和国国史研究会高校专业研究委员会	常务理事	2002
42	侯鸿节	学士	副教授	北京市大学英语研究会	常务理事	2001
43	景　观	学士	副教授	北京市体操协会	秘书长	2001
44	杨纯久	学士	讲师	全国电气工程专业教育专业委员会	理事	1998
				北京市玩具协会	常务理事	1989
45	朱传华	学士	副教授	中国会计学会全国工科院校会计教学研究会	委员	2000

续表

序号	姓　名	学　位	职　称	学术兼职单位名称	兼职岗位	任职起始年份
46	赵杰民	博士	教授	中国数学力学物理学高新技术交叉研究学会	常务理事	2000
47	王信峰	硕士	副教授	北京数学会高职高专教育专业委员会	副主任	2002
48	方　新	博士	教授	中国机械工程学会生产工程分会	委员、副总干事	2004
48	方　新	博士	教授	北京机械工程学会生产工程分会	副主任委员、秘书长	1999
49	杨　飒	博士	教授	北京机械工程学会	第八届理事会常务理事	2000
50	张立珊	学士	副教授	北京市高教学会金工研究会	第七届理事会副理事长	2002
51	张京辉	学士	副教授	北京机械工程学会生产工程分会	副秘书长	2004
52	张俊玲	硕士	副教授	全国高教学会实验室工作研究会	理事	2006
52	张俊玲	硕士	副教授	北京高教学会物资研究会	常务理事	2006
53	顾志良	学士	副研究员	劳动与社会保障部职业协会学术委员会	委员	2006
53	顾志良	学士	副研究员	北京应用技术类专业自学考试委员会	秘书长	2002
54	支芬和	硕士	副教授	劳动与社会保障部 国家职业资格鉴定中心电子商务师专家委员会	委员	2004
54	支芬和	硕士	副教授	中国职业教育协会　电子商务与物流专业协作委员会	副秘书长	2006
55	樊月华	学士	教授	全国高等院校计算机基础教育研究会高职高专专业委员会	副主任委员兼秘书长	2001
56	高　林		教授	教育部计算机基础课程(本科)教学指导委员会	副主任	2006
				教育部高职高专电子信息类专业教学指导委员会	主任	2006
				教育部高职高专院校评估专家委员会	副主任	2003
				全国高等学校计算机基础教育研究会	副理事长	2004
				全国高等学校计算机基础教育研究会高职高专专业委员会	主任	2004
				北京高等学校计算机基础教育研究会	理事长	2004
				中国高等职业技术教育研究会	副会长	2005
				中国高等职业技术教育研究会 IT 类专业协作委员会	理事长	2005
				中国高等教育学会	常务理事	2006
				中国职业教育学会学术委员会	委员	2004
57	鲍　洁		研究员	教育部高职高专电子信息类专业教学指导委员会	秘书长	2006
				中国高等职业技术教育研究会 IT 类专业协作委员会	秘书长	2005
58	宋旭明		工程师	全国高等院校计算机基础教育研究会	副秘书长	1996
				北京高等学校计算机基础教育研究会	秘书长	1996
59	谭文丛	学士	中级	北京高教成人教育研究会	常务理事	2003

表 8.5-3　2004—2007 年获出版基金资助的学术专著

序号	著作名称	所属单位	作者	出版社	获批时间/年
1	《大学校长的经营之道》	商务学院	孙　明	光明日报出版社	2004
2	《小剧场戏剧论稿》	文理学院	周传家	北京燕山出版社	
3	《奥林匹克文化研究》	文理学院	孔繁敏	人民体育出版社	
4	《公共性理念的现代转型及其困境》	人大所	王维国	兰州大学出版社	
5	《中国共产党与阎锡山集团统战研究》	社科部	马小芳	中共党史出版社	
6	《差异化营销》	文理学院	冯丽云	经济管理出版社	
7	《情事变动与契约理论》	文理学院	孙美兰	法律出版社	
8	《西欧中世纪后期的知识传播》	文理学院	程德林	北京大学出版社	
9	《德国宪政体制中的政党》	人大所	崔英楠	法律出版社	2005
10	《人工神经网络算法研究及应用》	自动化学院	田景文	北京理工大学出版社	
11	《企业技术创新的制度环境研究——一种从激励角度的分析》	管理学院	陈　琳	中国经济出版社	
12	《认识北京——北京市城市形象系统(CIS)》	文理学院	李兴国	中国国际广播出版社	
13	《西周土地关系研究》	文理学院	张　经	中国大百科全书出版社	
14	《学业不良儿童教育学——学业不良儿童的成因及对策研究》	特教学院	刘全礼	天津教育出版社	
15	《国外中共党史述评》	社科部	梁　怡	中共党史出版社	
16	《人的解放与文化自觉——现代人文精神建构论纲》	图书馆	陈军科	宁夏人民出版社	2006
17	《新疆的青铜时代和早期铁器时代》	文理学院	韩建业	文物出版社	
18	《金代词人群体研究》	师范学院	李　艺	首都师范大学出版社	
19	《北京宗教文化研究》	文理学院	佟　洵	宗教文化出版社	
20	《WTO 下北京会展业运行模式与对策研究》	商务学院	唐少清	经济科学出版社	2007
21	《奥运会对北京市的经济影响与政府决策研究》	商务学院	符亚明	原子能出版社	
22	《北京老字商号产权多元化改革研究》	师范学院	尹庆民	中国档案出版社	
23	《当代台湾政治文化转型探源》	台研院	李振广	中国经济出版社	
24	《道教与北京宫观文化》	文理学院	佟　洵	宗教文化出版社	
25	《服装店铺设计与展示》	商务学院	鲁彦娟	化学工业出版社	
26	《高等职业学校思想政治理论课教学体系论》	本部	孙　权	北京求知堂文化发展有限公司	
27	《工业工程与系统仿真(第 2 版)》	机电学院	程　光	冶金工业出版社	
28	《广告艺术精要》	文理学院	孙海垠	中国书籍出版社	
29	《国际商法新论——以国际商事行为法为中心》	商务学院	张万春	法律出版社	
30	《国有商业银行国有资本退出问题研究》	生化学院	汪昕宇	中国大百科全书出版社	
31	《机制构建与社会和谐——中国共产党与社会和谐构建》	商务学院	马　冀	中国人民公安大学出版社	

续表

序号	著作名称	所属单位	作　者	出版社	获批时间/年
32	《基于GIS的农业生产潜力与资源利用效率研究》	管理学院	郑海霞	中国经济出版社	2007
33	《论法的正义价值》	校人文社科部	周文华	北京出版社	
34	《区域知识管理》	管理学院	赵晶媛	中国经济出版社	
35	《全球化语境下的国家认同》	台研院	郭　艳	中共中央党校出版社	
36	《全球视角下的银行私有化研究》	商务学院	张　蓉	经济科学出版社	
37	《晚年马克思"跨越"思想研究》	社科部	孟宪东	当代中国出版社	
38	《文学理论的生成向度》	宣传部	王彦霞	河南文艺出版社	
39	《新型国际分工视角下的高新技术产业企业网络优势论》	商务学院	郑春芳	经济科学出版社	
40	《中国新型工业化：历史与现实的选择》	生物化学工化学院	白云伟	山西经济出版社	
41	《20世纪80年代以来美国公共基础教育改革研究——国家、市场与公民社会的视角》	师范学院	段素菊	北京教育出版社	2008
42	《互逆离散数学及其在信息科学中的应用》	信息学院	周训伟	科学出版社	2009
43	《北京天主教史》	文理学院	杨靖筠	宗教文化出版社	
44	《北京发展连锁经营理论及对策研究》	管理学院	张荣齐	中国书籍出版社	
45	《民营中小企业融资问题研究——以北京市为例》	管理学院	杨　宜	科学出版社	
46	《龙腾——改革开放的回顾与展望》	学报编辑部	周小华	湖南教育出版社	
47	《城市空间演化与交通的互馈解析》	商务学院	王春才	冶金工业出版社	
48	《高为杰现代音乐创作技法研究》	师范学院	卢　璐	上海音乐学院出版社	
49	《晋语形态变异中的万荣方言语法研究》	师范学院	吴云霞	语文出版社	
50	《基督教与近现代北京社会》	文理学院	左芙蓉	巴蜀书社	
51	《董事会治理与盈余质量研究》	旅游学院	刘亭立	首都经济贸易大学出版社	

第六节　学术刊物

一、《旅游学刊》

（一）《旅游学刊》的出版发行及作用

1. 概述

《旅游学刊》是由旅游学院主办，国内外公开发行的旅游科学研究和旅游行业业务探讨的专业性期刊，是旅游学界业界公认的最具权威性的专业学术刊物，创刊于1986年，原名《旅游论坛》（试刊），次年更名为《旅游学刊》，并开始在国内外公开发行；英文刊名为*TOURISM TRIBUNE*。《旅游学刊》原为季刊，1992年改为双月刊，2006年改为月刊，至

2010年12月共出版了172期。国际连续出版物编号为:1SSN1002-5006,全国统一刊号为:CNII-1120/K。

“公开选稿,唯求质量”,力求学术性、权威性和前瞻性,及时反映我国旅游学术研究的最新成果和旅游业实践的新问题,为中国旅游学术研究和旅游业的发展提供借鉴与启示是《旅游学刊》的办刊宗旨。

2. 出版与发行

《旅游学刊》重视研究的深度和新视角,注重理论与实际的结合,所刊发的论文基本上是我国旅游研究的前沿问题、重点问题、难点问题和热点问题,基本上反映了我国旅游研究和旅游业发展的走势,是旅游企事业单位、科研部门、旅游院校师生,以及相关学科、相关行业研究人员、管理人员、教学人员的重要读物。

《旅游学刊》从2001年第1期起,逐步实行同行专家匿名审稿制度,并进行篇幅扩容,改标准16开本为大16开本。2003年第6期为出刊总第100期,编辑部专门策划出版《旅游学刊》百期专号,共128页;自2004年第1期起再次扩容,改80页/期为96页/期,恢复《中国旅游发展笔谈》专栏。为了增加实效性,及时推出作者的最新研究成果,并加大刊物容量,从2006年第1期起,改双月刊为月刊,同年4月起与国家旅游局联合开办《旅游市场》栏目,加强与政府管理部门和业界的合作,从第5期开始,聘请知名专家学者为刊物特邀学术委员。

《旅游学刊》的稿件不仅有来自国内各地,台、港、澳的来稿,而且还有欧美专家学者的直接投稿;每期来稿约200篇,由于实行严格的同行专家匿名评审制度,用稿率约10%,高筛选保证了刊发稿件的质量。

《旅游学刊》经常发起在全国学界、业界有广泛影响的专题讨论,撰稿人来自北京大学、南京大学、南开大学、中山大学、东北财经大学、西北大学、北京第二外国语学院等高等院校,中国社会科学院、国家旅游局等权威部门以及首旅、锦江、浩华等知名企业集团,代表了中国旅游学术研究的最高水平。《旅游学刊》目前已是公认的,中国旅游学术研究者发表高水平研究成果、进行学术探讨和交流的平台。《旅游学刊》的名牌栏目“中国旅游发展笔谈”组织的专题讨论有“大型节事与旅游”“中国作为目的地营销的理论与实践”“全球化背景下的中国旅游发展”“假期制度与旅游”“十二五规划与旅游”“文化遗产与旅游产品”“旅游与民生”“旅游研究的学术规范”,等等。

《旅游学刊》发行量为5000册/期,是同类专业发行量最高的旅游学术期刊。

至2004年年底,《旅游学刊》先后加入了在全国最具影响的清华同方的“中国知网”(www.cnki.net),在全球华人地区有广泛影响的“龙源期刊网”(www.qikan.com),内地使用广泛的“万方数据——数字期刊群”(www.periodicals.net.cn),在自然科学研究领域十分注目的“中文科技期刊数据库”(www.cqvip.com),以及台湾华艺公司的“CEPS中文电子期刊网”(www.ceps.com.tw)等,为读者阅读与检索提供方便。2010年6月,国际著名出版公司EBSCO与《旅游学刊》接洽,就将刊物收录于其Hospitality & Tourism Complete数据库事宜进行洽谈。该数据库汇集了多种国际知名旅游学术期刊。由于加入权威数据库,《旅游学刊》在数字出版与互联网时代的读者面、影响力得以进一步扩大,浏览量、下载率逐年稳步攀升。

除了正刊以外,《旅游学刊》还出版了英文版、光盘版、教育特刊等特色产品项目。从2005年起,邀请有关专家精选上一年刊登的重要论著,出版《旅游学刊》英文版年刊——《中国旅游研究年刊》(*Chinese Tourism Research Annual*)。该年刊由社科文献出版社出版,至2010年共出版4本。《旅游学刊》及其英文版年刊——《中国旅游研究年刊》的出版,加强了中国与世界各国的旅游学术交流,适应了海外读者的全文阅读需要。自2005年起,《旅游学刊》每年出版一套上一年合订本的光盘版,并出版了1986—2005年《旅游学刊》二十年全文版光盘。至2007年,《旅游学刊·人力资源与教育教学特刊》出刊了9期。该增刊是从1996年起出版的有关旅游教育与人才的专刊,每年或隔年正式增出一期。《旅游学刊·人力资源与教育教学特刊》的出版,在推动全国旅游教育研究的同时,也调动了旅游学院教师的科研积极性,全院教师纷纷总结教学经验,踊跃投稿,活跃了学院的科研氛围,促进了学院教育教学水平的提高。

3. 权威性及影响

《旅游学刊》连续5次入选北京大学图书馆《中文核心期刊要目总览》的核心期刊(1992、1996、2000、2004、2008年版);2000—2010年,连续被南京大学中国社会科学研究评价中心《中文社会科学引文索引》(CSSCI)选为来源期刊,自2004年起,其影响因子在人文、经济地理类期刊中排名第一;连续两次入选中国社会科学院文献计量与科学研究评价中心的《中国人文社会科学核心期刊》(2004、2008年版);2003—2010年,在人大书报资料中心出版的《复印报刊资料》系列"工商管理"和"管理学"学术期刊全文转载排名中均居前列,成为"《复印报刊资料》重要转载来源期刊";2008—2010年,《旅游学刊》连续被武汉大学中国科学评价研究中心(RCCSE)与武汉大学图书馆和信息管理学院联合评为"RCCSE中国权威学术期刊"。据中国科学文献计量评价研究中心、清华大学图书馆研制的《中国学术期刊影响因子年报(2010年版)》统计,《旅游学刊》的影响因子(2.984)、Web即年下载率(247)、总被引频次(10162次)等评价指标均远超同类期刊,居旅游类期刊榜首。《旅游学刊》已被浙江大学、华东师范大学、四川大学、西北大学、东北财经大学、青岛大学、暨南大学等多所重点大学列为旅游学科职称评定的权威核心期刊。

4. 学术会议

《旅游学刊》多次举办各种全国旅游学界、业界的学术研讨会,均受到旅游界和新闻界的高度重视。其中传统的全国旅游科学理论与实践学术研讨会至2010年已举办了5届。2001年6月,在北京举办了中国旅游规划高峰研讨会;2002年5月在北京举办了中国(2002)会展旅游发展研讨会,议题包括:国外会展旅游的发展与研究现状及对我国的可借鉴之处、会展业与旅游业的结合点及结合方式探讨、会展旅游发展趋势及问题研究,此次研讨会有来自全国各高等院校、旅游管理部门及业界的数十名代表参加;2004年5月,在桂林与中国旅游报刊协会和《桂林旅专学报》三家联合召开了旅游理论期刊与旅游业发展研讨会;2004—2010年,与中国区域科学学会区域旅游专业委员会、北京大学旅游研究与规划中心、北京旅游学会、青岛大学旅游学院、河南大学、海南大学、四川大学等单位联合召开了6届全国区域旅游开发学术研讨会。

2010年10月19日,由国务院新闻办和国家旅游局作为指导单位,中国国际广播电台、济南市人民政府主办,国际在线、天下泉城网站承办,《旅游学刊》协办的中国城市榜——旅游城市发展峰会在济南举办。《旅游学刊》的戴斌、谢彦君、朱竑、刘德谦、魏小安、马耀峰、张凌云、杨振之、周建明、庄志民、何健民等11位特邀学术委员和专家，作为主题演讲和论坛嘉宾出席了峰会，《旅游学刊》全体编辑也参加了会议。这是《旅游学刊》第一次与国家主流外宣媒体合作举办国际性会议，是该刊物在学术影响力之外扩大社会影响力和国际影响力的一次积极尝试。

二、《北京联合大学学报》

(一) 沿革

1987年，《北京联合大学学报》创刊。2001——2003年6月，《北京联合大学学报》为文理综合版，除每年编辑出版4期正刊外，于2001年7月编辑出版《体育教学研究专辑》，2002年9月编辑出版《2002国际交流研讨会论文专辑》。

2003年6月，《北京联合大学学报》分为人文社会科学版(标准刊号ISSN 1672-4917/CN11-5117/C，大16开本，96页，季刊)和自然科学版(标准刊号ISSN 1005-0310/CN11-3224/N，大16开本，96页，季刊)。同时，学报编辑部人员队伍不断发展壮大，由最初的3人增至6人，包括主编1人，自然科学版2人，人文社会科学版3人，其中1人兼职办公室工作。2007年3月，周小华接替刘斌任主编；学报副主编2人，赵连稳任人文社会科学版副主编(2005年5月任职)；李亚青任自然科学版副主编(2007年9月任职)。

2003年9月，在《学报》的人文社会科学版创刊之际，聘请了14名相关专家为顾问，并成立了新一届《学报》编辑委员会。《北京联合大学学报》顾问为王力丁、龙协涛、刘凤泰、朱峻峰、陈可冀、张国华、杜祥琬、侯仁之、赵彤、陶西平、徐苹芳、倪晓建、翟泰丰、谭浩强。

为适应数字化出版的新趋势，《学报》编辑部于2008年开发了基于学报工作特点和工作程序的编辑出版业务管理系统、网站发布系统、编辑部内部工作系统和学术交流系统，建设了具有北京联合大学学报特色的综合性网站，学报进入了数字编辑与数字出版的新阶段。

《学报》编委会的建立时间和换届时间主要是根据学校聘任工作中各部门人员的工作变动进行，2001—2010年期间编委会的调整如表8.6-1所示。

表8.6-1 2003—2010年《北京联合大学学报》编辑委员会名单

调整时间	2003年9月	2007年6月	2010年4月
主任委员	张妙弟	柳贡慧	柳贡慧
常务副主任	冯虹	冯虹	冯虹
副主任委员	孙权、高林、刘斌	孙权、高林、周小华	周小华
主编	刘斌	周小华	周小华
委员	孙权、孙建京、冯虹、石焕南、江小明、任开隆、李连弟、李萍、刘斌、许家成、朱耀廷、杨宜、陈强、张丹海、张妙弟、张秀国、张连城、张宝秀、张恩祥、林强、姜招峰、赵鹏、高林、梁怡、鲍泓、韩宪洲、潘先伟	方德英、石明培、石焕南、冯虹、江小明、刘东、许家成、朱耀廷、孙权、孙建京、李萍、陈冬、张宝秀、张恩祥、林强、柳贡慧、杨宜、周小华、赵鹏、姜招峰、高林、梁怡、谢职安、鲍泓、潘先伟	王维国、支芬和、毛智勇、方德英、邓秉华、冯虹、宁泽群、刘东、刘红、许家成、孙建京、宋志伟、张宝秀、张恩祥、杨亚军、杨宜、杨鹏、林强、范清惠、周小华、孟宪东、姜招峰、柳贡慧、赵平勇、赵亚军、顾志良、韩建业、谢职安、鲍泓、薛立军

（二）特色

《北京联合大学学报》定位为应用型学术理论刊物，以开放性、综合性和地方性为办刊特色，贯彻理论联系实际，为中国特色社会主义建设服务的原则，为首都北京的精神文明、政治文明、物质文明建设服务，提倡和鼓励新兴学科、交叉学科，特别是应用学科的研究，重视对各学科前沿问题、重大现实理论问题、热点难点问题的研究与讨论。

学报依托学校重点学科、重点研究基地和重点实验室建设栏目。人文社会科学版历年来所开设的主要栏目有“文・史・哲”“经济・法制・社会”等综合性栏目和“政治文明建设”“北京学研究”“台湾问题研究”“奥林匹克文化研究”“民族与宗教”“文化创意产业研究”等专题性栏目。自然科学版学报的常设栏目有：“科技发展论坛”“计算机与自动化”“生命科学与生物技术”“应用技术”“基础学科”“实验科学与技术”“现代教育理论与教学改革”等。学报密切关注重大社会事件的研究，开设了“专题研究”等栏目。

为学校的教学科研和学科建设服务，是《学报》办刊的目的之一。为此，《学报》编辑部加强同相关教学与科研部门的联系，密切关注学校重点学科、重点研究基地及重点实验室的发展，特别关注各级、各类立项项目，跟踪项目的研究进展，吸引校内高质量文章在学报刊发。在具体的选题策划过程中，重视应用学科的研究，以开放性、应用性和地方性为特色。《学报》工作人员积极参加学校的各项学术活动，及时报道学校的科研动态和学术成果。在学术质量相当的前提下，优先发表学校教职员工的科研产出文章；同时也加强与校外作者、审稿专家的联系，用优秀的校外稿件带动校内稿件质量的提升。

《学报》所刊发的论文得到了政府和学术界的关注。2005 年第 3 期人文社科版刊登的徐博东教授的《制定〈反分裂国家法〉的战略与策略思考》，获北京市统战系统理论研究优秀成果一等奖；2008 年第 3 期刊登的朱松龄、陈星的《“大陆台商”的非植根性状态与植根性趋势》和第 4 期刊登的王建民的《关于“台湾意识”与“台湾主体意识”问题的讨论》，获首届全国研究优秀成果三等奖；2009 年第 1 期刊登的李正斌的《北京市地方立法中的公共参与》和王维国的《改革开放以来地方人大制度的发展》，分别获得北京市人大理论研究会优秀理论研究成果一等奖和二等奖。同时，有多篇文章被《新华文摘》《人大报刊复印资料》等二次文献转载转摘，影响因子逐年提升。

（三）荣誉

1.《北京联合大学学报(人文社会科学版)》2001—2010 年所获奖项

(1) 2004 年，被评为北京高校“人文社科优秀学报”；

(2) 2004 年，“北京学研究”栏目被评为“北京高校人文社科学报名栏”；

(3) 2006 年，“北京学研究”栏目被评为“全国社科学报优秀栏目”；

(4) 2006 年，被评为“全国高校优秀社科学报”；

(5) 2007 年，“政治文明建设”栏目被评为“全国地方高校学报优秀栏目”；

(6) 2008 年，成为北京市高校文科学报研究会常务理事单位；

(7) 2009 年，被遴选为“中国人文社科学报核心期刊”；

(8) 2009 年，被遴选为“RCCSE 中国核心学术期刊”；

(9) 2010 年，获得“全国高校百强社科学报”称号；

(10) 2010年,被评为“北京市高校人文社科学报名刊”;

(11) 2010年,“台湾研究”栏目被评为“全国地方高校学报优秀栏目”。

2.《北京联合大学学报(自然科学版)》2001—2010年所获奖项

(1) 2005年,获“北京市高校系统自然科学学报‘三优评比’一等奖”;

(2) 2008年,获“中国高校科技期刊先进集体”;

(3) 2008年,获“第二届中国高校特色科技期刊奖”;

(4) 2009年,获“全国高校科技期刊优秀编辑质量奖”;

(5) 2009年,成为北京市高校自然科学学报研究会常务理事单位;

(6) 2009年,成为中国高校科技期刊学会理事单位;

(7) 2010年,获“第三届中国高校特色科技期刊奖”。

第七节　校办产业及产学合作

一、校办产业

(一) 概况

学校所属校办产业由经济管理与合作办学办公室负责管理。

2001年以来,在市场经济迅速发展,企业间竞争日益激烈的环境下,学校部分校办企业出现了经营困难的情况。为了优化产业资源配置,学校按照北京市教委〔2001〕14号文件精神及北京市教委对校办企业改制的要求,注销了二十多家校办企业。至2010年年底,由经济管理与合作办学办公室直接管理的校办企业还有6家,分别是:北京科兴企业管理中心、北京育慧苑商贸中心、北京市佳荣源工贸中心、北京市第三开关厂、北京北联机电设备厂5家全资企业和北京汉通科技有限责任公司1家参股企业(学校商务学院占有33.75%的股份)。除北京市佳荣源工贸中心处于破产清算阶段外,其他企业均经营正常。

至2010年年底,以上校办企业资产总额达到9552万元,校方股东所占权益总额为2456万元。

2010年5月,学校成为中国高校产业协会第五届理事单位,张连城当选为协会副理事长,李静文当选为协会副秘书长。

(二) 产业名目及列表

2001—2010年学校主要企业情况如表8.7-1所示。

表 8.7-1 主要企业情况(2001—2010 年)

企业名称	成立时间	地址	法人代表	经济性质/企业类型	主要产品或经营范围	上级主管单位	备注
北京第三开关厂	1958.01.01	北京市通州区中关村科技园光机电一体化产业基地兴光三街 5 号	李静文	全民所有制	加工、制造、修理高低成套装置及高低压电器元件(未取得专项许可的项目除外)	北京联合大学	2003 年 3 月,法人代表由刘振海变更为胡钺; 2005 年 7 月,法人代表由胡钺变更为姚长生; 2007 年 12 月—2008 年 7 月,张龙担任厂长,法人代表未变更; 2008 年 4 月,企业签订对外整租协议; 2008 年 10 月,法人代表变更为李静文
北京科兴企业管理中心	1981.09.15	北京市丰台区成寿寺 147 号	李静文	全民所有制	制造低压开关柜箱、金属门窗、塑料板管棒材、照明器具一般经营项目:企业管理服务、企业形象策划、会议服务、技术开发、转让服务、信息咨询;组织文化艺术交流活动;销售办公用品、文具用品、物业管理服务、机械设备租赁		2009 年 4 月,企业名称由“北京科兴机电厂”变更为“北京科兴企业管理中心”法人代表由赵振江变更为李静文
北京北联机电设备厂	1988.07.12	北京市朝阳区白家庄西里	冯庆林	全民所有制	加工制造金属结构、冶金设备、低压电器元件;销售机械设备、电器设备、建筑材料、计算机、五金交电、百货、汽车配件;家用电器维修;彩扩服务;经济信息咨询服务;劳务服务;安装计算机		
北京育慧苑商贸中心	1997.09.27	北京市朝阳区北四环东路 97 号	滕长建	全民所有制	许可经营项目为销售定型包装食品、粮油、酒、饮料、卷烟、雪茄烟;理发、美容(限非医疗美容);餐饮服务。一般经营项目为销售日用品、五金交电、建筑材料;打字、复印服务;刻字服务;电脑图文设计、制作;清洁服务;修理家用电器		2009 年 11 月,法人代表由李宝贵变更为滕长建

续表

企业名称	成立时间	地　址	法人代表	经济性质/企业类型	主要产品或经营范围	上级主管单位	备　注
北京市佳荣源工贸中心	1992.10.23	北京市丰台区成寿寺147号	赵振江	全民所有制	技术开发、转让、培训;零售:开发后的产品;机电设备安装维修、咨询服务	北京联合大学	2006年5月,企业名称由"北京吉光科技开发公司"变更为"北京市佳荣源工贸中心",由校本部转交特教学院经营,法人代表由王 本变更为赵振江; 2009年企业破产清算
北京汉通科技有限责任公司	1992.06.24	北京市朝阳区延静东里甲3号	杨永福	其他有限责任公司	加工酸性氧化电位水发生器、消毒设备(限异地加工);销售消毒设备、水处理设备;科技新产品的技术开发、技术培训、技术转让、技术咨询、技术服务;加工、制作控制系统产品机芯、组装全自动软水器	北京联合大学商务学院33.75%股权	2004年12月,企业名称由"北京汉通科技实业公司"改为"北京汉通科技有限责任公司",企业组织形式由全民所有制变更为有限责任制,国商务学院持股比例由100%变更为33.75%;法人代表由刘斌变更为孙明; 2005年12月,法人代表由孙明变更为杨永福
北京联信通信息技术研究所	1992.12.28	北京市朝阳区北四环东路97号	鲍　泓	全民所有制	电子、电器、计算机、机电设备、光学声学仪器、新型建筑材料、金属、咨询服务	北京联合大学	2007年1月,企业注销
北京巨实力技术开发部	1993.01.07	北京市宣武区盆儿胡同55号	郝志勤	全民所有制	电子技术、机电技术新产品的开发、咨询、服务、销售本部开发的产品及文化用品、电子计算机、仪器仪表、机械设备、空调制冷设备、室内装修服务、空调制冷设备的安装、维修		2006年11月,企业注销

二、产学合作

（一）管理体制与机构

2003年，学校成立合作办学办公室，主要负责：制定产学研合作的制度和措施，积极引导产学研合作的发展方向；寻找切入点和合作对象，拓展合作空间，寻找新的契机和增长点，将产学研合作成果化，实体化；主持、参与、协助、促成各种合作项目，确定协议谈判框架，提供相应的法律依据参考；把握、监督、评估项目的执行及效益。

2004年，学校成立合作办学领导小组，负责统筹协调学校内外合作办学方面的事宜，办公室设在合作办学办公室。

2005年12月，合作办学办公室与经济管理办公室合并为经济管理与合作办学办公室，两个办公室的职能进行了合并。

2006年10月，学校出台《关于进一步加强产学合作教育的意见》（京联发〔2006〕35号）的文件，要求："成立由主管校长任组长，各学院教学副院长、校教务处、人事处、科研处、财务处、招生就业处、合作办学办公室等职能部门主要负责人、合作企业代表为成员的校产学合作教育领导小组，加强对产学合作教育的领导，推动产学合作教育深入有序的发展。"同时，学校成立产学合作教育领导小组，办公室设在校经济管理与合作办学办公室。

（二）重大合作项目

1. 国际语言文化学院

国际语言文化学院成立于1989年，是一所国家承认学历的民办高校。1993年，经市高教局批准挂靠北京联合大学。

2004年3月，学校与北京涉外经济学院签订了关于合作建设国际语言文化学院的合作办学协议书。按照协议，国际语言文化学院于8月底在双方合作的框架下开始运行。

2008年4月，学校与北京涉外经济学院解除合作关系，国际语言文化学院与网通学院合并成立了应用科技学院。

2. 平谷学院

平谷学院是1995年由学校与北京市平谷区人民政府合作办学成立的学院，最初为高等职业技术学院，名为北京联合大学应用技术学院。

2004年3月，合作双方签署了联合办学协议，北京市教委正式批准该学院更名为北京联合大学平谷学院。

2010年，双方解除合作关系，平谷学院停办，学生并入学校应用科技学院。

3. 广告学院

广告学院是学校与《人民日报》下属的北京诺贝广告有限公司合作办学的学院。学院于2000年2月2日经市教委批准成立，是全国第一所校企合作办学的广告学院。

2004年，合作双方签订了继续合作举办广告学院的合作协议。

2010年，合作双方解除合作关系，广告学院成为学校下属的处级学院。

4. 东方信息技术学院

东方信息技术学院是学校与河北廊坊东方大学城开发有限公司合作办学的学院。学校委托信息学院筹办,于2001年6月建立。

2004年3月,双方重新签订了合作举办北京联合大学东方信息技术学院的办学协议。

2009年,学校与东方大学城开发有限公司解除合作关系,东方信息技术学院撤销,原有正式教职工14人并入学校,外聘教职工22人终止聘用合同,原在校学生已全部毕业。

5. 网通软件职业技术学院

2003年4月,学校与网通北京分公司、禾光永业科技有限公司签订合作办学协议,合作建立网通软件职业技术学院。

2008年,学校与网通北京分公司、禾光永业科技有限公司解除合作关系。网通学院并入应用科技学院。

6. 导聋犬项目

北京联合大学导聋犬训练基地是学校创建的国内首家进行导聋犬训练、研究及无偿扶助残疾人的专业机构。基地位于北京市顺义区龙湾屯镇南坞村,占地面积约4669平方米,建筑面积约1700平方米,设有标准犬舍、医疗室、检疫室、服从训练室、展示训练室、残疾人共同适应室等设施。

基地采用非营利模式进行运营,无偿援助受助对象。

2006年3月,学校特殊教育学院与中国三星集团SDI导聋犬中心签订合作协议。

同年4月,三星SDI导聋犬中心向特殊教育学院的聋生捐赠两只名为诺尔和韩贝尔的导聋犬。

2008年9月,学校与中国三星集团签署《关于中国导聋犬训练基地的合作协议》,“三星Anycall—北京联合大学导聋犬训练基地”建设项目正式启动。

2010年4—5月,“北京联合大学导聋犬训练基地”驯犬师刘嘉晖和郝清龙赴韩国三星集团特种犬训练中心“爱宝乐园”接受专业培训。

同年9月,“北京联合大学导聋犬训练基地”完工,并于11月1日开始试运营。

三、北京联合大学科技园

北京联合大学科技园是市级大学科技园,是高新企业技术的孵化基地和学校技术创新基地,其功能定位是科技企业孵化基地;科技成果转化基地;科技创新人才培养基地;高新技术成果与资金的对接平台。园区主要位于学校北四环校区和学院路校区。

2009年,北京市科委、北京市教委和中关村管委会共同批准建立北京联合大学科技园。

同年6月,科技园管委会成立,柳贡慧任主任,张连城、冯虹任副主任。

2010年9月,科技园《科技成果股权激励方案》通过上级审批,北京联合大学由此被列为“中关村国家自主创新示范区股权与分红权激励改革试点单位”。

同年12月,学校召开北京联合大学科技园政策研讨暨相关经济政策宣讲会。科技园通过验收,正式启动。

第九章　国际及港澳台交流与合作

第一节　机构设置

学校从多个角度积极推进多层次、多领域的国际及港澳台的学术交流。截至2010年12月，已经与26个国家和地区的97所高校建立了合作关系，开展包括合作培养、学生交流、教师交流、合作科研、国际会议等多种形式的合作项目。同时，学校积极推动教育教学质量的提升，通过与国际及港澳台的交流与合作，引入优质教育资源，开拓学生的国际化视野，培养国际化师资力量。

国际交流合作处（含港澳台事务办公室）是学校执行涉外（含港、澳、台）政策，协调国际交流与合作事务的职能部门，主要职责是：负责学校与国（境）外高校在校际层面的日常接触和沟通，并根据学校的教学与科研需要，和国（境）外大学探讨合作事宜；策划、协调并安排国外代表团来访事宜；负责校际交流协议的起草和协商；开展校际交流协议框架下的教师/学生交流；处理校级代表团出访的相关事宜；进行相关国际会议的筹备；负责外专、外教的聘请工作；规划指导全校来华留学生工作。

2005年4月28日，根据校党委《关于学校"国际交流培训中心"更名为"国际交流学院"及相关事宜的决定》（京联党〔2005〕20号）文件精神，国际交流学院正式成立，为学校直属非法人学院，主要职责是对学校来华留学生的招生、管理以及教学质量进行监督；安排本院来华留学生的教学；负责学校合作办学项目的实施；开展校际交流协议框架下学生交流项目；实施学校与国（境）外高校的联合培养项目；负责国际交流合作处委托的其他国际交流合作项目的实施。

除学校层面的管理机构外，法人学院中应用文理学院、商务学院、旅游学院均设有国际交流合作处（含港澳台事务办公室），具体负责本学院相应的外事及港澳台事务。

第二节　因公派出

自2001年以来，学校开始逐步统筹规划全校因公派出工作，并注重加强派出工作实效，大力开展与各国及港澳台合作伙伴的学术交流活动，为进一步加强出访过程的监督及出访成果的落实工作，先后出台多项制度和文件规定。

2006年9月，根据《北京联合大学关于因公出国人员护照、因公往来港澳通行证管理的暂行规定》（京联外〔2006〕46号）文件精神，对出国、赴港澳台的证照开始进行规范管理。

2007年5月，根据《北京联合大学因公派出国（境）团组境外纪律规定》（京联外〔2007〕17

号)文件精神,对因公派出团组的境外纪律开始进行严格规范管理。

2009年10月,经学校党委第250次常委会研究通过《北京联合大学因公出国(境)公示的暂行办法》(京联发〔2009〕37号),成立因公出国(境)公示工作领导小组,对所有副处级及以上干部出访进行公示。

2010年3月,按照《关于取消副局级单位院级领导因公临时出国(境)独立组团资格》(京联党〔2010〕62号)文件精神,进一步严肃学校因公临时出国(境)纪律要求,加强因公派出团组的集中统一管理,从同年4月起学校副局级学院院级领导不得独立组团出访,副局级学院院级领导因公临时出国(境)计划均纳入学校校级出访计划团组内执行。

2001—2010年学校共派出561个团组,共计1878人次。

第三节 外事接待

自2001年以来,学校已经接待来自英国、美国、爱尔兰、加拿大、澳大利亚、新西兰、法国、德国、日本、韩国、泰国、印尼等20多个国家的800多个访问团组,其中半数以上为校级领导团组,同时包括部长级国家团组。

通过外事工作,学校拓展了外事资源,开拓了国际合作伙伴,深化了与现存国际合作伙伴的关系。学校先后与97所大学签署了关于教师学生交换、共同举办国际研讨会、共同开展科研项目、图书馆等资源共享、学生学位教育等方面的合作协议。2005—2010年学校接待外宾来访情况,如表9.3-1所示。

表9.3-1 2005—2010年外宾来访统计

来访时间	来访单位及人员	来访目的
2005.05.27	美国南卡罗来纳大学校长安德鲁・索伦森、常务副校长马克・贝克尔	商讨两校合作
2005.08.31	泰国东方大学教育学院副院长卢德理博士等20人	商谈两校合作培养泰国汉语教师的师资问题
2005.09.12	越南河内科技大学代表团10人	商讨两校合作以及在思想政治教育方面的合作可能性
2005.10.03	韩国西原大学校理事长、校长代表团及韩国国际教育文化院一行9人	签署合作协议
2005.10.17	德国海德堡康复基金终身教育集团国际合作部主任恩德理西	确认双方合作关系
2005.10.19	美国恩波利亚州立大学副校长詹姆斯哈特	商讨联合培养本科生
2005.11.17	韩国建国大学忠州校区副校长严文子等3人	探讨进一步深化学生交流
2005.11.17	印度尼西亚教育部直属职业学校校长代表团一行20人	探讨来华留学事宜
2005.11.19	美国威斯康星拉克劳斯管理学院院长比尔・克尔克劳夫等2人	商讨联合培养事宜
2005.11.22	英国西敏斯特大学计算机学院院长瓦萨立斯等2人	探讨扩大学生交流事宜
2005.11.24	英国东伦敦大学校长麦克梭恩教授等3人	探讨扩大学生交流事宜
2005.12.02	泰国国家科学博物馆馆长兼泰国东方大学顾问毕参博士	探讨学术合作

续表

来访时间	来访单位及人员	来访目的
2005.12.06	美国华盛顿州贝立文社区大学校长冉弗洛顿教授等4人	探讨教师培训、学生实习等事宜
2005.12.07	俄罗斯莫斯科人文大学东亚研究所所长巴拉金	探讨学术合作
2006.02.26	日本爱知文教大学坂田新校长一行2人	探讨学生交流事宜
2006.03.13	泰国东方大学副校长哈杰教授一行29人	探讨学生交流及联合培养事宜
2006.03.14	西班牙阿尔卡拉大学副校长胡安索罗组贝尔帕斯特等2人	探讨学生交流事宜
2006.03.27	美国威斯康星拉克劳斯大学道格拉斯校长一行4人	探讨合作框架
2006.05.16	联合国残疾人事务特别报告员、卡塔尔国公主赫萨·阿勒萨尼等10人	探讨残疾人高等教育发展问题
2006.05.18	美国亚利桑那州凤凰城捷特威社区大学代表团一行7人	探讨机电专业的合作
2006.05.19	美国恩波利亚州立大学德怀特摩尔等3人	深化两校合作
2006.06.04	挪威斯塔万格大学代表团一行8人	探讨两校合作
2006.08.30	印度尼西亚苏门答腊州教育厅直属职业学校校长代表团一行18人	探讨来华留学事宜
2006.10.09	加拿大蒙克顿大学国际交流与合作处处长布克等4人	探讨合作事宜
2006.10.11	新加坡劳动力发展局旅游署长张晓云等14人	探讨旅游专业合作
2006.10.13	日本南山大学一行2人	探讨学生交流
2006.11.02	美国南新罕布什尔大学校长、国际项目主管等一行4人	探讨学生交流
2006.11.10	爱尔兰阿斯隆理工大学校长基亚兰·欧凯伦一行2人	探讨合作框架
2007.04.10	美国南新罕布什尔大学校长保罗李布朗克先生一行6人	探讨合作框架
2007.05.08	英国斯旺西大学校长理查德戴维斯教授代表团一行5人	探讨合作事宜
2007.05.18	俄罗斯莫斯科人文大学校长伊戈尔·米哈依洛维奇·伊林斯基教授	探讨海外汉语推广事宜
2007.05.22	沙特阿拉伯王国技术教育及职业培训总署副署长一行5人	考察北京高等教育情况
2007.05.28	美国中佛罗里达大学罗森酒店管理学院院长皮匝姆一行4人	探索酒店管理专业合作
2007.05.29	美国威斯康星拉克劳斯大学商学院副院长利兹格雷厄姆	探讨联合培养事宜
2007.09.10	日本敬爱大学国际学部山本健等一行3人	探讨交换生事宜
2007.09.11	美国西藤山大学校长乔安妮·博伊尔博士一行2人	探讨交换生事宜
2007.09.24	美国恩波利亚州立大学副校长兼国际部主任詹姆斯哈特博士	讨论合作本科培养
2007.11.14	越南胡志明市师范大学副校长黄清朝教授一行5人	探讨联合培养问题
2007.11.26	挪威斯坦万格大学校长兼董事会主席阿斯兰格米奇森女士一行2人	探讨合作事宜
2007.11.29	英国威斯敏斯特大学校长杰弗里·佩茨一行2人	探讨合作事宜
2008.01.22	英国安格利亚鲁斯金大学校长迈克索恩教授一行4人	探索教师交换事宜

续表

来访时间	来访单位及人员	来访目的
2008.03.10	日本大阪经济法科大学教务部裴龙先生等一行	探讨旅游学科合作
2008.03.13	英国温彻斯特大学国际部主任大卫·斯特里特	探讨联合培养
2008.04.10	加拿大温尼伯大学一行2人	探讨联合培养
2008.06.03	美国恩波利亚州立大学校长麦克·莱恩一行5人	开拓教师交流渠道
2008.06.04	美国西藤山大学校长乔安妮·博伊尔博士一行2人	探讨教师交流
2008.09.17	美国特洛伊大学副校长波特博士一行3人	探讨联合培养
2008.10.14	英国西苏格兰大学校长谢默斯·麦克达德教授一行2人	签署继续合作协议
2008.10.15	美国威斯康星拉克劳斯大学国际部副主任一行2人	探索课程建设问题
2008.10.20	美国社区大学协会会长娥温教授一行9人	探讨合作问题
2009.01.08	美国艾格伍学院商学院院长查尔斯·泰勒博士一行2人	探讨联合培养
2009.03.19	丹麦尼尔斯布鲁克哥本哈根商学院校长安雅·艾思奇尔森一行2人	探索合作办学
2009.04.25	美国凯瑟大学校长凯瑟博士一行4人	探讨合作框架
2009.04.30	英国安格利亚鲁斯金大学校长迈克·索恩一行3人	探讨合作问题
2009.05.05	美国密苏里大学圣路易斯分校副校长乔尔·格拉斯曼博士一行4人	探讨合作框架、签署合作协议
2009.05.10	荷兰汉斯哥罗尼根大学校长亨克·皮杰曼一行5人	签署合作协议
2009.05.18	美国圣道大学校长路易斯阿格尼斯博士1人	签署合作协议
2009.06.03	新西兰梅西大学商学院副院长马丁·杨教授一行2人	探讨联合培养
2009.06.08	瑞典林雪平大学户外教育中心主任安德斯教授一行2人	探讨户外教育硕士的联合培养
2009.06.16	阿富汗教师来华学习考察团一行10人	探索合作可能性
2009.06.21	日本新潟大学相庭和彦教授	探讨城市发展的合作研究
2009.06.25	美国特洛伊大学副校长科蒂斯·波特博士一行2人	签署合作协议
2009.07.18	英国兰彼得威尔士大学人文与社会科学学院院长西蒙哈·洛克一行2人	讨论校际合作
2009.10.19	荷兰尼恩霍德商业大学校长兼首席执行官茅瑞慈、万如禛博士	探讨科研合作
2009.10.21	法国英塞克高等商学院国际部负责人莱斯佩德先生一行2人	讨论联合培养
2009.10.21	英国威斯敏斯特大学国际部主任史提夫·贝里奇一行2人	讨论合作问题
2009.10.22	英国安格利亚鲁斯金大学副校长桑德拉·霍利斯一行3人	讨论师资培训
2009.11.02	英国西苏格兰大学校长谢默斯·麦克达德一行3人	讨论联合培养
2009.11.06	韩国建国大学副校长金宇峰一行3人	讨论学生交流项目
2009.11.08	新潟大学校长下条文武、副校长岛田正宽一行4人	探索联合培养及科研合作
2009.12.01	爱尔兰阿斯隆理工大学校长卡荣·欧凯伦教授一行2人	讨论合作框架及合作进展
2010.01.08	泰国东方大学副校长蒙蒂亚姆·柯希肯博士一行2人	探讨联合培养和海外汉语推广师资培训

续表

来访时间	来访单位及人员	来访目的
2010.01.13	韩国建国大学国际支援部部长柳云锡教授一行 3 人	讨论学生交流问题
2010.03.12	美国科尔曼大学校长布里特·佩尔·帕乃萨一行 2 人	签署合作协议
2010.03.12	美国佛罗里达国际大学夏卫东教授	商讨合作科研
2010.03.28	英国兰彼得威尔士大学和卡马森三一大学校长休斯博士一行 6 人	签署合作框架协议、进行孔子学院理事会会议
2010.04.11	美国圣达菲大学克雷史密斯博士 1 人	讨论合作事宜
2010.04.12	美国西藤山大学校长一行 2 人	讨论教师互换问题
2010.05.05	英国安格利亚鲁斯金大学校长麦克索恩一行 3 人	探讨联合培养
2010.05.10	英国罗汉普顿大学代表团一行 2 人	讨论合作培养
2010.05.15	美国阿肯色州立大学执行校长兼教务长霍华德一行 4 人	签署合作协议
2010.06.08	英国威斯敏斯特大学商学院院长吴道真教授一行 2 人	讨论商科联合培养的课程设置问题
2010.06.17	爱尔兰阿斯隆理工学院校长欧凯伦教授一行 3 人	讨论学科建设
2010.06.19	美国恩波利亚州立大学副校长威廉姆斯博士 1 人	讨论未来合作议题
2010.09.18	日本长冈大学鲤江康正教授一行 3 人	讨论交流生问题
2010.10.20	法国英赛克高等商学院校长阿兰一行 2 人	讨论联合培养
2010.10.26	美国中密歇根大学校长洛斯博士一行 3 人	讨论合作框架
2010.11.04	瑞典林雪平大学教育学院院长凯琳一行 3 人	讨论教育学专业联合培养
2010.11.09	韩国建国大学副校长金宇峰教授 1 人	讨论合作科研问题
2010.11.17	菲律宾威斯里安学院校长代表团一行 7 人	签署合作协议

第四节　合作与交流

学校逐步建成了以学校为大平台、以学院为主体的国际交流与合作格局。在此格局下，学校进行的形式各异的合作与交流要以促进学校教育教学质量提升为核心，以学校重点工作和中心工作为导向，以培养合格的高素质综合性国际化人才为目标，不断深化与世界各国、各地区的高校之间的合作与交流。

学校历来重视国际交流与合作，并积极开展合作与交流项目。为适应新形势下的国际交流与合作及更好地培养学生的能力，学校于 2008 年提出了新的国际化目标：培养具备国际视野、通晓国际准则并具备处理复杂国际事务能力的优秀学生。为落实此目标，学校在 2010 年第 10 次校长办公会上通过了《北京联合大学学生国(境)外交流项目奖学金管理办法(草案)》，以资助成绩优异、家境相对贫困的优秀学生参加学校的出国(境)交流项目，鼓励学生在校学习期间参加各种项目，开阔视野，锻炼自我。至 2010 年 10 月 31 日，已经有 1000 多名学生通过学校举办的各种国(境)外项目获得了宝贵的海外学习经验。2000—2010 年学校开展国际合作与交流的情况，如表 9.4-1 所示。学校资助学生参加出国(境)交流项目情况，如表 9.4-2 所示。

表 9.4-1　2000—2010 年国际合作与交流情况

序号	院　校	国　别	合作起止时间	合作内容
1	西苏格兰大学	英国	2000—今	学生交流、教师交流、合作科研
2	东伦敦大学	英国	2002—2007	学生交流、教师交流
3	桑德兰大学	英国	2002—2006	校际交流
4	威斯敏斯特大学	英国	2003—今	学生交流、教师交流
5	伦敦都市大学	英国	2003—2007	校际交流
6	利兹都市大学	英国	2004—2010	校际交流
7	斯旺西大学	英国	2004—2009	校际交流
8	诺森比亚大学	英国	2005—2007	校际交流
9	安格利亚鲁斯金大学	英国	2006—今	学生交流、教师交流、合作科研
10	格鲁斯特郡大学	英国	2006—今	学生交流
11	温彻斯特大学	英国	2006—今	学生交流
12	威尔士大学圣大卫三一分校	英国	2007—今	学生互换、教师交流、海外汉语推广
13	剑桥三一学院	英国	2008—2009	教师培训
14	罗汉普顿大学	英国	2009—今	校际合作
15	拉鹏帕大学	阿根廷	2003—2007	校际合作
16	悉尼科技大学	澳大利亚	2005—2009	校际交流
17	默多克大学	澳大利亚	2005—2010	校际交流
18	皇家墨尔本理工大学	澳大利亚	2008—今	校际交流
19	国立联合理工学院	新西兰	2003—2007	校际交流
20	梅西大学	新西兰	2009—今	校际交流
21	乌尼苏大学	巴西	2003—2007	校际交流
22	法阿比大学	巴西	2007—今	校际交流、教师交流、汉语推广
23	里贾纳大学卢瑟学院	加拿大	2002—2006	教师培训
24	西北社区大学	加拿大	2002—2007	学生交换、教师交流
25	莱沃森大学	加拿大	2007—今	合作研讨
26	尼尔斯布鲁克哥本哈根商学院	丹麦	2009—今	校际交流
27	英赛克高等商学院	法国	2002—今	学生交流、教师交流
28	科西嘉大学	法国	2002—2007	学生交流
29	德累斯顿工业大学	德国	2002—今	学生交流、教师交流、教师培训
30	汉诺威大学	德国	2003—2007	教师交流
31	阿斯隆理工学院	爱尔兰	2007—今	学生交流、教师交流、合作科研
32	长野大学	日本	2002—今	学生交换
33	长岗大学	日本	2004—今	学生交流
34	爱知文教大学	日本	2006—今	学生交换
35	敬爱大学	日本	2006—今	学生交流
36	新潟大学	日本	2007—今	学生交换、教师交流、合作科研
37	南山大学	日本	2007—今	学生交流
38	名樱大学	日本	2008—今	学生交换
39	高知女子大学	日本	2008—今	学生交流
40	东京女学馆	日本	2009—今	学生交换

续表

序号	院　校	国　别	合作起止时间	合作内容
41	大阪经济法科大学	日本	2009—今	学生交流
42	山梨大学	日本	2009—今	学生交换
43	首尔市立大学	韩国	2002—今	学生交换、教师交流、合作科研
44	建国大学	韩国	2003—今	学生交换、教师互换、合作科研
45	关东大学	韩国	2004—今	学生交流、合作科研
46	西原大学	韩国	2005—今	校际交流
47	江南大学	韩国	2007—今	校际交流
48	培才大学	韩国	2007—今	校际交流
49	蒙特利科技大学	墨西哥	2007—今	校际交流
50	莫斯科人文大学	俄罗斯	2006—今	学生交换、合作科研、教师交流
51	车里雅宾斯克国立大学	俄罗斯	2008—今	校际交流、教师交流
52	维克大学	西班牙	2003—今	校际交流、学生交流
53	纳瓦拉公立大学	西班牙	2007—今	学生交换
54	林雪平大学	瑞典	2009—今	学生交换、教师交流
55	东方大学	泰国	2006—今	学生交流、海外汉语推广、教师交流
56	北曼谷先王理工大学	泰国	2009—今	校际交流
57	诗卡琳娜威洛大学	泰国	2010—今	学生交流、海外汉语推广、教师交流
58	汉斯格罗尼根大学	荷兰	2003—今	校际交流、合作科研
59	圣道大学	美国	2001—今	学生交换
60	加州大学河滨分校	美国	2001—今	学生交流
61	明尼苏达大学	美国	2003—2007	校际交流
62	旧金山州立大学	美国	2003—今	校际交流
63	恺撒大学	美国	2006—2010	校际交流
64	新英格兰大学	美国	2003—今	校际交流
65	恩波利亚州立大学	美国	2004—今	学生交换、教师交流
66	威斯康星大学拉克劳斯	美国	2004—今	学生交换
67	南佛罗里达大学	美国	2004—2008	校际交流
68	佩斯大学	美国	2006—2010	校际交流
69	圣达菲大学	美国	2006—今	学生交换、教师交换、合作研讨
70	美国国民大学	美国	2006—2010	校际交流
71	西藤山大学	美国	2007—今	学生交换、教师交流、合作研讨
72	特洛伊大学	美国	2008—今	校际交流
73	密苏里大学圣路易斯	美国	2009—今	校际交流
74	圣约翰大学	美国	2009—今	校际交流、教师培训
75	库勒曼大学	美国	2010—今	校际交流
76	阿肯色州立大学	美国	2010—今	校际交流
77	胡志明师范大学	越南	2003—今	校际交流、学生交流
78	越南佛教大学胡志明佛教学院	越南	2010—今	学生交流、联合培养
79	国立农业大学	蒙古	2009—今	校际交流、学生交流
80	智慧大学	柬埔寨	2010—今	校际交流、学生交流
81	威斯里安学院	菲律宾	2010—今	校际交流
82	思特雅大学	马来西亚	2010—今	校际交流

表 9.4-2　学生出国(境)交换/交流项目

序号	交换学校	国家/地区	语言要求	人/年	费用说明
1	首尔市立大学	韩国	英语	6	免学费并提供部分生活补助
2	建国大学	韩国	英语	8	免学费
3	恩波利亚州立大学	美国	英语	40	缴纳本州学生学费(减免 2/3 学费)
4	西藤山大学	美国	英语	3	免学费并酌情补贴生活费
5	高立德大学	美国	英语或手语	20	免学费
6	威斯敏斯特学院	美国	英语	1	减免学费
7	克里西勒内奥弗莱饭店旅游管理学院	法国	法语或英语	60	实习项目
8	圣彼得堡国立经济与服务大学	俄罗斯	俄语或英语	6	免学费
9	香港岭南大学	中国香港	英语	6	免学费
10	爱知文教大学	日本	日语	2	免学费、住宿费
11	新潟大学	日本	日语	4	免学费、住宿费
12	名樱大学	日本	日语	3	免学费
13	高知女子大学	日本	日语	2	免学费
14	山梨大学	日本	日语	2	免学费

第五节　引智工作

引智工作一直是学校教育教学的重点工作之一。为更好提升教育教学质量,推动学生国际化素质的培养,学校每年聘请 20 多名外国专家为本专科及研究生授课,截至 2010 年,外国专家和外籍教师占全体教师的总数达到 2%。授课范围涵盖了外语、金融学、营销、网络技术、软件设计等课程,覆盖全校。学校还积极从合作院校引入教育资源,包括教材、教法以及师资,进一步充实了学校的教学力量。

学校的法人学院中,应用文理学院、师范学院、生物化学工程学院、商务学院、旅游学院等都具备独立聘请外国专家的资格。其余学院的外国专家聘请由学校国际交流合作处统筹管理。2001—2010 年学校聘请外国专家情况,如表 9.5-1 所示。

表 9.5-1　2001—2010 年聘请专家名单

年　份	专　家	合作院校	专业领域	国　别
2001	格拉哈姆·敏肖	东伦敦大学	国际关系	英国
2002	大卫·克劳斯比	威斯敏斯特大学	金融学	英国
	保罗·史密斯	东伦敦大学	计算机	英国
2003	当纳德·奇泽姆	威斯敏斯特大学	营销学	英国
	大卫·克劳斯比	威斯敏斯特大学	金融学	英国
	德斯蒙德·卡罗兰	威斯敏斯特大学	经济学	英国
	格拉哈姆·敏肖	东伦敦大学	国际关系	英国
	吉姆·巴克朗德	克特兰社区学院	心理学	美国
	丹尼尔·梅廷		国际政治	澳大利亚

续表

年　份	专　家	合作院校	专业领域	国　别
2004	马克・帕顿	威斯敏斯特大学	文化研究	英国
	马瑞慈・万・卢耶	威斯敏斯特大学	经济学	英国
	杰弗瑞・科普兰德	威斯敏斯特大学	行政管理	英国
	戴安娜・邦迪	东伦敦大学	语言学	英国
	保罗・史密斯	东伦敦大学	计算机	英国
	汤姆・瑞	阿尔皮纳社区学院	语言学	美国
	朝日・东山		书画艺术	日本
	劳・砍		经济学	新加坡
	丹尼尔・梅廷		国际政治	澳大利亚
2005	吉姆・巴克朗德	克特兰社区学院	心理学	美国
	当纳德・奇泽姆	威斯敏斯特大学	营销学	英国
	米尔斯・米勒	威斯敏斯特大学	语言学	英国
	格拉哈姆・敏肖	东伦敦大学	国际关系	英国
	塔亚巴・伯克哈里	芝加哥州立大学	营销学	美国
	扎法・伯克哈里	芝加哥州立大学	金融学	美国
	马克・汉		机械工程	德国
	朝日・东山		书画艺术	日本
2006	玛利娅・包格思・科斯塔		语言学、翻译	巴西
	玛丽安・柯蒂斯	恩波利亚州立大学	语言学	美国
	詹姆斯・哈特	恩波利亚州立大学	教育管理	美国
	德威特・摩尔	恩波利亚州立大学	物理学	美国
	大卫・克劳斯比	威斯敏斯特大学	金融学	美国
	瑞安・汉姆斯克	威斯康星拉克劳斯大学	教育管理	美国
	露西亚・巴特罗		社会学	美国
	卡瑞・格拉迪		语言学	美国
	当纳德・奇泽姆	威斯敏斯特大学	营销学	英国
	朝日・东山		书画艺术	日本
2007	玛利娅・包格思・科斯塔		语言学、翻译	巴西
	朝日・东山		书画艺术	日本
	巴克纳・理查德・盖尔		经济学	美国
	德斯蒙德・卡罗兰	威斯敏特大学	经济学	英国
	桑德拉・郝丽斯	安格利亚鲁斯金大学	管理学	英国
	当纳德・奇泽姆	威斯敏斯特大学	营销学	英国
2008	玛利娅・包格思・科斯塔		语言学、翻译	巴西
	朝日・东山		书画艺术	日本
	当纳德・麦克・西里安尼		教育学	美国
	当纳德・奇泽姆	威斯敏斯特大学	营销学	英国
	卡尔文・快克		金融学	加拿大
	奥斯汀・阿霍		行政学	美国
	桑德拉・郝丽斯	安格利亚鲁斯金大学	管理学	英国
	麦克・索恩	安格利亚鲁斯金大学	教育学	英国

续表

年 份	专 家	合作院校	专业领域	国 别
2009	玛利娅·包格思·科斯塔		语言学、翻译	巴西
	卡尔文·快克		金融学	加拿大
	奥斯汀·阿霍		行政学	美国
	当纳德·麦克·西里安尼		外事文秘专业英语	美国
	科林·奥斯兰德		金融学	英国
	朱利安·敏特斯		经济学	美国
	阿提拉·阿万德普	林雪平大学	ADC 设计技术	瑞典
	德斯蒙德·卡罗兰	威斯敏斯特大学	经济学	英国
	桑德拉·郝丽斯	安格利亚鲁斯金大学	管理学	英国
	麦克·索恩	安格利亚鲁斯金大学	教育学	英国
	汉娜·包思顿		语言学、翻译	美国
2010	科林·奥斯兰德		金融学	英国
	汤玛斯·卡尔森		语言学、翻译	瑞典
	艾伦·舍伍德		文学	美国
	玛利娅·包格思·科斯塔		语言学、翻译	巴西
	朱利安·敏特斯		经济学	美国
	阿提拉·阿万德普	林雪平大学	ADC 设计技术	瑞典
	当纳德·奇泽姆	威斯敏斯特大学	营销学	英国
	卡伦·欧·凯伦	阿斯隆理工大学	旅游管理	爱尔兰
	麦克·索恩	安格利亚鲁斯金大学	教育学	英国
	汉娜·包思顿		语言学、翻译	美国

注：未填写合作院校的专家是直接聘请的，不属于合作院校。

第六节 国际会议

学校注重国际交流，与各合作院校建立了常态的学术、专业联络机制，通过参加、举办国际会议，与同行、行业专家等进行了充分的交流和沟通。同时，学校还积极通过国际会议，搭建高层次国际合作平台。2008—2010 年学校主办或承办的部分国际会议，如表 9.6-1 所示。2010 年，学校为了促进与各国际合作伙伴在更广的范围内进行交流和沟通，发起并成立了大学国际化联盟，有来自 12 个国家和地区的 20 所院校加盟。联盟成员共享彼此资源，在联盟的平台上开展广泛的交流合作项目。大学国际化联盟成员名单，如表 9.6-2 所示。

表 9.6-1 2008—2010 年学校主办/承办的部分国际会议

序号	会议名称	举办时间/年	会议主题
1	首届应用性本科教育国际研讨会	2008	探讨应用性本科的学科建设
2	美国地理工程师第 16 届工业工程与工程管理国际会议	2009	探讨工业工程与工程管理方面的学术问题
3	中小企业发展国际论坛	2009	探讨中小企业发展中的相关问题
4	北京学术研讨会	2010	探讨地方学研究的国际化问题
5	大学国际化发展战略研讨会	2010	探讨如何在国际平台上实现各合作伙伴间的资源共享

表 9.6-2　大学国际化联盟成员名单

序号	英文校名	中文校名
1	Anglia Ruskin University	安格利亚鲁斯金大学
2	Athlone Institute of Technology	阿斯隆理工学院
3	Beijing Union University	北京联合大学
4	Burapha University	东方大学
5	Chaoyang University of Technology	朝阳科技大学
6	Chienkuo Technology University	建国科技大学
7	Edgewood College	爱知伍德学院
8	Emporia State University	恩波利亚州立大学
9	FAAP(Fundação Armando Alvares Penteado)	法阿比大学
10	Kaohsiung University of Hospitality and Tourism	高雄餐旅大学
11	Lingnan University	岭南大学
12	Lycée René Auffray	克里西勒内饭店旅游管理学院
13	Moscow University for the Humanities	莫斯科人文大学
14	Niels Brock Copenhagen Business College	尼尔斯布鲁克哥本哈根商学院
15	Pannasastra University	智慧大学
16	Seton Hill University	西藤山大学
17	Srinakharinwirot University	诗卡琳娜威洛大学
18	The University of Seoul	首尔市立大学
19	University of Wales Trinity Saint David	威尔士三一圣大卫大学
20	University of the West of Scotland	西苏格兰大学

第七节　港澳台事务

学校积极拓展与港澳台地区高校的互动和交流，并积极推动海峡两岸高等教育的共同发展。自 1999 年开始，学校与上海第二工业大学、深圳职业技术学院以及台湾台北科技大学共同发起并组建了海峡会，至 2010 年海峡会已举办了 12 届。为了促进海峡两岸学子交流，学校于 2006 年派遣 3 名交换生赴中国台湾建国科技大学学习，成为首批大陆高校赴台交流学生的高校之一。同时每年学校也录取十几名港澳台学生，入读学校各个专业。本校学生赴台交换/交流项目，见表 9.7-1。历届海峡会主题，见表 9.7-2。

2007 年 5 月，随着学校港澳台交流的日益频繁，根据《北京联合大学涉台交流的有关规定》(京联外〔2007〕18 号)文件精神，对涉台交流进行了详细规范。2001—2010 年学校与港台高校合作情况，见表 9.7-3。

表 9.7-1　学生赴台湾交换/交流项目

序号	交换学校	语言要求	人/年	费用说明
1	建国科技大学	汉语	40	交换生学费优惠
2	云林科技大学	汉语	10	免学费/享受交换生学费优惠
3	中原大学	汉语	20	免学费
4	大华技术学院	汉语	30	交换生学费优惠
5	龙华科技大学	汉语	30	交换生学费优惠
6	朝阳科技大学	汉语	30	交换生学费优惠
7	高雄师范大学	汉语	4	交换生学费优惠
8	高雄餐旅大学	汉语	4	学费、住宿费全免

表 9.7-2 历届海峡会主题

历届会议	主　题	承办单位
第 1 届.1999.北京	面向 21 世纪的高等职业(技职)教育改革与发展	北京联合大学
第 2 届.2000.台北	技职(高等职业)教育的永续经营与改革	台北科技大学
第 3 届.2001.深圳	全球化、信息化、高科技背景下的高职(技职)教育的发展	深圳职业技术学院
第 4 届.2002.上海	合作、变革、发展——现代化进程中的高职(技职)教育	上海第二工业大学
第 5 届.2003.北京	国际化、现代化、社会化发展中的高等职业(技职)教育	北京联合大学
第 6 届.2004.彰化	探讨技职教育问题,塑造技职教育新愿景;交流技职教育研究成果;提升技职教育品质	建国科技大学
第 7 届.2005.深圳	合作与互动·两岸高等技术与职业教育发展的新愿景	深圳职业技术学院
第 8 届.2006.上海	全球视野 两岸行动——大众化教育进程中高职教育新愿景	上海第二工业大学
第 9 届.2007.台中	卓越昂扬——两岸技职教育的创新与展望	朝阳科技大学
第 10 届.2008.北京	挑战与应对——新形势下的两岸应用性(技术与职业)高等教育	北京联合大学
第 11 届.2009.深圳	合作与进步——两岸应用性(技术与职业)高等教育的新发展	深圳职业技术学院
第 12 届.2010.台北	创新、创意与创业	龙华科技大学

表 9.7-3 2001—2010 年港台合作高校

序号	院校名称	地区	合作起止时间	合作内容
1	高雄师范大学	台湾	2002—今	学生交流、教师互访
2	岭东科技大学	台湾	2003—今	学生交流、教师互访
3	高雄餐旅大学	台湾	2003—今	学生交流、教师互访
4	朝阳科技大学	台湾	2006—今	学生交换、教师互访、合作科研
5	云林科技大学	台湾	2007—今	学生交流、教师互访
6	中原大学	台湾	2007—今	学生交流、教师互访合作科研
7	华夏技术学院	台湾	2008—今	学生交流、教师互访
8	龙华科技大学	台湾	2008—今	学生交流、教师互访、合作科研
9	大华技术学院	台湾	2008—今	学生交流、教师互访
10	城市大学	香港	2001—2007	学生交换、教师互访
11	岭南大学	香港	2003—今	学生交换
12	浸会大学	香港	2005—今	学生交流

第八节　孔 子 学 院

一、概述

2007 年,为发展中国与英国的友好关系,增进英国特别是威尔士人民对中国文化的了解,为英国特别是威尔士及其周边地区的汉语学习者提供方便、优良的学习条件和支持,经过中国国家汉语推广领导小组办公室批准，学校与英国兰彼得威尔士大学建立兰彼得孔子学院(Confucius Institute at Lampeter)。

二、孔子学院管理机构

孔子学院实行理事会制度，理事长由兰彼得威尔士大学代表担任，副理事长由北京联合大学代表担任。学院实行院长负责制。

2007 年 3 月 13 日，第一届理事会成立。

理事长：Robert A. Pearce(罗伯特·皮尔斯)　副理事长：张妙弟

理事：程建芳　姚新中

秘书：庞明　赵燕霞

2010 年 3 月 28 日，第二届理事会成立。孔子学院设中方院长和英方院长各一名。

理事长：Medwin Hughes(梅德温·修斯)　副理事长：柳贡慧

理事：杨亚军　郑玮　Catrin Thomas　Thomas Jansen　Kevin Matherivk

秘书：庞明　赵燕霞

中方院长：郑玮　英方院长：Thomas Jansen

2010 年 11 月起，中方院长由崔鲜泉担任。

三、孔子学院服务对象及业务

孔子学院的主要作用是为威尔士地区及兰彼得威尔士大学提供汉语教学培训；为当地政府及企业开展对话交流提供培训，咨询服务；举办与汉语及中国文化有关的学术活动等。

2009 年 5 月，在英国召开了学校孔子学院董事会议，就孔子学院的发展进行了讨论，达成了扩大孔子学院在威尔士地区的影响力、培养英国本土汉语教师、共同举办各种文化活动、编写中、英、威尔士三语教材、合办暑期夏令营等活动的共识。

四、孔子学院开展的活动

2009—2010 年，孔子学院举办过中英中小学教育与伦理国际研讨会、当地中小学校长汉语教学会、中秋文艺晚会，开展了中小学汉语教学活动、中国春节庆祝活动、欧盟多元文化日活动等，收到了良好的效果。

除孔子学院外，学校以孔子学院为依托，建立了 3 处孔子课堂，进一步在威尔士地区推广中国语言与文化。2010 年学校开设的孔子课堂，如表 9.8-1 所示。

表 9.8-1　2010 年学校开设的孔子课堂

批复时间/年	课堂名称
2010	Newcastle Emlyn(纽卡斯尔埃姆林)中学孔子课堂
2010	Llandovery College(兰多维利学院)孔子课堂
2010	Bryn Tawe(布林特原)中学孔子课堂

第十章 教职工

第一节 教 师

一、聘任制度

2001—2010 年，学校为贯彻北京市《教师资格条例》的相关要求，逐步确立了教师资格制度。2002—2009 年，先后出台了 3 个文件，分别是 2003 年出台的《北京联合大学首次实行聘用合同制实施方案(试行)》(京联发〔2003〕7 号)、2005 年出台的《关于进一步完善教职工聘任工作的意见》(京联人〔2005〕10 号)、2009 年出台的《关于做好 2009 年全员岗位聘用工作的通知》(京联人〔2009〕39 号)，这些文件明确了聘用制合同实施方案的细则，为进一步与教师签订聘用合同书提供了依据。

二、队伍结构

2001 年，学校专任教师(含兼职教师，以下同)总数为 1196 人，其中女教师为 730 人，占专任教师总数的 61%；专任教师中博士生 22 人，硕士生 271 人，本科生 695 人，专科生 208 人；56 岁以上的专任教师为 81 人，占当年专任教师总数的 6.8%。截至 2010 年，学校专任教师的总数有了明显的提高，由 2001 年的 1196 人上升到 1768 人，比 2001 年增加了 572 人。其中女教师为 1185 人，占当年专任教师总数的 67%；专任教师中博士生 250 人，硕士生 738 人，本科生 775 人，专科生 5 人；教授 122 人，副教授 521 人，讲师 931 人，助教 189 人。专任教师占教职员工总数的比例为 40%。2001—2010 年学校专任教师结构，如表 10.1-1 所示。

表 10.1-1 2001—2010 年专任教师结构统计 单位：人

年 份	总 计	女教师	学历(学位)结构				年龄结构			
			博士	硕士	本科	专科	35 岁以下	36—45 岁	46—55 岁	56 岁以上
2001	1196	730	22	271	695	208	486	402	227	81
2002	1204	729	30	299	839	36	482	396	240	86
2003	1288	811	50	404	799	35	540	407	257	84
2004	1391	894	62	463	850	16	611	420	280	80
2005	1578	1005	91	558	910	19	678	469	345	86
2006	1675	1066	128	669	865	13	711	512	354	98
2007	1717	1121	157	750	800	10	724	550	367	76
2008	1656	1099	164	697	785	10	650	571	372	63
2009	1799	1799	190	707	898	4	675	636	437	51
2010	1768	1185	250	738	775	5	645	604	469	50

三、队伍建设

（一）制度与措施

(1) 2003年5月，根据《中华人民共和国教师法》有关取得高等学校教师资格的规定和教育部《普通高等学校本科教学工作水平评估方案》对主讲教师资格的要求，学校结合自身师资队伍的现状，制定了《北京联合大学关于主讲教师任职资格的规定》(京联人〔2003〕19号)。同年7月，学校还出台了《北京联合大学教师教学工作条例》(京联教〔2003〕38号)。这些文件的出台，不仅明确了主讲教师的任职资格，加强了对教师的监管力度，还进一步明确了教师的工作职责和教学工作的基本要求。

(2) 同年7月，第19次校长办公会通过了《北京联合大学2004—2008年师资队伍建设规划》及《北京联合大学教师教学工作条例》。学校同时还出台了关于新进入教师的导师制度。为贯彻这些文件及制度，学校选派一批品德高尚、精于教学、科研能力强的本学科骨干教师担任青年教师的导师，使其在教学实践中对青年教师给予具体指导，培养青年教师的敬业精神、良好的师德和教风。

(3) 同年10月初，学校出台了《北京联合大学校本部兼职教授的聘任办法》，规范了学校对兼职教授的监管力度，明确了兼职教授的聘任程序。学校规定：聘任的兼职教授(含以学校名义聘任的兼职教授)的工作酬金由学校聘任单位从师资队伍建设经费中支出。

(4) 同月，学校制定了《引进人才科研启动费项目管理暂行办法》(京联科〔2003〕8号)，对人才项目经费的申请人、申请注意事项、项目实施管理、项目验收等方面进行了明文规定。

(5) 2004年2月，学校出台文件《北京联合大学学科带头人制度实施暂行办法》(京联科〔2004〕1号)，规定了关于学科带头人的聘任办法，为学校学科带头人的聘任提供了依据。

(6) 同年7月，学校出台了《北京联合大学兼职教授聘任与管理办法》(试行)(京联人〔2004〕42号)。

(7) 同年8月，学校制定了《学校基础课程责任教授认定与管理暂行办法》(京联教〔2004〕4号文件)，该措施明确了基础课程责任教授的基本条件和职责。

(8) 同年9月，学校出台了《北京联合大学校本部教师教学质量测评工作方案》(京联督办〔2004〕1号)，此方案的出台不仅改变了传统的行政管理模式，为提高学校教师的教学能力奠定了基础，而且完善了教师的职业素质结构，有利于教学质量的预测与控制。

(9) 2004年12月，学校出台了《北京联合大学中青年骨干教师资助计划实施办法(试行)》(京联人〔2004〕60号)。此实施办法为加强学校教师队伍梯队建设，保证学校的持续和稳定发展，学校学科专业带头人队伍建设奠定了坚实的基础。

(10) 同月，学校印发《北京联合大学师资队伍建设规划》(京联党办〔2004〕22号)，作为《关于延伸和补充〈北京联合大学“十五”时期发展规划〉的若干意见》(京联党〔2004〕43号)的配套文件之一。文件明确了学校根据总体发展目标和学科专业建设的需要，以全面提高教师队伍整体素质为中心，建立有利于吸引人才、稳定人才、发展人才和人才资源合理配置的有效机制和措施，全面提高教师素质，使师资队伍在规模、结构、层次上满足学校事业不断发展需要，并具有较强的竞争力。

(11) 2006年7月，学校出台了《北京联合大学校级教学名师评选办法》(京联人〔2006〕33号)。本办法的实施对象是学校教学岗位上具有正高级职务并长期承担本专科教学任务的教师,以及学校市级教学名师奖获得者。此评选办法大大地激励了学校长期以来教书育人的专任教师,为不断提高学校教师的执教能力、推动学校教学改革、加快学校特色教学机制的建立、提高学校教学创新能力等提供了保证与支持。

(12) 2007 年 11 月,学校出台了《北京联合大学"十一五"时期师资队伍建设规划》(京联发〔2007〕55 号)。规划指出学校要紧紧围绕师资队伍建设的目标任务,树立以人为本的可持续的人才发展观,通过实施人才强校战略和深化人事制度改革,加大经费投入,吸引和培养优秀人才,完善学校选人、用人和培养人的机制、政策和措施,形成了有利于人才发展、人才辈出的良好环境。

(13) 2008 年 6 月,学校出台了《北京联合大学双师素质教师队伍管理办法》(京联人〔2008〕23 号)。此管理办法的出台为实现学校"发展应用性教育""培养应用性人才"的办学宗旨,满足应用性教育的办学要求,建立一支具有扎实的理论基础和较强的专业实践能力的双素质教师队伍提供了制度保证。

(二) 职称评定及聘任工作

2001 年开始,学校专业技术职务改革领导小组本着"教师公平聘任的原则"负责整个学校的教师聘任事宜。学校专门设置了教师职称及专业的职称评定委员会(组委会),下属的各法人学院也专门设立教师评定审核的委员会,评定工作周期为每 3 年举行一次。2001 年,学校出台了《北京联合大学专业委员会管理办法》(京联发〔2001〕9 号),此办法对学校的教学基本建设、教学研究与教学改革提供了指导,促进并提高了学校专业人才的培养质量。

2002 年,北京市下发文件(京人发〔2002〕60 号),明确了北京市实施本科学历教育的普通高校可自主评审高等学校教师以及相关系列副高级专业技术职务。经北京市人事局批准(京人函〔2002〕143 号),学校组建了高校教师系列高级评审委员会。该评委会评审专业范围是(1) 学校从事数学类、物理学类、中文、历史、生物、马列主义理论类、法学类、经济学、管理学、电气信息类、机械类、力学类、生物工程类、思想政治教育专业教学,申报高校教师系列副教授人员;(2) 学校从事上述专业,申报自然科学研究、社会科学研究、工程技术系列副高、中、初级专业技术职务人员;(3) 学校申报实验技术系列高、中、初级专业技术职务人员;(4) 学校从事各专业教学,申报高校教师系列中、初级专业技术职务人员;(5) 学校申报社会科学研究系列教育教学管理专业助理研究员人员。

2004 年,学校出台《北京联合大学专业技术职务评审办法(试行)》(京联人〔2004〕28 号),完善和规范了学校专业技术职务任职资格的评审工作。办法对专业技术职务系列和等级、结构比例、评审组织和权限、评审程序、申诉办法、评审纪律作出了相应规定。根据文件精神,学校组建校评审委员会,审定教师系列的部分(有审定权的)副教授、讲师、助教及与教学紧密相关系列相应级别的专业技术职务,并报北京市人事局备案;评议提出学校教师系列的教授、部分(无审定权限)副教授及与教学紧密相关系列相应级别的专业技术职务任职资格的推荐意见,报北京市教师职务评审委员会审定。

2005 年,北京市人事局、北京市教育委员会为落实北京市人才工作会议精神,进一步深化高等学校职称制度改革,提高教师队伍的整体水平,促进北京市高等教育事业的全面发展,共同下发了《关于试行高等学校教师职务聘任制有关问题的通知》(京教人〔2005〕32 号)。从 2005 年起,要求市属(市管)普通高等学校实行教师职务聘任制。鉴于学校当时办学校区分散、学科专业分散的现实情况,学校决定当年暂不实行教师职务聘任制将按照北京市高校教师职务聘任制的有关精神，在专业技术职务评审中，适当考虑不同学科的结构比例情况，以利于今后的教师职务聘任制的实施。

自2006年起，学校进行教师职务聘任制改革。为保证教师职务聘任的公开、公平、公正，使教师职务聘任制改革顺利进行，学校结合自身的实际，成立了北京联合大学教师职务聘任工作领导小组，并分别制定了《北京联合大学教师职务聘任工作实施方案（试行）》《北京联合大学教师职务岗位设置办法（试行）》及《北京联合大学教师职务聘任必备条件（试行）》。根据文件精神成立校和院两级教师职务聘任委员会。校聘委会由校领导、相关院长、校学术委员会负责人和校人事、教务、科研部门负责人及教授代表组成，人数不少于15人，主任由校长担任，负责学校教师职务聘任相关政策的研究和制定，负责组织实施教师高级职务的聘任和承担中级及以下职务的教师拟聘人选的审核备案工作。各学院（机直）聘委会的组成参照校聘委会的组成形式，人数一般不少于5人，主任由院长担任。同时根据需要可聘请非本学院专家担任聘委会委员，负责根据学校有关政策制定本单位教师职务聘任实施细则，并组织实施教师职务的聘任工作；负责本单位各级各类教师职务应聘人员的考核工作；依据学校聘任必备条件，负责对本学院应聘人员的情况进行审核，并向校聘委会推荐符合聘任必备条件的拟聘高级职务岗位的人选。学校对教师高级职务岗位按专业、课程的规模进行配置。

自2007年起，学校将教师职务聘任制纳入常规工作，并发布了《北京联合大学教师职务聘任工作实施方案》（京联人〔2007〕43号）、《北京联合大学专业技术职务社会化评审的申报和聘任方案》（京联人〔2007〕44号）及《北京联合大学专业技术职务晋升聘任的必备条件》（京联人〔2007〕45号）等文件。

根据教学、科研及学科专业建设的需要，学校设定专职教师高级职务岗位不超过专职教师定编总数的43%，其中正高级职务与副高级职务之比不超过1∶3.7，非教师专业技术人员的高级职务应控制在非教师专业技术人员编制总数的20%以内。其中，专业和专业基础课专职教师中高级职务比例不超过43%，正高级职务与副高级职务之比不超过1∶3.7；基础课专职教师中高级职务比例不超过40%，正高级职务与副高级职务之比不超过1∶4；科研机构专职科研人员中高级职务比例不超过45%，正高级职务与副高级职务之比不超过1∶3.7。在正高级岗位数的配置中，对市重点建设学科、硕士点以及学生数较多的专业作了相应的倾斜。凡现有教师高级职务人数已超出或等于应有高级岗位数的专业，暂不投放高级岗位指标。教育教学管理专业的高级岗位指标数按上级下达指标数投放；其他专业技术职务的高级岗位指标数依据相应岗位实有人数按结构比例计算投放。

按照上级关于教师职务聘任要与岗位聘任相衔接的要求，考虑到学校岗位聘任工作的实际情况，在教师职务岗位上的人员要由身份管理转变为岗位管理。对于已经在教师职务岗位上具有相应职务系列的人员，其本人条件符合《北京联合大学教师职务聘任工作实施方案（修订稿）》（京联人〔2007〕43号）文件要求的，可不占用学校所投放的岗位指标直接进行职务聘任；对于在教师职务岗位上不具有相应职务系列的人员要进行职务系列的转换，需按相应文件要求进行聘任。

2009年，为进一步完善学校专业技术职务聘任和管理制度，按照北京市相关文件精神，结合学校事业发展需要，学校发布了《关于专业技术职务晋升聘任工作的补充意见》（京联人〔2009〕22号），对专业技术职务晋升聘任工作的相关条款作出了调整。文件规定所有系列正高级职务岗位、教育管理研究副高级及以上职务岗位、学生思想政治教育副高级教师职务岗位的指标由学校统一投放。副高级及以下职务岗位(不含教育管理研究副高级及以上职务岗位、学生思想政治教育副高级教师职务岗位)的指标,由各二级法人学院和校本部分别掌握使用。学院(机直)聘委会负责组织实施本单位副高级及以下职务岗位(不含教育管理研究副高级职务岗位、学生思想政治教育副高级教师职务岗位)的聘任工作;同时依据学校晋升聘任的必备条件和学院考核组的考核意见,负责对本学院应聘正高级职务岗位、教育管理研究副高级及以上职务岗位、学生思想政治教育副高级教师职务岗位、申请破格晋升中级及以上专业技术职务岗位人员的情况进行审核,并向校聘委会上报符合要求的人选。2001—2010年学校教师职称结构,如表10.1-2所示。2001—2010年学校每年新增副高级职称及正高级职称人员,如表10.1-3、表10.1-4所示。

表10.1-2 2001—2010年教师职称结构情况

单位:人

年份	总计	职称结构			
		教授	副教授	讲师	其他
2001	1196	42	366	532	256
2002	1204	47	368	538	251
2003	1288	51	390	567	280
2004	1391	55	398	598	340
2005	1578	82	473	694	329
2006	1675	108	488	758	321
2007	1717	107	484	820	306
2008	1704	102	467	844	291
2009	1799	111	510	946	232
2010	1768	122	526	931	189

表10.1-3 2001—2010年每年新增加副高级职称人员名单

年份	新增加人员名单
2001	范广丽、王钰、崔秀馥、罗桂霞、王源、杨志勤、王珏、李平、郭凤英、车燕、苏幼香、印平、王建远、刘敏、谢幼梅、李蕾、潘先伟、张大力、王建军、黄金龙、景观、厉重先
2002	靳长缨、朱丽、陈莞、江云霞、李静、翟金忠、薛永毅、郑业明、戈西元、田建敏、黄芳、黄瑛、刘建平、张会文、郝京华、张寅、鲍平秋、高翔、蒋蔚、訾秀玲
2003	韩秀丽、朱喜福、付百文、刘惠、丛森、王育平、叶敏、尉林明、史凤丽、张翠霞、范红雨、周洪、浦万成、张慧姝、魏涛、杜剑峰、刘志刚、李若慧、麻一青、沈建英、龚秀敏、刘杰、曾泓、冯玲、吴立平、鲁彦娟、郝增茹、吴安芝、徐威、荀振茹、嵇伟
2004	李小苓、冷新宇、王瑞丰、刘红梅、彭兆快、张荣齐、赵伯庄、王敏、傅宏宇、丁容仪、赵小丽、国伟、姜素兰、程中庆、杨建兰、张美娟、王辉、叶磊、郭燕、邬葆苓、李抗美
2005	洪文、虞思旦、高东、袁晓梅、翟红英、张东迅、李育芳、刘国萍、郭亚莉、何江川、王爱民、张世德、周进、李锡玲、邢春峰、王文伟、孙力红、何娟、赵琦、胡智娟、张素琴、张艳秋、李秀芹
2006	宋红敏、赵承寿、杨晓红、李大矛、蔡玲、霍罡、彭涛、温强、孙冰、汤旭梅、马小芳、王玲、高成亮、俞军
2007	李秀娜、葛海燕、聂延平、沈蕾、孙青、符亚明、毛颖梅、张姝、邬洪迈、梁红、常广平、严宗泽、崔铁成、宋淑玉、胡淑慧、张璐、张嘉秋、王平、周华丽、杨晓麟、杨奇红

续表

年份	新增加人员名单
2008	叶磊、张文杰、苏利敏、牟静、郑海霞、龙建雄、殷智红、彭爱美、曹彩霞、何芳、李杰、和青芳、李伟、郑凡、兰安蓉、赵利军、李春旺、冯霞、惠东坡、张经、朱建邦、蔡春、张志、周玉基、朱东星、牟书、郑春芳、李玉霞、冯伟珍、刘凤霞、罗振鹏、刘晓陶、刘颂、马密霞、谢崇桥、俞继凤、黄金龙、孟秀转
2009	匡志盈、孙雪松、翟晶、王颖、李世刚、张建林、张波、肖富宁、刘元盛、张军、刘宏哲、雷保珍、赵林惠、杨晓玲、田文杰、赵睿、李英侠、陈鸽、敖静海、苏艳芳、张静、万昕蔚、梁军、周文华、杨洪志、梁燕、彭丹宇、李祖明、顾春、俞洪、吴云霞、王京菊、曹建中、张威、卢璐、钱春丽、刘新颖、张宇馨、陈金堂、张泽一、庾为、滕雪梅、万鹰昕、邓大跃、刘洋、孙雅煊、张艳贞、李雪妍、李琛、李彦东、孙红云、傅凤英、潘世萍、戴红、郭大民、毛荣建、郝传萍、陈雄鹰、李秀芝、耿瑞芳、汪昕宇、周志成、石金莲、裴正兵、荆艳峰、林峰、周立、朱丽华、林妍梅、韩平、刘素华、桑世志、韩莉、王汉玉、陈岩
2010	冯艳娜、陈晨、田玲、何勤、于丽杰、杨萍、何宁、黄静华、王淑英、王淑芳、张建成、孙秀芳、秦菲、杨广林、李宝明、刘学惠、冯爱秋、李志祺、窦秀明、王惠莉、范淑香、袁海军、张军丽、杨柳、王健、纪学艳、姚聪燕、蒋大平、张万春、王彤彤、王慧、秦立栓、石彤、徐凯波、张喜娟、迟秀湘、马冀、孙文敏、李金屏、刘晓云、韩永萍、李可意、白云伟、许明月、俞娜、许翰锐、程红霞、吴巧红、孙梦阳、刘志红、穆洁华、田雅琳、田彩云、王春才、郑晶、许荣华、张丽娟、安俊英、张旭、孟秀霞、郭开宇、申莉、王廷梅、薛晓霞、刘希玲、赵培、吕广革、张立新、杨静、孙丰田、曲金泽、吕会华、党建强、孙俊青、朱永杰、李立、陈星、唐莹莹

注：表中所列人员不包含每年新调入的已具有副高级职称的人员。

表 10.1-4　2001—2010 年每年新增加正高级职称人员名单

年　份	新增加人员名单
2001	张铃、熊家华、王本、王滨有、佟洵
2002	李培均、刘斌、陈治、赵玉娥
2003	李金平、鲍有文、樊月华、林强、薛立军、尹庆民、方新、董焱、赵胜年
2004	唐小恒、宁泽群、王珉、赵晓红、张宁、席文启、黄迷梅、曾庆黎、郭淑敏、黄玉丽、李月修
2005	惠伯棣、刘全礼、孙建华、韩建业、杨宜、曲学利、鲍洁、李金、魏博辉、杨飒、周训伟、吴舒丹
2006	钟经华、吴铃、张宝秀、顾军、郭堃、张东昌、赵平勇、田景文、王育坚、毛智勇、陶秋燕、张士玉、陈文寿、王洪、刘小新、支芬和、王兵
2007	程光、赵卓、高美娟、薛万欣、李宇红、范清惠、高桥、龚平、程建芳、孔昭林、滕祥东、赵丽
2008	王维国、刘在云、苏玮、陈琳、王信峰、孟宪东、刘红、薛为民、顾志良、庄琴生、尤克、荣瑞芬、魏微、张景秋、黄宗英、茹秀华、曾美英、朱传华、邵军、高引民、张恩祥、周考文、赵晓燕、李享、荣瑞芬、张娅娅、杨积堂
2009	杨亚军、徐菊凤、于增信、范同顺、于丽娟、贾少英、赵连稳、郑广永、崔英楠、马榴强、于春洋、许晓平、葛喜珍、黄迎春、李因、李淑芳、戴立黎、李智玲、文镜
2010	李亚青、杜煜、张俊玲、高满茹、刘莹、李娟华、段素菊、牛洁珍、霍清、王美萍、石美玉、汪艳丽、王梅、夏齐霄、李媛、万平英、钮文良、姚淑娜、袁家政、王瑾瑾、叶晓、冯冬明、王彤

注：表中所列人员不包含每年新调入的已具有正高级职称的人员。

（三）中青年骨干教师培养

1. 新进青年教师实行导师制

2003 年 8 月，学校出台了《关于新进青年教师实行导师制的办法》。办法提出：以全面提高青年教师队伍思想业务素质为目标，选派一批品德高尚、精于教学、科研能力强的本学科骨干教师,担任青年教师的导师。在青年教师的教学实践中给予具体指导,培养青年教师的敬业精神和良好的师德和教风,帮助他们提高教学水平和科研能力,使学校的青年教师队伍成为一支适应时代发展要求的高层次、高素质、结构优良、充满生机、富于创新精神和有发展后劲的青年教师队伍。

2. 中青年骨干教师资助计划

2004年12月,学校出台了《中青年骨干教师资助计划实施办法(试行)》。办法提出:为加强学校教师队伍的梯队建设,保证学校的持续和稳定发展,学校决定实施中青年骨干教师资助计划,计划在五年内分批对学校的重点建设学科、本专科专业和公共基础课程的带头人梯队人选进行资助,以促进学科(专业)带头人队伍建设。办法中所称中青年骨干教师是指已被列为学科(专业)带头人梯队人选和基础课程责任教授梯队人选的在职中青年教师(含管理岗位中具有教师系列专业技术职务的人员)。计划资助的学科(专业)范围包括学校校级及以上重点建设学科、所有本科和高职专业、公共基础课程。学校根据学科(专业)发展规划,定期研究确定计划的重点资助领域。学校每年受理资助申请一次,采取项目资助的方式,经费由学校拨付。

2005—2010年,学校共有81人入选中青年骨干教师资助计划。

(四)人才强教

1.“人才强教计划”的实施

北京市自2005年开始实施“人才强教计划”;2008年在此基础上实施北京市属高等学校“人才强教深化计划”,加大对高层次人才的资助力度,加强创新人才和创新团队建设力度。截至2010年年底,在“人才强教”计划的专项资助下,学校聘请了3名特聘教授,选拔培养了3名高层次人才、19个创新团队和13名(拔尖)创新人才,资助了近192名优秀中青年骨干人才,为学校近60%教学科研人员和管理人员提供了更新教育观念和提高教学技能的培训机会。2005—2010年“人才强教计划”各类情况,如表10.1-5—表10.1-8所示。

根据《北京市属市管高等学校人才强教计划实施意见(试行)》的有关精神,为进一步加强项目经费的管理,保证项目经费的规范使用和产生良好的效果,学校出台《关于落实北京市“人才强教计划”的实施细则》(京联人〔2005〕63号),进一步落实《北京市属市管高等学校人才强教计划资助经费使用管理办法(试行)》的有关规定。

“人才强教计划”的经费为北京市教育事业专项经费,专款专用,学校将法人学院的有关项目经费拨至各学院,由学院人事处掌握使用。法人学院以外各单位的项目经费由校人事处统一掌握使用。2005年以来,在“人才强教计划”和“人才强教深化计划”中市财政共为学校投入经费8000多万元(其中“人才强教计划”3300多万元),通过战略引领、科学布局,为深化学校人事制度改革、实现高等教育的全面协调可持续发展提供了积极的政策支持和有力的财政保障。

2.“人才引进计划”项目和“讲座教授”项目

“人才引进计划”经费用于高水平引进人才的科学研究经费资助,“人才引进计划”项目在学校范围内按省部级重点项目对待考虑。“人才引进计划”项目不享受学校有关配套经费支持政策。学校共实施“人才引进计划”项目16项,经费为192.79万元。

“讲座教授”项目是学校聘请学术造诣高深,在本学科领域具有较大影响,取得国内外同行公认的学术成就的校外专家到学校开设讲座、协助指导研究生，对学科的发展提供咨询建议，参与组建具有国内国际选进水平的创新团队。学校共聘请讲座教授 5 人，经费 24 万元。

3. “拔尖创新人才计划”“创新人才”和“高层次人才”项目

“拔尖创新人才计划”“创新人才”和“高层次人才”项目在学校范围内视同省部级重点项目。上述项目不享受学校有关配套经费支持政策。学校共有 5 名拔尖创新人才、8 名创新人才、3 名高层次人才，经费为 1484.80 万元。

4. “创新团队”和“中青年骨干教师”项目

“创新团队”项目在学校范围内视同省部级重点项目，“中青年骨干教师”项目在学校范围内视同委局办项目。上述项目不享受学校有关配套经费支持政策。学校共有 19 个创新团队、192 名中青年骨干教师，团队经费为 1133.55 万元，骨干教师经费为1447.93 万元。

5. “国内访问学者研修计划”项目经费管理和成果验收

国内访问学者研修经费采取北京市（教育部）、学校、单位、个人承担原则。对于骨干教师的访问学者研修经费，教育部和北京市给予一定数额的补贴；对一般的访问学者研修经费，北京市给予一定数额的补贴。访问学者研修经费先由研修者本人垫付，并在研修前与学校签订相关服务协议。

6. “教师教育技能和实践技能培训计划”和“高校教师职业道德建设计划”项目

根据《北京市属高等学校人才强教计划资助经费使用管理办法（试行）》的规定和北京市评审中心评审时提出的规定，这两个项目经费支出范围包括：评选“三育人”先进、师德先进、优秀教师、优秀教育工作者活动及表彰大会、事迹报告会、座谈会等活动的会场布置、横幅、录像、照相、洗相、奖杯制作等费用。

学校共有近 2 万人次受益，经费为 3454.76 万元。

表 10.1-5　“人才强教（深化）计划——创新团队”项目基本情况

序号	团队名称	团队类别	团队负责人	入选时间/年	所属单位
1	北京文化史创新团队	科研	朱耀廷	2005	应用文理学院
2	首都特殊教育创新团队	科研	许家成	2005	特殊教育学院
3	台湾问题研究创新团队	科研	徐博东	2006	台湾研究院
4	应用型大学的管理团队建设与管理模式改革	管理	柳贡慧	2009	北京联合大学
5	首都特殊教育创新团队	科研	许家成	2009	特殊教育学院
6	数字化技术研究创新团队	科研	鲍　泓	2009	信息学院
7	旅游管理专业课程 PBL 教学改革团队	教学	宁泽群	2009	旅游学院
8	楼宇智能化工程技术专业教学团队建设	教学	范同顺	2009	自动化学院
9	人文地理学创新团队	科研	张宝秀	2010	应用文理学院
10	烹饪工艺与营养专业实践课程教学团队	教学	王美萍	2010	旅游学院
11	通信工程专业通信与网络课程群教学团队	教学	李哲英	2010	信息学院

表 10.1-6 “人才强教计划——拔尖创新人才”项目基本情况

序号	姓名	项目名称	学科门类	项目类别	入选时间/年	所在单位
1	姜招峰	低分子壳寡糖抑制阿尔茨海默氏病β-淀粉样蛋白神经毒性的作用和机理研究	食品科学	理科	2005	应用文理学院
2	李哲英	SoC 设计理论与技术	工学	理科	2005	信息学院
3	韩建业	北京和西北地区先秦时期的自然环境与文化发展	历史学	文科	2006	应用文理学院
4	刘全礼	学业不良儿童的特征及对策研究	教育学	文科	2006	特殊教育学院
5	方德英	基于实证的 IT 项目开发风险管理序参量体系构建	管理学	文科	2007	商务学院

表 10.1-7 “人才强教(深化)计划——高层次人才”项目基本情况

序号	姓名	项目名称	入选时间/年	所在单位
1	姜招峰	低分子壳寡糖抑制阿尔茨海默氏病β—淀粉样蛋白神经毒性(引起τ蛋白过磷酸化、神经元的氧化损伤或死亡等)的作用机理和药代动力学研究	2009	应用文理学院
2	李哲英	集成电路中的 NoC 结构研究	2009	信息学院
3	韩建业	中国新石器时代文化谱系和文化局势研究	2010	应用文理学院

表 10.1-8 “人才强教(深化)计划——创新人才”项目基本情况

序号	姓 名	项目名称	人才类别	入选时间/年	所在单位
1	熊黑钢	绿洲水资源系统变化与地表生态环境效应的耦合	学术创新	2009	应用文理学院
2	张 宁	新一代光互联网组网及网络管理关键技术研究	学术创新	2009	信息学院
3	支芬和	高职电子商务核心课程改革	教学创新	2009	应用科技学院
4	杨 宜	北京中小企业融资担保业的市场结构、绩效与监管机制研究	学术创新	2010	管理学院

(五)人才工作会议

2004 年 5 月,学校召开了年度人才工作会议。校党委书记席文启在人才工作会议上作了重要讲话。会议从人才强校、党管人才、提高对人才工作的认识等方面强调了要做好人才工作的重要性,会议讨论并通过了《关于加强和改进人才工作的意见》(京联党〔2004〕34 号)。

2010 年 10 月,学校召开了第二次人才工作会议。会上,校党委书记徐永利作了题为《以更大的决心、更多的人才,推动联大事业的发展》的重要讲话。讲话强调:全校上下务必强化人才意识,强化人才强校的意识,更加自觉地把人才工作纳入到学校科学发展中去;解决人才工作突出问题,缩小事业发展差距,更加坚定地把人才工作作为加快发展的重要抓手;加强组织领导,营造开放灵活的人才发展环境,更加主动地把为人才服务作为学校管理的基本职责。会议号召：一定要深入贯彻落实科学发展观，坚持“人才资源是第一资源”理念，大力实施人才强校战略，加快建设一支高层次、高水平的人才队伍，为学校快速、可持续发展提供强有力的人才保证和智力支持，不断开创北京联合大学人才辈出、人尽其才的新局面，为把北京建设成为世界一流的人才之都贡献力量。校党委副书记付晨光在人才工作会上作了报告，总结了学校“十一五”期间在师资队伍建设取得的成绩和存在问题，以及处级管理干部队伍建设取得的成绩和存在的问题，并对今后加强人才工作提出了六点意见：一要准确把握人才工作的指导思想；二要明确人才工作的指导方针与总体目标；三要积极落实人才工作的主要思路和重要举措；四要加强人才工作，实施引进、提升、培育、扶持等为内容的人才强校四项计划；五要加强人才工作，提供政策保障；六要加强人才工作，切实用好人才。

（六）教师获得北京市级荣誉情况

表 10.1-9　2001—2010 年学校教师获得市级荣誉统计

序号	单　位	姓　名	学　位	职　称	获得奖项名称	表彰时间/年
1	应用文理学院	周传家	博士	研究员	北京市优秀教师	2004
2	应用文理学院	訾秀玲	学士	副教授	北京市优秀教师	2006
3	应用文理学院	惠伯棣	博士	教授	北京市优秀教师	2009
4	应用文理学院	韩建业	博士	教授	新世纪百千万人才工程市级人选	2008
5	应用文理学院	张景秋	博士	教授	新世纪百千万人才工程市级人选	2010
6	师范学院	陈万里	学士	副教授	北京市优秀教师	2004
7	商务学院	牛洁珍	硕士	教授	北京市优秀教师	2009
8	生物化学工程学院	赵玉娥	博士	教授	北京市优秀教师	2004
9	生物化学工程学院	曹　辉	学士	教授级高工	北京市优秀教师	2006
10	生物化学工程学院	张恩祥	博士	教授	北京市优秀教育工作者	2006
11	旅游学院	宁泽群	学士	教授	北京市优秀教师	2006
12	信息学院	袁　玫	硕士	教授	北京市优秀教师	2004
13	信息学院	鲍有文	硕士	教授	北京市优秀教师	2006
14	机电学院	杨　飒	博士	教授	北京市优秀教师	2009
15	自动化学院	李　平	学士	副教授	北京市优秀教师	2009
16	管理学院	杨　宜	博士	教授	北京市优秀教师	2009
17	特殊教育学院	张会文	学士	副教授	北京市优秀教师	2004
18	特殊教育学院	钟经华	硕士	教授	北京市优秀教师	2009
19	特殊教育学院	滕祥东	硕士	研究员	北京市优秀教育工作者	2009
20	应用科技学院	支芬和	硕士	教授	北京市优秀教师	2004
21	应用科技学院	李宇红	硕士	教授	北京市优秀教师	2006
22	校人文社科教学部	王瑾瑾	学士	教授	北京市优秀教师	2006
23	校基础课教学部	任开隆	学士	教授	北京市优秀教师	2004
24	校实验实训基地	高润泉	学士	副教授	北京市优秀教师	2009
25	校体育教学部	范清惠	学士	教授	北京市优秀教师	2006

第二节　非教师专业技术岗位人员

2001—2003 年,学校组建的高校教师系列评审委员会,同时负责学校实验技术、工程技术系列、自然科学研究系列、社会科学研究系列(不含教学管理专业初级)相应级别专业技术职务的评审。

2004 年,为深化职称改革,完善和规范学校专业技术职务任职资格评审工作,学校根据国家、教育部和北京市有关文件规定,并结合学校实际制定了《北京联合大学专业技术职务评审办法(试行)》(京联人〔2004〕28 号)。文件规定目前学校评审的专业技术职务系列包括教师、工程技术系列、实验技术系列、自然科学研究系列、社会科学研究系列(含教育教学管理研究专业)及图书资料系列。

2005 年,为落实《北京市人事局关于深化职称改革试行社会化职称评审的意见》(京人发〔2003〕49 号),完善和规范学校专业技术职务社会化评审的申报和聘任工作,根据国家、教育部和北京市有关文件规定并结合学校实际制定了《北京联合大学专业技术职务社会化评审的申报和聘任办法(试行)》(京联人〔2005〕16 号)。文件规定:对北京市已试行社会化评审的专业技术职务系列,学校不再组织校内评审;通过社会化专业技术职务评审所取得的北京市专业技术资格与待遇不挂钩,作为用人单位聘任相应专业技术职务的必要条件之一,用人单位可以根据岗位需要择优聘任;学校可聘任的高级职务系列是经济、会计、审计、统计、出版、工程技术、图书资料、档案,可聘任的中级职务系列是经济、会计、审计、统计、工程技术、图书资料、档案,可聘任的初级职务系列是工程技术、图书资料、档案和卫生系列。

2008 年学校发布了《北京联合大学 2008 年岗位设置管理实施办法》(京联党〔2008〕39 号)。文件将非教师专业技术岗位分为 11 个等级。其中高级岗位分 5 个等级,中级岗位分 3 个等级,初级岗位分为 3 个等级。非教师专业技术岗位主要有:实验技术、工程技术、图书资料、档案、编辑出版、经济、会计、统计、审计、教育管理、医疗卫生等专业技术岗位。非教师专业技术岗位名称根据相关行业指导意见和标准执行,并与学校现执行的专业技术职务系列保持一致。2001—2010 年非教师专业技术岗位人员结构,如表 10.2-1 所示。

表 10.2-1　2001—2010 年非教师专业技术岗位人员结构统计　　单位:人

年　份	人　数	正高级	副高级	中　级	初　级	其　他
2001	372	3	68	270	27	4
2002	396	3	73	287	29	4
2003	438	3	80	316	35	4
2004	480	4	85	348	38	5
2005	508	6	87	371	39	5
2006	537	7	88	395	42	5
2007	352	6	54	251	36	5
2008	414	6	60	292	50	6
2009	774	8	126	537	95	8
2010	786	9	126	540	104	7

第三节　管理岗位人员

学校管理岗位人员是指担负领导职责或管理任务，从事学校(院)及内设机构和人员组织、管理、协调等事务性工作的人员。管理岗位人员范围包括：

(1) 党务工作人员：校(院)党委领导、校(院)党委各职能部门的领导和一般管理人员、各教学单位专职从事党务工作的人员；

(2) 工会工作人员：校(院)工会的专职人员；

(3) 团委工作人员：校(二级法人学院)团委的专职人员；

(4)行政管理人员：校(院)行政领导、校(院)行政各职能部门的领导和一般管理人员、各教学和科研单位中专职从事教学管理、科研管理及行政等事务性管理工作的人员、校(院)直属非教学单位中专职从事行政等事务性管理工作的人员。

管理岗位人员包括校级管理岗位人员、处级管理岗位人员和一般管理岗位人员。校级管理岗位人员按照干部管理权限由市委组织部和市教育工委管理；处级管理岗位人员由学校党委组织部按照相关规定管理；一般管理岗位人员指处级以下各级管理岗位人员，由学校和副局级学院人事处负责聘用管理。

2005 年，学校出台文件，对一般管理岗位进行聘任，按照工作需要和职责范围，设置六级岗、七级岗、八级岗和九级岗，分别对各岗位的聘岗条件、岗位职责进行了规范。

2009 年，为加强管理人员队伍建设，优化管理资源，提升管理水平，推进学校又好又快发展，同时适应国家对事业单位管理岗位设置的要求，学校决定：完善管理岗位职级，设置科级机构和科级(含科级、副科级)岗位。为做好科级机构和科级岗位的设置，学校出台《北京联合大学设置科级机构和科级岗位设置的指导意见》(京联党〔2009〕55 号)文件，对科级机构和科级岗位进行统筹规划和科学设置。文件对科级机构的数量、科级岗位的设置比例及科级干部聘用程序和任职条件等都进行了详细的说明和规范。

学校自 2010 年开始设置正科级、副科级管理岗位编制。2010 年管理岗岗位编制设置数：正科级为 163 人，副科级为 124 人。2001—2010 年管理岗位人员结构，如表 10.3-1 所示。

表 10.3-1　2001—2010 年管理岗位人员结构统计　　单位：人

年　份	人　数	正局级	副局级	正处级	副处级	正科级	副科级	其　他
2001	576	1	53	145	192			185
2002	592	1	55	155	188			193
2003	685	2	59	188	240			196
2004	672	2	23	168	217			262
2005	1013	2	25	172	217			597
2006	1009	2	25	177	191			614
2007	1206	3	21	184	220			778
2008	1327	3	23	170	211			920
2009	1383	2	22	164	237			958
2010	1430	2	20	167	250	163	124	704

第四节　工勤技能岗位人员

工勤技能岗位是指承担技能操作和维护、后勤保障、服务等责任的工作岗位。工勤技能岗位包括技术工岗位和普通工岗位，其中技术工岗位分为5个等级，普通工岗位不分等级。高级技师、技师、高级工、中级工、初级工依次对应一至五级工勤技能岗位，普通工对应六级工勤技能岗位。

工勤技能三级以上总量不应超过工勤技能岗位总量的40%；工勤技能四级总量占工勤技能岗位总量的40%；工勤技能五级总量占工勤技能岗位总量的20%；根据上级相关要求，工勤技能一级、二级岗位主要在专业技术辅助岗位承担技能操作和维护职责等对技能水平要求较高的领域设置，并严格控制工勤技能一级、二级岗位的数量。对已经实现社会化服务的一般性劳务工作，不再设置相应的工勤技能岗位。2001—2010年学校工勤人员结构，如表10.4-1所示 。

表10.4-1　2001—2010年工勤人员结构统计　　单位：人

年　份	人　数	技　师	高级工	中级工	初级工	普　工	未定级
2001	436	4	111	111	120	68	22
2002	423	4	107	171	100	26	15
2003	328	4	111	100	21	52	40
2004	268	4	107	100	24	20	13
2005	431	4	107	170	63	11	76
2006	262	4	107	100	20	10	21
2007	233	4	102	98	20	6	3
2008	235	4	90	80	28	13	20
2009	253	4	108	94	19	15	13
2010	239	4	110	86	25	5	9

第五节　人事制度改革

一、全员聘任制

2003年，为深化事业单位人事制度改革，贯彻《北京市事业单位聘用合同制试行办法》(京政办发〔2002〕50号)和《关于高等学校首次实行聘用合同之有关问题的通知》(京教人〔2002〕22号)文件精神，根据北京市委、市政府和市教委关于事业单位人事制度改革的工作部署，结合学校实际情况，学校出台《北京联合大学首次实行聘用合同实施方案(试行)》(京联发〔2003〕7号)文件,决定在全校范围首次实行聘用合同制。

实行聘用合同制的目的是:破除干部身份终身制和人员学校所有制,实现用人的公开、公平、公正,实现学校自主用人,择优聘用,保障教职工自主择业;建立人员能进能出、职务能上能下、待遇能高能低的充满生机与活力的新型用人机制;在平等自愿、双方协商一致的基础上,通过双方订立聘用合同,确定学校与教职工个人的聘用关系,明确双方的权利和义务。

2003年,根据文件《关于调整北京联合大学校本部聘用工作委员会和监督调解委员会组成人员的通知》(京联发〔2003〕58号),学校成立聘用工作委员会,负责组织领导学校聘用工作的具体实施,同时成立监督调解委员会,对学校聘用工作履行监督和调解职能。

2005年,学校出台文件《关于进一步完善教职工聘任工作的意见》(京联人〔2005〕10号),进一步完善教职工聘用工作,更好地为"发展应用性教育、培养应用性人才、建设应用型大学"提供人才保证。根据文件精神,全校顺利完成了第二次全员聘任工作。

2009年12月,学校出台《关于北京联合大学2009年全员岗位聘用工作的指导意见》(京联党〔2009〕54号文件),开展全校第三次全员聘用工作。在这次聘用工作中,主要突出以编定岗、科学设岗、以岗聘任、岗变薪变等原则,充分调动各类人员特别是广大教师的积极性和创造性,增强了学校的办学活力和自我发展的能力。

二、岗位设置

2006年,依据北京市人事局下发的《北京市高等学校教师职务岗位结构比例和高级职务岗位设置的意见(试行)》(京人发〔2005〕44号),确定了结构比例和高级职务设置原则,根据学校"十一五"期间事业发展规划、学科建设和师资队伍建设规划,学校出台《北京联合大学教师职务岗位设置办法(试行)》(京联人〔2006〕48号文件),制订学校教师职务结构比例和岗位设置方案,对教师实行分类分层次管理。教师职务岗位按照不同类型分别为:教师岗位、研究岗位、实验技术岗位、思想政治教师岗位。

2008年,根据人事部、教育部下发的《关于印发高等学校、义务教育学校、中等职业学校教育事业单位岗位设置管理的三个指导意见的通知》(国人部发〔2007〕59号)、北京市政府办公厅下发的《北京市事业单位岗位设置管理实施意见》(京政办发〔2007〕35号)和北京市人事局、北京市教委《关于印发高校等教育事业单位岗位设置管理的三个指导意见的通知》(京人发〔2008〕12号)等文件精神,结合学校岗位聘任的实际,学校出台了《北京联合大学2008年岗位设置管理实施办法》(京联党〔2008〕39号)文件,分别对学校的岗位总量、岗位设置类别、岗位等级及结构比例等都作出了详细的规定。学校人事处依据文件要求,按照分层聘用的原则,组织全校不同岗位试行校、院两级聘用。

学校岗位分为管理岗位、专业技术岗位、工勤技能岗位三种类别。专业技术岗位分为教师岗位和非教师专业技术岗位。学校设置的岗位中,管理岗位不超过岗位总量的20%;专业技术岗位不低于岗位总量的70%,其中,教师岗位总量不低于55%;按照后勤社会化的改革方向,逐步减少工勤技能岗位的比例,一般不超过岗位总量的10%。

三、绩效工资制

(1) 2000 年 12 月,机械工程学院并入校本部后,校内工资“部分保留”的分配办法带来的问题日益严重。为了进一步统一和理顺校内工资分配办法,2002 年 6 月,学校出台了《关于校本部进一步调整统一校内工资分配办法的意见》(京联发〔2002〕17 号)。

(2) 2002 年 11 月 21 日,北京市教育委员会人事处传达了北京市人事局《增加事业单位工作人员 2002 年职务补贴》通知。文件规定:从 2003 年起事业单位每年增加 8 个月的补贴核入各个单位(包括当时的法人学院)工资“包干”基数。学校出台了《关于增加校本部工作人员 2002 年职务补贴的通知》(京联人〔2002〕218 号),自 2002 年 1 月 1 日执行。

(3) 2003 年 9 月 15 日,根据北京市教育委员会传达的精神,学校按照人均每月增加 140 元的职务补贴核入工资“包干”基数。学校出台了《关于增加校本部工作人员增加职务补贴的通知》(京联人〔2003〕60 号),自 2003 年 1 月 1 日进行执行。

(4) 2004 年 1 月,经第 12 次校长办公会讨论通过,校本部单身教职工实行住房补贴的办法正式出台,对符合住单身教职工宿舍条件的人员实行住房补贴政策。

(5) 同年 6 月 16 日,北京市人事局下发文件《关于机关事业单位工作人员增加职务补贴的通知》。作为全额拨款事业单位,学校出台政策,人均每月增加 245 元职务补贴。

(6) 2005 年 6 月,根据学校制定的《北京联合大学关于校本部进一步深化人事分配制度改革的过渡办法》实施一年的情况,学校出台了《校本部 2005 年校内工资实施办法》(京联人办〔2005〕11 号),自 2005 年 9 月 1 日起执行。办法明确了校内工资的构成、标准、总额的核拨与发放、津贴发放的几个具体问题以及校内工资的管理。其中规定:校内工资的构成由岗位津贴 2、岗位津贴 3(教师为职务津贴)、岗位津贴 4 和工龄津贴构成。

(7) 2006 年 7 月,北京市下达《关于事业单位工作人员收入分配制度改革的实施意见》(京工改办〔2006〕3 号)、《关于事业单位工资制度改革实施中有关政策的通知》(京工改办〔2006〕4 号)等文件,要求对高校教职工实行分类管理,分专业技术岗、管理岗和工勤岗,按其所在岗位执行相应的工资标准。岗位工资、薪级工资、绩效工资、津贴和补贴四个部分构成了岗位绩效工资,岗位工资实行一岗一薪、岗变薪变。根据文件精神,遵照教委的工作部署和工作要求,学校于 2006 年 11 月启动工资套改工作。

(8) 2009 年,为深化人事分配制度改革,调动全校教职工的积极性,推进学校的快速发展,根据《北京联合大学 2009 年全员岗位聘用工作指导意见》,学校对津贴、补贴发放情况进行测算,制定了《2009 年绩效工资实施细则》。按照上级关于高校逐步实行岗位绩效工资制度的规定和学校实际情况,全校绩效工资项目设定为:市政府补贴、年资津贴、岗位津贴、实职津贴以及教师超工作量酬金部分。市政府补贴是历年市政府按照职务核发的机制补贴;年资津贴是按照教职工本人实际工龄计算的津贴;岗位津贴是按其聘用的不同岗位,享受相应级别的岗位津贴;教师超工作量酬金是教师完成职责规定的最低工作量以外承担的超额教学和研究任务获得的酬金。

四、考核与奖励

2001年,学校规定了对教职工整体考核更加细化的办法。考核的对象主要包括对教师的考核、对科研人员的考核、对党政机关管理人员的考核及对工勤人员的考核;考核内容包括敬业精神、业务能力、出勤情况、工作作风、办事效率等方面;考核档次包括:优秀、合格、不合格三个档次。

2004年2月26日,学校出台了对校本部教师与实验人员的考核办法。对教师的考核是以每个教师的岗位职责和任期内工作目标的完成情况为依据,内容包括德、能、勤、绩四个方面,重点考核教师教学工作量的完成情况、科研工作量的完成情况、教学质量情况、其他工作量的完成情况,对被考核人的履职情况逐项进行评分。考核分在60分及以上者为合格,其中85—100分者可评为优秀;59分及以下为不合格。对实验人员的考核以每人的岗位职责和任期内工作目标的完成情况为依据,内容包括德、能、勤、绩四个方面,重点对实践教学工作量的完成情况、实验室管理、科研工作量的完成情况、教学质量情况及其他工作量的完成情况进行考核评分。考核分在60分及以上者为合格,其中85—100分者可评为优秀;59分及以下为不合格。教师及实验人员考核评分标准,如表10.5-1、表10.5-2所示。

对党政管理人员的考核重点为政策理论水平、改革创新意识、组织领导能力、本职业务能力、工作态度、工作作风、工作实绩、廉洁自律和管理育人等内容,考核档次分为优秀、合格、不合格三档。对工勤人员的考核重点为安心本职工作,工作勤奋,责任心强,能积极参加业务学习和技术培训,精通业务,熟悉工作规范,遵守劳动纪律,注重劳动安全,服从组织安排,勤俭节约,服务态度端正,服务质量高等内容。考核档次分为优秀、合格、不合格三档。

考核结果与岗位津贴挂钩,岗位津贴根据考核结果按比例发放。岗位津贴的20%依据教学工作量完成情况的考核结果发放,20%依据科研工作量完成情况的考核结果发放,25%依据教学质量考核结果发放,35%依据其他工作量完成情况的考核结果发放。

表10.5-1　教师考核评分标准

考核内容	完成100%	完成80%—99%	完成60%—79%	完成40%—59%	完成1%—39%	完成0
教学工作量(占20%)	16分	14分	11分	8分	4分	0
科研工作量(占20%)	16分	14分	11分	8分	4分	0
教学质量情况(占25%)	优秀25分,一般20分,不合格12分以下					
其他工作量(占35%)	28分	25分	20分	14分	7分	0

注:(1)科研工作量超额完成,业绩突出的可申请加分,认定后可给予1—5分加分;
(2)教学质量特别优秀的,经教务处认定可再给予3分加分;
(3)教师完成其他工作成绩突出的,可给予1—4分加分;
(4)在教书育人等方面获得校级以上奖励的,可给予3分加分;
(5)出现教学事故的教师,要根据事故等级在原评定分数基础上减分

表 10.5-2　实验人员考核评分标准

考核指标				分　值	考核说明	得　分
工作业绩	实验教学	熟悉实验项目		8	根据平时检查情况评定	
		实验准备		8	根据平时检查情况评定	
		实验过程		10	是否严密组织实验过程,是否巡查学生操作情况,给予指导	
		实验教学的完成		10	依据实验开出率、实验人时数、质量、是否按时完成,酌情打分	
	实验室管理	文件建设	仪器维护记录	2	有,2 分;无,0 分	
			实验项目卡片	2	有,2 分;无,0 分	
			工作日志	2	有,2 分;无,0 分	
			每学期工作总结	2	有,2 分;无,0 分	
		仪器设备管理	固定资产	4	账物卡相符率 100%,4 分;否则 0 分	
			低值耐用品	4	账物相符率>90%,4 分;否则 0 分	
		环境卫生	安全	4	无事故,无安全隐患,4 分;否则 0 分	
			卫生	4	依据干净整齐程度酌情打分	
		仪器设备完好率		8	依据对仪器设备的维护和维修情况酌情打分	
		出勤情况		10	依据各单位规定酌情打分	
	科研情况			7	根据完成工作量的比例打分	
加分	改进实验装置、自制仪器设备、设计开发新实验项目取得明显实验效果			5	加 5 分	
	科研、教学、管理工作中获奖			4～7	校级以上加 4 分,省部级以上加 7 分	
	实验工作量超额优质完成			1～3	依据实验人时数、实验完成质量酌情加分	
减分	教学质量差,学生有投诉,经认定属实			5～10	酌情减分	
	出现安全事故、教学事故			5～10	酌情减分	
	本人负责的设备丢失或违规操作致使设备严重损坏			5～10	酌情减分	

2003 年、2005 年、2007 年、2009 年,共有 200 多人经年度考核获得优秀。2001—2010 年教师经年度考核后所获奖项,如表 10.5-3 所示。

表 10.5-3　2001—2010 年校级优秀教师、先进工作者统计

序号	单位名称	2003 年		2005 年		2007 年		2009 年	
		优秀教师	优秀教育工作者	优秀教师	优秀教育工作者	优秀教师	优秀教育工作者	优秀教师	优秀教育工作者
1	应用文理学院	佟　洵 周传家 訾秀玲 张宝秀	刘守合 孙　滢	唐粉芳 张景秋 朱耀廷 魏博辉 訾秀玲	李　岩 白广琴 孙首跃	贺　真 惠伯棣 沈　蕾 杨靖筠 赵秀健 韩秀丽	陈朝雁 荀振茹 杨　煦	逯燕玲 徐　云 顾　军	孙建华 李志刚 朱科蓉
2	师范学院	陈万里 朱东星 曾　泓 李大矛 何立千	李万海 刘彦文 李克柔	朱东星 袁晓梅 戴立黎 李娟华 荣瑞芬	尹庆民 周小翔 刘　莹	石焕南 林妍梅 陈万里 荣瑞芬	刘彦文 张利东	闫文杰 曹颖娜 冯艳娜	何践理 窦秀明
3	生物化学工程学院	霍　清 冯　玲 赵玉娥		曹　辉 郭亚莉 黄小葳	鲍园园	俞　娜 杭和平	赵欣华	周　凤 张　洪 霍　清	张　有 荣凤杰 段辉琴
4	商务学院	朱传华 邵　军	孙　明 吴凤山 顾志良	赵五一	赵　红	李　萍 李玉霞 牛洁珍	王育红 孙长宾	姜　凌 陈金堂	赵　红 王燕平
5	旅游学院	宁泽群 王美萍	罗桂霞 汤利华	宁泽群 孟祥萍 洪　华	衣玉芳 冯立霞 汪艳丽	宁泽群 李　享 高　苏 刘爱服	时少华 孟祥萍	潘素玲 刘艳华	汪艳丽 王　丽
6	特殊教育学院	张会文 孙燕峰	曲学利	钟经华	刘淑毓	党建强	吴立平	鲍平秋	边　丽
7	继续教育学院			戴琳	仪柏麟				郭志青
8	信息学院	袁家政 袁　玫	鲍有文	周海燕 卢孟夏	鲍有文	刘宏哲		李金平 付百文	曹国良
9	机电学院	丁容仪 陈瑞阳	嵇　伟	付　力 刘自萍	张恩祥	李春旺 杨　飒		方　新 毛智勇	杨爱君
10	自动化学院	窦晓霞		刘继承 苏　玮		李红星 李　平 童启明	梁爱琴	范同顺 王　珏	
11	管理学院			薛万欣		杨　宜	李九丽	薛万欣 张士玉	
12	应用科技学院	支芬和		李宇红 程　前	李培均			鲁彦娟	丛　森

续表

序号	单位名称	2003年		2005年		2007年		2009年	
		优秀教师	优秀教育工作者	优秀教师	优秀教育工作者	优秀教师	优秀教育工作者	优秀教师	优秀教育工作者
13	平谷学院						单文谦		
14	分校						牛　彤		陈恒荣
15	校机关和直属单位	任开隆 王滨有 王　本 王　强 李连弟	张　伟 姜招峰 张彦群 周华丽 张丹海	范清惠 王瑾瑾 夏兆阳 高润泉	陈　冬 沈允中 徐博东 李宝贵 隋凤林 张素琴 金越青	杨洪志 付　铣 邓　静	陈文寿 刘　红 滕祥东 张素琴 曹东亚 唐莹莹 陈　冬 李宝贵	邢春峰 李　伟 孟宪东 刘　东	贾　方 杨　冰 孙晓鲲 刘　红 金培莉 杨月新 李宝贵
合计人数		29	18	32	23	30	23	27	25

自2002年开始,学校进行“三育人”先进个人和先进集体评选,至2010年共有151人获得“三育人”先进个人称号,有66个单位获得“三育人”先进集体称号,具体获奖人员及集体,如表10.5-4、表10.5-5所示。

表10.5-4　2002—2010年“三育人”先进个人获奖名单

序号	单　位	2002年	2004年	2006年	2008年	2010年
1	应用文理学院	祁章云 訾秀玲 李静文 李　平	金宗濂 王遥林 冯丽云 黄远龙	韩建业 訾秀玲 白广琴 惠伯棣 赵连生	张亚军 李莉卿 白　桦 王　钰	文　镜 沈　蕾 李　平
2	师范学院(2002年名称为职业技术师范学院)	何立千 翟金忠 操静涛	谭鲁芳 朱喜福 谢崇桥	戴立黎 牛桂荣 赵　瑛	窦秀明 郇燕飞 赵平勇	袁海军 王　倬 陈平均
3	商务学院	范宝祥 陈金堂	黄金龙 田　岩	梁玉勇 张喜娟	方德英	赵　红 钱春丽
4	生物化学工程学院	黄小葳 曹纯孝	龚　平 鲍园园	王宝华 何江川 范　娟	李印伟 穆红莉 廖琪丽	张念鲁 于长志
5	旅游学院	宁泽群 张德江 扬力红		秦岭南 彭军霞 韩如冰	王　美 张　岩 任德荣	穆洁华 吴　宁 孟祥萍
6	继续教育学院	朱文立	张淑华	朱超伦	张金辉	杨秀岩
7	特教学院	丁艳丽	邱兆熊	马密霞	张道明	冯希杰
8	信息学院	曹国良		任力颖	姜素兰	刘宝妹
9	机电学院	付　力 赵伯彦	韩丽萍	嵇　伟	杨志勤	孙秀芳 夏齐霄

续表

序号	单位	2002 年	2004 年	2006 年	2008 年	2010 年
10	自动化学院	周阿雨	吴巧慧	晏 宁	胡立栓	梁爱琴
11	管理学院	郭 燕	赵伯庄	陈 浩	董 焱	陶秋燕
12	国际交流学院			王乐鹏	吴中平	
13	广告学院		夏 航	刘瑞武	张俊玲	张 赫
14	应用科技学院				程 可	张 耘
15	平谷学院			徐淑平	赵国玲	高金保
16	北苑校区					王 莹
17	东方信息技术学院			罗晓惠		
18	软件技术学院			王 颖		
19	联合大学分校	姚一凡				
20	高等教育研究室/发展规划处		江小明			
21	校招生就业处		权 力			
22	电子信息技术实验实训基地	陈恒荣（校专业基础部）	尤 克	崔武子	沈允中	
23	校培训中心（成教部）	张 耘（校成教部）				田建敏
24	校基础部	李 英	侯文宇			张 东
25	校行政管理处		张 青			
26	校体育部	唐大中				郑 毅
27	校人文社科部	李连弟	王 棣	罗常安		
28	校公共外语部	刘 月	李桂芹		谭洪蓉	
29	校图书馆	张世良		高 翔		
30	校财务处	郭秀萍				唐 欣
31	校教务处	姚 樱				冯爱秋
32	校后勤服务公司	金福忠（小营校区后勤服务公司）		胡金荣		徐 伟
33	门诊部			杨 敏	陈英英	
34	校机关			兰安蓉 韩金玉 苏 明	滕祥东 李晓平 陈 波	
合计人数		32	24	35	30	30

表 10.5-5　2002—2010 年"三育人"先进集体获奖名单

序号	单　位	先进集体	年　份	级　别
1	应用文理学院	经济与城市科学系	2002	校级
2	应用文理学院	组织部审计处合署	2002	校级
3	职业技术师范学院	经济贸易系	2002	校级
4	信息学院	电子信息教研部	2002	校级
5	机电学院	机电自动化教研部	2002	校级
6	管理学院	金融保险教研室	2002	校级
7	自动化学院	自控教研室	2002	校级
8	商务学院	廊坊分部	2002	校级
9	生物化学工程学院	生物医药系	2002	校级
10	旅游学院	教务处	2002	校级
11	特殊教育学院	基础教学部	2002	校级
12	校成教部	招生办	2002	校级
13	校本部	专业基础部	2002	校级
14	校本部	基础部物理教研室	2002	校级
15	校本部	学生就业指导服务中心	2002	校级
16	应用文理学院	教务处	2004	校级
17	应用文理学院	体育教研室	2004	校级
18	应用文理学院	国际金融财务学系党支部	2004	校级
19	师范学院	计算机科学与技术系	2004	校级
20	商务学院	基础部英语教研室	2004	校级
21	商务学院	学生党校	2004	校级
22	生物化学工程学院	教务处	2004	校级
23	继续教育学院	行政管理处	2004	校级
24	特殊教育学院	党、院办	2004	校级
25	信息学院	继续教育办公室	2004	校级
26	机电学院	建筑环境与设备工程教研室	2004	校级
27	自动化学院	音响工程教研室	2004	校级
28	自动化学院	学生工作办公室	2004	校级
29	管理学院	电子商务教研部	2004	校级
30	分校	学生工作办公室	2004	校级
31	校本部	体育教学部	2004	校级
32	校本部	图书馆	2004	校级
33	校本部	后勤服务公司运输服务中心	2004	校级
34	应用文理学院	历史系	2006	校级
35	应用文理学院	图书馆	2006	校级
36	师范学院	教务处	2006	校级
37	师范学院	图书馆	2006	校级
38	商务学院	国际商务系国际经贸教研室	2006	校级
39	生化学院	人文社科部	2006	校级
40	旅游学院	酒店与餐饮管理系	2006	校级

续表

序号	单　位	先进集体	年　份	级　别
41	特殊教育学院	党院办	2006	校级
42	信息学院	软件教研部	2006	校级
43	机电学院	教学科研办公室	2006	校级
44	自动化学院	建筑智能化教研部	2006	校级
45	管理学院	学生办	2006	校级
46	平谷学院	学生处	2006	校级
47	廊坊分校	教学办公室	2006	校级
48	外语部	外语部	2006	校级
49	校机关	科学技术与研究生处	2006	校级
50	后勤处	饮食服务中心	2006	校级
51	应用文理学院	经济与城市科学系	2008	校级
52	应用文理学院	外语系大学英语教研室	2008	校级
53	师范学院	体育教研室	2008	校级
54	师范学院	计算机科学与技术系	2008	校级
55	商务学院	国际商务系	2008	校级
56	生物化学工程学院	团委	2008	校级
57	旅游学院	日语旅游文化系	2008	校级
58	特殊教育学院	学生处	2008	校级
59	信息学院	工会	2008	校级
60	自动化学院	信息自动化教研室	2008	校级
61	管理学院	金融保险教研室	2008	校级
62	机电学院	机械工程及自动化教研部	2008	校级
63	东方信息技术学院	教学办公室	2008	校级
64	分校	教学办公室	2008	校级
65	校本部	体育教学部	2008	校级
66	校本部	学生工作部(处)、团委	2008	校级

第六节　离退休人员的管理

一、管理体制与经费保障

(一) 管理体制

学校离退休干部工作领导小组负责指导全校离退休人员工作。组长由校党委书记担任,离退休老同志代表、党校办、党委组织部、人事处、工会、财务处、门诊部、行政管理处、离退休人员工作处的负责人为小组成员,负责协调解决离退休人员工作中的问题。离退休干部工作领导小组成员调整情况,如表 10.6-1 所示。

表 10.6-1 离退休干部工作领导小组成员调整情况

调整时间	组长	副组长	成员
2003 年 1 月	席文启	孙权、张铃	张玉如、周明珠、滕祥东、麻淑仙、范蓓、王恒刚
2006 年 4 月	席文启	孙权、张铃、黄海洋	张玉如、兰荣林、朱晓言、刘庄、张伟、范蓓、郭保元、贾方、聂斌、滕祥东
2007 年 12 月	席文启	孙权、黄海洋	张玉如、张伟、贾方、滕祥东、兰荣林、范蓓、朱晓言、郭宝元、杨敏、杜鸿燕
2010 年 12 月	徐永利	付晨光、张楠	张玉如、范宝祥、贾方、曲学利、张俊玲、毕玉兰、闫健美、周运、杨敏、李承锋

2001 年,学校共有离休干部 158 名、退休人员 1100 余名。

2003 年,学校下发《关于贯彻落实〈北京市老干部工作领导责任制〉的实施意见》(京联党〔2003〕23 号),强调要高度重视学校离退休人员管理工作,并明确了相关责任。

校老干部处对校本部离休老干部实行直接管理,对全校离退休工作进行宏观管理。各法人学院设有离退休工作办公室,负责离退休人员的具体管理工作;校本部学院由各学院工会负责退休人员的具体管理工作;校机关和直属单位退休人员由机关总支及各直属单位总支分别负责管理。

2004 年 12 月,校党委决定,校机关和直属单位(基础部、实验实训基地、人文社科教学部、体育部、公共外语教研部、培训中心、图书馆、门诊部)的退休人员并入校老干部处进行管理。

2005 年 6 月,校老干部处更名为校离休退休人员工作处(以下简称"离退处"),朱晓言任处长,刘庄任副处长。离退处对校本部离退休人员的管理工作机制进行了较大调整。离退处的主要职责为:对校本部的离休干部和校机关和直属单位的退休人员实行直接管理,其党组织关系、行政关系一并转入校离退处;对校本部四学院(管理学院、信息学院、自动化学院、机电学院)及后勤部门的退休人员实行二级管理,退休人员的党组织关系、行政关系仍保留在原单位,日常管理服务工作由原单位负责,离退处负责指导工作和检查政策的落实情况;对全校离退休人员进行宏观管理。

2010 年 12 月,经校党委第 293 次常委会讨论,原则通过了校本部离退休人员集中管理方案,校本部单位(信息学院、管理学院、自动化学院、机电学院、广告学院、应用技术学院、国际交流学院、行政管理处、北苑校区)的离退休人员并入离退处统一管理,行政关系、党组织关系一并转入。

2005 年,校本部共有离休干部 71 人,退休人员 240 人;至 2010 年 12 月,校本部离休干部有 69 人,退休人员 1042 人。

2010 年,学校共有离退休人员 2628 人,其中离休干部 129 人,退休人员 2499 人。

(二)离退休人员活动经费

1. 离退休人员管理费

根据北京市有关政策,学校每年足额下拨离退休人员管理费,用于离退休人员的管理和各项活动。校本部离退休人员管理费由离退休人员工作处统一申报,并按规定统一使用。

离休干部管理费由特需经费、健康休养费和参观工农业建设项目经费组成。2009 年,北京市对离休干部管理费进行了调整，由原来的每人每年1100元调整为每年每人1600元。

退休人员的管理费按照北京市有关政策分为600元、400元和300元3个标准。即：退休前原为局级行政人员和正高级专业技术人员600元(人/年)，处级行政人员和副高级专业技术人员400元(人/年)，其他退休人员300元(人/年)。

2. 离退休人员校内改革共享补贴

2001年11月，学校出台《关于提高离退休人员改革共享补贴标准的通知》(校组发〔2001〕62号)，规定从2001年9月1日起，学校改革共享补贴标准，离休干部和退休局级、教授为1000元/(人·年)，其他退休人员为800元/(人·年)。该项补贴每年分两次在学期末发放。2009年，学校对退休人员校内共享津贴标准进行了调整，即原局级领导、正高级专业技术人员2000元/(人·年)，其他人员1500元/(人·年)，此标准从2010年3月1日开始执行。

3. 老干部特困基金

2001年4月10日，学校设立每年1万元的老干部特困基金。2006年，校本部离休干部特困基金调整到每年2万元；2008年，离休干部特困基金调整到每年4万元。

4. 老教协活动费

自2001年起，学校每年下拨老教协活动基金1万元。2006年，老教协活动费增加到每年3万元。

5. 关工委活动经费

自2004年起，学校每年下拨校关工委活动费用2万元。

二、校本部离退休工作(各学院离退休工作参见学院篇)

(一) 开展适合离退休人员特点的活动

1. 坚持校领导联系、慰问老同志的制度

校领导贯彻落实每人联系1～2名离退休干部，逢年过节对高龄老同志进行慰问和看望重病号的制度。2001年6月，在庆祝建党80周年前夕，校领导对9位党龄在60年以上的离休干部进行走访慰问。2003年“七一”前夕，校领导到80岁以上的离休老干部家中慰问；2005年“七一”前夕，校领导慰问了20名抗战时期的离休干部；2006年9月，校领导为抗日战争时期参加革命的老干部颁发了纪念章和慰问金；2009年9月，校领导对校本部离休干部进行了走访慰问，并将建国60年纪念章和慰问信送到老干部家里。

2. 组织学习及文体活动

校离退处每年分别组织校本部离休干部及退休人员进行春游及秋游活动，如2010年，校本部离退休人员有1200余人次参加春游及秋游活动。

校离退处组织了丰富多彩的学习及文体活动。2004年4月，校老干部处举办了“学习十六大，为首都教育事业添光彩”主题征文活动；2005年12月26日，离退处首次集中组织学校机关和直属单位的退休人员迎新年联欢、会餐；2006年2月，校离退处获市教工委“讲优良传统，葆革命本色”征文优秀组织奖；同年10月，校离退处与老教协共同创办的离退休老同志刊物《青松》正式印发；2007年5月11日，校离退休教职工首届运动会在校本部田径场举行；

2010 年 10 月，校离退处组织机关和直属单位的单位退休人员开展摄影比赛，共收到摄影作品 200 余幅；同年 12 月 28 日，校离退处、老教协共同举办学校离退休教职工新年联欢会，校领导徐永利、付晨光到会并讲话。截至 2010 年，离退休人员成立了舞蹈队、健身操队、合唱团、小乐队、太极表演队等 10 余个老同志文体团队。

2006 年 12 月，校离退处获北京市教育系统老干部工作“先进集体”荣誉称号。2007 年 3 月，校离退处获北京市教工委“特色党日活动”组织奖。

（二）充分发挥党组织的作用

1. 离休干部党总支

2003 年 4 月，校本部离休干部党总支进行换届选举，张玉如任书记，胡静萍、麻淑仙任副书记；2006 年 4 月，离休干部党总支完成换届选举，朱晓言任书记，张玉如、胡静萍任副书记；2009 年 7 月，离休党总支进行换届选举，闫健美任书记，张玉如、胡静萍任副书记。2001 年，校本部离休干部党总支共有党员 70 余名，截至 2010 年 12 月，党员减至 57 名。

2004 年，为纪念建党 83 周年，离休干部党总支举办了“紧跟时代前进步伐，让夕阳更加美好”的展览，用老同志的照片展示他们的革命经历和离休后的生活，并将展出的全部内容编辑成册送给每人一本。2005 年 4 月，校本部离休干部党总支编印《北京联合大学离休干部党支部建设手册》；同年 5 月，校本部 83 岁高龄的离休干部曲凯老师光荣加入中国共产党；2006 年，为纪念抗日战争胜利 60 周年，离退处和离休干部党总支编印了抗日战争回忆录《永恒的记忆》；2008 年 6 月 2 日，离休干部为汶川地震灾区募捐，共交特殊党费 22700 元、捐款 11000 元、社区捐款 7470 元；2010 年，离休干部党总支组织开展了“学先进创‘五好’，健身心乐晚年”的主题党日活动，活动中，老同志们精心制作的主题党日活动光盘《晚秋枫叶分外红》荣获 2010 年北京高校离退休干部“优秀主题党日活动”评选三等奖。

离休干部党总支从新时期老干部的思想特点出发，不断调整工作思路，确定党总支的任务，一是以健康保健为中心；二是以寓教于乐为重点；三是以学习为基础；四是以过好民主生活会为保证，不断探索新形势下党支部建设的新途径、新方法。2003 年，校本部离休干部党总支荣获北京市老干部“先进党支部”称号；2008 年，校本部离休干部党总支荣获北京教育系统“先进基层党组织”称号；2009 年，校本部离休干部党总支荣获北京市离退休干部“先进党支部”称号。2007 年 6 月 27 日，在北京高校离退休干部基层党组织建设研讨会上，校本部离休干部党总支书记张玉如同志作了重要发言。在全市支部书记培训班上播放反映党总支思想、政治工作、党建工作的题为“团结、奋进、奉献”的活动光盘及“一次有特色的党日活动”的短片。

2. 退休人员党总支

2005 年 6 月，校机关及直属单位退休人员党总支成立，白炳琦任总支书记，刘庄、袁林任总支副书记，下设 6 个党支部，共有党员 248 名；2009 年 6 月，退休党总支进行换届选举，袁林任总支书记，杜鸿燕、张敏鲜任副书记，下设 15 个党支部，共有党员 320 名；2010 年，李承锋任退休党总支副书记。截至 2010 年 12 月，校本部退休党员共计 556 名。

2006 年 6 月 29 日，校机关和直属直单位退休党总支召开纪念中国共产党建党八十五周年暨党龄五十周年以上老党员座谈会；2007 年 10 月，组织退休支部书记共 14 人到平谷教工疗养院参加培训；2010 年 5 月，组织机关和直属单位的退休党员参加时事报告会。

3. 个人获市级以上表彰情况

(1) 2001 年 6 月 18 日，张玉如被评为北京市教育系统先进个人。

(2) 2009 年 9 月，张玉如、谭浩强入选“首都教育 60 年人物”。

第七节　人事档案管理

一、人事档案工作机构

人事档案室成立于 1997 年 7 月，主要任务是对校本部的人事档案进行分门别类地管理。档案室为校人事处的定编机构，设专职档案管理人员 1 名。

截至 2010 年 9 月，校人事处档案库房共有在职职工档案 1115 件，离休干部档案 53 件，去世人员档案 169 件，编外人员档案 1 件，以及其他人员档案 23 件，总计档案件数为 1361 件。

二、人事档案工作制度

2005 年 6 月 3 日，学校印发了《关于印发北京联合大学人事档案查阅、借阅规定》(京联人字〔2005〕30 号)、《北京联合大学人事档案转递办法》(京联人〔2005〕32 号)及《北京联合大学档案材料收集归档鉴别规定》(京联人〔2005〕33 号)，对人事档案的保密性、规范性，以及档案的接收、转出、收集、档案借阅、档案保存等按照上级规定和学校的实际作出了具体规定。

三、人事档案的信息化建设及管理

2006 年，校人事处建立了干部档案管理信息系统——人事信息管理系统 3.3 版，并投入使用。主要承载对学校人事档案信息的收集、提取，以及数据的备库。系统设有信息录入、数据输出查询、工资发放等功能模块。信息系统管理员服务对象包括人事处综合科、人事科、师资科、劳资科及下属法人学院人事处负责人。2007 年 6—8 月，校人事处档案科组织相关人员对人事档案库房的人事档案进行了系统详尽地归档、分类、整理，此次行动被称为“2007 年文书档案大规整”活动。截至 2010 年，校人事处档案科接收档案卷数为 172 件，转出人事档案卷数为 47 件，人事档案利用卷次为 520 人次。

第十一章 学　　生

第一节　招生与就业

一、机构设置

1999年，学校成立北京联合大学学生就业指导服务中心，统领全校的就业工作。2003年1月，招生工作从校教务处分离，并入校就业指导中心，成立校招生就业处（京联发〔2003〕1号文件），负责全校招生与就业工作，该机构属正处级建制，编制11人，其中，正处岗1人，副处岗1人（主要负责毕业生就业工作）。2003年年底，学校成立就业指导教学科研中心，隶属于校招生就业处，主要开展学校就业指导与大学生职业发展课程的构建、毕业生就业工作科学研究、就业指导课程教学团队建设等工作。学校招生就业处、校院毕业生就业指导中心专职从事毕业生就业工作的人员有22人；院系从事毕业生就业工作的专兼职人员150余人。学校每年划拨专项经费用于毕业生就业工作。学校就业工作有专用场地面积约1000多平方米（2009年新增综合楼多功能厅600平方米作为毕业生就业工作场地），可使用场地面积4000平方米。

学校重视招生工作，明确了招生工作是在校招生工作领导小组的领导下，在纪监部门的监督下，由校招生就业处组织各学院及相关部门具体实施。校招生工作领导小组组长由校长担任，组员有校党委书记、纪委书记、主管招生的副校长、招生就业处处长。在认真梳理招生工作中存在的风险点的基础上，学校制定《北京联合大学艺术类、高职升本科、单招单考招生工作风险防控流程图》《北京联合大学普通高考招生工作风险防控流程图》，进行相应的防控，以杜绝舞弊行为。按照《北京联合大学招生工作管理办法》（京联招〔2008〕8号）、《北京联合大学招生录取工作细则》（京联招〔2008〕9号）等文件要求，学校明确了录取管理体制、录取工作机构及其职责、录取工作程序等相关事项。

2003年，学校提出招生与就业率挂钩，制定了《北京联合大学加强毕业生就业工作的意见》（京联招〔2003〕10号），以毕业生就业与教学改革、学科专业设置及招生计划制定的相互联系促进就业工作。同年5月，学校成立由校长、主管工作校领导、各学院主管院领导、招生就业处负责人组成的“北京联合大学毕业生就业领导小组”并下发《关于成立北京联合大学毕业生就业领导小组的通知》（京联招〔2003〕25号）。2009年，学校出台了《北京联合大学关于进一步加强毕业生就业工作的意见》（京联发〔2009〕12号），明确毕业生就业工作的全员参与机制，校院领导签订年度“就业工作目标责任书”。同年4月，学校成立“北京联合大学学生创业项目审查认定小组”，更好地落实国家和北京市关于促进大学生就业创业的政策精神，执行好学校促进大学生就业工作相关决议，对学校毕业生创业基金实行高效管理；同时设立“北京联合大学学生创业基金”，学校每年划拨20万元，以投资资助形式，资助符合申请条件的大学生作为主要发起人所创办的法人创业实体企业，该学生应为该企业实体之法定代表人。2009年，设立“北京联合大学就业困难学生帮扶基金”，每年划拨10万元，用于支持诚信守法、品学兼优、能够按时完成学业、家境困难或就业困难的学校应届毕业生进行就业求职活动。

为方便工作人员系统了解和掌握国家有关招生就业工作方面的政策方针，准确执行学校制定的规章制度，特将有关的文件汇编成册，编印了《北京联合大学招生就业工作文件汇编》(共三册)。

二、招生工作

(一) 本科招生工作

2003年，学校制定《北京联合大学在京招生录取原则》，统一全校各学院在京招生录取工作办法，针对新生、毕业生情况设计调查问卷，首次进行全校性的大规模问卷调查活动，并写出调查分析报告，自此连续实行滚动式调查，2010年编制出版《北京联合大学新生毕业生情况调查报告》。

2004年，学校建立招生信息网，统一外省招生录取工作，制定《外省统一招生工作意见》，统一规范各学院招生简章，规范各学院艺术类专业测试工作。

2005年，学校第一次制作内容完整的全校统一的招生简章，加大京内、京外招生宣传力度；成立北京联合大学艺术类专业考试联大考点工作小组，统一艺术类专业测试工作；规范了高职升本科专业课考试大纲格式。

2006年，京外各专业招生录取工作均在一本线上完成招生计划，提高了学校的生源质量。

2007年，学校整合招生专业，师范学院停招金融学专业，商务学院停招艺术类专业；制定了《北京联合大学补录原则》，为统一学校招生代码奠定基础；首次招收少数民族预科生，全校统一了开展港澳台侨招生工作。

2008年，统一学校在京招生代码，打破学校20多年各学院独立使用招生代码进行单独招生的局面，取消了各学院单独招生代码，根据学校专业情况确定为四个代码，即文科、理科、艺术类、高职升本科。制定了《北京联合大学招生工作管理办法》，明确学校和学院的招生工作职责，制定了统一代码后的《北京联合大学录取工作细则》，明确招生录取管理体制、录取工作机构及其职责、录取工作程序和纪律要求；统一了录取政策，实现了应用文理学院、商务学院、管理学院、旅游学院、广告学院、特殊教育学院在北京市二本控制线上完成了本科招生计划，全校文科线上录取，理科在北京最低控制线下5分完成了所有专业的招生计划，统一代码后提高了生源质量。当年，招生就业处统一了全校新生预报到时间，并使用迎新系统进行新生报到。

2009年，学校进一步进行招生专业整合，把工业设计、建筑环境与设备工程两个本科专业从机电学院调整到生物化学工程学院，将会计学、金融学两个本科专业从应用文理学院调整到管理学院，师范学院停招食品科学工程专业，商务学院停招电子商务专业，新增两个本科招生专业：会展经济与管理、建筑电气与智能化。同年，首次实现了北京市本科生源全部线上录取。

2010 年,实现部分专业在京外 7 个省份列入一批本科招生。2001—2010 年各类学生招生及在校情况,如表 11.1-1 所示。

表 11.1-1　2001—2010 年各类学生招生及在校情况　　单位:人

年　份	招　生			在校生	
	本科生	高职生	高职升本科	本科生	专科生
2001	3628	2864		11 986	7358
2002	3773	2684		13 959	8238
2003	3973	2913	673	15 923	8507
2004	4136	3458	914	17 335	8950
2005	4441	3092	1171	18 778	9538
2006	4294	2798	1860	20 120	9038
2007	4045	2932	1193	20 367	8245
2008	4230	2632	1333	19 956	8043
2009	4207	2514	1955	20 478	7677
2010	4199	2046	1827	20 704	7012

(二) 高职升本科招生

2003 年,北京市教委决定在京高职院校优秀毕业生升入本科院校的试点工作由联大承担,学校成立高职升本科工作领导小组,由招生主管校领导、校纪委书记、招生就业处及校纪监办负责人组成。制定相关高职升本科推荐、考试、录取等一系列工作文件,第一年开始高职升本科招生。

2005 年,成立了北京联合大学高职升本科考试专家组,统一了高职升本科专业课考试大纲格式,并第一年承担北京市高职升本科公共课考试阅卷工作。

2006 年,规范了高职升本科推荐、辅导、命题、考务、录取等相应的工作流程。

(三) 高职招生工作

2004 年,高职录取人数达到最高峰 3458 人,招生分数全部在第一志愿录取,大大高出北京市控制线。根据学校的整体办学规模,2004 年以后高职招生数量逐年减少,招生专业整合优化。同年起,商务学院、信息学院、管理学院、应用文理学院陆续停止高职招生。2007 年成立应用科技学院,主要承担学校高等职业教育相关人才培养工作。到 2010 年全校高职招生人数减少至 2046 人。

(四) 特殊类型招生工作

学校对艺术类、单独招生、高水平运动员、艺术特长生等特殊类型的招生工作逐步规范,对命题、考试、阅卷、录取等各项流程均有相应的规定,各类考生录取办法及原则进行网上公布,录取过程严格执行录取原则,学校纪监部门对特殊类型的招生工作给予监督,确保招生工作各环节的严肃性及保密性。有关考试成绩及录取结果及时在网上公布,使考生及时、方便地了解相关信息,掌握学校录取政策及录取进程。此种做法不仅提高了办公效率,同时也有利于增强学校招生工作的透明度及发挥社会监督的作用。

同时,学校还成立了各种特殊类型招生组织机构:

（1）艺术类专业考试委员会：由招生就业处负责人、各艺术类别专业主任组成；

（2）高水平运动员招生评审小组：由校招生就业处、体委及有关专业负责人组成，下设高水平运动员专业测试小组；

（3）艺术特长生招生评审小组：由校招生就业处、团委及有关专业负责人组成，下设艺术特长生专业测试小组。

2005 年，成立艺术类专业考试北京联合大学考点工作小组及北京联合大学艺术类专业考试委员会，整合京内、外艺术类专业招生工作，统一组织开展招生宣传、专业测试、成绩报送、制定录取原则等工作。

2006 年，组织了 11 个考点的艺术类专业考试。

（五）研究生招生工作

2007 年，学校招收首批 30 名硕士研究生；2008 年，招收 34 名；2009 年招收 36 名；2010 年招收 25 名。2007—2010 年学校硕士研究生招生人数，如表 11.1-2 所示。

北京联合大学学位与研究生教育目前正积极探索地方性、应用型、综合性高水平大学研究生培养的新模式，努力实践研究生教育规模和质量协调发展。

表 11.1-2　2007—2010 年硕士研究生招生人数

年　份	2007	2008	2009	2010	合　计
招生人数	30	34	36	25	125

三、就业工作

（一）就业常规工作

1. 开拓就业市场

学校发挥毕业生就业供需主渠道作用，与北京市高校毕业生就业指导中心、北京市毕业生就业服务中心等人才机构建立供需信息共享机制，校内各院系信息共享，提高有效信息利用率。自 2003 年起，印制学校《毕业生情况介绍》，发放给用人单位，并通过各种媒介发送毕业生宣传材料；每年通过“走出去，请进来”的方式为毕业生举办不同层次、不同类型的校、院两级的校园双选活动百余场。

2003 年，为了促进全校就业工作开展，首次统计全校各学院就业率，制定学院就业率与招生挂钩等一系列文件，率先在全国提出就业率与招生专业挂钩、与新专业遴选挂钩。

2. 就业基地建设

学校加强就业基地建设，将毕业设计、毕业实习与毕业生择业、企业考核录用相结合，将毕业生就业基地与教学实习基地、社会实践基地相结合，建立校、院毕业生就业实习基地百余个，为毕业生择业开拓了更加畅通的渠道。学校积极推行毕业生“订单式”人才培养模式，实施毕业证书和职业资格证书“双证书”教育培养，提升毕业生职业发展能力。

3. 加大毕业生的服务与信息化建设力度

学校于 2004 年建成毕业生就业信息网，设计学生版、企业版和学院版三个版本的留言板及四个后台管理模块（学生简历维护模块、单位招聘信息发布模块、学院信息维护模块和高级管理员系统维护模块)。网站累计注册单位7200多家,发布用人信息总量13700份,总访问量211万余人次。日最高访问量2000人次。

学校就业指导中心设置就业信息与资料查询室、大学生就业指导咨询室、用人单位洽谈室,配有多媒体教室设备供用人单位招聘宣讲使用。毕业生可以随时查询招聘信息,掌握招聘动态。聘请从事就业工作多年的资深教师为学生进行咨询服务。

4. 建立困难学生帮扶基金

2009年,学校设立"北京联合大学就业困难学生帮扶基金",制定《北京联合大学就业困难学生帮扶基金实施办法》,按照毕业生人数,每年划拨10万元,用于支持诚信守法、品学兼优、能够按时完成学业、家境困难或就业困难的应届毕业生进行就业求职活动。2009—2010年毕业生帮扶基金使用情况,如表11.1-3所示。

表11.1-3 2009—2010年毕业生就业帮扶基金情况统计表

学院	2009年			2010年		
	毕业生数	帮扶人数	发放金额/元	毕业生数	帮扶人数	发放金额/元
应用文理学院	904	81	16 200	908	58	10 861
师范学院	905	96	19 200	875	89	10 473
商务学院	620	4	800	614	23	7 514
生物化学工程学院	634	48	9 600	927	48	11 107
旅游学院	496	38	7 600	628	40	7 714
信息学院	696	45	9 000	935	49	11 190
机电学院	595	18	3 600	484	46	5 812
自动化学院	619	29	5 800	616	24	7 479
管理学院	795	33	6 600	851	50	10 309
广告学院	680	10	2 000	765	70	9 017
特殊教育学院	211	13	2 600	205	57	2 442
应用科技学院	618	53	10 600	289	50	3 616
平谷学院	198	24	4 800	210	16	2 466
东方信息技术学院	197	8	1 600	—	—	—
合计	8168	500	100 000	8307	620	100 000

5. 建立创业基金推动就业

2007年,学校建立大学生KAB创业教育基地,开设"大学生KAB创业基础"选修课;2008年,又建立模拟公司实训基地,开设"模拟公司实训课程",加强创业教育。

为鼓励毕业生创业,学校设立北京联合大学创业基金,学校自2009年起在首都高校范围内率先启动创业基金项目,以每年投入20万元的额度支持学生创业。围绕基金评审,学校对创业学生进行创业培训,并提供创业场地,设立大学生创业园区,聘请企业成功人士对入驻创业园区的创业基金获得者进行跟踪、帮扶等系列工作,有效指导学生创业。创业领域遍及在IT网络、创意设计、产品销售等多个领域。几年来,创业基金有效地支持了广告学院学生创办忠上意达装修公司、商务学院学生创办进口酒销售公司、应用文理学院学生创办教育培训机构、广告学院学生创办同学吧网站、自动化学院学生创办盲人保健按摩、应用科技学院学生创办电脑技术服务部、特教学院学生创办易筋堂盲人保健按摩、广告学院学生创办北京零度时空科贸公司等。经过几年创业奋斗，这些学生创业项目取得了成功，获得了一定的社会影响。

（二）就业课程与教学研究

1. 机构设置

2003年，学校成立就业指导教学科研中心（京联发〔2003〕61号），负责人由招生就业处处长高桥兼任，2010年由张伟处长兼任，负责组织全校就业指导课程体系建设和就业指导类课程规划的制定、实施和专业指导，开展毕业生就业工作的调研分析，建设全校就业指导课程师资队伍，并具体承担校部各学院就业指导类课程的教学安排、实施等工作。其具体职能涵盖教育、教学、科研、管理、服务等五个方面。

2007年7月，学校成立《就业指导》课程教学指导委员会，由党委副书记孙权担任顾问，招生就业处高桥处长担任主任，各学院主管毕业生就业工作的院领导担任委员，旨在加强学校“就业指导”课程建设，推动学校毕业生就业工作，进一步整合资源，全面提升“就业指导”课程教学和科研水平。各学院设立就业指导教学科研办公室（校本部学院除外），负责“就业指导”课程师资聘任及日常教学工作。学校就业指导教学科研中心负责《就业指导》课程教学大纲的制定与修订、课程开发与建设、教学改革、师资培训、集体备课、编写教材、课件制作及课程教学质量检查等相关工作。

2. 就业课程建设

2003年，学校开设“就业导航”和“大学生职业生涯规划”本科生选修课，并将“就业指导”课列入高职生必修课。通过课程建设，全校统一制定教学大纲，统一制作课件，组织课程研发、教研交流等活动，改变传统就业指导课程内容狭窄、功能单一的情形。根据学校应用性人才的培养目标，理论联系实际，确立“就业观念更新为先导、就业能力培养为中心、实习实践为依托、生涯规划为指导”的课程建设指导思想。确立以人为本，以能力为核心的课程设计理念。2007年，学校将“就业指导”课程列入教学计划，开设为全校学生必修课。2008年，开设“大学生 KAB 创业基础”选修课。2009年，开设“学会做事”选修课。形成以“职业发展与就业指导”课为基础，“学会做事”“大学生创业教育与指导”“大学生 KAB 创业基础”选修课为辅助，“大学生创业实训课”“大学生生涯规划大赛”“大学生生涯开发社团”建设为特色，常规性就业系列讲座为补充的分阶段有针对性的大学生职业发展教育体系。学校就业指导课程体系建设覆盖全校学生，对提升学生职业发展能力、提高毕业生就业质量起到重要促进作用。

为保障授课质量，学校对“就业指导”课授课教师选任条件提出明确要求，授课教师以具有教师资格且从事毕业生就业工作人员为主体，为将专业或行业发展状况、专业人才需求标准和职业岗位要求等融入教学内容，聘请相关专业教师进入就业指导师资队伍，同时聘请企业总裁、人力资源总监走进课堂介绍企业用人标准。2006—2010年，全校“就业指导”课程组人员共完成80余项国家级、省部级、校级等毕业生就业工作相关科研项目或论文。2008年、2009年，“就业指导”课程教学团队被评为学校“优秀教学团队”。

2006年,学校编写"就业指导"课专用教材《大学生就业指导》,2008年被评为北京高等教育精品教材,2007年,学校编写的《大学生涯与职业规划》教材,入选学校精品教材建设项目。

3. 教学研究与学术交流

学校积极组织开展教学科研,举办工作交流和学术论坛,以此开阔眼界,学习、推广先进经验。

2006—2010年,学校编写《大学生求职实录》《校友访谈录》《大学生村官访谈录》《毕业生就业指南》《大学新生职业生涯发展导航》等实践教学书籍和材料对学生进行择业、就业实训指导;出版"大学生职业发展教育研究丛书"——《大学生就业指导教学与实践》《北京联合大学学生状况调查实录》《大学生职业生涯规划与求职案例点评》;出版"北京地区高校学生就业研究基地平台建设丛书"——《大学生就业研究信息平台建设》和《大学生就业研究信息平台建设论文集》。2006—2010年"就业指导"重要课题及建设项目,如表11.1-4所示。

表11.1-4　2006—2010年"就业指导"重要课题及建设项目

年　份	内　容	项目来源及获奖情况
2006	学生就业指导课程的设置与实践教学	校级优秀教学成果二等奖
2007	IT领域高职课程结构改革与教材改革的研究与实验	全国教育科学"十五"规划国家级课题子课题
2008	把价值观教育结合到大学生就业指导中	教育部中国职业技术教育学会课题
2009	对高校就业指导课程体系建设的思考	北京市就业促进会优秀课题
2009—2010	北京地区高校学生就业研究基地平台建设	北京市专项建设项目

2008年,学校组织"就业指导"课程教学指导委员会成员先后考察了武汉理工大学、上海商学院和上海工程技术大学,针对大学生职业生涯规划、就业指导等课程建设,产学合作教育模式,就业工作现状与发展等方面进行了交流研讨。

同年10月,学校举办海峡两岸应用型大学学生职业发展与就业指导交流研讨会,教育部就业指导中心、人力资源和社会保障部就业培训中心、北京市教委、北京市人事局等上级领导部门到会莅临指导并作重要讲话,30余所高校的200余人参会。《中国教育报》、中国教育电视台、《北京晨报》《大学生就业》杂志、中国教育科研网等多家媒体到会报道。招生就业处处长、就业指导教学科研中心主任高桥教授作"应用型大学学生职业发展教育体系构建"的大会发言。中国台湾建国科技大学校长黄燕飞教授、上海第二工业大学党委书记徐佩莉、上海商学院招生就业处处长陈敏教授、航天三院教育中心主任陈晓玲在会上发言。会议就课程设计、讲师交流、课题研究及举办学术研讨会等方面开展深入研讨。此次交流研讨会的成功举办,进一步加强了两岸职业发展与就业指导教育界的合作,有利于互相学习借鉴办学经验,推动两岸职业发展与就业指导教育向更高层次发展、向更高水平迈进。

同年10月,学校举办全国高校大学生职业发展与就业指导教研发展高峰论坛。清华大学、上海交通大学、南开大学、同济大学、四川大学、浙江大学、北京邮电大学、华东理工大学、山东大学、南京师范大学、中国海洋大学、中央财经大学、深圳大学等60余所全国高校参会。

教育部就业指导中心方伟主任及人力资源和社会保障部中国就业培训中心田光哲主任到会并讲话。论坛主要探讨国际国内大学生职业发展和就业指导新视点、新趋势；分享交流经验与优势，探讨构建教学与科研机构的互动机制；深入研究如何创新大学生职业发展与就业指导课程设计；成立职业发展、就业创业相关教研室（研究机构），搭建专家、学者与一线名师、用人单位之间互动交流平台。中国青年政治学院副院长、KAB创业教育研究所所长李家华教授，清华大学就业指导中心主任祁金利博士，中国科学院研究生院管理学院副院长、博士生导师时勘，南开大学政府管理学院党委副书记、副院长蒋建荣，深圳大学资深职业指导教师陈德明，学校招生就业处高桥教授作了论坛发言。此次高峰论坛作为学校就业指导教师的培训，全校70余名就业指导教师、就业工作人员参会。会后，各高校与会代表参观了学校就业指导服务中心。

同年10月，来自德国、芬兰、澳大利亚等12个国家的模拟公司中心主任和专家，以及全国创业培训工作指导委员会创业实训项目专家戚小明老师、全国创业培训工作指导委员会创业实训项目专家顾问团马良副主任、北京市创业指导中心车志刚处长一同来到学校，参观大学生就业创业实训基地和学校模拟公司实训基地，并与正在进行实训的同学互动交流。

四、毕业与学位授予

（一）各类学生毕业数据

2004—2010届毕业生就业情况，如表11.1-5所示。

表11.1-5　2004—2010届毕业生就业情况统计

年　份	统计项目	毕业生总数	落实去向人数	落实去向率	未就业落实去向率
2004	本科生	3385	3311	97.81%	2.19%
	高职生	2678	2553	95.33%	4.67%
	合计	6063	5864	96.72%	3.28%
2005	本科生	4128	4072	98.64%	1.36%
	高职生	2456	2360	96.09%	3.91%
	合计	6584	6432	97.69%	2.31%
2006	本科生	4727	4641	98.18%	1.82%
	高职生	3304	3213	97.25%	2.75%
	合计	8031	7854	97.80%	2.20%
2007	本科生	4946	4876	98.58%	1.42%
	高职生	3638	3543	97.39%	2.61%
	合计	8584	8419	98.08%	1.92%
2008	本科生	5925	5726	96.64%	3.36%
	高职生	2813	2682	95.34%	4.66%
	合计	8738	8408	96.22%	3.78%
2009	本科生	5419	5344	98.62%	1.38%
	高职生	2769	2693	97.26%	2.74%
	合计	8188	8037	98.16%	1.84%
2010	本科生	5638	5564	98.69%	1.31%
	高职生	2641	2587	97.96%	2.04%
	合计	8279	8151	98.45%	1.55%

(二)本科生、研究生学位授予情况

1. 本科生学位授予情况

2001—2010年学校本科生学位授予情况,如表11.1-6所示。

表11.1-6 2001—2010年本科生学位授予情况统计

届 次	项 目	本科(高中起点)	本科(专科起点)
2001届	准予毕业人数	1771	/
	授予学位人数	1307	/
	学位授予率	73.80%	/
2002届	准予毕业人数	1901	/
	授予学位人数	1599	/
	学位授予率	84.11%	/
2003届	准予毕业人数	2583	/
	授予学位人数	1921	/
	学位授予率	74.37%	/
2004届	准予毕业人数	3207	/
	授予学位人数	2583	/
	学位授予率	80.54%	/
2005届	准予毕业人数	3287	641
	授予学位人数	2639	555
	学位授予率	80.29%	86.58%
2006届	准予毕业人数	3696	915
	授予学位人数	2864	836
	学位授予率	77.49%	91.37%
2007届	准予毕业人数	3535	1150
	授予学位人数	3047	1077
	学位授予率	86.20%	93.65%
2008届	准予毕业人数	3867	1831
	授予学位人数	3491	1746
	学位授予率	90.28%	95.36%
2009届	准予毕业人数	4144	1194
	授予学位人数	3991	1180
	学位授予率	96.31%	98.83%
2010届	准予毕业人数	4287	1314
	授予学位人数	4098	1304
	学位授予率	94.36%	99.16%

2. 研究生学位授予情况

2010年学校硕士学位授予情况,如表11.1-7所示。

表11.1-7 2010年硕士学位授予情况　　单位:人

年 份	小 计	专门史	食品科学	计算机应用技术
2010	28	9	10	9

第二节　学生日常管理

一、管理体制与机构

学校实施学生工作校院两级工作体制。在校党委和行政领导下，校学生工作部(处)负责学生全校性思想政治教育和管理工作。在业务上指导各学院学生工作部(处)(学生工作办公室)的工作。校学生工作部(处)注重统筹计划、制(修)定管理制度、宏观管理和指导，定期开展学生工作培训和交流，制定学院学生工作的考评制度。人民武装部与学生工作部(处)合署办公，主要负责对学生进行国防教育和学生军事训练及军事教学工作。院学生处(办)负责落实各项规章制度及日常学生教育管理工作。

二、规章制度

2001—2010 年，学校根据教育部依法治校的总体要求和《普通高等学校学生管理规定》，结合学生的特点和实际，制定和修订相关学生管理制度，如《北京联合大学学生综合素质测评办法》(京联发〔2006〕19 号)、《北京联合大学学生评优奖励条例》(京联学〔2009〕92 号)、《北京联合大学学生违纪处分条例》(京联学〔2009〕91 号)、《北京联合大学学生申诉管理办法》(京联发〔2006〕1 号)、《北京联合大学学生公寓管理规定》(京联发〔2006〕1 号)等。根据学生管理需要，不断修订更新相关制度并汇编成《学生手册》。各学院在学生管理、学籍管理、学生违纪处分、学生公寓管理等方面，全面执行学校相关规章制度。2010 年，学校加强制度建设，进一步理顺校院学生工作体制和机制，出台违纪处理小组的议事规则、解除处分工作实施办法等一系列规章制度。

三、奖励与奖学金

2002 年，学校开展国家奖学金评选；2004 年，开展北京市国家助学金评选；2007 年，增设国家励志奖学金奖项。

1. 国家奖助学金评选

北京市财政局和北京市教育委员会下达国家奖学金、国家励志奖学金、北京市国家助学金名额，并下拨资助经费，学校按照各学院在校生人数及家庭经济困难学生情况，按一定比例将名额下达到各学院，各学院具体负责评选评审，校学生处最终审核上报。

国家奖学金是为激励普通本科高校、高等职业学校和高等专科学校学生勤奋学习、全面发展而设立的。国家奖学金的奖励标准为 8000 元/(人・年)，每学年评审一次，实行等额评审，坚持公开、公平、公正、择优的原则。在获得国家审批通过后，国家奖学金一次性发放给获奖学生，并颁发国家统一印制的奖励证书，记入学生学籍档案。获得国家奖学金的学生为在校生二年级以上(含二年级)学生。同一学年内，获得国家奖学金的家庭经济困难学生可以同时获得国家助学金，但不能同时获得国家励志奖学金。2005—2010 年，学校共有 310 人荣获国家奖学金，获得奖励共计 232 万元。

国家励志奖学金用于奖励资助高校全日制本专科(含高职、第二学士学位)学生中品学兼优的家庭经济困难学生,奖励标准为5000元/(人·月)。每学年评审一次,在获得北京市教委批准后,一次性将奖金发放给获奖学生。获得励志奖学金的学生为在校生二年级以上(含二年级)学生。国家励志奖学金自2007年开始设立,截至2010年共有3703名学生获得奖学金,奖励金额累计1851.5万元。

北京市国家助学金用于资助学校全日制普通本科、高职专升本、高职专科在校生(不含国外和境外留学学位生、进修生)中的家庭经济困难学生。2006年起统一按照每人每年1500元的标准发放,学校共评选出740名学生,发放助学金111万元;2007年北京市国家助学金调整为两等,一等助学金标准为每人每月320元;二等助学金标准为每人每月160元;从2010年起调整为一等助学金每人每月450元,二等助学金每人每月230元,每年按10个月发放。2007年新资助政策实施以来,至2010年学校共有17011人享受到国家助学金补贴,补贴金额共计4341.84万元。2006—2010年学生获北京市国家助学金情况,如表11.2-1所示。

表11.2-1　2006—2010年学生获北京市国家助学金统计

年　份	2006	2007		2008		2009		2010	
标准/元每人每年	1500	一等	二等	一等	二等	一等	二等	一等	二等
		3200	1600	3200	1600	3200	1600	4500	2300
人数	740	933	1400	1904	2857	1807	2810	2300	3000
金额/万元	111	298.60	224.00	609.28	457.12	578.24	449.60	1035.00	690.00

2. 奖励

根据学校实际情况,学校对学生评优奖励条例适时进行修订和调整,不断扩大学生评奖面,每年各级各类奖励人数达到万人次以上。

2006年,学校制定《北京联合大学校长特别奖评选办法(试行)》(京联学〔2006〕20号),修订《北京联合大学学生评优奖励条例(修订)》等文件,奖励在德、智、体等方面取得特别优异成绩的学生。学校对在校外获奖学生进行再次表彰奖励,并颁发荣誉证书,国家级奖励1000元,市级奖励600元。2007年,94个集体、104名个人获校长特别奖。2009年,学校修订《北京联合大学校长特别奖评定办法(试行)》(京联学〔2009〕9号),对评选条件进行修订,并将奖励标准增至10000元。2009年、2010年共有4项个人或集体荣获校长特别奖。

评优奖励项目分为校、院两级,荣誉称号有"先进班集体""三好学生""优秀学生干部""优秀毕业生"。校级奖学金按应评人数千分之五的比例评选,奖励金额为2000元/人;院级一等奖学金为综合素质测评排名前5%者,奖励金额为1500元/人;二等奖学金为综合素质测评排名前15%者,奖励金额为1000元/人;三等奖学金为综合素质测评排名前30%者,奖励金额为500元/人。

2010年,学校设立新生入学奖,学校对2010级46名新生入学奖学金获得者予以表彰。同年,学校设立考研奖,学校对131名考取硕士研究生的2010届应届毕业生进行表彰。2006—2010年学生获校级奖励情况,如表11.2-2所示。

表 11.2-2 2006—2010 年学生获校级奖励情况

奖励时间(学年)/项目	2006—2007		2007—2008		2008—2009		2009—2010	
	奖励人数	总金额(万元)	奖励人数	总金额(万元)	奖励人数	总金额(万元)	奖励人数	总金额(万元)
三好学生	593	17.79	581	17.43	562	16.86	618	18.54
优秀学生干部	251	7.53	221	6.63	240	7.20	246	7.38
先进班集体	79	2.37	76	2.28	77	2.31	70	2.10
新生入学奖学金							46	9.20
考取研究生奖							131	13.10
校优秀学生奖学金	150	30	97	19.4	99	19.8	100	20

在学院评选的基础上，由学院推荐符合条件的校级优秀个人和集体，在获得校级奖励的学生和集体中由学校推荐优秀者参评市级相关奖项。学院根据实际情况设立各单项奖励，如学科竞赛、单科成绩优秀、文体竞赛、科技创新、社会工作、突出贡献等奖项。2010 年，全校共有 2943 人次和 149 个集体获得包含国家奖学金、国家励志奖学金、校长特别奖、“融信”大学贫困助学金等在内的各类奖助学金；46 名新生获得入学奖学金，131 名同学获考取研究生奖；在学校新开展的“十百千万工程”评优活动中，共评出 10 个学生学习型党支部、69 个优良学风班、911 名优良学风标兵，商务学院国贸 0702 班被评为北京市级学习型班集体示范班级。与 2009 年比较，获奖人次增加 30%，获奖集体增加 53%。

学校发挥先进典型的示范作用，引导学生学习身边的榜样。为此，学校于 2006 年编印《学习·实践·成长——北京联合大学学生优秀事迹汇编》，2007 年在全校范围开展优秀学生先进事迹的宣讲活动。各学院按照学校的统一部署，通过宣传展板、电视台、广播台、网络宣传优秀学生事迹，并组织学生优秀事迹报告团 82 场，参与人员达 29 962 人次。

四、纪律与教育

根据国家及北京市相关法律法规的有关规定，结合学校的实际情况，2005 年，学校修订《北京联合大学学生违纪处分条例(试行)》(京联学〔2005〕77 号)，2009 年再次对此文件进行修订，印发《北京联合大学学生违纪处分条例(修订)》(京联学〔2009〕91 号)。

2006 年 1 月，学校制定《北京联合大学学生申诉管理办法(试行)》(京联发〔2006〕1 号)。学生申诉处理工作分校院两级管理，学校设立学生申诉处理委员会，各学院设学院申诉处理分委员会。学生申诉处理机构设秘书处，挂靠学生工作部(处)，负责学生申诉处理日常工作。

2007 年 7 月，学校制定《北京联合大学学生考勤管理办法(试行)》(京联学〔2007〕4 号)，2009 年 7 月进行修订，文件规定学生考勤实行学生考勤员和任课教师双考勤制度。

学校把加强考风建设作为学风建设的重要一环，建立有效机制严格考风考纪。期中、期末考试期间，通过多种渠道对学生开展诚信考试教育，通过学生签署遵守考试纪律承诺书、班级诚信考试主题班会等形式开展诚信教育。学校加强监考、主考、巡考工作，严格考试管理，严肃考场纪律。校、院及时对违反考试纪律的学生进行教育，并按照有关规定严肃处理。学生违纪率从 2003—2004 学年的 2.6%降至 2009—2010 学年的 0.5%。2004—2010 年学生违纪情况，如表 11.2-3 所示。

表 11.2-3 2004—2010 年学生违纪情况统计

统计时间(学年)	考试违纪	旷课违纪	其他违纪	合 计
2004—2005	334	247	220	801
2005—2006	239	189	115	543
2006—2007	184	133	67	384
2007—2008	158	69	36	263
2008—2009	115	62	43	220
2009—2010	66	36	55	157

自 2007 年起,每年在全校开展学生管理制度知识竞赛,促进学生了解规章制度,熟悉管理规定,知晓学生的权利义务。

2008 年 5 月,在《北京联合大学学生违纪处分条例》中,附加处分的解除条款。2010 年进一步修订解除处分相关规定,制定《北京联合大学解除学生违纪处分管理办法(试行)》(京联学〔2010〕97 号),加强对受处分学生的教育和管理,激励违纪学生改正错误,将"积极参加校院组织的志愿服务活动 80 小时及以上并表现突出"作为解除条件之一。

2010 年 2 月,学校制定《学生违纪处分审议工作议事规则》(京联学〔2010〕12 号),成立校违纪处分审议小组(以下简称审议小组),组长由校主管学生工作的党委副书记担任,成员单位有校学生处、党委校长办公室(法规)、教务处、团委。审议小组是学校对学生违纪处分的议事机构。学生处审核学院上报材料,无误后报校违纪处分审议小组通过。

第三节 学生资助体系

一、组织机构

2007 年国家新的资助体系实施以来,学校专门在校学生处设立资助工作办公室,由一名主管副处长和两名工作人员组成,指导全校学生资助工作。院系配备工作人员具体负责资助工作。

二、制度建设

根据国家与北京市的相关规定学校制定了以下办法:

(1)《北京联合大学学生勤工助学管理办法》(京联学〔2007〕5 号);

(2)《北京联合大学国家奖学金、国家励志奖学金和北京市国家助学金管理实施办法》(京联学〔2007〕7 号);

(3)《北京联合大学国家助学贷款管理实施办法》(京联学〔2007〕68 号);

(4)《北京联合大学家庭经济困难学生认定工作的实施办法》(京联学〔2008〕5 号)。

三、资助工作

学校根据国家的政策相继出台一系列资助文件,全面部署学校资助工作。

1. 绿色通道工作

每年在学生的录取通知书中寄送介绍国家、学校资助政策的小册子和《学生及家庭情况调查表》,要求家庭经济困难的学生如实填写,并加盖所在街道、乡镇民政部门的公章。入学后,学生就可以凭此表通过"绿色通道",在办理入学手续后,马上申请享受各项资助政策。至2010年,全校共有830名家庭经济困难学生通过绿色通道办理入学手续。

2. 困难生认定工作

学校成立学生资助工作领导小组,校学生处具体负责组织和管理全校困难生的认定工作。各学院成立由分管院领导为组长、院学生处(学生工作办公室)负责人、学生辅导员等担任成员的认定工作组,负责本学院家庭经济困难学生认定的具体组织和审核工作。家庭经济困难学生的认定需参照北京市当年最低生活保障标准,分为一般困难和特殊困难两个档。截至2010年,共认定家庭经济困难学生18 411人。

3. 勤工助学工作

勤工助学是学生资助的重要组成部分,家庭经济困难学生入学后可以通过勤工助学方式减轻经济压力,以顺利完成学业。勤工助学活动由学校统一组织和管理,按照"学有余力、自愿申请、信息公开、扶困优先、竞争上岗、遵纪守法"的原则,在不影响正常教学秩序和学生正常学习的前提下开展。勤工助学岗位分固定岗位和临时岗位。学生参加勤工助学的时间原则上每周不超过8小时,每月不超过40小时。校内临时岗位按小时计酬为8元人民币/小时。截至2010年年底,学校共为学生12485人次安排勤工助学,发放酬金共计595.71万元。2003—2010年勤工助学学生人数及酬金,如表11.3-1所示。

表11.3-1 2003—2010年勤工助学学生人数和酬金统计

年 份	2003	2004	2005	2006	2007	2008	2009	2010
人数	407	515	993	2062	2429	1853	2776	1450
酬金(万元)	50.27	59.55	45.77	58.6	94.65	95.06	104.58	87.23

4. 国家助学贷款工作

2007年,学校成立学生资助办公室,负责学生在校期间国家助学贷款的组织、协调工作。各学院学生工作部门负责管理本院的国家助学贷款工作。北京银行指定下属支行为学校国家助学贷款的经办银行,学校的国家助学贷款工作在2010年3月之前由北京银行学知支行负责,之后调整为北京银行安定门支行负责。

学生每人每次申请贷款最高不超过6000元。学生可申请学费贷款和生活费贷款(包括住宿费),学费贷款不得超过学费收取标准。截至2010年,共为4414名困难生发放贷款2370.30万元。

学生还可以申请生源地信用助学贷款,这是由国家开发银行等金融机构向符合条件的家庭经济困难的普通高校新生和在校生发放,学生和家长(或其他法定监护人)可以向学生入学户籍所在县(市区)的学生资助管理中心或金融机构申请办理。

5. 社会资助

社会资助是社会企业、慈善组织在学校设立的公益资助项目。2001—2010年,共有1607人得到不同资助项目的资助,累计金额达145.64万元。其中北京联合大学-金隅集团奖助学金自2007年起由北京金隅集团设立，每年奖学金奖励20人，每人3000元，奖励金额6万元；助学金资助20人，每人2000元，资助金额4万元。截至2010年，共奖励160名学生，资助金额达40万元；融信助学金在2010年由北京昌平中小企业信用促进协会设立，共资助13人，每人5000元，共6.5万元；爱心成就未来助学金自2010年起由北京市慈善协会设立，共资助100人，每人3000元，共计资助30万元。

6. 其他困难补贴发放工作

除奖助学金外，国家和学校还通过其他资助渠道为家庭经济困难的学生发放补贴，以解决一部分生活困难。自2007年起国家为家庭经济特殊困难的学生发放饮水、洗澡和电话费补贴，截至2010年年底，共为8420名特殊困难学生发放补贴155.77万元；自2008年起为应对物价上涨等因素，北京市拨款每年为家庭经济困难学生发放一次性临时伙食补贴，三年里共为13143人发放补贴525.72万元；学校共为257名困难学生减免学费81.82万元；学校从事业收入中提取经费为新生发放冬衣补贴、教材被褥费补贴、寒假慰问补贴、突发事件一次性临时困难补贴等，共计为困难生50897人次发放补贴596.56万元。

第四节 国防教育

一、民兵连工作

根据北京市教委、北京卫戍区《关于在部分高等学校在校大学生中开展建立民兵组织试点工作的通知》(京教体美〔2004〕24号)精神，自2004年9月开始，在北京卫戍区、市教委、朝阳区武装部和校党委的领导下，北京联合大学民兵组织正式建立。

(一) 民兵连组织机构

2004年，学校成立北京联合大学民兵连队领导工作小组，由校党委副书记担任民兵连队领导工作小组组长，校武装部部长、民兵建制所在学院党委副书记担任副组长。校武装部负责民兵连队建设工作，各学院负责民兵连队日常管理工作。民兵连队队部设在校人民武装部。

学校新编民兵组织依照利于组织领导、提高训练成绩、增强国防观念、积极开展活动的原则，学生以新入学的北京籍男性学生为主。参加民兵组织的要求：一是政治合格，爱党、爱国、爱国防、爱军队，符合新兵入伍政审条件；二是身体素质良好，参照新兵入伍身体条件，无传染性疾病、无重病史；三是思想品德好，能模范遵纪守法、严守纪律、服从管理、集体意识强、保密观念强等。

(二) 民兵连编组工作

2004年，学校组编一个民兵双37高炮独立连，全称“北京联合大学民兵高炮独立连”。由100人组成，其中编组在校大学生80人(由自动化学院新生组成)，学校教职员工20人。

2008年，学校基干民兵根据总部、军区、卫戍区统一部署，按朝阳区武装部的统一要求调整编组。成立双37高炮连(由自动化学院新生组成)、通信连(由信息学院新生组成)、机场抢修区队(由生物化学工程学院新生组成)、14.5高机连(由商务学院新生组成)和伪装防护分队(由机电学院新生组成),编组在校大学生 385 名,学校教职员工 19 人。2004—2010 年学校民兵连编制情况如表 11.4-1 所示。

表 11.4-1　2004—2010 年民兵连编制

时间(年)	民兵连编制	民兵连编制组成	人数/人	总计/人
2004—2007	双 37 高炮独立连	自动化学院	100	100
2008—2010	双 37 高炮独立连	自动化学院	99	404
	通信连	信息学院	61	
	机场抢修区队	生物化学工程学院	100	
	14.5 高机连	商务学院	84	
	伪装防护分队	机电学院	60	

(三) 民兵连队伍建设

1. 思想建设

坚持以党建、团建为核心,在民兵连抓好党、团员队伍的建设,发挥党、团员模范带头作用。抓好教师队伍的建设管理,做到思想统一、目标明确;从细微之处入手,做到心系学生、服务学生、教育学生;落实民兵干部队伍的建设,及时召开班干部例会,了解民兵连每名同志的表现,帮助民兵解决学习、训练与生活中遇到的困难;保证信息传达畅通,各项工作落实到位。

学校组织民兵连全体人员学习《兵役法》,围绕国防建设与国家安全面临的新形势、新任务、新要求,深入开展以爱国主义为核心的国防教育,通过讲座、观看电影等活动增强学生国防观念,强化政治意识、责任意识。

2. 专业训练

自 2004 年民兵连成立以来,多次参加朝阳区武装部组织的民兵专业训练,力求通过专业训练,使连队成员掌握高炮的各项技术,了解高炮的各项性能。

(四) 民兵连工作成果

2004 年,学校民兵连在与北京科技大学的比武中,6 个炮位取得 5 个第一;此外,积极参与朝阳区武装部组织的"建新村,迎奥运"朝阳民兵绿化植树活动,并获得"北京市朝阳区绿化美化先进单位"称号。

二、征兵工作

学校在北京市教委、市征兵办以及朝阳区武装部的指导下,自 2003 年开展征兵工作。

(一) 组织机构

2003 年,学校成立征兵工作领导小组,校党委副书记任组长,成员包括学生处(武装部)、门诊部、教务处、财务处等相关部门领导及各学院主管学生工作院领导,领导小组办公室设在校人民武装部。由武装部负责与北京市朝阳区人民武装部暨朝阳区征兵工作办公室保持联系,保障政策的及时传递和各项工作实施。

(二) 工作开展

校武装部广泛开展宣传动员,通过制定征兵文件、印发宣传材料、开展网上宣传、召开政策宣讲会等营造氛围,通过发送邮件和短信、开展常规咨询和接待来访让学生了解政策;严格政审,确保兵源的安全可靠。积极落实优抚政策,先后两次修订《北京联合大学在校学生应征入伍学籍管理和优待政策的规定》,加强与相关部门的密切合作,按时发放优抚金和慰问品,解决学生入伍后的后顾之忧。2010 年年初,学校领导还专门组团到东海舰队慰问服役学生。

学校从 2003 年启动冬季征兵工作以来,共向部队输送兵源总计 150 人,其中毕业生 39 人,在校生 107 人,毕业生报士官 4 人,是北京市大学生应征入伍学生最多的高校之一。

学校 2003—2010 年连续 8 年被评为朝阳区征兵先进单位,并获 2010 年北京市高校征兵工作先进单位。2004—2010 年学校应征入伍学生人数,如表 11.4-2 所示。

表 11.4-2　2004—2010 年应征入伍学生人数统计

年　份	毕业生/人	在校生/人	士官/人	总计/人
2004	0	6	0	150
2005	0	5	0	
2006	0	7	0	
2007	0	16	0	
2008	0	25	3	
2009	26	21	1	
2010	13	27	0	

三、军训工作

(一) 组织机构

学校落实教育部《普通高等学校军事课教学大纲》的各项要求,2009 年成立学生军训工作领导小组,组长由主管校领导担任,成员包括学生处(武装部)、教务处、后勤管理处、保卫处、财务处等职能部门的正职领导和各学院主管学生工作的领导。学校武装部下设国防教育办公室、征兵工作办公室和军事理论教研室,有专职领导、专职工作人员和军事理论课兼职、外聘教师。

各学院也都成立学生军训工作领导组织机构,负责本学院军训的组织和国防教育工作的开展。学生集中军训期间,学院派出有经验的领导和教师及医护人员与承训部队组成军训团,负责学生军训工作的组织落实,保证军训工作中涉及的各种问题能够得到有效的协调和及时的解决。

(二) 军事训练

2009 年,学校制定并完善《学生军事技能训练工作条例》《学生军训期间思想政治工作条例》《学生军训期间安全工作规定》《军事理论教学大纲》等规章制度,涵盖从军训的组织、管理到安全保障等各个方面的内容,使军训工作有序进行,并有效地保证军训工作的安全。2006 年,学校编制《北京联合大学学生军训工作手册》,内容包括军训的各项工作制度、办法等,成为开展军训工作的重要指南。

1. 军训编制

学校每年军训学生总数 7000 余人,由武装部统一部署,学院、分校结合实际情况分散实施军事训练。学校军训学生按照学院编制成 12 个军训团,学院依据学生人数组织编成营、连,营、连长由承训部队军官担任,指导员由学校各院系选派辅导员或年轻教师担任,每个连编若干班，班长由承训部队教官担任，副班长由指导员选拔学生担任。2009 年，学校实施统一军训，军训学生编制为 2 个军训团，以学院为单位编制成营，分男、女生按人数比例编制连、排、班。2010 年，学校军训编制为一个军训团。

2. 军训组织

集中进行军事技能训练是学校军训的核心工作，军事技能集中训练时间为 14 天。学校把军训作为实践教学体系的重要组成部分，定为 2 个学分，学生的军训成绩列入学籍管理档案，并规定：未参加军训或军训成绩不合格的，必须补训。2009 年以前分散在 7～9 个军训点实施训练，组织、协调难度较大。2009 年 9 月，新生军训在北京盛华军训基地、八一军训基地举行，这是学校建校 31 年来全校新生第一次集中开展军训、集中举办开学典礼（两地开营，两地结营）。2010 年 9 月，新生军训在北京盛华军训基地、八一军训基地举行，结营式暨开学典礼集中在北京盛华军训基地举行（两地开营，一地结营）。2009—2010 年学生军训地点及相关情况，如表 11.4-3 所示。

表 11.4-3　2009—2010 年学生军训地点及相关情况

年　份	学　院	军训团名称	军训地点	人　数
2009	信息学院、机电学院、自动化学院、管理学院、应用科技学院	北京联合大学八一军训基地学生军训团	北京八一学生军训基地	2310
	应用文理学院、师范学院、商务学院、生物化学工程学院、旅游学院、特殊教育学院、广告学院、平谷学院	北京联合大学盛华军训基地学生军训团	北京昌平盛华人才培训中心	3965
2010	应用文理学院、师范学院、商务学院、生物化学工程学院	北京联合大学八一军训基地学生军训团	北京八一学生军训基地	2250
	旅游学院、特殊教育学院、广告学院、平谷学院、信息学院、机电学院、自动化学院、管理学院、应用科技学院	北京联合大学盛华军训基地学生军训团	北京昌平盛华人才培训中心	3795

在军训工作中，学校与部队一方面组织老师和学生学习安全规定；另一方面做好预案，制定措施，分工负责，杜绝安全隐患。对军事技能训练所用的各种器材、设备进行定期的安全检查，对各项安全工作进行抽查，2000 年以来，未发生过任何事故。

（三）军事理论教学

学校按照教育部、总参谋部、总政治部下发的《关于在普通高等学校和高级中学开展学生军事训练工作的意见》和《普通高等学校军事课教学大纲》的要求开展军事理论教学。军事理论课作为学校本专科学生的一门必修课纳入整体教学计划之中，共设 36 学时，2 个学分。在军事理论课教学中，学校与国防大学密切配合，军事理论课主要由国防大学的教师承担教学任务，坚持外聘教师与学校自配教师相结合的原则，截至 2010 年，学校自配、外聘专兼职教师 44 人，其中硕士学位 19 人，学士学位 25 人；具有正高级职称 1 人，副高级职称 25 人，中级职称 18 人。

在军事理论教学过程中，军事理论教研室组织军事理论研讨会、军事观摩课等活动，在讲授军事知识的同时，还把革命理想、解放军的光荣传统、集体主义精神等融入到讲课内容中。在学校与国防大学的共同努力下，军事理论课教学学生到课率达 99％以上，考试及格率达 97％。

第十二章　教学科研条件

第一节　图 书 馆

一、机构与管理

（一）机构

学校图书馆是一个多校区、多馆舍的综合性图书馆，由校本部图书馆及应用文理学院、师范学院、商务学院、生物化学工程学院等法人学院图书馆组成（本节所指的图书馆除特别说明外均为校本部图书馆，各法人学院图书馆见各学院志）。

2001—2009 年，校图书馆设有流通部、阅览部、采编部、技术部、信息参考部、办公室、机电分部、廊坊分校图书馆。

2009 年—2010 年 11 月，馆内设有办公室、流通部、阅览部、采编部、技术部、咨询服务部、资源建设部和机电分部。2010 年 7 月，北苑校区（原北京市医药器械学校）图书馆并入阅览部；11 月，特教学院图书馆并入图书馆，成为蒲黄榆校区分馆；12 月广告学院和应用科技学院图书馆并入图书馆，成为昌平校区分馆。

2002 年，学校聘任张世良为馆长，聘任苏幼香、王建远为副馆长，朱玉英为党支部书记；定编 56 人（含管理关键岗 4 人），实聘工作人员 55 人。

2004 年，王恒刚为党总支书记，朱玉英调出。

2006 年，张世良馆长退休，陈军科任馆长。

2007 年，刘坚力任党总支书记。

2010 年馆长陈军科调出，聘任王恒刚任馆长，苏幼香、王建远任副馆长，刘坚力任党总支书记，聘任工作人员 46 人。

（二）管理

制度改革方面：2004 年制定《北京联合大学图书馆规章制度汇编》，包括图书馆业务工作规范、馆员职业道德及文明服务条约、读者规章制度等；2006 年制定《北京联合大学图书馆规章制度（修订稿）》；2008 年制定《科学采集文献资源管理办法》，包括纸本图书管理办法、电子资源管理办法和纸本期刊管理办法。

机构建设方面：2005 年 10 月，经第 30 次校长办公会讨论决定，成立学校图书馆工作委员会，主任委员冯虹，副主任委员张世良、王恒刚。

业务建设方面：2002 年，图书馆加入北京高校网络图书馆，并成为委员馆，开展图书馆文献资源的共知、共建、共享活动，参加高校网络图书馆组织的“实验型教学科研数字图书馆";2007年举办馆员培训讲座《数字化时代图书馆的读者服务工作》,策划、设计图书馆宣传手册、宣传单等;2010年对馆藏布局进行重大调整,新改建了教师与研究生阅览室。同年,创办了第一本电子杂志《阅读汇》,主要栏目有图书馆信息、图书馆服务和图书馆资源,推出《学科信息导报》,该报推送的新书多达700余种。

二、馆舍与设备

至2010年,图书馆建筑面积15 900平方米(含蒲黄榆校区分馆面积1500平方米,昌平校区分馆5000平方米),承担校本部及旅游学院、廊坊分校、特教学院、广告学院、应用科技学院和北苑校区的师生教学服务工作。图书馆以及各分馆都配置了双通道图书监测仪、图书门禁系统。具体的馆舍布局如表12.1-1所示。

表12.1-1　图书馆各楼层布局

楼　层	馆室名称	房间号	馆藏或相关服务
B1	单本、工具书库		收藏各类单本图书及工具书
一层	语言、文学馆	102	收藏有:G教育、H语言文字、I文学类的中文图书
二层	计算机技术馆	202	收藏有:TP计算机类的图书
	理工学馆	212	收藏有:N自然科学类、O数理科学和化学类、P天文学、地球科学类、Q生物科学类、R医药卫生类、S农业科学类、U交通运输类、T工业技术类等综合性图书
三层	人文社科馆	302	收藏有:A马克思主义、列宁主义、毛泽东思想类、B哲学类、C社科类、E军事类和J艺术类的图书
	经济学馆	312	收藏有:F经济类的图书
四层	政治、历史馆	412	收藏有:D政治 法律类、K历史地理类图书
	外文书库	402	收藏有:外文图书(包括工具书)及2005年后的中文过刊合订本
五层	电子阅览室	502	可以访问互联网、查询和阅读电子资源、各种信息的下载和拷贝
	报刊阅览室	512	可以阅读当年的中外文现刊、报纸

2002年使用图书馆专项经费完成电子阅览室建设,购置电子阅览室计算机95台;2007年购置台式机233台、路由器、盘阵列、多媒体管理平台、资源共享平台等用于更新建设电子阅览室;2008年新建了拥有105个机位的多功能电子阅览室,实现了校园网一卡通管理。

2005年为阅览室和地下书库购买了补充书架;2008年投入65.5万元用于图书馆藏借阅一体机工程项目以及购置455列密集书架配套服务设施。

2008年投入89.8461万元为平谷学院图书馆添置基本设备。

2009年图书馆楼的二楼至四楼阅览室都改为书库;2010年一楼会议室改装成教师阅览室,同年11月底完成了家具购置和图书、期刊的摆放及整体的布置工作,向教师和研究生开放。

三、馆藏建设

2001—2010年,图书总量从13万余册上升到107万余册,中外文报刊从最初的700余种升到1100余种。电子资源从0增到24个。具体藏书书量,如表12.1-2所示。

表12.1-2 2001—2010年图书馆藏书总量

年份	图书				报刊			电子资源	
	新增中文(册)	新增外文(册)	图书总量(册)	经费总额(万元)	中文(种)	外文(种)	经费(万元)	个	经费(万元)
2001	7 772		136 936	36.055	671	30			
2002	6 182		143 155	56.267				8	2.000
2003	14 689		158 170	106.432	851	24	15.542	13	10.615
2004	20 175		178 599	137.110	621	25	13.335	14	75.272
2005	343 626/281 116		522 225/803 341	727.953/906.583	772	24	15.126	15	9.755
2006	141 210	9278	953 829	1343.983	631	24	9.138	15	10.000
2007	11 932		965 761	1394.936	893	25	17.075	18	64.667
2008	15 985	615	982 361	1491.156	915		12.503	20	171.806
2009	62 054	1120	1 045 535	1722.715	947		20.972	17	151.109
2010	44 405	162	1 077 505	1812.787	1067	56	30.962	24	97.250

注:2005年,"/"后的数字是机电学院图书馆、建材轻工学院图书馆、广告学院图书馆、廊坊校区图书馆、旅游学院图书馆及外文小语种的手工账并入图书馆。"图书总量"=上一年图书总量+新增中文图书+新增外文图书—注销报废图书。

2006年,依托人民代表大会制度研究所,建设了"政治文明"特藏书库,含马列、哲学、政治、法律等文献,共有9577册。为人民代表大会制度研究所提供了专业文献保障,同时也收纳了该部门提供的研究资料及成果(含著作、期刊、文件等)。

四、读者工作

(一)增加开放时间

2004年开始延长周一至周五的开馆时间,周日也向读者开放阅览室,实行每周开馆72小时;2005年,周一至周日七天均开馆,开馆达每周90小时;2007年开放时间从8:00—22:00,周六、日不闭馆,均可借阅图书及各类报刊;2009年再次延长了开放时间,周一至周日7:30—22:00,图书馆大楼对读者开放,开放时间每周101.5小时;2010年,到馆学生20余万人次,同年教师与研究生阅览室对外开放。

(二)改革借阅方式

2003年,开始使用北邮电信科技股份有限公司的图书馆业务自动化集成系统"现代电子化图书馆信息网络系统"借还图书,同年电子阅览室向读者开放。

2006年,把部分书库从闭架借阅改为开架借阅;扩大读者借阅权限,学生权限由5册提升为10册;2007年,初步实施了"藏借阅一体化",实行全开放一站式服务。各个书库全面开放,开放部门由原来的6个增加到了13个。

2007年,开通一卡通服务。

(三)举办读者培训

2005年,开始对新入学读者进行入馆教育,帮助新生了解和利用图书馆资源及服务。

每年举办资源专题讲座。

2008年起，开展电话咨询服务，设立咨询台。

（四）开展特色服务

电子阅览室为三好生、特困生发放免费机时票，专供访问图书馆电子资源。

参加BALIS、CASHL、NSTL组织的馆际互借、文献传递工作；开展原文传递、虚拟咨询、馆际互借等新型读者服务；利用电子邮件向读者介绍新书、介绍数字资源。

五、数字化建设

（一）自动化管理系统建设

2001年，按照国际标准，利用丹诚"图书馆管理系统"完成了原有图书的回溯建库工作，使图书馆业务流程实现了计算机自动化管理，并采用现场或远程的方式对采编部、流通部、期刊部、机电分部及昌平分馆的客户端进行了升级。2003年，安装运行了北邮电信科技股份有限公司的图书馆业务自动化集成系统"现代电子化图书馆信息网络系统"，完成了数据转换，初步实现了与各法人学院图书资源共享。2004年下半年，将图书馆业务自动化集成系统"现代电子化图书馆信息网络系统"软件升级至2004年新版。2005年，为国际语言文化学院、网通学院、广告学院、东方信息技术学院图书馆统一购买北邮电信科技股份有限公司的图书馆业务自动化集成系统"现代电子化图书馆信息网络系统"软件三套。2008年，自动化管理系统由原来的melinets第一版升级为第二版，进一步优化了数据结构，采用多分馆、虚拟馆接入模式，增加了馆长决策、移动办公、学术论文提交、校园一卡通接入等功能。2009年，完成包括机电分部、廊坊分部、昌平校区图书馆的客户端升级、软件功能调整及错误数据修改等工作。2010年11月，进一步提升了管理软件功能，升级公共检索系统，增加短信服务平台功能。

（二）网络环境建设

2003年，建立图书馆网站，并实现与各学院图书馆、北京市高校网络图书馆网址及CALIS高等教育数字图书馆网址的链接。2008年，建立了图书馆新网站，并注册了域名，读者可通过互联网查询书刊的目录信息，完成图书的续借和预约。2009年，更新了网站，重新设计了网页。

2003年镜像服务器进行扩容升级。2004年，购买2台戴尔服务器、2台备份服务器——戴尔服务器，一套借阅系统双机热备份服务器——戴尔服务器。2006年开展小型机服务器硬件平台采购工作，用于图书馆业务服务器升级，购置了SUN V490服务器和SUN V210服务器。

2007年购置一套防火墙，一台磁盘阵列，一台光纤交换机等用于图书馆的网络安全建设；2008年，进行了防火墙设备的安装，增加了局域网网段，并根据工作性质重新划分了网络，提高了图书馆的整体网络安全；2010年4月，将2001年购置的两台AVAYA核心交换机更换为锐捷交换机。

（三）数字资源建设

2003年，引进了清华同方公司的TPI系统，开始了教师文库等特色文献数据库建设工作。2007年同，购买一套TRS软件，用于建设"中国特色社会主义政治文明研究——人民代表大会制度”数据库。同年,作为北京高校网络图书馆成员参与市属高校图书馆资源共建共享工作,并启动数字资源建设,至2010年共购买中外文数据库24个。

2004年,购买了北京书生数字技术有限公司的电子图书2.9万册。同年,经校长办公会批准并决定启动以节约经费、共建共享、扩大馆藏、提高效益为目的的电子图书资源共建共享工作,校拨专款80万元,其中70万元用于采购超星等公司新的电子图书30万册,10万元用于收集联大各学院图书馆原有电子图书至学校的补偿。2008年,开通100万册可通过校外公网访问的电子图书。同年购置、安装畅想之星非书资源管理平台3.0系统,为学校读者提供非书资源服务,内容包含随书资源的下载、语言文学等资源的在线浏览等。

第二节　教学实验室

一、概况

2002年学校共有实验室100个,房屋使用面积22 075平方米。至2010年8月,学校共有实验室196个,实验室用房达39 749平方米,教学科研仪器设备增至42 463台件,设备总值35 634.39万元。其中10万元以上的大型仪器设备256台件,总金额为6545.33万元。2005—2010年实验室基本信息,如表12.2-1所示。

表12.2-1　2005—2010年实验室基本信息

统计时间(学年)	2005—2006	2006—2007	2007—2008	2008—2009	2009—2010
实验室数(个)	161	201	203	210	196
实验室房屋使用面积(平方米)	35379	38522	39205	39517	39749
仪器设备总数(台/件)	25573	30620	34800	37796	42463
设备总值(万元)	19445.5	22899.26	26287.47	29713.47	35634.39
大型(10万以上)仪器设备数(台/件)	112	138	166	212	256
大型仪器设备总值(万元)	2434.29	3119.43	3754.98	4748.63	6545.33

2003—2010年,学校累计获得北京市教委专项建设经费2亿5千余万元,完成实验室建设项目300多项,新建会计综合模拟、物流工程实践等实验室,并对已有实验室进行更新和完善。实验室建设不仅满足了实验教学的基本要求,同时有力地支持了学校的专业建设。2005—2010年获得北京市教委专项建设经费统计,如表12.2-2所示。

表12.2-2　2005—2010年获得北京市教委专项建设经费统计

年　份	2005	2006	2007	2008	2009	2010
资金投入(万元)	3125	2838	2178.2	5518.1	7043.5	1095.1

为促进优质资源整合和共享,加快实践教学改革和实验室建设,提升办学水平和教育质量,根据《教育部关于开展高等学校实验教学示范中心建设和评审工作的通知》(教高〔2005〕8号)和学校“4131教学质量建设工程”精神,自2006年起,学校启动校级实验教学中心评审

和建设工作。“十一五”期间，学校共建设校级实验教学中心 14 个，其中应用文科综合实验教学中心在 2009 年被评为国家级实验教学中心建设单位，经贸实验教学中心在 2009 年被评为市级实验教学中心。校级实验教学示范中心具体情况，如表 12.2-3 所示 。

表 12.2-3　校级实验教学示范中心

序号	实验教学中心名称	级　别	所属学院	成立年份
1	应用文科综合实验教学中心	市级、国家级	应用文理学院	2009
2	经贸实验教学中心	市级	管理学院、商务学院	2007
3	电子信息技术实践教学中心	校级	电子实训基地	2006
4	食品生物技术实践教学中心	校级	应用文理学院	2006
5	艺术设计实践教学中心	校级	师范学院	2006
6	生物化工实践教学中心	校级	生物化学工程学院	2006
7	旅游服务与管理实践教学中心	校级	旅游学院	2006
8	现代制造工程技术实践教学中心	校级	机电学院	2006
9	工程应用技术中心	校级	信息学院	2009
10	特教学院实验教学中心	校级	特殊教育学院	2010
11	自动化工程实践教学实践中心	校级	自动化学院	2010
12	广告艺术实验教学示范中心	校级	广告学院	2010
13	IT 信息服务实验教学中心	校级	应用科技学院	2010
14	经管综合实验教学中心	校级	平谷学院	2010

2007 年 6 月，为推动学校实践教学改革与创新，促进实验室开放达到良好效果，学校启动示范性开放实验室遴选工作，评选出艺术教育实训室等 4 个示范性开放实验室。

二、管理机构和制度

为确保学校实验室建设和管理工作的制度化与规范化，教务处于 2005 年制定了实验室建设和管理的规章制度，出台《北京联合大学校内实践教学基地管理办法(试行)》《北京联合大学实验室开放管理办法(试行)》等规章制度，各学院也依据学校的规章制度编制具体实施办法，提高了仪器设备的使用效益，确保了教学工作的顺利开展。

第三节　校内(外)实训基地

2001 年，国家教育部确定北京联合大学为高等职业教育示范校建设单位。基于该项目，学校获得中央专项资金 355 万，北京市教委和学校投入配套资金 3100 万，主要用于实训基地建设。其中，中央专项资金主要用于学校电子信息技术实训基地建设；北京市教委和学校投入配套资金用于 6 个校级实训基地建设、教学改革、人员培训和多媒体教室建设。学校“支持示范性职业技术学院建设”项目资金到位及使用情况，如表 12.3-1 所示 。

表 12.3-1 "支持示范性职业技术学院建设"项目资金到位及使用情况 单位:万元

建设项目	资金到位及使用情况									其中主管部门配套资金到位数
	合计			中央专项资金			主管部门或学校配套资金			
	计划	到位	完成	计划	到位	完成	计划	到位	完成	
实训基地总投入	3090	3156	3156	355	355	355	2735	2801	2801	2789
电子信息技术实训基地	1175	1241	1241	355	355	355	820	886	886	874
机电应用技术实训基地	301	301	301				301	301	301	301
精细化工中试实训基地	251	251	251				251	251	251	251
商务综合实训基地	284	284	284				284	284	284	284
应用文理综合实训基地	472	472	472				472	472	472	472
艺术综合实训基地	607	607	607				607	607	607	607
教材建设	55	55	15				55	55	15	15
相关课题研究总投入	28	28	0				28	28	0	6
课件研发	22	22	0				22	22	0	0
教改立项	6	6	6				6	6	6	6
人员培训	100	50	50				100	50	50	50
多媒体教室	200	230	230				200	230	230	150
总计	3501	3547	3457	355	355	355	3146	3192	3102	3016

注:配套资金为市教委专项资金和学校教育贷款。

除上述资金投入外,学校于2003年继续投入1050万元,用于电子信息实训基地等6个实训基地建设。

2002—2003学年,学校6个实训基地共面向83个专业,开出实训项目1400多个,约折合人时数近84万。2002年,学校受教育部高教司委托,成功主办了全国高职实训基地建设及教材建设培训班。2003年,在学校举办海峡两岸高职(技职)学术研讨会会议期间,全国百余所学校的领导和专家参观考察学校的实训基地。

2003年后,因教育部和北京市相关投入政策调整,学校依靠自身投入,继续加强实训基地建设,建设经贸实践教学中心、旅游管理与服务实践教学中心、艺术设计实践教学中心和工程应用实践教学中心等校级实践教学中心;同时,积极拓展高职校外实践教学基地建设,与100多家行业企业单位建立了长期稳定的产学合作关系,承担学生校外实践教学的任务。

第四节 信息化建设

一、信息网络中心

信息网络中心作为学校公共服务体系的重要组成部分,全面负责学校网络基础设施和信息化规划、建设、管理、运行及技术支持与服务。信息网络中心结合学校“分散多校区”特点，在学校“统筹规划，分步实施”的建设指导思想下，逐步构成了以学校统建、学院维护为主的职能格局。2001—2010年，已建成覆盖各个校区的“城域级校园网”体系，形成以校园门户服务为核心，多类应用为辐射的立体式信息服务环境。

管理制度和流程是信息网络中心实现网络科学化、规范化管理的坚实保障与基础。中心工作制度与流程建设的总体思想：健全各项管理制度、工作预案和安全责任制，做到有章可循，遵章办事，任务明确，责任到人。中心按照工作内容建立了从学校层面到中心分属的网络、信息、数据管理等三类制度规范。2001—2010年网络与信息安全主要规章制度详情，如表12.4-1所示。

表12.4-1　2001—2010年网络与信息安全主要规章制度

序号	制度文件名称	备　注
1	关于加强网络与信息安全管理的若干意见	京联党〔2004〕62号
2	北京联合大学信息安全规定	京联党办〔2008〕16号
3	关于调整北京联合大学国家安全工作领导小组成员的通知	京联党〔2010〕110号
4	北京联合大学校园网安全管理条例	发布至学校官网“网络服务”
5	北京联合大学校园网IP地址管理条例	
6	北京联合大学校园网实名上网管理办法	
7	北京联合大学学生宿舍上网管理暂行规定	
8	北京联合大学学生上网管理条例	
9	校园网账户、密码管理办法	
10	北京联合大学邮箱服务条款	
11	关于北京联合大学宽带多媒体VOD视频点播系统上载视频暂行规定	

二、网络环境

（一）基本情况

学校依据国家和北京市关于推进教育信息化工作的相关政策，按照“整体规划、分步实施”的建设方针，先后完成了校园网一期（1999年启动）、二期（2001年启动）、三期（2005年启动）工程，无线校园网一期（2008年启动）、二期（2009年启动）工程，校园“一卡通”工程（2007年启动）等一系列校园网基础设施建设及升级改造工程。

至2010年年底，已建成的校园基础网络以小营校区（校本部）为中心，覆盖分布于北京市区、郊区等地的十个校区；每一校区建成的网络均为相对独立的园区网，实现“千兆到楼宇，百兆到桌面”的网络接入。校园网共布设有线网络信息点近12 000个，无线网络接入点设备近1000台件，有效满足所有校区办公、教学、实训、科研等对网络的需求；校园网共铺设校内光缆近20 000米，租用运营商光缆近400 000米；校园网建设600平方米以上核心网络机房1个，30平方米以上网络中心机房17个，60平方米以上计算机培训教室2个；校园网主干带宽为10 GB，实现1 GB到楼，100 MB到桌面；校园网共部署高端核心交换机16台，中、低端接入交换机300余台，各类服务器100余台；校园网设置有3个互联网出口，分别为350 MB带宽的中国联通出口、400 MB带宽的中国电信出口和10 MB带宽的教育网出口。

（二）校园网络基础设施建设

1. 校园网一期工程(1998—2001)

1998年年底和1999年年初，学校启动校园网一期工程。该工程由北京市教委高教处、科研处分别投资100万元和300万元支持建设，分为“北京联合大学校园网建设”和“北京联合大学远程教学系统”两个子项。一期工程于2001年1月5日通过了教委专家组的验收，建成了校部与下属5所学院的DDN/ISDN专线构成的骨干网连接，并接入中国教育与科研计算机网(CERNET)；搭建完成校本部、应用文理学院、机械工程学院三地远程多媒体教学系统试验环境。

2. 校园网二期工程(2001—2004)

校园网二期工程于2001年9月启动，2004年建设完成。二期工程的主要建设内容包括：2001—2002年，全面建成了覆盖十个校区的百兆VPN汇聚，十兆VPN互通的校院间光纤骨干网；2002年年底，完成校园网中心机房分区建设；2003年完成位于海淀区温泉镇的广告学院千兆以太网建设，并纳入学校整体校园网体系；2004年将整个校园网校院间的光纤骨干网改造升级为千兆VPN汇聚，百兆VPN互通的光纤骨干网络，并将出口速率提高了十倍。

3. 校园网三期工程(2005—2007)

校园网三期工程于2005年全面启动，2007年10月结束，主要分为建设与升级改造两部分。

建设内容包括：2005年9月，完成昌平校区55公里光纤建设，完成国际语言文化学院、网通软件职业技术学院园区内部千兆以太网建设；2007年9月，完成平谷学院园区网及中心机房建设，同年10月，完成平谷学院校园光缆工程，将平谷学院纳入整个校园网体系。

升级改造内容包括：2005—2006年年初，完成校本部综合楼及学生宿舍19号楼的综合布线、系统集成及校本部各主要楼宇网络设备升级改造；2006年年初，完成以两台万兆锐捷核心路由交换机和一台负载均衡专用设备F5为核心的“一主十一辅”覆盖16所学院、共计12个校区的校园网万兆升级改造；同年，扩充百兆北京教育信息网出口。

4. 校园网优化升级(2008—2010)

2008—2010年，校园网优化升级分为新建与升级两部分。

新建内容包括：2008年年底，启动并完成校园无线网一期工程，无线信号覆盖校本部主要办公区、商务学院、师范学院。2009年7—9月，完成北苑校区和生化学院北校区网络建设，整合两校区原有网络资源，并入学校校园网体系；2009年7月—2010年3月，完成学校无线网二期工程，网络无线信号覆盖范围拓展到校本部学生宿舍、应用文理学院、生物化学工程学院、平谷学院、昌平校区、机电学院、广告学院共7个校区，部署无线AP设备共计356台件；2010年6—10月，完成昌平校区园区网建设，重点新建昌平校区校园网中心机房，扩充园区网络体系。

升级改造内容包括：2009年3—9月，完成中心机房改造工程及加装机房精密空调工程；2009年4—11月，完成学校所属学院园区网升级改造项目，共部署核心交换机9台，汇聚层交换机4台，接入层交换机113台，18台网管工作机，部署网管系统1套，升级了14台惠普 DL380 应用服务器，项目在学校全网范围内部署了 IPv6，实现了全网 IPv4 和 IPv6 的共容共通；2009 年 10 月，网通通信出口扩充至 350M；2010 年 6 月，完成校本部及学院网络机房 UPS 更新扩容项目，完成二级学院学生宿舍网络基础设施升级改造项目，工程涉及应用文理学院、生物化学工程学院、机电学院和昌平校区，先后安装无线接入点 955 个，无线控制器 9 台，校本部、北苑两个校区实现全无线覆盖，其他校区无线网覆盖率也在 50%以上；2010 年 7—9 月，完成旅游学院无线网络的布设，共部署无线 AP 设备共计 53 台件，供电交换机 3 台，无线控制器 1 台，校园无线信号达到 IEEE802.11a/b/g 标准要求。

（三）安全体系建设

学校信息安全体系建设工作坚持以预防为主，2001—2010 年，陆续完成安全措施设计与实施。其中，重点包括：2004 年，学校统一购置卡巴斯基网络版防毒软件；2004—2007 年，全网实施基于用户真实身份信息注册的入网认证和出网认证；建网伊始，网络出口部署网络防火墙；关键区域部署网络入侵检测、保护系统；网络管理人员随时随机实施的网络访问控制；2006 年，部署上网行为审计系统，分析、记录内网用户对互联网的访问行为和访问内容；实现 SSLVPN 安全远程访问；部署网站防篡改系统；2009 年开始，部署统一机房环境监控系统及统一网管平台。

（四）视频会议系统

学校视频会议系统于 2003 年启动、建成并投入使用。该系统是在校园网网络系统基础上的远程会议系统，担负着全校的办公会议、学术交流、在线学习等任务。工程建设视频会议接入会场 19 个，覆盖校区及学院包括：校本部、旅游学院、机电学院、应用文理学院、商务学院、师范学院、生化学院、特教学院、继续教育学院和廊坊分校。

2005 年，视频会议系统新增会议点 7 个，包括：应用文理学院报告厅、生物化学工程学院多功能厅、昌平网通和国际语言学院会议室、商务学院大会议室、校本部综合楼多功能厅、师范学院报告厅、特殊教育学院大阶梯教室。全校视频会议点总数上升为 26 个。扩充工程使得原来只适合全校中层干部参会的视频会议系统扩展为可以容纳全校 3000 多教职员工召开会议的系统。

2006 年，视频会议系统又进行再次升级与完善。升级内容包括：升级 MCU 及 26 台视频会议终端设备硬件及系统软件。

（五）校园“一卡通”工程

学校于 2007 年 4 月启动校园“一卡通”一期工程。在“统一规划、分步实施、逐步推广”的总体原则的指导下，建成了以金融中心、身份中心、查询中心、商务消费系统、智能水控系统、综合查询系统等多种功能为一体的“一卡通”综合系统，并与图书管理、门禁管理、医疗管理、机房管理等第三方系统完成对接。系统覆盖校本部、旅游学院、机电学院。“一卡通”一期工程共计完成发卡量 1.7 万余张，安装各类终端 300 余台。

学校分别于 2008 年 4—9 月和 2010 年 3—10 月完成校园“一卡通”二期和三期建设工程。工程具体内容包括：商务消费、智能水控、数据中心、邮件系统、网络计费系统、图书管理、机房管理、门禁管理、琴房管理等第三方对接系统的建设。两期工程共新增 5 个覆盖区域：应用文理学院、商务学院、生物化学工程学院、应用科技学院及 2010 年整合后的昌平校区。工程共计完成发卡量 4 万余张，新增各类终端共计 600 余台，使终端总数升至 900 余台。“一卡通”三期工程同时完成校本部、昌平校区的“一卡通”智能水控系统改扩建工程。

校园“一卡通”系统三期建设完成后，学校基本实现了“一卡在手，走遍校园”的规划目标。

三、信息系统

(一) 公共服务

1. 网站建设

2000年，学校第一版中、英文主页正式上线。2002—2005年，招生就业、网上教学等专题网站逐步建设完善。2005年，学校主页的第一次改版工作顺利完成。2006—2009年，各二级单位、下属学院逐步建设完善二级网站。至2009年，学校已建设含主页、学院主页、教务处、学生处等业务部门网站32个。2010年8月，学校启动北京联合大学内、外网网站群管理平台建设项目，将70%以上分散管理的网站集中在统一平台中进行管理。学校统一了网站样式，同时进行了主页的第二次改版工作，从而提高了学校网站的整体美观性、可管理性、共享性及安全性。截至2010年年底，学校建设各级网站51个。

2. 办公信息发布平台

2003年，学校建设完成办公信息发布平台，主要用于动态发布校内办公信息；2010年，办公信息平台整合纳入网站群管理系统；截至2010年年底，办公信息发布平台已发布校内公文、通知等信息近48881条。

3. 门户信息平台

2006年，学校建设完成基于数据资源中心的统一门户平台，并于2009年进行升级改造。该平台不仅整合了内外网的信息资源，同时通过SSO单点登录等多项技术实现了应用系统的统一身份认证和单点登录，实现了业务数据的集成和整合。该平台支持8000名教职工访问。至2010年年底，累计访问量达到207853人次，日均同时在线数达到300人。

4. 网络服务平台

2009年，建设完成学校网络服务平台并上线运行。该平台从实用角度设置了多个频道：服务指南、规章制度、工作流程、网络安全、技术培训、校内资源、联大IPv6、故障响应组等。

5. 邮件系统

学校邮件系统于2000年投入使用，2009年完成了基于web2.0技术的X-mail版本的系统升级。为提高服务质量，2005—2010年多次对系统邮件进行升级扩容。截至2010年年底，系统可支持的最大个人邮箱容量已从最早的30MB扩容至2GB，系统用户数达5630人。2005—2010年学校邮件系统增容情况如表12.4-2所示。

表12.4-2 2005—2010年邮件系统增容情况

容量单位：MB

年份	2005	2006	2007	2008	2009	2010
最小容量/MB	30	50	60	100	500	500
最大容量/MB	50	100	100	500	1000	2000

6. 网络学堂

2003年"非典"期间，学校自主开发了第一代网上教学系统，实现课程全部上网。2005年9月，学校引入Blackboard网络学堂，以网络存储的海量容量为硬件支撑，以精品课程建设为切入点，以商务学院和师范学院为示范单位，大规模开展网络辅助教学。2006年，学校整合已有多媒体课件点播系统、视频会议系统和网络教学系统，分别在校本部、应用文理学院、师范学院、商务学院和生物化学工程学院建成5间可实现远程实时教学的课件录播教室，构建了具有联大特色的网络教学、网络辅助教学、网络实时教学的三位一体的网络教学平台。2007年6月，整合社科部和外语部的资源平台，学校实现网络教学资源高度共享。2010年7月，学校完成该系统软、硬件与用户数的升级与扩容。截至2010年年底，Blackboard网络学堂共有活跃课程3000余门，用户近3万人，课件资源容量近600GB，其中国家级精品课4门、北京市级精品课20门、校级精品课98门。

7. 流媒体平台

2004年10月，学校启用宽带多媒体VOD视频点播系统。该系统采用当时较先进的流媒体技术，实现校内影片资源在线点播。该平台初期主要用于辅助师生在线英语学习，为师生提供多部英语教学影片及英文原版电影。2006年，学校陆续存储了视频会议系统录制的会议录像36部；2007—2009年，又先后添置了校内培训、科教娱乐等多种类型的影片。截至2010年年底，流媒体平台共设十余类影片，共计700余部影片资源。

8. FTP平台

2007年9月，学校建设完成FTP资源下载站。该系统涵盖教学科研、系统软件、应用软件、查毒杀毒、网络软件、游戏娱乐、影视欣赏、音乐欣赏共8大类资源，其中每一类别内分别设有相应子类。2009年12月，平台增加了素材站。截至2010年年底，下载站的资源总数为4000余个，累计下载次数近238万次，资源总容量超过2100 GB，单日最高下载次数4万余次。

（二）业务系统

1. 教务管理信息系统

2002年，学校建成教务管理信息系统，并投入上线；2009年，完成该系统的升级改造工程，实现全校教务信息立体化、统一化服务与管理。截至2010年年底，该系统管理了全校3万余师生的教学教务信息，实现了与学校数据中心无缝对接及相关教学资源在全联大的整合与共享。

2. 招生就业系统

学校招生就业系统于2004年建设并投入使用。招生系统内包含各类最新的招生快讯、招生简章、报考指南等报考信息，集成了网上报名系统，提供在线的招生咨询。就业信息服务系统分为学生版、企业版、学院版，为学生提供及时有效的就业信息和就业指导，为用人单位提供人才信息查询。

3. 人事管理信息系统

2004年年底，学校建设完成人事管理信息系统，实现人事信息管理、工资统发、编制管理、人事业务流程审批及各项人事业务的信息化管理。

鉴于学校各学院地理位置分散的实际情况，人事系统采用总库—分库的数据库体系结构，制定合理的同步策略确保总库中信息的完整性、一致性。同时，人事系统数据是学校数据中心的核心数据，通过数据中心的交换机制，其他应用系统可自动获取人员信息，极大地提高了管理效率。

4. 科研管理信息系统

2007年11月，学校启动科研管理信息系统建设，系统采用了标准的Java EE技术平台及技术框架，信息编码遵从相应的国标、部标及校标，系统实现了与学校数据中心的数据同步。

截至2010年年底，科研管理信息系统已囊括近万条全校近几年的论文信息，实现了科研信息与管理流程网络化。

5. 财务管理信息系统

2006年，学校对财务管理信息系统进行升级改造建设，系统包括教职工工资管理、酬金管理、预算管理、学生收费管理、财务信息网上查询等业务模块。财务系统是全校教职工查询个人相关财务信息的入口。

6. 资产管理信息系统

学校固定资产具有数量大、种类多、价值高、使用周期长、使用地点分散等特点。1996年，学校建成资产管理信息系统。经过升级改造，系统实现对全校各类固定资产的统一管理。

对于校内数量众多的仪器设备等固定资产，系统从申请、购置、登记、验收、分配、使用、维护、报废等诸多环节加以管理。系统能够生成丰富的统计报表，便于从多角度加以分析，从而对资产进行合理利用，在易用性方面，系统可灵活设置组合查询条件，管理者可按各种条件追溯资产使用情况；在数据准确、一致性方面，系统提供与财务对账功能，解决了以往对账难的问题。

7. 迎新管理信息系统

2008年，学校各学院全面启用迎新管理信息系统，该系统将以往相对分散的迎新工作有机整合。各学院可一目了然地了解到新生各项入校手续的办理状态，迎新系统使学校迎新工作流程更清晰，数据更准确，统计更完整。

8. 学生工作管理信息系统

2007年，学校着手建设学生工作管理信息系统。该系统主要用于学生在校信息管理。系统功能丰富，涵盖学生工作管理的各个方面，具备数据分析及统计功能，以直方图、饼图等直观形式展现。系统能方便快速地实现与学校数据中心的数据集成和共享。系统还可通过灵活的授权方式，实现校、院多级管理。

9. 医疗管理信息系统

2007年，学校启动了医疗管理信息系统建设，主要用于学校门诊部的医疗管理，其功能涵盖了挂号、医生工作站、收费、药品管理、查询决策等门诊部就医的全部流程，实现学校医疗管理的信息化。

10. 公寓管理信息系统

2007 年，学校开始建设学生公寓管理信息系统。系统以公寓房源库、学生住宿信息为基础信息源，实现房间和床位分配、房间设施、卫生评比等功能，学校可及时获得全方位的公寓管理信息，实时掌握学生入住情况，动态监控公寓管理状态，实现信息共享。截至 2010 年年底，系统内有房源库信息近 2000 条，学生住宿数据近万条。

四、数据资源

数据资源建设主要完成学校的共享数据资源规划、收集、存储、传递、管理等工作，同时对学校的信息标准、编码规范等基础信息进行研究与管理，为学校信息化建设提供良好的数据环境，为学校管理与决策提供准确有效的数据支撑。

2003 年，信息网络中心提出了数据资源中心建设计划，并对建设方案进行论证，一期构建了技术先进的 FC-SAN 存储架构，部署存储设备 DELL/EMC CX700，裸容量为 10TB，部署双 16 口、容量为 2 GB 的 DELL DS-16 光纤通道交换机，为数据中心的发展打下了良好的基础。

2005 年，学校将数据资源中心的建设列入“十五”末期学校发展规划当中，由信息网络中心开始着手建设。

2006 年，学校颁布《北京联合大学校务管理信息标准》和《北京联合大学自定义编码规范》(京联发〔2006〕133 号)；扩容存储系统，购置裸容量为 20 TB 存储 EMC CX3-40、容量为 20 TB 的昆腾磁带库 PX506 及 Bakebone 备份软件，实现重要应用的集中备份，保证了各平台数据的本地及异地备份工作。部署统一校园门户平台、统一身份认证平台、公共数据平台，集中管理学生、教职工、资产等基本数据。

2007 年，将 EMC CX3－40 扩容至 40 TB，实现数字图书、FTP、网络学堂、数据中心数据库、校园“一卡通”、邮件等重要应用数据的统一存储，实现了数据中心与办公自动化系统、邮件系统、网络学堂、学工系统、校园“一卡通”系统、人事系统等多个业务系统的单点登陆，同时可以动态获得教职工数据。

2008 年，开发与校园“一卡通”、学工系统等业务系统相对应的 Web 服务接口，建立了以数据中心为核心的辐射各个业务系统的星形数据交换体系。

2009 年，构建虚拟化平台集群，改造存储系统的核心交换机，购置 IBM TSM 备份软件及 IBM 磁带库 TS3100 容量为 4 TB，不仅提升了核心数据安全性级别，同时实现了核心数据和应用数据的备份分离。利用专业数据抓取工具 IBM Datastage，实现了与新教务系统、科研系统的数据整合与共享，数据管理业务扩展了研究生、成教学生和资产等。

2010 年，采用 BackupPC 开源备份软件，逐渐加强重要应用的数据备份工作。启动对学校数据资源进行顶层设计的工作，全方位的梳理与完善学校的数据资源。利用各种技术和管理手段对数据进行深入分析与挖掘，为学校的管理与决策提供数据支持。

截至 2010 年，学校已存储自建校以来的有效数据达 20TB；网络备份实现了近 20 个应用及 40 多台主机数据的自动集中备份，如内外网门户网站、网络学堂、邮件系统、校园“一卡通”、核心数据库、业务管理系统、服务器虚拟机、BBS、Web 站点等，为这些应用提供了必要的数据保护。其中，数据中心已储存自 2007 年以来的业务数据 32GB，同时为校园门户平台、校园“一卡通”系统、学工系统、网络学堂、教务系统、科研系统等多个业务系统提供人员信息、学生信息、教学信息等基础数据服务;校园门户平台用户数已达到8754名,近万名用户每天通过访问门户平台获知信息及基本数据;虚拟化平台中运行的虚拟机应用已超过40个,其中包括网站群、备份服务器、BBS、FTP、DNS、DHCP、学院网站、杀毒服务器等应用。网络存储已提供的服务情况,如表12.4-3所示。

表12.4-3　2010年网络存储服务情况

序　号	服务内容	容量/TB
1	服务器虚拟化	7
2	数字图书	6
3	FTP	3
4	网络学堂	2
5	数据中心数据库	0.5
6	一卡通	1
7	邮件系统	10
8	门户系统	1
9	网络备份	3

第十三章　行政与后勤

第一节　财务管理

一、机构设置与财务管理体制

(一) 机构设置

2001—2010 年，学校设财务处。2009 年年底学校进行新一轮聘任，财务处下设 6 个科室，分别是：校级资金管理科、预决算研究管理科、核算一科、核算二科、综合科、卡务中心。

学校下属的法人学院设有学院财务处，其余直属学院、校机关的财务工作由校财务处直接负责。校财务处及法人学院财务处根据《会计法》所赋予的职能，执行国家的财经法规，并按相关规定履行相应职能。

(二) 财务管理体制

1. 财务管理体制

学校及各法人学院在财务管理体制上继续沿袭独立核算的管理体制，但学校对法人学院的财务管理职能逐步加强。

在预算管理上，学校以一个预算编码面对北京市财政局及市教育委员会，所有财政预算均通过学校财务上报；财政预算下达后由学校财务处根据学校分配政策作出年度预算分配方案，并经校党委常委会批准后下达各法人学院。

除财政拨款之外的其他办学资金由各法人学院自主筹集、管理。

学校及各法人学院办学经费的使用、核算、管理仍沿袭独立自主运行的模式，学校财务处统一汇总财务报表上交北京市教育委员会。

学校及各法人学院作为独立法人，独立面对工商、税务、公费医疗等管理工作，并且担负相应的管理责任。

2001 年，机械工程学院财务纳入学校财务统一管理。

2008 年，旅游学院取消财政预算编码，自此全校统一预算编码。

2009 年，广告学院终止与诺贝广告公司的合作，作为学校一个非法人学院，资金纳入学校财务统一管理。

2010 年，北京市医药器械学校财务正式纳入学校管理、北京市化工学校财务正式纳入生物化学工程学院管理。

2002—2010 年，学校连续获得北京市教育委员会年度财务决算先进单位。

2. 财务制度建设

2002 年,学校对所属学院进行重组,撤销了校本部内 3 所学院,重新组建 4 所学院。为此学校制定了《校本部专业调整并重新组建学院后财务开支的管理办法》(京联办〔2002〕13 号;

2003 年,为落实《关于进一步理顺校本部学校与学院工作关系的决定》(京联党〔2003〕5 号)精神,学校制定《校本部学院财务开支管理办法》(京联党〔2003〕8 号);

2004 年,根据市财政、北京市教育委员会对财政专项拨款的要求,为规范校本部专项管理,落实专项执行,提高工作效率和资金使用效益,制定《北京联合大学校本部专项经费使用管理办法》(京联财办〔2004〕1 号);

2004 年,学校为提高工作效率,重点规范若干资金的使用和审批程序,制定《北京联合大学校本部若干类资金的财务管理办法》(暂行)(京联财办〔2004〕2 号)文件;

2005 年,学校为规范财务管理,严格履行纳税义务,修订《校本部教职工等人员缴纳个人所得税管理办法》(京联办〔2005〕12 号);

2007 年,学校为进一步明确财务管理职责,制定《北京联合大学经费审批权限及标准(试行)》(京联发〔2007〕14 号);

2008 年,学校为加强学校财务及预算管理,规范财务行为,维护预算的严肃性,制定《北京联合大学财务管理制度》(京联发〔2008〕23 号)及《北京联合大学预算管理办法》(京联发〔2008〕24 号);

2009 年,学校为保证校园"一卡通"正常运行,做好卡务中心的财务管理工作,制定《北京联合大学卡务中心财务管理办法》(京联财〔2009〕6 号);

2010 年,学校为规范教学质量提高经费、科研水平提升经费管理,制定《北京联合大学教学质量提高经费管理办法》(京联发〔2010〕年 25 号)、《北京联合大学科研水平提升经费管理办法》(京联发〔2010〕年 34 号)。

各法人学院财务处在学校财务处的指导下,自行制定有关的财务制度。

3. 重大财务事项

(1) 财政制度改革。

自 2004 年始,财政拨款方式由基数加增长改为按生均定额加专项的拨款方式;

2005 年起,财政实行国库集中支付;

2006 年起,北京市规范离休人员工资,将离休人员经费从生均综合定额拨款中剥离出来,并按规范工资要求单独拨款;

2007—2008 年,为了保障高等学校教学质量与教学改革工程及发挥北京市属市管高校科学研究力量,提升北京市属市管高校科学研究和研究生教育建设水平,市财政局单独制定拨款标准,增加市级引导教学公用经费及市级引导科研公用经费拨款;

2008 年起,市财政进行了非税收入改革;

2009 年起,退休人员经费从生均综合定额拨款中剥离出来,按照人均 31800 元/年标准拨款;

2010 年,为加强高校实践教学,提高实习、实践教学的质量及提高学校科研能力,市财政局单独制定拨款标准,增加市属高校教学质量与科研水平提高经费拨款。

(2) 财务核算重大事项。

2006 年起，财务核算软件由《打天下》变为《天翼系统核算软件》；

2008 年，使用天翼软件的酬金发放系统、财务信息网上实时发布系统；

2009 年，北京市教育委员会统一财务决算分析模板；

2010 年，开发使用项目经费申报系统、校内预算申报系统；

2006—2010 年按照市财政、市教委的要求两次开展资产清查工作。

二、经费来源、经费收支情况

2001—2010 年，学校经费呈逐渐增加趋势，学校收入由 2001 年的 2.97 亿元增长到 2010 年的 10.76 亿元，增长约 3.62 倍，其中教育事业费拨款增长约 5.26 倍，主要是北京市财政加大对教育经费投入，学校教育经费增长幅度较大(见表 13.1-1—表 13.1-3)。

表 13.1-1　2001—2010 年各项经费来源明细　　单位：万元

年　份	财政拨款	上级补助收入	事业收入	经营收入	附属单位上缴收入	其他收入	收入合计
2001	17 920.16	475.05	10 480.98	86.84	626.81	112.55	29 702.39
2002	18 400.58		12 043.46	587.31	955.55	177.71	32 164.61
2003	18 913.32		13 409.80	855.36	702.39	347.54	34 228.41
2004	21 567.72		14 781.82	604.53	1051.55	260.84	38 266.46
2005	29 615.18		15 857.93	617.52	1345.73	1076.35	48 512.71
2006	34 990.21		16 578.02	1268.60	875.98	628.01	54 340.82
2007	46 079.36		16 780.57	2874.68	258.33	518.32	66 511.26
2008	59 664.01		19 447.25	2953.18	215.88	1088.69	83 369.01
2009	77 118.04		19 023.58	2846.16	286.93	1782.59	101 057.30
2010	85 448.05		18 824.22	2814.67	57.36	531.37	107 675.67

表 13.1-2　2001—2010 年事业收入统计　　单位：万元

年　份	事业收入	环比增长率
2001	10 480.98	
2002	12 043.46	14.91
2003	13 409.8	11.34
2004	14 781.82	10.23
2005	15 857.93	7.28
2006	16 578.02	5.82
2007	16 780.57	1.22
2008	19 447.25	15.89
2009	19 023.58	−2.22
2010	18 824.22	−1.06

表 13.1-3 2001—2010 年教育事业费支出明细 单位:万元

年份	人员支出	日常公用经费支出	对个人和家庭补助支出	基本建设支出	其他资本性支出	利息支出	其他支出	支出合计
2001	9 108.55	8470.27	4 001.10		3614.19			25 194.11
2002	10 473.34	8433.22	5 088.56		7105.99			31 101.11
2003	12 358.76	19496.60	5 773.61					37 629.97
2004	14 831.01	15419.18	7 065.28					37 315.47
2005	14 881.37	21275.02	7 906.48					44 062.87
2006	17 962.77	26697.12	8 302.70					52 962.59
2007	19 257.78	17662.08	11 000.00	387.77	9532.15			57 839.78
2008	24 629.34	24385.71	13 521.10	295.14	7622.36	222.90		70 676.55
2009	23 989.89	29617.92	13 342.40	2064.75	19464.33	269.40	46.82	88 795.51
2010	32 468.93	31719.39	22 229.23	6326.76	6197.99			98 942.30

第二节 国有资产管理

一、机构设置与管理体制

2002 年,学校成立国有资产管理处,原教务处与设备处的设备管理职能,原总务处房产科职能划归国有资产管理处;下设设备管理科、房产管理科两个科室。2004 年,财务处住房公积金职能划归国有资产管理处,由房管科具体负责;2006 年,增设招投标办公室。2009 年,增设招投标管理办公室和资产管理办公室。

二、国有资产管理处工作职能

(1) 负责学校国有资产管理的全面工作;做好全校资产入账、验收、调拨、报废管理的工作,制订资产清查的工作方案,负责对全校资产的分配、调整、对使用效益进行评估,以促进资产的合理配置和节约。

(2) 贯彻执行国家、北京市关于国有资产管理和住房改革政策、法规、学校各项管理规定和相关文件精神,结合学校的实际情况,起草资产管理的有关规章制度和管理办法。

(3) 完成全校地产房产确认权、清查、登记、建档、统计、年检、报告、产权产籍等日常管理工作,保障地产房产资料完整,负责指导和组织完成教职工住房管理、住房公积金、住房补贴、供暖费、物业费的支付和提取工作。

(4) 贯彻执行上级部门有关政府采购及招投标管理的法律、法规、政策并组织落实,起草学校政府采购和招投标管理的规章制度和办法,做好全校政府采购和校内集中采购的工作。

(5) 认真执行上级部门有关协议采购、零星采购的法律、法规与政策,起草学校协议采购与零星采购管理办法,调查研究全校物资需求及消耗情况,负责全校采购计划的审核,统筹策划和确定采购内容,按计划完成学校各类资产的采购,并且负责学校年度办公设备财政专项申报工作、财政支出项目绩效考评工作。

(6) 监督和参与采购业务洽谈、审核采购合同、协议，监督供货商按合同、协议指标完成供货，组织对供货商的评估。

(7) 完成上级部门及学校领导交办的其他工作。

三、资产管理规章制度

2003 年，第 33 次校长办公会通过《校本部仪器设备管理办法》《校本部设备购置管理办法》《校本部贵重仪器设备管理办法》《校本部材料、低值品、易耗品管理办法》4 个文件，并下发了《关于印发了〈校本部仪器设备管理办法〉等文件的通知》(京联资〔2003〕26 号)。

2010 年，制定国有资产管理处《党风廉政建设责任制》及采购招标工作流程及风险防范点。

四、主要工作

2006 年，完成小营校区南北院土地使用证办理工作。

2007 年，完成市教育系统房屋土地确权工作。

2008 年，协助北京市教育委员会完成教育系统青年教职工限价商品房工作，学校终审通过 321 户，最终认购 166 户。完成小营校区南院房屋产权证办理工作。

2009 年，完成北苑校区、盆儿胡同校区土地使用证的更名工作。

同年 3 月，完成廊坊校区撤并后的资产处置工作。

2010 年，完成志新北里等地 17 户职工房改房产权证办理工作及常秀家园 18 户康居房产权证办理工作。

同年，按照北京市财政局、北京市教育委员会的要求，同时为加强固定资产管理，摸清家底，学校于 3 月 8 日—6 月 24 日在全校范围内开展资产清查工作。根据学校制定的固定资产清查实施方案，学校各单位在校资产清查工作领导小组的统一领导下，重点按照教育部规定的高等学校固定资产 16 大类分类标准，对截至 2009 年 12 月 31 日学校占有和实用的固定资产整体情况，即学校固定资产账目中所列各项内容进行清查，进行实物盘点。经会计师事务所对学校截至 2009 年 12 月 31 日会计报表及资产损益情况的审计，最终确认学校的资产清查数为 1 773 022 309.82 元，负债清查数 203 618 849.78 元，净资产清查数为 1 569 403 460.04元。上述资产总额中包括此次清查申报待处理的资产净收益 20 104 844.53元。

第三节　审计与行政监察工作

一、审计工作

(一) 基本情况

1. 机构设置

2001—2004 年，学校审计处与纪检监察办公室合署办公，保持人员编制和工作的相对独立性。2001年,机械工程学院并入校本部管理,原学院内审人员并入校审计处。2004年5月,为加强审计工作,学校恢复审计处独立设置;法人学院按照职责分明、科学管理和审计独立性的原则,设置院级内部审计机构、配备审计人员。2010年,根据学校设置科级机构和科级岗位设置的指导意见,审计处下设综合审计科;法人学院审计工作职责列入学院党政办公室,定岗定编。

2. 主要职能

审计处是学校执行内部审计监督的职能部门,其主要职责是依据国家法律、法规对学校及所属单位财务收支、经济活动的真实、合法和效益进行独立监督与评价(主要有预算执行与财务收支审计、基建修缮工程项目审计、经济责任审计等),对主管校长负责并报告工作,同时接受国家审计机关和北京市教育委员会审计处的指导和监督。

按照学校管理体制,学校审计处负责组织全校的内部审计工作,并对校本部审计职权范围内的事项实施审计、审签及审计调查;对二级法人学院的内部审计工作进行指导、检查,根据工作需要,经校领导批准可直接对二级法人学院进行审计。

3. 队伍建设

根据学校机构的设置情况,审计人员由专职审计人员与兼职审计人员组成。2010年末,学校共有审计人员18名,专、兼职审计人员均具有大学专科及以上学历和专业技术职称。历年审计人员情况如表13.3-1所示。

表13.3-1 2001—2010年学校审计人员统计

人员 时间/年	审计人员/人								
	总数	专职审计人员	兼职审计人员	学历			职称		
				研究生	本科	专科	高级	中级	初级
2001—2002	11	5	6		3	8		11	
2003	13	7	6		6	7		13	
2004	17	9	8		11	6	1	16	
2005	18	7	11	3	8	7	2	15	1
2006	19	8	11	4	9	6	1	16	2
2007	19	6	13	4	9	6	1	16	2
2008—2010	18	3	15	4	8	6	1	16	1

学校注重对内审人员的业务、政治培训,每年选派审计干部参加教育部、北京市教育委员会、北京市内审协会等组织的各种培训,并结合学校工作实际,组织专题培训。2001—2010年,参加专业培训和审计人员后续教育300余人次,内容包括决算审计、教育收费审计、审计风险防范、审计信息化等。10年间,审计人员发表论文11篇,完成校级研究课题2项,参与完成中国教育审计学会课题《高等学校绩效审计》,获得中国教育审计学会教育审计科研项目研究成果二等奖;张素琴同志被评为1999—2001年度北京市内部审计先进工作者、2002—2004年度北京市内部审计先进工作者;张晓华同志被评为2008—2010年度北京市内部审计先进工作者;审计处被评为2005—2007年度北京市内部审计先进单位。

（二）主要审计工作

2001—2010 年，校、院两级审计部门共完成审计项目 777 项，审计金额 79.62 亿元。学校审计工作范围、方法逐步扩大，审计内容涉及预算执行和财务决算审计、经济责任审计、基建修缮工程项目审计、校办企业审计、教育收费审计、专项审计等（见表 13.3-2）。

表 13.3-2 2001—2010 年学校审计项目统计

年份	预算执行与财务收支审计（项）	财务收支审计（项）	修缮项目审计（项）	经济责任审计（项）	经济效益审计（项）	专项资金审计（项）	其他项目审计（项）	审计调查	审计金额（亿元）
2001	59	10	19	1	1	2	26	0	0.60
2002	98	4	38	2	3	5	45	1	8.70
2003	64	9	29	6	9	2	9	0	2.54
2004	60	15	14	1	2	1	19	8	1.53
2005	62	12	25	4	4	7	10	0	4.90
2006	79	14	38	11	0	6	10	0	8.50
2007	66	10	18	7	0	7	24	0	10.00
2008	78	6	27	4	0	33	8	0	4.65
2009	114	25	25	9	0	50	5	0	10.67
2010	97	4	41	27	0	16	9	0	27.53
合计	777	109	274	72	19	129	165	9	79.62

1. 预算执行及财务收支审计

预算执行及财务收支审计一直是审计最重要的工作，根据学校对审计工作的要求和学校的实际情况，按照"全面审计、突出重点"的审计原则，坚持每年开展此项工作。2002 年完成专项经费预算执行情况；2003 年制定《北京联合大学预算执行和财务决算内部审计制度》，并在 2003 年、2005 年组织校、院两级审计机构及审计人员完成学校年度决算审计项目。2005—2007 年每年完成对当年专项经费的预算执行审计项目，并在 2005 年、2007 年对落实预算执行及财务收支审计意见和建议情况进行后续审计；2008 年组织预算执行审计审前调查项目；2010 年完成全校 2009 年预算执行情况的自查工作，并采用委托会计师事务所的方式，对全校 2009 年预算执行和财务决算及 2010 年预算编制进行审计，完成对全校决算的直接审计。

2. 修缮工程项目审计

2001—2010 年共完成基建修缮工程审计项目 274 项，审计资金总额 17 192 万元；2004 年对 6 个 2001 年以前竣工的基本建设项目进行竣工决算审计；2010 年完成学校相关教学楼、宿舍楼、实验楼等建筑的抗震加固工程审计。

3. 处级领导干部经济责任审计

2001—2010 年共进行处级领导干部经济责任审计 72 项，包括对职能处室处级领导干部经济责任审计 66 项，对校办企业领导干部经济审计 6 项。在实施经济责任审计中，坚持实事求是的原则,依法依规审计,对被审计干部履行管理职责情况、遵守财经法规和财务制度情况及内部控制制度建立健全执行情况等进行了客观评价。

4. 校办企业及培训中心等专项审计

2001—2002年配合学校校院管理体制调整及校企改制,完成对校、院所属企业的转制审计10项;2003年完成学校对北京市黄山教育研究中心2001—2003年经营情况的审计调查,2009年完成北京佳荣源商贸中心、北京科兴机电厂、机电学院培训中心的专项审计。

5. 撤并院校专项审计

2003年完成成教部并入继续教育学院前的资产负债审计;2008年完成北京市医药器械学校、北京市化工学校两所中专院校并入学校的财务收支专项审计;2009年廊坊校区回迁,对分校、东方信息技术学院进行审计。通过审计对被审计单位财务状况、各种对内对外经济关系、各种经济遗留问题进行清理和审查,摸实家底,为加强学校资产和财务管理、统筹利用资源打下基础。

6. 教育收费及专项经费审计审签

2004年配合治理教育乱收费,组织校、院两级审计机构开展对教育收费审计调查及专项审计,清理不合理、不规范的收费项目,纠正违纪违规行为。该项工作在2006年北京市教育审计工作会上作大会经验交流发言。

2001—2010年共完成非集中采购、科研经费等专项审计审签268项,具体审计项目数量,如表13.3-3所示。

表13.3-3 2001—2010年专项审计项目数量统计

年 份	2001	2002	2003	2004	2005	2006	2007	2008	2009	2010
审计项目数	16	50	9	19	17	16	31	39	50	21

(三)审计工作制度建设情况

1. 基本工作制度

2006年,根据国家审计署《关于内部审计工作的规定》、教育部《教育系统内部审计工作规定》、北京市教育委员会《教育系统内部审计工作实施办法》,学校重新制定《北京联合大学内部审计工作实施办法》(京联发〔2006〕42号),对审计工作的组织领导、机构和人员、职责和权限、工作程序、法律责任等进行规定。

2007年,根据《中华人民共和国档案法》,学校制定《北京联合大学审计档案管理办法》(京联审〔2007〕7号),规范审计档案工作,保证审计档案质量,发挥审计档案作用。

2. 预算执行及财务收支审计工作制度

2003年,根据北京市教育委员会《关于在市属市管高等学校中建立预算执行和财务决算内部审计制度的指导意见》,学校制定《北京联合大学预算执行和财务决算审计实施办法》(京联审〔2003〕7号)。

2009年,学校根据教育部《关于加强高等学校预算执行与决算审计工作的意见》《北京市属高等学校预算执行和决算内部审计实施办法(试行)》,重新制定《北京联合大学预算执行和决算内部审计实施办法(试行)》(京联审〔2009〕2号),规定将预算执行与决算审计作为学校年度常规工作进行安排，并新增了审计报告及审计结果利用的规定。

3. 经济责任审计工作制度

2005 年，为加强学校对处级领导干部的管理、考核与监督，推进干部廉政建设，学校制定《北京联合大学处级领导干部经济责任审计实施办法（试行）》（京联审〔2005〕11 号），对学校（院）内负有经济责任的领导干部经济责任审计进行规范。

2006 年，学校制定《北京联合大学党政领导干部经济责任审计工作联席会议制度》（京联党〔2006〕27 号），以加强对领导干部经济责任审计工作的领导，进一步规范学校管理的领导干部经济责任审计，协调有关部门的工作关系，提高经济责任审计的质量和效果。

4. 基建修缮工程审计制度

2001 年，学校制定《北京联合大学基建修缮工程项目审计暂行办法》（京联发〔2001〕66 号），明确基建修缮工程审计项目内容、程序，规范学校基建、修缮工程项目审计工作。

5. 专项经费审签制度

2001 年，学校制定《关于校本部教学条件设备贴息贷款项目采购申请审签的有关规定》。

2007 年，为加强学校科研经费的管理，规范科研项目经费审签行为，学校制定《北京联合大学科研经费审签办法（暂行）》（京联审〔2007〕6 号），明确科研经费审签的范围、内容、标准、程序。

6. 其他

2005 年，依据中国内部审计协会《内部审计准则第 8 号——后续审计》，学校制定《北京联合大学后续审计工作规定》（京联审〔2005〕1 号），以检查被审计单位对审计发现问题所采取的纠正措施的落实情况及效果。

2007 年，审计处编印《北京联合大学审计工作文件汇编》，收集 10 个学校审计工作相关文件、7 个审计工作流程、4 个工作规定、11 个教育系统审计工作相关文件和 25 个国家财经审计法律法规。

二、行政监察工作

（一）基本情况

学校行政监察工作与学校党的纪律检查工作合署办公，设置纪检监察办公室，承担全校行政监察工作职能。行政监察工作职责主要包括：监督检查贯彻执行国家法律、法规、政策和学校决定、规章制度的情况，并依照有关法律、法规保护监察对象正当行使职权；受理对检查对象违纪违法行为的检举、控告，受理不服行政处分的申诉；对学校重点领域、重点工作、关键环节实施监察督查；开展遵纪守法、廉政勤政教育活动等。

（二）主要工作

1. 治理教育乱收费工作

每年开展春季和秋季教育收费专项治理工作，采取全面自查和重点抽查的方式进行。2003—2007 年，学校先后制定《北京联合大学关于检查治理教育乱收费及执行"收费公示制度"工作的通知》（京联监〔2003〕1 号）、《关于进一步做好我校 2004 年治理教育乱收费工作的意见》(京联监〔2004〕2号)、《关于进一步做好我校2005年治理教育乱收费工作的意见》(京联监〔2005〕2号)、《北京联合大学2007年规范教育收费、进一步治理教育乱收费工作的意见》等文件指导工作开展。2004年,学校成立治理教育乱收费工作领导小组,校长任组长并作为第一责任人亲自部署治理工作,亲自向全国和北京市治理教育乱收费工作督查组汇报学校治理教育乱收费工作情况;纪委书记带队深入学院和部门开展专项检查,听取情况汇报,指导治理具体工作。2005年,学校对发现违规收费问题的单位,以及负有领导责任的2名副局级干部、2名正处级干部进行通报批评。经过多年治理教育乱收费工作,纪检监察办公室接到(含上级转来)反映学校教育收费类信访件占全年信访件总量的比例由2004年、2005年的30%左右下降到2006年、2007年的20%左右,2008年为11%,2009年之后实现零投诉。

2. 招生监察工作

纪检监察办公室坚持每年派人到招生工作现场,对学校高考录取工作有重点的开展监察。2004年,学校成立由主管纪检监察工作的各学院领导,校纪检监察干部和有关部门负责人组成的招生监察办公室(该机构为非常设机构),纪委副书记任校招生监察办公室主任,要求各学院招生现场录取工作组有学院纪检监察工作人员参与。学校制定《关于在北京联合大学2004年招生工作中进一步加强廉政建设、严肃招生纪律的规定》(京联监〔2004〕4号)、《关于做好北京联合大学招生监察工作的暂行规定》(京联监〔2004〕3号)、《关于在北京联合大学2005年招生工作中进一步加强廉政建设、严肃招生纪律的规定》(京联监〔2005〕4号)和《关于进一步加强我校艺术类招生考试管理严肃考风考纪的通知》(京联监〔2004〕1号)等文件加强对招生考试的监督力度。

2004年,纪检监察办公室首次全程参与学校14所学院统一在市高招现场进行录取的工作。纪检监察办公室干部重点监督学校层面统一招生的情况,8所自主招生学院由该院招生监察责任人实施全过程监督。纪检监察办公室每年指派专人参加特长生、艺术类学生的专业测试,高考录取,专升本、研究生招生考试等监察工作。

3. 财经专项清理和治理商业贿赂

2005年5—6月,根据北京市教育委员会的要求,对全校在经济往来中收受回扣情况进行自查自纠专项清理。

2006年,学校成立财经专项清理工作领导小组,开展财经专项清理工作。各学院、校机关和直属单位共61个部门和单位在规定时间内完成财经自查、清理工作,学校财经专项清理工作领导小组将自查情况和报表中反映的突出问题向校党委进行汇报,学校向15个单位下发整改通知书。同年,学校还成立由校长任组长、纪委书记任副组长的“治理商业贿赂专项工作领导小组”,制定《北京联合大学治理商业贿赂专项工作方案》(京联党〔2006〕28号),召开全校开展治理商业贿赂专项工作动员部署大会。学校配合检察院对商业贿赂案件进行调查,并针对检察院下达的检察建议书提出的问题切实整改,校、院新建、修订防治商业贿赂的文件9个。针对治理教育乱收费检查中所发现的有些管理干部对经济责任、经济纪律认识模糊的问题,学校组织财经纪律专题教育活动,并邀请检察院工作人员来校作报告,以案说纪。

4. 物资采购、基建修缮项目招标监察

纪检监察办公室对学校物资采购、基建修缮项目的开评标工作进行现场监督。招标监察工作量逐年增加，2010 年已增至 100 人次/年以上。

2005 年，按照北京市教育委员会市属高校奥运场馆建设监督工作领导小组的要求，学校成立奥运场馆建设工作领导小组和监督工作领导小组，校长张妙弟、校纪委书记黄海洋分别担任组长。纪检监察办公室对校本部 2008 年奥运会足球裁判员训练场改造修缮工程施工实施全过程监督。学校奥运场馆建设监督工作领导小组办公室主任平爱华被市纪委监察局授予“奥运监督先进个人”称号。

2007 年，由副校长冯虹、纪委书记黄海洋、副校长张连城带队，纪检监察办公室牵头，校财务处、审计处、国资处、基建处、行政管理处等职能处室负责人组成的检查组，对校本部及 7 所法人学院 2005 年以来执行招投标制度情况和政府采购项目落实情况进行调研性检查。纪检监察办公室将检查的情况汇总，针对存在问题，提出 5 条改进意见，向校党委常委会作了专题汇报。

5. 因公出国(境)公示

2009 年，北京联合大学被列为北京市因公出国(境)公示的十个试点单位之一，是唯一一所高校试点单位。学校制定《北京联合大学因公出国(境)公示的暂行办法》(京联发〔2009〕37 号)，从 2009 年 10 月起对学校组团的副处级及以上干部因公出访团组的有关情况进行公示。出访前公示的内容包括：出访任务和依据(邀请单位情况、邀请事由)，组团单位和成员、出访地点和时间(国家、城市、停留时间)，经费来源和预算；出访后公示的内容为：境外实际活动情况、考察报告及出访费用的决算。

6. “小金库”专项治理

2009 年，按照上级部署，全校进行“小金库”问题专项治理，成立由校长柳贡慧任组长的治理“小金库”工作领导小组，制订专项治理工作方案。2010 年，各学院、校机关各部门、各直属单位全面开展摸底排查“小金库”工作。没有发现问题的部门和单位，特别是自查自纠“零申报”、重点检查“零问题”的部门和单位，按要求填报《“小金库”专项治理摸底排查承诺书》。在两次自查中，学校党委对发现并主动上报有关违反财经纪律问题的 6 个单位进行了通报批评。

7. “八条禁止”自查自纠

2007 年，按照上级要求，学校制定《深入学习〈中共中央纪委关于严格禁止利用职务上的便利谋取不正当利益的若干规定〉对照规定开展自查自纠的通知》，向全校管理岗位的党员干部发放自查表，979 位党员干部填写自查情况登记表，未发现有表中所列禁止行为。

8. 其他工作

纪检监察办公室配合校科研处对科研项目评审工作进行监督，配合校人事处对岗位聘任、专业技术职务评定等工作进行监督，配合校学生处对学生申诉处理工作进行监督；配合校教务处、校工会对教师申诉处理工作进行监督，配合校工会对涉及教职工福利待遇的事项进行监督。与校工会共同对学校校务公开工作进行监督。

自 2009 年 5 月始，学校纪检监察办公室主任列席校长办公会。

第四节 依法治校

一、法律事务组织机构

（一）机构设置

2002年，学校设立发展规划处。2006年4月，为加强学校的依法治校工作，学校决定将发展规划处更名为法规规划处，编制2名。同年6月，最终确定机构名称为规划与法规处，明确规划与法规处兼具规划和法规两项职责，为学校依法治校工作机构。

2009年1月，学校成立依法治校工作领导小组，组长由学校党委书记徐永利和校长柳贡慧担任，成员包括党校办、组织部、宣传部、纪监办、保卫处、人事处、财务处、教务处、学生处、规划与法规处、行政管理处、国资处、审计处、经合办、校工会等部门负责人及各学院负责人。同年12月，根据《北京联合大学2009年校机关及直属非教学单位的编制方案》(京联党〔2009〕58号)，规划与法规处撤销，其相应职能并入党委、校长办公室，由党委、校长办公室法规机要科负责相关工作。

（二）工作职责

(1) 在学校依法治校工作领导小组的领导下，开展面向全校师生员工法制宣传教育工作；整合全校各单位协调开展法制宣传教育，创建全校法制宣传教育联动体系；组织实施学校5年普法宣传教育计划的编制及实施督促工作，开展法制宣传教育相应的业务培训。

(2) 统筹规划学校规章制度的合法性和规范性建设，督导规章制度的落实；组织研究、起草北京联合大学章程及修订完善工作。主持各类校级规范性文件的清理、审核、修改，制订校级规范性文件审核流程并开展新出台文件审核备案工作；逐步归口学校各类合同的规范化管理，制定学校对外签订合同(协议)的制度规范及与之配套的审查备案流程，开展合同审核存档管理工作。

(3) 负责学校法治工作的统筹规划、协调监督和指导服务；负责学校法律事务规范化管理，接待、处理、协调各类涉法事宜；组织检查学校各部门及各学院依法治校工作的落实情况。开展学校依法治校工作的专题研究、决策咨询，对高等教育政策、法律、法规进行研究，探索构建现代大学规范化管理制度。

（三）法务专项经费

2008年，学校设立法务专项经费，年度总额为10万元，主要为学校开展法制教育与宣传、处理法律事务、聘请学校法律顾问、涉诉法律事务费用、法律规章制度建设等提供资金支持。从2009年起，学校将法务专项经费列为常规年度预算。

二、依法治校工作

（一）校园法制宣传

1. 普法教育培训

在全校范围内组织《物权法》讲座(2006年)、《劳动合同法》讲座(2007年)、《著作权法》

讲座(2010年)。举办北京联合大学2008年中层管理干部法律实务培训会，邀请校聘法律顾问张文雄律师为校部职能处室中层管理干部讲课，讲解《高等学校法律纠纷典型案例剖析及风险防范策略》，解读《北京联合大学校级规范性文件管理暂行办法》及工作流程图。2008年，购买教育部法制办公室编制的《教育法律法规规章制度汇编》分发给校部机关各部门；2010年，制作发放《北京联合大学法制培训——侵权责任法》培训手册，组织教职工学习《教师法》《教育法》《工会法》等法律法规，每年在新职工岗前培训中进行法律法规、校纪校规教育，增强新职工法律意识和法制观念。2007年，学校制定《北京联合大学"五五"普法宣传教育工作中长期规划》等一系列文件，对学校近五年的法制宣传工作进行部署。

在学生中开展《高等学校学生行为准则》《北京联合大学学生管理规定》等知识测试活动；组织学生学习奥运法律"十要十不要"活动，对全校学生进行了奥运法律知识培训，学校学生团队在北京地区学生奥运法律知识竞赛大学组中获得全市第四名的优良成绩。2010年12月，学校接受北京市司法局和市教育委员会委托，组织启动"青春船长·法制启航"学生志愿服务活动的志愿者报名、选送工作；将法制教育同课堂教学紧密结合，通过《思想道德修养与法律基础》课程教学，做到法制教育计划、课时、教材、师资"四落实"；同时根据学生所学专业的特殊职业要求，加强与职业相关的法律法规的教育教学。

2. 创建法制建设网站

2007年上半年，在学校内网上创建法制建设宣传网站。网站管理人员定期更新、填充网站内容，定期查找各大主流纸质媒体、网络媒体、电视媒体中报道的法律热点、难点问题，将社会上发生的对学校建设和权利保障有用的信息通过新闻图片、法治播报、法律法规、政策规章、举案说法、普法课堂等栏目及时上传；就校园发生的涉法时事、社会上出现的最新法界动态、新近出台的国家政策法规、校内相关规章制度，以及教育法律领域在理论层面呈现的开创性研究成果、实务方面具有指导性的案件判例等，进行系统归类、分别介绍；将有关高校领域的法律、法规及规章制度整理挂网，供广大师生员工查阅浏览。

2010年，将"北京联合大学法治建设网"遵照学校整体部署调整到学校校园网外网，并在学校党委、校长办公室网站下添加新的链接。

3. 法制宣传工作通过检查验收

2010年7月22日，北京市"五五"法制宣传教育检查验收专家组进校检查学校的"五五"普法工作，学校顺利通过检查验收。

检查组组长、市法制宣传教育领导小组办公室副主任张凤华在检查验收总结讲话中认为学校汇报内容翔实、充分，档案资料细致、有条理，充分体现出学校领导重视普法工作，各部门认识明确，工作效果明显，普法工作卓有成效。北京市委教育工委副书记王民忠代表市委教育工委、市教育委员会充分肯定学校在普法工作中做出的成绩，对学校下一步工作提出了新的希望。

2010年，学校被评为"2006—2010年全国法制宣传教育先进单位"。

(二) 规章制度建设

2006年6月26日，校党委第111次常委会讨论并同意关于《加强依法治校工作的实施意见》(京联党〔2006〕34号)。2008年5月，第15次校长办公会讨论通过《北京联合大学校级规范性文件管理暂行办法》(京联发〔2008〕26号)，制定《北京联合大学校级规范性文件审核工作流程图(试行)》(京联党〔2008〕26号附件),以对校级规范性文件的合法性进行审查。2009年,拟定《北京联合大学法律事务管理暂行办法》,其后附有《法律事务申办单》和《涉诉案件任务分工》。

2010年修改《北京联合大学校级规范性文件制定审核办理程序》和《北京联合大学校级规范性文件审核工作流程图(试行)》。《北京联合大学法律事务处理程序》《北京联合大学涉诉案件任务分工》和《北京联合大学法律事务申办单》,拟定了《北京联合大学诉讼法律事务工作流程图》。

同年,学校出台《北京联合大学印章管理规定》,在全校开展印章清理工作。2005年7月确定成立清理学校规章制度工作小组;2009年下半年,在校聘法律顾问的支持下,比照2005年学校规章制度清理后形成的文件目录进行针对性收集,在此基础上对当年予以保留的174项文件和进行修改的32项文件进行了合法性审查。2010年,党委、校长办公室审核修订了教务处、人事处、科研处、学生处等部门关于教学科研管理等领域的校级规范性文件及各种文字材料,反馈各类规章制度及文件规定的修改意见。

2007年11月,学校完成了北京市教育委员会布置的高校法律事务情况调查,对高校的法律工作提出了学校的思考和困惑,向上级提出建议和请求。2008年11月,北京地区高校法制工作座谈会上,7所高校做依法治校工作经验交流,北京联合大学是其中之一。

(三)司法实务工作

1. 审查拟定学校签署合同

10年间,就学校与外单位签订的合作协议和合同进行法律审查,出具相应法律意见书。如宝岛眼镜公司向学校贫困学生捐赠眼镜合同、与国家体育馆签订的三十年校庆庆典期间场馆租赁合同、特殊教育学院改扩建项目中树木移植工程合同等。

2. 处理校内各类涉法事务咨询

2006年协助教务处在全校范围内开展彻查侵权复制、销售、使用外国教材情况的大型排查,并上报北京市版权局。当年参与协助处理信访纠纷5起。同年,协助党委、校长办公室信访工作人员处理了李旭开除学籍争议、冯勇民事赔偿纠纷;协助校工会处理袁立宗社保纠纷;参与学生处处理刘禹退学处分申诉案;参与经合办处理校办企业对外债务纠纷案。

2007年,为学院和职能处室提供各类法律咨询服务11件。2008年提供法律咨询和涉诉服务13件。

2009年规划与法规处自行或协助法律顾问接待人事处、国资处、审计处、图书馆、工会、学生处、后勤服务公司、经管办、保卫处、党校办等单位法律咨询事宜120余次,出具法律意见书(函)数十份,基本能够保证合法、合情、合理、合规解决问题。2010年党委、校长办公室接待、解答各类法律咨询45次,涉及校内外人员200余名。

2010年法务职能并入党委、校长办公室后,参加学生违纪处理工作会、学生申诉处理委员会工作会等工作组会议近10次,讨论、合议后对100余名学生做出处理决定。2010年党委、校长办公室自行处理、协助律师办理各类诉讼、劳动仲裁案件10件。该年度发生的每个案件均编入《北京联合大学2010年法务分析报告》,以表格方式进行统一标准的系统性统计。

3. 选聘学校法律顾问

2008年采取邀请招标的方式组织校聘法律顾问的选聘工作,最终与康达律师事务所正式签订法律顾问聘用合同。

2009年9月第二次签订《北京联合大学校聘法律顾问合同》后,规划与法规处配合校聘法律顾问解决了一系列纠纷以及学校与校外各类主体的矛盾。

第五节　总务后勤

一、机构设置与管理改革

(一) 机构设置

2001年,学校后勤服务保障工作由学校总务处和服务经营实体(服务中心)承担。总务处(甲方)代表学校行使管理职能,积极推进学校后勤改革,协调各学院节能、绿化、卫生工作,监督食品卫生、食品采购,代表学校对校内(实体)实行合同管理,检查监督实体服务质量。总务处下设两个直属科室,房产科和医务室,主要负责校本部相关工作。服务经营实体(乙方)由校园管理中心、生活服务中心、动力维修服务中心、运输服务中心和学生宿舍管理中心组成,主要为校本部提供后勤保障。法人学院后勤服务由本院相关部门具体负责管理和保障运行。

2001年10月,经校党委批准,以原有服务经营实体为基础成立校部后勤服务公司,李宝贵任校部后勤服务公司总经理,郭保元任副总经理,下设2个办公室、4个中心:公司办公室和财务室,饮食服务中心、校园物业管理中心、运输服务中心和学生宿舍管理服务中心,共有员工300余人。2009年9月,学校开展新一轮聘任工作,滕长建任总经理,何天增、安传钢任公司副总经理,下设部门调整为2个办公室、5个服务中心和1个运行中心:公司办公室和财务室,饮食服务中心、学生宿舍服务中心、动力维修服务中心、运输服务中心和绿化保洁服务中心,蒲黄榆校区后勤服务运行中心,共有员工700余人。至2010年,后勤服务公司服务范围覆盖小营、昌平、北苑和白家庄4个校区。

2002年3月,校总务处更名为后勤管理处,王恒刚任处长,同时成立了后勤党总支,含后勤管理处和校本部后勤服务公司,吴富友任后勤党总支书记。2004年3月,后勤管理处更名为行政管理处,王恒刚调离,孙桂生主持工作。

(二) 主要管理职责

学校后勤服务由行政管理处管理,主要职责有:

1. 制定全校后勤工作计划,传达上级有关工作精神并且组织落实;
2. 负责学校后勤运行经费预算,对经费使用进行监督管理;
3. 负责后勤专项经费立项、申报、论证及使用管理;
4. 制定校本部后勤发展规划,推进校本部后勤社会化改革;
5. 负责全校性突发性卫生防疫日常管理工作;
6. 负责全校人口与计划生育管理工作;

7. 负责全校绿化委员会日常管理工作;
8. 负责校本部修缮工程招投标工作;
9. 负责校节能办公室日常管理工作;
10. 负责校本部招待用餐审签和办公用车公里分配有关工作;
11. 负责校本部爱委会工作;
12. 负责对校本部校园环境卫生和动力运行的监控工作;
13. 负责校本部献血组织协调工作;
14. 负责校本部办公用房配置和办公家具采购工作;
15. 负责督导校本部会议室、报告厅和校领导办公室保洁、服务工作;
16. 负责校本部收发室管理工作(不含机要);
17. 负责校本部夏季防汛和冬季扫雪组织工作;
18. 负责对校本部食堂、学生宿舍、车辆运输的监控工作;
19. 负责学生火车票订购管理工作;
20. 负责校本部新生入学接站工作。

(三)管理改革

2001年4月,学校召开各学院主管后勤工作的副院长和处长工作会议,进一步推动后勤社会化改革进程。5月30日,召开各学院主管后勤工作的副院长和处长工作会议和乙方负责人会议,讨论甲乙方规范分离后如何运行的问题。

2002年3月,召开各学院后勤管理处处长会议,部署后勤社会化规范分离验收工作。6月,后勤社会化改革甲乙方规范分离验收。9月,后勤管理处召开"迎接第四次全国高校后勤社会化改革动员会"。

2006年3月,根据工作需要后勤服务公司将物业管理中心分为动力维修服务中心与绿化保洁服务中心。

2008年12月,后勤服务公司接管北苑校区后勤工作。

2009年3月,校本部后勤服务公司聘任工作圆满完成。

2010年7月,后勤服务公司接管昌平校区后勤工作。

(四)规章制度

2002年制定《后勤服务公司规章制度汇编》(2002年版)。

2005年制定《后勤服务公司印章使用和管理制度》。

2007年制定《后勤服务公司非在编人员管理办法》。

2009年编制《北京联合大学后勤服务公司规章制度汇编》(2009年版);内容包括各部门岗位职责、工作流程、各中心工作制度、考核办法、应急预案等。

2010年制定《北京联合大学后勤服务公司劳保用品发放管理办法》《公司职工学期考核评优办法》《后勤服务公司员工培训管理办法》以及针对各个中心条件设施、机构与管理人员、制度与执行、卫生与环境、维修与节能、安全管理与服务、文化建设等六个方面开展巡检制度。

(五)获奖情况

2007年,学校获市总工会颁发"工会先锋号"称号。

2008 年 9 月，学校获北京市奥组委颁发“奥运工作先进单位”称号。

2009 年 10 月，学校获朝阳区国庆环境建设指挥部颁发“国庆 60 周年庆典环境布置优秀组织二等奖”。

二、饮食服务

（一）机构设置

2001 年 10 月，后勤服务公司设立饮食服务中心，安传钢任经理，袁玉华任党支部书记。

2002 年 10 月，李方任饮食服务中心党支部书记。

2003 年 10 月，安传钢兼任饮食服务中心党支部书记。

2010 年 3 月，徐伟任饮食服务中心党支部书记兼经理，张广荣、牛淑玲任副经理。

（二）规章制度

2002 年，制定《安全保卫管理制度》《食堂安全管理责任制》；

2003 年，制定《各项卫生制度落实情况检查管理办法》；

2004 年，制定《从业人员体检、培训制度》《财务管理制度》；

2005 年，制定《成本核算制度》《各类食品加工卫生制度》；

2006 年，制定《环境卫生考核办法》《中心文明服务制度》；

2007 年，制定《员工宿舍管理办法》《学生食堂卫生安全设备设施落实措施》；

2008 年，制定《重大工作应急预案》；

2009 年，制定《预防流感预案》；

2010 年，制定《饮食服务中心考核奖励制度》。

（三）主要工作

2002 年，饮食服务中心被北京市教育委员会评为卫生标准 A 级食堂，饮食服务中心有员工 190 人，可同时容纳就餐人数 5000 人。

2008 年 7 月，组建昌平校区食堂。同年 11 月，接管北苑校区食堂。

2009 年 3 月，饮食服务中心有员工 230 人，可同时容纳就餐人数 15000 人。9 月，昌平校区食堂扩建，昌平校区食堂有员工 100 人，可同时容纳就餐人数 6500 人。

2010 年，饮食服务中心有员工 300 人，涵盖校本部、昌平、白家庄、北苑 4 个校区，可同时容纳就餐人数 21 000 人。

（四）获奖情况

2003 年，饮食服务中心获北京市教育委员会颁发“北京市高校标准化食堂”称号。

2008 年，饮食服务中心获北京市教育委员会颁发“先进饮食中心”称号。

三、学生宿舍管理服务

（一）机构设置

2001 年 10 月，后勤服务公司设立学宿服务中心。李秀花任经理。2003 年，许绍林任经理兼党支部书记。

（二）规章制度

2002 年，制定《消防控制室管理制度》《宿舍卫生条例》；

2004年,制定《宿舍文明公约》;

2005年,制定《消防控制室火灾事故紧急处理程序》《宿舍楼突发事件应急预案》;

2006年,制定《电梯使用管理规定》;

2007年,制定《宿舍管理规定》;

2008年,制定《优秀宿舍评比表彰奖励制度》;

2009年,制定《安全月、"119"消防日活动制度》《安全卫生续检和"三个重要时段"巡查制度》;

2010年,制定《学生宿舍安全管理制度》《学生宿舍管理服务中心宿舍安全管理办法》。

(三)主要工作

2002年2月,白家庄校区学生宿舍启用,可用床位242个;2008年增加至750个,2010年有床位992个,住宿费每床750元每年。

2005年9月,小营校区校内19号楼学生宿舍启用,用于男生住宿,可用床位1874个,住宿费每床750元每年;小营校区校内8号楼宿舍启用,用于女生住宿,可用床位2212个,住宿费每床750元每年;

2008年9月,小营校区校内北A楼启用,用于男生住宿,可用床位936个,住宿费每床750元每年。

2009年9月,北苑校区学生宿舍启用,可用床位800个;2010年9月,增加床位888个,共有床位1688个。用于信息学院、管理学院、自动化学院男女生住宿,住宿费每床750元每年。

2010年,昌平校区学生宿舍启用。共计8栋宿舍楼,总床位5088个,用于广告学院、应用科技学院男女生住宿,住宿费每床1020元每年。

四、动力维修服务

(一)机构设置

2001年10月,后勤服务公司设立物业管理中心,金福忠任经理兼党支部书记;2006年3月,物业管理中心分为动力维修服务中心与绿化保洁服务中心,金福忠任动力维修服务中心经理兼党支部书记;2009年1月,徐伟任动力维修服务中心经理兼党支部书记;2010年3月后勤服务公司聘任郭晓利为动力维修服务中心经理,兼任党支部书记,副经理李雨东。

(二)规章制度

2002年,制定《动力维修中心入出库及库房管理制度》;

2006年,制定《突发停电和停水应急预案》;

2008年,制定《安全生产应急预案》;

2009年,制定《防汛应急预案》;

2010年,制定《中心统一着装配戴胸牌的规定》《动力维修服务中心安全管理工作实施办法》《动力维修服务中心安全生产应急预案》。

(三)主要工作

1. 校园节水

2001—2010年,学校陆续出台《北京联合大学校本部节能管理暂行办法》(京联办

〔2005〕7号)、《北京联合大学关于建设节约型学校实施方案的通知》(2006年5月制定),《单位建立节水三级管理网络图》《动力维修服务中心职责范围》《各级人员节水管理职责》《节能主管岗位职责》《节能管理岗位职责》《节能办公室岗位职责》《用水计量制度》。中心对用水设备进行了节能改造,为卫生间安装了脚踏式和红外线自动冲水装置,为洗手盆安装了红外感应式龙头,对蹲坑采用节水式冲水阀,对校园绿化采用了喷灌方式进行绿地的养护。

2. 维修改造

2003年,后勤动力维修中心配合校行政管理处为小营校区南、北院办公室、教室安装空调,对校内电力进行增容改造,铺设电缆一条;4月,实验楼电改造增容,增加电缆一条。

2004年暑期,中央民族大学后勤集团科通达科技公司承接学校南、北院智能电表远程抄表工程,总投入80余万元,分三期工程完成。2005年4月15日,学校对校内学生宿舍实行用电量化管理超指标收费。2004年,中心投资16万元,对校本部南、北院绿地进行了微喷改造。

2005年11月,中心与北京市教育委员会节水检测站合作,对校本部南院进行了水平衡检测,前期投资9万元,对管线及各水井阀门,水表进行了更换。为缓解本部锅炉房用热水及浴室用水压力,投资30余万元在食堂屋顶增加太阳能设施,并增加20吨水箱一个。

2009年,D楼空调增容改造,增加电缆一条。中心接管北苑校区维修工作,负责水、电、暖日常维修工作。同年10月由热水公司对校本部南、北院锅炉房热水加压站进行改造,并接收校本部供暖工作。

2010年8月,中心接管昌平校区维修工作,按协议规定负责建筑屋内的水、电、暖、木的维修工作。

3. 电话安装与维修

2001年,校本部电话共300余部,2002年分机改为直拨;截至2010年校本部电话共400余部,mh动力维修中心负责电话增加、减少、移机、故障维修等日常管理。

五、运输服务

(一) 机构设置

2001年10月,后勤服务公司设立运输服务中心,何天增任经理兼党支部书记,孙明进任副经理;2010年3月孙明进任经理,胡和立任党支部书记,朱志伟任副经理。

2010年,北京市医药器械学校、广告学院先后并入校本部;下半年广告学院搬到昌平校区,成立昌平校区运输服务中心,由校本部派驻人员,其中管理人员1名,司机5名。

(二) 规章制度

2002年,制定《安全行车管理规定》《机关用车规定》;

2005年,制定《奖优罚劣制度》《安全防火制度》;

2007年,制定《车场与车库管理规定》;

2008年,制定《车辆清洁规定》《司机休息室管理规定》;

2009年,制定《考勤管理规定》《中心编外人员及返聘人员管理制度》;

2010年,制定《运输服务中心燃油购置使用管理规定》《运输服务中心安全用车管理办法》《运输服务中心行政管理制度》。

（三）车辆情况

2003 年，车辆编制 60 辆，实有 35 辆，缺编 25 辆；

2004 年，车辆编制 60 辆，实有 37 辆，缺编 23 辆；

2005 年，车辆编制 60 辆，实有 40 辆，缺编 20 辆；

2008 年，车辆编制 60 辆，实有 57 辆，缺编 3 辆；

2009 年，下半年报废黄标车：6 辆大客车，1 辆金杯车；车辆编制 60 辆，实有 52 辆，缺编 8 辆；

2010 年，车辆编制 60 辆，实有 52 辆，缺编 8 辆。

（四）获奖情况

2001—2010 年，学校被朝阳区交通安全委员会连续评为“交通安全先进单位”。

六、绿化保洁服务

（一）机构设置

2006 年 3 月，物业管理中心分离为动力维修服务中心与绿化保洁服务中心，胡金荣任绿化保洁中心经理，金福忠任党支部书记；2008 年 1 月胡金荣兼任党支部书记。

（二）规章制度

2006 年，制定《员工管理制度》《员工住宿管理制度》；

2007 年，制定《绿化保洁中心库房管理制度》；

2008 年，制定《绿化保洁中心资产管理制度》；

2009 年，制定《绿化保洁中心员工考核办法》《考勤管理制度》；

2010 年，制定《绿化保洁中心日常工作管理制度》。

（三）主要工作

2001 年，校本部绿地面积 14 000 平方米，树木 385 株；

2005 年，校本部绿地面积增至 14 500 平方米，树木 480 株；

2007 年，校本部绿地面积增至 15 000 平方米，树木 691 株；

2008 年，校本部新种树木 50 余株，包括丁香、油松等；

2009 年，新种树木 11 株，包括银杏、西府海棠等；3 月，接收北苑校区绿化保洁工作；

2010 年，回收校本部北院绿地 1 000 平方米，新种树木 20 株，包括白皮松、玉兰等；8 月接收昌平校区绿化保洁工作。截至 2010 年年底校本部绿化总面积达 15 000 平方米。

第六节　医疗保健

一、医疗机构

（一）门诊部及其下属医务室历史沿革

2001—2004 年 12 月，校本部医务室隶属于校总务处领导。

2002年4月，机电学院成立，原机械工程学院医务室更名为机电学院医务室，隶属校本部医务室管理。

同年9月，学校在河北廊坊大学城设立校区，并设立廊坊校区医务室。

2004年12月，校党委决定将校本部医务室升级为门诊部(副处级)，行政管理归口为校直属单位；成立门诊部党支部，由机关和直属单位党委领导；成立门诊部分工会，由校工会直接领导。

2008年6月，学校在广告学院设医务室，由2名医师负责医务室日常工作。

2009年7月，廊坊校区迁回本部校区，廊坊医务室撤销。

同年10月，北京医药器械学校并入学校，其校区改为北苑校区，设立北苑校区医务室，隶属于门诊部管理。

2010年5月，学校在昌平校区设立医务室，隶属于门诊部管理；

同年6月，旅游学院医务室合并到门诊部；

同年12月，特殊教育学院撤销法人资格，其医务室并入门诊部管理。

至2010年年底，门诊部在小营校区以外共设立4个医务室，分别是白家庄校区医务室、北苑校区医务室、昌平校区医务室和蒲黄榆校区学院医务室。

（二）门诊部医疗科室设置

2003年，校本部医务室增加服务项目：理疗、心电图检查、血尿常规化验、血糖测试和部分生化检查(血脂、肝功化验)，购置X光机。

2004年，门诊部办公地点由办公楼一层迁到南院女生宿舍的一、二楼，面积扩大到400多平方米，设有预防保健科、急诊科、内科、外科、中医科、口腔科、医学检验科、医学影像科、药房、公费医疗办公室等。

2005年12月，为便于管理，门诊部将原有科室整合为5个内设机构，即临床科(包括：急诊科、内科、外科、中医科、口腔科)、护理科、医疗技术科(包括：医学检验科、医学影像科、药房、预防保健科)、公费医疗办公室；成立4个职能委员会(质量控制管理委员会、药事管理委员会、感染管理委员会、病案管理委员会)。

2010年12月，门诊部增设妇科。

（三）门诊部人员情况

2001年，医务室共有11人，其中副主任医师1人、主治医师5人，药房工作人员1人，护理人员2人，检验人员1人，挂号收费人员1人；可以进行血尿常规检验，物理疗法，负责校本部师生的医疗服务；医务人员实行24小时值班制。

2005年12月，门诊部共有19人，其中主任医师1人、副主任医师3人、主治医师5人、助理医师1人，护理人员3人，检验人员2人，挂号收费人员1人，财务人员2人，办公室人员1人。

2010年12月，门诊部共有24人，其中主任医师1人，副主任医师3人，主治医师5人，助理医师1人，药房工作人员2人，护理人员5人，检验人员2人，挂号收费人员1人、财务人员1人、书记1人、办公室人员2人。

二、公费医疗

为了进一步加强师生员工的医疗保健工作，更好地贯彻北京市公费医疗管理制度和政策，校本部公费医疗管理委员会根据校本部的实际情况，在不同时期制定不同的公费医疗管理文件。

2001 年 4 月，学校出台《北京联合大学公费医疗管理办法》。

2005 年 4 月，学校调整校本部公费医疗管理委员会组成人员，由张铃任主任，聂斌、范蓓任副主任，相关职能部门负责人任委员，下设公费医疗办公室，工作地点设在门诊部。

2005 年 6 月，《北京联合大学校本部教职工公费医疗管理规定(试行)》(京联办〔2005〕10 号)、《北京联合大学校本部学生医疗就诊及报销规定(试行)》正式执行。

2008 年 5 月，学校撤销校本部公费医疗管理委员会，成立北京联合大学公费医疗管理委员会，由张连城副校长任主任，杨敏、范蓓任副主任，相关职能部门负责人任委员，下设公费医疗办公室，工作地点设在门诊部。

2008 年 5 月，《北京联合大学高职生医疗保险实施办法》(京联发〔2008〕28 号)实施，高职、大专学生实行北京市大病统筹医疗保险制度。

2008 年 9 月 1 日，《北京联合大学研究生和本科生公费医疗实施办法》(京联发〔2008〕27 号)正式执行。

2010 年 1 月 1 日，新的《北京联合大学教职工公费医疗管理规定(试行)》(京联发〔2009〕40 号)正式执行，新规定提高了教职工医药费报销比例。

2010 年 1 月，医药费手工填单报销改为计算机管理，同年 8 月现金结账变为将每月的医药费存入职工工资账户内。

三、医疗保健

2001—2010 年，学校医疗保健除在常规开展的学生入学体检、毕业生体检、教职工体检工作外，随着外地生源和住宿生增多，加强对疾病疫情防控知识的宣传，开展疫苗接种等工作，尤其是对学生常见传染病的预防，如麻疹、水痘、腮腺炎等，防止传染病在校园传播。其中，2004 年 9 月执行北京市要求，在新生中开展免费结核菌素(PPD)监测和对肺结核可疑患者实施免费检查工作；2007 年建立“糖尿病高危人群生活方式干预”的健康管理项目，对部分糖尿病高危人群进行健康促进干预管理，并定期随访监测及防治指导；2007 年和 2008 年，学校选拔医生和护士组建奥运会训练场馆医疗团队，参加奥运会医疗卫生保障工作；2009 年建立在职职工健康档案，定期上门为教授测量血压，解答问题。完成在职职工 1300 人的健康档案的建立，并开展了对高危人群(红灯警示人员)的健康管理工作。2010 年，完善健康档案及管理工作，新增健康咨询门诊，并对教职员工健康问题进行有针对性的指导。

四、重大疫情防控

(一) 防控“非典”

2003 年 4 月，北京市爆发“非典型肺炎”疫情，根据市政府、市教工委、市教委关于防控“非典型肺炎”的工作部署，学校迅速成立了防控“非典型肺炎”工作领导小组，由校党委书记席文启、校长张妙弟担任组长，相关部门负责人担任成员，下设防控“非典型肺炎”办公室，办公室设在校长办公室。学校下发《北京联合大学预防控制“非典型性肺炎”工作预案》(京联发〔2003〕17 号)文件，成立防控工作小组，包括：医疗救治组、宣传网络组、后勤保障组、学生工作组、教职工工作组、留学生工作组、防护工作组、安全保卫组，设置 24 小时值班电话，要求各学院每天15:00前向办公室汇报各自的防控情况，若发现疑似病人应及时上报教委。

为保证防控工作的顺利进行，建立各项制度与措施，学校下拨了防控经费，校医务室购置了防控所需物品，如口罩、体温计、防护服、消毒用品等，学校还购置专车为师生服务。

为了更有效地做好早预防工作，学校建立四个制度：晨检制度、首检报告制度、消毒制度、戴口罩制度；加强四个管理：减少大型会议和集体活动，减少公共场所的人员聚集，拒绝京外人士进京入校，门卫查证入校门。医务室开设发热门诊，开辟了隔离区，制定详细的工作流程以及处理突发情况的预案。医务人员对发热病人进行严格排查，校防控办定时收集全体教职工、学生健康状况每日报表、住宿生健康状况每日体温登记表、密切接触者随访记录表并及时进行相关数据统计。

在“非典”暴发流行期间，全校确诊“非典”病人5例(其中1人死亡)，疑似病人2例，经过有效的防控，“非典”疫情得到控制。

2003年7月，学校召开抗击“非典”工作总结大会，表彰先进集体22个，先进个人42名。

(二) 防控“甲流”

2009年4月，北京市开始流行“甲型H1N1流感”。5月，学校下发《北京联合大学防控“甲型H1N1流感”疫情工作预防》(京联发〔2009〕18号)的通知，专门成立防控“甲型H1N1流感”领导小组，由校长柳贡慧任组长、分管副校长张连城任副组长、相关职能部门和各学院主管卫生工作的院领导为成员，制定防控预案、防控信息上报制度，成立防控办公室，办公室设在校门诊部，建立发热门诊及发热隔离室，并在全校范围内开展“甲型H1N1流感”防控工作。

同年6月5日，学校下发《北京联合大学防控“甲型H1N1流感”工作具体要求》(京联办〔2009〕9号)，对日常工作、出入境人员管理、考试期间防控工作、大型活动的安全管理、环境卫生管理、防控宣传工作、24小时值班制度和信息报送制度等工作提出具体要求。

学校“甲型H1N1流感”领导小组与校本部各单位及各学院签订防控疫情责任书，下拨专项经费用于购置防控药具，满足防控工作需求；各部门医务人员坚守临床一线，控制疫情蔓延；防控期间开展学生的教育和引导工作；利用板报、公共橱窗等多种形式开展健康教育，普及防控知识，落实防控措施。

学校每周召开防控“甲型H1N1流感”工作会，由门诊部牵头结合学校具体情况研究制定具体措施，抓好日常监测的各个环节，发现疑似病例及时报告，加强防控“甲型H1N1流感”的集中指导。

学校加强对重点人员、重点位置的防控监督检查。全面掌握老生返校、新生入学、外国留学生、放假期间到境外交流的师生、参加国庆庆典活动及军训师生的防控工作，组织师生连续7天服用免费预防中药，对全体师生进行每日体温测试，定期对公共场所通风、消毒。

防控期间利用板报、公共橱窗等多种形式对师生开展健康教育，普及防控知识，落实防控措施。为防止疫情蔓延，门诊部于2009年11月12日开始组织在校师生11 368人进行了“甲型H1N1流感”疫苗接种，无一人出现严重不良反应。

截至2009年11月20日，全校共确诊“甲型H1N1流感”26例，全部得到及时救治并痊愈。

第七节　计划生育工作

一、机构设置

学校计划生育工作由计划生育委员会负责领导。2002年6月,根据《关于调整北京联合大学计划生育委员会组成人员的通知》(京联发〔2002〕21号)文件精神,副校长张铃任学校计划生育委员会主任,肖芳任副主任,日常工作由校长办公室负责。2004年6月,根据京联发〔2004〕26号文件精神,副校长张铃任学校计划生育委员会主任,王丽英、丛森、曲学利、刘允新、李玉玲、许贵才、肖芳、张建林、张连城、顾志良、徐天立、耿凯燕、郭淑敏、傅桂禄、廖文国、滕长建任副主任,孙桂生任秘书长,日常工作由行政管理处负责。同年11月,为贯彻落实《中华人民共和国人口与计划生育法》《北京市人口与计划生育条例》及其他配套法规、政策,科学规范人口与计划生育工作,学校根据本校具体情况,制定并印发《北京联合大学人口与计划生育工作实施细则》的通知(京联发〔2004〕37号),对学校在人口与计划生育管理、生育调节、奖励与社会保障、计划生育技术服务和法律责任等方面工作提出规范。2007年6月,根据京联党〔2007〕20号文件精神,由副校长张连城任学校计划生育委员会主任。

2001—2003年,校本部计划生育工作由校长办公室牵头负责管理,办公室指定一名干部具体管理事务性工作。2001年3月,学校印发《关于调整北京联合大学校本部计划生育工作领导小组的通知》(京联办〔2001〕18号),副校长张铃任组长,张军任副组长。2002年5月,学校印发《关于调整校本部计划生育领导小组组成人员的通知》(京联办〔2002〕31号),副校长张铃任组长,肖芳任副组长。同年6月,学校印发《关于调整校本部计划生育宣传员的通知》(京联办〔2002〕39号),计划生育宣传员22人。2004年6月,学校发布《关于成立北京联合大学校本部计划生育工作领导小组的通知》,成立校本部计划生育工作领导小组,副校长张铃任组长,孙桂生、许贵才、肖芳、张建林、张敏鲜、顾志良、廖文国任副组长,办公室设在行政管理处。

各学院的计划生育工作由学院指定专人具体负责。

二、主要工作

2001年6月,根据北京市教育委员会印发的《关于启用计划生育新报表的通知》精神,学校发布《关于启用计划生育新报表的通知》(京联办〔2001〕34号);11月,根据北京市教育委员会《关于开展2001年度计划生育工作先进集体、先进个人评比表彰活动的通知》,学校开展了评选先进工作;12月,召开校计划生育工作会议,学习北京市"十五"人口与计划生育事业发展规划和关于广泛深入开展婚育新风进万家活动的意义等文件。

2003年4月,《关于印发北京联合大学人口与计划生育工作要点的通知》(京联办〔2003〕14号)。2003—2005年学校连续三年与各学院签署了《计划生育目标管理责任书》。

2005年1月,学校与朝阳区大屯街道办事处签署《人口与计划生育工作责任书》。

2008年2月,学校与北京市教育委员会《人口与计划生育管理责任书》;同年4月,根据北京市教育委员会《关于表彰2007年度计划生育先进集体和先进个人的通知》安排,学校开展了评选工作。

学校每年提出全校年度计划生育工作安排要点，开展工作总结并提交总结报告。

三、表彰与奖励

2002—2008 年计划生育工作表彰情况，如表 13.7-1 所示。

表 13.7-1 计划生育工作表彰情况统计

表彰时间	表彰类型	受表彰名单	表彰单位	表彰文件
2002.01	市教委系统 2001 年度计划生育工作先进集体和个人	先进集体：校机关、应用文理学院、商务学院、化学工程学院	市教委	
		先进个人：张惠珍、李纯民、季全芝、金伟华、韩丽萍、尹燕、师爱英、穆瑞兰、黄金英、马金萍、陆荣春、赵育华、叶爱莲		
2002.04	北京联合大学 2001 年度计划生育先进个人	马金萍、孙滢、师爱英、刘欣、黄金英、李英、赵育华、沈丽、尹燕、候笑达、季全芝、金伟华、韩丽萍、陆荣春、穆瑞兰、李纯民、张惠珍、叶爱莲、赵武	北京联合大学	北京联合大学关于表彰 2001 年度计划生育先进个人的决定(京联办〔2002〕17 号)
2003.03	北京联合大学 2002 年度计划生育先进集体和个人	先进集体：应用文理学院、师范学院办公室、商务学院商务系、旅游学院、生物化学工程学院、信息学院、机电学院、校本部	北京联合大学	关于表彰北京联合大学 2002 年度计划生育先进集体和先进个人的决定(京联发〔2003〕8 号)
		先进个人：马金萍、师爱英、张华等 20 人		
2004.02	市教委系统 2003 年度计划生育工作先进集体	先进集体：应用文理学院、商务学院、生物化学工程学院	市教委	关于表彰 2003 年度计划生育工作先进集体和先进个人的通报
2004.04	北京联合大学 2003 年度计划生育先进集体和个人	先进集体：应用文理学院、商务学院、生物化学工程学院、师范学院、旅游学院	北京联合大学	关于表彰 2003 年度计划生育先进集体和先进个人的决定(京联发〔2004〕27 号)
		先进个人：赵玉华、王丽英、马金萍、曲振国、王桂玲、秦卫新、张军、周阿雨、师爱英、李克柔、张华、刘静、尹燕、王春荣、刘宝妹、李九丽、刘晋毅		
2005	市教委系统 2005 年度人口和计划生育工作先进集体	北京联合大学	市教委	
	2005 年度人口与计划生育工作先进单位	北京联合大学	朝阳区	

续表

表彰时间	表彰类型	受表彰名单	表彰单位	表彰文件
2006.03	北京联合大学2005年度计划生育先进集体和先进个人	先进集体：应用文理学院、商务学院、生物化学工程学院、自动化学院、信息学院、管理学院、特教学院(生物与医学系)	北京联合大学	
		先进个人：马金萍、郭健、师爱英、刘欣、王丽英、赵玉华、何文竹、秦卫新、张华、贾浩、王桂玲、侯丽明、刘宝妹、吴巧慧、刘晋毅、刘凤娥、闵学荣、阎丽军、赵立军、孙会娟、张青		
2007.03	2006年度学校计划生育工作先进集体和先进个人	先进集体：应用文理学院、师范学院、生物化学工程学院、自动化学院、信息学院、管理学院、特教学院(教育处、图书馆、工会小组)、机电学院、国际语言文化学院	北京联合大学	关于表彰2006年度学校计划生育工作先进集体和先进个人的决定(京联发〔2007〕17号)
		先进个人：郭淑敏、马金萍、师爱英、崔晓静、赵玉华、李朝峰、何文竹、秦卫新、张华、王树兰、金伟华、刘宝妹、吴巧慧、刘晋毅、侯丽明、陈 华、牛彤、刘凤娥、赵立军、张 青、王春梅、闵学荣、李淑丽		
	市教委系统2006年度人口与计划生育工作先进集体	北京联合大学	市教委	
2008.04	市教委系统2007年度计划生育先进集体和先进个人	先进集体：校本部、应用文理学院、自动化学院、特教学院、国际语言文化学院、机电学院、生物化学工程学院、旅游学院、管理学院	市教委	关于表彰2007年度计划生育先进集体和先进个人的通知
		先进个人：张建林、赵玉华、金伟华、秦卫新、陈 华、侯丽明、何文竹、贾 宁、张学昭、李爱玲、王敏华、牛彤、闵学荣、崔晓静		

第八节 基本建设

一、机构与职能

学校基本建设管理工作由校基建处承担。基建处与有关部门配合，按照上级主管机构和学校总体规划，进行学校基本建设工程发展规划，主要职责为：进行学校年度基本建设计划的申报调整和计划执行工作；组织委托工程测绘、勘探和图纸设计工作，编写基建工程招标文件和招标工作；负责各种与工程有关的合同签订与执行；实施基建工程项目立项申报、工程实施阶段管理、竣工验收等工作；对工程施工过程的各项管理及竣工资料进行整理归档；负责校区市政工程的规划及施工管理工作；配合其他部门完成修缮工作以及大型改、扩建工程的前期准备并提供必要的技术支持。

2001—2010年，基建处历任处长为纪学礼、王士齐、赵振江、李志祺，历任副处长为王士齐、赵振江(兼)、王建男(兼)、李志祺、王存浩。2003年，基建处有工作人员5名；2007年有处长助理1名和工作人员6名；2009年，有工作人员4名。2009年12月，基建处成立工程管理科和规划预算科。

二、新建校舍及改扩建校舍部分

2001—2010年，学校累计实施大型基本建设任务4项，总计新增建筑面积4.10101万平方米。

1. 校本部综合楼项目

该项目于2003年11月动工，2005年4月竣工，建筑面积9694.1平方米，总投资2876万元，主要用途为教室和学生实习实训室。

项目由北京联安国际建筑设计院设计、中建一局二公司施工、中国人民解放军南京工苑建设工程监理公司监理。

2. 校本部北院E楼项目

该项目于2007年11月动工，2008年6月竣工，扩建建筑面积1376平方米，总投资约450万元。该项目的实施，为校医务室、外语教学部解决了用房。

项目由北京华优设计院设计、北京城建一公司施工、北京中招国发公司监理。

3. 校本部教学楼、宿舍楼扩建工程

项目实施时间2009年6—10月，扩建建筑面积1800平方米，总投资约320万元。该项目的实施，缓解学校大教室、宿舍面积不足的情况。

项目规划许可证号“2009规(朝)建字0146号”。

项目由北京华优设计院设计、北京大唐首邑工程公司施工、北京方正工程管理公司监理。

4. 特殊教育学院改扩建项目

该项目于2009年10月动工建设，由政府全额投资，总投资1.3亿元；项目实施历时约2年，总建筑面积28 140平方米，包括综合实训楼一栋，约19 000平方米；宿舍楼一栋，约9000平方米。项目实施后，特教学院所在的蒲黄榆校区成为学校众多分校区中首个全面改善办学条件的校区。

项目由清华大学建筑设计院有限公司设计、北京城建建设公司施工、北京蔷薇工程监理公司监理、泛华建设集团公司代建。

三、大型修缮项目

2001—2010年，学校累计完成大型修缮任务3项。

1. 第29届夏季奥运会足球裁判员训练场改造大型修缮项目

北京联合大学奥运会足球裁判员训练场工程于2000年开始申请，2005年10月下旬被确定为第29届夏季奥运会足球裁判员训练场。

该工程采用代建制,2006年6月由北京市教育委员会组织招标,确定了中招国发工程项目管理有限公司为代建单位,北京建工集团路桥公司为施工总承包单位;草坪铺装和安保系统由业主单位和代建单位联合进行了招标,并于2007年6月确定华体体育场地设施有限责任公司为草坪铺装专业分包单位;8月确定了长城电子科技公司为中标单位;工程监理单位为中国人民解放军理工大学工程兵学院南京建设监理部。

为保证工程顺利进行,学校由校长柳贡慧任总负责人,于2005年年底成立建设工作领导小组和监督工作领导小组。其中,建设工作领导小组组长为冯虹副校长,成员由基建处、保卫处、国有资产处、行政管理处、财务处和体育部等部门主要领导组成;监督工作领导小组组长为校纪委书记黄海洋,成员由校审计处、纪检监察办公室、工会主要领导组成。

2. 学校既有建筑节能改造工程

2008—2009年,根据北京市对于既有建筑进行节能改造要求,学校累计完成约10万平方米校舍节能保温改造,涉及几乎全部主要教学区。累计完成投资约6000万元。

根据北京市有关政策,此次节能改造补助标准为110元/平方米,主要对建筑外门窗、供热系统平衡进行了改造。

3. 校舍抗震加固改造工程

自2008年汶川地震后,北京市对校舍进行系统抗震加固改造。2009—2010年,学校累计完成校舍抗震加固约70500平方米,累计完成投资约4950万元,各校区加固面积和投资额如下:

北四环校区:5栋建筑约44000平方米,累计投资约2100万元;

白家庄校区:3栋建筑约2万平方米,累计投资近1900万元;

学院路校区:1栋建筑约4000平方米,投资约600万元;

外馆斜街校区:1栋建筑约1000平方米,投资约150万元;

红领巾桥校区:2栋建筑约1500平方米,投资约200万元。

四、校舍购置

2006年,经市发改委、市教委批准,学校利用北京市第一批大学生公寓补贴的契机,购置位于北四环主校区的育惠里2号院19号楼一栋,并改造为学生公寓。

19号楼地上18层,地下2层,总建筑面积14 788.97平方米,购置总金额7788万元,其中使用市财政经费1500万元(1000元/平方米补贴)、市发改委固定资产投资1500万元(1000元/平方米),其余为银行贷款。

第九节　治安保卫

一、保卫组织机构

(一)机构设置及干部变动

学校重视安全稳定机构建设,先后成立有北京联合大学校本部社会治安综合治理委员会、治安保卫委员会、外来人口安全管理领导小组、交通安全委员会、治安保卫委员会、防火安全委员会、计算机网络与电教设备安全管理委员会。随着学校不断整合，相应建立并不断调整充实安全稳定机构。2006 年 4 月 13 日，校党委第 103 次会议决定，成立学校“610”办公室，领导防范和处置学校“法轮功”问题。根据学校安全稳定组织机构人员变化情况，2007 年 7 月对北京联合大学防范和处理“法轮功”等邪教问题工作领导小组成员进行了调整（京联党〔2007〕32 号）；2008 年 10 月校党委对北京联合大学稳定工作领导小组、北京联合大学预防和处置突发事件工作领导小组、北京联合大学应急指挥中心进行了调整（京联党〔2008〕34 号）；2010 年 10 月对北京联合大学国家安全工作领导小组成员进行调整（京联党〔2010〕110 号）。

学校及相关学院均独立设置了保卫机构，分别是北京联合大学保卫处（主管校本部）、旅游学院保卫处、生物化学工程学院保卫处、应用文理学院保卫科、商务学院保卫科、师范学院保卫科、继续教育学院保卫科、特殊教育学院保卫科、广告学院保卫科。随着学校的整合，学校保卫处逐步转变职能，统筹并指导相关学院安全保卫工作。师范学院、应用文理学院、商务学院保卫科于 2009 年经学院调整，升级为保卫处。师范学院保卫科于 2004 年 4 月与学院基建处合并，商务学院保卫科与院办合署办公，两学院均于 2009 年 12 月独立设置，升级为保卫处。广告学院保卫科于 2010 年 8 月与学校整合后撤销。

2000 年，学校保卫处实有人员 15 人（含消防监控人员 6 人），麦柏松任处长；2003 年马振斌任副处长。校保卫处主要任务是负责校本部及直属学院、廊坊分校的安全保卫工作，并协调、指导学院保卫处（科）的业务工作。2001 年，校保卫处直管校区为小营校区、白家庄校区、盆儿胡同校区、黄化门校区。除小营校区归校保卫处直管外，其他校区均设立保卫工作办公室，分别由邱卫军、麻景田、孙夏民担任办公室主任。廊坊分校自 2001 年 9 月开始至分校撤销，安保工作由保卫处派出专职保卫干部实施管理。根据北京市教育委员会文件精神（京教建〔2001〕83 号），2001 年 8 月 20 日，北京成人教育学院与北京联合大学完成校舍置换工作，保卫处正式接管其校舍（称校本部北院）的安全管理工作，同时撤销黄化门校区。2008 年 11 月，北京医药器械学校并入北京联合大学，保卫机构同时并入保卫处，组建北苑校区保卫办公室，由李赞跃任主任。2010 年 3 月，保卫处根据学校岗位设置意见，设置治安技防科（窦文辉任科长）；安全教育消防科（庞卫祥任科长）；政保户籍科（于海珍任科长）；白家庄校区、盆儿胡同校区、北苑校区设置保卫科，分别由邱卫军、麻景田、李赞跃任科长。为加强各校区技防监控室管理，增设监控室负责人并定为副科级。同年 8 月 16 日，广告学院改制搬入昌平校区与应用科技学院共同办学，保卫处正式接管昌平校区安全保卫工作。根据学校昌平校区运行方案，组建北京联合大学保卫处昌平校区保卫科，保卫科由 9 人组成（其中 7 人为外聘人员），由尹衍波代理科长。至 2010 年年底，保卫处实有在编职工 38 人。

（二）主要职责

校保卫处（科）主要职责是负责校园治安、政治保卫、消防安全、交通安全等内部安全防范工作，查处一般性治安案件，维护校园安全与稳定，落实安全保卫工作制度，协助公安部门查处刑事和政治案件。具体职责是：

（1）根据公安部门关于安全保卫工作的规定和教育部《关于高等学校内部保卫工作规定（试行）》，结合学校具体情况各项安全管理制度，制定年度安全保卫工作计划，经主管校长同意后组织实施。

(2) 对师生员工进行法制、国家安全、维护校园稳定和安全保卫工作的宣传教育,增强师生员工的法制观念、安全防范意识和自我保护意识,预防和减少违法犯罪行为。

(3) 建立、健全安全保卫工作责任制,并监督检查责任制的落实情况;组织开展校园科技创安工作,完善安全技术防范措施;防止火灾、盗窃、破坏、治安灾害、爆炸、冲击校园和恐怖袭击事件的发生,并依据有关规定对扰乱校园秩序的人员进行处理。

(4) 协助公安机关防止境内外敌对势力、非法宗教势力、民族分裂势力对校园渗透和破坏活动,制止危害国家安全的行为,收集影响社会与高校稳定的信息。

(5) 加强校园网的安全监控,对破坏校园网安全行为予以制止,对利用校园网宣扬、散布、传播反对、攻击党和国家政府及领导人等有害信息实施调查和处置。

(6) 维护学校内部治安秩序,积极调解治安纠纷;做好重点要害部位和易发案部位的安全防范工作,加强公共场所和外事活动的治安管理;制定安全工作预案,并做好学校重大活动和重大外事活动安全保卫工作。

(7) 组织开展安全防火检查、监督,负责处理一般火警事故,协助公安消防部门调查重大火灾事故,监督检查剧毒、易燃、易爆、放射性物品的管理和使用,对特殊工种进行管理和监督。

(8) 及时向公安机关报告校内发生的刑事、治安案件、治安灾害事故和其他严重危及安全的情况;保护发案现场并协助公安机关侦破校内发生的刑事案件和治安案件。

(9) 管理在校园内务工、经商、从业的暂住人口和流动人口。

(10) 领导群众治保组织,指导开展安全防范工作;发动群众,充分发挥群防群治作用。

(11) 负责学校集体户口管理,根据规定审批办理学生、教职工及新生儿户口迁入及转出工作。

(三) 校卫队与保安队

为加强校园门卫和校园治安管理,2003 年组建校本部校卫队,共 16 人,主要承担校园门卫值勤、治安巡逻、交通管理、义务消防等工作任务。随着校园安保工作任务的不断加重,至 2006 年年底校卫队员增加至 18 人。为加强校卫队管理,保卫处制定《校卫队及校卫队员管理细则》《校卫队员常遇问题的处理原则》《校卫队员言行规范》等工作制度。

2006 年 12 月,学校同意聘用保安公司维护校园治安秩序,与北京京武盾安全保卫防范技术有限公司签订了保安聘用工作协议,20 名保安队员于 2007 年 1 月 1 日起正式上岗。2007 年 3 月,根据图书馆和北院北小门执勤需求增加队员 8 人;12 月,为加强白家庄校区和盆儿胡同教学区的安全管理工作,增补队员 7 名。2008 年,北京市医药器械学校并入北京联合大学成立北苑校区后,增配保安队员 8 人。2009 年 7 月 1 日,鉴于该公司队员素质和人员保障情况等原因,与其解除保安聘用合同,并与北京市中保永安服务有限公司签订保安服务合同。

2010 年 8 月 16 日,保卫处正式接管昌平校区安全保卫工作,根据校区安保工作需要,聘用北京特卫安防有限公司保安队员 22 人。至 2010 年年底,学校直管校区聘用保安队员共计 65 人。

(四) 保卫处办公场所

2001 年前,保卫处办公室设置在办公楼一层 1002、1003 房间,使用面积约 35 平方米;同年下半年，根据学校房间调整安排，保卫处办公室调至办公楼，面积约20平方米；2003年4月，保卫处搬至学校南大门东侧二层小楼的一层，使用面积约60平方米；2009年3月，学校进一步改善保卫处办公条件，将学校南大门西侧平房划归保卫处使用，至此实现保卫处科室分别办公。

二、安全管理制度建设

2001年3月，《北京联合大学校本部校园临时经商摊点管理办法（试行）》（京联办〔2001〕12号）下发执行。

2003年4月，《北京联合大学校本部校园机动车交通暂行规定》（京联办〔2003〕12号）下发执行，校园机动车实施收费管理；下发执行《北京联合大学校本部公共娱乐场所消防安全管理规定》（京联保〔2003〕10号）和《北京联合大学校本部地下空间消防安全管理规定》。

2004年3月，制定《北京联合大学校本部大型活动安全管理规定》（京联办〔2004〕5号），4月制定《校本部机动车收费资金管理办法》（京联经办〔2004〕4号）。

2005年12月，制定《关于校园禁止燃放烟花爆竹规定》（京联保办〔2005〕7号）。

2006年7月，为落实学生安全教育"进课堂、进教材、落实学分"的要求，下发了《关于对在校大学生进行安全教育的工作意见》（京联保〔2006〕2号）。

2007年5月，结合北京高校党建及思想政治工作评估工作，校党委通过了《北京联合大学社会治安综合治理工作条例》（京联保〔2007〕2号）、《北京联合大学治安保卫委员会工作条例》（京联保〔2007〕3号）、《北京联合大学国家安全领导小组工作条例》（京联保〔2007〕4号）、《北京联合大学安全管理责任制暂行规定》（京联保〔2007〕5号）、《北京联合大学社会治安综合治理一票否决制实施办法》（京联保〔2007〕6号）、《北京联合大学外来务工人员管理规定》（京联保〔2007〕7号）、《北京联合大学消防安全管理规定》（京联保〔2007〕8号）、《北京联合大学集体户口管理规定》（京联保〔2007〕9号）、《北京联合大学学生社团组织活动管理细则》（京联保〔2007〕10号）、《北京联合大学校门管理规定》（京联保〔2007〕11号）、《北京联合大学交通安全管理规定》（京联保〔2007〕12号）、《北京联合大学保密工作安全管理暂行规定》（京联保〔2007〕13号）、《突发事件信息报送工作管理办法》（京联保〔2007〕14号）。

2010年3月，保卫处修订完成《北京联合大学安全保卫规章制度汇编》。

2010年完善制定《北京联合大学突发公共事件处置预案》《北京联合大学大型群体性活动安全工作预案》《北京联合大学消防工作预案》《北京联合大学治安事件处置预案》《学生宿舍火灾处置预案》等，制定了保卫处校内协办工作、校内施工（装修）、安全隐患处置、大型活动申报审批、户籍办理、学生社团活动申报等工作流程。

为加强保卫处内部管理，2008年经过进一步细化制定《保卫处各类工作人员岗位职责》《保卫处工作人员工作考核实施办法》《保卫处值班制度》《保卫处自身建设规定》《保卫处工作餐管理办法》《保卫处乘坐出租车的规定》《校园110值班规定》《校园110报警求助工作条例》等制度。

三、主要工作

（一）治安管理工作

保卫处设专职保卫干部负责校园治安管理工作，坚持预防为主工作方针，加强校园基础防范设施建设和制度建设,发挥人防、物防、技防作用。学校逐步加大资金投入,深化科技创安工程,提高技术防范水平,积极防范和减少校园治安案件发生。在国家遇有重大活动、重大事件、重大节假日及敏感期期间,保卫处组织加强门卫管理和校园巡视,保障校园正常治安秩序。

自2001年年底以来,学校开始校园科技创安工作,校本部成立了以张铃副校长、韩宪洲副书记为负责人的科技创安工作领导小组,筹划并实施小营校区科技创安工作。到2002年7月,学校投资近85万元,小营校区科技创安一期工程项目开始建设。工程共设楼内监视点58个,校园监视点6个,监控室设在北院A楼一层,2003年5月正式验收交付并开始使用。

2003年,学校投资96万元,对小营校区进行了安防二期工程建设,完成了学校计算机教室、档案室、图书馆、教学楼楼道、食堂、校园等重点部位和公共场所视频设施的安装,使校园监控点位增至140余个。

2004年10月,随着综合教学楼工程建设,学校投入40余万元,同步完成该楼科技创安工程,楼内安装监视点24个。

2005年,投资60万元,实施科技创安二期工程建设,完成校本部北院外部监视网点的建设,增设露天监视点7个;完成北院教学楼、食堂和学校机要室、新增机房等部位监控设施安装。至此小营校区视频监控系统基本覆盖整个校区。

2006年,学校投资71万元完成昌平校区(应用科技学院)视频监控系统一期工程建设,设置监控点位44个;同时完成小营校区8号宿舍楼、办公楼正门和综合教学楼正门门禁系统建设。投资44万元完成研究生处保密室安防系统建设。

2008年,投资27万元,实施小营校区留学生公寓安防系统工程建设,在北院C楼和D楼安装视频监控系统及红外报警系统,安装摄像机32台。

2009年,学校投资60万元,实施校本部安防系统升级改造工程。同时,学校投资166万元,进行安防系统扩容联网工程建设,实现了各校区视频信号传入校本部安防监控中心。投资86万元完成了19号楼监控实施建设,安装摄像机107台;为北苑校区安装94台摄像机,与原有88台摄像机形成校园视频监控网。同时完成小营校区8号、19号宿舍楼、办公楼南门、西门和综合教学楼西门门禁系统建设。

2010年暑假,学校投资49万元,实施了广告学院安防系统拆迁工程,将广告学院视频监控设备拆卸后,安装于昌平校区,使昌平校区监控点位增至155个;10月完成了小营校区监控系统改造项目工程,为留学生公寓C楼和D楼、北A楼计算机教室、D楼和实验楼电梯安装摄像机28台。

此外,学校还加强了重点部位防范工作,为学校财务室、计算机教室、档案室等重点部位安装了防盗门、防护窗;为昌平校区1号教学楼,北区1、2、3、4号学生宿舍楼,广告学院实验剧场北窗安装了防护窗、栏。

(二)消防工作

保卫处设置消防安全专职岗位和干部,负责防火日常工作。

学校防火安全管理坚持预防为主、防消结合的工作方针,在加强和完善消防安全制度建设的同时,积极推进人防、物防、技防措施建设,重在加强师生消防安全知识教育和防范意识的培养,提高师生遵守消防安全法规和学校消防安全规定的自觉性,圆满完成消防安全保障任务。

2005年前，学校只有小营校区建设了消防报警监控系统。监控室设在实验楼一层。实验楼、图书馆，重点部位和人员较密集活动场所安装了火灾自动报警系统。2005年，综合教学楼交付使用，工程建设同步完成消防自动报警系统建设。

2008年9月，对小营校区投资45万元实施消防监控室改造工程，将实验楼消防监控室移至北院A楼，与视频监控室整合后建立完成学校安防监控中心，两套值班人员实行合并上岗。投资111万元，完成校内8号学生宿舍楼消防自动报警工程建设和19号学生宿舍楼消防改造工程，实现了消防自动报警并在19号楼安装了消防自动喷淋系统。

2009年暑假期间，学校投资146万元，实施教学楼消防系统工程建设，完成了小营校区教学楼消防自动喷淋系统和自动报警系统建设；完成白家庄校区消防自动报警工程建设，与视频监控室整合成立了校区安防监控中心；同时，完成平谷学院消防自动报警一期工程建设。

2010年，校本部消防管网改造，投资142万元，完成小营校区南院更换室内消防栓和地下供水管线；投资85万元，完成北苑校区消防报警系统工程，在学生宿舍、办公楼安装消防报警系统，与视频监控系统配合建成校区监控中心；投资87万元，实施小营校区气溶胶系统安装工程，为校园网中心、高压配电室、财务数据中心、监控室等部位安装气溶胶灭火系统；投资108万元，实施小营校区消防报警系统安装工程，为办公楼、北D、C楼安装消防报警系统；投资99万元，实施昌平校区消防改造工程，为U形学生宿舍楼，北区1、2、3号学生宿舍楼安装消防报警系统；投资49万元，进行了平谷校区消防报警系统二期工程建设，为学生宿舍、教学楼安装了消防报警系统；投资110万元完成商务学院学生宿舍安装消防自动报警系统建设；投资85万元完成生物化学工程学院学生宿舍消防自动报警系统建设；投资60万元完成旅游学院办公楼、学生宿舍消防自动报警系统改造；投资50万元完成应用文理学院报告厅消防自动报警系统建设。

（三）交通工作

保卫处负责全校师生交通安全教育和校园内各种车辆的疏导和停放（公用机动车由运输服务中心管理，并开展对公用机动车驾驶员安全教育工作）。

2001年前，学校根据校园情况，在校园主路和实验楼前规划停车位79个，北院划归学校使用后，新增车位40个。随着教职工私人机动车数量逐年增加，为保障教职工停车需要，2004年开始，根据学校关于《北京联合大学校本部校园机动车交通暂行规定》（京联办〔2003〕12号），校内实行机动车停放收费管理措施（教职每年100元/车，外部车辆停车收费每年1200元/车，临时入校车辆按规定执行计时收费），外部入校车辆得到有效控制，维护了校内停车秩序。2010年暑假后，图书馆西侧路建设完成，学校将主路停车移至图书馆西侧路后，经规划后增加停车位28个。

加强并完善交通设施建设。2006年3月在小营校区南北院之间道路安装限速带2条，11米，在校园安装限速带4条，16米；2010年在昌平校区安装限速带5条，25米。在小营校区、昌平校区安装视车镜5个。

（四）户籍工作

根据北京市高校学生户籍制度改革规定，自2004年开始，本市生源停止户籍迁移工作，师生在校集体户口逐步减少。自学校不断扩大非京籍生源招生规模后，集体户口人数增加。

至2010年年底,学校集体户口人数达2900余人。2007年,学校制定集体户口管理制度,对借用户口卡实施收取押金,并对不按时归还者予以处罚措施,规定学生借用户口卡实行学院或班主任证明措施,教职工户口在学校的办理出国手续需经人事处批准。

(五)其他工作

保卫处同时承担着学校国家安全管理工作,保密工作和学校政治稳定的工作任务。学校成立国家安全领导小组,制定《北京联合大学国家安全领导小组规则》(京联保〔2007〕4号);加强保密工作,制定《北京联合大学硕士研究生招生考试考务安全保密工作实施细则(试行)》(京联研〔2006〕3号)和《北京联合大学保密工作安全管理暂行规定》(京联保〔2007〕13号)。在建立和完善工作制度的同时,开展师生国家安全、保密安全教育。组织开展校园防奸反特、防爆炸、防恐怖事件等活动。学校校园网实施师生上网实名制,加强了校园网监控,及时封堵和删除有害信息。完成国家安全部门交办的各项工作任务,防范和开展同"法轮功"等邪教组织的斗争,每年组织开展重点人员摸排,并对在册重点人员实施单位领导帮教责任制。

(六)获奖情况

2004—2007年,学校连续被大屯街道评为"社会治安综合治理先进单位",2004年、2006年、2007年、2009年、2010年保卫处获得北京市公安局集体嘉奖;2005年、2008年、2009年保卫处获得北京市公安局集体三等功。

2008年,保卫处获得北京市委教育工委、北京市教育委员会教育系统奥运安保工作先进集体,并被学校评为奥运工作先进集体。学校被评为朝阳区"社会治安综合治理先进单位",并被北京市国家安全局评为国家安全工作先进集体。

2009年,学校被北京市国家安全局评为国家安全工作先进集体。

第十节 文书与档案

一、文书收发

(一)工作概况

2003年年初,学校推行办公自动化系统,同年10月印发《关于调整非公文性质文件下发方式的通知》(京联办〔2003〕50号),以网上流转的方式发放非公文性质文件。2004年,印发《关于调整部分公文发放方式的通知》(京联办〔2004〕6号),加大网上公文发放力度,进一步推行无纸化办公。

(二)管理制度

2001—2010年,学校出台了一系列管理规定,规范文书收发工作,主要有:《北京联合大学关于加强校内请示及批复工作的若干规定》(京联发〔2002〕54号)、《北京联合大学公文处理办法》(京联党〔2004〕24号)、《关于进一步加强北京联合大学会议管理提高公文实效的工作意见》(京联党〔2004〕44号)、《北京联合大学发文范围暂行规定》(京联党办〔2004〕19号)、《关于规范我校发文字号的通知》(京联党〔2006〕23号)。

（三）主要工作

2001—2010 年学校文号发文主要有 6 种：京联党、京联发、京联文、京联党办、京联办、京联函，发文情况统计，见表 13.10-1。

表 13.10-1　2001—2010 年文号文件发布数量统计　　单位：件/份

年　份	京联党	京联发	京联文	京联党办	京联办	京联函	备　注
2001	43	115		16	87		
2002	54	55		9	67		
2003	54	65	42	18	63	1	
2004	63	41	26	23	34	12	
2005	56	39	31	14	20	30	发布京联通 10 件；发布京联办通 7 件
2006	53	50	26	12	19	7	发布京联通 11 件；发布京联办通 1 件
2007	60	77	29	9	11	9	
2008	42	53	26	16	27	5	
2009	83	41	32	13	21	5	
2010	133	44	49	9	22	6	

2001—2070 年收文工作情况详见表 13.10-2。

表 13.10-2　2001—2010 年上级及校内收文数量统计　　单位：件/份

年　份	2001	2002	2003	2004	2005	2006	2007	2008	2009	2010
上级文件							380	506	702	566
校内文件	731	958	1096	1091	1194	1452	1192	1171	1194	1296

二、档案管理工作

（一）机构与职能

2001—2010 年，学校档案工作管理体制遵循学校管理体制的模式，先后集中统一管理了 9 所非法人学院（信息学院、机电学院、自动化学院、管理学院、应用科技学院、广告学院、东方信息技术学院、网通软件职业技术学院、国际交流学院）、1 个北苑校区及北京联合大学分校（廊坊分校）的档案工作。

2001 年 1 月—2009 年 12 月，校本部档案工作由一名副校长分管，党委校长办公室主任负责；综合档案室隶属于党委校长办公室，统一管理校本部各单位和校本部学院的档案工作，综合档案室专职档案工作人员 2 人。2001 年 2 月，机械工程学院综合档案室人员和档案实体一同并入校本部综合档案室，综合档案室专职工作人员增至 3 人。2010 年 3 月，校本部综合档案室撤销，成立档案（校史）馆，档案馆和校史馆是两块牌子一套班子，为学校副处级直属单位，由学校党委书记分管，是学校档案工作的职能管理部门和出具档案证明的唯一机构。

2010年12月,学校纪委书记分管档案(校史)馆工作。档案(校史)馆的主要职能是:协调组织管理全校档案工作;接收(征集)并集中统一管理学校产生的各门类、各载体档案(包括文书档案、教学档案、科研档案、基建档案、会计档案、照片档案、光盘档案、实物档案等),提供档案的利用服务,开展编史修志和以爱国、爱校、爱教为主旨的档案(校史)展览展示活动,为学校的教学、科研和管理工作服务。

档案(校史)馆设置档案科和史志科二个科室,至2010年12月,档案(校史)馆有馆长1人,档案科和史志科工作人员6人。

档案科负责全校档案工作业务指导,宣传、贯彻、执行上级有关档案工作政策、法规,开展档案的收集(征集)、馆藏档案的利用和档案、相关文件资料的管理、保护,库房的安全管理工作;开展全校兼职档案工作人员的培训,负责档案信息化建设和档案法制建设;组织全校专职档案工作人员贯彻执行上级档案主管机关下达的各项任务等工作。

史志科负责档案编研、史料研究和校史、校志的编纂工作,以及校史展馆的筹划和建设工作。建成后的校史展馆将负责校史史料的陈列、展览工作,力争办成对师生进行优良传统教育和爱国荣校教育的教育基地。

2010年,档案(校史)馆有档案用房136平方米,包括3间办公室、1个档案阅览室和1个文书档案库房,其中,文书档案库房97平方米,阅档室15平方米,档案办公用房25平方米。2005年,库房档案装具全部由铁皮档案柜变更为手动式密集架,共21列,1044节。库房配有壁挂式空调机、自动气体灭火器、便携式灭火器,温湿度记录仪,感烟探测报警器、安全门禁、防盗监视器、防盗门窗等安全设备设施,并配置防虫、防霉、防潮等防有害生物药品。档案办公室配备照相机,摄像机,档案专用扫描仪(带软件),台式计算机,复印机,传真机、录音笔,切纸机,移动硬盘等设备设施。

校本部各单位和各学院均设有分管档案工作的中层干部1人和兼职档案员1~2人,负责本单位(部门)的档案工作。2010年,校本部共有兼职档案员62名。

(二)档案工作情况

档案(校史)馆馆藏档案包括党群、行政、教学、科研、财会、基建、设备、外事、出版物等多门类档案,具有纸质、声像(含照片、光盘)、实物等多种载体形式。至2010年年底,共收集保管文书档案42039卷,其中,永久档案7646卷;照片档案7978张,光盘档案74盘(另教务处现代教学技术中心分室保管406盘),校本部撤销单位(部门)的废旧公章440枚。

馆藏专门档案包括形成于2003年"非典"档案16卷、形成于2008年奥运档案78卷、形成于2008年校庆档案59卷。

文书档案库房主要保存有三种专项工作参考资料包括:2006年学校本科教学评估支撑材料301卷、2007年学校党建评估资料126卷、2008年奥运资料25盒,共计600多件资料。

2009年12月,综合档案室对1985—1988年167卷永久档案进行了数字化加工工作;2009年11月26日与北京星震同源数字系统有限公司签订了"1985—1998年度永久文书档案扫描、索引录入合同",至2009年12月31日完成扫描档案数量167卷共8100余页,录入1500条信息要素。2010年1月8日,向北京市档案馆移交了其中的122卷永久档案。

2010年,创建档案(校史)馆网页。

2001—2010年文书档案归档、利用情况,见表13.10-3。

（三）档案制度

2006年1月，学校将原有的档案工作制度进行了重新修订和补充，并汇编成册。主要有：《北京联合大学档案管理办法》《北京联合大学各类文件材料归档范围及保管期限表》《北京联合大学各类档案材料立卷、归档要求》《音像档案分类编号》；并制定了《档案借阅制度》《档案库房保管制度》《档案安全保密制度》《档案统计制度》《档案预立卷制度》《不归档材料范围及销毁办法》《档案人员工作职责》《分管档案工作的领导职责及各立卷部门兼职档案干部职责》等各类规章制度。

（四）受表彰情况

2008年，综合档案室获北京市档案局（馆）颁发的"北京奥运会、残奥会档案工作先进集体"的荣誉称号，以及朝阳区委大屯街道工作委员会、朝阳区人民政府大屯街道办事处颁发的"2008年北京奥运会、残奥会先进集体"荣誉称号。2008年，因出色完成《全国档案事业统计综合年报》工作，获北京市档案局通报表扬。2010年，张琳获"2010年北京高校档案研究会先进个人"称号。

表13.10-3　2001—2010年文书档案归档、利用情况统计

年　份	文书档案归档/卷数	利用档案/人次	利用档案/卷次	复制档案/资料页数
2001	1703	947	2864	2000
2002	1686	1325	4068	2100
2003	1966	1035	4131	2300
2004	2058	954	1974	2000
2005	2293	1101	2543	2500
2006	2327	1495	6103	3000
2007	2722	910	5668	2000
2008	2781	892	5186	2000
2009	2687	1211	2452	1454
2010	3291	544	1058	282
合计	23 514	12 672	41 036	23 258

注：本表统计数字来自《全国档案事业统计综合年报(2001—2010年度)》。

第十一节　保密工作

一、机构设置

2001—2010年，学校保密工作由保密工作领导小组（保密工作委员会）负责领导开展。2001—2009年4月，组长由学校党委副书记孙权担任，2009年5月起，由学校党委书记徐永利担任。结合学校机构调整和人员岗位变化，学校党委分别在2002年、2004年、2007年和2009年对保密工作领导小组进行了人员调整，领导小组（保密工作委员会）下设办公室，办公室设在党委、校长办公室，具体负责学校日常保密工作的运转及相关活动的组织。

二、主要工作

(一)保密制度建设

2002年,学校制定了《关于建立北京联合大学校本部处级干部阅读文件制度的通知》(京联党办〔2002〕7号),规范上级文件的传阅程序,并加强文件管理;2009年,学校党委办公室下发《关于在全校开展签订保密承诺书工作的通知》(京联党办〔2009〕6号),学校与涉密人员签订《北京联合大学保密承诺书》。

(二)涉密人员培训

学校严格执行保密工作人员持证上岗制度,保密工作领导小组办公室秘书及各学院机要秘书上岗前参加相关培训,并获得北京市国家保密局北京市人事局颁发的"北京市保密干部培训证书"后上岗。2010年,校保密工作领导小组组织全校涉密人员参加全国保密承诺书签订人员知识竞赛。

(三)保密设施建设

学校从硬件设施上加强保密措施,防止泄密情况的发生。例如,2006年,学校在小营校区综合楼七层修建保密室,用于国家英语四、六级考试试卷存放;在办公楼六层(研究生处)修建保密室,用于研究生考试试卷存放。各学院相应加强国家级试卷保密工作的硬件设施建设。

(四)保密教育

学校坚持"积极防范,突出重点,既确保国家秘密又便利各项工作"的方针,开展全校性的保密法规宣传教育。每年通过组织人员参加上级举办的各种保密业务培训班,发放《保密技术防范常识(图文本)》《保密工作》杂志,加强对重点涉密人员的保密教育;2010年年初,发放《高等学校保密知识手册》《党政机关工作人员保密须知》等材料,加强对领导干部的保密教育;同年下半年,校园网、校(院)宣传橱窗开展《中华人民共和国保守国家秘密法(修订版)》的宣传活动,强化全员保密意识。

第十四章　党的工作

第一节　组织工作

一、领导班子建设

（一）制度建设

1. 议事制度相关文件

2001—2010年，学校出台的议事制度分别是：2001年《关于进一步加强和完善校党委常委会决定事项督办落实反馈工作的意见》（京联党〔2001〕41号），2002年《关于印发〈北京联合大学校本部各学院党政领导干部职责和相关议事规则（暂行）〉的通知》（京联党〔2002〕15号）、《关于印发〈在应用文理学院等五所学院进一步完善党委领导下院长负责制的若干规定（试行）〉的通知》（京联党〔2002〕26号），2004年《关于印发〈中共北京联合大学第三届委员会常务委员会会议制度和议事规则〉的通知》（京联党〔2004〕5号）、《关于印发〈中共北京联合大学第三届委员会会议制度和议事规则〉的通知》（京联党〔2004〕6号）、《关于印发〈关于落实"三重一大"制度的实施细则（试行）〉的通知》（京联党〔2004〕54号）、《关于进一步规范校长办公会制度和议事规则的意见》（京联党〔2004〕55号）、《关于印发〈北京联合大学党委常委会和校长办公会议题管理暂行规定〉的通知》（京联党办〔2004〕20号），2010年《关于进一步规范党委常委会、校长办公会议题材料报送的通知》（京联党办〔2010〕8号）。

2. 党风廉政制度相关文件

学校制定的党风廉政方面制度有：2002年《关于印发〈对处级领导班子和领导干部违反党风廉政建设责任制行为进行责任追究的实施细则（试行）〉的通知》（京联党〔2002〕24号）、《关于印发〈处级领导班子和领导干部执行党风廉政建设责任制情况的考核检查办法（试行）〉的通知》（京联党〔2002〕25号），2004年《关于进一步加强纪检监察工作的意见》（京联党〔2004〕38号），2006年《中共北京联合大学委员会关于贯彻落实〈建立健全教育、制度、监督并重的惩治和预防腐败体系实施纲要〉的具体办法》（京联党〔2006〕8号）、《关于印发〈北京联合大学处级领导干部实行廉政责任和廉洁自律承诺的规定〉的通知》（京联党〔2006〕20号），2009年《关于印发〈关于对处级领导干部实行任职廉政谈话、诫勉谈话、警示谈话和函询的暂行办法〉的通知》（京联党〔2009〕6号）、《关于印发〈北京联合大学推进廉政风险防范管理工作实施方案〉的通知》（京联党〔2009〕33号）。

3. 个人重大事项报告制度相关文件

2002年《关于做好我校处级以上领导干部礼品登记、收入申报、报告个人重大事项工作的通知》(京联党〔2002〕18号)。

4. 述职考核制度相关文件

2002年《关于印发〈改进校本部管理关键岗考核工作的几点意见〉的通知》(京联办〔2002〕62号)。

5. 联系基层制度相关文件

2005年《关于建立校领导联系学院制度的通知》(京联党〔2005〕50号),2010年《关于校领导班子成员联系基层单位的通知》(京联党〔2010〕83号)。

(二)理论学习

2001—2010年,学校党委坚持把校、院两级领导班子的思想政治建设放在首位,学习邓小平理论、"三个代表"重要思想、科学发展观以及党的方针政策,提高思想政治水平,增强科学决策能力。

2001年,认真贯彻落实中央和市委关于"三讲"集中教育结束后开展的"回头看"活动的精神。

2002年,认真贯彻党的十五届六中全会和第十次全国高校党建工作会会议精神,深入学习江泽民同志"七一"讲话精神,学习、宣传、贯彻十六大精神。

2003年,重点学习党的十六大文件,以十六大的精神统一思想、统领工作。

2004年,认真贯彻十六届四中全会精神和学校第三次党代会精神,并继续以邓小平理论和"三个代表"重要思想以及科学发展观为重点开展理论学习,联系学校办学实际,坚持以"办学为民、育人为本"推动学校各项重点工作的落实,促进学校的发展。在全校开展了"建设应用性大学"的讨论活动,并召开了"建设应用性大学"研讨会。

2005年,继续深入学习贯彻十六届四中全会精神,以加强办学能力建设为重点,加强党的建设;在校院领导中开展了办学能力建设工作,在中层干部中开展了履职能力建设工作。深入开展保持共产党员先进性教育活动。

2006年,认真学习"社会主义荣辱观"、学习贯彻科学发展观,推动学校各项工作。

2007年,认真学习党的十七大精神,落实科学发展观,积极推进《北京普通高等学校党建和思想政治工作基本标准》的落实。

2008年,重点学习党的十七大文件,提高对科学发展观的认识,提高用科学发展观指导学习工作的自觉性和驾驭、处理复杂局面的能力。

2009年,通过学习贯彻第十七次全国高校党建工作会议精神,以及市委关于学习贯彻科学发展观的总体部署,提升把握方向和谋划发展的能力、改革创新和攻坚克难的能力、依法办学和科学管理的能力、统筹协调和整体推进的能力、应对突发事件和驾驭复杂局面的能力,全面推进联大的党建工作。

2010年,深入学习领会全国和北京教育工作会议精神,贯彻落实国家及首都《中长期教育改革和发展规划纲要》,并深入开展创先争优活动。

(三)统一办学思想

2001—2010年,校党委每年在新学期开学前召开全委扩大会,校党委委员、校纪委委员、各学院的党委书记和院长等参会。会议除总结上学期的工作,制订下学期的工作计划外,还要学习上级关于学校工作的指示精神,讨论学校发展建设中的重大问题,分析学校形势,统一思想认识。

2003年暑假，重点讨论了常委会为学校第三次党代会准备的党委工作报告、纪委工作报告，为开好第三次党代会统一思想。

2004年暑假，举行了校院领导论坛，与会同志围绕如何提高办学能力、如何当好书记、院长的问题进行深入讨论，增强责任感。

2006年暑假，重点讨论了迎接本科评估、迎评促建问题，统一了迎评促建的指导思想、明确了任务，增强了信心，进行了工作部署。

2007年寒假，重点讨论了学校的“十一五”发展规划和本科评估整改问题，明确了努力方向。

2008年暑假，重点学习了北京市教委主任刘利民关于北京高等教育面临的机遇和挑战、存在的困难和问题的讲话，听取了教育部中央教科所所长袁振国的《强化特色，突出优势，重点发展》的报告，认清了形势，增强了紧迫感。

2009年寒假，重点学习了北京高校领导干部会、北京高校党建工作会等会议精神和工作部署，讨论了学校的实施意见。

2010年暑假，通过学习全国教育工作会精神和《国家中长期教育改革和发展规划纲要》，提高认识，开阔眼界，进一步明确学校发展方向。

（四）校、院领导班子考核

2003年上半年，市委教育工委对校领导班子进行了届满考察。

市委教育工委每年均对学校的市属市管校（院）级领导干部进行年度考核，考核等次为优秀的领导干部如表14.1-1所示。其余市属市管干部历年考核等次均为合格。结合每年的考核，校、院领导班子召开专题民主生活会，开展批评与自我批评。

表14.1-1 2001—2010年考核等次为优秀的校（院）级领导名单

年 份	姓 名	考核等次
2001	韩宪洲、骆武刚、王丽英、赵鹏、张仲林	优秀
2002	高东、孙明、孔繁敏、王丽英	优秀
2003	席文启、孙明、郭堃、周明珠、李培均	优秀
2004	张妙弟、孙明、郭淑敏、薛立军、李培均	优秀
2005	张仲林、李因、高林、孙权、王丽英	优秀
2006	张妙弟、王丽英、赵鹏、张铃	优秀
2007	孙权、冯虹、郭淑敏	优秀
2008	柳贡慧、黄海洋、韩宪洲、张建林、周明珠、赵艳霞	优秀
2009	徐永利、张连城、薛立军	优秀
2010	付晨光、曹长兴、张宝秀、张建林	优秀

（五）后备干部推荐与考察

2006年，根据北京市委组织部《关于2006年调整补充局级领导班子后备干部工作的意见》（京组发〔2006〕4号）和市委教育工委的相关工作要求，党委制定了《关于局级后备干部推荐工作的实施方案》。同年4月，在全校范围内进行了校级正、副职后备干部人选的民主推荐工作，在个人自荐、群众举荐、民主推荐及各学院党委集体讨论上报结果的基础上，经党委常委会讨论决定了学校校级后备干部9人，并上报了市委教育工委。

2007年6月，党委根据中共中央颁布的《党政领导干部选拔任用工作条例》和北京市有关文件精神,结合学校实际情况,制定了《北京联合大学处级后备干部队伍建设暂行办法》(京联党〔2007〕39号),对学校选拔后备干部的原则、程序等作出了规定。

2009年,根据北京市委《关于〈北京市2009年区县局级后备干部和市属国有企业后备干部领导人员集中调整工作意见〉的通知》(京办发〔2009〕14号)的精神和市委教育工委的相关工作要求,党委制定了《北京联合大学局级后备干部推荐工作方案》。同年6月,在全体校领导、副处级以上干部、老领导代表、教授代表、民主党派代表的范围,进行了校级后备干部和青年处级后备干部推荐工作。党委常委会根据推荐结果,讨论决定了后备干部人选,其中校级正职后备干部2人、校级副职后备干部14人,并上报了市委教育工委。

(六)校、院两级党委换届

2003年12月27日,学校第三次党员代表大会召开。出席党代会的代表共209人。大会选举产生了中共北京联合大学第三届委员会和中共北京联合大学纪律检查委员会。

2002年6月—2003年1月,学校二级党委进行换届,应用文理学院党委、职业技术师范学院党委、商务学院党委、生物化学工程学院党委、信息学院党委、机电学院党委、管理学院党委、自动化学院党委、特殊教育学院党委等9个单位完成换届。

2006年,旅游学院顺利完成了党委换届。

2007年,校党委出台了《北京联合大学进一步加强各级领导班子思想政治建设的制度》(京联党组〔2007〕96号),要求换届选出的党委班子要结构合理,梯次合理,功能齐全,政治、业务能力强,要能带领学院团结战斗。

2007年年底至2008年年初,学校二级党委进行换届,机关和直属单位党委、应用文理学院党委、师范学院党委、商务学院党委、生物化学工程学院党委、特殊教育学院党委、信息学院党委、管理学院党委、机电学院党委、自动化学院党委等10个党委完成换届。

二、干部队伍建设

(一)制度建设

2002年,根据中央组织部、市委组织部关于实行领导干部任前公示制的文件要求,党委制定了《选拔任用处级领导干部实行任职前公示制度的意见》(京联党组〔2002〕179号)。

2003年,根据中央组织部《党政领导干部任职试用期暂行规定》(中组发〔2001〕2号)和市委组织部《北京市党政领导干部任职试用期实施办法(修订稿)》(京组发〔2002〕6号)的规定,党委制定了《北京联合大学系处级领导干部提拔任职试用期实施办法》(京联党组〔2003〕139号)。同年,为适应学校科研工作进一步发展的需要,结合贯彻《北京联合大学校级科研机构管理暂行办法》,制定了《关于校级研究所相关干部管理问题的意见》(京联党组〔2003〕172号)。

2004年,为加强学校处级干部职务任免工作,党委制定了《北京联合大学处级干部职务任免暂行规定》(京联党〔2004〕35号)。同年,为了更好地贯彻落实"三重一大"制度,在认真执行学校《关于处级干部职务任免的规定(暂行)》的基础上,特制定《北京联合大学重要干部选拔任用工作暂行规定》(京联党〔2004〕36号)。

2005年,为做好校部机关、直属单位处级干部新一轮聘任工作,党委制定了《关于2005年校部机关和直属单位处职干部重新聘任工作的实施意见》(京联党〔2005〕7号)和《北京联合大学校本部直管校级科研机构人员2005年聘任管理办法》(京联发〔2005〕7号)。同年,还制定了

《关于印发〈关于北京联合大学干部听课制度的若干规定〉的通知》(京联党〔2005〕28号)。

2007年,为进一步推进学校干部人事制度改革,建设一支高素质的领导干部队伍,实现学校"十一五"规划确定的目标,党委制定《北京联合大学党政领导干部队伍建设规划(2006—2010)》(京联党〔2007〕38号)。

2007年,根据中央和北京市委有关文件精神,为加强后备干部队伍的建设与管理,党委制定了《北京联合大学处级后备干部队伍建设暂行办法》(京联党〔2007〕39号)。

2007年,为进一步做好学校处级干部在线学习的管理与服务工作,党委制定了《北京联合大学处级干部在线学习管理办法(试行)》(京联党组〔2007〕146号)。

2008年,党委制定了《关于选派干部赴兄弟院校进行岗位培训的实施意见(试行)》(京联党〔2008〕29号)。

2009年,根据中央颁布的《党政领导干部选拔任用工作条例》以及中央组织部、市委组织部关于实行领导干部任前公示制的文件要求,结合学校实际,党委修改制定了《关于选拔任用处级领导干部实行任职前公示制的意见》(京联党〔2009〕75号),原《关于选拔任用处级领导干部实行任职前公示制的意见》(京联党组〔2002〕179号)同时废止。

2009年,学校党委研究决定,对部分校、院机关及直属非教学单位处级岗位进行重新聘任工作,制定了《北京联合大学2009年校(院)机关及直属非教学单位处级干部岗位聘任工作方案》(京联党〔2009〕60号);按照干部管理权限,对部分学院和直属教学单位行政领导成员进行调整,制定了《北京联合大学2009年学院、直属教学单位行政领导成员调整工作实施办法》(京联党〔2009〕61号)。同时,为了鼓励从事党务、行政管理岗位的领导干部转岗从事教学、科研工作,根据学校的具体情况,党委出台《北京联合大学关于建立处级领导干部学术休假制度的意见》(京联党〔2009〕62号)、《北京联合大学关于设立处级非领导职务的实施意见》(京联党〔2009〕63号),对担任处级非领导职务或进行学术休假干部的条件、职责和待遇进行了具体规定。

(二)干部任免

按照干部管理权限,应用文理学院、师范学院、商务学院、生物化学工程学院、旅游学院5所副局级法人学院的领导班子成员由学校党委负责,正处级干部任免报学校党委批复,副处级干部任免由学院党委负责。2005年12月,继续教育学院变更管理体制之后,干部任免权限同其他5所副局级法人学院。自2007年始,应用文理学院、师范学院、商务学院、生物化学工程学院、旅游学院、继续教育学院6所法人学院的正处级干部任免由学院党委负责。

2005年,校党委组织了公开竞聘上岗,把重新聘任和干部轮岗、交流结合起来,和选拔优秀青年干部结合起来,使一批高学历、高职称的同志走上领导岗位。重新聘任后,全校处级干部中,研究生学历所占比例由20.9%上升到23.3%,高级职称所占比例由49%上升到54.3%,45岁以下处级干部所占比例由38.4%上升到40.4%。

2009年上半年,校党委开展了部分法人学院的院领导与校本部学院的院领导轮岗交流任职,3名法人学院的院领导到校本部学院任职,1名校本部学院领导到法人学院任职;4名法人学院的组织部长交流任职;3名校机关部(处)的处级干部到学院任职等,在拆除壁垒、增强融合方面进行了初步尝试。

自2009年9月起,校党委又逐步增加通过竞争上岗选任干部的力度。2009年9月,在校团委副书记(1名副处级,2名正科级兼职)、校国有资产管理处副处长、平谷学院副院长等

5个职位中实行竞争上岗,共有14人分别通过资格审查参加竞聘答辩,5人通过竞聘上岗。

2009年11月,校党委对校、院机关及直属非教学单位处级干部进行了重新聘任工作,按照干部管理权限,对部分学院和直属教学单位行政领导成员进行了调整。此次聘任注意充分发挥校、院两方的积极性,学院机关和直属非教学单位的正处级聘任主要由学校操作,而学院教学单位的正处级聘任主要由学院操作。校机关和直属非教学单位共有10个正处级岗位面向全校公开竞聘,18人次参加了答辩,其中来自学院的有11人次;应用文理学院、师范学院、商务学院、生物化学工程学院、旅游学院5个学院的机关和直属非教学单位共有23个正处级岗位面向全校公开竞聘,37人次参加了答辩,其中来自校机关的人员4人,来自其他学院的2人;校机关和直属非教学单位共有33个副处级岗位面向全校招聘,共有128人次报名,通过资格审查的93人次,其中来自学院的39人次;参加5个法人学院副处级竞聘答辩的有近百人。机关和直属非教学单位正职和副职都采取公开报名、竞聘答辩的形式;教学单位的行政正职采取民主推荐的方式,副职采取由单位党、政正职联名推荐的形式产生。此次聘任新提拔了一批高学历的优秀年轻同志进入处级干部队伍,保持了干部队伍的生机与活力。新提拔正处级干部23人,平均年龄41.36;新提拔副处级干部45人,平均年龄38.61。此次聘任后,处级干部平均年龄45.12岁,比聘任前处级干部平均年龄下降了1.15岁。从学历结构看,具有博士和硕士学位的处级干部占干部总数的比例为59.66%,比聘任前提高了19.71个百分点。此次聘任强化了处级干部全方位的轮岗交流,既有校、院机关部门干部之间的轮岗,也有校机关部门干部和学院领导班子成员之间的轮岗,同时也有机关部门和直属非教学单位或直属教学单位干部之间的轮岗交流。轮岗交流的干部共75人,占聘任干部总数的18.56%。配合此次重新聘任工作,学校出台了《北京联合大学关于设立处级非领导职务的实施意见》《北京联合大学关于建立处级领导干部学术休假制度的意见》,对担任处级非领导职务或进行学术休假的干部的条件、职责和待遇进行了具体规定。29名因男年满58周岁、女年满53周岁的处级干部转任非领导职务或进行学术休假;26名干部因各种原因被免去处级职务、其中一些有意转向教学或科研岗的较为年轻的处级干部也提出了进行学术休假的申请。

2010年3月,面向北京市公开招聘学校教务处处长,经过面试答辩、考察等程序,引进人才2名,其中1名被任命为校教务处处长;1名被任命为自动化学院院长。同年11月,在校工会副主席2个职位中实行竞争上岗,共有26人分别通过资格审查参加竞聘答辩,2人通过竞聘上岗。

2010年,校党委新提拔任用正处级干部28名、副处级干部16名,轮岗交流正处级干部18名、副处级干部13名。

(三)干部教育与管理

1. 干部学习与培训

干部的学习与培训,按照干部管理权限,校、院两级分工侧重,校党委主要负责全校贯彻落实中央和市委方针、政策和措施;落实上级调训计划的完成;负责整体规划、统筹协调、督促检查指导各学院的干部教育培训工作;负责处级及以上干部的教育培训的2/3学时。而各学院党委主要负责组织实施本学院培训工作;负责处级干部部分学时及处级以下干部教育培训工作;落实市委及联大的干部调训计划等。学习培训方式包括任职培训、干部调训、脱产培训班、在线学习、领导班子中心组学习以及在职自学等，逐步形成了分层次、分类别、多渠道、多形式的培训格局。

根据《2001—2005 年北京市干部教育培训规划》《北京高校干部教育培训“十五”规划》和学校的具体情况，校党委制定了《北京联合大学干部教育培训“十五”计划》（京联党〔2002〕3 号），就学校干部教育培训的工作原则、工作目标、主要任务等方面作了明确要求。

2003 年 3—11 月，相继完成六期局级干部进修培训班调训计划，组织 17 名副局级以上干部学习反腐倡廉和十六大精神；举办四期学习“三个代表”重要思想培训班，共有 177 名正处级及以上干部参加培训；4 月，共组织 280 名中层及以上干部分三次参加高等教育创新系列讲座；12 月，举办新任处级干部培训班，共有 53 名新任副处级干部参加了培训。

2004 年 11 月，举办全校统战干部理论培训班，对各学院主管统战工作的院领导和统战工作干部进行统战理论知识的培训。中国人民大学统战部部长周淑真教授、市委教育工委统一战线与群众工作处处长钱卫作了报告；12 月，分别举办教学管理中层干部、具有博士学位的教职工和新提任的处级干部培训班。

2005 年 4 月，举办新任处级干部培训班，对 22 名新任处级干部进行了培训。

2006 年 3—12 月，对 50 名处级及以上领导干部进行了“提高执行力”“善于思考”“学生管理”“工作创新”等 10 次专题培训；11 月，针对十六届六中全会精神和管理创新与领导艺术，对全校 168 名正处级及以上干部进行培训。

2007 年 11 月，邀请北京市十七大精神宣讲团成员、中央党校哲学部教授杨信礼为全校干部和部分思想政治理论课教师作学习十七大精神辅导报告；举办全校正处级及以上干部培训班，邀请中央党校哲学部副教授董振华、教育部思政司副司长冯刚、中央党校原副校长杨春贵、中央党校教授段培君分别作《以科学发展观统领中国特色社会主义》《高校贯彻十七大精神有关问题》《高举中国特色社会主义伟大旗帜》《科学发展观——中国发展的新模式》专题辅导；12 月，举办全校党支部书记培训班，邀请北京市十七大精神宣讲团成员、中央党校党建部教授宋福范就有关党建创新问题进行辅导。

2008 年 11 月，举办博士、教授培训班。2004 年以来学校引进的博士、教授共 130 余人参加培训；同年 12 月，举办校机关中层管理干部法律实务培训班。

2009 年 10 月，学校党校内成立北京联合大学干部培训学校，负责全校干部以及高层次人才的培训工作。

2009 年 10—12 月，举办干部培训学校第一期专题培训班——全校教务管理干部培训班，51 名学员获得结业证书。

2010 年 3—4 月，举办新任职干部专题培训班，16 所学院、校机关和直属单位各部门的 140 余名新任职处级干部参加培训，并获得结业证书。

按照全市统一安排，2007 年起北京市委组织部在全市处级干部中全面推行在线学习。结合学校实际，校党委制定了《北京联合大学处级干部在线学习管理办法（试行）》（京联党组〔2007〕146 号），在全校具有实职的处级干部中实行在线学习，拓宽了学习渠道。

干部教育培训考核每年一次，一般年底进行，领导干部结合年度总结和年度考核工作进行述学，建立了干部个人学习培训档案，自 2007 年始，依托北京市在线学习管理平台，建立了处级干部个人学习培训电子档案。

2008 年 9 月，学校出台《关于选派干部赴兄弟院校进行岗位培训的实施意见（试行）》（京联党〔2008〕29号)，校党委决定分期分批选派优秀中青年干部到兄弟院校进行岗位培训，每期选派10名左右，培训时间为2～3个月，培训期间干部不脱离原岗位工作。2008年10月，学校首批选派10名干部分别到首都师范大学、北京科技大学等兄弟院校的相应岗位进行挂职锻炼。干部挂职结束后，校党委均召开汇报会，听取挂职干部挂职期间的学习成果，学习兄弟院校先进的管理经验。

2. 干部考核

2000年以来，应用文理学院、师范学院、商务学院、生物化学工程学院、旅游学院、继续教育学院院领导班子成员中的正处级领导干部由校党委负责考核，其他处级干部由学院党委负责考核。校本部管理关键岗由校党委负责考核。2001年印发《校本部管理关键岗考核工作的实施意见》的通知(京联办〔2001〕8号)，开始管理关键岗的考核。2001—2009年按学年度考核，每年7月进行，自2010年起改为年度考核，每年12月进行。

(四) 优秀人才培养资助工作

1. 优秀人才培养资助项目的申报

自2002年开始，北京市委组织部开展优秀人才培养资助工作。

学校党委按照“党管人才”原则，每年召开专门会议研究开展优秀人才培养资助工作，制定具体的实施意见和配套政策。

学校每年向上级推荐申报各类优秀人才项目时，首先由学院进行初次推荐上报校党委组织部，再由校党委组织部会同有关业务部门并专门聘请相关学科的专家组成评审委员会，对各单位上报的材料进行再次筛选把关。学校在资助人才申报中，围绕北京地区和学校的重点发展领域、重点建设学科，以及急需、紧缺人才的培养需要，择优推荐；在评审过程中，坚持“政治品质、学术道德和专业水平并重”“公开、公正、择优、适用”的原则。

学校推荐各类优秀人才培养资助项目上报市委组织部。经市委组织部审核批准，并经公示后确定个人项目资助方案。市委组织部与学校党委签订《北京市优秀人才培养资助管理协议书》，拨付资助经费。在校党委组织部等部门指导下，受资助人员可根据项目进度和经费使用计划自主支配资助经费。

2002—2010年，全校共有114个个人项目和3个集体项目获得市委组织部资助，资助总金额达332万元，情况详见表14.1-2和图14.1-1所示。

表14.1-2　2002—2010年获得北京市优秀人才培养资助情况

分　类	类　别	项目数	金额(万元)
个人项目受资助情况	A类	7	16
	B类	7	11.5
	C类	3	3
	D类	78	233.5
	E类	19	32
	小计	114	296
集体项目受资助情况	F类	3	36
总计		117	332

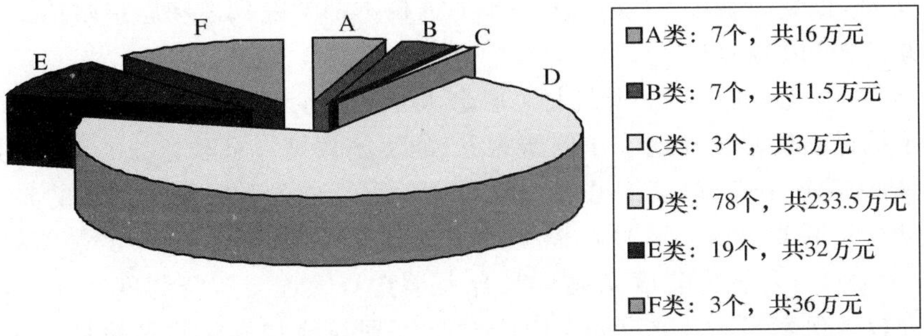

图 14.1-1　2002—2010 年获得北京优秀人才项目受资助情况

2. 优秀人才培养资助项目的管理

学校和学院为受资助人提供完成资助工作所需的必要条件。校党委组织部负责对受资助人员及项目进行具体管理。每年向市委组织部按期报送《北京市优秀人才培养资助个人项目进展情况调查表》。项目完成后一个月内，将《北京市优秀人才培养资助个人项目结题情况调查表》、培养效果评估报告及有关成果材料报市委组织部备案，同时协调有关部门做好资助项目成果的登记、鉴定、推广和转化等工作。

校党委组织部对受资助人员制订跟踪培养计划，建立培养档案，跟踪培养期一般为三年。建立受资助人员数据库，对培养效果显著、成绩优秀的人员，学校采取进一步措施加强培养，如挂职锻炼、岗位交流、脱产培训、推荐申报课题、推荐参加人才表彰评选等。

至 2010 年年底，学校获得资助的 114 个个人项目中，有 83 个已结题，有 31 个项目在进行中。学校受资助人员在获得北京市优秀人才培养资助后取得的主要成果，如表 14.1-3 所示。

表 14.1-3　受资助人员取得的主要成果统计

统计项目	公开发表论文	出版著作	出国高级访问	出国短期培训	参加国际学术会议	授权专利	主持国家(省部)级、市级项目	获局级(含)以上奖励
数量	493 篇	63 部	22 次	19 次	99 次	15 项	77 项	26 次

三、党的基层组织建设

(一) 制度建设

2001 年 5 月，配合学校“十五”发展规划，校党委制定了《关于进一步加强党的建设的意见》(京联党〔2001〕17 号)。

2002 年 11 月，校党委制定了《关于进一步加强系(处)级教学单位党组织建设的意见》(京联党〔2002〕47 号)。

2003 年上半年，校党委制定了《北京联合大学加强和改进党的建设规划》，作为《关于延伸和补充〈北京联合大学“十五”时期发展规划〉的若干意见》配套文件；下半年又制定了《关于贯彻落实北京高等学校党建和思想政治工作基本标准三年规划》。

2006 年 1 月，校党委制定了《中共北京联合大学委员会关于探索全校党的先进性建设长效机制的意见》(京联党〔2006〕1 号)。

2006年7月,校党委制定了《关于进一步加强校本部学院党建和思想政治工作的几点意见》(京联党办〔2006〕8号)。

2007年5月,校党委制定了《中共北京联合大学委员会贯彻落实〈中共北京市委教育工作委员会关于推进高校基层党建工作创新意见〉的实施意见》(京联党〔2007〕19号)。

同年6月,为深入贯彻落实《中共北京联合大学委员会关于探索全校党的先进性建设长效机制的意见》(京联党〔2006〕1号),校党委研究制定了《北京联合大学党支部工作制度》《北京联合大学党员学习教育制度》《北京联合大学党员管理与监督制度》《北京联合大学党员民主参与和权力保障制度》《北京联合大学党员管理与监督制度》《北京联合大学党组织、党员(干部)联系群众、服务群众制度》(京联党组〔2007〕96号)。

同年6月,校党委制定了《关于加强大学生党员发展和大学生党支部建设的意见》(京联党组〔2007〕98号)和《关于团组织向党组织推荐优秀团员作为党的发展对象的实施办法》(京联党〔2007〕26号)。

同年9月,校党委印发了《关于转发市委组织部〈发展党员票决制工作办法〉的通知》(京联党组〔2007〕126号)。

2008年10月,校党委制定了《北京联合大学关于党费收缴使用和管理的规定》(京联党组〔2008〕94号)。

2010年4月,校党委印发了《关于学校党校实体化的决定》(京联党组〔2010〕14号)。

（二）基层组织设置

校党委根据学校发展要求以及基层党组织和党员的发展状况,适时调整党组织的设置,对新建学院及时成立了党组织。各学院也对党总支、支部的设置及时进行调整。尤其是2009年,实行全员聘任后,校、院机构调整和人员变动较大,及时对党组织进行调整,保证了基层党组织的健康发展。

2001年年初,学校党委下设8个二级党委,分别是应用技术学院党委、信息学院党委、商务学院党委、机械工程学院党委、职业技术师范学院党委、应用文理学院党委、特殊教育学院党委、中医药学院党委。

同年2月,中医药学院并入首都医科大学,其党组织关系转出。

同年3月,化学工程学院党组织关系由北京化学工业集团有限公司党委转入北京联合大学党委;同月,成立广告学院临时党支部,隶属机关党总支。

同年6月,旅游学院党的关系整建制从市委商贸工委转入北京联合大学党委,党的工作由北京联合大学党委管理;同月,为进一步加强分校工作,成立北京联合大学分校党委。

同年9月,撤销教育培训部直属支部,并入机关党总支。

2002年3月,成立小营校区后勤服务公司党总支。

同年4月,原信息学院、应用技术学院、机械工程学院调整成立信息学院、机电学院、自动化学院、管理学院,并成立信息学院党委、机电学院党委、自动化学院党委、管理学院党委。

同年9月,成立广告学院直属党支部。

2003年4月,成立校机关和直属单位党委,下辖机关党总支、离休党总支、后勤党总支、服务公司党总支、实习工厂党总支、基础课教学部党总支、社会科学教学部党总支、电子信息技术实训基地党支部、公共外语教学部党支部、体育教学部党支部、图书馆党支部;同月,成教部调整并入继续教育学院,成立继续教育学院党总支。

同年12月，成立国际语言文化学院直属党支部、信息技术学院直属党支部。

2004年3月，撤销原图书馆直属党支部建制，成立图书馆党总支。

同年9月，成立网通软件职业技术学院直属党支部。

同年12月，成立东方信息技术学院的党总支。

2005年3月，将后勤党总支和后勤服务公司党总支合并，成立后勤党总支；同月，将后勤党总支中的原校医务室党支部划出，成立门诊部直属党支部，由校机关和直属单位党委管理；同月，成立退休党总支，由校机关和直属单位党委管理。

同年4月，成立国际交流学院直属党支部。

同年6月，成立广告学院党总支。

同年9月，成立继续教育学院党委。

2008年4月，学校将东方信息技术学院、原国际语言文化学院、网通软件职业技术学院的高职专业整合，成立应用科技学院，同时成立应用科技学院党委。

同年11月，北京市医药器械学校并入联大，成立北苑校区党总支。

2009年7月，廊坊分校党委撤销。

至2010年年底，学校党委下设13个学院党委，分别是应用文理学院党委、师范学院党委、商务学院党委、生物化学工程学院党委、旅游学院党委、继续教育学院党委、信息学院党委、机电学院党委、自动化学院党委、管理学院党委、特殊教育学院党委、应用科技学院党委、机关和直属单位党委；2个党总支，分别是广告学院党总支、北苑校区党总支；1个直属党支部，即国际交流学院直属党支部，2001—2010年基层党组织分布情况如表14.1-4所示。

表14.1-4　2001—2010年基层党组织分布情况统计　　单位：个

年　份	党　委	党总支	党支部	党小组
2001	9	21	179	41
2002	11	20	178	26
2003	12	22	192	
2004	12	27	229	
2005	13	35	258	
2006	13	45	333	
2007	14	50	347	
2008	15	56	352	
2009	14	55	343	
2010	14	53	332	

（三）党员教育管理

1. 党员教育

根据市委的工作部署结合学校党员思想状况，校党委每年都制订党员教育计划，加强党员的教育。2001年以来，除开展了“三讲”教育回头看、学习“三个代表”重要思想、保持共产党员先进性教育、深入学习实践科学发展观、深入开展创先争优活动等主题教育活动外，还加强对党员的经常性教育。

2001年，围绕建党80周年开展系列教育活动，组织党员观看《中国共产党成立80周年展览》,收看《红旗飘飘——中国共产党历史上的今天》系列文献片。

2002年,在全校范围内组织党员和师生学习党的十六大精神,组织了专题报告会和专家辅导报告会,编印了十六大文件学习材料。

2003年,继续学习贯彻十六大精神,把学习贯彻十六大精神与开展迎评促建结合起来,与开展"学习实践'三个代表'保持共产党员先进性"主题教育结合起来。在抗击"非典"的斗争中,校党委下发了《关于在防控"非典"下一阶段工作中充分发挥基层党组织和共产党员作用的几点要求》和《关于在抗击"非典"斗争中开展"学习实践'三个代表'保持先进性"主题教育活动的意见》,做好特定时期的党员教育工作。

2004—2005年,重点学习贯彻党的十六届四中全会精神,学习、宣传、贯彻《中国共产党党内监督条例(试行)》和《中国共产党纪律处分条例》。

2006年,开展保持共产党员先进性教育"回头看"活动,在党员中开展社会主义荣辱观教育。

2007年,深入学习党的十七大精神,贯彻落实科学发展观。在党员和干部中分专题组织了辅导报告,分层次组织了培训班。在全校范围内开展"手拉手"活动,共有167个教工党支部、18名党员与226名贫困生结成帮困助学对子。

2008年,继续深入学习党的十七大精神和十七届二中全会和三中全会精神,学习社会主义核心价值体系以及改革开放三十年的相关文件,学习中央领导关于科学发展观的重要论述,结合30周年校庆开展了系列教育活动。结合在北京举办奥运会,在全校开展了"为奥运奉献,为党旗增辉"主题党日活动。

2009年,学习十七届四中全会精神,围绕新中国成立60周年开展系列学习教育活动,组织了"反邪教教育"主题党日活动。

2010年,学习十七届五中全会精神。

自2005年以来,每年"七一"前后,都在全校组织开展"共产党员献爱心"捐献活动。2008年,四川汶川地震发生后,为支援地震灾区,全校党员发挥先锋模范作用,共有3924名党员自愿交纳了1 004 333.31元的"特殊党费"。同年,学校设立互助基金,每年组织捐献活动。

2. 党员管理

2001年,为做好党员管理的基础工作,校党委下发了《关于重新填写党员登记卡片的通知》,重新填写党员登记卡片。

2004年和2005年,校党委均获得"北京高校党内统计优秀统计报表单位"称号,2006年获得"党内统计全优单位"称号。

2007年6月,为加强对党员的教育和管理,加强党内监督,增强党员的党性和组织纪律观念,建立和健全党员管理与监督机制,校党委制定《北京联合大学党员管理与监督制度》。

同年12月,为加强组织关系暂留高校的离校毕业生党员的管理工作,下发《关于建立组织关系暂留高校的毕业生党员"台帐"的通知》,为组织关系暂留高校的毕业生建立党员"台账"。

2001—2010年共处理违纪党员12名,其中出党10名,党内纪律处分2名,情况详见表14.1-5所示。

表 14.1-5　2001—2010 年党员出党和受党内纪律处分情况统计　　单位：人

年　份	出党						受党内纪律处分				
	合计	开除党籍	退党除名	劝退和劝退不退除名	自行脱党除名	取消预备党员资格	合计	警告	严重警告	撤销党内职务	留党察看
2001							1				1
2002	1					1	1		1		
2003	1				1						
2004	4			2		2					
2005											
2006	1		1								
2007											
2008	2				1	1					
2009	1					1					
2010											

3. 健全党内民主生活

校党委积极推行党务公开，在提拔干部、发展党员等工作中，认真落实党员的知情权、参与权和监督权，校长（党委）办公室及时向党员和全体教职工公布党委常委会和校长办公会纪要。各基层党总支、党支部坚持民主评议党员制度，党支部结合实际工作，每年召开一次专题组织生活会，开展民主评议党员工作。平时，党员每月至少参加一次组织生活，校院领导坚持过双重组织生活。各级党组织注重保障党员的正当权利，建立党员表达利益诉求的工作机制，关心党员的成长、成才，积极为党员解决实际困难。

（四）考核评估

2001 年上半年，根据《北京高校系（院）党总支（党委）工作考核评估办法》和《北京高校教研室党支部工作考核评估办法》，校党委制定了《北京联合大学系部党总支、直属党支部考核评估办法（试行）》，确立了“政治核心和保证监督作用、围绕学校和系中心任务开展工作、干部的教育与管理、组织建设、制度建设、思想政治工作、群众组织工作和统战工作”等 7 个方面 24 个考核要素，在部分学院进行了基层党支部考核评估试点工作。下半年，集中开展教学单位党总支、直属党支部的考核评估工作。此次考核评估强调了以评估促建设、重在建设的思想，基层组织建设得到了进一步加强。

2002 年 9 月，校党委召开党建工作会，以“进一步加强系（处）级教学单位党组织的建设”为主题，制定了《关于进一步加强系（处）级教学单位党组织建设的意见》，强调系（处）级教学单位的党总支和党支部书记应选党性强、思想和业务素质好、作风正派、有奉献精神、有责任心和在群众中有较高威信的党员担任；教师党支部一般应按照教研室设置，正式党员人数过少的可与业务相近的联合成立党支部；加强对系（处）级教学单位党组织建设的领导；为系（处）级教学单位党组织建设提供经费支持。

2003—2006 年，校党委启动了贯彻落实《北京高等学校党建和思想政治工作基本标准》三年规划，并对各学院贯彻执行《基本标准》情况进行检查。

2007 年，学校接受市委教育工委的党建评估检查，校党委在党的建设方面的经验和做法得到了评估专家的高度评价。

2008年,按照《北京高等学校党建和思想政治工作基本标准》的要求,进一步规范基层组织建设工作,着重贯彻落实学校党委《推进基层组织工作创新意见》,积极推进基层组织工作创新,在师范学院重点开展扩大党内民主试点;在商务学院重点开展在聘用人员中发展党员试点。

2009年,选编了《北京联合大学基层党组织工作手册》和《北京联合大学组织工作文件汇编》,为基层组织建设提供指导。

2010年,校党委强调以基层组织建设为抓手,开展了“创先争优,从我做起”主题实践活动和“十佳党支部”创建活动。

(五)评优表彰工作

2001—2010年,校党委继续坚持两年一次的表彰先进基层党组织和优秀共产党员的制度,这期间共组织评选表彰5次,2003年因抗击非典增加一次,共表彰先进基层党组织131个、优秀产党员494名、优秀党务工作者20名。另外,党委还积极推荐参加北京市和北京教育系统组织的党内评选表彰活动,荣获北京市先进基层党组织2个、优秀共产党员1名;北京高校先进基层党组织1个、优秀党建创新项目1项、优秀共产党员5人、优秀党务工作者1人、育人标兵1人、成才表率1人,表彰情况详见表14.1-6—表14.1-8所示。

表14.1-6　2001—2007年先进基层党组织和优秀共产党员名单

年　度	单　位	先进基层党组织	优秀共产党员
2000—2002	应用文理学院	人文与管理科学系党总支、党院办国际交流合作部联合党支部	张宝秀、董媛、孙滢、李平、杨靖筠、金宗濂、于耀兰
	职业技术师范学院	语言文化系党支部、经济贸易系党支部	梁绿琦、尹庆民、杨亚军、张智新、何立千
	商务学院	国际商务系学生党支部、行政党支部	侯鸿节、王民京、谢潇、雷丽萍
	旅游学院	管理系党总支、外事培训党支部	宁泽群、王美萍、贾福龙、张宾华
	生物化学工程学院	信息与控制工程系党支部	郭亚莉、陈雄鹰、潘文明、马秀菊
	信息学院	原计算机系党总支	牛彤、黄静华、李京平
	机电学院	教学二支部	吴圣廉、昝华、侯季邕、杨长安
	自动化学院	计算机应用教研室党支部	李秀丽、高满茹
	管理学院	学生党支部	白志平、杨宜
	特殊教育学院	机关第一党支部	王立霞、牛连华
	校部机关和直属单位	机关总支第五支部、机关总支退休党支部、社科部党总支、离休党总支第四党支部、图书馆党支部	张军、滕祥东、孙建京、张琴、郭俊晏、姜玮筠、汪惠清、李宗杰、刘劲松、王道丰、陈贵喜、刘晓达、金福忠、聂斌
	合计	19个	51名

续表

年　度	单　位	先进基层党组织	优秀共产党员
2003	应用文理学院	后勤管理处党支部、生物系党支部	李平、逯燕玲、梁文娥
	师范学院	学生工作办公室党支部、总务党支部	王培荣、杨奇红、唐昊
	商务学院	商务学院党委、商务实训中心党支部、行政党支部	张建林、栾元敏
	旅游学院	后勤服务公司党支部、国际酒店管理党支部	刘爱服、王莉华
	生物化学工程学院	后勤管理处党支部、机关第一党支部	项胜利、霍罡
	继续教育学院		张耘
	信息学院		沈洪、沈辉、徐建华
	机电学院	机电学院党委	马雅湘
	自动化学院	学生党总支	范同顺
	管理学院	管理学院学生党总支	张芸
	特殊教育学院	第四党支部	刘川
	广告学院		王恩江
	分校		史曰珠
	校部机关和直属单位	离休党总支、后勤服务公司党总支、机关总支第三党支部、机关总支第七党支部、社科部党总支	胡静萍、张军、聂斌、李淑芳、王颖、张翠霞、胡宜平、王信峰、陈和平
	合计	20个	31名
2003—2005	应用文理学院	党政保卫党支部、生物学系党支部、城市科学系党支部	陈朝雁、韩建业、尹卫红、徐梅香、王英凯、韩蓉蓉
	师范学院	计算机系党总支、学生工作办公室党支部	鲍晖、王蓓、高华
	商务学院	商务艺术设计系教工党支部、政工党支部	王小满、郑丽、贾浩、王丽君
	生物化学工程学院	社科部党支部、机关二党支部	辛继雄、李会英、张洪
	旅游学院	国际酒店管理系直属党支部、后勤服务公司党支部	姚晓梅、李秀娜、张志坚
	继续教育学院	行管处党支部	张希平
	信息学院	机关党支部、成教党支部、2002级第二党支部	许立群、曹国良、李丽
	机电学院	学生党总支	韩松、郑业明、付力
	自动化学院	学生党总支、信息自动化与音响工程党支部	刘继承、张赫、蒋蔚
	管理学院	学生党总支、金融保险教研部党支部	李玉桂、李慧凤、张士玉
	特殊教育学院	第三党支部	张松岩
	广告学院		耿凯燕
	国际语言文化学院		刘世清

续表

年　度	单　位	先进基层党组织	优秀共产党员
2003—2005	东方信息技术学院		王作楼
	网通软件职业技术学院		孙丽娟
	平谷学院		王银凤
	分校	分校党委	曹传福
	校机关和直属单位党委	人文社科部党总支、离休干部党总支、电子信息技术实验实训基地党支部、机关党总支第七党支部、图书馆党总支采编党支部、后勤党总支饮食服务中心党支部	徐博东、胡纪华、索忠贵、滕祥东、顾理昌、夏兆阳、杨洪志、何姗
	合计	28 个	47 名
2005—2007	应用文理学院	党委机关党总支、离退休党总支，图书馆党支部、城市科学系党总支、管理系党总支	刘隆亨、李志刚、牛志民、李平、杨扬、孟宪伟、刘延兵、汪竹青、王政、孙颖、孙静、董军华、郑伟、贾立英、温玉萍、谈文、周红焰、杨丽华、贺真、沙莎、李晗、杨熠、翟旋、杨海燕
	师范学院	计算机系党总支、电子信息系党总支、应用生物技术系党支部	林妍梅、操静涛、赵平勇、陈冠华、傅丽霞、冯艳娜、闫文杰、吴立芝、曹丽华、张东昌、赵华、刘占来、王宁、沈天瑢、杨恺、梁存、杨金金
	商务学院	基础部党支部、电子商务系教工第一党支部、商务艺术设计系学生党支部	栾元敏、汪惠、裴朝军、王思聪、陈万斌、齐小光、李海文、孔繁潮、张沐平、薛士鑫、王颖、杨虹洲
	生物化学工程学院	人文社科党支部、教务党支部	宋爱荣、刘春增、周凤、孙波、许晓平、张洪、于澎、付毓欣、张振山、高音、李建涛、汪家瑜
	旅游学院	英语旅游文化系党总支、日语旅游文化系学生党支部	刘艳华、刘磊、李雨燕、赵丽、刘爱服、王美萍、吴宁、于平、纪廷许、李淑芳、王常基、魏庆芳、汪艳丽、杨艳萍、张志坚
	继续教育学院	第一党支部	王淑琴、王莹、李宝石
	信息学院	通信教工党支部、通信专业 2005 级党支部、计算机专业 2005 级本科党支部	张龙、姜素兰、李金平、苏文平、姜楠、李琪、马立凯、曹娜、张宇、吴大松、肖潇、孙森、石勇、刘子龙

续表

年　度	单　位	先进基层党组织	优秀共产党员
2005—2007	机电学院	教工第二党支部、科室党支部	张立珊、方新、韩国军、嵇伟、刘自萍、昝华、侯季邕、王倩、祁琳梓
	自动化学院	电气自动化专业第二学生党支部、教科办党支部	黄娜、李平、董南萍、王鹤、王硕、梁祎、侯珏、刘连胜、耿耘、闫旭、张玉龙、梁爱琴
	管理学院	工商管理学生第一党支部、信息管理党支部、机关党支部	李英侠、陈浩、李九丽、邢秀芹、计永毅、李亚梅、张士玉、陈卓、周茜、于清波、梁玥、钱堃
	特殊教育学院	第二党支部	曹艳、冯希杰、姜春梅、蒋雪峰、刘建平、孙玉兰
	广告学院	广告学院党总支、学生第二党支部	耿凯燕、赵婷、张卓、刘阳
	国际语言文化学院		刘洋
	东方信息技术学院	东方信息技术学院党总支	滕长建、张前前
	网通软件职业技术学院		王成霞
	国际交流学院		申莉
	平谷学院		徐淑平
	分校	分校应用文理学院党支部	史曰珠
	校机关和直属单位党委	纪监办、审计处党支部、教务处、督导室、评建办党支部、电子信息技术实验实训基地党支部、体育教学部党支部、饮食服务中心党支部、图书馆第三党支部、离休干部党总支	肖芳、张瑾、鲍洁、王宁、周安琍、冯庆林、闫丽君、权力、仲计水、田长顺、王巍、张威、孙启成、尤克、崔武子、唐大中、张殿恩、李丹丹、尚学海、张东、周运、孙德来、胡和立、范德树、张艳、陈星、陈利华、赵源、武斌、袁林、王玉昌、戴九凌、李秀苗、白炳琦、孙文平、范长胜、关兆兰、张恩芑
	合计	38 个	185 名

表 14.1-7　2007—2009 年度先进基层党组织、优秀共产党员和优秀党务工作者名单

序号	单　位	先进基层党组织	优秀共产党员	优秀党务工作者
1	应用文理学院	图书馆党支部、社科部党支部、党政办公室党支部	魏博辉、邓大跃、李平、王彤、王竹宝、陈静、孙静、李志刚、赵连生、戴红、洪旭	李月修
2	师范学院	电气信息系党总支、离退休党总支	牛桂荣、李红梅、成洁、唐红斌、谭鲁芳、肖斌斌、杨明月	王颖
3	商务学院	商务实践教学中心培训中心党支部、国际经济系第四学生党支部	郭慧馨、张宇馨、陈建斌、裴朝军、李智玲、张玲娜、孙晓萌	王育红
4	生物化学工程学院	经济管理系学生党支部、后勤党总支	何廉、王长军、孙波、张翔、穆红莉、廖琪丽、许扣林	张振山、刘文东
5	旅游学院	酒店与餐饮管理系党总支、英语旅游文化系党总支	姜慧、曹福荣、王彩玲、杨艳萍、杨昆、张驰、宋志伟	张立纯
6	继续教育学院	第二党支部	王存浩	张晚霞
7	特殊教育学院	第一党支部	李启隆、冯希杰、牛连华	王立霞
8	信息学院	教工计算机党支部、学生通信第四党支部	徐建华、吴晶晶、李超、曹国胜	王学英
9	机电学院	教工第一党支部	王浩宇、唐武、王清林	黄建华
10	自动化学院	实验中心党支部	王珏、寇玉民、刘剑锋	李淑芬
11	管理学院	电子商务教研部党支部	梁红、王晓红、张逸薇、仝仕华	张莉
12	应用科技学院	教工第二党支部	彭爱美	丛森
13	校机关和直属单位党委	机关党总支纪监办审计处党支部、体育教学部直属党支部、电子信息技术实验实训基地直属党支部、后勤党总支饮食服务中心党支部	李赤锋、葛海燕、张祖明、马振龙、郭琳琳、梁怡、平世军、朱国瑛、李宝贵、饶小方、李杰、陈星、闵学荣、胡静萍、袁林、王玉昌	孙权、白炳琦、张伟
14	分校	分校自动化学院党支部	毛连生	牛彤
15	东方信息技术学院		张俊玲、黄硕	陈华
16	广告学院	广告学院党总支	高玉培、劳凤学	张文杰
17	北苑校区	机关党支部	刘贵元	杨建萌
合计		26 个	80 名	20 名

表 14.1-8　2001—2010 年获得市级党内表彰统计

序号	年份	荣誉称号	姓　名	类　型
1	2003	北京市先进基层党组织	北京联合大学商务学院(防治非典型肺炎工作)	基层党组织
2	2003	北京市优秀共产党员	张军(防治非典型肺炎工作)	个人
3	2003	北京高校优秀党务工作者	兰荣林	个人
4	2005	北京高校优秀共产党员	王小满、曹传福、徐博东	个人
5	2008	北京高校先进基层党组织	北京联合大学校本部离休干部党总支	基层党组织

续表

序号	年份	荣誉称号	姓　名	类　型
6	2008	北京高校优秀共产党员	尹卫红	个人
7	2008	北京高校优秀共产党员	李英侠	个人
8	2009	北京市离退休干部先进党组织	北京联合大学校本部离休干部党总支	基层党组织
9	2010	北京高校优秀基层党建工作创新项目	商务学院留学生党建工作	项目
10	2010	北京高校“育人标兵”	支芬和	个人
11	2010	北京高校“成才表率”	王帅	个人

（六）党员发展工作

2001 年 6 月，校党委组织召开了“面向新世纪做好党员发展工作”研讨会，总结学校青年教师和大学生党员发展工作，分析了情况、研讨了措施、推广了经验。

2004 年 6 月，为贯彻全国高校党建工作会精神，以“进一步加强和改进学校学生党员发展工作”为主题召开了全校党建工作会，推广经验，明确目标，提出要求。

2007 年 6 月，为充分发挥团组织在学生党员发展中的重要作用，进一步做好推荐优秀团员作党的发展对象工作，校党委制定了《关于团组织向党组织推荐优秀团员作党的发展对象的实施办法》(京联党〔2007〕26 号)。同月，为进一步健全发展党员工作制度，做好新形势下发展党员工作，保障党员权利，扩大发展党员工作中的民主，严把发展党员入口关，强化发展党员工作的监督机制，保证党员质量，校党委转发了中共北京市委组织部《发展党员票决制工作办法》。为贯彻落实中共中央、国务院《关于进一步加强和改进大学生思想政治教育的意见》《中共中央组织部、中共教育部党组、共青团中央关于加强和改进在大学生中发展党员工作和大学生党支部建设的意见》和北京市委教育工委《关于进一步加强和改进在大学生中发展党员工作和大学生党支部建设的若干意见》，校党委制定了《北京联合大学关于加强大学生党员发展工作和大学生党支部建设的意见》(京联党组〔2007〕98 号)。

发展党员数从 2001 年的 320 人增加到 2010 年的 1022 人，增加了两倍多，党员总数也由 2001 年的 2422 人增加到 2010 年的 5427 人，增长了 1 倍多。学生党员比例和本科学生党员比例基本呈逐年上升趋势，学生党员比例从 2001 年的 2.04%增长到 2010 年的8.28%，如表 14.1-9—表 14.1-11 所示。

表 14.1-9　2001—2010 年党员发展情况统计

单位：人

年　份	发展党员总数	教　工	学　生	其中女	其中少数民族	其　他
2001	320	32	288	212	15	
2002	561	46	515	386	25	
2003	506	37	469	330	24	
2004	1046	41	1005	739	48	
2005	1047	49	998	735	61	
2006	1245	35	1210	869	72	
2007	1256	60	1196	878	42	
2008	980	34	946	703	59	
2009	1042	49	991	737	43	2
2010	1022	37	985	696	43	

表 14.1-10　2001—2010 年党员情况统计

单位：人

年　份	党员总数	正式党员	预备党员	教工党员	学生党员	离退休党员	女党员	少数民族党员	其　他
2001	2422	2127	295	1370	365	639	1227	102	48
2002	2771	2219	552	1432	601	664	1462	113	74
2003	3026	2515	511	1417	765	818	1653	134	26
2004	3829	2729	1100	1565	1423	824	2039	193	17
2005	4289	3101	1188	1604	1794	887	2570	223	4
2006	4907	3589	1318	1711	2196	939	2878	251	61
2007	5118	3828	1290	1783	2213	1005	3242	261	117
2008	5084	4014	1070	1932	2043	1064	2866	241	45
2009	5130	3907	1223	1908	2041	1085	3108	253	96
2010	5427	4276	1151	1959	2284	1156	3251	262	28

表 14.1-11　2001—2010 年学生党员情况统计

年　份	学生总数/人	学生党员总数/人	党员占学生比例	本科学生总数/人	本科生党员总数/人	党员占本科生比例
2001	17 760	363	2.04%	11 986		
2002	22 005	601	2.73%	14 979	516	3.44%
2003	24 075	765	3.18%	15 882	573	3.6%
2004	25 946	1423	5.5%	17 446	1181	6.8%
2005	27 934	1794	6.42%	18 835	1563	8.3%
2006	28 733	2196	7.64%	20 186	1931	9.57%
2007	28 449	2213	7.8%	20 337	2004	9.9%
2008	31 008	2043	6.59%	19 812	1801	9.09%
2009	28 772	2041	7.09%	20 465	1876	9.17%
2010	27 578	2284	8.28%	20 583	2068	10.05%

（七）党费与党组织活动经费

1. 党费的收缴

2001 年 2 月，校党委根据北京市委组织部转发的《中共中央组织部关于印发〈关于中国共产党党费收缴、管理和使用的规定〉的通知》《关于调整市管党费收缴方法和比例的通知》的精神，制定了《关于统一标准重新核算党费的通知》，对校本部党员的党费按照统一标准进行了重新核算。同年 5 月，因工资标准提高，制定了《关于再次重新核算党费的通知》，对校本部党员的党费进行了再次重新核算。

2003 年 6 月，校党委制定了《关于校本部相关党组织党费管理的规定》(京联党组〔2003〕86 号)。

2008 年，按照《北京联合大学关于党费收缴、使用和管理的规定》，在全校统一了党费收缴标准。

2. 党费的管理

党费管理工作由学校党委组织部负责，在向市委教育工委上缴党费的同时，上报《党费收缴、使用情况表》，并附银行进账单复印件；法人学院的党费管理工作由学院的组织部门负责，每季度上缴学校财务处，同时上报《党费收缴、使用情况表》，并附银行进账单复印件。全校的党费及大多法人学院党费在财务部门单独设立党费科目，专人负责，会计、出纳分设。

3．党费的使用

校党委严格按照中央组织部、市委组织部及教育工委的有关规定，将收缴党费的75％留给基层党组织，上缴市委教育工委20％，校党委留存5％。

学校党费的支出使用和下拨严格按照审批权限制度，每项使用和下拨都由组织部起草申请报告，由部门负责人签字后再由党委主管领导审批签字，最后送财务处划账或报销。党费按照规定用于培训党员、开展党员教育、表彰先进、补助生活困难党员。党费的收缴、使用情况详见表14.1-12所示。

表14.1-12　2001—2010年党费收缴、使用情况统计　　单位：元

年份	上年实存	收入（下级上缴）	支　出	使　用	上　缴	下　拨	累计结存
2001	203 462.82	43 686.38	65 278.40	315.00	64 963.40		181 870.80
2002	181 870.80	44 201.60	178 412.85	71 565.36	106 847.49		47 659.55
2003	47 659.55	194 865.61	157 398.78	5 689.49	151 709.29		85 126.38
2004	85 126.38	176 047.41	139 451.74	1 341.00	138 110.74		121 722.05
2005	121 722.05	217 371.25	167 673.95	12 461.00	141 212.95	14 000.00	171 419.35
2006	171 419.35	178 496.66	201 690.48	18 470.00	183 220.48		148 225.53
2007	148 225.53	221 953.06	259 972.26	128 407.00	131 565.26		110 206.30
2008	110 206.30	167 516.02	180 010.01		180 010.01		97 712.34
2009	97 712.34	201 754.99	210 078.47	86 293.76	123 784.76		89 388.86
2010	89 388.86	226 869.02	219 114.50		219 114.50		97 143.38

4．党组织活动经费

学校根据《中国高校基层组织建设条例》和《北京高等学校党建和思想政治工作基本标准》的相关规定，自2007年起落实了人均100元的活动经费。各学院党委、党总支、直属党支部所在单位也对开展党的活动给予了大力支持，使基层党组织建设经费有了保障。

四、党内重要教育活动

（一）"三讲"教育"回头看"活动

2001年4—5月，学校党委在市委和市委教育工委的统一部署下，在校、院领导班子及全校处级领导干部中开展了"讲学习、讲政治、讲正气"教育"回头看"活动。活动分为组织学习、进行自查自纠、完善整改方案、通报整改情况四个环节开展，重点查看各级党委及领导班子党风、工作作风的整改情况，巩固2000年开展的"三讲"教育成果。

（二）"三个代表"重要思想教育活动

2001年7月，江泽民总书记提出"三个代表"重要思想后，学习贯彻"三个代表"重要思想作为一项长期的教育工作，校党委结合上级党委要求及学校工作；2001年下半年和2002年，通过举办"三个代表"重要思想研讨班、培训班、学习班，抓好党员领导干部的学习，组织对教职工的宣讲，推动"三个代表"重要思想"进课堂、进教材、进学生头脑"的工作。

2003年7月，根据中央、北京市委和教育工委的有关精神，校党委下发《关于学习〈"三个代

表"重要思想学习纲要〉的通知》(京联党宣〔2003〕2号),组织全校各级领导干部、党员和师生员工学习中宣部《"三个代表"重要思想学习纲要》,处级以上领导干部的学习是教育活动的重点。校党委于10月、11月举办两期学习"三个代表"重要思想培训班,全校处级干部参加了培训。

2003—2004年,校党委将"学习实践'三个代表'保持先进性"的主题教育活动与学校准备接受教育部本科教学工作水平评估的迎评促建过程相结合,组织全校师生员工思考"办什么样的教育"和"怎样办好教育"的问题,开展办学定位大讨论,谋划学校科学发展。学校出台《关于延伸和补充〈北京联合大学"十五"时期发展规划〉的若干意见》,学校及各学院开展了制订学校(院)2003—2008年发展战略规划、学科和师资队伍建设规划、校园建设规划等工作。

(三)保持共产党员先进性教育活动

2005年8月,按照中央和市委的工作部署,学校开展保持共产党员先进性教育活动,成立由校党委书记席文启任组长,校领导班子其他成员及各学院负责人等为成员的保持共产党员先进性教育活动领导小组,下设办公室,并成立联系指导组,指导各学院开展教育活动。学校制定《中共北京联合大学委员会开展保持共产党员先进性教育活动实施方案》(京联先组〔2005〕2号)。同年9月,教育活动在全校范围内全面展开,截至12月底活动结束。

教育活动以学习实践"三个代表"重要思想为主线,以保持共产党员先进性为主题,以加强领导班子和领导干部办学能力、机关部门和机关干部履职能力、教师执教能力、后勤服务能力、学生学习能力建设为着眼点,解决党组织和党员存在的突出问题,解决影响学校发展的突出问题。教育活动分学习动员、分析评议、整改提高三个阶段进行。

2005年9月上旬至10月中旬为学习动员阶段。采取集中学习、专题辅导、个人自学、党课教育等多种形式,学习《中国共产党章程》和先进性教育的重点文献,在学习的基础上,开展新时期保持共产党员先进性具体要求大讨论;10月中旬至11月中旬为分析评议阶段。党员和党员领导干部广泛征求群众意见,撰写党性分析材料,查找自身存在的问题,剖析思想根源。党支部根据民主评议情况、征求到的群众意见和党员本人的一贯表现,提出对每个党员的评议意见;11月中旬至12月下旬为整改提高阶段,党员个人、各级党组织分别制定整改措施和整改方案,落实整改责任,进行整改工作。

在这次教育活动中,全校各级党组织全部参加了教育活动,参学率100%;党员4032人参加教育活动,参学率99.07%。群众对教育活动的开展满意度测评的满意率和比较满意率为97%。

(四)学习实践科学发展观活动

2009年3月,按照市委关于第二批开展深入学习实践科学发展观活动的总体安排和要求,学校成立由校党委书记徐永利任组长,校领导班子其他成员及学院负责人等为成员的学习实践科学发展观活动领导小组,校党委制定了《中共北京联合大学委员会关于在全校党员中开展深入学习实践科学发展观活动的实施方案》(京联党〔2009〕14号),并成立两个活动指导检查组。全校18个二级党组织、5160余名党员和处级及以上干部参加了活动,此次活动分为学习调研、分析检查、整改落实三个阶段。

在这次活动中,校、院两级领导班子深入开展调研活动,查找影响和制约学校科学发展的突出问题以及党性党风党纪方面群众反映强烈的问题,共召开调研座谈会180次,梳理问题668条,形成调研报告95篇。各级领导班子按照"党员干部受教育、科学发展上水平、人民群众得实惠”的活动要求，坚持边学边查、边查边改。校党委确定了9个方面的整改项目、50条整改措施，对整改落实事项进行责任分解，明确整改的责任领导、责任单位和完成时间，建立整改落实责任制。群众对学校领导班子分析检查报告评议统计结果显示，满意度为96.1%。

（五）创先争优活动

2010年5月，根据市委、市教工委的部署，学校成立由校党委书记徐永利、校长柳贡慧为组长，校领导班子其他成员及学院负责人等为成员的创先争优领导小组，下设办公室，并建立了检查指导组。校党委制定了《北京联合大学关于在全校基层党组织和党员中深入开展创先争优活动的实施方案》，活动分为三个阶段：第一阶段（从2010年5月开始至2010年年底），以党员作风建设年活动为专题，广泛开展“育人标兵”“成才表率”“十佳党支部”申报创建等评选表彰活动；第二阶段（从2011年1月开始至7月）以迎接建党90周年为专题，开展创先争优活动；第三阶段（从2011年7月开始至党的十八大召开前）以“迎接党的十八大召开”为专题，开展创先争优活动。

2010年下半年，校党委下发《中共北京联合大学委员会关于做好“争做育人标兵和成才表率”活动有关工作的通知》（京联党〔2010〕90号），在全校范围内评选出10名“育人标兵”和8名“成才表率”，其中2名教师获得“北京高校育人标兵”荣誉；1名学生获得“北京高校成才表率”荣誉，情况详见表14.1-13所示。同时，学校开展“十佳党支部”申报创建活动，全校共有来自各学院和校机关及直属单位的12个学生党支部和29个教工党支部参加了评选。根据市委开展领导点评创先争优工作的有关要求，校党委部署“创先争优，从我做起”主题实践活动，全校上下开展领导点评创先争优工作和民主评议党员、民主评议党支部的活动。

表14.1-13 2010年校级及以上育人标兵和成才表率获得者名单

序号	奖项	单位	获得者姓名
1	北京联合大学育人标兵	应用科技学院	支芬和
		机电学院	嵇 伟
		机直党委	江小明，潘 峰
		特殊教育学院	冯希杰
		师范学院	高洪力
		商务学院	李智玲
		自动化学院	孙建京
		应用文理学院	王 彤
		广告学院	毛连生
2	北京联合大学成才表率	旅游学院	王 帅
		师范学院	吕 放
		生物化学工程学院	蔡悠笛
		商务学院	路 遥
		信息学院	沈 洋
		应用文理学院	阎 菲
		自动化学院	喻 楠
		机直党委	林昌君
3	北京高校育人标兵	应用科技学院	支芬和
		机电学院	嵇 伟
4	北京高校成才表率	旅游学院	王 帅

五、党校

(一)机构设置

1. 党校机构

学校党校校长由学校党委书记兼任,分管组织工作的党委副书记兼任常务副校长,分管学生工作的党委副书记、纪委书记兼任副校长。党校设立校务委员会,校务委员会由党委、纪委、党委组织部、党委宣传部、党委学生工作部、团委和各学院(包括机关和直属单位、北苑校区)党组织主要负责人组成。校务委员会定期研究党校的培训计划和其他重要事项,并讨论决定党校的建设、教学、科研等有关重大问题。党校办公室设在校党委组织部,负责党校具体工作。办公室主任由校党委组织部部长兼任,办公室常务副主任由校党委组织部副部长兼任,设1名专职党校工作人员。

党校的主要任务是对干部、青年党员和入党积极分子进行培训。党校和各学院党校(或业余党校)各有分工,党校负责培训各学院中层干部和青年党员骨干。各学院的党校(或业余党校)负责中层以下的干部、普通党员、预备党员和申请入党的积极分子的培训。

2. 机构调整

2004年10月,为进一步贯彻上级和校党委提出的在高校学生中加大积极稳妥发展学生党员力度的要求,校党委决定成立北京联合大学校本部学生业余党校,为学校党校的重要组成部分,接受校党校的领导,负责学生党员和入党积极分子的教育和培训。下设信息学院分党校、机电学院分党校、自动化学院分党校、管理学院分党校、广告学院分党校、国际语言文化学院分党校、东方信息技术学院分党校、网通软件职业技术学院分党校、平谷学院分党校、北京联合大学分校分党校。

2010年4月,为进一步提高学校的干部培训、入党积极分子培训以及党员教育工作的水平,使党校工作更加系统化、规范化、科学化,校党委决定将北京联合大学党校实体化。学校设立学校党校,并在学校党校内设立北京联合大学干部培训学校和北京联合大学学生业余党校。二级法人学院设学院党校,其余学院设学生业余党校分校。学校各二级党校(党校分校)接受学校党校的指导。

干部培训学校由分管组织工作的校党委副书记兼任校长。校党委组织部长兼任常务副校长,校党委办公室和校长办公室主任、校宣传部长、校人事处长、校教务处长兼任副校长。干部培训学校的具体组织工作由校党委组织部负责,校党委和校长办公室、校党委宣传部、校人事处、校纪监办、校教务处、校研究生处协助。

学生业余党校由分管学生工作的校党委副书记兼任校长。校学生工作部部长兼任常务副校长,校团委书记、校宣传部长兼任副校长。学生业余党校的具体组织工作由校学生工作部负责,校团委、校教务处协助。2010年5月,北京联合大学学生业余党校成立。

(二)主要工作

1. 学生入党积极分子培训

学生入党积极分子的培训工作,由学生所属学院的党校(业余党校)具体负责。各学院党校(业余党校)每年开设一两期入党积极分子培训班。2004年10月,校本部学生业余党校召开成立大会暨党校高级班开幕式，此后各学院党校(业余党校)也先后开办入党积极分子高级培训班，健全了党校初、高两级培训机制。2001—2010 年，全校的入党积极分子都分别参加了学校各级党校的培训，入党积极分子人数情况表 14.1-14 年示。

表 14.1-14　2001—2010 入党积极分子分类情况统计表　　单位：人

年　份	入党积极分子总数	教工入党积极分子	学生入党积极分子
2001	1472	124	1348
2002	1651	141	1510
2003	3015	197	2818
2004	4382	214	4168
2005	5137	246	4891
2006	5841	247	5594
2007	4937	143	4794
2008	5421	203	5218
2009	4809	185	4624
2010	6644	172	6472

2. 干部培训

干部教育培训是提高干部队伍素质和干部领导水平和工作能力的重要途径。校党委结合实际认真研究制订培训工作方案，采取多种形式开展干部教育培训活动。2003—2010 年，校党委陆续开展了 6 期局级干部进修培训班、全校统战干部理论培训班、新任处级干部培训班、博士教授培训班、教务管理干部培训班、党务政工干部培训班，并针对“三个代表”重要思想、十六届六中全会精神、十七大精神等进行专题辅导，累计培训各级各类干部 3022 人次。

3. 党校培训工作

学校党校实体化之后，干部培训学校于 2010 年 3—4 月，举办新任职干部专题培训班，16 所学院、校机关和直属单位各部门的 140 余名新任职处级干部参加培训。

学校学生业余党校依托学院党校和学院学生业余党校分校，开展入党积极分子培训班和预备党员培训班，2010 年全年共培训入党积极分子 3200 余人，预备党员 450 余人。

第二节　宣传教育工作

一、日常思想政治教育

(一) 制度保障

为保证日常思想政治教育工作的有力开展和有序推进，校党委责成宣传部从体制机制入手，狠抓落实。10 年间，相继出台《北京联合大学党委理论中心组学习制度》《北京联合大学党的建设和思想政治工作优秀成果、创新成果奖励暂行实施办法》(京联党〔2009〕43 号)、《北京联合大学校标使用规定》《北京联合大学宣传阵地建设管理和使用办法》(2010 年征求意见稿)。

2001—2010年,校党委宣传部每年根据市委教育工委宣传工作部署,围绕学校工作重心,结合学校实际拟定年度宣传工作要点;教职工理论学习计划,按专题提供参考书目;当好学校党委理论中心组秘书,制订并下发当年学校党委理论中心组学习计划推进表。

(二)主要教育活动

对应学校重点工作任务分解表,校党委宣传部主要负责落实教工党员日常理论学习工作和教职工日常思想政治工作。

10年来,"把理论学习的成果转化为工作思路,内化为工作能力"成为学校宣传思想工作的出发点和落脚点。10年间,共搭建了六大教职工思想教育活动平台。

(1)党的十六大、十七大精神学习交流平台。2002年和2007年,分别以深入学习党的十六大、十七大精神为重点,抓好专题学习教育活动,学习贯彻党的十六大、十七大精神,助推学校应用型大学的建设步伐。

(2)先进性教育学习交流平台。2005年、2006年的宣传思想政治工作与党员先进性教育活动有机结合,按先进性教育要求具体部署学校宣传思想工作。

(3)科学发展观学习活动平台。将学习贯彻科学发展观与落实学校"十一五"发展规划有机结合;与创先争优平台、新中国成立60周年纪念活动有机结合;与迎接学校四次党代会的胜利召开有机结合。

(4)爱校、荣校教育活动平台。2004年,为迎接教育部本科教学水平评估工作,开展全校范围的教育思想大讨论;2006年开展学校精神大讨论,包括"学以致用"校训的确立等;2008年,与建校30周年的纪念活动结合,进一步鼓舞士气、凝聚人心,推进学校科学发展;2009年,配合深入学习实践科学发展观活动,开展全校解放思想大讨论活动;2009—2010年,开展新一轮学校精神大讨论,为进一步树立"联大大家庭"思想奠定基础。

(5)奥运精神学习宣传平台。2008年,提出"联大为北京奥运加油"的宣传工作指导思想。依托奥运平台宣传学校,结合奥运精神鼓舞师生;大力加强场馆团队(足球裁判训练场团队)的宣传报道工作,发扬联大志愿者精神;谱写联大人爱岗奉献服务首都的新风貌。

(6)互评互促研究推广平台。以学校党建成果评比表彰为依托,推进党建研究成果的转化与推广工作。自2009年起,每两年评选一次校级党建和思想政治优秀成果、创新成果;10年间,"北京联合大学党建和思想政治教育研究"课题,涵盖党建研究、宣传思想工作研究、德育工作研究等,共有46个课题立项,其中重点课题10项,至2010年年底,共完成课题41项,其中有3项被评为校级优秀课题。

二、宣传阵地与宣传工作

(一)宣传阵地建设

1. 网络宣传教育

北京联合大学新闻网2005年正式开通。它充分发挥网络新闻翔实、准确、及时、快捷的特点,以文字、图片、视频等多媒体表现形式全方位报道学校重大事件、师生关注的热点事件,记录学校师生的工作、学习、生活,至2010年年底总访问量已有47万多人次。当下,新闻网日益成为学校最重要的宣传阵地之一，受到全校师生的广泛关注。

新闻网在2008年、2010年进行了两次改版，对新闻网的栏目进行重新设定，对页面进行了美编设计更新。目前使用的新闻网是2010年11月改版后的新界面。栏目设置包括“新闻导读”“媒体联大”“新闻放送”“影像新闻”“新闻直通车”“新闻人物”“电子校报”“新闻话题”等。“理论园地专栏”“党风廉政建设专栏”“创先争优专网”等多个专题网站或专栏，体现了思想教育工作的时代性和科学性。

2009年，正式开通联大BBS，实现了多校区在线引导，为学校宣传思想工作全覆盖搭建了平台。BBS现有40多个栏目版块，注册人数1000余人，发帖数量1万余条。

2010年年底，开发并试运行了《北京联合大学手机报》，为进一步探索高校宣传思想工作的有效路径进行了有益的尝试。

2.《北京联合大学报》

《北京联合大学报》是学校党委的机关报，原名《北京联合大学》，创刊于1986年5月18日，出版40期后宣告停刊；1996年12月3日正式复刊；1997—1998学年第一学期加入中国高校校报协会和北京市高校校报研究会。

2002年，《北京联合大学校报》正式被更名为《北京联合大学报》，成为拥有正式刊号的一份校级报纸。

2009年，校报编辑部成为北京高校校报研究会的监事单位并于2010年实现一至四版的全彩印刷。

当前，《北京联合大学报》按照每月两期编辑出刊，每期为四开四版，印刷量为9000份；发行对象主要为学校在校师生、离退休教工、广大校友，以及部分新闻媒体、兄弟高校等。10年间，开设互动性栏目“联大情怀”“师生论坛”“教工之声”“我看奥运”“心中的记忆”“走基层看发展”“理论中心组学习”等，深受广大读者好评。

3. 宣传橱窗(屏幕)、横幅

2008年起，对全校多校区的橱窗、条幅实现统一管理，极大地提高了橱窗的使用效率和宣传效果，规范了条幅宣传内容及悬挂、撤挂时限。

2010年形成的《北京联合大学宣传阵地建设管理和使用办法》(征求意见稿)，就悬挂条幅的审核、备案、使用期限与摘除要求和LED屏的管理等作出了详细的规定。

2010年起，试行全校多校区新生迎新环境的统一布置，为打造多校区统一宣传平台进行了有益尝试，当前全校大型活动、重大节庆日、重要时间节点都会有统一的宣传设计和较为突出的宣传效果，为“同一个联大”思想的形成贡献了宣传的力量和智慧。

4. 电视台、广播台

电视台和广播台是校党委宣传部直接指导下的重要的舆论宣传阵地和学生课外实践基地，一直以弘扬联大精神、繁荣校园文化为己任，在做好特色宣传工作的同时，积极举办各类创意独特、内容新颖的校园活动。

记者团成立于2001年，成立之初名为海燕通讯社，于2009年正式更名为联大记者团。记者团以《北京联合大学报》、新闻网为阵地，立足联大新闻第一线，参与校内外重大新闻的采写、相关新闻的编辑工作。10年间，分批次、多人次委派学生记者到《光明日报》《工人日报》《中国教育报》等社会媒体实践锻炼；2009年以来，先后派3人参与北京市委教育工委举办的首都大学生记者团活动,通过暑期实践活动的参与,进一步提升学校学生记者新闻采编水平。

电视台于1998年成立。2001—2010年,承担了学校本科教学水平评估工作、党建评估专家入校检查、各类重大会议、各级运动会、2008年北京奥运会场馆服务、三十年校庆纪念活动等的拍摄及影像编辑工作。2006年,新闻网开通了视频新闻。电视台每两周录制完成的《联大新闻》都会同步在新闻网上播出。

广播台于1996年成立,播出栏目主要包括校园新闻、学子动态、英语学习、我爱音乐等。2006年,校广播台策划的首届北京市大学生广播节目评选大赛方案最终在首都各大院校近400个社团的申报项目中脱颖而出,成为2006年度首都大学生社团文化季获批的8个精品社团活动之一。

5. 校内出版物

《北京联合大学党建和思想政治工作研究》于2000年12月创刊,至2008年12月,每年出刊两期。10年间,共出版9卷16期,历任主编分别由韩宪洲、高东、周志成担任。它提倡"百花齐放、百家争鸣",以科学、求实、创新为刊发原则,坚持以马列主义、毛泽东思想、邓小平理论为指导,设有"党的建设""思政研究""素质教育""思想政治理论课教学"等栏目,刊载了学校教师撰写的大量文字,反映了学校教职员工对高校党的建设和思想政治教育工作的研究与思考。

《心中的记忆——纪念北京联合大学(大学分校)建校30周年》于2008年10月由北京出版社出版,为学校建校三十周年系列丛书之一,主编为校党委书记徐永利、校长柳贡慧,收录了全校教职员工、学生、各届校友、老领导等各方人士在北京联合大学亲历的回忆,反映了联大三十年所走过的历程和学校的发展变迁,抒发了联大人的爱校情怀。

《坚守·探索·实践》为2009年度学校宣传思想工作研究成果,集结了学校宣传思想工作者的理论研究与实践探索。该书编委会主任是校党委副书记周志成,主编为党委宣传部部长张奕。

由校党委宣传部牵头完成的还有《学习、探索、创新——北京联合大学学习十七大精神论文集》《与改革开放同行——北京联合大学(大学分校)纪念建校30周年系列文丛》系列丛书等。

(二)主要宣传工作

1. 以大学文化为主线开展宣传思想工作

学校秉承"以文化人"的宣传工作思路,提出积极构建"激扬联大"为主题的文化建设模式,通过立足"三个一"和着力"三个三"建设具有本校特点和时代特征的学校文化,把文化建设工作落到实处,增强文化建设工作的有效性。

立足"三个一":

一是着眼一个实际——学校发展的实际;

二是抓住一条主线——高扬精神的旗帜;

三是明确一个目标——以"激扬联大"之势成就"以文化人"之果。

着力"三个三":

一是实现3个“统一”：统一办学思路和校训；统一多校区运行平台；统一校园文化建设格局。

二是组织3次全校性大讨论：

(1) 围绕学校视觉形象识别系统展开全校性大讨论、潜移默化地强化“同一个大学”的意识，2010年12月新校标投入使用。

(2) 围绕校歌而展开全校性大讨论，2009年9月开展校歌有奖征集活动，利用专题网站、橱窗、BBS系统、广播短剧等形式广邀广大师生员工、离退休职工、海内外校友和所有关心、支持学校建设发展的各界人士投稿，征集作品近100件。

(3) 围绕“联大精神”展开全校性大讨论，从2004年5月开始，以组织征求意见座谈会、对师生进行问卷调查和向离退休干部征集稿件等形式广泛开展联大精神的讨论，连续在校报上登载稿件，并在此基础上形成三套遴选方案。2006年6月，校党委常委会进行了初步审议。2009年，进一步凝练统一，针对“联大精神”的凝练原则、内涵外延、文字表述等方面，召开校离退休老干部、青年博士、校机关干部、各学院等各级各类“联大精神”座谈会近100场，搭建校报、新闻网、校园BBS等师生共同参与、共时交流的“联大精神”讨论平台。

三是打造3大品牌活动：

(1) “我与联大共奋进”宣讲团活动：2009年10月正式启动宣讲活动，通过推选、投票等环节从近100位候选人中遴选出29名宣讲人(集体)，宣讲活动在各校区开展，至2010年12月，共计开展宣讲8次，累计参加人数2000人。

(2) “校长邀你共话联大”系列活动：2010年4月，启动交流活动，校长与学校师生面对面交流，是师生建言献策、参与学校改革发展的新尝试。2010年，举办“校长邀你共话联大”之话就业、论发展活动。

(3) “激扬联大新闻事件、人物和团队评选”活动：2010年3月，揭晓评选结果，在全校范围内推荐评选年度“激扬联大”新闻事件、人物和团队，传承联大人的精神。累计评选新闻事件8件，新闻人物3人，新闻团体6个。

2. 加强对外宣传工作

积极宣传各校区师生健康乐观、积极向上的精神风貌，撰写稿件报道为师生造福的各类民生工程，并推荐给各级各类社会媒体，力争对学校事业发展、教育教学改革、人才培养、科学研究、服务社会等方面进行全面而系统的报道。

10年间，《人民日报》《光明日报》《中国教育报》《中国青年报》《北京日报》《北京青年报》《法制晚报》《京华时报》《北京晨报》《北京考试报》《前线》《北京教育》等几十家媒体近千次对学校进行宣传报道。例如，2008年，新华网刊发《国内首家导聋犬训练基地将成立》，《中国教育报》刊发《用微笑和服务感动世界——北京联合大学志愿者服务奥运掠影》，《大学生周刊》刊发《残奥会“女祭司”》，《京华时报》刊发《首家导聋犬基地落户北京》等；2009年，《北京日报》刊发《创业学长邀学弟学妹》《深度辅导让学生在关爱中成长》，《北京考试报》刊发《北京联合大学特殊教育专业毕业生100%就业》，《北京体育报》刊发《北京首个国家青少年健美操培训中心成立》等；2010年，新华网刊发《北京联合大学积极推进信息化建设》《北京联大“冷门”专业学生受用人单位“热捧”》，人民网刊发《北京联合大学法学专业校外综合实践教学基地成立》，《中国旅游报》刊发《北京联大旅游学院与全聚德集团携手产学研一体化办学见成效》，《北京考试报》刊发《北京联合大学5个项目招收高水平运动员》，千龙网刊发《首个残疾人大学生艺术团成立》等。

2008年,中央电视台《新闻联播》节目组对学校足球裁判训练场进行新闻报道。近年来,中央电视台国际频道、教育频道,北京电视台《北京新闻》等栏目结合学校人才培养、学科建设、文化传承创新等予以系列报道。

3. 建校三十周年的宣传工作

学校30年校庆庆典活动工作小组设立在校党委宣传部。

(1) 标识征集活动始于30年庆典活动。2007年6月,举行了校庆标识有奖征集活动。活动得到了社会的关注和各学院的大力支持,应用文理、师范、商务、广告等学院艺术设计和广告专业的师生积极参与,共收到社会和校内的校庆标识设计作品420件。经过筛选、推荐和公开评选,于2008年3月公布了评选结果并进行全面推广。

(2) 收集、整理相关资料。2007、2008两年间开展相关资料的收集整理工作。据不完全统计,共整理、冲洗老照片约9000多张;编辑出版校友名录完全版和学院版;通过整理校友名录,最终确认建校30年间,共计培养毕业生15万余名。

(3) 宣传学校30年所取得的喜人成绩。策划召开《光明日报》《北京日报》《中国高等教育》《职业与教育》等20多家媒体参与的媒体恳谈会。《中国教育报》《中国青年报》《首都经济报道》《中国新闻》等近十家媒体报道了校庆当天盛况,《首都教育》《北京教育》分别刊登了对校党委书记徐永利和校长柳贡慧的专访文章。

(4) 出版纪念文集、画册。出版了纪念北京联合大学(大学分校)建校30周年丛书,包括《心中的记忆》《构建应用型大学和谐校园》《与改革同行》《奥林匹克与中国》《学旅情游》《传统与创新的契合》《耕耘集》等7册。出版了反映联大30年教育教学改革成果和代表联大风貌的纪念画册。

(5) 记录庆典盛况。在校庆专网登载校庆公告5条,校庆新闻50余条,校庆简报39篇,组织机构相关新闻16条,老照片近100张,《心中的记忆》征文46篇,校友访谈78篇。2008年8月18日当天的新闻全面系统报道了庆祝会盛况。

(6) 获奖。2008年10月,北京联合大学党委宣传部获得首都教育系统奥运工作先进集体;同年12月,校庆宣传及出版物项目组(校宣传部承担)在庆祝建校三十周年活动中获项目奖。

第三节　纪律检查工作

一、基本情况

(一) 机构设置

2001年,学校纪律检查工作、行政监察工作和审计工作合署办公。纪检监察办公室作为校纪委常设办事机构,履行党的纪律检查职能,在学校党委、纪委和上级纪委领导下开展工作。2004年,学校设立审计处,纪检监察办公室的审计业务剥离。2004—2005年,旅游学院设有纪检监察专门机构即纪监审办公室。2005年,应用文理学院设专职纪检监察员岗位(副处级),编制属学院组织部。2010年,根据学校科级机构和科级岗位设置的指导意见,纪检监察办公室下设综合科。

（二）工作职责

（1）维护党的章程和其他党内法规，检查党组织和党员贯彻执行党的路线、方针、政策和决议的情况。

（2）协助党委加强党风建设，组织协调反腐败工作；加强制度建设，协调、督促各单位完善规章制度，建立健全惩治和预防腐败体系；与校行政配合，开展勤政廉政建设；协助和监督校务公开，推进依法治校和民主管理。

（3）认真履行监督职能，实施党内监督；对学校重大决策、重要干部任免、重大事项安排和大额度资金使用等方面的工作进行监督。

（4）受理对党组织和党员违反党纪行为的检举、控告，以及对纪律处分不服的申诉。

（5）调查处理党组织和党员违反党的章程和其他党内法规的案件。

（6）会同有关单位做好党风党纪和廉洁从政的宣传、教育、监督工作；对党员、领导干部开展经常性遵纪守法教育。

（7）协助党委完善干部管理监督机制，对党员领导干部行使权力进行监督；参与对干部的考察、考核和评议工作，按照有关规定提出书面意见及建议。

（8）加强纪检干部队伍的自身建设，提高纪检干部的政治素质和业务水平；加强纪检监察方面的理论研究工作。

（9）负责开展学校与检察机关的校检合作等工作。

（10）承办上级纪委和学校党委交办的其他工作。

（三）队伍建设

1. 编制待遇

2001 年，纪检监察办公室在编人员 5 人。2002 年，学校制定《关于加强我校纪检监察干部队伍建设的意见》（京联党〔2002〕19 号），明确各学院聘任一名兼职纪检监察员，接受学院党委和校纪委的双重领导。2003 年年底，纪检监察办公室在编人员增至 8 人。2004 年，学校制定《关于进一步加强纪检监察工作的意见》（京联党〔2004〕38 号），明确学院党委（党总支）全面负责本学院的党风廉政建设工作，确定一名党委（党总支）副书记担任纪律检查委员，分管本学院纪检监察工作，配备一名专（兼）职纪检监察员，负责学院日常的纪检监察工作。

2009 年，校党委制定《关于加强我校法人学院纪检监察干部队伍建设的决定》（京联党〔2009〕35 号），要求 7 所法人学院各设立专职纪检监察员 1 名，继续教育学院可设兼职纪检监察员，专（兼）职纪检监察员职级为正科级（含）以上，编制可设在党委办公室或党委其他职能部门。2009 年纪检监察员名单如表 14.3-1 所示。2010 年年初全员岗位聘任工作结束时，纪检监察办公室在编人员 4 人，除继续教育学院设兼职纪检监察员外，其他 6 所法人学院配备了专职纪检监察员。

表 14.3-1　法人学院纪检监察员名单（2009 年）

学院名称	应用文理学院	师范学院	商务学院	生物化学工程学院	旅游学院	继续教育学院	特殊教育学院
纪检监察员姓名	王琪	皮汉萍	王更水	王长军	张京	张晚霞（兼职）	王洪云

2003年,学校落实纪检监察办公室干部和纪委书记的特岗津贴(办案补贴),2010年,落实法人学院纪检监察员特岗津贴(办案补贴)。

2. 学习培训

纪检监察办公室每年召开两次全校纪检监察工作会议,组织纪委委员、专兼职纪检监察干部集中学习上级文件精神,部署总结纪检监察工作;每年举办一期专兼职纪检监察干部专题培训班,并为纪委委员和纪检监察干部订购学习资料。10年间,共计36人次参加中纪委、教育部和专业培训机构组织的业务学习。纪检监察办公室组织全校纪检监察干部积极参加北京市教育纪检监察研究会活动,开展理论研究,撰写年会论文,10年间共向研究会提交论文69篇,其中8篇被评为优秀论文,并收录到公开出版的《高等学校纪检监察工作研究》;校纪委、纪检监察办公室完成学校党建和思想政治教育研究课题《充分发挥高校纪检监察机关在构建惩治和预防腐败体系中的作用》《加强廉政文化建设构建和谐校园——廉政文化进校园的调查分析及若干问题研究》。

2008年,按照市纪委、市教育纪工委的部署,学校组织纪委委员,学院纪检委员,全校专兼职纪检监察干部30余人,开展"做党的忠诚卫士、当群众的贴心人"主题实践活动。

2009年2月,纪检监察办公室被北京市纪委、市人事局、市监察局授予2005—2008年度"北京市先进纪检监察组织"荣誉称号。

二、主要工作

(一)党风廉政宣传教育

1. 校、院党委理论学习中心组专题学习

每年配合宣传部组织两次反腐倡廉专题学习,学习形式包括集体学习上级文件、观看教育片、听辅导报告、参观展览等。例如,2005年参观北京监狱,2006年参观北京市检察院举办的反腐倡廉法制教育展,2008年参观预防职务犯罪展览,2010年请教育部党组成员、中纪委驻教育部纪检组组长王立英作高等教育领域廉政建设的专题报告。

2. 党风廉政宣传教育月活动

按照上级部署要求,每年开展有主题的党风廉政宣传教育月活动。例如,2003年"树正确的利益观",2004年"求真务实办学为民",2005年"遵守财政法规和财经纪律",2006年"预防职务犯罪",2007年"加强作风建设,促进社会和谐",2008年"讲党性重品行作表率",2009年"干部作风建设年",2010年"廉政风险防范管理",重点针对领导干部,并通过纪委的组织协调,督促协助相关职能处室开展针对师生员工的党风廉政宣传教育活动,逐步推进校园廉洁文化建设。

每年统一组织或要求各学院组织干部观看教育片或者参观反腐倡廉展览和警示教育基地。例如,2005年,组织全校副处级及以上干部351人和校机关、学院部分党员干部200人参观"北京市反腐倡廉警示教育展",组织学校治理教育乱收费领导小组成员和部分中层干部、教师观看治理教育乱收费警示片《碰不得的高压线》;2007年组织副处级及以上干部参观北京反腐倡廉教育基地(监狱);2008年,分别组织校院领导班子成员、中层干部以及机关14个重点部门的干部观看《警示与反思》《警钟长鸣》等警示教育片;2009年组织校院两级组织领导干部、重要岗位干部观看市纪委监察局制作的《周良洛受贿案启示录》、教育部纪检组制作的《警示与反思》(武汉理工大学基建受贿案)、《当前职务犯罪的趋势及其对策》等教育片;2010年组织全校中层干部和基建处全体工作人员共180余人参观“教育系统预防职务犯罪法制教育展”,制作《廉政准则》的学习光盘下发各单位组织观看,并印制教育系统职务犯罪典型案例教育宣传画在各校区宣传栏中统一展示。

每年在全校副处级及以上领导干部中举办至少一次专题党课或专题报告会,每年编印一期《领导干部党风廉政建设学习材料汇编》。2003年,校党委书记席文启为全校副处级及以上领导干部和基层党支部委员作题为“从灾难中学习如何保持共产党员先进性”的党课。2004年,请中央党校党建专家叶笃初教授和市纪委副书记王翔分别作学习《中国共产党党内监督条例(试行)》和《党纪处分条例》的辅导报告。2005年,请市教委审计处曹永模处长作题为《增强财经法律观念,加强高校内部经济管理》的专题报告;北京市内审协会教科文卫委员会副主任、北京化工大学审计处处长张坤同志作题为《正确履行经济责任,建立经济责任体系》的专题报告。2006年,请市委党校宋林泰教授为全校副处级及以上领导干部、总支和支部书记作“学习党章、遵守党章”的辅导报告;请丰台区检察院反贪局局长王森作“治理商业贿赂犯罪”的专题报告。2007年,请北京大学政府管理学院党委书记、博士生导师、中央治理商业贿赂专家组成员李成言教授为校、院理论学习中心组作“反腐倡廉与构建和谐社会”辅导报告;请党史研究专家、监察部廉政建设咨询员黄苇町教授作题为《新时期领导干部作风建设若干问题研究》的专题报告。2008年,请海淀区检察院职务犯罪预防处处长王燕作“预防职务犯罪”的专题报告。2009年,请市委教育纪工委书记周燕作《解读两个意见,推进廉政风险防范管理》的报告。2010年,请市纪委副书记王海平作专题报告;朝阳区检察院副检察长孙长柱作“预防职务犯罪”的专题报告。

结合宣传教育月主题开展党纪法规知识测试。2004年,组织全校300多名副处及以上党员领导干部参加党纪条规知识测试。2005年,组织全校副处级及以上领导干部403人和全校1500名在职教职工党员参加《实施纲要》知识测试;组织全校400多名副处级及以上领导干部参加财经纪律、财经法规知识测试活动。2006年,组织参加全国“红船杯”学党章知识竞答活动,共有2662名党员参加答题。

3. 与检察院合作开展教育工作

2006年,学校借用丰台检察院“预防职务犯罪”的宣传展板,在应用文理学院、师范学院、商务学院、生物化学工程学院、旅游学院、继续教育学院、特殊教育学院及校本部等8个校区各进行了为期一周的巡展。2007年和2008年,与海淀检察院合作,分别制作“高校职务犯罪的典型案例”和“科研领域违法乱纪案例”的宣传展板,在各校区进行巡展。2010年,学校和朝阳区辖区内其他12所高校共同与朝阳区检察院签署了校检合作意见书。

4. 廉政网站建设

2010年创建北京联合大学党风廉政建设专题网站,介绍学校开展党风廉政建设和反腐败工作的成绩,报道学校纪检监察工作最新动态;网站还设置了学习园地,供浏览者学习上级有关重要文件和政策,了解学校重要制度和规定。

5. 逐步规范对调任、提任、兼任处级干部的岗前谈话

2010年全员岗位聘任工作结束后,当年廉政谈话共计439人次。

（二）党风廉政建设责任制落实

1. 制度建设

2002年，制定《关于对处级领导班子和领导干部违反党风廉政建设责任制行为进行责任追究的实施细则（试行）》（京联党〔2002〕24号）和《关于处级领导班子和领导干部执行党风廉政建设责任制情况的考核检查办法（试行）》（京联党〔2002〕25号）。2004年，制定《中共北京联合大学纪律检查委员会会议制度和议事规则》（京联纪〔2004〕2号）和《纪检监察信访举报工作实施办法》（京联纪〔2004〕6号）。2008年，制定《〈关于对涉嫌违犯党纪政纪有关案件线索统一管理的办法〉的实施细则》（京联纪〔2008〕2号）。2009年，制定《关于对处级领导干部实行任职廉政谈话、诫勉谈话、警示谈话和函询的暂行办法》（京联党〔2009〕6号）。同年，纪检监察办公室编印《纪检监察工作文件选编》，收录中央、北京市及学校党风廉政和纪检监察工作常用文件121个。

2. 党风廉政建设工作会议

2007年5月，北京联合大学党风廉政建设工作会议召开，校院领导班子成员，全校副处级及以上干部参加会议，校纪委书记黄海洋主持会议，校长柳贡慧作工作报告，校党校副书记孙权作重要讲话。应用文理学院党委书记郭淑敏就"院、系（处室）两级落实党风廉政建设责任，贯彻'三重一大'的情况"、师范学院副院长傅桂禄就学院开展"规范教育收费，抵制商业贿赂"专项反腐倡廉工作、校国有资产管理处处长张俊玲就"规范国有资产管理，做好政府采购等专项工作"进行大会交流。2008年5月16日召开全校党风廉政建设工作会议，孙权主持会议，黄海洋作工作报告，校党委书记席文启作重要讲话。会上观看反腐倡廉警示教育片，举行校领导与学院党政一把手签订党风廉政建设责任书仪式。

3. 责任承诺

2006年，学校制定《处级领导干部实行廉政责任和廉洁自律承诺的规定》（京联党〔2006〕20号），首次组织校、院175名正处级领导干部签订《廉洁从政承诺书》，按照文件规定，随后新提拔、调任的正处级干部均要与学校签订《廉洁从政承诺书》。

4. 责任检查

学校每年年初制定《党风廉政建设和反腐败工作主要任务分工》，明确校领导班子每一位成员的具体责任和每项任务牵头单位、协办单位的工作目标及任务要求；督促各学院按年度制定本学院《党风廉政建设和反腐败工作主要任务分工》。每年年底，全校开展党风廉政建设责任制落实情况自查，根据工作安排由校纪委牵头对学院重点抽查。2003年、2007年、2010年学校接受了市委教育工委、市教委组成的高校党风廉政建设责任制检查组对学校党风廉政建设责任制的贯彻、落实情况的检查。

5. 责任追究

学校严格执行责任追究制度，10年间共对8个单位，8名局级干部，16名处级干部进行责任追究。

（三）教育、制度、监督并重的惩治和预防腐败体系建设

1. 惩防体系基本制度建设

2006年年初，制定《中共北京联合大学委员会关于贯彻落实〈建立健全教育、制度、监督

并重的惩治和预防腐败体系实施纲要〉的具体办法》(京联党〔2006〕8号)和2006—2007年任务分解表,确定2006—2007年是制度建设年。当年,校院各职能部门以迎接党建评估为契机,认真梳理各自职权范围内的各项规章制度。2007年11月,学校对惩防体系基本制度建设工作进行阶段性总结,校、院各职能部门进一步修订完善各项规章制度。2008年,制定《重点部位关键环节监督体系(试行)》(京联党〔2008〕23号),加强了对重点领域关键环节的制度清理。2009年,制定《北京联合大学惩治和预防腐败体系基本制度自查自建工作安排》(京联党〔2009〕41号),校党委及15个学院对照检查要素开展自查自建。学校党委常委会专题听取全校自查自建情况的汇报。至2009年年底,学校已制定并执行的制度170余个,需要修订的制度14个,需新建的制度4个。

2. 廉政风险防范管理工作

按照上级统一部署,2009年学校开始推进廉政风险防范管理工作,成立学校廉政风险防范管理工作领导小组,并制定了选取重点、分批推进的工作方案。7所法人学院和校机关17个重点职能部门作为第一批推进单位。24个单位按照学校的部署要求,以工作流程的排查为重点,以查找制度的缺陷为突破口,查找思想道德、外部环境、制度机制和岗位职责"四类风险",评定风险等级,制定防控措施。

2010年4月,学校召开廉政风险防范管理工作动员部署大会,廉政风险防范管理工作向所有具有业务处置权的岗位全面铺开。校院各部门共查找风险点723个,制定防控措施873个。学校重点抓住向局处级领导班子和领导干部的延伸,选取"三重一大"制度的落实及科学民主决策、干部人事管理、财务管理、教育收费和奖助学金发放管理、基建(修缮)项目管理、物资(设备)采购管理、学校企业和国有资产管理、招生管理、科研经费管理、规范学术活动等"十大领域"实施重点突破。7个局级领导班子和25名局级领导按照上级工作要求,结合"三重一大"等集体决策事项和各自主管的工作,查找风险点203个,制定防控措施229条上报市纪委。校纪委编印的《北京联合大学廉政风险防范管理工作手册》共收录"十大领域"部门风险防控流程图27张,明确风险点117个,制定防控措施136条。

(四)信访工作和案件查办

纪检监察办公室坚持实事求是的原则,按照规定对信访件有重点地核查。对涉及领导干部工作作风问题的信访,提请相关部门和干部改进;对确实有缺点、有错误,或出现轻微违纪行为,但尚不构成纪律处分的干部,主管校领导、纪委书记、学院领导按照干部管理权限分别与其进行提醒谈话、诫勉谈话;对举报件中需要本人说明的,采取纪检函询的形式,要求被举报人向组织说明情况。

10年间、学校共审结案件6件。2001年、2002年、2003年、2007年各1件,2008年2件;党内警告处分1人,党内严重警告处分3人,留党察看2人;其中有1人同时被追究刑事责任。

(五)党风廉政监督员

2009年,学校制定《中共北京联合大学委员会聘请党风廉政监督员的规定》(京联党〔2009〕5号),废止2001年制定的《中共北京联合大学委员会聘请党风廉政监督员的规定》,将监督员聘期由两年改为三年,进一步明确选聘条件、程序和监督员的职责、权利、管理。2001年聘请党风廉政监督员12名,民主党派和党外人士占83.3%;2004年14名,民主党派和党外人士占93%;2006年14名,民主党派和党外人士占86%;2008年15名,民主党派和党外人士占93%。纪检监察办公室坚持每年召开座谈会,向监督员通报党风廉政工作情况,主要校领导听取监督员对学校各项工作的意见和建议;安排监督员参与每年对校领导班子及其成员的民主测评和对校机关处级领导干部的年度考核工作;建立纪检监察办公室专人负责联系监督员制度,与各位党风廉政监督员沟通信息和情况。

(六)校务公开制度

2002年,学校出台《北京联合大学校务公开实施意见(试行)》(京联办〔2002〕22号),成立校务公开工作领导小组、校务公开工作办公室和校务公开工作监督小组,在全校推行校务公开工作。

2008年,学校在前期相关部门制定的《北京联合大学重要部门校务公开实施细则》基础上,相继出台《北京联合大学校务公开实施细则(试行)》(京联发〔2008〕32号)及《北京联合大学校务公开目录(试行)》《北京联合大学校务公开工作实施办法》。校务公开所涉及的重要部门按照学校要求,分别制定了校务公开实施细则。

第四节　统一战线工作

一、机构与职能

2001—2010年,学校统战工作由校党委组织(统战)部负责,各学院的统战工作由各学院组宣部或综合办负责。

统战工作部门的主要职能是:了解情况,综合研究,掌握政策,协调关系,化解矛盾,理顺情绪,培养新人,举荐人才。

统战工作的范围包括:2001年1月—2010年12月,学校民主党派成员稳中有增,同时对外交流活动频繁,学校统战工作的范围包括党外知识分子、民主党派、民族、宗教、港澳台和侨务工作。

二、民主党派和党外高级知识分子工作

(一)支持民主党派自身建设和发展

校党委支持各党派开展活动,配合各民主党派进行人员入党派前的考察工作。2001—2010年,学校民主党派人员从87人发展到131人,覆盖除台盟以外的7个民主党派,独立支部从3个发展到6个。2006年12月21日,中国民主促进会北京联合大学师范学院支部成立,师范学院党委书记张仲林出席了会议,师范学院民盟、九三学社兄弟党派成员和部分系主任参加了会议。2008年1月17日,中国民主促进会北京联合大学商务学院支部成立,商务学院党委书记张建林及学院领导班子成员出席了会议。

2008年,民进联大商务学院支部获得"年度民进朝阳区先进支部"的称号。2009年6月23日,中国民主同盟北京联合大学师范学院支部委员会举行了庆祝民盟支部成立15周年暨优秀盟员表彰大会,师范学院党委副书记郭堃及组织部长王育红出席大会。

（二）充分发挥民主党派和党外高级知识分子在学校建设中的作用

校院党委多次召开民主党派代表座谈会，及时向民主党派通报学校发展情况，广泛听取民主党派的意见和建议，为民主党派建言献策搭建平台。

2007年11月9日，校党委召开党外代表人士学习贯彻党的十七大精神座谈会。

2008年6月30日，校党委召开党外人士座谈会，在“七一”前夕对民主党派表示慰问，并就学校的各方面工作听取党外人士意见，各位参会人员畅所欲言，根据自己所了解的群众所关心的事情，对学校面临的形势，如何凝聚人心、学校办学空间、教学、科研、党的建设等各个方面提出问题，思考解决的办法，提出解决的建议。

2009年4月2日，校学习实践科学发展观活动领导小组召开党外代表人士座谈会，9名党外代表人士围绕对科学发展观内涵的理解，应用型大学建设的目标，应用型大学的师资队伍建设，干部队伍建设，基础课教学、设立系级管理层级等问题发表了意见和建议。

同年12月30日，校党委召开民主党派和无党派代表人士纪念改革开放30周年暨新年座谈会。对学校30年来的发展进行了很好的回顾和总结，对学校当前的工作和未来的发展提出了许多宝贵的意见和建议。

2010年3月18日，校党委召开民主党派和无党派代表人士座谈会，通报了2009年学校发生的重大事件，回顾了学校一年来取得的进步和发展成果，同时介绍了2010年学校的工作要点，各位与会代表结合自身教学、科研、管理等工作对学校的发展提出了很多有益的意见和建议。

三、民族宗教侨务工作

（一）关心少数民族学生生活

2010年3月31日，应用文理学院法律系云南籍少数民族班的18位同学，响应学院团委和系团总支的号召，在校园里发起“捐献一瓶水，奉献一份爱”的募捐活动，为云南灾区募捐。同学们用自己的行动帮助家乡，在场的同学们深受云南籍少数民族班同学的感染，纷纷慷慨解囊。募集的资金已于当日上交院团委。

（二）开展民族宗教政策教育

2009年10月14日，校党委副书记周志成为广告学院学生作“民族大团结万岁”主题教育讲座，讲座主要针对新疆地区民族、历史、宗教等特点及主权归属问题进行了深入的讲解与分析，有近300名学生参加讲座。2007年，学校发布《关于成立北京联合大学民族宗教工作领导小组的通知》（京联党〔2007〕43号），成立民族宗教工作领导小组，从思想政治教育、教学管理、学生管理、行政管理等各方面开展民族和宗教工作。

2001—2010年，在宗教教育方面，针对一般大学生群体，坚持发挥课堂教学的主渠道作用；在思想政治理论课教学中，注意强化辩证唯物主义、历史唯物主义，有针对性地向学生讲授宗教产生的根源及变化规律，同时坚持用马克思主义宗教观、党的宗教政策和国家相关法律法规教育引导广大师生员工正确地认识和对待宗教。10年间，对于有宗教信仰的教师，教务部门严格管理，对不符合《高等教育法》等法规和学校规定的课程，坚决禁止开设或以第二课堂、讲座等形式在学校开设；同时，对符合法律规定的宗教类课程，或者由有宗教信仰的老师承担的课程，学校坚决贯彻“学术无禁区、课堂有纪律”的原则，要求教师坚持教育和宗教相分离,禁止教师在学校的一切传教行为;加强对学校外籍教师和外国留学生中有宗教信仰人员的管理,引导他们遵守中国的宗教法规;对与外教接触较多的学生和老师,学校采取多种形式做好他们的思想工作。

(三)依托民族与宗教研究所,普及民族与宗教文化知识

2002年10月,在党委大力支持下,学校民族与宗教研究所成立,该所是首都第一个研究北京民族、宗教问题的专职科研机构。研究所的研究方向和工作任务是:普及民族与宗教文化知识,宣传党的民族与宗教政策,以北京市为主要研究区域,以文化为基点,以民族、宗教为研究范畴,兼顾民族宗教理论和现实问题的研究,服务社会,为政府及社会相关部门提供智力支持。自研究所成立以来取得了多方面的科研成果。2002年下半年开始,该所开设了学院路地区十五所院校公共选修课"五大宗教与北京寺庙观堂文化"、校内选修课"北京宗教文化",宣传党的民族和宗教政策,不定期地举办专题讲座,并向社会开放。

(四)侨务工作

2003年6月,根据市委统战部、市委教育工委、市归国华侨联合会的文件精神,学校开展了侨联组织及归侨侨眷基本情况的调研。2004年6月,应用文理学院侨联小组成立。成立之初,小组由归侨3人、侨眷9人,共12人组成,涂振恒任侨联小组组长,尹黎云任副组长。2008年11月,侨联小组举行换届大会,大会报告了侨联小组成立五年来的主要工作,并对下一步工作提出了建议。会议推选汪竹青同志为学院侨联小组组长、关毅平同志为副组长。

四、港澳台事务

(一)港澳台学生工作

学校关心港澳台学生的生活。积极组织学生参与北京市高校港澳台侨学生活动,丰富港澳台学生的文化生活。为鼓励港澳台地区及华侨学生来内地普通高校和科研院所就读,教育部自2009年起设立了港澳台侨学生奖学金,学校49名港澳台在校生获得此项政府奖学金。10年来,学校同港澳台地区的多所高校(单位)签署了结对交流协议,与港澳台地区高校开展了各种形式的学术交流与合作,尤其与台湾、香港高校间的交流生项目,交流人数及交流学校数逐年递增。

(二)以台湾研究为平台促进两岸文化交流

2000年12月3日,北京联合大学台湾研究所成立。学校党政高度重视台湾研究工作,于2005年4月23日,台湾研究所改所建院,揭牌仪式在京隆重举行。成为国内第二家台湾研究院。2007年,台湾研究院开始招收硕士研究生。成立以来,举办了一系列涉台学术交流活动,倾力打造了两大学术交流品牌"北京台研论坛"和"海峡两岸客家高峰论坛",与众多学术研究机构及知名学者建立了密切联系,为促进两岸文化交流作出卓越贡献。

五、向社会举荐非中共代表人士

学校党委重视党外代表人士队伍建设工作,从各种渠道举荐党外代表人士,为学校为社会作贡献。在两次区县人大换届选举中,学校广泛发动,充分动员,鼓励教职工积极参与,发挥多校区的优势,争取在多个区县的人大代表有更多的学校教职工当选。积极发挥党外人士的作用,2008年,校党委组织(统战)部通过"金桥工程",资助了学校海淀区政协委员袁家

政同志到农村积极开展法律服务活动。积极配合北京市和区县政协委员候选人的推选工作。在2010年北京市干部公开选拔中，也积极推荐学校党外局级后备干部参加，民进会员、学校科研处处长方德英同志当选为北京工商大学副校长。

党外人士也积极为社会和学校的发展贡献力量，如机械工程学院的教师李敬是北京市第十一至十三届的市人大代表，他在“两会”期间的提案都是媒体报道的亮点，不仅被媒体称为建议最多、质量很高的人大代表之一，而且在人大代表中享有极高的好评，同时也得到了市委市政府、区委区政府领导的高度肯定与评价，担任区级以上人大代表、政协委员的党外代表人士如表14.4-1所示。

表14.4-1　2001—2010年被选为区级以上人大代表、政协委员的党外代表人士名单

序　号	职　务	姓　名
1	北京市第十一届、十二届、十三届人大代表	李敬
2	北京市第九届政协委员	周月霞
3	北京市第十届政协委员	马万昌(交叉党员)
4	北京市第十一届政协委员	古红梅、许家成
5	朝阳区第十二届人大代表	陈万里、雷红、赵玉娥
6	朝阳区第十三届人大代表	姜招峰、方德英、林强、雷红、朱喜福
7	海淀区第十三届人大代表	尹夏楠
8	丰台区第十三届人大代表	毛颖梅
9	朝阳区第九届、第十届政协副主席	马万昌(交叉党员)

第五节　党建评估

一、迎评促建工作

2003年1月，市委教育工委印发《北京普通高等学校党建和思想政治工作基本标准(试行)》(简称《基本标准》)，校党委及时组织培训学习，邀请市委教育工委副书记李明作辅导报告。

2003年8月，校党委制定《关于贯彻落实基本标准的三年规划》，各学院也制定了各自的三年规划，并对照《基本标准》启动了党建工作的自查自评。

2004年，校党委对全校党总支、党支部书记进行了以“贯彻落实《基本标准》，加强能力建设”为主题的专题培训，邀请党建达标先进高校北京科技大学党委组织部部长付晨光和党支部代表做了经验介绍。同年12月，校党委组织四个检查组对法人学院的评建工作进行了检查，并书面反馈了意见。

2005年，校党委把“保持共产党员先进性教育活动”与推动党建和思想政治工作结合，通过落实教育活动的各个环节，实现“提高党员素质，加强基层组织，服务人民群众，促进各项工作”的党建目标。

2006年上半年，学校开展先进性教育“回头看”工作，校党委要求明确工作重点，重在取得实效,继续巩固和扩大先进性教育活动的成果;坚持正面教育,树立先进典型,严格掌握政策,做好教育帮助和组织处理工作;加强组织领导,落实工作责任,切实做好巩固扩大整改成果和“回头看”的各项工作。以建立党员先进性教育的长效机制为抓手,提高党建工作的科学化、制度化、规范化水平,积极推进高校基层党建工作创新。

2006年12月,市委教育工委重新修订并下发《基本标准》,学校邀请市委教育工委副书记刘建、组织处处长高喜军为全校中层及以上干部和各级党组织负责人作专题辅导报告。

2007年3月,学校成立以校党委书记席文启为组长的党建评估迎评工作领导小组和办公室,召开迎评工作动员会,下发《北京联合大学党建评估迎评工作方案》,为专家预评工作和北京市对学校党建正式评估工作做好准备。4月,校党委组织了对各学院评建工作的互查互评,听取了校机关9个责任单位的自评情况汇报。5月,校党委组织了对党建评估校机关责任部门和部分学院自评整改的检查。6月,校党委召开学校党建评估自评报告研讨会。7月和8月,学校先后两次邀请部分校外专家对学校的评建工作进行指导检查。

同年8月,校党委形成《北京联合大学党建和思想政治工作达标检查自评综合报告》(以下简称“自评报告”),从“学校党建和思想政治工作的基本情况”“党建和思想政治工作的主要做法”“党建和思想政治工作的主要效果和基本经验”“存在的薄弱环节和今后的努力方向”等四个方面进行了自评。

2003—2007年开展的迎评促建工作,在加强学校党建和思想政治工作的同时,也为学校又好又快地发展和在相对较差的办学条件下实现安全与稳定,尤其在2006年学校通过教育部本科教学工作水平评估中,起到重要的保障作用。

二、党建评估验收

2007年9月,市委教育工委党建评估检查组进校,按照《北京市普通高等学校党建和思想政治工作基本标准》的要求,对学校党建和思想政治工作水平进行达标检查验收。

市委教育工委检查组认为,学校充分发挥党委领导核心作用,推动学校事业快速发展;重视加强领导班子和干部队伍建设,积极推进基层党建工作创新,学生思想教育卓有成效;努力建设和谐校园是学校党建工作的主要工作成绩与特点。检查组指出学校今后的努力方向为:进一步加大学校上下统筹工作的力度,提高整体办学效益和管理水平;进一步加强学科建设,优化专业结构,发挥强势和特色学科、专业优势;进一步加强领导班子和干部队伍建设,优化干部队伍结构,提高干部队伍素质。市委教育工委经研究确定,学校通过《北京普通高等学校党建和思想政治工作基本标准》达标检查验收,评定结果为合格。

三、整改提高工作

2007年9月,党建评估检查后,学校按照检查组的反馈意见,制定了《北京联合大学党建评估整改工作方案》,该方案规定了整改的指导思想、整改的目标、整改的具体措施及责任部门和责任人、整改的条件保障等。继续坚持以“加强基础,健全机制,突出重点,鼓励创新,注重实效,科学规范”的原则和“以评促建,以评促改,评建结合,重在建设”的方针,开展整改工作。

2008年9月,学校对整改工作进行检查。经过一年的整改,党建推动学校发展,学校取得了新进展,主要表现在以下几个方面。

（1）加大学校统筹力度、提高办学效益。学校整合全校高等职业教育资源，优化高等职业教育专业结构和布局，组建应用科技学院，并于2008年正式挂牌招生；学校于2007年下半年出台文件统一全校的科研工作量制度，完善学科建设管理文件，初步搭建全校统一的教学科研管理平台；2008年3月，学校成立“提高管理效益和效率调研组”开展办学效益调研，就校院机构设置、各类管理人员编制及岗位职责、房屋及设备利用等方面撰写调研报告，提供党委决策。

（2）加强领导班子和干部队伍的建设。校党委于2007年出台《北京联合大学干部在线学习的规定》，每年组织和检查中层及以上干部完成网上在线学习任务；2008年学校党、政领导正职与学院党委书记、院长签订党风廉政建设责任书，确定了校、院两级全年反腐倡廉工作任务；学校推行了《重点部门、关键环节监督指标体系》，加强对权力的制约和监督。

（3）加强党的基层组织建设。从2007年暑期到2008年1月，学校应该换届的10个二级党委都完成了换届工作。2008年，学校遴选了师范学院、商务学院开展党建工作创新试点。

（4）和谐校园建设。学校于2007年在校园网上开设了“机关创建和谐处室，共建和谐校园”专栏，推出“我与改革开放30年”“贯彻落实科学发展观构建和谐校园”等征文活动。2008年举办了校院长论坛；在全校开展教工党支部与贫困学生“手拉手”活动和“温暖工程”，为贫困学生发放补贴；调动教职工民主管理学校的积极性，学校重大决策的出台要事先经过教代会讨论。

（5）安全稳定工作。2003—2005年学校调整充实了社会治安综合治理委员会、安全稳定工作委员会、国家安全工作领导小组、保密工作委员会、处置突发事件工作领导小组。为保障第29届奥运会期间的学校安全与稳定，学校制定并下发了安全稳定工作管理制度17份，开展了学校安全稳定工作基础数据的调查摸底工作，加强安全稳定工作长效机制建设。每学期开学及特殊时期开展全校范围内师生思想动态调查，掌握全校师生的思想状况。

第十五章　民主党派与群众团体

第一节　民主党派

一、概况

2001—2010年，学校民主党派人员从87人发展到131人，覆盖除台盟以外的7个民主党派，详见表15.1-1所示。独立支部从3个发展到5个，分别是：中国民主促进会北京联合大学师范学院支部、中国民主同盟北京联合大学师范学院支部、中国民主同盟北京联合大学机电学院支部、中国民主同盟北京联合大学校本部支部、中国民主促进会北京联合大学商务学院支部、中国民主同盟北京联合大学生物化学工程学院支部，情况详见表15.1-2所示。

表15.1-1　2001—2010年各民主党派人数统计　　单位：人

年份	民革	民盟	民建	民进	农工	致公党	九三学社	合计
2001	10	40	8	10	3	2	14	87
2003	12	49	10	13	6	4	17	111
2005	13	52	9	16	7	4	17	118
2007	7	51	7	20	6	4	18	113
2008	8	63	9	23	6	4	21	134
2009	11	65	10	27	9	4	25	151
2010	4	61	9	24	4	4	25	131

2006年12月21日，中国民主促进会北京联合大学师范学院支部成立，师范学院计算机科学与技术系陈万里副教授担任民进师范学院支部第一任主任委员，应用生物技术系李金教授担任副主任委员。

2008年1月17日，中国民主促进会北京联合大学商务学院支部成立，由该学院国际金融研究所所长符亚明副教授担任民进商务学院支部第一任主任委员，教务处副处长李梅老师担任副主任委员。

表15.1-2　2010年12月各民主党派基层组织负责人

支部	姓名	政治面貌	党派内职务
民进联大师范学院支部	朱喜福	民进会员	民进联大师范学院支部主任委员
	翟红英	民进会员	民进联大师范学院支部副主任委员
民盟联大师范学院支部	杨丽萍	民盟盟员	民盟联大师范学院支部主任委员
	吴　熹	民盟盟员	民盟联大师范学院支部组织委员
	陆　越	民盟盟员	民盟联大师范学院支部宣传委员

续表

支　部	姓　名	政治面貌	党派内职务
民进联大商务学院支部	符亚明	民进会员	民进联大商务学院支部主任委员
	李　梅	民进会员	民进联大商务学院支部副主任委员
民盟联大生化学院支部	罗旭东	民盟盟员	民盟联大生化学院支部委员会主任委员
	孙克民	民盟盟员	民盟联大生物化学工程学院支部宣传委员
民盟联大校本部支部	鲍有文	民盟盟员	民盟联大校本部支部主任委员
	何小莉	民盟盟员	民盟联大校本部支部副主任委员
	范广丽	民盟盟员	民盟联大校本部支部组织委员
	梁　葳	民盟盟员	民盟联大校本部支部宣传委员
民盟联大机电学院支部	毛智勇	民盟盟员	民盟联大机电学院支部主任委员
	田春芝	民盟盟员	民盟联大机电学院支部组织委员

二、党外人士社会兼职情况

党外人士社会兼职情况，如表 15.1-3 所示。

表 15.1-3　党外人士社会兼职情况

姓　名	政治面貌	社会兼职
李　敬	九三学社社员	中央监察部特约监察员，北京市第十一届、十二届、十三届人大代表、九三学社中央委员会文教卫生委员会委员、九三学社北京市委员会高等教育委员会副主任
马万昌	中共党员、民盟盟员	民盟朝阳区委主任委员（2000 年 9 月）（交叉党员），北京市第十届政协委员，朝阳区政协副主席（1999 年）
雷　红	民盟盟员	朝阳区第十二届、十三届、十四届人大代表
方德英	民进会员	朝阳区第十三届人大代表
姜招峰	群众	朝阳区第十三届人大代表
林　强	中共党员、民盟盟员	朝阳区第十三届人大代表
朱喜福	民进会员	朝阳区第十三届人大代表
尹夏楠	群众	海淀区第十三届人大代表
毛颖梅	致公党党员	丰台区第十三届人大代表
陈万里	民进会员	朝阳区第十二届人大代表
赵玉娥	群众	朝阳区第十二届人大代表
李宇红	九三学社社员	北京市经济委员会委员
何小莉	民盟盟员	朝阳区区委委员，民盟北京市妇女委员会副主任（常务），民盟北京市职业教育委员会副主任
袁家政	民革党员	民革海淀区委法律委员会主任，市委教科文卫委员
洪　华	民进会员	民进北京市教育委员会委员
杨丽萍	民盟盟员	民盟北京市委安心专家团成员
吴　熹	民盟盟员	民盟北京市委文化委员会委员
陆　越	民盟盟员	民盟朝阳区委教育委员会委员
陆　军	九三学社社员	北京市第五综合支社委员
李亚文	致公党党员	首都师范大学致公党支部委员
曲喜和	九三学社	九三学社朝阳区支社委员
张慧姝	九三学社社员	九三学社北京市第四综合支社委员
郭钟永	民盟盟员	中国美术家协会、中国书法家协会、中国民间文艺家协会会员
荣瑞芬	九三学社社员	九三学社中国科技馆支社宣传委员

第二节 教育工会

一、机构与职能

(一)工会委员会

校工会委员会在校党委和北京市教育工会的领导下，在各学院、直属部门工会及全校教职工的大力支持下，认真履行维护、参与、建设、教育等社会职能，紧密围绕学校中心工作开展教书育人、师德建设、民主参与、民主监督、民主管理等活动，动员、组织广大教职工积极推动学校的改革和发展，委员名单如表 15.2-1 所示。

工会委员会设女教职工委员会，加强对女教职工的教育，开展适合女教职工身心健康发展的各种活动，维护女教职工的特殊利益和合法权益，委员名单如表 15.2-2 所示。

表 15.2-1 校工会委员会委员名单

届次 / 职务	第二届(2004.03—2010.12)	第三届(2010.12—今)
主席	孙 权(2004.03—2009.02) 付晨光(2009.06—2010.12)	付晨光(2010.12—今)
常务副主席	兰荣林(2004.03—2010.09) 张俊玲(2010.09—2010.12)	张俊玲(2010.12—今)
副主席	朱玉英、李莉卿(兼职)	王希庆、李秀婷、李伟(兼职)
委员	王石、王民京、仇瑞清、白桦、兰荣林、朱玉英、刘劲松、孙权、闫连生、闫丽君、李莉卿、吴立芝、张景秋、陈保平、金伟华、项胜利、赵振武、姜素兰、高山、鄂敬彬、雷红(21 人)	王希庆、王建远、王爱民、毛连生、孔繁潮、付晨光、白桦、闫丽君、刘宝妹、李伟、李宇红、李纪春、李秀婷、李沁芳、张俊玲、张艳杰、林晨、孟燕、赵艳霞、茹秀华、洪宇、高润泉、郭堃、黄标、谢飞雁(25 人)

表 15.2-2 校工会女教职工委员会委员名单

届次 / 职务	第二届(2004.03—2010.12)	第三届(2010.12—今)
主任	朱玉英	李秀婷
副主任	白桦、仇瑞清	白桦、马楠
委员	王红、王睿、王锡英、白桦、仇瑞清、朱玉英、刘建平、吴立芝、吴巧慧、闫丽君、沈丽、闵学荣、张晚霞、陈华、金伟华、赵双华、姜素兰(17 人)	李秀婷、白桦、马楠、闫丽君、朱东星、朱传华、孟燕、孟祥萍、张晚霞、刘建平、王爱民、金伟华、闵莉艳、李青、李效春、郝运瀛、吕文彬(17 人)

（二）工会经费审查委员会

工会经费审查委员会负责对工会经费收支和与经费有关的经济活动进行审查，委员名单如表15.2-3 所示。管好工会财产，严肃财经纪律，协同二级工会组织收好、管理好、用好工会经费。

表 15.2-3　校工会经费审查委员会委员名单

届次 / 职务	第二届 （2004.03—2010.12）	第三届 （2010.12—今）
主任	张素琴	张晓华
委员	张素琴、马文平、张晚霞、邱　毅、王睿（5 人）	刘振斌、李爱玲、张健民、肖富宁、张晓华、张晚霞、鲍　晖（7 人）

二、工作与管理

（一）第一届工会委员会工作（2001—2004 年 3 月）

第一届工会委员会围绕学校的中心任务，配合校党、政在制定和贯彻落实《北京联合大学“十五”时期发展规划》及《关于延伸和补充〈北京联合大学“十五”时期发展规划〉的若干意见》等方面做了以下几方面工作。

1. 维护教职工合法权益

（1）教代会制度进一步完善，民主管理进一步增强。学校教代会制度是 1999 年建立的。部分学院 20 世纪 80 年代就建立了教代会制度。首届教代会三次会议主题均为学校重大决策，充分体现了依靠教职工办好学校的方针进一步落实。首届教代会共收到代表提案 83 条，其中立案 67 条，答复率为 94％。

（2）在 2003 年 1 月召开的首届二次教代会上审议通过了《北京联合大学校务公开实施意见》及关于学校重大决策公开、财务管理公开、资产管理公开、职工住房分配及出售工作公开、干部事项公开、人事工作公开、基建工作公开、校办产业创收公开的 8 个实施细则。通过来访接待日、领导接待日、沟通会、座谈会、恳谈会、公开专栏、网上公开、干部任前公示等，起到了职工了解学校意向，学校了解职工思想的作用。

（3）在抗击“非典”中发挥群众组织作用。2003 年春“非典”时期，学校工会以“群众利益无小事”“抗击非典无小事”为宗旨，为教职工发放药品、防护用品，监测体温，实时报告身体状况，慰问医护人员，极大限度地发挥了工会组织在关键时期的维护作用。

（4）2001 年第一届女教职工委员会组织了“我为联大全面推进素质教育献一计”征文活动及“岗位创佳绩竞赛”活动；2002 年、2003 年分别评选表彰了“十佳女教职工”；每年为女教职工上安康保险。2003 年校工会女教职工委员会被评为北京市教育工会系统先进女教职工委员会和中华全国总工会女工工作先进集体。

2. 师德建设

校工会围绕教学中心，组织青年教师基本功比赛。牵头组织每两年一次全校性评选“三育人”先进集体、先进个人，师德先进个人的评选。

2000—2004 年，共评选校级“三育人”先进集体 32 个、先进个人 62 人；5 名老师、1 个集体获得市级以上奖励。各级工会通过召开“三育人”经验交流会、新时期师德内涵研讨会、用“三个代表”重要思想指导“三育人”工作研讨会等多种方式宣传先进,树立典型,使“三育人”和师德建设工作初步进入制度化、规范化的轨道,全员育人意识在教职员工中逐步形成。

3. 教职工之家建设

2001 年 4 月,校工会对下属 9 个院工会及 8 个直属分工会的建家工作进行了系统全面的验收、评比,评选出了校级模范教职工之家 1 个,模范教职工小家 8 个;先进教职工之家 6 个,先进教职工小家 17 个;合格教职工之家 9 个;还评选出优秀教职工之友、优秀工会工作者、先进教职工之友、先进工会工作者 77 人。为巩固成果,2002 年秋,校工会对建家工作进行了复验、复评。通过建设教职工之家这个载体全面带动工会各项工作的开展,实现工会各项职能的真正落实。

4. 教职工文体活动

校、院各级工会积极组织教职工参加学校运动会,经常举办各种球类、棋类、拔河、火炬接力赛等活动。每逢节日,举办不同形式的座谈会、联欢会、茶话会、文艺演出活动等。每逢寒暑假日,组织社会调查、旅游、参观等活动。各级工会通过开展丰富多彩的文体活动,活跃了广大教职工的业余文化生活,增强了教职工的体质,搭建了更多交流沟通的平台。

(二) 第二届工会委员会工作(2004 年 3 月—2010 年 12 月)

2004 年 3 月,校工会完成换届。第二届工会委员会成立后,围绕学校中心工作,以本科评估和党建评估为主线,以建家工作为龙头,以推进学校民主政治建设为重点,切实履行工会职能,维护教职工合法权益。2009 年 7 月,学校被北京市教育工会授予“先进教职工之家”的称号。

1. 维护教职工合法权益

(1) 规范教代会制度建设,加强民主管理。2004,年第二届教代会第二次会议审议通过了《关于延伸和补充北京联合大学“十一五”规划的若干意见》;同年 12 月邀请北京航空航天大学工会副主席沈建新作了《如何发挥教代会职能》的报告;2006 年 7 月讨论审议了《北京联合大学教师职务聘任工作实施方案》,第二届教代会共收到提案 135 件,立案 127 件,答复率 100%;2007 年 5 月出台了《北京联合大学劳动人事争议调解委员会工作细则》和《北京联合大学教师申述办法》;2008 年 11 月讨论通过了《北京联合大学 2008 年岗位设置管理办法》。

校工会以中层干部会、教职工代表大会、教代会常设主席团会、代表团团长会等会议制度,以校园网、办公网等公开宣传方式,以文件、公告、通报、信息简报等公文形式全面推进校务公开工作,保障了教职工的知情权和监督权。

(2) 维护女教职工合法权益。2004 年,第二届女教职工委员会换届,会上审议了《北京联合大学工会女教职工委员会条例试行办法》。先后组建了女教职工权益工作小组和素质教育工作小组,做好安康保险续保、入保以及理赔等工作,为女教职工举办各类讲座,开展各种文体活动。关注知识女性风采,推进女教授协会工作创新、发展。2005 年 3 月,女教授协会举办了“女性健康与子女教育问题”讲座;2007 年 6 月,女教授协会聘请于丹教授做题为《构建和谐心灵》的报告;2008 年 6 月,女教授协会举办传帮带活动,与青年教师一起召开“优秀教学方法交流会”。各学院也相应地开展了“温馨工程”,体现了工会组织对女教职工的关爱。

2. 师德建设

校工会组织开展师德师风建设,形成多级联动工作模式。2006年4月出台了《北京联合大学师德、"三育人"评比标准》;同年9月出台了《北京联合大学师德规范》;各学院先后出台了《教师行为规范》《教师课堂行为规范》等规定。2006年1月,校工会与人事处联合组织工会干部到河南大学、郑州大学考察师德建设工作;同年6月,校工会聘请谭浩强教授作了《怎样做一个好老师》报告;同年7月,学校师德师风领导小组召开师德师风建设会议,编辑下发了《师德风范录》;2007年10月,聘请教育部思政司副司长冯刚作师德建设报告;2008年1月,校工会组织工会干部到山东大学召开师德建设研讨会,交流师德建设工作。

3. 教职工之家建设

2007年,学校制定了《北京联合大学工会关于开展建设教职工之家活动的意见》及《北京联合大学学院、各直属部门工会"教职工之家"考核条件》;2008年5月,各工会对照检查的内容进行了自检自查,校工会组织建家验收,在24个学院、直属部门工会中评选出模范教职工之家3个、先进教职工之家13个、合格教职工之家8个。

4. 教职工文体活动

校工会拓宽联谊渠道,成立了教职工足球、篮球、摄影、登山、网球、舞蹈等6个协会,院级协会13个;组织开展教职工健身活动,先后组织全校性教职工篮球、乒乓球、网球、跳绳、健身长跑等各类比赛。2005年组织"人手一根绳";2006年组织足球、篮球、网球比赛;2007年组织"迎奥运,促健身"体育节;2008年组织学校运动会教职工团体操表演;2010年组织"联大杯"乒乓球比赛等文体活动。2008年,成立了北京联合大学爱心互助基金会,截至2010年11月,基金会共收到全体党员和教职工捐款100.380875万元,支出经费77.95万元,补助学校有困难的教职工。工会还组织全校教职工参与"捐出十元钱献出一份爱"为主题的救助"贫困母亲"活动及为"5·12"汶川大地震、青海省玉树地震募集善款。2010年起,组织了第一次青年教工"三十而立话责任"主题生日会,每年组织新婚教职工联谊会、单身青年交友会及老教师和青年教师传帮带活动,增强青年教职工的责任意识,为他们搭建发展和交友的平台。

5. 理顺工会管理体制

由于历史原因,除了校工会之外,应用文理学院、商务学院、师范学院、生物化学工程学院、旅游学院、继续教育学院、特殊教育学院7个学院工会亦具有团体法人资格,其中应用文理学院、商务学院、师范学院、生物化学工程学院、旅游学院与校工会一同隶属于北京市教育工会。根据《中国工会章程》中"同一企业、事业、机关单位中的会员,组织在一个工会的基层组织中"的规定,为使校工会组织的管理体系与学校党、政工作的管理体系一致,更好地发挥作用,2010年11月,学校在昌平校区召开理顺工会工作会议,变更7个学院工会的团体法人资格,将其纳入学校工会的管理体系,作为校工会的二级工会组织开展活动,校工会隶属于北京市教育工会,具有独立法人资格。随后办理了取消各二级法人学院工会法人资格的相关手续。学校工会工作管理体系得到理顺。

(三)第三届工会委员会工作(2010年12月—今)

2010年12月24日,召开了第三届教职工代表大会暨第三次工会会员代表大会。大会听取了校长工作报告及第二届教代会和工会工作报告，选举产生了新一届工会委员会、工会经费审查委员会和教代会常设主席团及其专门工作委员会。会后，召开了第三届工会委员会、工会经费审查委员会，选举产生了新的工会主席、常务副主席、副主席、主任等人选。

2001—2010，北京市师德建设先进个人获奖名单，如表15.2-4所示。

表15.2-4 2001—2010年北京市师德建设先进个人评选中获奖名单

序号	表彰名称	姓　名	授予单位	表彰时间
1	全国师德先进个人	田淑清	中国教育工会	2001.9
2	2001年北京市师德先进个人	孟丽芬	市教育工会	2001.9
3	2004年北京市高校青年教师“师德先进个人”	楚燕苹、阿卫星、林妍海	市教育工会	2004.9
4	2006年北京市师德标兵	鲍平秋	市教育工会	2006.7
5	2006年北京市师德先进个人	范同顺、文镜、张洪、孔繁潮、荆艳峰、陈万里	市教育工会	2006.7
6	2008年北京市师德标兵	李哲英	市教育工会	2008.9
7	2010年北京市师德先进个人	孙爱萍、罗宜军、郑丽、杭和平、刘艳华、王辉、赵林惠、陆中华、刘延兵、张华、汪昕宇、李玉霞、田雅林、	市教育工会	2008.9

参加北京市高校青年教师教学基本功比赛获奖的学校教师名单如表15.2-5所示。

表15.2-5 2001—2010年北京市高校青年教师教学基本功比赛获奖名单

届　次	表彰名称	获奖教师	参赛年份
第四届	B组理工类一等奖	周　进	2004
	B组理工类三等奖	程红霞	2004
	B组文史类三等奖	李秀芝	2004
	B组文史类三等奖	谢崇桥	2004
第五届	B组理工类一等奖	吴义民	2007
	B组理工类二等奖	刘自萍	2007
	B组理工类二等奖	陈　静	2007
	B组文史类二等奖	程　翔	2007
	B组文史类三等奖	冯中福	2007
	B组外语类三等奖	李丹丹	2007
第六届	B组文史类一等奖	徐　鲲	2009
	B组文史类二等奖	杨　洁	2009
	B组英语类一等奖	张琳琳	2009
	B组理工类二等奖	王浩宇	2009
	B组理工类二等奖	刘剑刚	2009
	B组理工类二等奖	张福贵	2009

第三节　共青团

一、机构与职能

共青团北京联合大学委员会(以下简称“校团委”)设有书记1名，副书记2名，下设组织宣传科、学术实践科、文体艺术科等部门。校团委的主要职责包括：领导全校共青团工作，协助党委做好青年事务管理工作，成为党委联系青年的桥梁与纽带；负责团员青年的思想政治教育工作和青年思想动态调研工作；代表青年正当要求，维护团员青年的合法权益；负责开展大学生第二课堂活动、课外科技、社会实践活动、校园文化工作，引导青年成才；做好团干部的配备、管理、培训工作和推荐优秀团员作为党的发展对象；指导和帮助校学生会、学生社团在学校党委领导下按照自己的章程积极开展工作。

2003年1月21日，学校召开共青团北京联合大学第三次代表大会。校党委书记席文启、副书记韩宪州、纪委书记黄海洋、副校长张铃及各学院党政领导出席了会议。团市委副书记方力代表团市委向大会致辞。张琴代表共青团北京联合大学第二届委员会作了《以“三个代表”重要思想为指导，以服务青年为宗旨，为培养现代化高素质的首都建设者而奋斗》的工作报告。大会选举了共青团北京联合大学第三届委员会，委员共21人；张琴当选为新一届团委书记，谢飞雁、于水波当选为团委副书记。

截至2010年12月31日，全校共有共青团员24123名，其中女团员14031名，占团员总数的58％；少数民族团员1652名，占团员总数的6.8％，各学院分团委13个，宿舍团委1个，研究生团委1个，团支部839个。

二、工作与管理

1. 思想引领

校共青团牢记使命，始终坚持聚焦时代话题，关注理论学习，深入开展理想信念教育。2006年，开展了“社会主义荣辱观”主题教育活动；2007年，开展了“践行科学发展观，争当四个新一代”主题教育活动，举办了学习十七大精神专题培训班。并多次开展形势与政策宣讲活动，加强国情、党情教育，不断增强团员青年的使命感和责任感。

校共青团结合重大活动，以重要纪念日为契机，积极开展爱国主义教育，弘扬民族精神。2005年，开展纪念抗日战争胜利六十周年纪念活动；2006年，开展建党八十五周年、红军长征胜利七十周年纪念活动；2008年，纪念改革开放三十周年；2009年，庆祝国庆六十周年、“五四”运动九十周年。以报告会、座谈会、征文比赛、合唱比赛、朗诵比赛、辩论赛、红歌会、爱国主义影片展演和团日活动等形式积极开展爱国主义教育，激发了广大团员青年强烈的民族自豪感和历史使命感。2008年在“情系灾区，支援汶川”的校园募捐活动中，全校学生累计捐款达27万余元。

校团委于2010年5月成立了北京联合大学菁英学堂，意在培养一批用马克思主义中国化最新成果武装的、坚定跟党走中国特色社会主义道路的学生骨干。菁英学堂首批录取65名学员，进行为期一年的集中培训和跟踪培养，建立了相应的学籍管理、辅导员管理、评价考核等机制,并从增强政治素质、提升思想境界、优化能力结构、锤炼作风品格等方面着手,先后开展了理论学习、拓展训练、赴怀柔区桥梓镇北宅村参观新农村建设成果、赴江西开展红色之旅实践活动、赴扬州大学参观交流等活动,呈现出辐射带动、整体提高的良好发展势头。

2. 组织建设

团建竞赛是校共青团着力打造的三大经典赛事之一,是夯实团组织建设的重要途径。2005年,校团委制定了《北京联合大学达标创优实施办法》《五四红旗团委创建管理办法》《五四红旗团支部创建管理办法》《北京联合大学团支部晋级考评办法》等文件,规范了团的组织建设和制度建设。在团建竞赛过程中加大评优力度,每年向北京市推荐的团建优秀个人和先进集体达50多个。校团委先后于2005年和2008年被北京团市委授予"五四红旗团委"荣誉称号。校团委重视基层团支部建设,注意发挥团支部在校园文化建设和素质教育中的基础作用,进一步加强了主题团日活动的力度。2010年,在全校范围内开展了主题团日示范课堂活动,评选出优秀主题团日活动12个,基层团组织的内在活力进一步增强。

2009年7月,学校被团中央确定为基层组织建设试点单位,经过认真调研,校团委制定了《北京联合大学团的基层组织建设和基层工作试点工作方案》《北京联合大学宿舍建团实施细则》。同年11月成立了校本部学生公寓团委,开展了寒假留校大学生帮扶、国学经典诵读、英语演讲比赛、宿舍文化节等活动,宿舍文化建设得到切实加强,实现了团组织多重覆盖的有益探索。之后,试点工作的成功经验得到进一步推广,目前,学校大多数校区学生公寓均建立起团组织。此外,校团委还积极尝试"社团建团"的多重覆盖机制,管乐团、国旗班、信息学院学生科协等学生社团相继建立团支部。

校团委坚持每年举办两期团干部培训和一期学生骨干培训。著名学者张士广、北京市委党校宋林太、中国青年政治学院刘卫兵、首都师范大学石国亮等教授应邀作主题报告。教育培训活动按照三层次递进方式设计安排,即从普及理论到工作技能培训,再到能力强化提升培训,广大团学干部的思想政治素质、政策理论水平、创新能力、实践能力和组织协调能力得到进一步提高。

2003—2009年学校获评首都高校"先锋杯"优秀团支部名单,如表15.3-1所示。

表15.3-1　2003—2009年获评首都高校"先锋杯"优秀团支部名单

年　份	学　院	团支部名称
2003	应用文理学院	2001级生物系生物技术1班团支部、资源环境与城乡规划管理2000级团支部、2001级信息与计算科学团支部
	师范学院	艺设系02环艺团支部、高职部2001级财务会计团支部
	商务学院	电脑011团支部、财务012班团支部
	生物化学工程学院	00103团支部、01303班团支部
	旅游学院	2001级旅游管理1班团支部、2000级日语1班团支部
	特殊教育学院	艺2001级团支部
	信息学院	0104344团支部、0104361团支部
	机电学院	01211团支部
	自动化学院	010424团支部、00323团支部
	管理学院	0105344团支部
	广告学院	2001级媒体传播2班团支部

续表

年　份	学　院	团支部名称
2004	应用文理学院	2002级生物系现代食品分析1班团支部、2003级城市社会科学系涉外物业管理团支部
	师范学院	经济贸易系2002级1班团支部、应用生物技术系2003级团支部
	商务学院	金融021团支部
	生物化学工程学院	02205团支部、03301团支部
	旅游学院	2003级休闲旅游管理2班团支部
	特殊教育学院	针推02团支部
	信息学院	04043231团支部、03043332团支部
	机电学院	0206321团支部
	自动化学院	04083215团支部
	管理学院	04053242团支部
	广告学院	广告系03级媒体传播2班团支部
	平谷学院	03电子商务团支部
	网通软件职业技术学院	软件管理与测试团支部
2005	应用文理学院	2004级生物学系食品生物技术团支部、2004级新闻传播系新闻学(影视传播)团支部、2004级档案学专业团支部
	师范学院	2004级电子信息系2班团支部、2004级电子信息系5班团支部、2006级语言文化系英语专升本3班团支部
	商务学院	艺术设计系电脑052团支部、051团支部
	生物化学工程学院	生物化学工程学院生物医药系04201团支部、生物化学工程学院05103团支部、05043355团支部
	旅游学院	2005级英语旅游文化系英3班团支部、2005级休闲与旅游管理系酒管团支部、英语旅游文化系团支部、2004级日语1班团支部
	特殊教育学院	512331团支部
	机电学院	05063312团支部、05063351团支部
	自动化学院	06083241团支部、05083321团支部
	管理学院	管理学院团支部、工商管理专业06053241团支部
	广告学院	2005级表演系本科1班团支部、2005级广告设计与制作团支部
	国际语言文化学院	05104313团支部
	网通软件职业技术学院	06154381团支部
2006	应用文理学院	2003级城市科学系涉外物业团支部、2003级新闻传播系汉语言文学团支部、2004级法律系法学专业1班团支部、2004级历史系本科班团支部
	师范学院	2005级语言文化系英语(文秘)专升本班团支部、2003级计算机科学与技术系1班团支部、2003级经济贸易系国际商贸运作专业团支部
	商务学院	2003级商务学院国际商务系金融032团支部、2003级商务学院电脑032团支部

续表

年份	学院	团支部名称
	生物化学工程学院	2004级生物化学工程学院102班团支部、2004级生物化学工程学院304团支部、2004级生物化学工程学院204团支部
	旅游学院	2005级旅游管理班团支部、2003级英语1班团支部
	特殊教育学院	2005级特殊教育学院语康班团支部
	信息学院	2004级信息学院043333班团支部、2004级信息学院043341团支部、2004级信息学院043355班团支部
	机电学院	2003级机电学院064369团支部、2004级机电学院063332团支部
	自动化学院	2005级自动化学院083215团支部、2003级自动化学院083322团支部
	管理学院	2004级管理学院053343团支部、2004级管理学院053331团支部
	广告学院	2004级广告学院广告设计与制作1班团支部
	国际语言文化学院	2005级国际语言文化学院103120团支部
	东方信息技术学院	2004级东方信息技术学院134331团支部
	网通软件职业技术学院	2005级网通软件职业技术学院154382团支部
	平谷学院	2005级平谷学院金融保险班团支部
2007	应用文理学院	管理系2004级档案学专业团支部、新闻传播系2004新闻学(影视传播)团支部、生物学系2004级食品生物技术团支部
	师范学院	2004级电子信息系2班、艺术设计系2006级艺术设计5班团支部、语言文化系2006级英语(文秘)专升本3班
	商务学院	商务051团支部、商务艺术设计系电脑052团支部
	生物化学工程学院	04201团支部、05103团支部
	旅游学院	04日语1班团支部、英语旅游文化系05英3团支部、休闲与旅游管理系05酒管团支部
	特殊教育学院	512331团支部
	信息学院	05043355团支部、05043342团支部
	机电学院	05063312团支部、05063351团支部
	自动化学院	05083321团支部、06083215团支部
	管理学院	05053391班团支部、06053241团支部、04053333团支部
	广告学院	2005级表演本科1班
	国际语言文化学院	05104313团支部
	东方信息技术学院	05133351团支部
	网通软件职业技术学院	06154381团支部
	平谷学院	05广告设计与制作

续表

年　份	学　院	团支部名称
2008	应用文理学院	2006 汉语言文学团支部
	师范学院	语言文化系 2005 级汉语言文学团支部
	商务学院	北京联合大学国贸 061、北京联合大学商务 061
	生物化学工程学院	生物化学工程学院 05205 团支部、生物化学工程学院 05302 团支部
	旅游学院	2007 级英语转接本 2 班团支部、2006 级烹饪工艺与营养班团支部
	特殊教育学院	20070603141 特教 07 团支部
	信息学院	05043343 团支部
	机电学院	06063332 团支部
	自动化学院	05083325 团支部
	管理学院	06053342 团支部、05053333 团支部
	广告学院	2007 级现代传播 2 班团支部
	应用科技学院	应用科技学院 0731 团支部、应用科技学院 07 级日语本科团支部
	东方信息技术学院	东方信息技术学院 06134382 团支部
	平谷学院	2006 级电子商务团支部
2009	应用文理学院	2007 级文博旅游班团支部、2008 级管理系档案专业团支部
	师范学院	艺术设计系 2007 级服装设计专业团支部、电气信息系 2007 级计算机科学与技术专业团支部
	商务学院	信息 0701 团支部、金融 0701 团支部
	生物化学工程学院	07205 团支部、信息与控制工程系 2008 级团支部
	旅游学院	日语系 2008 级 2 班团支部、英语旅游文化系 2008 级团支部
	特殊教育学院	2007 级特殊教育团支部、2009 级特殊教育团支部
	信息学院	0808030401A 团支部、0808030301A 团支部
	机电学院	200909040102 团支部、20090903051 团支部
	自动化学院	0810032205 团支部、0710032201 团支部
	管理学院	091104043 团支部、0711030902 团支部
	广告学院	2008 级广告学团支部、2008 级综合绘画团支部
	应用科技学院	2008 级电子商务 2 班团支部、2007 级日语本科团支部
	平谷学院	2008 级金融保险团支部

2009—2010 年学校获评首都高校“先锋杯”优秀基层团干部和团员名单，如表 15.3-2、表15.3-3 所示。

表 15.3-2　2009—2010 年获评首都高校“先锋杯”优秀基层团干部名单

序　号	学　院	姓　名
1	应用文理学院	王雨舟、陈茜
2	师范学院	王妍、岳欣
3	商务学院	路瑶、魏海娇
4	生物化学工程学院	胡晨、赵雪
5	旅游学院	齐瀛、张苗苗
6	特殊教育学院	杨龙、张杰
7	信息学院	郭少斐
8	机电学院	田硕
9	自动化学院	熊玮、战鹏
10	广告学院	刘玉瑾
11	应用科技学院	宫殿琦
12	平谷学院	冉赛
13	学生公寓团委	蔡畅、许辰川、历东扬、李鲁东、欧阳佩佳

表 15.3-3　2009—2010 年获评首都高校“先锋杯”优秀团员名单

序　号	学　院	获奖名单
1	应用文理学院	聂梦龙
2	师范学院	张玥
3	商务学院	孙晓萌
4	生物化学工程学院	杨凌雪
5	旅游学院	张近
6	特殊教育学院	厉蒙
7	信息学院	蔡一晖、周扬
8	机电学院	陈楠、方兴
9	自动化学院	韩乐、郭彪、王森
10	管理学院	郭晓萌、苏小龙、白旭、罗楠
11	广告学院	姜吉祥、郑伟
12	应用科技学院	吴彦茹、管崇颖
13	平谷学院	赵纯、王雪驹
14	学生公寓团委	仝珊、卫翔

2001—2007 年学校获评北京市三好学生、优秀学生干部和先进班集体名单，如表 15.3-4—表15.3-6 所示。

表 15.3-4　2001—2007 年获评北京市三好学生名单

年　份	获奖名单
2001	张玮、李志同、黄树博、何燕斌、郭虹、王一楠、郭颖、张圆圆、朱翎、王婧、李晓、加海燕、郭盈、程功、于翾、朱磊、尹鹏、王蕊、乔丹、刘芊、鲍文妍、郭丹、张毅、姚春林、李崇圆、宋莉娜、岳宁、徐雅、宋威、马彤宇、郭晓园、郑义、李丽、王秀丽
2002	许立君、魏宁、李静、刘洋、晏强、全荔、安源、李旺、张楠、郭卉、史秋娟、田征、潘维颖、梁薇、赵晶、张娜、陈雄硕、刘辉娜、郭玉、郑含丹、阮翀、胡小霞、牛鸿涛、李媛、桂晞、黄树博、王珊珊、张露亚、李廷扬、盖琳、梁文佳、张罡、王珊、韩建
2003	郝琪、刘伊、徐颖、樊瑞娟、张萌、王兆赓、汤丽茗、宋小艳、晏强、祖燚、孙丽娟、冯旭函、田峻、李沫、张颀、吕荣杰、代丽丽、薛薇、王政、赵辰、曹磊、郭少威、李丽、朱琳、杨秀娟、党晓颖、李霞、闫思、崔媛媛、龙莹、张雪晶、杨倩、辛雨、刘露露、陈博嘉、王晓蓬、张岚、郑伟、肖潇、王鹏、常萌、张伟、张腊梅、朱丽丽、杜立、陈磊、付凝婕
2004	李甫、王妍、李晗、李昂、姚敏、杨婧 婍、刘亚琮、乔芊芊、陈栋华、闫明月、宋赫、刘芳、张丽娜、唐婧、龙立、常烨、孙淼、王婷婷、陈萍、常胜军、梁子、李然、卞中英、韩小程、王思轶、张娣、贾少峰、杨洁、唐平、周翯、李晓静、谢研、刘洁、邢眸韬、王征、杨潇、曹颖、赵芳、蒋立超、张婷、华明、石国炜、吕随意、李萌、张志华、郭莉莉、冯海静、米进超
2005	王笑瑜、韩紫光、卢薇、张琦、杨荣、黄颖、鄢婷、冯海静、宋赫、吴宗刚、刘杰、李双江、蔡静、季常珊、李娟、王雷欧、冯云霞、刘晓霞、王婷婷、于礼民、张勇、彭淑池、张玉龙、任杰、郭鑫、王倩、蔡琦、李畅、孙静怡 王明玥、张鹏、高迎攀、王振、崔媛媛、徐建、刘珊珊、肖雪、郭金平、赵依澍、刘晓琳、金珊、柯洋 许媛媛、毛茜茜、刘琳茜、祁海莲、杨宁
2006	董佳妮、成芳 侯蕾、帅贵鹏、陈璐、李达、全菲、王晶、王颖、庄秋燕、付丽莉、王伊宁、王晨刚、成莹莹、李明洁、王欢、于澎、王婧如、李维珊、张冬梅、杜鹏、李宁荣、于清波、都杰、韩婷婷、梁玥、吴彦峰、韩峥、郑頔、齐雨汀、樊辰宇、孙孟华、曲巍、郭巧玲、常亚楠、陆腾飞、刘莎、贾晨、李晓娟、任凯、赵玉蕊、左权、邢颖、王平、高晨阳、石勇
2007	李新玲、刘毅、沈洋、肖乐乐、陈亮、熊雪意、张海莹、朱茜、陈晓文、乔溪莹、肖潇、许建、杨晓彤、刘晓冉、勾爽、张青、何兵、王乐宇、姜珊、孙杉、马丁、熊新华、刘剑峰、高媛、林鹤、朱丽颖、仝仕华、卢义、刘舟、康晓璐、黄旭、白燕飞、刘姝、钱明、吴严、夏羽、姜欣、李静、胡正坤、牛聪、韩冬、王丹

表 15.3-5　2001—2007 年获评北京市优秀学生干部名单

年　份	获奖名单
2001	叶琦、梁彦、李森洋、冉琳琳、高超、张菁菁、王雪莲、郭倩、张雪、杨韬、王义、刘欧
2002	张晓维、张晨、常萌、赵宗慧、陈娟、张迪、殷雪蒙、刘征、李喆、宋凯、卢晶晶、田广营
2003	夏文姨、秦亮、张晨、王娟、仲珊、宿因、孙强、丁强、雷平平、李新艳、张爽、杨腾、王晛、贾玉凤、陈雪、樊晓伟
2004	李福安、张欣然、沈天瑢、赵亚芹、徐磊、孙晶、连莲、张明娣、邱薇、李爽、高晗、白玉、王亚妮、张炜、李筱轩、刘连胜
2005	李维、王嘉然、尤俊华、徐伯雅、王旋、田颖、梁晨、杨虹洲、韩阳翌、郑文竹、郑英明、张云霞、季鲲鹏、穆泽鹏、宋亮亮、魏杰
2006	沙莎、张月良、王红、王平娜、王俊岭、唐志星、刘靖、李征、林彦杰、张娜、许翔、邵星杰、王钊、濮妍、耿耘
2007	刘文倩、李红梅、赵智力、刘鹏、曹国胜、李寅萌、卓晶川、王鹏、郭巧玲、陆腾飞、徐煜、刘存、陈蒙、关乙菁

表 15.3-6　2001—2007 年获评北京市先进班集体名单

年　份	学　院	获奖名单
2001	应用文理学院	法律系 2000 级 1 班、经济学与城市科学系经济学专业 1999 级
	机械工程学院	应用技术系 00711 班
	旅游学院	2000 级财务管理本科班、餐饮工艺系 1999 级烹饪班
	应用技术学院	机电系 05381 班
	化学工程学院	98305 班
	商务学院	工商管理系工商 992 班
	职业技术师范学院	计算机信息与技术系 1999 级计算机 1 班
	信息学院	计算机系 0004351 班、自动化系 990434 班、信息系 9812 班
2002	机电学院	01211 班
	商务学院	国际商务系财 001 班
	应用文理学院	法律系 2000 级法学班、生化系 2001 级环境科学班
	生物化学工程学院	经济管理系人力资源管理专业 01303 班
	旅游学院	2000 级物业管理本科班
	管理学院	0005342 班
	职业技术师范学院	2001 级文秘教育 1 班
	自动化学院	0004321 班
	信息学院	2000 级 0004351 班、990413 班
	广告学院	2001 级媒体 2 班
2003	管理学院	0105344 班、0105392 班
	师范学院	高职教育部 2001 级财务会计专业班、语言文化系 2001 级文秘教育专业 1 班
	旅游学院	外语系英语专业 2001 级 5 班
	自动化学院	01323 班
	信息学院	004333 班、0204344 班
	生物化学工程学院	生物医药系 00105 班、经济管理系 02304 班
	广告学院	2002 级广告学班
	应用文理学院	国际金融财务学系金融学 2000 级、生物系生物技术 2001 级 1 班
	特殊教育学院	艺术系艺术设计专业 2001 级 1 班
	机电学院	0206321 班
	商务学院	国际商务系商务 011 班
2004	应用文理学院	新闻传播系 2003 级汉语言文学班、金融学(注册会计师专门化)2002 班
	师范学院	2003 级计算机与技术专业 1 班、应用生物技术系 2003 级生物技术专业
	信息学院	04043334 班、04043251 班
	管理学院	03054352 班
	自动化学院	03083322 班
	机电学院	材料科学与工程 03063351 班
	商务学院	金融 021 班

续表

年　份	学　院	获奖名单
2004	生物化学工程学院	2002级环境保护专业02206班、2004级工商管理专业04327班
	旅游学院	2003级英语2班
	广告学院	2003级广告学班
	网通软件职业技术学院	2004级游戏软件开发专业04154331班
	平谷学院	2004级国际商务2班
2005	应用文理学院	2004级食品生物技术1班、2005级历史学(文物博物馆)
	师范学院	2004级电子信息系电子信息工程专业1班、2003级计算机科学与技术系计算机科学与技术专业1班
	信息学院	05043255班、05043343班
	管理学院	04053343班
	自动化学院	05083215班
	机电学院	04063311班
	商务学院	2004级国际商务系税收041班
	生物化学工程学院	04201班、04304班
	旅游学院	2004级日语1班
	广告学院	2005级网传1班
	国际语言文化学院	05103120班
	东方信息技术学院	05133351班
2006	应用文理学院	2006级法学1班
	师范学院	语言文化系汉语言文学专业班
	商务学院	国际商务系商务051班
	旅游学院	英语旅游文化系05英语3班
	生物化学工程学院	04204班
	信息学院	05043335班
	管理学院	04053241班
	自动化学院	05083322班
	机电学院	04063331班
	特教学院特殊教育	512311班
	广告学院	营销策划2005级
	国语学院	06104321班
	东方信息技术学院	05133351班
	平谷学院	05144311班
	网通软件职业技术学院	06154381班

续表

年 份	学 院	获奖名单
2007		北京联合大学 2007 级研究生班级
	应用科技学院	2007 级软件工程系软件技术专业 0731 班、07 金融保险
	东方信息技术学院	软件技术 06134382 班
	广告学院	广告学班
	特殊教育学院	2007 级特殊教育班、6053321 班、6083321 班
	旅游学院	英语旅游文化系 07 级英语 3 班、6043351 班
	生物化学工程学院	材料科学与工程 06063351 班、05302 班
	信息学院	电气信息系计算机科学与技术专业班
	应用文理学院	外语 1 班

3. 课外科技竞赛

为保障学生科技活动顺利开展、满足新时期青年成长发展需求,校团委于 2004 年 11 月组建学生科技协会,联合教务处、科研处等相关职能部门制订《北京联合大学学生课外科技活动管理办法》《北京联合大学全日制普通高等教育学生课外科技活动奖励办法(试行)》《北京联合大学教师指导学生课外科技活动的有关规定(试行)》《北京联合大学教师指导学生课外科技活动研时认定办法》等文件。学校自 2007 年起设立学生科技活动基金,每年投入资助经费 20 万元,用于支持校级学生科研立项。此外,学校还获得了北京市本科生科学研究计划专项经费,为学生参与和开展科学研究提供研究经费。自 2007 年以来,校团委在市级、校级基金项目中共获得 145 万元经费支持,资助 491 个项目,学生 2208 人次参与了课题研究,教师 435 人次对项目进行了指导。

2003—2010 年,由校团委主抓的学生科技竞赛共获"挑战杯"全国大学生课外学术科技作品竞赛全国二等奖 1 项、三等奖 1 项;"挑战杯"全国大学生创业计划竞赛全国铜奖 1 项;"飞思卡尔"杯全国大学生智能汽车竞赛全国二等奖 2 项;大学生(文科)计算机设计大赛全国三等奖 1 项;ITAT 教育工程就业技能大赛全国一等奖 2 项,二等奖 5 项。在省(市)级竞赛中,共获"挑战杯"首都大学生课外学术科技作品竞赛一等奖 4 项、二等奖 13 项、三等奖 13 项;"挑战杯"首都大学生创业计划竞赛银奖 2 项、铜奖 6 项;"飞思卡尔"杯大学生智能汽车竞赛(华北赛区)一等奖 2 项、二等奖 4 项、三等奖 3 项,如表 15.3-7—表 15.3-9 所示。学校获得"挑战杯"首都大学生课外学术科技作品竞赛组织奖和 ITAT 教育工程就业技能大赛组织奖。

表 15.3-7　2003—2010 年参加“挑战杯”首都大学生课外学术科技作品竞赛获奖名单

<table>
<tr><th>年份</th><th>竞赛名称</th><th>作品名称</th><th>作品负责人</th><th>作品合作者</th><th>指导教师</th><th>专　业</th><th>学　院</th><th>竞赛级别</th><th>获奖等级</th></tr>
<tr><td>2003</td><td>第二届“挑战杯”首都大学生课外学术科技作品竞赛</td><td>梁的强度与刚度可视化全自动审核系统</td><td>肖楠晔</td><td></td><td></td><td></td><td>机电学院</td><td>市级</td><td>二等奖</td></tr>
<tr><td rowspan="3">2006</td><td rowspan="3">第四届“挑战杯”首都大学生创业计划竞赛</td><td>“阳光宝宝”咨询培训服务公司</td><td>王明玥</td><td>强海峰
宁宇峰
张　冉
金　璐</td><td></td><td>电子商务</td><td>商务学院</td><td rowspan="3">市级</td><td>二等奖</td></tr>
<tr><td>“职场绿卡”俱乐部</td><td>张佳元</td><td>李晓珣
周闻闻
吴　雯
王　博</td><td></td><td>国际经济与贸易、信息管理与信息系统</td><td rowspan="2">商务学院</td><td rowspan="2">三等奖</td></tr>
<tr><td>L123（LEARN哆来咪）多功能音乐教具</td><td>宋颖健</td><td>田晓寅
张　瑶
刘　扬
李　芸</td><td></td><td>国际经济与贸易、信息管理与信息系统、工商管理（国际商务管理）</td></tr>
<tr><td rowspan="5">2007</td><td rowspan="5">第四届“挑战杯”首都大学生课外学术科技作品竞赛</td><td>杠板归的超临界萃取和红外光谱研究</td><td>毛德奎</td><td></td><td>赵　伟
廖琪丽</td><td>生物工程</td><td>生物化学工程学院</td><td rowspan="5">市级</td><td>一等奖</td></tr>
<tr><td>Hi-End 音响设计与制作</td><td>刘　达</td><td></td><td>龚　平</td><td>音像技术</td><td>自动化学院</td><td rowspan="2">二等奖</td></tr>
<tr><td>中国书画作品中印章图像的自动提取</td><td>康智星</td><td></td><td>葛喜珍</td><td>计算机科学与技术（信息系统）</td><td>信息学院</td></tr>
<tr><td>北京红桥市场现状及发展趋势</td><td>佟冠楠</td><td></td><td>刘　智</td><td>旅游管理</td><td rowspan="2">旅游学院</td><td rowspan="2">三等奖</td></tr>
<tr><td>北京市城镇老年旅游市场的现状、问题及开发策略研究</td><td>肖　雪</td><td></td><td>马榴强</td><td>旅游管理</td></tr>
</table>

续表

年份	竞赛名称	作品名称	作品负责人	作品合作者	指导教师	专业	学院	竞赛级别	获奖等级
2007	第四届“挑战杯”首都大学生课外学术科技作品竞赛	从历史轨迹分析黑河贸易现状	王欣	张佳元 孙慧涛 张周奎 于姗姗	霍清	国际经济与贸易、工商管理、信息管理与信息系统	商务学院	市级	三等奖
		对北京城市边缘学生农民工子女上学问题的调查	李园实		赵晓红 何淑嫦	工商管理	管理学院		
		夯实党建基础积极扩大就业——北京联合大学管理学院毕业生党员调查报告	于清波		顾军	电子商务			
		水帘窗	王昕		娄海涛	应用化学(环境保护)			
		基于USB通信的汽车音响系统	李响	张然 刘亮	冀颐之	自动化(信息处理与智能技术)	自动化学院		
		东亚钳蝎有效部位抗癫痫作用的分子机理	任超		黄迎春	生物工程	生物化学工程学院		
2008	第五届“挑战杯”首都大学生创业计划竞赛	智能防盗报警器的开发与推广创业计划书	鹿博	李世超 张伟 刘双 张彤硕		电子信息工程	信息学院	市级	三等奖
		“速效心脑康”——心脑血管药品新剂型的创业计划书的生产及推广	宋杨	陈超 贾佟 胡文婷 孙红伟		制药工程	生物化学工程学院		
		“Hot Try”(火验)深度体验消费中心	张肖肖	赵琦 白华 袁芳 李冉		工商管理			
		“美丽尔”SOD功能性牙膏商业计划书	王博	于果 唐宁 王凯		人力资源管理			

续表

年份	竞赛名称	作品名称	作品负责人	作品合作者	指导教师	专　业	学　院	竞赛级别	获奖等级
2009	第五届“挑战杯”首都大学生课外学术科技作品竞赛	中国林蛙核糖核酸酶基因表达及抑制细菌活性的研究	张志薪	贾　宁 吴　琼	霍　清	生物工程	生物化学工程学院	市级	一等奖
		社会隔离对SD大鼠社会行为和NMDA受体相关基因在不同脑区表达的影响	张　旭	孙　磊 王　宁		生物技术(现代食品分析技术)	应用文理学院		二等奖
		北京市城八区非物质文化遗产保护工作调查报告	刘文婷	刘　岩 杨　虓 韩　钊 褚　旭 李　莎 雷雪竹		历史学(文博旅游)			
		超氧化物歧化酶的分子修饰及性能研究	李　超	李　蕊	徐凯波	生物工程	生物化学工程学院		
		附桂骨痛复方二次开发研究——微生物发酵法	乔溪莹	王馥郁 姜　燕 索子强 万秋爽 王　蓉	刘　捷	制药工程			
		利用层析模型和结构特征实现的书画印章自动提取系统	胡正坤	朱俊杰 王真真 王迪菲 张　南			研究生		
		壳聚糖改性丙烯酸酯类水凝胶的研究——一种透明生物材料的制备	侯　芮	郭　艺 李　慧 满嘉懿 孙　煊		材料科学与工程(生物材料)	生物化学工程学院		三等奖
		臭椿有效成分对蚜虫防治效果的研究	刘　月	张盛宇 程　才 赵　芳 刘　月		制药工程			
		低成本优质高保真音箱的设计与制作	王　旭			自动化(控制工程)	自动化学院		

续表

年份	竞赛名称	作品名称	作品负责人	作品合作者	指导教师	专业	学院	竞赛级别	获奖等级
2010	第六届“挑战杯”首都大学生创业计划竞赛	北京万德生态环保板材责任有限公司创业计划书	张艳超	何子超 邓金鹏 闫瑞 胡颖			生物化学工程学院	市级	银奖
		口腔抗癌新药——口立康创业计划书	朴虹蓉	霍皗 杨合 杨秋超 鹿斌 顾瑞虎 李博					
		易安诚转基因食品鉴别查询信息服务平台	吴颖慧	马璠 赵晓曼 武天旭 周瑶 牛婧 李晓莹					铜奖
		臭椿生物农药开发有限公司	张园	邵洁 刘小清 郑蕾 谢红刚					
		“Leisure Share”大学生低碳环保时尚休闲店	朱熇	王歆 刘喆 刘旭 刘晧祎 马悦			商务学院		
		健与美膳食营养餐厅	刘静	陈骥洲 丁聪惠 李静雅 王惠珩 李雅楠 李谌			旅游学院		

表 15.3-8 2008—2009 年参加“飞思卡尔杯”全国大学生智能汽车竞赛获奖名单

年份	竞赛名称	队伍名称	队长	队员	专业	学院	竞赛级别	获奖等级	备注
2008	第三届全国大学生“飞思卡尔杯”智能汽车竞赛华北赛区比赛	优卡队	解子岩	房江南 张贺寅	自动化(控制网络与控制技术)	自动化学院	市级	二等奖	光电组
		甲壳虫队	梁树宇	路超 王玲修	生物医学工程	生物化学工程学院		三等奖	
		机遇队	闫松伟	徐东方 唐智星	通信工程	信息学院			摄像头组
2008	第四届全国大学生“飞思卡尔杯”智能汽车竞赛华北赛区比赛	袋鼠队	马兴	王研 刘玉龙	机械工程及自动化	机电学院	华北区	三等奖	光电组
		勇气队	徐东方	全敦燎 郑飞宇	通信工程	信息学院			摄像头组

表 15.3-9　2007—2010 年参加“正保教育杯”全国 ITAT 教育工程就业技能大赛获奖名单

年份	届次	项目名称	获奖学生	专业	学院	获奖等级
2007	第三届	优秀组织奖：北京联合大学				
		Photoshop 平面设计	韩　峰	计算机科学与技术	信息学院	国家级特等奖
		3DsMAX 三维设计	谢小川	动漫设计与制作	网通软件职业技术学院	国家级二等奖
		Flash 动画设计	徐剑魁	计算机科学与技术	师范学院	
		Office 办公自动化高级应用	沈天璐、王　宇	计算机科学与技术	师范学院	国家级三等奖
			张倜然	汉语言文学		
			黄　威	艺术设计		
			权琦峰	计算机科学与技术	信息学院	
			吴　迪	机械工程及自动化	机电学院	
			吕勇阳	自动化（控制网络与控制技术）	自动化学院	
			蒋心睿	信息管理与信息系统	管理学院	
			李京宜		网通软件职业技术学院	
			任逸筝	软件技术		
			丁晓欧	软件技术	东方信息技术学院	
		AutoCAD 机械设计	张　炎	机械工程及自动化	机电学院	
		Photoshop 平面设计	张　辰	环境科学	应用文理学院	
			马　爽、陈　璐、傅晓伟、蔡　杰、张　骞、姜　彤	艺术设计	师范学院	
			陈炜钊	计算机科学与技术（网络工程）	信息学院	
			莫寅虹	工业设计	机电学院	
			卫龙玥	物业设施管理		
			张　默	广告设计与制作	平谷不院	
			于少泽	影视多媒体技术	网通学院	
2008	第四届	优秀组织奖：北京联合大学				
		Office 办公自动化高级应用	权琦峰	计算机科学与技术	信息学院	国家级二等奖
		C 语言程序设计	漆家辉、任敬地	计算机科学与技术	信息学院	国家级三等奖
			熊腾飞	信息管理与信息系统	管理学院	
		Office 办公自动化高级应用	吴　杰	计算机应用技术	师范学院	
			徐剑魁	计算机科学与技术		
			张丽娜	建筑环境与设备工程	机电学院	
		Photoshop 平面设计	张　辰	环境科学	应用学院	
			刘　璇	技术监督与商检	师范学院	
		Java 程序设计	韩要翔	计算机科学与技术	信息学院	国家级优秀奖
		Flash 动画设计	温建华	自动化（信息处理与智能技术）	自动化	
		Office 办公自动化高级应用	刘　颖	电子商务	管理学院	

续表

年份	届次	项目名称	获奖学生	专业	学院	获奖等级
2009	第五届	优秀组织奖：北京联合大学				
		Office办公自动化高级应用	权琦峰		信息学院	国家级二等奖
		C语言程序设计	熊腾飞、漆家辉 任敬地		信息学院	国家级三等奖
		Office办公自动化高级应用	徐剑魁		师范学院	
			张丽娜		机电学院	
			吴　杰		自动化学院	
		Photoshop平面设计	张　辰		应用文理学院	
			刘　璇		师范学院	
		Java程序设计	韩要翔		信息学院	国家级优秀奖
		Flash动画设计	温建华		自动化学院	
		Office办公自动化高级应用	刘　颖		管理学院	
2010	第六届	优秀组织奖：北京联合大学				
		C语言程序设计	任敬地		信息学院	国家级一等奖
		C语言程序设计	李骁然、王汕汕 漆家辉		信息学院	国家级三等奖
		Office办公自动化高级应用	孙　勃		应用文理学院	
			权琦峰		信息学院	
		C语言程序设计	李兆民、马一博、 王　鼎、裴亚伟		信息学院	国家级三等奖
		Office办公自动化高级应用	王雨舟、王　业		应用文理学院	
			郭元旗		信息学院	
		AutoCAD机械设计	许　凡		信息学院	
			王云鹏		自动化学院	
		AutoCAD建筑设计	周　烨		信息学院	
		Photoshop平面设计	郑　菲		信息学院	

2003—2009年参加全国大学生电子设计竞赛北京赛区比赛获奖名单，如表15.3-10所示。

表15.3-10　2003—2009年参加全国大学生电子设计竞赛北京赛区比赛获奖名单

年　份	获奖学生姓名			指导老师	所学专业	学　院	竞赛级别	获奖等级
2003	张　驰	王　克	孔祥明			应用文理学院	市级	二等奖
	陈　淼	陈　婴	戎　洋			信息学院		
	王　涛	徐　平	马　瑛					
	韩　力	张　研	范　昂			自动化学院		
	王　征	王　靓	刘　攀					
	王志伟	任　远	李　松			自动化学院		三等奖

续表

年份	获奖学生姓名			指导老师	所学专业	学院	竞赛级别	获奖等级
2004	杨帆	金鑫				信息学院	市级	二等奖
	安磊	李志翔						
	卜振钊	贾仙				自动化学院		三等奖
	李晓旭	晋璐稀						
	刘峰	安楠						
	李佶	肖磊						
	王杨	刘志辉						
	郑宇	成俊鹏						
	李海涛	崔殿东						
	马冬宝	白柳				师范学院		
	李昂	芮成娟						
	单树明	左久春						
2005	李扬	于凯	常惠莉		机械工程及自动化	机电学院	市级	一等奖
	庄天宇	张佳硕	程小龙		计算机科学与技术（信息系统）	信息学院		二等奖
	李雪	董新	赵磊		通信工程/电子信息工程			
	沈洁	李然	周淼		自动化/自动化（信息处理与多媒体技术）	自动化学院		
	张大航	程志刚	李文超		电气工程与自动化			
	袁慧	刘立明	张娣		机械工程及自动化	机电学院		
	张勇	肖伟	贺玉新		电子信息工程	师范学院		三等奖
	马冬宝	单树明	左久春					
	霍冬梅	陈京伟	李晨		电子信息工程	信息学院		
	贾端军	赵明	李葳		软件技术/电子信息工程			
	王兆晖	王路	郭鑫		自动化	自动化学院		
	肖磊	李佶	姚丽莎					
	刘亭	付饶	赵欣		电气工程与自动化			
2006	李万杰	庄天宇			电子信息工程/计算机科学与技术（信息系统）	信息学院	市级	二等奖
	王希	李文燕			电子信息工程			
	林迎春	王帅			通信工程			

续表

年份	获奖学生姓名			指导老师	所学专业	学院	竞赛级别	获奖等级
2006	杨志全	仰　永			电子信息工程	师范学院	市级	三等奖
	狄玉伟	秦　巍			电子信息科学与技术	信息学院		
	许　博	李　鑫						
	赵　雷	李春爽			电子信息工程(数字视频技术)			
	张　迎	刘颖慧			电子信息科学与技术(计算机网络)			
	闫宝红	龚　丽						
	姜　竹	刘昊宇						
	李俊兴	陈兴伟			电气工程与自动化	自动化学院		
2007	郭　森	韩晶晶	张　鹏		计算机应用技术/通信系统运行管理	网通软件职业技术学院	市级	二等奖
	石　勇	闫松伟	冯　超		通信工程/电子信息工程	信息学院		
	刘　波	施美娟	孔令婷		电子信息工程			
	王　禹	刘　源	姜　勇		计算机科学与技术(信息系统)/通信工程	信息学院		三等奖
	张春玉	任海林	孟　鹏		电子信息工程			
	郑瑞军	郑艳柳	杨美玲					
	蔡敬云	马　辉	李　超		电子信息工程	师范学院		
	韩清泉	李　叶	李　华		自动化(控制工程)	自动化学院		
	杨　雪	姚文嘉	丁秀菊			信息学院		优秀奖
	王占奎	王　瀚	程　锦					
	刘珊珊	张立宝	赵丹阳		电子信息工程			
	王雪峰	狄玉伟	秦　巍					
	李　雪	田　非	郑　雷					
	杨克宇	韩　玮	张　璋		电子信息工程			
	任　杰	刘妍倩	高　媛		电气工程与自动化	自动化学院		
	张　然	李　响	魏　利		自动化(信息处理与智能技术)			
	张　霓	王欣欣	徐晨希					
	蒋　威	李晓宇	高　博		电气工程与自动化			
	李　飞	张　宏	穆　新					
	王学启	朱英杰	王　凯		工业工程(现代制造工程管理)	机电学院		
	谢添伟	李云龙	陈　冉		物流管理			
	孟　晴	张　利	米赵生			师范学院		
	刘建侠	郇　强	赵　维					
	张　杨	王小旋	杨　超					

续表

年　份	获奖学生姓名			指导老师	所学专业	学　院	竞赛级别	获奖等级
2008	杨克宇	廖芝宜			电子信息工程	信息学院	市级	三等奖
	庞俊峰	马连勇			电子信息工程			
	宁　川	董　晨			电子信息科学与技术	应用文理学院		
	王小芬	郭睿蕾			电子信息科学与技术			
	刘　硕	王玲悦			自动化(控制网络与控制技术)	自动化学院		
	张赫明	尹　超			通信工程	信息学院		优秀奖
	万　轲	贺　健			电子信息科学与技术	应用文理学院		
	王　娜	丁红颖			电子信息科学与技术			
	张贺寅	解子岩			自动化(信息处理与智能技术)	自动化学院		
	王　舸	孙绍慈			电气工程与自动化			
	陈　希	蔡　玉			自动化(控制网络与控制技术)			
2009	徐　松	黄玲辉	秦　昌	孙丽娟	机械工程及自动化	机电学院	市级	二等奖
	全敦燎	晏　婷	徐东方	刘元盛	通信工程	信息学院		
	杨少臣	刘　垚	刘　丽	刘元盛	电子信息工程/电子信息科学与技术			
	郑飞宇	洪月驰	于　雷		软件技术	应用科技学院		
	解子岩	刘　凯	王　姝	王　鹤	自动化(控制网络与控制技术)	自动化学院		
	王松宏	张海麟	张　欢	王　鹤	电气工程与自动化/自动化(控制网络与控制技术)			
	张　冉	邱　涛	李黎明	孙丽娟	机电一体化技术	机电学院		三等奖
	王玉霞	王　欣	诸葛君豪	孙　琳	生物医学工程/自动化	生物化学工程学院		
	许青河	李　月	郭君阔	唐　昊/郝凤涛	电子信息工程(师范)	师范学院		
	李晓林	王向珍	刘　凯	刘元盛	通信工程/电子信息工程	信息学院		
	陈启	张理朝	徐　亮	王　鹤	自动化(控制网络与控制技术)	自动化学院		
	王伟	杨潇芃	陈　红	王　鹤	自动化(信息处理与智能技术)/自动化(控制网络与控制技术)			
	周锐钊	周正文	王　贺	孙　琳	生物医学工程	生物化学工程学院		优秀奖
	常　磊	于潮鹏	刘　枫	孙　琳	医疗器械制造与维护			
	史鹏飞	赵雪茹	王庶鹏	孙　琳	计算机控制技术/医疗器械制造与维护			

续表

年份	获奖学生姓名			指导老师	所学专业	学院	竞赛级别	获奖等级
2009	刘畅	张华	耿韦佳	唐昊/郝凤涛	电子信息工程(师范)	师范学院	市级	优秀奖
	郑岩	毛历蕊	戚成浩	唐昊/郝凤涛	电子信息工程(师范)			
	马兴	阴孟涛	王研	孙丽娟	机械工程及自动化	机电学院		
	王征	夏小瑞	刘晶	刘元盛	电子信息科学与技术/电子信息工程	信息学院		
	尉静	鲍晶晶	周洁茜	刘元盛	电子信息工程			
	沈意辉	石虞龙	李欣	刘元盛	电子信息科学与技术			
	彭金龙	沈剑飞	王玟月	王鹤	自动化(控制网络与控制技术)	自动化学院		
	李文鹏	郭冠杰	王少华	王鹤	自动化(信息处理与智能技术)			

2003—2010年参加北京大学生数学建模与计算机应用竞赛获奖名单,如表15.3-11所示。

表15.3-11 2003—2010年参加北京大学生数学建模与计算机应用竞赛获奖名单

年份	获奖学生姓名			指导老师	所学专业	学院	竞赛级别	组别	获奖等级
2003	张大航	张富云	马峥			校本部	市级		一等奖
	呼世亮	高利	高彭			校本部			二等奖
	葛宇	孟克	杨超			应用文理学院			
	黄恺	李华翌	李晖						
	李延	闫杰	马松			生物化学工程学院			
2004	孙斌	郭友	张辞	尚学海(校基础部)		自动化学院	市级	乙	一等奖
	王申	杨少衡	成浩	张振坤	电子商务与信息管理、信息管理与信息系统	商务学院			
	郑宇	曹成	成俊鹏	崔海英(校基础部)		自动化学院		甲	二等奖
	张震	张勇	尤晓东	指导小组	计算机科学与技术	师范学院			
	张铎	毛汝君	蔡笑	指导小组		应用文理学院		乙	
	刘绮	唐莹	白薇	指导小组				甲	
	刘一波	苏成张	宛冠阳	指导小组					
	吕荣杰	董宇	侍玉	张静(校基础部)		自动化学院、机电学院		乙	
	马松	刘苗苗	闫杰	成江晨		生物化学工程学院		甲	
	陈佳冬	崔媛媛	鲁子昂	成江晨				乙	

续表

年份	获奖学生姓名			指导老师	所学专业	学院	竞赛级别	组别	获奖等级
2005	田 雪	陈 平	李 晶	尚学海（校基础部）	计算机科学与技术	校本部	市级	甲	二等奖
	江素颖	崔 胜	仰 永	指导小组	电子信息工程	师范学院			
	高 媛	靳伟萍	张 玉	指导小组		应用文理学院			
2006	陈 平	赵香荣	孔祥玲	张 静（校基础部）	自动化（信息处理与智能技术）	自动化学院	市级	甲	一等奖
	刘 香	商 立	时利娜	指导小组	计算机科学与技术（师范）	师范学院			
	张 鹤	宋 赫	段利影	指导小组	计算机科学与技术				
	陈 庚	张 翼	杜威威	指导小组		应用文理学院			
	王 晶	杨 萌	郭 悦	尚学海（校基础部）	计算机科学与技术	信息学院		乙	二等奖
	王丙国	张焱宸	朱丽伟	张振坤	国际经济与贸易、国际经济与贸易、国际经济与贸易	商务学院			
	刘占来	欧 森	穆大维	指导小组	电子信息工程	师范学院		甲	
	张艳军	王小平	钱 影	指导小组	计算机科学与技术				
2007	姚小川	任乙苗	孔 琛		数字媒体技术	师范学院	市级	乙	一等奖
	王 辰	石 勇	张 朋	崔海英（校基础部）	通信工程、电子商务	信息学院、管理学院		甲	二等奖
	穆 鑫	马双智	许宝利		计算机应用技术	师范学院		乙	
	沈 洋	王光辉	朱庆阳	逯燕玲	计算机网络技术	应用文理学院			
2008	张 晛	叶 芬	贾 峥	蔡 春	信息与计算科学	应用文理学院	市级	甲	一等奖
	史 洁	郑 淼	孙 蔚		技术监督与商检	师范学院		乙	
	裴雨晨	白 兴	宋晓蕾		计算机应用技术				
	孙 冰	郭伟明	陈 晨		计算机应用技术				

续表

年份	获奖学生姓名			指导老师	所学专业	学院	竞赛级别	组别	获奖等级
2008	戴超	仲春立	肖敏敏		信息管理与信息系统、国际经济与贸易、信息管理与信息系统	商务学院	市级	甲	二等奖
	周洁茜	鲍晶晶	张迪	崔海英（校基础部）	电子信息工程	信息学院			
	肖谌亮	马颜辉	魏晓娟	张静（校基础部）	工程管理（装饰工程管理）	管理学院			
	李杨	张喆	程瑶	逯燕玲	计算机网络技术	应用文理学院		乙	
2009	李世超	鹿博	蔡悠笛	张立新（校基础部）	电子信息工程、建筑环境与设备工程	信息/机电学院	市级	甲	一等奖
	史洁	郑淼	孙蔚	指导小组	技术监督与商检	师范学院		乙	二等奖
	陈德鑫	姜莹	慕欣	蔡春	信息与计算科学	应用文理学院		甲	
	段洁	郭宝金	李嘉悦	张洪	工商管理	生物化学工程学院			
	贾娜	殷丽然	翟羽佳	任征	电子商务	商务学院			
	米连胜	曹亮	李可蕊	贾文敬（校基础部）	通信工程、工业工程（现代制造工程管理）、电气工程与自动化	信息/机电/自动化学院			
2010	于伊雯	齐浩然	高旭	指导小组		师范学院	市级	乙	一等奖
	董巍	邓岩	骆腾	指导小组					
	王鹏	龚乙关	梁怡	张静（校基础部）		机电学院/应用科技			
	厉超	张韧	赵建良	无		应用科技学院			
	阳平	肖斌	曾长东	崔海英（校基础部）		信息学院/自动化学院		甲	二等奖
	张锐	陈雪竹	张聪	王笛（校基础部）		自动化学院/信息学院			
	常海权	李海娣	刘洋	蔡春		应用文理学院			
	李世钰	张玲玲	蔡杰	张景胜		生物化学工程学院			
	卿飞	毛雪卿	王慰陈	任征		商务学院			

4. 学生就业创业活动

为拓展自身服务职能，挖掘社会资源，拓宽青年学生就业创业的视野和渠道，2008—2010 年学校共建立 34 个大学生就业创业见习基地，其中 12 家为团中央挂牌单位。

2009 年 8 月，校团委策划组织了就业创业训练营活动，以提升学生就业竞争力、培养创业意识和创业基础能力为目标，邀请 10 余位国内专家开展了为期 2 周的培训活动，近 60 名学生参加了培训。

为传播职业规划理念，提高学生就业技能，校团委联合招生就业部门举办“职业生涯规划大赛”，开展大学生创业教育，培育青年学生的创业意识、风险意识，扶持有特色的创业团队。各级团组织也开展了专家讲座、学长交流等丰富多彩的活动。2009 年，学校 1 个社团获得“北京高校职业类优秀学生社团”称号，1 名同学获得“北京高校职业类学生社团优秀学生干部”称号。

5. 志愿服务

2002 年第 21 届世界大学生运动会和 2007 年“好运北京”体育赛事志愿者获奖名单，如表 15.3-12、表 15.3-13 所示。

2005 年，校青年志愿者协会成立，同时出台了《北京联合大学青年志愿者管理办法》。5 年来，学校各级团组织将志愿服务纳入学生社会实践体系。青年志愿者立足校园、服务师生，平均每年服务学校大型会议、校园开放日高招咨询等各项活动 200 余次。

2008 年，校团委把握百年奥运圆梦中华的历史机遇，精心准备，组织学生全面参与奥运筹办的各项工作，圆满完成了“好运北京”系列体育赛事的志愿服务工作。承担了工人体育馆、首都机场、校本部足球裁判训练场、开幕式演员、奥运村服务生、奥运安保、驾驶员、交通场站等 8 项志愿服务任务，完成了 1384 名赛会志愿者、2456 名城市志愿者和 1500 名社会志愿者的招募工作。成立了志愿者运行指挥中心，出台了《北京联合大学志愿者后勤保障方案》，为圆满完成赛时志愿服务任务提供了组织保障和制度保障。北京市委、市政府和北京奥组委授予校团委“北京奥运会残奥会先进单位”荣誉称号，12 人获得“北京奥运会残奥会优秀志愿者”荣誉称号，118 人获得“北京奥运会残奥会先进个人”荣誉称号，115 人获得北京奥组委志愿者部、市教工委、团市委等系统的市级表彰。1300 余名学生和教师受到工人体育馆、首都国际机场、奥运村服务团队、交通场站、校部训练场等场馆级别表彰（见表 15.3-14）。《北京青年报》《法制晚报》等多家媒体对学校志愿者的先进事迹和所取得的成绩进行了多次报道。

2008 年，在建校 30 年校庆期间，校级层面组织的 373 名志愿者累计服务 5000 小时以上，承担了接待联络、礼仪服务、交通引导等工作。

2009 年，在国庆 60 周年志愿者工作中，校团委组织 2031 名师生志愿者承担并圆满完成了国庆群众游行、广场合唱、广场联欢、国庆游园志愿服务和地铁志愿服务任务，累计服务时间达到 18000 小时。学校先后获得“首都‘迎国庆 讲文明 树新风’活动先进单位”“首都国庆 60 周年联欢晚会工作先进集体”“中华人民共和国成立 60 周年庆祝活动筹办工作先进单位”“国庆志愿者工作优秀组织单位”等荣誉称号。此外，应用科技学院邵思聪等同学在国庆游园志愿服务过程中，和在颐和园志愿服务的其他志愿者一并受到了胡锦涛总书记的慰问。

2010 年，学校 500 名志愿者参与由北京市总工会、北京电视台和北京市温暖基金会联合主办的“暖——2010爱心互助大型义演”互动鼓舞《热力北京》的演出,用自己特殊的方式将温暖传递给每一个人;90名志愿者参加2010年铁路春运志愿服务工作,大家以饱满的精神状态、良好的意志品质、精湛的服务水平生动展现了联大学子的形象与风采,有17名同学获得“铁路春运优秀志愿者”光荣称号。

表15.3-12　2002年第21届世界大学生运动会志愿者获奖名单

序号	奖项名称	获奖名单
1	彩虹之星	司徒海滨、崔亚楠
2	优秀彩虹志愿者	刘杰、金涛、段君、刘祥、孟繁磊、吴韧、冷达、张焱、潘震、陈晨、何峰、黄海、魏姗、李诚、葛雪亮、郭丹、王向华、武鑫宇、宋莉娜、高磊、赵明、辛志超、顾相、韩松、海洋、马辉、李伟、申秋
3	先进工作者	张琴、梁磊、焦阳、谢飞雁、葛雪亮
4	彩虹之友	韩宪洲(校党委副书记)
5	志愿服务组织奖金奖	北京联合大学
6	志愿服务组织奖银奖	北京联合大学旅游学院
7	啦啦队金奖	北京联合大学
8	文明观众组织奖	北京联合大学

表15.3-13　2007年“好运北京”体育赛事志愿者获奖名单

奖项名称	获奖名单
志愿者工作优秀信息员	王子君、耿耘、梁旭、郑頔
首都机场优秀志愿者	田烁、李天添、王世峰、杜普、牛聪、孙静、任茜茜、王妮娜、韩冬、李舒婷、王春鹤、郑頔

表15.3-14　2008年北京奥运会、残奥会志愿者获奖名单

表彰名称	姓名	所在单位	身份类别	服务领域
北京奥运会、残奥会优秀志愿者	吕勇阳	自动化学院	学生	首都国际机场
	任斌	信息学院	学生	
	沈玉靖	自动化学院	学生	北京联大训练场
	张强	管理学院	学生	工人体育馆
	郑頔	自动化学院	学生	
	张玲娜	商务学院	教师	
	绳晶晶、李红梅	师范学院	学生	
	林彦杰	机电学院	学生	
	耿耘	校团委	教师	公交场站
	谢瑜	校团委	教师	地铁
	王雨辰	旅游学院	学生	奥组委住宿服务部
	合计人数	12		

续表

表彰名称	姓名	所在单位	身份类别	服务领域
北京奥运会、残奥会志愿者先进个人	崔久星、韩冬、郝振杰、李群、孟昭、孙鹏伟、王乐宇、王腾绪、史立龙、赵赫群	信息学院	学生	首都国际机场
	贺亮	机电学院	学生	
	杜普、韩峥、何川、侯海涛、李嘉琦、张愚、朱萌	自动化学院	学生	
	晁婷婷、冯硕、牛聪、孙静、云丹、赵晨龙	管理学院	学生	
	史忻	应用科技学院	学生	
	吴长瑞	自动化学院	学生	北京联大训练场
	马锦江	商务学院	学生	
	朱海勇、洪旭	应用文理学院	教师	工人体育馆
	李鹏宇、刘文倩、郭睿、王笑然、孙雪、戴艺	应用文理学院	学生	
	谷国京、蒋菲菲、王晶、王汝伟、王洋	师范学院	学生	
	李菲、郑忠链、胡靓、田楠	商务学院	学生	
	原迪	生物化学工程学院	教师	
	常青云、李佩珩、赵智力、冯广男	生物化学工程学院	学生	
	张丹、杨威、孙亚博	旅游学院	学生	
	杨志男、李昂	特殊教育学院	学生	
	范妍	广告学院	学生	
	毛美娜	广告学院	教师	
	王钊、王忠旻、王兴宇、罗建峰	信息学院	学生	
	杜秋、刘派、宁砾、王昊、信茜、张翔、马丁	机电学院	学生	
	陈娟、张天慧	自动化学院	学生	
	宋博、胡戈、边宇彤、刘舟、杨红磊	管理学院	学生	
	王权颖	广告学院	教师	
	贾晨、毕秋子	应用科技学院	学生	
	刘冉	平谷学院	学生	
	郑怡	东方信息技术学院	学生	
	王凯	研究生院	学生	
	艾迪、张理朝	自动化学院	学生	公交场站
	高晨阳	管理学院	学生	
	裴园园	旅游学院	学生	
	冉壮	信息学院	学生	地铁
	蒋丽萍	机电学院	教师	
	战鹏	自动化学院	学生	
	黄飞、李欣然	管理学院	学生	
	李蕊	管理学院	学生	交通岗
	王子君、梁亚平	校团委	教师	城市志愿者
	吴宁	旅游学院	教师	
	张有	生物化学工程学院	教师	
	周月朋	信息学院	教师	
	贾学梅、陈林	应用文理学院	学生	

续表

表彰名称	姓名	所在单位	身份类别	服务领域
北京奥运会、残奥会志愿者先进个人	武英莉	商务学院	学生	城市志愿者
	孟涛	生物化学工程学院	学生	
	张贝、唐伟杰、张思淼、王晨	信息学院	学生	
	杨烁、高伶云	管理学院	学生	
	白华、秦隆、陈晨、刘艳红、吴蔚、方芸、李嘉胤、刘霄、杜芮汶、孙金楠、王雨辰	旅游学院	学生	奥组委住宿服务部
	徐静思	应用科技学院	学生	首都体育馆
	张卿	应用科技学院	学生	工人体育场
	合计人数	118		
首都教育系统奥运工作优秀学生	李晓娟	东方信息技术学院	学生	城市志愿者
	余亚欧、秦旭超	应用文理学院	学生	
	任彩霞	师范学院	学生	
	李姣	商务学院	学生	
	张默、刘蕊	生物化学工程学院	学生	
	郭珊	旅游学院	学生	
	任继伟	信息学院	学生	
	张广海、马弛	机电学院	学生	
	刘剑锋、杨佳佳	自动化学院	学生	
	王玥、张颖	管理学院	学生	
	苏楠、徐臣	应用科技学院	学生	
	杨佳思	平谷学院	学生	
	穆森	应用文理学院	学生	社会志愿者
	杨明月	师范学院	学生	
	王馥郁、王西坡、毛帆	生物化学工程学院	学生	
	徐扬、李彤	信息学院	学生	
	张欣培	机电学院	学生	
	禹凯、王亮、孙辰星	自动化学院	学生	
	王振坛、闫孟茜	管理学院	学生	
	邵冉	管理学院	学生	赛会青年营
	马维克	师范学院	学生	赛会机场
	孙萌	旅游学院	学生	
	张嘉奇、王腾、贾光伟	信息学院	学生	
	孙孟华	机电学院	学生	
	王鹏	管理学院	学生	
	史忻	应用科技学院	学生	
	曾湘乐、沈洋	应用文理学院	学生	赛会工体
	邢诗妍	师范学院	学生	
	张亮、周瀛洲	商务学院	学生	
	赵智力	生物化学工程学院	学生	
	杨子蒙	旅游学院	学生	
	杨阳	特殊教育学院	学生	
	黄阳君	信息学院	学生	

续表

表彰名称	姓名	所在单位	身份类别	服务领域
首都教育系统奥运工作优秀学生	曲巍	机电学院	学生	赛会工体
	齐妍	广告学院	学生	
	胡阳	应用科技学院	学生	
	岳颖	旅游学院	学生	
	温小辉	师范学院	学生	开幕式演员
	白杨	旅游学院	学生	
	姜珊	信息学院	学生	
	杜银玲	特殊教育学院	学生	
	王春鹤	自动化学院	学生	赛会青年营
	袁月花	师范学院	学生	北京联合大学训练场
	姜一江	旅游学院	学生	
	王阳	机电学院	学生	
	沈玉靖	自动化学院	学生	
	张雪梅	管理学院	学生	
	李宝征、田林	自动化学院	学生	赛会志愿者
	合计人数		65	
首都教育系统奥运工作先进个人	王子君、梁亚平	校团委	教师	赛会工体
	马振龙	校学生处	教师	首都机场
	潘红波	分校团委	教师	
	李宝贵	后勤服务公司	经理	北京联合大学训练场
	唐大中	校体育教学部	教师	
	王文杰	党校办公室	副主任	
	张连城	校领导	副校长	
	孙桂生	保卫处	处长	
	闫丽君	工会办公室	教师	奥运会开闭幕式
	合计人数		10	
首都高校奥运工作优秀学生干部	赵澜	应用文理学院	学生	
	许静	师范学院	学生	
	何爽	商务学院	学生	
	赵智力	生物化学工程学院	学生	
	平沅鑫	旅游学院	学生	
	赵倩	特殊教育学院	学生	
	姜珊	信息学院	学生	
	马丁	机电学院	学生	
	卓晶川	自动化学院	学生	
	邢影、濮妍、王鹏	管理学院	学生	
	陈硕	广告学院	学生	
	谢婷婷	应用科技学院	学生	
	张黎明	平谷学院	学生	
	合计人数		15	
首都高校奥运工作优秀学生组织指导教师	王子君	校团委	教师	
	郑建全	应用文理学院	教师	
	孙琳	生物化学工程学院	教师	
	吴宁	旅游学院	教师	
	王鹤	自动化学院	教师	
	合计人数		5	

6. 社会实践

校团委不断加强学生社会实践规范化、项目化和规模化建设,2005 年,制定了《北京联合大学学生社会实践活动项目化管理办法》《北京联合大学学生社会实践活动评优基本标准》,开展了以"了解社会、服务社会"为主题的社会实践活动。

校团委一直将社区作为社会实践基地建设的重要方向,2010 年已与丰台区东铁匠营街道蒲黄榆第三社区、亚运村大屯街道、朝阳区建外街道等 17 个街道、200 余个社区开展深度共建活动。2006—2010 年,由校、院联动组织的实践团队达 2000 余支,4 万余名学生分赴京城 18 个区(县)的近千个街道、乡镇、社区开展实践活动,先后有 24 支团队获"首都大学生社会实践优秀团队"称号、14 名教师获"首都高校社会实践先进工作者"称号,学校自 2003 年以来连续 8 年被评为"首都高校社会实践先进单位"。2002—2009 年首都高校社会实践先进集体及个人,如表 15.3-15 所示。

表 15.3-15　2002—2009 年首都高校社会实践先进集体及个人获奖名单

年份	奖项名称	学　院	获奖名单(集体/个人/作品)
2002	首都高校社会实践先进单位		北京联合大学
	首都高校社会实践先进工作者		焦阳
	大学生社会实践首都贡献奖	商务学院	
	首都大学生"三个代表"实践服务行动优秀组织奖	管理学院	
2006	首都高校社会实践先进单位		北京联合大学
	首都高校社会实践主题实践团优秀团队	生物化学工程学院	重走长征路,实践荣辱观团队
		东方信息技术学院	服务世青赛 志愿奥运会团队
	首都高校社会实践政策宣讲团优秀团队	网通软件职业技术学院	赴平谷区马坊镇北石渠村社会实践团队
	首都高校社会实践文化服务团优秀团队	应用文理学院	西柏坡扶贫支教团
		旅游学院	同心实验学校支教团
	首都高校社会实践医疗卫生团优秀团队	国际语言文化学院	红色"1+1"新农村建设服务队
	首都高校社会实践科技兴农团优秀团队	师范学院	经济贸易系社会实践团
	首都高校社会实践示范基地	管理学院	珠江物业管理公司大学生社会实践与就业基地
		信息学院	大屯街道社会实践基地
	首都高校社会实践先进工作者	商务学院	丘莉
		管理学院	支芬和
		特殊教育学院	刘川
2007	首都高校社会实践先进单位		北京联合大学
	首都高校社会实践优秀团队	自动化学院	平谷马坊"科技兴农"实践团
		机电学院	"红色 1+1"主题社会实践团
	首都高校社会实践优秀成果	管理学院	于清波《新型农村合作医疗体制调研报告》
		信息学院	唐智星《当年轻遇到奥林匹克,能否奏出和谐》
		东方信息技术学院	"同一个世界,同一个梦想"签名横幅
		师范学院	唐昊(优秀团干部)
	首都高校社会实践先进工作者	自动化学院	夏立文(优秀指导教师)
		生物化学工程学院	王婧如(优秀实践团员)

续表

年份	奖项名称	学　院	获奖名单(集体/个人/作品)
2008	首都高校社会实践先进单位		北京联合大学
	首都高校社会实践优秀团队	校本部	北京联合大学地铁服务团队
		商务学院	“微笑 PASTA”沙滩排球馆餐饮服务团
		旅游学院	赴日本名古屋学生文化交流实践团
		信息学院	大屯街道办事处暑期实践团队
		管理学院	大兴农业发展与科技创新服务团
		自动化学院	赴北京光爱小学实践团队、奥运村(残奥村)住宿服务团队
		广告学院	06 现代传播班社会实践小分队
		应用科技学院	“Demon—lord of round table team”城市志愿者服务团队
	首都高校社会实践优秀成果	应用文理学院	北京市非物质文化遗产保护工作调查小组，北京市城八区非物质文化遗产数据库、调查报告以及非遗中心杂志《文脉》第 1 期的约稿等实践成果、北京市东城区文物普查实习实践报告
		旅游学院	“绽放的青春 与大海共舞”赴北戴河接待处实践活动实践期刊
		机电学院	大学生社会实践活动基地
	首都高校社会实践优秀团干部	师范学院	张银霞
		商务学院	雷曦
		管理学院	马俊红
		信息学院	周月朋
		自动化学院	冷冰
		机电学院	卢丹蕾、解瑜
	首都高校社会实践优秀指导教师	应用文理学院	顾军
		旅游学院	田雅琳
		广告学院	张兰英
		生物化学工程学院	廖琪丽
	首都高校社会实践优秀实践团员	应用文理学院	康硕、胡海菊、符欣
		师范学院	杨婷婷
		商务学院	蔡亚微、袁帅
		生物化学工程学院	李文墨、张墨
		信息学院	麻鸾飞
		管理学院	李悦、张雪梅

续表

年份	奖项名称	学 院	获奖名单(集体/个人/作品)
2008	首都高校社会实践优秀实践团员	管理学院	康培
		自动化学院	金婷、王静静
		特殊教育学院	刘永娜
		广告学院	彭鹏
		东方信息技术学院	王福亮
		应用科技学院	刘凌雨、马建龙
2009	首都高校社会实践先进单位		北京联合大学
	首都高校社会实践先进集体	应用文理学院	西柏坡志愿支教团、北京高校学生学习动力缺失及对其就业影响研究小组
		师范学院	艺术团合唱志愿服务团队
		生物化学工程学院	毕业生用人单位探访团队
		自动化学院	“天天换书网”实践团、EPL 电子设计团队
		特殊教育学院	杨龙、张杰
	首都高校社会实践优秀成果	应用文理学院	《穿越幸福时差》《乐坛访问》“和共和国一起成长的老人”
		商务学院	“爱祖国爱北京爱家乡”“追溯红色足迹,弘扬爱国精神”
		旅游学院	旅游酒店与餐饮管理系社会实践专刊——品味柳沟
	首都高校社会实践先进个人		解子岩、路遥、安迪、乔晨、方屹、孙勃、孙丽、王洋、郭彪、赵雪
	首都高校社会实践先进工作者		曹海娟、冯丽霞、王鹤、徐梅香

7. 校园文化活动

自 2003 年以来,校团委加强对学生课外活动的整体规划,以社团文化节和科技文化艺术节作为活动主线,全力打造学生个性发展的舞台。社团文化节是学校 200 余个学生社团建设的一次大阅兵,是学生社团展示成果、交流共享、提升品质的舞台。按照中央 16 号文件要求,本着“大力扶持理论学习型社团,热情鼓励学术科技型社团,正确引导兴趣爱好型社团,积极倡导社会公益型社团”的原则,不断加强对社团的科学指导和规范管理,2006 年制定了《关于进一步加强我校学生社团指导和管理的意见》;2010 年制定了《北京联合大学星级学生社团评选办法》,量化了学生社团评价体系与考核标准,学生社团建设进一步加强。在 2006 年团市委举办的社团文化季活动中,校学生广播台被列为北京市八大精品社团;联合扬帆、信息学院英语协会等精品社团已经成为校园文化建设中的生力军。

自 1991 年开始,两年一届的科技文化艺术节已经成功举办了 10 届,以比赛和专场演出的形式集中展示学生艺术才华,以舞蹈专场、服饰风采大赛、综合文艺汇演等活动营造良好的校园文化氛围。科技文化艺术节期间,校团委组织对学生科技创新的最新成果进行集中展示,同时举办名家讲堂活动,原总装备部副部长、中国载人航天工程和探月工程常务副总指挥胡世祥中将、中国科协书记处书记冯长根教授都曾为学校学生作过精彩报告。

此外，校团委系统规划学生课外讲座，2006 年制定了《北京联合大学学生课外讲座资助办法》，设立专项经费，每年有计划地举办各类讲座 200 余场，涵盖学术科技、人文社科、文化艺术等类别。邀请了国内外著名专家、学者，如两院院士王越、中科院院士何祚庥、美国公共健康政策专家安吉拉·诺莉丝等来校作讲座，为学生成长成才营造良好的校园学术氛围。

校大学生艺术团自 2001 成立以来，一直活跃在校园内外的文化舞台上。在第三届北京市大学生艺术展演活动中，共获得一等奖 11 项、二等奖 8 项、三等奖 2 项和优秀组织奖。学校管乐团 2008 年 5 月赴上海参加国际音乐节，获得“创智杯”中国第二届非职业优秀管乐团队展演金奖；2008 年 12 月承办了北京市大学生新年音乐会。管乐团、舞蹈团于 2009 年 2 月代表北京市赴南京参加全国大学生艺术节比赛，双双获得一等奖。民乐团 2006 年 7 月赴美国参加“世界民族器乐大赛”并获金奖。2010 年 5 月，学校残疾人大学生艺术团正式挂牌成立，该艺术团是北京市第一个残疾人大学生艺术团，成立伊始，即被命名为“北京市残疾人青年演员培训基地”，标志着北京市残疾人文化艺术领域又多了一个重要阵地。学校大学生艺术团不仅在本科教学水平评估晚会、校庆、新年音乐会等各类大型演出活动中发挥重要作用，而且坚持每年举办校园话剧、曲艺、室内乐等专场演出，让广大同学分享学校高水平艺术团建设成果，推动了校园文化的繁荣发展。2008 年第二届北京市大学生艺术节艺术展演获奖名单，如表 15.3-16 所示。

表 15.3-16　2008 年参加第二届北京市大学生艺术节艺术展演获奖名单

奖项名称	获奖名单	学　院
优秀组织奖	北京联合大学	
优秀指挥奖	王辉、金野	
优秀创作奖	《顶碗》曹颖娜	师范学院
	《追》王冰、郑炜	
	《游戏危机》佟萌	应用文理学院
优秀指导教师奖	张帆	应用文理学院
	曹颖娜	师范学院
	金野	
	王辉	
器乐组一等奖(管乐类)	《彝海》《EMPHASIS》(北京联合大学管乐团)	
器乐组二等奖(管弦乐类)	《四季》(北京联合大学交响乐团)	
器乐组三等奖(民乐类)	《敦煌梦》《火把节》(北京联合大学民乐团)	应用文理学院
声乐类一等奖(合唱组)	《牧歌》《Sabia,coracao de ume viola》(北京联合大学师范学院合唱团)	师范学院
声乐类一等奖(重唱组)	《I only care for you》(北京联合大学师范学院合唱团)	
戏剧类一等奖	《游戏危机》(应用文理学院话剧社)	应用文理学院
舞蹈类一等奖	《顶碗》(北京联合大学师范学院舞蹈团)	师范学院
舞蹈类二等奖	《追》(北京联合大学舞蹈团)	

第四节　学生组织

一、学生会

(一)机构与职能

学生会是在校党委领导下、校团委指导下的学生自治组织。校学生会自成立之日起,始终坚持“全心全意为全校同学服务”的宗旨,积极开展大学生“自我教育、自我管理、自我服务”活动。校学生会的日常工作由主席团总体负责,主席团由1名主席和2名副主席组成。校学生会下设办公室、宣传部、学习部、外联部、生活维权部、文艺部和体育部7个部门。

各学院学生会为校学生会的分会组织,是各院学生的自治组织,在日常活动中,直接接受院团委的领导,独立自主地开展各项活动。在全校的重大活动上,各院学生会要接受校学生会及相关部门的指导和统一指挥,服从大局,配合活动的开展。

2003年1月21日,学校召开北京联合大学第三次学生代表大会,副校长张玲、校团委书记张琴及北京市学联相关同志出席大会。校学生会主席刘欧做了题为《认真贯彻“三个代表”重要思想,把握新时代脉搏,与时俱进,勤奋创新,谱写新世纪我校学生会的精彩篇章》的工作报告。大会选举产生了北京联合大学第三届学生委员会,委员共21人,王娟当选为新一届学生会主席。2001—2010年学生会历届主席、副主席,如表15.4-1所示。

表15.4-1　2001—2010年学生会历届主席、副主席名单

学　年	主　席	副主席
2001—2002	刘　欧	
2002—2003	田广营	
2003—2004	王　娟	
2004—2005	孙　强	
2005—2007	纪坤鹏	娄　亮
		冯　硕
		耿　耘
2007—2008	耿　耘	王　单
		宋　博
2008—2009	陈　蒙	刘　鑫
		盛明旭
2009—2010	李鲁东	仝　珊
		樊　帆
		祁梦凭
		辛　昕

(二)工作与管理

1. 组织机构与制度建设

学生会自成立以来,不断完善和加强自身建设。为了发挥学生会沟通渠道、维护权益的职能，2002年学生会成立了学生维权中心，后改为权益部。2006年，学生会针对自身建设情况修改了《学生会成员管理制度》，建立了完善的《学生会成员考核评比制度》《学生会主席团例会制度》等相关规定。2010年，学生会将生活部和权益部合并成立生活维权部。

学生会不断加强组织内部建设，提高骨干综合素质。通过招新面试、笔试等规范的环节，严格筛选学生干部。通过试用期的考核、转正申请，以及理论学习、专业技能培训等方式，让每一位成员都接受着严格的考验与系统的学习。为了增强组织的凝聚力，学生会组织了一系列拓展、联谊会、郊游、球赛等活动，营造家的气氛，增强大家的归属感，建立一个和谐团结的团队。通过"每月之星"的评比和表彰，培养同学的荣誉感，为成员之间的交流学习提供机会。

2. *活动开展*

学生会密切关注国家热点问题，紧密围绕社会时事，加强学生政治思想教育。从2003年开始，依托"理论学习面对面"主题教育活动，开展社会热点问题探讨会，定期对社会发生的焦点事件进行深入学习探讨。每年"两会"期间，通过举办"两会"专题讲座，深入学习政府工作报告，引导广大学生关注国家时事，明确自身责任与使命。

学生会坚持"全心全意为同学服务"的宗旨，始终把维权工作视为工作中的重点。从2007年开始，学生会定期举办权益周、校长接待日、维权座谈会等活动，广泛听取同学们的意见及建议，努力协调，切实为同学们解决学习、生活中的难题。学生会开拓网络工作平台，利用网络开展问卷调查、信息收集、维权信息发布及维权活动宣传，扩大学生会的公信力、影响力。

为了充分了解同学们的思想动态，满足广大同学的学习和生活需求，学生会坚持进行住宿、伙食、教学满意度、学校学习环境、校园活动期望等各种问卷的调查活动，并将大家的建议及时地反映给学校的相关负责部门，为学校更好地开展相关工作提供参考。

为了让新生能迅速熟悉和融入校园生活，每年大一新生到校报到之际，学生会都会积极参与到迎新活动中，服务在火车站、咨询点、家长接待室等一线，为新生报到提供方便。为了更好地了解新生的情况，学生会还组织一些骨干对新生宿舍进行走访，了解新生们的困难。学生会编辑制作新生指南，将学校周边的交通、饮食、购物、医疗等信息统合整理，以帮助新生尽快融入到大学生活之中。"构建文明校园倡议书""校园无烟日倡议书"等一系列美化校园的活动也在学生会的号召下成功进行。

为了丰富同学的课余生活，学生会有针对性地举办了一系列深受大家喜爱的校园品牌文化活动。从2006年开始的美食节活动，使来自全国各省市的学生有机会在学校食堂品尝到自己家乡的美味佳肴，学生会还与校国际交流学院合作，让留学生们一展身手，将自己国家的美食带入联大校园。从2009年开始，开展"英语影像力"英文电影放映活动，营造了联大学子学英语、用英语的良好学习氛围，至今已播出数十部英文原版电影，累计观影人数达5000余人次。从2010年开始，开展女生节系列活动，为联大女生提供了一个展示自我的舞台，在女生节系列讲座中，讲师帮助女生解决在学习、生活、感情、工作等方面所遇到的各类问题，切实把"关心女生、服务女生、展示女生"的工作理念落到实处。特色品牌活动的举办进一步为学校营造了温馨、舒适、和谐的校园氛围。

二、学生社团联合会

(一)机构与职能

2004年5月28日,北京联合大学第一次学生社团代表大会召开,北京联合大学学生社团联合会(以下简称“校社联”)正式成立。校社联是学校党委领导下、校团委直接指导下的全校学生社团自愿结合的群众性组织,是管理学校学生社团工作、服务学生社团发展的自治组织。校社联主要职能是调动众多社团及其会员的积极性和创造性;全面开展有内涵、有品位、有意义的社团活动;努力提高学生的学习能力、实践能力和创新能力。

校社联的日常工作由主席团总体负责,主席团由1名主席和2名副主席组成,具体名单如表15.4-2所示。校社联现设有:秘书部、社团部、公关部、文艺部、组织部和宣传部。校社联始终坚持管理与服务、协调与合作、引导与协助多方面齐头并进,不断加强社团的制度化、规范化建设,积极引导、管理、协调、服务、监督和考核全校的学生社团,进行“自我教育、自我管理和自我服务”,培养和发展在校大学生的兴趣爱好,促进大学生的全面发展。

表15.4-2 2004—2010年学生社团联合会历届主席、副主席名单

年 份	主 席	副主席
2004	李 乐	王艳红、张达伟、谢 鹏
2005	张应丰	刘子甲
2006	刘子甲	穆泽鹏
2007	穆泽鹏	马 岩
2008	马 岩	卢 璐
2009	卢 璐	
2010	陈 帅	张腾飞

(二)工作与管理

1. 组织机构与制度建设

校社联自成立以来不断探索组织结构的合理优化。2004年,校社联成立之初,下设四个部门:秘书部、组织部、宣传部和公关部,2007年11月又增设文艺部。2009年4月,为了更好地管理日常物品的采购和报销,校社联增设财务部。2010年8月,撤销财务部并入秘书部,同时为了促进组织内部绩效考核、纪律检查、条例落实工作的开展,又在秘书部增设纪律检查小组;为了加强对全校学生社团的管理,增设了社团部。

为了能够在职能细分的基础上进一步加强工作效率和质量,同时也为了促进在校社联内部形成一套完整有序的运行机制,2006年校社联为各部门制定了工作要求和标准规范,明确了各部门工作流程和协作关系。

在完善工作流程的同时,校社联也加强了规章条例的修订和落实,加强了学生社团联合会的规范化管理。2004年,第一届主席团试行了《北京联合大学社团联合会(本部)工作人员管理条例》《北京联合大学社团联合会例会条例》《北京联合大学社团联和会办公室条例》三部管理条例。这三部条例在随后的几年中历经多次修订,为学生社团联合会组织纪律和工作秩序提供了有力的保证。为了适应学生社团联合会组织发展的扩大化,2009年12月,新一届学生社团联合会主席团对学生社团联合会的条例进行了重新修订,这次修订整合了原有的三部条例，并加入新的元素，最终出台了《北京联合大学学生社团联合会办公室使用制度》《北京联合大学学生社团联合会成员管理制度》《北京联合大学学生社团联合会绩效考核制度》《北京联合大学学生社团联合会值班制度》。

2004 年 5 月 28 日，北京联合大学第一次学生社团代表大会讨论并通过了《北京联合大学社团管理条例（试行）》。校社联在 2010 年 8 月对《北京联合大学社团管理条例（试行）》进行了第一次修改，修改的内容主要涉及社团申请、审核和注销的标准和要求，同时对学生社团日常活动的开展进行了规范和要求。

2010 年 9 月，《北京联合大学星级社团评选条例》正式出台，取代原有的《优秀社团评选条例》，以更加人性化、规范化的标准提升学校学生社团评选工作的质量。

2. *活动开展*

2004 年学生社团联合会成立之时，学校共有学生社团 107 个，在随后的 5 年里，学校学生社团数量稳步增长，据 2009 年 10 月份的统计，学校共有学生社团 183 个。截至 2010 年 12 月，注册在籍的学生社团增加到 212 个，总人数覆盖 15 000 余人。

学生社团联合会大力扶持理论型、学习型学生社团，积极支持实践型学生社团，引导爱好型学生社团，一定程度规范文艺型、体育型学生社团，力求促进学生社团多元化发展，充分发挥学生社团在全面推进校园文化建设过程中的重要作用。

从 1998 年起，学生会社团部（学生社团联合会的前身）开始举办两年一届校园社团文化节。到 2004 年，举办至第三届。作为学生社团展示自我、扩大影响的平台，社团文化节涵盖了丰富的活动内容：优秀社团评比、话剧专场演出、曲艺专场演出、民乐专场演出、舞蹈专场演出、Cosplay 演出秀、会旗传递活动等，除此之外，每届校园社团文化节活动期间，学生社团联合会还会出版发行《北京联合大学校园社团文化节特刊》，以“校园社团文化节”为主题，刊登校园社团文化节期间各种新闻活动报道、十佳社团简介、优秀社团活动材料、优秀社团干部介绍、社团经验交流心得，以及社团管理方面知识解答。

2004 年，学生社团联合会成立以后，校园社团文化节又举办了三届，并针对学生社团的发展，对活动内容进行了改进；2006 年，第四届校园社团文化节增加了学生社团风采游园会；2008 年，第五届校园社团文化节将十佳社团评比改为优秀社团评比，同时增加编写发行《北京联合大学社团文集》，更加全面地介绍学校学生社团的发展情况和风貌。

2010 年 10—12 月，学生社团联合会举办了北京联合大学第六届校园社团文化节，从本届校园社团文化节起，举办间隔由两年一届改为一年一届。对社团文化节的活动内容进行了调整，增加了校园主持人大赛和街舞大赛，将优秀社团评比改为精品社团评比，将学生社团风采游园会的范围扩大至各校区，并改称社团文化巡回展。这次对社团文化节的调整，更加注重同各学院学生之间的交流，通过举办比赛直接吸引大量的学生参加校园社团文化节系列活动，从而扩大活动的影响范围和影响力。以首届校园主持人大赛为例，在校园引起了热烈的反响，初赛有来自各学院的 660 人报名，从中精选了 60 名选手参赛。

2010 年 11 月 7 日，北京联合大学第六届校园社团文化节开幕式暨首届校园主持人大赛决赛举行。比赛邀请到我国著名节目主持人研究专家、中国传媒大学教授吴郁，2009 年中国播音主持金话筒奖获得者、北京人民广电台节目主持人牛力，中国传媒大学播音主持艺术学院教授、硕士生导师王宇红，以及中华女子学院播音与主持艺术专业负责人张洁担任比赛评委。

第五节　校友会

一、机构与职能

(一)校友会成立筹备工作

北京联合大学1985年成立后,由于校区分散,校友工作主要是以分校或学院的内部团体组织形式开展,未建立全校统一的校友会。

2004年下半年,学校成立校友会筹备委员会,筹备成立社会团体组织形式的北京联合大学校友会,筹备工作由时任校党委副书记的高东主抓,具体工作由校党委宣传部负责。2005年年底,筹备委员会完成了《北京联合大学校友会章程(草案)》的拟制与修改,提出了校友会理事会的人选和正副会长、正副秘书长及监事长的拟任名单,召开了推选校友代表工作的协调会,着手进行校友会第一次会员代表大会的准备工作。

2006年1月,校党委常委会通过了校友会正副会长、正副秘书长及监事长拟任人选名单及《北京联合大学校友会章程(草案)》等校友会成立的相关文件。学校向北京市教委递交筹备成立学校校友会的社会团体申请材料;同年2月,北京市教委批复同意成立北京联合大学校友会;同年3月,学校向北京市民政局提交校友会筹备登记申请,北京市民政局作出《准予行政许可决定书》,同意北京联合大学校友会筹备成立,在6个月内完成召开会员代表大会等工作。

同年5月21日,校友会第一次会员代表大会暨校友会成立大会在校本部南院报告厅举行。出席会议的会员代表共278人,代表着北京联合大学自成立以来的10万余名校友。代表大会通过了《北京联合大学校友会章程》,选举出校友会理事会理事81人和监事会监事5人,组成了北京联合大学校友会第一届理事会和监事会。同日,召开了第一届理事会第一次会议,选举出常务理事29人;选举张妙弟为会长,高东为常务副会长,支芬和、刘北宪、孙绍刚、李洪海、张铃、宗春启、高东、顾伟达、蓝烨9人为副会长,张连城为秘书长,肖芳、张伟、张琴、高桥、高超5人为副秘书长;选举黄海洋为监事长。北京联合大学校友会的第一届领导机构正式形成。同年6月,北京市民政局作出行政许可,同意北京联合大学校友会成立登记,发给社会团体法人登记证书及副本,同意校友会设立办事机构——办公室。北京联合大学校友会作为社会团体法人机构开始正式工作。

(二)机构设置

1. 校友会组织机构

会员代表大会是校友会的最高权力机构,其职责有:制定和修改章程;选举和罢免理事;审议理事会、监事会的工作报告和财务报告;决定重大变更和终止事宜及其他重大事宜。

校友会设理事会和常务理事会。理事会由会员代表大会选举产生,是会员代表大会的执行机构,在会员代表大会闭会期间领导校友会开展日常工作,对会员代表大会负责。常务理事会由理事会选举产生,在理事会闭会期间行使理事会职责,对理事会负责。

校友会设监事会,成员由会员代表大会选举产生,向会员代表大会负责,其主要职责是监督校友会及领导成员依照校友会章程和有关法律、法规开展活动，对校友会的财务状况进行监督。

校友会设会长 1 人，常务副会长 1 人，副会长若干人，秘书长 1 人，副秘书长若干人，均由理事会选举产生；监事长 1 人，由监事会选举产生。校友会会长是北京联合大学校友会的法定代表人。

表 15.5-1　校友会第一届理事会、监事会负责人

职　务	姓　名	任职时间
会长	张妙弟 徐永利	2006.05—2009.01 2009.01—今
常务副会长	高　东 周志成	2006.05—2009.01 2009.01—今
副会长	支芬和 刘北宪 孙绍刚 李洪海 张　铃 宗春启 高　东 顾伟达 蓝　烨	2006.05—今 2006.05—今 2006.05—今 2006.05—今 2006.05—今 2006.05—今 2006.05—今 2006.05—今 2006.05—今
监事长	黄海洋	2006.05—今
秘书长	张连城	2006.05—今
副秘书长	肖　芳 张　伟 张　琴 高　桥 高　超	2006.05—今 2006.05—今 2006.05—今 2006.05—今 2006.05—今

北京联合大学校友会第一届理事会于 2006 年 5 月 21 日、2007 年 12 月 22 日和 2009 年 1 月 11 日召开了三次理事会，除第一次理事会外，其他两次理事会前先召开常务理事会（第三次和第五次常务理事会）。理事会除听取校友会的工作报告和财务报告外，第一次理事会完成了选举校友会常务理事、会长、副会长、监事长和秘书长等校友会领导成员的工作，通过了“校友会章程”；第二次理事会通过了成立北京联合大学校友会学院分会的提议；第三次理事会作出了变更北京联合大学校友会会长和常务副会长的决议，通过了校友会《分支机构管理办法》《分支机构财务管理办法》两个管理文件。另外，2007 年 1 月 13 日召开的第二次常务理事会，表决通过了校友会《重大事项报告制度》《民主决策制度》《财务管理办法》等 5 个管理制度。2008 年 10 月 18 日召开的第四次常务理事会，讨论了《北京联合大学校友会分支机构管理办法（讨论稿）》。

2．校友会办公室

校友会办公室是校友会的常设办事机构，负责理事会决议的贯彻、校友会日常工作的运转、理事会和常务理事会会议的筹备及相关校友活动的组织工作。校友会办公室 2009 年以前由党委宣传部领导管理,2009 年改由学校党委、校长办公室领导管理,对内建制为党委、校长办公室的一个下设科室——校友科。

3. 分会

学校由于办学分散、多点办学等历史原因,校友对学院的印象较深,联系更加密切。为便于联系校友,开展工作,2007 年 12 月,北京联合大学校友会第一届理事会第二次会议表决通过各学院成立北京联合大学校友会分会的提议。

2008 年 5 月,校友会向北京市民政局提交了《关于北京联合大学校友会分支机构增设登记的申请》,6 月北京市民政局下发了《行政许可书》,准予增设分支机构:应用文理学院分会、师范学院分会、商务学院分会、生物化学工程学院分会、旅游学院分会、继续教育学院分会、信息学院分会、机电学院分会、自动化学院分会、管理学院分会、特殊教育学院分会、广告学院分会、国际语言文化学院分会、东方信息技术学院分会、平谷学院分会和国际交流学院分会。

校友会学院分会作为北京联合大学校友会的分支机构,以"北京联合大学校友会(学院分会)"的全称对外开展活动,不具有法人资格,接受北京联合大学校友会的领导,其民事责任由北京联合大学校友会承担。

(三)主要职能

校友会的主要职能是:搭建国内外校友与母校及校友之间联系的桥梁,传播母校信息,宣传校友事迹,联络校友,服务校友,加强校友与母校之间以及校友之间的联系与合作,发扬北京联合大学"学以致用"校训的精神和艰苦奋斗的优良传统,发挥国内外校友的各项优势,为母校的发展、为国家的现代化建设贡献力量。

主要工作范围有:

(1) 建立校友联系网络,定期举办各种形式的联谊活动,促进校友为国家建设和母校的发展作贡献,促进校友之间的友谊与合作;

(2) 通过各种途径加强校友与母校之间以及校友之间的交流,互相沟通信息,联络感情,增进友谊,携手共进;

(3) 举办各类学术交流和文化联谊活动;

(4) 充分利用校友渠道,在科研、人才培养等方面促进母校与校友所在地区和单位开展全面合作;

(5) 利用校友中的先进模范事迹,对在校学生开展主旋律教育;

(6) 接受校友捐赠。

二、工作与管理

(一)主要工作

1. 编制校友通讯录

2008 年,校友会办公室在各学院校友会分会的协助下,完成学校(含分校时期)1978—2008 年校友情况的整理,编印出《北京联合大学(大学分校)校友名录(1978—2008 年)》。另外编制了 200 余位在各级党政机关、政府部门和企事业单位担任领导职务,或在社会及行业中较为知名的重要校友的通讯录。各学院校友通讯录的编制工作主要在各学院分会进行。

2. 校友联系工作

利用校友返校、采访和拜访校友、加强通讯联络等多种方式开展与校友的沟通联系工作，如学校每年年末举办新年音乐会等活动时，都邀请部分校友会理事和校友回校参加活动。2009 年校庆日，学校举办 1978、1979 级校友入学 30 年座谈会，30 余位校友参加。学院分会也积极组织校友返校活动，如应用文理学院举行原人大二分校 1978 级校友再聚会活动，500 余位校友回校，不少校友专程从海外归来；机电学院分会组织分会理事返校，就发挥校友作用、推动学院发展与学院领导进行座谈，并组织他们参观了学院的科研平台。在拜访、采访校友方面，2007 年和 2008 年，校友会组织在校学生采访校友，采访稿件连续在《北京联合大学报》、校友会网站《校友访谈》栏目中刊出。2009 年 4 月，校友会与校招生就业处一起去中关村科技园拜访校友、园区管委会主任、党组书记戴卫（原人大二分校毕业生），就建立实习、就业基地等问题进行探讨。同年 10 月，校友会组织学生志愿团开展赴郊区看望采访"村官"校友的活动。2010 年，校友会组织学生志愿团利用暑假和课余时间对 4 名 1978 级校友和 16 名杰出校友进行了采访。校友会和各学院分会还用向校友邮寄《北京联合大学报》、向校友电子邮箱发电子校报、逢年过节给校友寄贺年卡、利用短信平台给能联系上的校友发恭祝短信等通讯方式联络校友，增进情感交流。另外，为方便毕业生与校友会联络，校友会设计制作了毕业纪念章和校友联系卡，联系卡印有北京联合大学校友会的联系方式和校友会网址，每年向全校应届毕业生发放。

3. 发挥校友资源优势

为利用校友资源，给学校毕业生就业创造条件，校友会办公室和学院分会向部分校友所在单位发送介绍学校专业和毕业生情况的信息，北京柯瑞生物医药技术有限公司、中国演出公司票务中心、北京宇辰恒源商业经济有限公司、中国人寿保险股份有限公司、中国联合钢铁网等、北京胜宇会议服务有限公司、七彩虹科技有限公司等多家校友所在的企事业单位来校参加学校毕业生招聘会。校友会还邀请校友为师生举办讲座，共同召开研讨会，如与 SMC（中国）有限公司合作，举办"校企联手培养应用性人才"研讨会。

4. 网站建设

2007 年，校友会在学校主页设置"校友之家"栏目，建立了校友会网站，将校友工作动态、校友会规章制度、知名校友简介、校友活动等内容刊登在网站上。学校三十年校庆时对校庆筹备情况进行了实时报道。2009 年，校友会网站（http://www.xy.buu.edu.cn）做了改版，网站首页设有校友会公告、校友会制度、校友活动、校友访谈及联大论谈等栏目，向校友和社会展现学校有关校友的工作与活动情况。

5. 主办《校友通讯》

2009 年 9 月，由校友会办公室主办的《校友通讯》创刊。《校友通讯》设立了"今日联大""校友风采""往事钩沉""校友动态""校友文苑""校友会工作""老照片"等栏目。至 2009 年年底，《校友通讯》共出版了两期纸质版与电子期刊。

6. 30 周年校庆工作

2008 年，为筹备三十周年校庆工作，校友会办公室和各学院多方联系校友，召开校友座谈会,部分校友为母校捐资捐物。

7. 接受捐赠

2009 年和 2010 年,北京 SMC 教育基金会每年向校友会和机电学院分会捐赠 5000 元人民币,用于机电及自动控制类专业(机电学院)开展“资助品学兼优、家庭困难的学生”完成学业。商务学院校友为学院捐款,校友会按规定履行受赠手续,并按协议转交相关学院。

(二) 校友会管理

1. 日常管理

校友会的日常工作和管理实行理事会领导下的会长负责制。每年会长主持召开理事会,理事会按校友会章程和有关制度对校友会工作提出意见和建议,对校友会的工作计划作出决议,然后会长、校友会其他领导指导校友会常设办事机构围绕理事会的决议开展工作和活动。

校友会办公室作为校友会的常设办事机构,同时也是学校职能部门的一个内设科室——校友科,在校友会会长、校友会其他领导和职能部门负责人的领导及指导下开展工作与活动。

校友会财务由校财务处 2 名工作人员兼职管理,1 位任财务主管兼会计,1 位任出纳。

校友会理事会、校友会办公室及校友会财务的工作和活动,受校友会监事会的监督。

2. 办理年检

按北京市民政局的要求,校友会每年按规定完成年检工作,年检结果均为“合格”。2009 年年检同时,校友会办公室还办理了社会团体登记证书和法人代表变更的手续,配合校审计处对校友会原法人张妙弟做了离任审计。校友会还按北京市质量监督局、朝阳区地方税务局和北京市统计局等单位的要求,完成了组织机构代码证年审、税务登记证和统计登记证换证等工作,保证了校友会工作的有效性、合法性。

第六节 关心下一代工作委员会

2004 年 6 月,学校关心下一代工作委员会(以下简称“关工委”)成立,学校一名校领导主管关工委工作,委员主要由校学生工作部(处)、校团委、教务处、组织部、老干部处和部分离退休老同志组成,办公室设在校团委。各学院相应成立关工委。2008 年和 2010 年,学校两次调整关工委成员,成立时及调整后关工委委员名单,如表 15.6-1 所示。

表 15.6-1　关心下一代工作委员会历任委员名单

成立及调整时间	主管校领导	顾　问	主　任	副主任	委　员
2004 年 6 月	高　东	张玉如、胡静萍	白炳琦	高　东、麻淑仙	王俊、王爱民、邓秉华、尹福斌、孔庆芳、白炳琦、任伟宁、芮彤、孙柯、孙宏亮、李永俊、李震亚、张文杰、张奇生、张振厚、高东、贾方、袁林、耿春棉、麻淑仙、彭征远、葛德玉、萧金麟
2008 年 2 月	高东	白炳琦	张　铃	肖　芳、朱晓言、尹福斌	张铃、肖芳、朱晓言、尹福斌、贾方、任伟宁、邓炳华、张奕、郭淑敏、肖金鳞、葛德玉、骆武刚、张连波、陈光远、李永俊、芮彤、姚书华、孙宏亮、袁林
2010 年 12 月	付晨光	白炳琦	张　铃	付晨光、周志成、郭淑敏、廖文国	张铃、付晨光、周志成、郭淑敏、廖文国、闫健美、张文杰、仲计水、牛爱芳、王恩江、郇燕飞、张秀国、骆武刚、徐淑静、陈光远、李永俊、姚书华、陈保平、袁林

关工委结合学校工作，在学生党建、师德建设、教学质量工程、校园文化建设等方面开展了以下主要活动。

2004 年 6 月，校关工委组织离退休人员参与北京市教育系统关工委开展的“为下一代健康成长献计献策活动”，校关工委获优秀组织奖，张恩芑等 8 名老同志获优秀奖。

2005 年，校关工委在全校组建了由 11 名老同志组成的报告团，配合学校为大学生和青年教职工讲党课、做形势报告、进行革命传统教育等达 10 多场；同年，关工委组织部分退休老教授编写了《师德师艺》一书，向年轻教师传授教学经验，学校在庆祝教师节大会上专门举行了授书仪式。

2006 年，校关工委与学校所在地育慧里社区联合举办了纪念中国共产党建党八十五周年暨红军长征胜利七十周年文艺演出。

2007 年，为配合学校对党的十七大精神的教育宣传，校关工委组织举办了庆祝十七大书法、摄影、绘画展览。

2008 年，校关工委组织老同志们采用专题讲座、报告会、形势政策课、马列课程等多种形式，面向广大学生讲述党的十七大的主题、科学发展观、中国特色社会主义理论体系及我国如何应对新的历史起点等热点问题；同年，关工委配合团委，面向学生志愿者和广大学生进行了十几场有关奥运动员、奥运培训、奥运知识等方面的讲座；在纪念改革开放三十周年的活动中，各学院关工委以座谈会、讲座、举办赞颂改革开放辉煌成就书画摄影展、文艺演出等多种形式在学生中开展教育活动。在学校校庆三十周年期间，校、院关工委在学生中开展校史教育活动，发动老同志为学生宣讲联大精神、优良传统，座谈联大艰苦奋斗历程等，进行“建校、爱校、荣校”教育。在校史回忆录《心中的记忆》一书中，有 50％以上的作者是离退休老同志。

2009 年，校关工委在全校老同志中，开展以“老兵心声”为主题，以本人成长过程为素材，以谈心得、讲希望、写寄语为主要方式，面向广大青年学生开展教育活动，2010 年校关工委正式出版《老兵心声》一书。各学院都聘请了一批老同志担任学生党建组织员,负责学生党员和预备党员的教育、考察工作,负责入党积极分子的培养、考核等工作。

2010年,慰问村官、支援村官、帮助村官的工作成为学校(院)关工委工作的一个特色,许多学院坚持开展相关活动,更多学院参与进来。4月,生物化工学院关工委看望了分在昌平区的学院毕业生村官,并在昌平区兴寿镇参加村官座谈会;12月,应用文理学院关工委组织老同志到丰台区卢沟桥乡看望村官;自动化学院关工委连续四年深入农村,了解村官的工作生活情况。

第七节　老教育工作者协会

2000年7月,学校成立北京老教育工作者协会北京联合大学老教协分会(以下简称"老教协分会"),分会会长由主管老干部工作的校领导担任,秘书长和副秘书长由校、院离退休工作负责人担任。老教协分会历届负责人,如表15.7-1所示。

表15.7-1　老教协分会历届负责人

当选时间	会　长	常务副会长	副会长
2000.07	张　铃	胡静萍	袁　林、吴志彬、张景春
2004.07	张　铃	胡静萍	袁　林、吴志彬、吉多智
2007.11	孙　权	张　铃	李维楠、陈扬志、廖文国
2010.03	付晨光	张　铃	廖文国、陈扬志、李维楠

2002年12月25日老教协分会召开新年联欢会。

2004年9月28日,老干部处和老教协分会共同举办庆祝建国五十五周年文艺演出。同年12月,由老干部处和老教协分会共同举办书画、摄影展览,共收到书画及摄影作品100余件。

2005年7月,老教协分会与学校书画研究所在首都图书馆联合举办北京联合大学书画展,参展人数达4600多人次。同年9月28日,与校离退处共同主办纪念抗战胜利60年文艺演出。

2006年,老教协分会结合各项重大纪念日和庆祝活动,通过召开座谈会、举办报告会、征文活动、问卷答题、组织参观等多种方式,开展了多个主题教育活动,如"学习'三个代表'重要思想、紧跟时代前进步伐""讲优良传统、葆革命本色""坚定不移跟党走、身心健康乐晚年""真情奉献迎奥运、共建和谐乐晚年"等主题活动。同年10月,离退休处与老教协分会共同创办的离退休老同志刊物《青松》正式出版。

2007年4月,老教协分会联合离退休人员工作处举行了第一届离退休人员趣味运动会,运动会共设立了13个趣味体育竞赛项目,近500名老同志参加了运动会,各参赛单位组织了团体健身展示活动。

2008年,老教协分会组织开展了"共话十七大精神"座谈会、"改革开放30周年"参观,"真情奉献迎奥运、共建和谐乐晚年"主题学习等活动。配合奥运会宣传教育,4月在颐和园组织了赏春光健步长走活动,11月在北京植物园组织了赏金秋健步长走活动。举办了学校2008年书法、绘画、摄影展活动,内容题材包括改革开放三十周年、校庆三十周年、奥运、抗震救灾，作品达100多件。

2009年4月，老教协分会联合校离休退休人员工作处举行了第二届离休退休人员趣味运动会。10月，老教协分会组织参加了北京市教工委老干部活动中心主办的“庆祝建国60周年，校舍今昔对比”老同志摄影展，共挑选35套老同志的摄影作品参赛，获得优秀组织奖。这一年，老教协分会在奥林匹克森林公园组织了两次健身长走活动。

2010年3月，老教协分会在学校离退休活动室举办了北京联合大学离退休老同志书法、绘画、摄影展；5月，老教协分会组织特教学院老同志健身操队代表学校参加了北京市高校离退休老同志健身表演活动，获得优秀展示奖；12月28日，与校离退处共同举办联大离退休教职工新年联欢会。这一年，老教协分会在北京植物园和颐和园组织了两次健身长走活动。

第十六章　人物简介

一、校、院领导简介

（一）学校领导

熊家华

男，1940年11月生，山东阳谷人，汉族，大学本科学历，中共党员，研究员。曾任北京师范学院物理系党总支副书记，北京师范学院纪委书记、党委副书记，北京联合大学职业技术师范学院党委书记。1994年1月—2002年8月任北京联合大学党委书记，1999年3月—2001年3月兼任校长，先后兼任职业技术师范学院党委书记、继续教育学院院长、电子自动化工程学院党委书记。2003年3月退休。主要社会兼职：北京市高校干部培训中心主任、北京市自学考试委员会委员、北京市自学考试高等职业技术教育专业委员会主任委员、北京市高等职业学校设置评议委员会委员。1991年被中宣部授予“优秀党员教育工作者”称号。

张妙弟

男，1944年12月生，上海市人，汉族，研究生学历，理学硕士，中共党员，教授，享受国务院政府特殊津贴专家。曾任北京联合大学应用文理学院城市与区域科学系主任、学院党委副书记，北京联合大学教务长。2001年3月—2007年4月任北京联合大学校长，2000年12月—2008年6月兼任北京学研究所所长。2008年8月退休。主要社会兼职：第十届北京市政协委员、文史委员会副主任，北京市文史研究馆馆员，北京当代史研究会副会长，北京市北京学研究基地主任、首席专家，北京地理学会秘书长、副理事长。曾获国家林业部科技进步一等奖、建设部科技进步一等奖、新疆维吾尔自治区科技进步三等奖、北京市优秀教学成果二等奖等表彰奖励。

席文启

男，1951年2月生，山东阳谷人，汉族，研究生学历，哲学硕士，中共党员，教授。曾任中共北京市委党校哲学教研室副主任、科研处处长兼思想政治教育教研室主任、副校长，中共北京市东城区委副书记、区人大常委会主任、党组书记。2002年9月—2008年6月任北京联合大学党委书记，2004年4月至今兼任人民代表大会制度研究所所长。2008年6月调离。主要社会兼职：北京市第十一、十二、十三届人大代表，北京市第十三届人大民族宗教侨务委员会主任委员、民族宗教侨务办公室主任，北京市人大理论研究会第一届副会长、第二届秘书长，北京市政治文明建设研究中心首席专家及主任。曾获北京市优秀教师等表彰奖励。

柳贡慧

男，1963年10月生，山东黄县人，汉族，研究生学历，工学博士，中共党员，教授，博士生导师。曾任中国石油大学（北京）党委副书记、副校长。2007年4月至今任北京联合大学校长。主要社会兼职：北京高教学会理事，石油学会、德国工程师协会（Verein Deutscher Ingenieure，简称 VDI）、国际石油工程师协会（Society of Petroleum Engineers，简称 SPE）会员。

徐永利

男，1955 年 2 月生，北京市人，汉族，大学本科学历，文学学士，中共党员，研究员。曾任中共北京市委教育工作委员会办公室主任，北京联合大学副校长，北京教育学院党委书记，北京广播电视大学校长。2008 年 6 月至今任北京联合大学党委书记。主要社会兼职：北京市西城区第十四届人大代表，北京市科协委员。曾获北京市级表彰奖励。

孙权

男，1948 年 10 月生，河北张北人，汉族，大学学历，法学学士，中共党员，教授，享受国务院政府特殊津贴专家。曾任北京航空学院一分院团委书记、党委办公室及院长办公室负责人、党委宣传部副部长，北京联合大学建材轻工学院学生处副处长、处长、党委宣传部部长，校党委办公室主任兼宣传部部长。1993 年 12 月—2009 年 2 月任北京联合大学党委副书记，2000 年 12 月—2002 年 11 月兼任纪委书记。2009 年 2 月退休。主要社会兼职：北京高校德育研究会常务理事、副秘书长。曾获全国高职研究会优秀科研成果二等奖、北京市优秀政工干部、北京市优秀团干部、北京市德育先进工作者、北京市高等教育学会优秀工作者等表彰奖励。

张铃

男，1946 年 6 月生，山西运城人，汉族，大学本科学历，中共党员，教授。曾任北京联合大学党委副书记。1994 年 4 月—2007 年 4 月任北京联合大学副校长，2000 年 6 月—2002 年 1 月兼任廊坊分校校长。2007 年 4 月退休。主要社会兼职：北京高校大学生体育协会副会长，全国高校健美操协会副会长，全国高校老教授网球协会副会长，北京高校中老年网球协会会长，全国高校老教授协会理事，北京市老教协总会理事，北京市教育系统关心下一代委员会委员。

韩宪洲

男，1964 年 2 月生，河南临汝人，汉族，研究生学历，法学硕士，中共党员，副研究员。曾任北京联合大学自动化工程学院团委副书记、书记，校党委学生工作部副部长兼自动化工程学院团委书记，电子自动化工程学院党委副书记。1994 年 10 月—2003 年 11 月任北京联合大学党委副书记，2003 年 11 月—2010 年 5 月任北京联合大学副校长，2009 年 11 月—2010 年 4 月兼任师范学院党委书记。2010 年 5 月调离。

高林

男，1946 年 2 月生，北京市人，汉族，大学本科学历，中共党员，教授，硕士生导师，享受国务院政府特殊津贴专家。曾任北京联合大学自动化工程学院计算机系副主任、教务处处长、院长助理、副院长，电子自动化工程学院副院长。1996 年 8 月—2008 年 4 月任北京联合大学副校长，先后兼任电子自动化工程学院、信息学院副院长。2008 年 4 月退休。主要社会兼职：全国高等学校计算机基础教育研究会常务副会长，北京高等学校计算机基础教育研究会会长，中国职业教育学会电子信息类专业教学研究会理事长，全国教育科学规划职业教育学学科组专家，教育部职业教育工业与信息化行业教学指导委员会副主任。曾获北京市科技进步特等奖、国家优秀教学成果二等奖 3 项等表彰奖励。

冯虹

男,1957年4月生,重庆市人,汉族,研究生学历,经济学博士,中共党员,教授,博士生导师。曾任首都经济贸易大学副校长。2001年6月至今任北京联合大学副校长。主要社会兼职:中国人力资源开发研究会常务理事、国家教育行政管理学术委员会委员,北京市高级职称评审委员会委员。曾获国家劳动部科技进步三等奖、北京市优秀青年知识分子等表彰奖励。

黄海洋

女,1951年5月生,陕西西乡人,汉族,大学本科学历,中共党员,高级政工师。曾任北京市人民政府文教办公室职业技术教育处副处长、教育改革处处长、教育处处长,中共北京市委教育工作委员会职教成教处处长、组织处处长。2002年11月—2010年10月任北京联合大学党委书记,兼任校机关和直属单位党委书记。2010年10月退休。主要社会兼职:北京市中等专业学校党建工作研究会秘书长,北京普通高等学校党建工作研究会秘书长,北京普通高等学校纪检监察工作研究会理事。

高东

女,1960年4月生,北京市人,汉族,研究生学历,工学学士,中共党员,副研究员。曾任北京联合大学机械工程学院团委书记、学生处长、党委副书记,机电学院党委书记。2003年11月—2008年10月任北京联合大学党委副书记。2008年10月调离。主要社会兼职:中国创造学会副理事长,中国大学生体育协会健美操艺术体操分会副主席,北京创造协会副理事长,北京市高校德育研究会常务理事,北京高校国防教育协会副理事长。曾获北京市优秀团干部、北京奥运会残奥会志愿者工作先进个人等表彰奖励。

张连城

男,1965年9月生,河北黄骅人,汉族,研究生学历,历史学硕士,中共党员,副教授。曾任北京联合大学党委宣传部部长、信息网络中心主任、合作办学办公室主任、网通软件职业技术学院院长兼党支部书记,北京联合大学校长助理。2007年4月至今任北京联合大学副校长,2010年12月起兼任应用文理学院党委书记。主要社会兼职:中国高教学会信息化分会副理事长。

付晨光

男,1958年6月生,浙江金华人,汉族,大学本科学历,工学学士,中共党员,教授。曾任北京科技大学党委组织部部长。2008年10月至今任北京联合大学党委副书记。曾主持承担北京市党建研究会课题1项,在各类期刊上发表党建论文10余篇。曾获北京市总工会经济技术创新标兵、北京市优秀党务工作者称号。

周志成

男,1969年5月生,山西绛县人,汉族,研究生学历,法学硕士,中共党员,副教授。曾任中共北京市委教育工作委员会宣教处处长,新疆和田地区教育局局长(援疆挂职)。2008年10月至今任北京联合大学党委副书记。主要社会兼职:北京高校国防教育协会副理事长。曾获全国高校德育研究论文三等奖等表彰奖励。

黄先开

男，1964 年 10 月生，湖南浏阳人，汉族，研究生学历，管理学博士，中共党员，教授，博士生导师。曾任北京工商大学数学教研室主任、基础部主任、数理系主任、教务处处长；中共绍兴市委副秘书长（挂职）。2009 年 1 月至今任北京联合大学副校长，2009 年 12 月起兼任旅游学院院长。主要社会兼职：教育部旅游管理教学指导委员会副主任委员，中国旅游协会旅游教育分会副会长，北京旅游学会副会长。曾获国家级教育教学成果二等奖 1 项、北京市教育教学成果一等奖 4 项、二等奖 1 项，获北京市优秀青年骨干教师、北京市优秀教育管理人员、原国内贸易部有突出贡献的青年专家等表彰。

张楠

女，1963 年 5 月生，吉林榆树人，汉族，研究生学历，哲学学士，中共党员，副教授。曾任对外经济贸易大学党委宣传部副部长、组织部部长、办公室主任。2010 年 10 月至今任北京联合大学纪委书记，兼任校机关和直属单位党委书记。主要社会兼职：北京普通高等学校纪检监察工作研究会理事。曾获北京高校优秀编辑、北京高校优秀德育工作者等表彰奖励。

鲍泓

男，1958 年 8 月生，安徽合肥人，汉族，研究生学历，工学博士，中共党员，教授。曾任北京联合大学信息学院系主任、院长助理兼教务处处长、院长。2010 年 10 月至今任北京联合大学副校长，兼任北京市信息服务工程重点实验室主任，国家级服务外包人才培养模式创新实验区负责人。主要社会兼职：中国计算机用户协会常务理事、网络应用分会副理事长、中国服务贸易协会专家委员会执行副主任等。曾被评为北京市跨世纪优秀人才工程学术、技术带头人，北京市属高等学校人才强教深化计划学术创新团队带头人等。曾获物资部科技进步三等奖、北京市教育教学成果二等奖等表彰奖励。

古红梅

女，1968 年 1 月生，江苏南京人，回族，研究生学历，法学博士，无党派。曾任北京市海淀区旅游事业管理局副局长、旅游局局长、区长助理、北部地区开发建设委员会副主任兼办公室主任、商务委员会主任。2010 年 11 月至今任北京联合大学副校长。主要社会兼职：北京市第十、十一届政协委员，第八届海淀区政协常委，北京市民族联谊会理事，欧美同学会留美分会副会长。

（二）学院领导

孔繁敏

男，1950 年 1 月生，辽宁大连人，汉族，研究生学历，历史学硕士，中共党员，教授，硕士生导师。曾任北京联合大学应用文理学院副院长。2002 年 3 月—2007 年 12 月任北京联合大学应用文理学院院长，2007 年 12 月—2010 年 11 月任学院党委书记。主要社会兼职：北京改革和发展研究会副会长，全国高自考文史类专业委员会委员，北京市高等教育学会理事。曾获北京市高等学校第二届哲学社会科学中青年优秀成果奖、河南省社会科学优秀成果一等奖、北京市第五届教育科学研究优秀成果二等奖等表彰奖励。

郭淑敏

女，1948 年 9 月生，北京市人，汉族，理学、法学双学士，中共党员，研究员，硕士生导师。

曾任北京联合大学应用文理学院党委副书记,2002 年 3 月—2007 年 12 月任北京联合大学应用文理学院党委书记。2009 年 2 月退休。主要社会兼职:中央教育科学研究所研究员,中国伦理学会德育专业委员会常务理事。曾获北京市优秀高等教育科研成果一等奖、北京市教育科学研究优秀成果二等奖、北京市德育先进个人、全国军训工作先进个人等表彰奖励。

张宝秀

女,1964 年 5 月生,山东即墨人,汉族,研究生学历,理学博士,中共党员,教授,硕士生导师。2007 年 12 月至今任北京联合大学应用文理学院院长,2008 年 6 月起兼任北京学研究所所长。主要社会兼职:中共北京市第九、十次党代会代表,北京市科协第七届委员会委员,北京地理学会副理事长,北京学研究基地主任。曾获北京市高等教育教学成果二等奖、北京市第五届教育科学研究优秀成果二等奖、北京市级教学名师等表彰奖励。

唐小恒

男,1956 年 3 月生,上海市人,汉族,大学本科学历,工学学士,中共党员,研究员。曾任北京联合大学生物化学工程学院副院长。2004 年 4 月至今任北京联合大学应用文理学院副院长。主要社会兼职:中国化工高等教育学会理事,中国产学合作教育学会理事。曾获国家级教学成果二等奖、北京市教育教学成果(高等教育)一等奖等。

陈扬志

男,1939 年 12 月生,福建厦门人,汉族,大学本科学历,中共党员。曾任北京师范大学党委宣传部副部长,北京市委教育工作部办公室主任,北京市委高校工作委员会高校联络室主任,北京联合大学职业技术师范学院党委副书记。1997 年 3 月—2002 年 2 月任北京联合大学职业技术师范学院党委书记。2002 年 2 月退休。主要社会兼职:北京教育系统关心下一代工作委员会副会长兼秘书长。曾获全国教育系统关心下一代先进个人、北京教育系统关心下一代工作突出贡献奖等表彰奖励。

张仲林

男,1950 年 4 月生,黑龙江齐齐哈尔人,汉族,大学普通班毕业,中共党员,副研究员。曾任清华大学精密仪器系团委书记、革委会主任、党委副书记,校团委副书记、校刊编辑组副组长,北京联合大学自动化工程学院院办主任、电子自动化工程学院副院长,北京联合大学副校长,机械工程学院党委副书记。2002 年 2 月—2009 年 11 月任北京联合大学师范学院党委书记。2010 年 6 月退休。曾获北京市教学成果一等奖等表彰奖励。

梁绿琦

女,1955 年 4 月生,北京市人,汉族,研究生学历,哲学硕士,中共党员,教授。曾任北京联合大学职业技术师范学院经济政治系主任、副院长。2002 年 3 月—12 月任北京联合大学职业技术师范学院院长。2002 年 12 月调离。主要社会兼职:北京市第八次党代会代表,中国青年人才协会副会长,中国青年院校工作协会副会长,中国青少年研究会理事,北京领导科学学会常务理事,北京市志愿者协会常务理事,中国青年人才协会副会长,中国青年院校工作协会副会长。

薛立军

男，1951年9月生，北京市人，回族，研究生学历，工学硕士，中共党员，教授。曾任北京联合大学机械工程学院电气工程系主任、院长助理，机电学院院长。2002年5月至今任北京联合大学师范学院院长。主要社会兼职：中国自动化学会智能建筑与楼宇自动化专业委员会副主任委员，中国电工学会低压电器专业委员会委员，全国工业机械电气系统标准化技术委员会委员。曾获北京市教学成果二等奖、"北京市优秀教师"称号、北京市教学成果一等奖等表彰奖励。

陈志刚

男，1959年11月生，北京市人，汉族，研究生学历，经济学学士，中共党员，教授。曾任北京工业大学党委组织部部长，北京舞蹈学院党委副书记兼纪委书记。2010年10月至今任北京联合大学师范学院党委书记。主要社会兼职：北京市高校教师职务专业学术评议委员会评审专家。

郭堃

男，1955年5月生，山西五寨人，汉族，大学本科学历，工学学士，中共党员，教授。曾任北京农学院食品科学系副主任，北京农学院学生处副处长，北京农学院学生处处长，中共北京市委工业工委副书记，北京联合大学化学工程学院副院长。2002年10月至今任北京联合大学师范学院党委副书记。曾参加全国教育科学"十五"规划国家重点课题并主持子课题，被评为该课题2002—2003年度先进工作者，该成果被评为优秀成果一等奖。

孙明

男，1944年11月生，北京市人，汉族，中共党员，教授，英国佩斯利大学(University of Paisley)荣誉博士。曾任北京联合大学商务学院副书记、副院长。2002年3月—2006年4月任北京联合大学商务学院院长。2006年3月退休。主要社会兼职：中国教育家大会副理事长，中国教育发展战略学会理事。曾获"北京市优秀教育工作者"称号。

张秀国

男，1946年12月生，北京市人，汉族，研究生学历，中共党员，教授。曾任北京工业大学党委常委、团委书记、党总支书记，北京联合大学建材轻工学院党委副书记、信息学院党委副书记(主持工作)。2002年3月—2007年4月任北京联合大学商务学院党委书记。2007年3月退休。曾获北京市关心青少年工作奖等表彰奖励。

张建林

男，1955年9月生，北京市人，汉族，大学本科学历，工学和法学双学士，中共党员，副教授。曾任北京联合大学商务学院院长助理、党委副书记，北京联合大学机电学院党委书记。2007年4月至今任北京联合大学商务学院党委书记。主要社会兼职：中国高校伦理学会德育分会常务理事。曾获北京市抗击非典先进个人称号等表彰奖励。

顾志良

男，1954年12月生，上海市人，汉族，大学本科学历，工学学士，中共党员，研究员。曾任北京联合大学管理学院党委书记、院长。2008年1月至今任北京联合大学商务学院院长，2009年5月至今任北京联合大学商务学院党委副书记。

王丽英

女,1946年9月生,黑龙江哈尔滨人,汉族,研究生学历,中共党员,高级政工师。曾任北京联合大学化学工程学院党委副书记。2002年2月—2007年4月任北京联合大学生物化学工程学院党委书记。2007年4月退休。主要社会兼职:中共北京市第七次党代会代表,首都科研院所思想政治工作研究会会长。曾获北京市优秀团干部、北京市优秀思想政治工作者等表彰奖励。

骆武刚

男,1946年4月生,浙江义乌人,汉族,大学本科学历,中共党员,研究员。曾任北京联合大学文理学院副院长、应用文理学院副院长、职业技术师范学院副院长、化学工程学院院长。2002年2月—2006年5月任北京联合大学生物化学工程学院院长。2006年7月退休。主要社会兼职:中国物理学会理事,北京市人民对外友好协会第四届理事。曾获北京市教育委员会、北京市高等教育学会第四届优秀教育科研论文三等奖,北京市普通高校教学成果一等奖(理科),北京市委宣传部优秀理论文章一等奖等表彰奖励。

周明珠

男,1954年6月生,山东聊城人,汉族,大学本科学历,文学学士,中共党员,高级政工师。曾任北京联合大学组织部部长、校长助理,继续教育学院党总支书记、党委书记。2007年4月至今任北京联合大学生物化学工程学院党委书记。

张恩祥

男,1963年5月生,辽宁盖州人,汉族,研究生学历,工学博士,中共党员,教授。曾任北京联合大学应用技术学院机电系副主任,机电学院副院长、院长。2008年1月至今任北京联合大学生物化学工程学院院长兼党委副书记。主要社会兼职:北京市朝阳区第十五届人民代表大会代表,北京市青年联合会会员。2004年获北京市高等教育优秀教学成果一等奖2项,2005年获高等教育国家级优秀教学成果二等奖,获"北京市优秀教育工作者"等表彰奖励。

王惠连

女,1942年7月生,河北昌黎人,汉族,大学本科学历,中共党员,研究员。曾任北京联合大学化学工程学院副院长、常务副院长。2001年7月—2002年7月任廊坊分校常务副校长。2002年10月退休。主要社会兼职:中国化学会会员,中国化工高教学会理事,北京高教学会理事,北京创造学会副理事长。曾获(化工部)"全国化工优秀科技工作者"、1997年获北京教学优秀成果二等奖、2008年获中国创造学会创造成果三等奖等表彰奖励。

江瑞平

男,1942年5月生,江西婺源人,汉族,大学本科学历,中共党员,高级工程师。曾任北京联合大学化学工程学院副院长。2002年10月退休。主要社会兼职:北京继续教育协会常务理事兼企业委员会主任,北京高级经济师协会常务理事兼秘书长,北京市煤炭行业协会常务副会长兼秘书长。曾获北京高教学会一等奖、北京高教学会保卫委员会一等奖,北京市科技干部管理先进工作者等表彰奖励。

赵艳霞

女,1964年9月出生,河北衡水人,汉族,研究生学历,历史学博士,中共党员,副研究员。

曾任北京东方道德研究所副所长，中共延庆县委常委、宣传部长，第29届奥林匹克运动会组织委员会文化活动部副部长。2008年12月至今任北京联合大学生物化学工程学院党委副书记。主要社会兼职：北京伦理学会副会长，北京东方道德研究所特邀研究员。1999年入选“北京市跨世纪优秀人才”。2006年获“北京市优秀思想政治工作者”称号。

张连波

男，1939年10月生，河北黄骅人，汉族，大学本科学历，中共党员，研究员。曾任北京联合大学旅游学院党委副书记。1991年6月—2003年3月任北京联合大学旅游学院党委书记。2003年5月退休。主要社会兼职：第九届北京市政协委员，第十届北京市政协特邀委员。

吴统慧

男，1940年10月出生，广东韶关人，汉族，大学本科学历，中共党员，副研究员。曾任广西壮族自治区经协办主任、党组书记，北京市旅游局局长，北京市政协委员，1995年12月—2003年4月任北京联合大学旅游学院院长。2003年4月退休。

郑一淳

男，1956年1月生，北京市人，汉族，研究生学历，中共党员，高级工程师。曾任北京农学院副校长，核工业部北京地质研究院遥感研究室副主任，国家科委综合计划司年度计划处副处长，重大项目管理处副处长、处长，调研评估处处长，中共北京市怀柔县委副书记，中共北京市怀柔区委副书记兼区机关工委书记。2003年3月—2004年10月任北京联合大学旅游学院党委书记。2004年10月调离。曾获部级科技进步二等奖1项、三等奖1项等表彰奖励。

赵鹏

男，1954年11月生，北京市人，汉族，大学本科学历，工商管理硕士，中共党员，研究员。曾任北京师范大学团委宣传部长，党委青年部、学生处副部(处)长，德育教研室主任，北京联合大学旅游学院学生处长、宣传部长、社科部主任、副院长。2003年4月—2009年12月任北京联合大学旅游学院院长兼党委副书记。2009年12月调离。主要社会兼职：国家教育部旅游管理专业委员会副主任委员，中国旅游协会旅游教育委员会副主任委员，中国自然辨证法学会休闲哲学专业委员会副主任，中国老教授协会旅游专业委员会主任，联合国教科文组织社会学第十三委员会(休闲专业委员会)中方委员。

李因

男，1949年8月生，山西太原人，汉族，中共党员，研究生学历，理学学士，研究员。曾任北京师范学院分院物理系党总支副书记，学院党委宣传部部长、党委副书记，首都师范大学党委副书记、副校长。2004年10月—2009年11月任北京联合大学旅游学院党委书记。2009年11月退休。主要社会兼职：北京高校后勤管理研究会(第九届)理事长，中国党建网高等学校党建栏目顾问。曾获北京市高校优秀党建成果奖、北京市优秀思想政治工作者等表彰奖励。

曹长兴

男，1960年3月生，吉林长春人，汉族，研究生学历，工学硕士，中共党员，副教授。曾任北京石油化工学院化学工程系副主任、教学工作评价办公室主任、教学工作评价领导小组秘书长、党委组织部部长兼统战部部长、党委副书记。2009年12月至今任北京联合大学旅游学院党委书记。曾获中石化公司优秀计算机软件三等奖、第七届全国统计科学研究优秀成果三等奖等表彰奖励。

李玉玲

女,1948年9月生,北京市人,汉族,大学本科学历,中共党员,高级政工师。曾任团市委青工部干事、青工部副部长,人事处副处长、处长,北京市人大常委会人事室副主任。1997年4月—2009年4月任北京联合大学旅游学院党委副书记。2009年6月退休。

孙维佳

男,1962年2月生,北京市人,汉族,研究生学历,法学博士,中共党员。曾任新华社常驻欧盟记者、《中国贸易报》总编辑。1997年6月—2002年9月任北京联合大学旅游学院副院长。2002年9月调离。

徐天立

男,1945年1月生,陕西西安人,汉族,大学本科学历,学士学位,中共党员,高级政工师。曾任北京联合大学旅游学院副院长。2002年3月—2005年11月任北京联合大学继续教育学院院长,2003年4月至2004年6月兼任学院党总支书记。2005年11月退休。主要社会兼职:北京市高校干部培训中心主任,中国高等教育学会摄影教育专业委员会会员,第四届全国高校摄影联合会常务理事,中国摄影家协会会员。

单金成

男,1954年9月生,河北秦皇岛人,汉族,大学本科学历,法学学士,中共党员,副教授。曾任北京联合大学继续教育学院副院长、总支副书记。2005年9月至今任北京联合大学继续教育学院党委副书记,2005年11月起兼任学院院长。主要社会兼职:北京市高校干部培训中心副主任、主任。

李洪飞

男,1953年12月生,北京市人,汉族,党校在职研究生学历,中共党员,政工师。曾任怀柔县教育局副局长,怀柔县师范学校校长,怀柔县教育局党委书记、局长,怀柔县教育局党委书记、局长兼县教育党校校长,北京市教育局党组成员、副局长,北京市教育委员会专职委员,北京教育音像报刊总社党委书记。2009年12月至今任北京联合大学继续教育学院党委书记。

许贵才

男,1951年6月生,河北唐山人,汉族,大学本科学历,中共党员,副研究员。曾任北京外国语学院团委副书记、团委书记,党委青年部副部长、学生部长;北京联合大学党委办公室主任、文法学院副院长、继续教育学院副院长、建材轻工学院党委副书记、信息学院党委副书记。2002年4月至今任信息学院党委书记。

李培均

男,1945年1月生,北京市人,汉族,大学本科学历,中共党员,研究员。曾任北京联合大学建材轻工学院机械系党支部书记、建材轻工学院副院长、应用技术学院副院长。2002年4月—2006年1月任北京联合大学管理学院院长。2005年10月退休。曾获国家教委科技进步三等奖等表彰奖励。

关仲和

男，1948 年 7 月生，陕西华县人，汉族，工学学士，中共党员，研究员。曾任北京市高等教育局大学处处长、北京市教育委员会高教处处长。1997 年 6 月—2002 年 2 月任北京联合大学机械工程学院副院长。2002 年 2 月调离。曾获国家级教学成果奖二等奖、北京市教育教学成果（高等教育）一等奖、北京市优秀教学成果二等奖等表彰奖励。

二、专家学者简介

（一）有突出贡献专家

表 16.1-1　有突出贡献专家名单

序　号	姓　名	评定时间(年)	级　别
1	林定基	1988	北京市
2	刘隆亨	1989	北京市
3	谭浩强	1992	北京市
4	徐博东	2006	北京市

林定基

男，1936 年 9 月生，浙江慈溪人，汉族，工学学士，中共党员，教授，享受国务院政府特殊津贴专家，北京市政府授予有突出贡献专家。主要研究方向为计算机网络，参与 10 余种计算机的研究。主要社会兼职：中国计算机用户协会理事兼网络分会理事长，中国计算机学会信息存储技术专业委员会名誉委员，北京市人民政府首届计算机专业技术顾问，“银河地震数据处理系统”国家技术鉴定组组长（受聘于国务院电子振兴办公室），1987 年 IEEE 亚洲电子学会计算机工程中美专家组成员（受美国 IEEE 邀请），第 11 届亚运会副总设计师兼设计部主任，多次主持计算机类丛书的编委会。曾获国家科技进步三等奖、部委级一等奖（3 次）、全国优秀教师、全国高等院校先进科技工作者等表彰奖励。

刘隆亨

男，1936 年 8 月生，湖南祁阳人，汉族，大学本科学历，法学学士，中共党员，教授，全国第二批终身享受国务院政府特殊津贴专家，北京市委和市政府首批授予的“有突出贡献的中青年专家”。主要研究方向为经济法、财税法、金融法。曾任北京联合大学经济法研究所所长、经济法学科带头人。主要社会兼职：北京大学税法研究中心主任，北京大学法学院经济法、财税法方向博士生导师指导小组成员，中国法学会财税法学研究会会长，北京市法学会副会长。长期从事经济法、财税法、金融法的教学与研究，是这三项学科的创始人之一，在全国最早完成出版经济法学、财税法学、银行法学三个学科的系列论著。参加北京市高新技术产业开发试验区、海南经济特区、西部开发区的立法规则和立法起草工作。主持完成 9 项国家级和省部级课题研究，获得省部级以上奖励 30 余种。编著出版教科书、工具书等著作 30 余种，发表学术论文和研究报告 90 余篇。1999 年获“北京市劳动模范”称号，2004 年被评为当代中国法学名家。

谭浩强

男，1934 年 11 月生，广东江门人，汉族，工学学士，中共党员，教授，享受国务院政府特殊津贴专家，北京市政府授予有突出贡献专家，中国著名计算机教育家。主要研究方向为计算机教育。曾任清华大学绵阳分校党委常委、清华大学分校副校长、北京联合大学自动化工程学院副院长等。主要社会兼职:全国高校计算机基础教育研究会会长。先后在中央电视台系统讲授BASIC、FORTRAN、COBOL、PASCAL、C、QBASIC、Visual Basic共7种计算机语言,观众超过500万人,让计算机科学走进寻常百姓家。出版编著(含合著)计算机著作140种,总发行量达5000多万册,其中《BASIC语言》累计发行1250万册,《C程序设计》累计发行1000万册。曾获全国高校教学成果奖国家级奖、国家科技进步奖、多项部委级优秀教材奖,被国家科委、中国科协表彰为"全国优秀科普工作者"。

徐博东

男,1944年10月生,广东蕉岭人,汉族,大学本科学历,中共党员,教授,北京市有突出贡献的科学、技术、管理人才,台湾问题研究专家。主要研究方向为中国近代史。曾任北京联合大学文法学院档案系历史教研室主任、应用文理学院台湾研究室主任、北京联合大学台湾研究所所长、北京联合大学台湾研究院院长。主要社会兼职:中共中央台办、国务院台办专家组成员,海峡两岸关系研究中心特邀研究员,全国台湾研究会理事,中国社会科学院台湾史研究中心常务理事。主要著作:《丘逢甲传》《透析台湾民进党》《世纪交锋:民进党如何与共产党打交道》《台海风云见证录》《大国格局变动中的两岸关系》《台湾传统文化探源》。曾获第二十二届中国新闻奖三等奖、北京市第八届哲社科研成果二等奖,北京市教育系统先进工作者、北京市先进工作者、北京市教育系统优秀共产党员等表彰奖励,2008年担任北京奥运火炬手。

(二)享受国务院政府特殊津贴专家

表16.1-2 享受国务院政府特殊津贴专家名单

序号	姓名	评定时间(年)
1	林定基	1991
2	王毓银	1992
3	田淑清	1992
4	刘隆亨	1992
5	张妙弟	1992
6	赵长奎	1992
7	谭浩强	1992
8	许家成	1993
9	陈强	1993
10	金宗濂	1993
11	高林	1994
12	朱耀廷	1995
13	姜春梅	1997
14	张娅娅	1998
15	周传家	1998
16	熊黑钢	1999
17	李哲英	2001
18	张丹海	2001
19	佟洵	2006

林定基(见有突出贡献专家简介)

王毓银

男，1939 年 11 月生，江苏南通人，汉族，大学本科学历，中共党员，教授，享受国务院政府特殊津贴专家。主要研究方向为无线电通信与广播，电子科学与技术。曾任北京邮电学院分院无线电工程系主任。主要社会兼职：教育部高等学校工科本科电工课程教学指导委员会电子技术与线路课程教学指导小组委员，公安部消防技术标准委员会第六分校委员。主持的安全保卫报警系统科学研究获国家专利 2 项。编著的《脉冲与数字电路》(第一、二版)(高等教育出版社，1985、1992 年出版)获得国家教委第三届全国普通高等学校优秀教材一等奖、教育部第三届科技进步三等奖；编著的《数字电路逻辑设计》(第一、二版)(高等教育出版社，1999、2005 年出版)获得教育部全国普通高等学校优秀教材二等奖。1989 年获“北京市劳动模范”荣誉称号，1993 年获北京市普通高等学校优秀教学成果二等奖。

田淑清

女，1934 年 11 月生，浙江上虞人，汉族，大学毕业，中共党员，教授，享受国务院政府特殊津贴专家。主要研究方向为无线电和计算机技术。曾任清华大学无线电系教师、中国科学院应用地球物理所副研究员。主要社会兼职：全国非计算机专业教育协会北京分会理事、秘书长，中国科普创作协会(中国科普作家协会)成员。参与编写电真空技术及计算机软件研究系列文章多篇。主编著作：《BASIC 语言》(科学普及出版社)、《FORTRAIN 语言》(清华大学出版社)、《FORTRAIN77 结构程序设计》(体育出版社)、《FORTRAIN 程序设计》《PASCAL 程序设计》(高等教育出版社)、《FORTRAIN77 结构化程序设计》(清华大学出版社)，参与翻译著作：《CROMMECO 软件资料汇编》《SPICE 用户指南》(清华大学出版社)、《BASIC 入门》(江苏出版社)、《PL/1 程序设计语言导论》《ADA 导论》(清华大学出版社)。

刘隆亨(见有突出贡献专家简介)

张妙弟(见校、院领导简介)

赵长奎

男，1937 年 9 月生，辽宁辽阳人，汉族，大学本科学历，中共党员，教授，享受国务院政府特殊津贴专家。主要研究方向为通信工程。曾任北京联合大学电子工程学院信息工程系主任。获 1978 年全国科学大会重大科学贡献奖。曾主持研究关于“卫星通信设备”课题。编著出版的主要著作：《移动通信设备》(北京邮电学院出版社，1993 年，合著)、《GSM 数字移动通信应用系统》(国防工业出版社，2001 年)。主要翻译的著作：《使用警惕电路设计》(1975 年电子工业出版社出版，翻译者之一)、《高频电路设计(日文)》(邮电出版社，1980 年)、《数字卫星通信(英文)》(邮电学院出版社，1980 年)、《通信系统(日文)》(邮电出版社出版，1988 年)。

2010 年 1 月 18 日去世。

谭浩强(见有突出贡献专家简介)

许家成

男，1954 年 4 月生，四川成都人，汉族，文学学士，中共党员，教授，享受国务院政府特殊津贴专家。主要研究方向特殊教育研究，专攻智力障碍儿童教育。现任北京联合大学特殊教育学院院长、特殊教育学科带头人，北京市属市管高等学校“学术创新团队计划”项目负责人，北京市优秀教学团队负责人。主要社会兼职：中国残疾人康复协会副理事长，中国残疾人康复协会智力残疾人康复专业委员会主任委员,中国教育学会特殊教育分会秘书长。主持研制教育部全国培智学校义务教育阶段课程标准,承担5项国际国内特殊教育研究项目。发表论文、研究报告和学术专著50余篇(部)。获国家级教学成果二等奖、省市级教学成果一等奖、省部级社科二等奖等多项。

陈强

男,1938年10月生,广东陆丰人,汉族,大学毕业,中共党员,教授,硕士生导师,享受国务院政府特殊津贴专家。主要研究方向空气动力学、计算机网络和机器翻译。曾任清华大学分校机械自动化系主任,北京联合大学自动化工程学院自动化系主任。1989年公派赴美国当访问学者,期满回国后,因业务需要,研究方向逐渐转为计算机网络和机器翻译。主要社会兼职:北京市高校教师系列高级职称评委,崇文区政协委员,朝阳区人大代表,北京工业大学计算机系硕士研究生导师。1990年参与中科院计算所牵头的国家863计划项目"智能型英汉机器翻译系统"研究,是项目组负责人之一,1992年项目通过国家科委主持的技术鉴定。1993年获中科院科技进步一等奖,1995年获国家科技进步一等奖,1995年被评为北京市优秀教师。

金宗濂

男,1940年12月生,上海市人,汉族,理学硕士,中共党员,教授,享受国务院政府特殊津贴专家。主要研究方向为保健食品与营养学。曾任北京联合大学应用文理学院保健食品功能检测中心(卫生部认定的功能检测机构)主任、食品科学与营养学专业学科带头人。主要社会兼职:生物活性物质与功能食品北京市重点实验室顾问,1996年被国家卫生部聘为第一届食品卫生评审委员及功能检测机构认定专家组成员。1983年在国内率先建立食品科学与营养学专业,1992年该专业被评为北京市重点建设学科。出版专著3部,1995年主持编著出版的《功能食品评价原理与方法》是国内首部保健功能评价专著,2000年获北京市科技进步三等奖。发表论文200余篇。主持研究的高能野战口粮增力胶囊被评为中国人民解放军科技进步三等奖。曾获国家科技进步三等奖、省部委以上科技进步二等奖2项、科技进步三等奖2项、北京市教学成果二等奖、北京市优秀教师和全国优秀教师等表彰奖励。

高林(见校、院领导简介)

朱耀廷

男,1944年12月生,河北安平人,汉族,文学学士,中共党员,教授,享受国务院政府特殊津贴专家。主要研究方向为元史、北京文化史。曾任北京联合大学应用文理学院(文理学院)教务处长、专门史学科带头人,北京文化史研究所所长。主要社会兼职:北京市哲学社科规划办历史专家组成员,中国人才研究会常务理事。先后出版各种著作30余部,发表论文40余篇。1994年,主持编写的《成吉思汗全传》获北京市第三届哲学社会科学优秀专著二等奖。1999年,合著的《诸子人才观与现代人才学》获国家人事部优秀科研专著三等奖。主持编写的长篇历史小说《成吉思汗》及电视连续剧剧本,2001年获全国优秀畅销书奖、2002年获北京市优秀图书一等奖,2005年电视连续剧《成吉思汗》获"飞天奖"。2005年主编教材《中华文物古迹旅游》被评为北京高等教育精品教材。主要著作还有《一代天骄——成吉思汗》《正说元朝十五帝》《元世祖研究》《元世祖忽必烈》《中国传统文化通论》《北京文化古迹旅游》《北京文化史》等。分别于1989年、1997年获北京市优秀教学成果一等奖。

2010年5月去世。

姜春梅

女，1953年2月生，湖北鄂州人，汉族，理学学士，中共党员，高级工程师，享受国务院政府特殊津贴专家。主要研究方向为金属材料的研究和开发。曾任北京联合大学应用技术学院材料系党支部书记、特殊教育学院副院长，全国职业教育师资培训重点建设基地副主任。曾主持并参与教育部授予的"全国职业教育师资培训重点建设基地"建设，主要参与的高强度高刚度灰铸铁的研究项目被列为北京市重点开发和推广项目、"八五"期间国家计委推广项目。曾获北京市自然科学基金后补贴一等奖、国家教委科技进步三等奖、北京市科技进步二等奖2项、北京市技术开发优秀项目二等奖、石油部优秀成果二等奖和山东省科技进步三等奖等表彰奖励。

张娅娅

女，1953年9月生，北京市人，汉族，文学学士，中共党员，教授，享受国务院政府特殊津贴专家。主要研究方向北京地区传播媒介与社会价值结构、电视文艺审美。主要专著有《颠覆与重建》《停泊与延伸》《价值与审美取向研究》等，担任教育部、中央电视台、北京电视台多部电视节目专题片集的总撰稿，主要作品有《历史不会忘记》《祖国万岁》《长江学者之歌》《世纪承诺》《这一块热土》《2003校园保卫战》等。主持完成国家社会科学基金项目、北京社科规划重点项目、北京市委宣传部项目和北京社科规划重点项目等4项课题研究。曾先后获第二届、第三届北京哲学社会科学优秀成果二等奖，北京市委宣传部优秀奖，全国"五个一"工程奖。1992年被评为北京市优秀青年骨干教师，1997年被评为北京市优秀教师。

周传家

男，1944年12月生，江苏徐州人，汉族，文学博士，中共党员，教授，享受国务院政府特殊津贴专家。主要研究方向为中国文学和戏剧研究。曾任北京联合大学文理学院新闻传播系主任。主要社会兼职：中国昆曲研究会副会长、中华武侠文学研究会副会长。出版著作19种，发表论文200多篇。主持并参与编写的《戏曲编剧概论》，获北京市高校优秀教学成果二等奖；专著《中国古代戏曲》获第六届国家图书奖暨畅销书奖，专著《新花部农谭》《独特的魅力》《北京戏剧通史》(主编)先后获北京市第三、四、七届哲学社会科学优秀成果二等奖；论文《你中有我，我中有你》获华北五省市第三届戏剧评论奖。2004年被评为北京市优秀教师，2006年被评为北京市教学名师。

熊黑钢

男，1956年12月生，湖南湘乡人，汉族，理学博士，九三学社社员，教授，博士生导师，享受国务院政府特殊津贴专家。主要研究方向为自然地理。曾任新疆大学资源环境信息科学系副主任、主任，资源与环境科学学院副院长。现任北京联合大学研究生处处长。主要社会兼职：九三学社第十一届中央委员会常委、第四届新疆维吾尔自治区委员会副主任委员，《干旱区地理》副主编、中国科学院天山站客座教授。曾主持和参加国家自然科学基金项目、国家重点基础研究发展计划项目("973计划")、中外合作自然科学基金项目、科学院基金项目、部委基金项目和自治区自然科学基金项目等研究课题18项。合作出版学术著作3部，在国内外发表科学论文60余篇。获国家教育委员会科技进步二等奖、三等奖2项，省部级优秀教学成果一等奖、二等奖。被评为新疆维吾尔自治区有突出贡献的优秀专家、“宝钢”优秀教师特等奖、全国模范教师。

李哲英

男，1953 年 9 月生，吉林扶余人，汉族，工学硕士，中共党员，教授，享受国务院政府特殊津贴专家。主要研究方向为集成电路设计、生物医学电子工程。2006 年 4 月至今任北京联合大学信息学院副院长，通信与信息系统学科带头人。主要社会兼职：教育部电工电子基础课程教学指导委员会委员，IEEE 会员，铁道学会高级会员，国防科工委《单片机与嵌入式系统》期刊编委，中国电子学会 DSP 专家委员会副主任。主持完成 IPv4 协议专用芯片设计、卫星地面站远程测试系统等科研项目 9 项，获中国专利 12 项。1996 年以来，主持完成 5 项国家级和省(市)部级教改项目，编著出版 9 部教材与学术专著，发表学术论文 170 余篇。曾获国家优秀教学成果二等奖、北京市优秀教学成果一等奖等表彰奖励。

张丹海

男，1942 年 11 月生，安徽安庆人，汉族，大学本科学历，中共党员，享受国务院政府特殊津贴专家。主要研究方向为高等教育教学、研究和管理工作。曾任北京联合大学基础部主任、教务处长、科研处长和督导室主任等行政工作。主要社会兼职：北京市高教专业设置评审委员会委员，北京市高校招生考试研究会常务理事，全国地方高校教务处长协作会副会长。主编和撰写著作 14 部，发表学术论文近 100 篇，主持或参与省部级以上科研和教改课题 20 余项。获全国教学优秀成果二等奖、北京市优秀教学成果一等奖 2 项、二等奖 2 项等表彰奖励。

佟洵

女，1945 年 6 月生，北京市人，汉族，中共党员，文学学士，教授，享受国务院政府特殊津贴专家。主要研究方向为中国近代史、晚清宫廷历史、北京地方史、北京地域文化、北京宗教史，北京宗教文化的教学与研究。曾任北京联合大学民族与宗教研究所所长。主要社会兼职：中国宗教学会理事。主要著作有《清宫后妃》《佛教与北京寺庙文化》《基督教与北京教堂文化》《伊斯兰教与北京清真寺文化》《宗教·北京》等，其中《基督教与北京教堂文化》获北京市第六届哲学社会科学优秀成果二等奖，《伊斯兰教与北京清真寺文化》获北京市第八届哲学社会科学优秀成果二等奖、第十四届中国图书奖。发表学术论文 100 余篇。2003 年被评为“第五届首都民族团结进步先进个人”。

（三）二级教授

表 16.1-3　二级教授名单

序　号	姓　名	评定时间(年)
1	孔繁敏	2010
2	冯　虹	2010
3	刘　红	2010
4	许家成	2010
5	李哲英	2010
6	张　宁	2010
7	姜招峰	2010
8	韩建业	2010

续表

序　号	姓　名	评定时间(年)
9	鲍　泓	2010
10	鲍　洁	2010
11	熊黑钢	2010

孔繁敏(见校、院领导简介)

冯　虹(见校、院领导简介)

刘红

男,1954年9月生,江苏南通人,汉族,文学博士,中共党员,教授,硕士生导师。主要研究方向为台湾问题研究。曾任中国人民公安大学马列部副主任,国家安全部十五局副巡视员,中国社会科学院台湾研究所研究员、副巡视员,北京联合大学台湾研究院院长。主要社会兼职:中国和平统一促进会理事兼学习研究委员会副主任,全国台湾研究会理事,中国改革开放论坛理事,国务院台湾事务办公室对台宣传专家组和涉台出版物审读专家组成员,北京市委讲师团特约理论报告人,中国台湾网顾问,国际关系学院硕士生导师等职。曾先后主持和参加国家社科基金重点项目5项及其他课题研究近10项。出版《蒋介石大传》《民进党执政状况研究》和《海峡两岸观察》等著作9部,发表学术论文数10篇、时事评论数百篇。

许家成(见享受国务院政府特殊津贴专家简介)

李哲英(见享受国务院政府特殊津贴专家简介)

张宁

男,1962年11月生,广东五华人,汉族,理学博士,中共党员,教授。主要研究方向为信息与通信工程。主要社会兼职:北京等省市级自然科学基金评审专家。曾主持国家高技术发展研究项目("863计划")、参加研究"863计划"项目和国家自然科学基金项目等多项研究。2005年获批北京市中青年骨干教育项目,2009年入选北京市教委人才强教深化计划——创新人才项目。发表学术论文50余篇,SCI收录6篇,EI收录20多篇。

姜招峰

男,1956年5月生,黑龙江哈尔滨人,汉族,理学博士,无党派,教授。主要研究方向为生物化学及分子生物学。曾任青岛海洋大学海洋药物与食品研究所副所长。现任北京联合大学功能食品科学技术研究院院长,食品科学学科带头人。主要社会兼职:生物活性物质与功能食品北京市重点实验室主任,北京食品学会副理事长,欧盟神经生物学学会会员、美国神经生物学学会会员。曾主持并完成"九五"国家科技攻关计划项目、高等学校博士学科点专项科研基金项目和青岛海洋大学跨世纪青年学科带头人基金项目等多项,正在主持开展北京市自然基金重点项目、北京市教委科技发展项目和企业委托项目等研究。出版论著和译著4部,发表科学论文40余篇,SCI收录2篇。

韩建业

男,1967年12月生,甘肃通渭人,汉族,历史学博士,中共党员,教授。主要研究方向为北京人文考古学及博物馆学。曾任应用文理学院历史系主任、综合实验教学示范中心主任。专门史学科带头人,北京大学中国考古学研究中心兼职研究员。曾主持参与河南驻马店杨庄等遗址发掘工作，主持完成国家社会科学基金项目中国西北地区先秦时期的自然环境与文化发展的研究，项目结题鉴定为优秀。出版学术专著10部，发表学术论文50余篇。2007年获首都劳动奖章，2010年被评为北京市教学名师，获得北京市第八届哲学社会科学优秀成果奖、第四届中国高校人文社会科学研究优秀成果奖、北京市先进工作者和首都劳动奖章等表彰奖励。2005年入选国家教育部“新世纪优秀人才支持计划”，2008年入选新世纪百千万人才工程市级人选、北京市高层次人才、北京市拔尖创新人才。主讲的《考古学通论》被评为北京市高等学校精品课程。

鲍泓(见校、院领导简介)

鲍洁

女，1956年12月生，北京市人，满族，理学硕士，中共党员，研究员。主要研究方向为教育管理学。曾任北京联合大学高教研究室副主任、应用性高等教育研究所所长、应用性高等教育发展研究中心副主任。主要社会兼职：教育部高等学校高职高专电子信息类专业教学指导委员会秘书长，中国高等教育学会会员，中国职业技术教育学会科研工作委员会常务理事。主持完成联合国教科文组织项目、北京市哲学社会科学规划项目等研究；参与完成欧盟和APEC等国际合作项目、全国教育科学规划国家一般课题、教育部重点课题、北京市教改重点项目、北京市社会科学十一五规划课题等多项研究。出版学术著作，主编2部、副主编6部、参编2部，发表科学研究论文30余篇。获国家级教学成果二等奖，北京市级教学成果一、二等奖，北京市哲学社会科学优秀成果奖等多项奖励。

熊黑钢(见享受国务院政府特殊津贴专家简介)

附　录

附录一　《关于延伸和补充〈北京联合大学“十五”时期发展规划〉的若干意见》

“十五”以来，北京联合大学在“十五”规划中所确定的各项工作已取得了一定进展，特别是在高等职业教育和技术应用性本科教育方面取得了突出成绩，成为教育部批准的全国高等职业教育示范校建设单位和北京市教委批准的技术应用性人才培养基地。我校高等职业教育和技术应用性本科教育的教学改革正在向人才培养模式、教学内容和课程体系以及教学方法等改革的纵深发展。北京联合大学在全国同类高校中的影响正在扩大。

同时，必须清醒地看到，我们面临着激烈的竞争和挑战。高等教育大众化、社会化、国际化、现代化的发展趋势，不断给我们提出新的问题和新的任务。兄弟院校的快速发展，增强了我们的危机意识。对我们来说，困难与希望并存，挑战与机遇同在，出路在于发展。

此次延伸和补充规划的主旨是“加快发展”和“教育创新”；在“十五”规划的基础上，将规划的时间延伸至2008年。延伸和补充规划的内容将力求贯彻“发展是硬道理”“发展是第一要务”的思想。延伸和补充规划的依据是党的十六大所提出的“与时俱进”和“发展要有新思路，改革要有新突破，开放要有新局面，各项工作要有新举措”的精神；江泽民同志关于“教育创新”讲话的精神；全国职教会议和国务院《关于大力推进职业教育改革与发展的决定》的精神。延伸和补充规划的任务是落实北京市第九次党代会“加快首都发展，加快教育发展”所确定的各项工作；落实教育部关于《加强高等学校本科教学工作提高教学质量的若干意见》《关于启动高等学校教学质量与教学改革工程精品课程建设工作的通知》和《关于做好普通高等学校本科学科专业结构调整工作的若干原则意见》文件所规定的各项任务；落实市教委下达的建设技术应用性人才培养基地的重要任务；落实我校第三次党代会提出的发展目标和任务。

一、宗旨与定位

(1) 办学宗旨：发展应用性教育，培养应用性人才，建设应用性大学。

(2) 总体定位：面向大众，服务首都；应用为本，三教统筹；高职特色，争创一流。

(3) 面向大众，服务首都：面向人民大众的需要，面向首都高等教育大众化、普及化的需要。为首都经济建设和社会发展服务，为首都市民科学文化素质的提高服务。

(4) 应用为本，三教统筹：以应用性为我校办学的基本特征和根本属性。加强本科教育、高职教育、继续教育的统筹；坚持以本科教育为主体，以高职教育为特色，以继续教育促发展的方针；坚持规模、结构、质量、效益协调发展，不断提高教学质量和管理水平。

(5) 高职特色，争创一流：以高等职业教育的特色为我校办学的主要特色。在高等职业教育方面,创出一流的理论与实践成果,把我校建设成为全国高等职业教育的示范校,建设成为北京高等职业教育的中心,在全国同类院校中争创一流、世界知名。

二、目标与任务

党的十六大报告提出"造就数以亿计的高素质劳动者、数以千万计的专门人才和一大批拔尖创新人才",其中,培养数以千万计的专门人才是本科和高职教育的定位。为此,我们要明确相应的目标与任务。

(一)本科教育的目标与任务

在本科教育改革中,采取以应用性本科为基础,以技术应用性本科为突破口的改革实施策略;在把握本科教育基本要求的基础上,注重学习借鉴高等职业教育教学改革的成功经验和产学研合作教育的创新实践。加强对学生实践能力、动手能力的培养,办出一批在全国有一定影响的技术应用性本科专业。

1. 应用性本科教育的理论与实践要创新路出成果

认真制订北京联合大学应用性本科教育的发展规划,遴选并建设6个校级应用性本科重点专业,以重点专业带动其他应用性本科专业的建设。跟踪社会发展,走出校园,扩大与企业的交往,了解行业、企业用人的标准;针对行业企业的用人需求,对应用性本科人才的培养模式、课程体系、教学内容和教学方法等进行研究和实践,取得一批有较高价值的研究成果;提出一批有特色的应用性本科人才培养方案;建立突出应用性的教学体系,开发应用性课程,制定一套适合应用性教育的评价标准;建成一批首都经济建设和社会发展急需的应用性本科专业。

不断提高本科的教育教学质量。改革和加强基础课教学,建设校级精品课程50门,其中争取市级或国家级精品课程5门;建设校级精品教材50种,其中争取市级或国家级精品教材5种;建设校级重点实验室5个,在建好现有生物活性物质与功能食品北京市重点实验室的基础上,再争取1~2个市级重点建设实验室。大力提高学生的英语和计算机应用水平,掌握专业核心能力。加大经费和精力的投入,力争生均各类面积、生均各种硬件、生均各项经费、各种使用量(率)等办学硬件条件达标。加强教学及管理工作,按教育部本科教育工作水平评估的各项要求做好准备工作,力争在2006年通过教育部本科教学工作水平评估。

2. 建成技术应用性人才培养基地

北京联合大学技术应用性人才培养基地是北京市教委落实教育部5号文件精神,在市属市管高校中部署设置的人才培养基地之一。技术应用性人才培养基地建设以建筑环境与设备工程、生物技术、机械工程与自动化、制药工程、电子信息工程、广告学等10个技术应用性本科试点专业建设为基础,探索技术应用性人才培养模式,制定技术应用性本科专业教学工作的评价标准,培养技术应用性本科人才。用技术应用性本科教育支持高职教育的发展,构建技术应用性人才成长的"立交桥"。

(二)高等职业教育的目标与任务

抓住发展的机遇,努力实现市委市政府对我校发展高等职业教育提出的奋斗目标,把我校建设成为北京高等职业教育的中心,建设成为全国高等职业教育的示范校,争创以高等职业教育为特色的国内一流、世界知名的大学。

1. 提高质量，办出特色，争创国内一流

积极争取教育部组织的新世纪教育质量工程中有关高职的重点项目，做好各类项目的申报建设工作。建设一批高职重点专业，将计算机应用技术、通信技术、机电应用技术、广告等4个专业建设成为教育部的重点专业；将服装设计与工艺、保险营销、计算机网络技术、计算机控制技术、市场营销、智能建筑控制工程、听力语言康复等7个专业建设成为北京市的重点专业。除此之外，努力建设5个校级重点专业，以部、市、校各级重点专业建设为龙头，带动全校高职专业的建设。加强高职课程建设和教材建设，到2008年年底，建成校级高职精品课程50门、精品教材50种，其中争取市级精品课程15门、精品教材15种；国家级精品课程5门、精品教材5种。在2005年年底，完成上述指标的60%。加强校内外实践教学基地建设，重点建设电子信息技术、机电应用技术、艺术教育综合、精细化工中试、商务综合、应用文理综合等6个校内实训基地，并争取获批北京市或教育部示范实习实训基地1～3个。加强高职师资队伍建设，2008年，使主讲高职专业基础和专业课的教师中，“双师型”教师占到70%，行业企业高级管理技术人员为主体的兼职教师占到50%。落实“双证书”教育，建成“立交桥”专升本模式。特别要加强产学研结合，依靠行业、企业办高职，在校企联合、产学研合作教育方面争取有大的突破。不断提高高职教育的教学质量，在2006年年底前，通过教育部高职高专教育人才培养工作示范校评估。深入探索职业和技术教育的规律，创新教育模式，形成鲜明特色，在2008年年底前，取得一定数量的国内一流水平的高职教育改革和研究的成果。

2. 构建高职教育中心，创建高职品牌

积极筹备成立高等职业教育的图文信息中心、课程开发中心、技术研发与推广中心。加强全国职教师资培训基地、教育技术培训中心的建设工作。取得一批国内外职业、岗位证书或中高级技能证书的资格认证权，成为北京市岗位技术培训与职业资格考试的重要部门。获得北京市高职教师高级职称评审资格。拥有一批在全国高职界有较大影响的知名学者、部(市)聘任的高职专家以及在行业内有较大影响力的技术专家。具有在社会上取得广泛好评的毕业生，经过若干年的工作实践，争取在它们中间涌现出一批知名企业家、高级管理人才、高层次文化艺术人才、工程专家和技术大师。与国(境)外相应高职教育机构开展合作办学，主办与承办高水平的学术研讨会，在高层次国际学术会议上发表论文。

在高等职业教育中，注意以技术应用性本科为依托，实现高等职业教育的高起点高水平。深入研究中国国情，面向首都的社会发展和经济建设，在学习借鉴国外相关办学经验的基础上，努力探索高等职业教育的中国特色，为开创中国的高等职业教育发展之路作出贡献。

（三）继续教育的目标与任务

继续教育是我校“三教”中一个重要组成部分，是开展终身教育、构建首都学习化社会的桥梁。要坚持教育创新的思想，从发展终身教育、构建学习化社会的高度来认识和实践继续教育；坚持“三教统筹”的办学定位，发展继续教育与培训；坚持学历教育与职业培训相结合、学历文凭和职业资格证书相结合、全日制与业余学习制相结合、职前教育与职后教育相结合，努力把我校办成面向社会的、开放的、多功能的继续教育与培训基地。

坚持办好继续教育学院，坚持发展各学院的继续教育，坚持扩大各类培训。充分利用我校现有的继续教育与培训资源,将全校考试(考证)与培训辅导资质、教育部授予的"全国职教师资培训基地"、高自考主考专业等资源进行合理整合,扩大继续教育与培训的办学规模,大力拓展以职业教育为核心的教育市场,提高培训质量,创建一批继续教育的品牌专业,为北京市扩大就业与再就业服务,为造就数以千万计的高素质劳动者服务,为北京市建立"全民学习""终身学习"的学习型社会服务。

(四)加强学科、专业建设和科技工作

1. 加强学科建设

要从首都的实际需要出发,结合我校及各学院的特点,经过3~5年的努力,构建成符合定位、特色鲜明、体系清晰、布局合理的学科体系。必须把学科建设作为我校发展的中心工作,在学科建设过程中,要以"凝练学科方向,汇聚学术队伍,构筑发展平台"为重点,充分发挥学科建设在促进教育教学、科学研究和人才培养等方面的带动作用。要分层次建设市级重点建设学科、校级重点建设学科和院级重点建设学科。要根据我校学科体系的总体框架进行专业布局及建设,以专业建设形成对学科建设的支撑力量,保证我校学科专业建设的协调发展。

2. 加强科技工作

以"服务首都经济建设,坚持科技创新,突出应用研究,推动学科建设"为宗旨,把加强科学研究、提高学术水平纳入到学校发展的重要战略位置上。加强领导,增加投入,科学管理;建设良好的科研环境,大力营造学术氛围,建立科研激励机制;加强产学研合作,建立一支具有科技创新精神的科研骨干队伍,推动我校的学科建设与发展。经过3~5年的努力,使我校的学术水平、科研能力和研究成果在国内同类院校中处于领先水平。

3. 积极开展研究生教育

开展联合培养研究生的工作。在认真建设好经济法学、食品科学、计算机应用技术3个北京市重点建设学科的基础上,积极开展与其他高校或科研机构联合培养研究生的工作。通过指导研究生,提高师资队伍的学术水平和科研能力。

从现在起,我们就要通过学科建设、学术队伍建设、科学研究等方面的踏实工作,提高水平,创造条件,为第10批硕士学位授予单位的申报工作做好准备。努力实现"十五"规划提出的"坚持以技术应用性为主的人才培养模式,形成从专科、本科到研究生等学历教育和非学历职业培训并举的教育培养体系"的发展目标。力争尽快实现硕士点"零"的突破,取得硕士学位授予单位资格。到2008年,建成3~5个应用性学科的硕士点,用研究生教育提升本科教育水平。

(五)努力提高教学质量

北京联合大学要加快发展,就要实现质量、规模、结构、效益的协调发展。其中,质量是第一位的,是我们办学的生命线。因此,要在稳定办学规模的基础上,集中精力抓好学校的教学质量,围绕提高教学质量的主题进行建设和创新。

1. 以提高教学质量为中心,深化教学改革

以提高教学质量为中心,深入开展学科专业建设、教学内容和课程体系改革。在学科专业建设方面,到2008年,完成重点学科专业建设的"6+6+10+16"工程(注:第一个"6"是

重点建设学科个数；第二个“6”是应用性本科重点建设专业个数；“10”是技术应用性本科重点建设专业个数；“16”是重点高职专业个数）。制定并实施技术应用性本科专业的评价标准，建成技术应用性人才培养基地，以重点学科专业建设为龙头推进教育改革；在课程建设方面，到2008年，完成学校精品课程与精品教材的“双百”建设工程（注：“双百”指100门精品课程，其中包括本科精品课程和高职精品课程各50门；100种精品教材，其中包括本科精品教材和高职精品教材各50种）。以精品课程建设带动学校理论课程和实践课程的改革，以精品教材建设推动学校课程的改革。

2. 树立勤奋求实创新的学风和教风

把学风和教风建设作为学校建设发展的重要组成部分。通过开展诚信为人和勤奋为学的教育，为学风建设奠定坚实的基础。通过推动学分制建立激发学生学习积极性的机制，引导学生自主学习。把提高英语、计算机通过率和科技文化成果获奖率作为突破口，把培养学生良好的学习习惯、优良的职业素质、高尚的道德情操作为主攻方向，推动学风建设上台阶。经常性地举办有较高水平的学术活动和文化知识竞赛，开阔学生视野，激发学生学习兴趣，培养学生科技素质，提高学生创新能力。教师干部要树立“学生为本”“教育服务”等现代教育理念，形成“学高德厚”“爱生敬业”“严谨求实”“勇于创新”的师德和教风。在全校上下营造出勤奋求实创新的学风和教风。

3. 建立教学质量考核和质量管理体系

突出教学的中心地位，树立质量第一的观念。建立以教学质量评估为目标的教师教学工作考核体系和评价制度，引导教师自觉地研究教学目标、教学内容、教学方法、评价标准与教学对象之间的关系，自觉地提高从事教学工作的能力。制定向课堂教学倾斜的政策，对课堂教学优秀的教师给予奖励；宣传课堂教学质量优秀的教师的业绩。加强对毕业生的信息反馈调研，了解市场对人才的需求情况。结合我校实际，研究制定技术应用性本科和高等职业教育专业的评价标准，并在校内开展专业评估，迎接教育部的教学评估。建设教务管理信息系统，提高管理人员的工作水平和质量意识，使管理人员适应现代化管理的要求。经过3～5年的努力，使管理人员中具有副高级以上职称并具有博士、硕士学位人员的比例高于国内同类高校。

（六）加强教师队伍建设

以全面提高教师队伍素质为中心，坚持引进和培养相结合，建设一支素质良好、结构合理、富有活力的适应我校发展目标要求的教师队伍。制定引进政策，下大气力引进院士、博士生导师、教授、博士等业务骨干，充实我校学科、专业带头人队伍。到2008年年底，在学历结构上，青年教师中具有硕士及以上学位教师的比例达到90%，具有博士学位的教师达到100人；在职称结构上，教授占专任教师的6%，教授及具有正高级职称的教师达到100人。在2005年年底，完成上述指标的70%。加强教风建设，增强教书育人的责任感，实施教学成果奖励制度，鼓励广大教师多出优秀教学成果。学校重点资助中青年学科专业带头人到国内外进修提高，同时培养有发展前途的专业带头人。引导教师适应扩招后新形势的要求，在教育质量观、教学模式、教学方法上进行改革。引导教师主动参与学校建设，既积极承担教学工作，也积极从事科研和管理工作。改革分配机制，将教师教学科研与育人的质量与分配挂钩。加强对教师实践能力的培养，建设一支高水平的“双师型”队伍。充分利用社会上高层次的和实践经验丰富的人才资源,建设一支相对稳定的兼职教师队伍。到2008年,争取我校有一批教师成为国内知名的专家、学者。

(七)加快"数字校园"建设

加快"数字校园"建设,突破地域和时间的限制,建设"虚拟校园",解决跨区域分散办学的问题,不断提高我校的凝聚力和整体办学实力。成立"数字校园"建设规划领导小组,建立相关的规划、建设、维护和发展的政策措施,保证人、财、物力的投入,完善相关的管理体制、安全保障体制,以数字化建设统揽全校信息化建设,推进思想创新、技术创新、管理创新,实现我校跨越式发展。

"数字校园"是实现我校教育现代化建设的重要内容,主要包括:以网络和通讯平台为硬件基础的覆盖全校的高质量的校园网络;高质量、系统化、标准化、可更新的集散式信息资源库群;高质量的网络服务系统;直接管理数字校园各项资源的"应用支撑系统";提供信息查询、决策支持、电子商务、后勤服务等功能的"信息服务系统";校园"一卡通"系统;适合"数字北京联合大学"技术应用、软件开发、网络维护、人才培养的技术支撑体系和软件园基地。配合现代教育技术手段的完善和硬件条件的建设,实现网络办公、网络管理、多媒体方式教学、远程教学和会议等功能。

三、措施与保障

(一)建立现代教育理念,实现教育创新

实现教育创新,首先要更新教育观念。我校要坚持教育为北京市经济建设和社会发展服务,在服务中进行学校的教育教学改革。在创新中,形成与我国经济和社会发展需要相适应的教育观和人才观;在创新中,不断健全和完善与我国经济文化建设要求相适应的教育体制;在创新中,改革人才培养模式、教学内容和课程体系,以及教学方法,实现教育的现代化。

实现教育创新,校院各级领导要具有战略思维和长远目光、国际视野和前沿意识,善于进行科学的定位和制定长远的发展战略,善于协调大学与社会的关系,善于动员和配置各种资源,把经营的理念纳入到学校的管理之中。

实现教育创新,高等教育要走向社会化。要进一步加强与行业企业的合作,紧紧依靠行业企业,实行多种形式联合办学,开展"定单"培训,合作建立研究开发机构和实验实习中心,转化科技成果,创建高科技的校办企业园区,使我校不仅是提供高等教育服务的场所,还是创造高科技产品价值的地方;要进一步加强与各级政府部门的合作,在取得支持的同时起到服务的作用,在相关部门的支持下,深入到北京市社区中,为首都创建学习化社会作贡献,为区县经济的发展作贡献;要进一步加强与社会团体的合作,深入社会了解需求,集聚社会的广泛资源,不断进行学科专业的调整,改革教学内容和课程体系,尽一切努力去争取社会各界对学校发展的更大支持。

实现教育创新,要加强国际交流与合作。继续与国外同类大学建立合作关系,发展合作项目,为我校学生提供多种类的学习模式,为教师提供多渠道的师资培训。同时,派出教师在合作院校进行合作研究和执教。接收各国留学生来我校学习,接受我校学历教育和非学历教育,改善留学生办学条件,扩大留学生办学规模。作好引智工作,切实提高聘请外国专家的效益,既为学生授课,又培养教师,使更多的教师能够用双语授课,不仅提高我校师生的整体外语水平，而且带动我校其他学科专业的发展。本着互惠互利的双赢方针进一步做好国际文化交流，特别是跨文化的研究工作。通过远程教育培训的方式，使我校学生取得多种国际化的名牌职业资格证书。教育的国际化，可以为我校学生提供更多学历提升的机会和职业资格认证的条件，缩短我校师生与国内外一流与知名同类高校的距离，使我校融入到高等教育国际化的大潮之中。

（二）大力加强产学研合作办学

产学研结合是坚持应用性教育，培养应用性人才，建设应用性大学的有效途径。学校各级领导都要把依托产业、行业办学作为头等大事来抓，校院领导、学科专业带头人、广大教师要认真落实产学研合作办学校、办学院、办专业、办教育的问题，在专业设置与调整、教学内容与课程体系改革、双证书教育与考试改革、师资聘请与培训、实践环境条件建设、工程项目合作和应用性项目研究等方面与行业、企业开展可持续的合作，使双方共赢。同时，要加强与科研院所和行业企业研发部门的联系，合作承担应用性的研究项目，提升学校的科研水平，突出学校应用性的特色。

要在全校范围内，开展产学研合作工程建设。成立产学研合作中心，建立产学研运行保障机制，落实产学研合作试点项目，设置产学研一体化试点专业，推进产学研一体化办学的进程。

（三）进一步完善管理体制和运行机制

在市委市政府的领导下，从学校的实际出发，进一步探索和完善适于我校发展要求的管理体制，按照有利于增强北京联合大学整体凝聚力，有利于发挥校院两个积极性，有利于我校在新阶段发展的总体要求，聚精会神地提高教学质量和办学水平，一心一意地谋求实现新阶段的发展目标。

完善管理体制和运行机制的核心是科学合理的学科专业体系结构。学校将以适应北京市经济发展和北京联合大学办学定位的学科专业体系为基础，在适当时机重组学科结构，调整专业布局，梳理学校与学院的管理体制关系，增强北京联合大学的办学实力。

学校各方面的运行机制，要致力于增强校院的生机与活力，适应新时期新阶段形势对学校改革与发展的要求，为我校新世纪新阶段的长远发展创造有利条件。针对二级学院不同的办学模式和办学规格，在教学、科研、管理运行及党建工作等方面，进一步明确校院职权和责任，建立与学院办学模式和办学规格相适应的、可以规范操作的、多样化的管理模式。把握学校发展大局，充分发挥我校综合性优势，增强学校整体办学实力；同时，加强对各学院发展规划和重点工作的研究与指导，在办学条件、办学方式等方面尽可能给学院更多的自主权、更大的支持，促进学院形成自我激励、自我发展的良好态势，推动各学院有更大的发展。坚持学校总体定位和办学方针，面向首都现代化建设的人才和智力需要，面向国际高等教育发展的大趋势，走具有北京联合大学特色的办学之路；同时，从学院的实际出发，鼓励学院积极探索多样化的办学模式，开拓创新，在深化改革、人才培养等方面办出特色。形成既有学校统一领导、统筹规划，又有各学院活力充沛、各具特色、校院齐心协力、共谋发展的办学新局面。

（四）加强管理与服务

不断探索校院分级管理体制，推行目标责任制和现代化管理，将管理的重心逐步下移，将管理的目标和责任分解到基层单位,并尽可能将“人、财、物”的支配使用权与责任和目标挂钩。学校主要加强统筹规划、宏观决策、组织协调、政策保证、质量控制等方面的工作,使管理水平的提高落实在教学质量和办学效益上。

破除职务终身制和人员单位所有制,实行全员聘用合同制。按照“按需设岗、公开招聘、平等竞争、择优聘用、严格考核、合同管理”的原则,促进学校自主用人,保障教职工自主择业,维护学校和教职工双方的合法权益;进一步完善激励先进、鞭策后进的分配机制,建立人员能进能出、职务能上能下、待遇能高能低的充满生机与活力的新型用人制度。根据“效率优先、兼顾公平”的原则,结合全员聘用工作,把教职工的工资收入与岗位职责、工作业绩和贡献直接挂钩,探索强化岗位、以岗定薪、按劳取酬、优劳优酬的工资分配制度。在加大优劳优酬分配力度的基础上,力争使广大教职工的平均收入逐步得到提高。

努力加快我校后勤社会化改革的步伐,建立符合市场经济规律、适应学校发展的后勤服务体系,坚持为教学、科研和师生员工服务的宗旨,实现后勤服务的社会化。

进一步提高机关服务质量。校院机关各部门要将涉及学校(院)改革发展大局的每一项重要工作抓紧抓好,切实做到履行职责好,服务意识强,办事效率高。根据各自职责,理清工作流程,减少管理的中间环节,简化办事程序,提高工作效率。

发挥教代会、工会的重要作用,广开民主渠道,推进学校管理的民主化、科学化水平;推进校务公开、依法治校。

(五)加快校园建设

努力改善办学条件,增强办学实力。解决规模发展后办学空间相对不足的问题,用创建“一流”和“知名”的目标对校园进行规划。在市委市政府的支持下,通过资源调整、集资贷款、吸引投资、合作办学等方式,加强校园校舍建设,为实现北京联合大学的发展目标创造有利的条件。

(六)加强校园文化建设

大力加强校园文化建设,丰富校园文化的内涵,优化育人环境。逐步形成共同的奋斗目标和行为准则、优良的教风和学风、和谐的人际关系、幽雅的校园。坚持用马列主义、毛泽东思想、邓小平理论和“三个代表”“教育创新”等重要思想教育广大师生员工,进一步提炼、培育“联大精神”,动员全校师生员工发扬“热爱联大,建设联大”的精神,积极投身到学校的发展建设之中。使广大师生员工建立起爱校建校的责任感和使命感、对学校生存与发展的忧患意识和竞争意识。建立起“联大兴衰,人人有责;联大发展,人人促进;联大繁荣,人人受益”的校园文化氛围。广大教职员工以师德建设为切入点,切实加强职业道德,树立正确的教育观、人才观和质量观;树立以“学生为本”“能力为本”“市场为本”“社会为本”的教育教学思想;树立爱岗敬业、严谨治学、为人师表的良好风气。为适应素质教育的要求,在大学生中深入开展思想政治教育、道德品质教育、法律纪律教育、人文素质教育、心理健康教育、科技创新教育,引导学生规范行为、增强修养、弘扬个性,提高学生的创新能力、道德水平和综合素质,形成勤奋好学、尊师爱校、团结互助、遵纪守法的良好风气;形成理念先进、目标一致、校风优良、行为文明、和谐共进的校园文化。通过征集并确定校训,树立标志性建筑命名校园、景点、建筑物,绿化校园等各种方式营造校园文化氛围,把校园文化作为一个系统工程来设计和建设。

全校师生员工共同努力，积极行动起来，万众一心，众志成城，不等、不靠，不断创新。坚持“发展”不动摇，不断增强北京联合大学的整体办学实力和师生员工凝聚力，努力开创北京联合大学新世纪教育改革与发展的新局面。

附录二 《北京联合大学“十一五”时期事业发展规划》

前 言

规划性质：2006—2010年，是首都教育发展的重要战略机遇期，也是北京联合大学从一个大校发展成为一个具有应用性特色强校的关键时期。为贯彻科学发展观，落实首都教育发展战略，全面提高教育教学质量，实现学校发展战略目标，学校按照“就地整合，就地发展”的方针，编制了“十一五”时期事业发展规划。这是学校主动适应首都经济社会发展要求、编制专项规划和研究制定年度计划的重要依据，也是全校师生员工在“十一五”时期共同奋斗的行动纲领。

规划期限：2006—2010年。

编制依据：科学发展观、《2020年中国教育发展纲要》《北京市国民经济和社会发展第十一个五年规划纲要》;北京市教育大会精神及《北京市“十一五”时期教育发展规划》,《教育部本科教学工作水平评估专家组在北京联合大学考察评估意见》及学校的本科评估整改方案，并结合学校实际编制。

第一部分 编制北京联合大学“十一五”时期事业发展规划的背景

一、“十五”及“十五”延伸时期取得的成绩

“十五”及“十五”延伸时期，在北京市委市政府的正确领导下，在北京市委教育工委、市教委的悉心指导和大力支持下，在全校师生员工的共同努力下，我校各项工作取得了显著成绩，不仅发展速度比较快，办学层次得到提升，而且教育教学质量提高比较明显，是我校建校29年历史中发展最好的时期之一。主要表现在：

(1)办学理念凝练明确。2003年召开的第三次党代会确立了“发展应用性教育，培养应用性人才，建设应用型大学”的办学宗旨;2005年7月召开的校党委扩大会将办学定位的文字表述修订为“面向大众，服务首都;应用为本，争创一流”;同年颁布了“学以致用”的校训，并逐步形成了以“应用”为核心的办学指导思想体系。这标志着我校应用性办学方向更加明确、更加理性、更加坚决，也得到了上级领导、评估专家、社会各界的充分肯定，以及广大师生员工的高度认可。

(2)以评促建成效显著。经过四年“以评促建”的努力，我校的本科教育教学水平明显提高，在市级骨干建设专业、市级精品课程、全国优秀教材、市级精品教材等方面取得了一批建设成果。2006年10月，我校接受教育部组织的本科教学工作水平评估，获得专家的一致好评，取得了“良好”成绩。尤其是我校办学29年来逐步形成的“应用性”办学理念和实践得到了评估专家组的肯定，认为“初步形成了鲜明的办学特色”，这标志着我校整体办学水平已

大幅度提高，社会声誉和地位得到提升、社会影响不断扩大。

(3) 办学层次获得提升。2006 年 1 月，经国务院学位办批准，我校正式获得了硕士学位授予权单位资格，专门史、计算机应用技术和食品科学 3 个学科成为首批硕士学位授权学科点。2007 年我校研究生招生工作已经顺利完成，首批录取硕士研究生 30 人。申请硕士学位授予权单位获得成功，使我校的办学层次由本科提升到研究生水平，这是我校本专科办学 29 年历史中办学层次的首次提升，也是一次历史性的突破。

(4) 办学规模快速增长。为了适应首都高等教育大众化、普及化需要，我校认真贯彻落实上级指示精神，克服困难，积极挖潜，努力扩大招生规模。截止到 2006 年 7 月，我校全日制本专科在校生总数为 28195 人，在校生规模位居北京地区高校的首位。留学生教育和继续教育也取得较大发展。

(5) 教学质量明显提高。我校重视学科专业建设，不断强化教学中心地位，努力提高教学水平，教学质量有比较明显的提高。"十五"及"十五"延伸期间共有 3 万多名本专科毕业生，近四年毕业生平均就业率达到 95%，绝大多数毕业生成为首都生产、建设、管理、服务一线的应用性人才，提高了学校的声誉，扩大了学校的社会影响。

(6) 高职教育成效显著。我校在国家和北京市级重点建设专业、国家和北京市级精品课程、国家级规划教材和北京市级精品教材建设方面都取得好成绩，获得国家级教学成果奖 3 项、国家级优秀教材奖 1 项，北京市级教学成果奖多项。我校承担的全国高职专业目录研究成果在全国产生较大影响；高职课程研发论著被全国广泛学习和应用，高职教师教育与培训的研究列为教育部重点课题并作为试点实践项目，受到国内的广泛关注。我校被选为北京市高等职业教育研究会理事长单位；还被联合国教科文组织认定为国际职业教育与培训联系中心。

(7) 学科专业初步整合。2002 年学校对原信息学院、应用技术学院、机械工程学院按照学科相关性的原则，从学科专业角度进行了整合，重新建立了信息学院、机电学院、自动化学院和管理学院，这是我校学科专业整合的初步尝试。2006 年在"以评促建"的推动下，学校又对部分学科专业进行了整合，同名专业的教学计划、教学大纲也首次得到规范。

(8) 科研工作有所突破。学校调整制定了鼓励科研的政策和制度，尤其是 2003 年全校科研工作会议的召开，有力地调动了全校教职员工开展科研的积极性，树立了重视科研、参与科研的意识，打开了科研工作的新局面。先后有生物活性物质与功能食品北京市重点实验室，北京学研究基地和北京市政治文明建设研究中心等被评为市级科研机构，新建台湾研究院等 17 个校级科研机构；学校"十五"及"十五"延伸期间共主持国家级科研项目 14 项，先后获得省部级科研成果 15 项、教学成果 18 项。公开出版的学术专著 540 篇，被国际著名三大检索系统收录论文 51 篇，科研经费总额达到 6972 万元，获得专利权授予 10 项。

(9) 师资结构趋于合理。全校专任教师不仅总数实现了"十五"规划预定的目标，而且师资队伍结构也得到了进一步的优化。与"九五"时期相比，教授人数翻了一番，具有博士、硕士学位教师的总数分别增加了 5.7 倍和 2.7 倍，师资结构各项指标总体达到了本科教学标准。

(10) 产学合作成效显著。先后与企业、地方政府合作举办了广告、网通软件职业技术、平谷等三所学院；与企业签订合作办学协议 200 多项，共建了一批校企合作的实训基地或中心，上百家企业成为我校挂牌的校外实践教学(就业)基地，40 多个本专科专业与企事业单位开展合作教育,师资、教材、课程方面的产学合作也取得硕果。产学合作教育已经成为我校办学的一个特色。

(11)办学条件有所改善。"十五"及"十五"延伸期间我校新建或购置教学楼、实验楼和学生宿舍楼共计6.39万平方米。学校教学科研仪器设备值达到2.22亿元,生均教学科研仪器设备值达7253.61元;纸质图书和电子图书生均共82.02册;完成了覆盖全校12个校区、16所学院,共计9000多个节点的万兆交换的校园网建设,构建了办公、教学等信息应用系统,以及数字资源中心,校园网建设水平居于北京地区高校的先进行列。

(12)党建工作成绩突出。我校成功召开了第三次党员代表大会,进一步明确了学校办学宗旨、办学定位和办学思路。成功开展了保持共产党员先进性教育、干部师生的能力建设等重要活动,使广大党员、干部的素质有了很大提高,基层组织建设进一步加强,促进了各项工作的有力开展。广大师生员工团结奋进,形成了强大的向心力和凝聚力,极大地推动了学校发展。

二、存在的问题与困难

(1)学科专业整合尚未到位。通过"以评促建"工作,部分学科专业得到整合,同名专业的教学计划、教学大纲得到规范,但目前学科专业重复设置的问题还没有得到根本解决,已经成为影响我校发展的瓶颈性、要害性的问题,整合任务亟需进一步推进。

(2)应用性教学科研尚待推进。虽然我校率先举起了应用型大学的旗帜,并且在全国高校中产生了一定的影响,但目前应用型大学的教育教学实践与应用型大学的办学理念相比还有较大差距,对我校学生特点的研究有待进一步加强,人才培养模式有待创新、教学内容和教学方法改革有待深入,凸显应用的科研方向有待调整,应用性教学改革与创新的深度和广度需要进一步加大,教师教学水平有待提高。

(3)办学机制有待进一步理顺。"十五"及"十五"延伸期间,我们在管理规范、管理制度改革方面进行了一些探索,但从学校的整体看,存在着机构设置重叠,运行机制不畅、管理成本较高、整体协调不顺等问题,需要在建设统一管理平台、发挥整体优势、梳理多校区运行机制方面下大的工夫。

(4)办学条件亟需进一步改善。经过多年的建设,学校的办学条件得到明显的改善,但在占地面积、教学行政用房及生均图书册数等方面,离国家规定的标准还有很大的差距,学生宿舍严重匮乏。

"十一五"期间是首都发展的重要战略机遇期,也是首都教育率先基本实现现代化难得的发展机遇期,更是我校从一个大校发展为一个具有应用性特色强校的关键时期。我们必须抓住机遇,迎接挑战,认真解决和克服发展中遇到的各种问题和困难,发挥自身优势,争取早日把我校建设成为整体办学水平居于全国同类院校先进行列、应用性特色鲜明的教学型、应用型的地方综合性大学。

第二部分　“十一五”时期的指导思想和发展目标

一、指导思想

以邓小平理论、“三个代表”重要思想和科学发展观为指导，努力构建和谐校园，全面贯彻党的教育方针，坚持规模、质量、结构、效益相协调的发展原则，坚持“应用为本，办学为民”的办学理念，进一步落实学校“三个应用”的办学宗旨和办学定位，以建设合格的应用型大学为目标，以学科专业整合和建设为龙头，以提高质量为核心，以党建和思想政治工作为保障，以产学合作教育和产学研结合作为人才培养的根本途径，不断深化应用性教育教学改革，努力提高教育教学质量，建设适合应用性教育的师资队伍，优化整合办学资源，提高我校服务首都的贡献力，为实现北京“十一五”经济和社会发展目标作出我们应有的贡献。

二、基本方针

“十一五”时期我校发展的基本方针：“提高质量、建设品牌，推进改革、强化特色，压缩规模、调整结构，整合资源、理顺管理，改善条件、完善设施”。

(1) 提高质量、建设品牌。以教学工作为中心，大力开展“质量工程”建设，努力提高教育教学质量；以学生为本，继续推进素质教育，培养高质量的应用性人才；以品牌建设为抓手，创建品牌课程、品牌专业、品牌学科，打造我校应用型大学的品牌。

(2) 推进改革、强化特色。以应用为先导，全面推进我校应用性教育教学改革与创新；继续深化管理机制改革，形成更具活力的办学环境和学校制度；坚持特色兴校的战略，将我校放在北京市教育资源中进行准确定位，重点发展在北京市具有特色和强势的学科专业，争取在应用性人才培养上形成新的优势，突出并强化三个“应用”的办学特色。

(3) 压缩规模、调整结构。要根据首都“十一五”时期高等教育发展战略，适度压缩在校生规模，走内涵式发展的道路。要按照学科专业群整合现有的学科专业，并调整学院的布局和结构、形成我校的办学优势；要坚持人才强校战略，注重适合应用性教育的师资队伍培养，提高有实践经历教师的比例，优化现有师资队伍的结构。

(4) 整合资源、理顺管理。一切从提高学校整体效益出发，服从大局，优化资源配置，以学科专业整合为龙头，对校区、学院、人员等资源进行优化和整合。构建全校统一的招生、教务、学生、组织、人事、财务、工资、资产管理平台，理顺管理机制，以整合促建设，以整合促发展，突显优势；同时通过加大校园信息化建设力度，构建起数字化信息交流与管理平台，从而加强资源共享，提高办学的效率与效益。

(5) 改善条件、完善设施。在校区、学院、人员资源整合的基础上，按照“就地整合，就地发展”的原则，积极争取划拨校区周边的教育资源，加大校园基本建设力度，完善学生宿舍等配套设施建设，改善办学的基本条件和环境，使生均教学资源基本达标。

三、办学思路

坚持“办学为民，应用为本”的办学理念，坚持“发展应用性教育，培养应用性人才，建设应用型大学”的办学宗旨，坚持“面向大众，服务首都；应用为本，争创一流”的办学定位，恪守“学以致用”的校训。

四、总体目标

总体发展目标是：到2010年把我校建设成为整体办学水平居于全国同类院校先进行列、应用性特色鲜明的教学型、应用型大学。其标志是：学科专业结构体系能够适应首都经济社会发展战略，部分重点建设学科在国内有一定影响；应用性本科教育办出水平，高职教育处于国内先进行列，研究生教育有自己特色；应用性科研有较大突破，服务地方功能有新的拓展；办学环境和条件有较大改善；办学特色更加突出，整体办学水平得到社会广泛认可，学校的社会声誉明显提高。

五、具体目标

(1) 学科专业结构体系能够适合首都经济社会发展需求。加大学科专业整合调整力度，构建适合首都经济社会发展需求和产业结构调整战略的学科专业群，形成工、理、文、管、经济、教育等学科协调发展的学科专业结构体系。

(2) 部分品牌学科在国内有一定影响。重点支持学校现有重点建设学科和特色学科的建设，在文化创意相关学科建设方面有突破，力争有1～2个学科达到市级重点学科、3～4学科达到市级重点建设学科建设标准，在国内形成一定的影响。

(3) 应用性本科教育质量有较大提高。扎实推进本科教学改革，彰显应用性特色，并取得突破性进展；努力建成1～2个市级品牌专业；再建成4～5门市级精品课程、10种以上市级精品教材或国家级优秀教材。

(4) 高等职业教育保持国内先进行列。高职教育教学研究在全国继续起引领作用，产学合作、专业建设及课程体系改革等方面争取在全国起示范作用，争取在高职教师教育与培训中发挥骨干作用。

(5) 研究生教育办出特色。依托现有重点建设学科，继续扩大规模，争取到2010年达到20个硕士招生点的总体规模；探索应用性研究生培养模式，办出研究生教育的特色。

(6) 管理运行机制基本理顺。继续深化管理机制改革，加大统筹规划力度，建立健全全校统一的管理平台，形成界限清晰、功能明确、条块结合、和谐稳定的校、院、系三级管理运行体系，提高办学的效率与效益。

(7) 应用性科研有较大突破。继续保持纵向课题研究优势，倾斜支持与行业、企业、科研院所和高校之间联合的横向课题研究，加大技术转移和成果转化的支持力度，大幅度提高专利的申请和授权数量。争取建成1～2个市级重点实验室或技术转移中心，培育数个创新团队。力争2010年科研经费比现在翻一番。

(8) 办学规模适应首都经济社会发展。根据北京市经济社会发展的需要，结合北京市生源变化特点，逐步压缩在校生规模、动态调整专业数量、适当减少学院设置数量。

(9) 师资队伍结构和质量有较大提升。继续改善师资队伍结构，其中具有硕士以上学位教师达到60%以上；高级专业技术职务比例达到40%；生师比达到16∶1，具有专业实践工作经历教师的比例达到30%。实践教学队伍满足应用型大学建设的需要。

(10) 教职工收入和福利待遇有一定提高。努力增强学校的开源创收能力，挖掘潜力，提高教职员工的年收入和福利待遇。

(11) 办学环境与条件有较大改善。在五个校区内分期完成80232平方米教学基本设施建设项目,教学行政用房面积基本达标;完成特殊教育学院28140平方米就地重新建设工程;力争划拨现有校区周边土地等教育资源,重点解决学生公寓区和配套条件建设。

(12) 服务地方贡献力有新的突破。为地方产业结构调整提供应用性人才;丰富继续教育的层次、类别;开展社区教育,构建终身教育体系。

第三部分　“十一五”时期的主要任务

一、构建应用性学科专业体系,调整学院布局结构

(1) 构建适应首都经济社会发展需求和产业结构调整战略的应用性学科专业结构体系。依据“以应用为导向,以学科为支撑”的学科专业建设指导思想,构建适应首都经济社会发展需求,服务于首都重点发展的现代服务业、高新技术产业和现代制造业,工、理、文、管、经济、教育等学科主辅分明、互相支撑、协调发展、特色鲜明的应用性学科专业结构体系。

(2) 调整学院布局结构。按照学科专业群调整学院布局、减少学院数量,使多数学院都拥有市级重点学科或市级重点建设学科,学院之间的学科专业尽量不交叉、不重复,且每所学院所设专业至少有一个以上校级重点建设学科作支撑,突出各学院的学科专业特色。

(3) 适度压缩在校生规模。到2010年全日制在校生规模控制在2.2万人左右,其中本科生1.6万人(含专升本学生),高职高专生0.6万人;稳步发展研究生教育、适度发展继续教育、逐步扩大外国留学生教育规模。

(4) 办好不同类型学院。加大投入,重点建设好垡头西里、红领巾桥、亚运村小营、学院路和外馆斜街等五个校区(以下简称“五个校区”)的学院,以及应用科技学院和特殊教育学院,同时办好合作共建学院,以及其他学院。

二、深化应用性教育教学改革,提高教学质量

(1) 大力加强专业建设与调整。要控制和压缩专业的总体数量,优化教学资源配置,提高专业的办学效益;要适当控制部分专业的在校生规模,形成协调发展的机制;要比较彻底地解决学院间专业重复设置的问题。在专业调整过程中要坚持从首都经济和社会发展需要出发,对不符合社会需求或社会需求明显减少的专业、办学条件明显不足的专业要坚决撤销,实行动态调整的政策,把现有120多个专业调整控制在80个专业左右,加快建设新专业,改造老专业,创造条件设置北京市经济社会发展急需的学科专业。

(2) 继续深化教育教学改革,大力开展“质量工程”建设。积极开展以课程、教材、教学内容、教学方法和手段、课程评价体系为核心的教学改革,建立适应应用性人才培养目标的基础课程教学体系,成立学校的公共课程和基础课程教研室组织,加强基础课和专业课的衔接和融合,加强教学科研和改革工作。加大精品课程与精品教材建设资助力度,力争使一批教材能成为北京市精品教材和国家推荐教材;鼓励并资助教师推广“教、学、练”一体化的教学形式,着力推动启发式和基于行动导向教学法的应用,从学生的实际出发提高教学的针对性,切实保证学生学习的效果;积极推进学分制等弹性学习制度改革,推广实施网络辅助教学,构建产学合作教育的机制与模式;重点支持应用性本科教育教学法改革、专业教学改革、网络教学、特殊教育学院本科教育、高职专业建设与改革,以及应用性教育教材等建设项目

达标创优。力争2010年建成1～2个市级品牌专业;再建成4～5门市级精品课程、10种以上市级精品教材或国家级优秀教材。

(3) 树立正确人才培养质量观,为学生顺利完成学业服务。树立正确的人才培养质量观,提高对及格率、毕业率、获取学位率(以下简称"三率")重要性的认识,明确提高"三率"是教育教学质量提高的重要标志,也是衡量学校办得好坏的重要标准。鼓励教师通过一系列教育教学改革,使学生的知识、能力和综合素质在原有基础上有较大幅度的提高,满足我校应用性人才培养目标的要求,在确保人才培养质量的前提下,使绝大多数学生都能完成学业,顺利走上工作岗位。

(4) 建设高水平实践教学中心。加强实践教学,合理制定实践教学方案,强化实践教学环节建设,完善实践教学体系,积极推进实验教学内容、方法、手段、队伍、管理及实验教学模式的改革,加强实践教学课程体系建设,确保实践教学质量。加强实践教学中心的环境建设,实现全校实践教学资源的共享,增加实践教学中心的开放性和产学合作服务功能,规范实践教学管理。参照北京市实验教学示范中心的评价标准,按学科专业布局规划建设具有示范作用、代表学科应用前沿技术的实践教学中心,争取到2010年建成1～2个国内一流的体现应用性特色的校级实践教学中心。

(5) 完善教学质量监控体系。进一步完善教师、院系、学校三级教学质量监控和保障体系,落实研究生、本科、高职教育各主要教学环节的质量标准,建立教学检查、督导、评估的长效机制。充分利用现代信息技术手段,不断提高教学质量监控力度和效率。

(6) 搭建应用性教育教学研究平台。要整合研究力量,加强应用性高等教育研究中心建设,把教育科研与教育改革创新相结合,注意研究成果的及时应用与推广。要采取创优工程项目形式建设,重点研究应用性教育与应用型大学建设的标准与规范、应用性人才培养模式等,以新的教学内容、教学方法、管理模式推进研究生、本科、高职教育的教学改革和创新。

三、加强学科建设,培育品牌学科

(1) 加强学科规划建设。建立我校学科建设规划、发展水平评估制度和学科建设质量保障体系;制定学术梯队和学术团队建设计划;采取"校级重点学科重点投入,校级重点建设学科优先投入"的重度倾斜政策;重点发展应用性特色鲜明的学科,制定有利于学科发展的科研立项政策;加强对学科建设规划及实施的领导和管理,充分发挥学科带头人的作用。

(2) 重点培育品牌学科。以北京市"十一五"重点建设的学科专业群为导向,按照市级重点学科、市级重点建设学科、校级重点学科、校级重点建设学科4个层次建设的原则,重点支持食品科学、计算机应用技术、专门史、旅游管理、特殊教育学等重点建设学科和特色学科建设;支持应用性特色鲜明的强势学科;扶持行业、产业针对性强的有潜在优势和特色的学科,并在文化创意相关学科建设方面有一定突破,努力培育品牌学科。争取建成1～2个市级重点学科,3～4个市级重点建设学科,10个校级重点学科和重点建设学科,并在国内形成一定的影响。

(3) 稳步发展研究生教育。依托学校重点建设的学科,进一步扩大硕士学位授予点,力争2010年,使我校硕士学位授予点总体规模达到20个;制定扶植研究生教育发展的优惠政策,充分重视研究生的应用能力培养,确保研究生教育办出应用性特色。

四、建设应用科技学院，推进高职教育创建品牌

(1) 建设应用科技学院。我们要进一步加强高等职业教育的发展，保持一定的高等职业教育规模，优化高职专业结构和布局，整合高职教育资源，集中部分高职专业，建立以我校国家和北京市级重点建设专业为龙头、相关专业为支撑的专业群，规划建设相对独立的高职学院。深入开展产学结合，探索和研究二、三年不同学制高职人才培养的特点与规律，并以网通软件职业技术学院"课程置换"建设项目为突破，深化高职教育课程体系与教学内容改革，探索教学资源建设的新途径。进一步提高高职学生的培养质量，创建高职教育品牌，并在全国起示范作用。参与"国家示范性高等职业院校建设计划"，力争获得一定数量的北京市级高职示范专业、重点专业、重点实训基地。

(2) 继续保持高职教育研究的领先水平。以我校作为联合国教科文组织国际职业技术教育与培训联系中心，以及担任各类高职学术组织负责人的单位为基础，以我校教育部高职高专教育教学指导委员会的正、副主任和委员的教学工作研究和教学指导活动为途径，搭建国际国内高等职业教育研究、交流、合作的平台，追踪前沿，广泛合作，争取科研立项，创新研究成果，在课程研发与教学研究方面在全国起引领作用，扩大我校高职研究在国际上的影响。

(3) 开展高职教师教育与培训。以实施联合国教科文组织批准的"中国高等职业教育联合革新计划——高职教师教育与培训"项目为契机，依托行业、企业，吸纳优质资源，开展高职教师在职培训，以及硕士学位教育的研究与实践探索，开创高职教师教育与培训的新模式，建设高水平的北京高职教师教育与培训基地。

五、加大产学研结合力度，大力开展应用性科学研究

(1) 推进产学研结合。主动参与北京重大工程建设，提高在关键领域解决北京重大问题的能力；与企业联合共建北京市重点实验室，努力融入企业科技创新体系，形成全方位、多层次服务北京科技工作的新格局。建立科研与教学紧密结合、良性互动的协调机制，引导学生更多地参与科研实践。

(2) 提高纵向课题研究层次。继续加强市、校、院三级科研机构的建设，提升科研机构承接纵向课题的层次，提高科研机构的研究能力和水平，理顺科研工作与学科建设、专业建设的关系，提高专职科研人员的科研贡献力，构建以产学研结合为主体的科研平台，扩大学校的影响。

(3) 大力开展横向课题科研。制定倾斜政策，支持学校与行业、企业、科研院所和高校之间横向联合，开展应用性课题研究，建立科技创新机制，强化科技团队建设，建立健全科技评价制度；通过我校资产经营有限责任公司的成立和经营，加大技术转移力度，推进科技成果转化和产业化。大幅度提高专利的申请和授权数量。

(4) 努力争取科研经费。力争 2010 年全校科研经费总量要比"十五"末期翻一番。

六、加强产学合作教育，努力扩大对外合作与交流

(1) 加强产学合作教育。进一步研究和提炼我校产学合作教育多年实践探索的经验与特点，完善有我校特色的产学合作教育运行保障机制，形成适合应用型大学的产学合作教育

新模式;理顺合作办学学院管理运行机制,支持和引导合作办学学院健康持续地发展。

(2) 扩大国际合作和对外交流。结合我校的人才培养特点、学科建设方向、科研工作重点,有目的、有重点地推进国际交流与合作项目的开展;进一步扩大留学生在校生规模,提高留学生教育的质量;巩固和加强与国外高校的联系,积极寻求高层次、高水准的国际合作伙伴,并积极开展对外学术交流活动,扩大我校的国际影响力。

七、加强师资队伍建设,改善结构与质量

(1) 提升师资队伍的建设质量。认真分析现有师资队伍现状,制定相应措施,进一步提高专任教师的学历层次,加大高层次、有实践经历、专业对口人才的引进力度;加大现有教师专业实践技能的培训力度,提高具有专业实践工作经历教师的比例。力争到2010年,使师资队伍中具有硕士以上学位教师达到60%以上;高级专业技术职务比例达到40%;生师比达到16∶1,具有专业实践工作经历教师的比例达到30%。

(2) 加强实践教学队伍建设。重视实践教学队伍的培养,提高实践教学队伍的学历层次,改善实践教学队伍的职称结构。制定相应的激励和约束措施,引导、鼓励教师主动到行业、企业挂职实践,积极承担学校实践教学的建设任务,提高实践应用能力。

(3) 加强教师队伍执教能力建设。建立和完善青年教师助教制度,提升青年教师的教育教学能力。建设由教学水平高、学术造诣深的教授领衔,由教授、副教授、讲师、助教及教辅人员组成的教学团队。进一步更新教师的教育理念,深化教师对大众化高等教育的教育对象、教学模式、特点的认识,引导教师树立"以学生为本"的理念,营造关爱学生成长、帮助学生顺利完成学业、引导学生健康成材的良好氛围,提高学生的学习自信心,使他们乐于学习、善于学习。组织有针对性的、分层次的教师培训,提高应用性高等教育的研究能力、理解能力、落实能力,新型教学法的实践能力、课堂教学效果的掌控能力,努力提高教学水平与效果。

(4) 提高教师道德修养。继续开展教师行为规范和师德教育,完善教师职业道德考核、奖惩机制,建立优秀教师定期表彰奖励制度。通过制度建设,进一步树立全员育人思想和好的教风,规范教师教书育人活动和岗位职责,充分调动广大教师的积极性,大力加强师德建设,弘扬教书育人的良好教风。

(5) 建立校内人员合理流动的机制。按照能力、智力资源优化组合的原则,根据学科专业整合的需要,制定校内人员合理流动的培训、使用、管理等相关政策,保证整合工作的和谐、稳定。

八、加强学生工作,提高育人工作水平

(1) 创新学生管理服务模式。深入研究我校学生的特点,切实加强学生思想政治教育,把社会主义核心价值体系融入大学教育全过程,围绕学生成才,创新学生管理服务模式,构建适合我校学生实际特点的人才质量综合评估体系和学生学业、心理、健康、生活服务体系。搭建提高学生应用能力和基本素质的平台,为学生展示自我、管理自我、发展自我、完善自我创造广阔的空间。

(2) 完善学生培养系统工程。"以学生为本"建立和完善从招生到就业各环节有机衔接、各部门协调配合的学生培养系统工程。进一步加强学风建设,调动学生学习的积极性,

营造良好的学习氛围。充分发挥思想政治理论课的作用，坚持理论联系实际，把大学生思想政治教育作为办学质量的重要指标。

(3) 实施素质教育工程。大力推进文化素质教育，营造良好的育人环境。认真抓好奥运教育，以奥运志愿者活动为契机，提高大学生人文素质、科学素质和心理素质；通过学分制的实施，加强各校区学生之间的流动和交流，并通过选修课和讲座等形式开设素质教育课程，加强心理素质教育和咨询专门机构的建设；要寓教育于文化活动之中，积极开展丰富多彩、积极向上的学术、科技、体育、艺术和娱乐活动；要广泛开展践行社会主义荣辱观教育，把学校建设成为引领社会主义新风尚的精神家园。

(4) 实施大学生科技文化创新工程。设立科技文化创新基金，鼓励学生参与科技、文化活动，制定政策调动教师指导学生开展科技、文化创新活动的积极性。

(5) 加强学生工作队伍建设。贯彻落实中央 16 号文件精神，加强学生思想政治教育工作队伍建设，重点做好班主任、专职辅导员队伍的选拔、培养、培训、提高工作，切实提高队伍的整体素质；建立导学制度，把教师导学成效纳入教师考核体系。

九、加大校园建设力度，努力改善办学条件与环境

(1) 拓展现有校区办学空间。从“就地整合，就地发展”的思路出发，在北京市人民政府和北京市教育委员会的支持下，大力争取划拨现有校区附近的教育资源，适当扩大校园占地面积和建筑面积，以弥补学校现有办学空间及办学基本条件的不足；同时，也可以减少现有校区新开工建筑面积，节约投资。

(2) 集中建设五个校区。充分挖掘现有校区的资源潜力，重点建设垡头西里、红领巾桥、亚运村小营、学院路、外馆斜街等五个校区。在垡头西里校区拟建设 10000 平方米的实训楼、6000 平方米的综合楼、5000 平方米的图书馆、6000 平方米的学生活动中心及风雨操场等配套设施；在红领巾桥校区拟建设 16800 平方米的综合实训楼及配套设施；在小营校区(旅游学院)拟建设 25000 平方米的综合实训楼、5000 平方米学生活动中心及风雨操场等配套设施；在学院路校区拟建设 6432 平方米学生宿舍。以上建设项目合计 80232 平方米。

(3) 完成特殊教育学院就地重建工程。积极配合市政府的统一安排，争取各方面的支持，完成特殊教育学院在蒲黄榆原校区内的 28140 平方米重新建设工程。

(4) 大力解决学生公寓的建设。努力开拓资源，采取合作、合资等多种形式，多渠道解决建设资金，以方便在校生就读、有利于学生集中管理教育为原则，力争在“十一五”期间解决一定比例的在校生住宿问题。

(5) 改善学生和教师的学习工作环境。积极挖潜，提高现有办学资源的利用率和使用效率，增加学生课外科技文化活动的空间，改善教师的办公学习条件，加大图书馆等配套教学设施的建设力度，努力为广大师生营造学习工作环境宽松、科技文化氛围浓厚的校园环境。

十、提高信息化建设水平，努力构建数字化校园

(1) 继续完善校园基础网络。继续完善校园基础网络建设，完成校园网对所有校区的全面覆盖及与北京教育骨干网络并网规划，构建校院互通、北京地区高校互通的高速快捷的万兆校园网。

(2) 建设电子校务平台及数据中心。以管理信息系统建设为基础,进一步扩大应用范围,建立满足校务管理应用,提高办公、办学效率与效益的电子校务平台;继续完成数字资源中心建设,建设公共信息门户,提高资源共享的程度与水平。

(3) 推广实施网络教学科研。继续完善基础平台及系统的建设,加大人员培训的工作力度,建设网络教学科研资源库,推广实施网络教学,构建网络科研平台。

(4) 建设校园"一卡通"系统。布设实施功能齐全,标准统一的校园"一卡通"应用系统,逐步建设高水平的数字化校园。

十一、开拓继续教育和培训市场,提高服务地方贡献力

(1) 开拓继续教育和培训市场。紧密结合北京市"十一五"产业发展战略和"新北京、新奥运"战略发展的需要,丰富继续教育的层次和类别,通过增设继续教育新专业、开发职业资格证书培训新领域等途径,努力开拓成人培训市场,加大人员培训规模与范围,争取在北京市职后教育市场中占有一定份额。

(2) 提高服务地方贡献力。进一步提高培养首都经济社会发展需要的应用性人才质量,支持地方产业结构调整;推进产学研结合,积极参与技术开发和技术转让,发展我校科技产业,为首都经济社会发展提供技术支持和咨询服务;延伸网络教育功能,开展社区教育,构建终身教育体系。

第四部分 "十一五"时期保证规划实施的主要措施

一、加强党的领导,构建和谐校园

坚持党委在学校中的领导核心地位,认真实行党委领导下的校长负责制;进一步完善教职工代表大会制度,充分发挥广大教职工在高校民主管理中的根本作用,坚持全心全意依靠教职工的指导方针;保障教授在教学、科研和学科建设中学术主导和指导作用;发挥群众组织和各民主党派在学校建设和发展中的积极作用。坚持以民主集中制为核心的制度建设,形成管理合力,实现制度创新,提高学校的管理水平。

以《北京市普通高校党建和思想政治工作基本标准》为抓手,坚持以提高办学能力和政治素质为重点,不断加强各级领导班子和干部队伍建设,以党风和领导干部作风的改进带动校风建设。继续深入推进党的先进性建设,提高党员素质,加强基层组织建设,积极开展基层党建工作创新,建立和完善保持党员先进性的长效机制。

坚持社会主义核心价值观,坚持和谐校园的建设方向,正确认识和处理改革、发展、稳定的关系,维护学校的政治稳定和安定团结的局面,为改革和发展营造稳定、奋发向上的政治环境;大力加强校园精神文明建设,发扬"热爱联大、建设联大、宣传联大"的精神,尽力解决历史遗留的问题,努力化解整合过程中的矛盾,创造更好的工作和学习条件,营造宽松和谐的人际关系和工作氛围,增强学校的凝聚力,提高分散办学条件下的整体和谐度。

二、深化管理制度改革,理顺运行机制

在市委、市政府和市委教育工委、市教委的大力支持下,继续深化学校管理制度改革,在

充分调研的基础上，进一步理顺学校和各类学院的关系，对学校招生、组织、人事、财务、工资、资产等进行统一管理，为学科专业整合创造有利条件。

在坚持学校党委统一领导的前提下，科学划分和规范校、院、系三级管理职责范围，精简管理机构，提高管理效率；调整学院布局结构，进一步规范学院部门机构设置，明确界定管理权限，建立健全各项具体管理制度，梳理和规范各种具体管理关系；明确学院的职责和权力，调动学院办学积极性。在实践中不断完善、发展和提高科学化和民主化的水平，构建规范高效、协调有力、和谐有序的管理运行新机制。

三、加强管理队伍建设，提高工作水平

逐步建立和完善干部选拔、任用、培养、管理、考核、监督的配套机制，建设一支敬业务实、协作创新的高素质管理团队；科学制定并落实干部培训规划，提高干部的战略思维能力、执行决策能力、依法行政能力、对外交流与合作能力、维护稳定能力，提高机关工作人员的履职能力和服务意识，建立机关各部门工作协作配合的机制，提升学校的管理效率和管理水平，造就一支适应应用型大学建设要求的高素质管理队伍。

四、加大经费投入力度，提高使用效益

积极筹措资金，争取上级政策支持，加大对教学及教学改革、应用性科研及专利申报奖励、学生活动及奖励等经费的投入，保证学校各项重点工作顺利开展。加强对经费的预结算管理，加大经费的调控统筹力度，加强办学成本核算，提高经费的使用效益。建立健全内部财务约束机制和节约激励机制，全面实行专项经费使用绩效考核管理，厉行增收节支，杜绝各类资金违规使用，防止浪费。将学校经济活动全部纳入审计范围，防范学校经济风险。

五、提高员工生活水平，维护校园稳定

努力开拓创收的渠道，提高创收的能力与水平；充分挖掘内部潜力，节支降耗，降低运行成本，努力提高教职工收入水平和福利待遇。关心职工的身体健康和心理健康，充分发挥工会的作用，积极组织教职工开展丰富多彩的文体活动，增强学校的凝聚力，关注和提高师生员工的健康水平和生活质量，维护师生员工的切身利益。

坚持“三服务”“两育人”的宗旨，在后勤队伍中强化以教学为中心的意识，坚持为教学服务，推进后勤服务集团规范发展，发展后勤实业，探索引进社会规范化服务企业参与竞争的机制，创建新型后勤服务保障体系，提高后勤服务工作的质量和管理水平，稳步推进后勤社会化改革。

大力加强安全稳定工作，着力开展安全体系建设、安全条件建设、安全队伍建设和安全教育建设四项工程，切实维护学校的稳定，落实工作责任制，建立突发事件应急预案和快速反应机制，确保达到平安校园的建设目标。

六、发挥规划引导功能，建立督促机制

要高度重视和强化我校“十一五”时期事业发展规划的引导功能，把规划作为制定各项重点专项规划、学校年度工作计划的重要依据。要建立规划执行的督促、监测机制，鼓励师生员工有效参与规划的实施与监督。根据实施情况，完善规划的调整机制；各相关部门和单

位要提高维护和执行规划的自觉性,共同推进规划的实施,以保证规划的具体落实。

结 束 语

“十一五”时期是学校发展承前启后的重要时期,是我校深化“以评促建”成果,扎实打好应用性大学建设基础的关键时期,我校要在“十一五”时期,以“提高质量、建设品牌;推进改革、强化特色;压缩规模、调整结构;整合资源、理顺机制;改善条件、完善设施”为基本原则,加强教学基本建设,促进学校的改革、建设和发展,争取在2015年建成名副其实的应用型大学,在建校五十周年时,全面达到应用型大学所应具有的典型特征,建成“国内一流、国际知名”的应用型大学。

结合《北京联合大学“十一五”时期事业发展规划》,学校制定如下分规划:

《北京联合大学“十一五”时期学科建设规划》(京联发〔2007〕52号);

《北京联合大学“十一五”时期本科教育规划》(京联发〔2007〕53号);

《北京联合大学“十一五”时期高等职业教育发展规划》(京联发〔2007〕54号);

《北京联合大学“十一五”时期师资队伍建设规划》(京联发〔2007〕55号);

《北京联合大学“十一五”时期校园建设规划》(京联发〔2007〕56号);

《北京联合大学“十一五”时期科学技术工作发展规划》(京联发〔2007〕57号);

《北京联合大学“十一五”时期信息化建设规划》(京联发〔2007〕58号)。

附录三　北京市化工学校并入

一、北京市化工学校概况

北京市化工学校始建于1964年，直属于北京市教委，是一所以工科为主文理兼备的综合性中专学校，也是北京市办学规模较大的中专学校之一。学校1993年经北京市高教局批准为“北京市重点中等专业学校”；1994年被北京市经济和信息化委员会委命名为“育人质量先进学校”；1999年被评为“北京市中专示范性学校”；2000年和2003年两次被国家教育部批准为“国家级重点中等职业学校”。

学校有覆盖整个校园的外语学习无线音频、射频播放系统，建有校内广播站、电视台。实验楼设置44个现代化教学实训实验室，设备一流，可以开出教学大纲要求的全部实验。学校拥有先进的校园信息管理网络，并联入国际互联网，已实施运行网上管理和网上教学等现代管理与教学模式。

学校师资力量雄厚。至2008年12月共有教职工196人，其中专任教师96人(高级讲师35人，讲师44人)，实训指导教师18人(中、高级实验师13人)。专任教师有研究生19人，本科以上学历达100%。

北京市化工学校是中国石油和化工行业协会化工职业技能鉴定中心在北京的实训基地。校内设有化学检验工、化工工艺试验工、化工总控工等国家职业技能鉴定培训考试点，AutoCAD计算机辅助设计培训点，微软ATC培训和考试点，教育部计算机等级考试培训点和“信息技术及应用远程培训”教育工程培训点，劳动部全国计算机信息高新技术考试、全国计算机应用技术证书考试等各类考试的培训和考试点。学生毕业时，除获得中专文凭外，还可获得多项职业资格证书。

建校44年以来，学校在深化教育教学改革的同时，还积极与国外进行合作办学，多年来为北京市培养和输送了数万名中等技术人才，毕业生面向中央部委，以及国有大中型企业、科研院所、外资独资企业、合资企业、民营企业等所有制单位，广泛分布于北京经济技术开发区(亦庄，国家级开发区)、上地信息产业基地、各区县经济技术开发区和高新技术产业园区等。

北京市化工学校设有化工及材料、工业分析与检验、生物化工、仪器仪表、机电技术及应用、计算机网络技术、计算机及应用等7个专业。

化工及材料专业是北京市骨干特色专业，主要开设精细化工、化学制药、高分子材料、化学工艺等4个专门化方向。实践教学设施价值达1200多万元。毕业生100%就业，毕业生定位于具有中级职业资格证书，通过考核，学生可以获得化工工艺试验工、化工总控工、化学检验工、AutoCAD等职业资格证书。

工业分析与检验专业是北京市现代化标志专业。实践教学设施价值达1100多万元。毕业生100%就业，毕业生具有中级化学检验工职业资格证书，毕业生就业于农业部农药检定所、北京市农药检定所、北京市理化分析测试中心、标准物质研究所、北京有色金属研究院、宝洁(中国)有限公司(美资)、SMC(中国)有限公司(日资)、技术监督局产品质量检验所、万全药业等100多个单位。

生物化工专业是学校的特色专业。实践教学设备价值达1000多万元,毕业生具有中级职业资格证书,毕业生主要就业于凯因生物技术有限公司、清大天一生物技术有限公司、东方协和医药生物技术有限公司、保诺科技(北京)有限公司(美资)、北京试剂研究所、纺织科学院、中国疾病预防与控制中心等单位。

仪器仪表专业实践教学设施价值达1000多万元。毕业生100%就业,工业仪表及自动化方向的毕业生面向首都现代制造业、服务业。具备维修电工或仪表维修工的基本技能,能熟练使用自动化生产设备,并能对电器、仪表等自动化设备进行安装、维护,也可从事自动化装置的营销与技术服务工作;智能楼宇控制方向的毕业生主要对现代化智能大厦、智能小区的智能化设备进行安装、操作、控制及维护工作,也可从事职能楼宇设备的营销和技术服务工作;仪器仪表专业毕业生就业渠道稳固,并逐步向高新技术企业扩展,就业面广。毕业生主要就业于北京京东方集团公司、中石化工程建设公司(SEI)、北京瑞萨四通(日资)、北京地铁车辆厂、中新联数码科技有限公司、北京港华燃气有限公司等单位。

机电技术及应用专业实践教学设施价值达1000多万元。毕业生100%就业。数控技术方向主要培养数控设备操作、维护技术人员和管理人员。从事数控设备,也可从事生产现场工艺实施、数控软件使用、数控编程、数控改造、设备管理、质量检测和产品销售等工作,数控技术人才被国家列为紧缺人才培养计划。市场需求量大。学校与SMC(中国)有限公司建立了长期友好的合作关系,采用定单培养的方式,每年在各年级建立了SMC定单班;计算机辅助设计方向是为设计院、生产企业培养计算机辅助设计人员,主要从事机械、化工、钢铁、轻工、建筑等行业的辅助设计工作。掌握机械、轻化工生产建设的基本知识,明确设计的基本流程,熟练使用计算机平面、三维绘图软件,能利用计算机完成设计人员的设计意图,并能完成简单工程的初步设计,作为设计部门的辅助设计人员,计算机辅助设计方向起点较高,但市场需求较大。近几年主要就业单位有:中国石化工程建设公司(SEI)、中国寰球工程公司、北京石油化工设计院、北京钢铁设计院等国内著名设计院和美盛沃利工程技术有限公司(美资),累计培养近200人。

计算机网络技术专业和计算机应用专业由信息技术科开设。信息技术科有12个专用机房,共有Pentium 4以上的计算机近千台,光纤接入因特网,网络教学及实训方便高效。2005年学校利用政府专项新建了功能先进的网络实训室,用工程项目引导教学,让学习变得直观、生动和愉快。信息技术科曾与新西兰基督城理工学院联合办学,全体专职教师都有中英文双语教学经历,部分教师曾到英国、新西兰、新加坡等国家接受过专业培训。教学理念先进,提倡"快乐的学生就是成功的学生""用明天的科技培养今天的学生",用先进的思想培养基本技能过关、实际操作娴熟、职业意识明确的学生,受到用人单位的好评。部分优秀毕业生在方正科技、中国软件总公司、北大青鸟、央视调查中心、搜狐网站、中国联通等知名企业就职。

计算机网络技术专业毕业生主要面向计算机网络技术开发与应用单位,可从事计算机网络安装、测试、维护与管理等有关的技术工作,也可从事计算机网络产品销售等工作,或者从事企业网站及网页设计和维护工作、信息搜集处理及电子商务等工作。学校和金山顶尖锐捷网络公司、金商祺科技有限公司、蓝波科技有限公司等国内知名企业合作,按照企业需求定制人才培养方案,并且和用人企业签订了用人协议,为学生实习和就业提供安全保障。

计算机应用专业(化工信息技术专门化)化工信息技术是根据企业需求设置的新的专业方向，它集中了学校信息专业和化工专业的优质的师资力量和设备资源，以培养具有化工背景，计算机专业能力突出的复合型人才为目标。该专业既是对学校优质资源的整合，也是强强联手的设计。

二、北京市化工学校的并入

2007 年 12 月，按照《关于同意北京市化工学校、北京市医药器械学校并入北京联合大学的批复》(京教函〔2007〕809 号)的有关指示精神，经学校党委常委会研究决定，成立北京市化工学校并入北京联合大学工作领导小组及工作组。

2008 年 10 月，按照《北京市教育委员会关于北京市化工学校和北京市医药器械学校并入北京联合大学实施方案的批复》(京教函〔2008〕561 号)要求，相关并入工作正式启动。

2008 年 11 月 17 日，市教委宣布北京市化工学校、北京市医药器械学校并入北京联合大学宣布会在校本部举行。市委教育工委副书记、市政府教育督导室主任线联平出席会议，市教委规划处、高教处、人事处、财务处、学生处负责人参加了会议，校党委书记徐永利、校长柳贡慧、副书记孙权、副校长张连城参加了会议，两所中专校党政领导班子和学校相关学院、处室负责人参加了会议。线联平宣读了市教委《〈关于北京市化工学校和北京医药器械学校并入北京联合大学的实施方案〉的批复》，宣布北京市化工学校和北京市医药器械学校并入北京联合大学。

2008 年 11 月 24 日，北京市化工学校并入北京联合大学宣布大会在化工学校报告厅举行。校长柳贡慧、党委副书记孙权、党校办主任张伟、组织部部长贾方、人事处长滕祥东出席了会议，生物化学工程学院和化工学校党政领导班子及全体中层干部参加了会议。柳贡慧宣读了市教委《〈关于北京市化工学校和北京医药器械学校并入北京联合大学的实施方案〉的批复》，同时宣布北京市化工学校并入后由生物化学工程学院负责制定具体方案。孙权代表校党委宣读了关于任命马德仁同志为生物化学工程学院副院长的决定。生物化学工程学院党委书记周明珠、北京市化工学校党委书记马德仁分别作了讲话。

2008 年 12 月 12 日，生物化学工程学院和北京市化工学校全体教职工召开了并入后的第一次全体教职工大会。校党委副书记孙权、组织部部长贾方及全体院领导出席了会议。大会首先由校组织部部长贾方同志宣读了市教委《关于北京市化工学校并入北京联合大学生物化学工程学院实施方案的批复》《关于北京市化工学校整体并入生物化学工程学院工作方案的批复》并宣布了正处级干部任免的决定、学院党委有关机构设置和职能调整、干部任免的相关决定。院长张恩祥同志宣读了《关于化工学校整体并入生化学院的工作方案》，并对并入工作的实施提出了具体要求。

在校党委的领导下，从 2008 年 12 月开始，北京市化工学校的并入实施工作迅速展开，原在岗教职工陆续并入相关部门工作，在学院内成立中专部，负责原在校中专生的教学活动和学生管理，这些学生学籍制度不变，毕业证书仍沿用北京市化工学校名义颁发，直至学生全部完成学业。同时，学校组织进行了原北京市化工学校的财务审计及资产清查工作。

附录四　北京市医药器械学校并入

一、北京市医药器械学校概况

北京市医药器械学校前身为北京市中药技工学校,1973 年由北京市药材公司成立。北京市医药总公司(原北京市药材公司)1999 年将北京市中药技工学校升格为北京市医药学校,同时成立北京市医疗器械工程技术学校,1983 年将两校合并为北京市医药器械学校。1998 年,北京市医药总公司将下属北京市医药技术学校与北京市医药器械学校合并,为一套人员两块牌子。

在 1973 年建校之初,学校校址位于北京市昌平区北七家乡八仙庄村北,占地面积 40 亩。之后,校址几经变动,学校规模不断发展壮大,1996 年迁至北京市朝阳区安定门外北苑六号院甲 1 号,位于奥林匹克公园东北侧,占地面积 38 694.03 平方米(约 58 亩),建筑总面积 17 675.44 平方米,在校生规模达到 3000 余人。学校建有校园网、闭路电视系统、多媒体电教室、语音教室、计算机房、电子阅览室、GMP 实习车间、舞美教室、模拟药店等,是全国计算机等级考试培训及考点、NIT 考点、国家公务员电子政务培训及考点。

作为首都医药行业唯一覆盖药学、中药、生物制药、医药商品营销、医疗器械等专业的全日制中等专业学校,北京市医药器械学校服务于医药行业,开设有药剂(药物制剂、医药商品营销、药物分析与检验、药品质量监督管理专门化)、中药(中药制剂、中药营销专门化)、医学生物技术(生物制药技术、医学实验技术专门化)、医药装备(医疗器械、精密医疗器械、医用电子仪器专门化)、医药电子商务、卫生保健等专业。多年来学校为首都医药行业培养了上万名中等技能型人才,学生深受用人单位的好评。

根据北京市人民政府下发的《北京市人民政府批准市教委市经委关于调整市经委系统所属 30 所学校管理体制实施意见的通知》(京政发〔2000〕13 号)要求及北京医药集团有限责任公司(原北京市医药总公司)与市教委签署的《北京医药集团有限责任公司所属学校管理体制调整协议书》,北京市医药器械学校自 2000 年 9 月 1 日起,正式从北京市医药集团有限责任公司(原北京市医药总公司)划转到市教委领导,按新的管理体制运转,学校编制为 212 人。按照中共北京市委组织部《关于接转市经委系统 30 所划转学校党组织关系的通知》(京组通〔2000〕28 号)要求,学校党员党组织关系转入朝阳区区委。2000 年年底学校在职教职工 135 人。领导班子成员为:校长兼党总支书记谢淑俊,党总支副书记杜望基,副校长耿荣琴、潘雪。

二、北京市医药器械学校并入

2007 年 12 月,按照《关于同意北京市化工学校、北京市医药器械学校并入北京联合大学的批复》(京教函〔2007〕809 号),北京市医药器械学校(北京医药技术学校)被批准整体并入北京联合大学。根据市教委的有关指示精神,经学校党委常委会研究决定,成立北京市医药器械学校并入北京联合大学工作领导小组及工作组。

2008 年 10 月,按照《北京市教育委员会关于北京市化工学校和北京市医药器械学校并入北京联合大学实施方案的批复》(京教函〔2008〕561 号)要求，相关并入工作正式启动。

2008 年 11 月 17 日，市教委宣布北京市化工学校、北京市医药器械学校并入北京联合大学宣布会在校本部举行。市委教育工委副书记、市政府教育督导室主任线联平出席了会议，市教委规划处、高教处、人事处、财务处、学生处负责人参加了会议，校党委书记徐永利、校长柳贡慧、副书记孙权、副校长张连城参加了会议，两所中专校党政领导班子和学校相关学院、处室负责人参加了会议。线联平宣读了市教委《〈关于北京市化工学校和北京医药器械学校并入北京联合大学的实施方案〉的批复》，宣布北京市化工学校和北京市医药器械学校并入北京联合大学。

2008 年 11 月 28 日，学校召开了北京市医药器械学校并入宣布大会。校长柳贡慧、校党委副书记孙权、副校长张连城出席了会议，原分校党委书记于水波、原北京市医药器械学校全体教职工，校机关各部门负责人参加了会议。会议宣读了市教委《关于北京市化工学校和北京市医药器械学校并入北京联合大学实施方案的批复》；宣布了校党委在北京市医药器械学校原址上成立北京联合大学北苑校区及北苑校区干部的任免决定，介绍了《北京市医药器械学校整体并入北京联合大学工作方案》。高玉培任北苑校区管委会主任，于水波任北苑校区党总支书记兼管委会副主任，潘雪任北苑校区管委会副主任兼校教务处中专部主任。

在校党委的领导下，2008 年 12 月至 2009 年 1 月，北苑校区的并入实施工作迅速展开：校区调整了原有组织机构，成立了综合办公室、教学管理办公室、学生管理办公室和专业教学科室；校机关各处室党、政负责人分别到校区实地走访查看各分管部门情况；北京市医药器械学校党员组织关系集体转入学校党委组织部；北京市医药器械学校在岗 153 名教职工中有 29 人第一批并入校机关及相关部门工作；学校组织进行了原北京市医药器械学校的财务审计及资产清查工作。

伴随着北苑校区中专教学工作的逐步结束，北京市医药器械学校原有中专在校生顺利毕业离校，原有教职工在完成校区中专教育教学工作后陆续调入校内其他工作岗位。

北京联合大学大事记(2001—2010)

2001年

1月5日

校园网一期工程通过鉴定。该工程实现学校院校骨干网络连通,完成小营校区、应用文理学院、机械工程学院三地远程多媒体教学系统试验环境连通、调试和试运行。校园网一期工程为北京市教委专款建设项目,经费总投入300万元,是环北京教育信息网东北结点。中文版网址:http://www.buu.edu.cn。

2月

《旅游学刊》被南京大学中国社会科学研究评价中心选为《中文社会科学引文索引》(CSSCI—1999)来源期刊。《旅游学刊》由旅游学院主办,在国内外公开发行,英文刊名:*TOURISM TRIBUNE*。

3月7日

在北京市高等院校调整工作会议上,市教委和卫生局领导宣布《关于北京医学高等专科学校、北京职工医学院、北京联合大学中医药学院并入首都医科大学的通知》。北京联合大学中医药学院并入首都医科大学,更名为首都医科大学中医药学院。

3月12日

根据北京市机构编制委员会《关于北京联合大学各学院调整规格及部分学院变更隶属关系的批复》(京编委〔2001〕4号)文件精神,应用文理学院等10所学院的规格由相当正局级调整为相当副局级,内设机构仍为正处级。旅游学院、化学工程学院的行政隶属关系分别从北京市旅游局和北京化工集团有限责任公司划归市教委,由北京联合大学统一管理。

3月21日

学校与台湾保险行销集团合作协议签字仪式在小营校区举行。根据协议,双方将共建沟通交流平台,如互派教师组建高水平师资体系,共同研究开发课题,共同开创保险专业教育品牌等。协议还包含台湾保险行销集团向学校捐赠图书资料等具体事宜。台湾保险行销集团董事长、世界华人保险大会主席、世界华人龙人奖创办人梁天龙先生一行3人专程由台湾来京,就双方教研合作等事宜进行商议并签订协议。北京市教委高教处有关领导出席签字仪式。梁天龙先生在仪式上向学校捐赠其出版发行的保险类专业图书、杂志百余种。

3月26日

国家教育部专家组到学校进行第二批示范性职业技术学院建设申报考察,专家组通过听取情况汇报、考察教学设施和走访校外实训基地等方式,全面考察学校高等职业教育教学情况,对学校高等职业教育教学及研究方面取得的成绩给予充分肯定,同时指出存在的问题和今后的努力方向。市教委主任耿学超到会讲话。

3月

张妙弟任北京联合大学校长。

4月8日

在团市委召开的北京申奥志愿服务总团成立暨青年志愿者表彰大会上,信息学院学生王晖、机械工程学院学生辛广宇获市级“杰出青年志愿者”称号;机械工程学院应用技术系学生党支部书记孙璐获市级特别贡献奖。

4月12日

由学校团委和学生会共同主办的“北京联合大学第七届科技文化艺术节”曲艺专场演出在小营校区报告厅开幕。机械工程学院、信息学院、化学工程学院和应用文理学院等学院的学生参加开幕演出,表演包括评书、单弦、相声、快板书、京韵大鼓和山东快书等节目。《北京青年报》中央电视台《曲艺杂谈》、中央人民广播电台进行了报道。

5月9日

全国政协教科文卫体委员会王明达、张孝文、朱新军、陈大白、黄景钧5位委员及全国政协教科文卫体委员会办公室的有关同志来校考察工作。考察的主要内容是“深化高教体制改革,促进终身教育发展”。北京市教委委员线联平、高教处处长张有声、海淀走读大学校长付正泰、朝阳社区学院负责人孙桂华等出席汇报会,熊家华、孙权、高林等校领导做工作情况汇报。

5月18日

2001年北京市大学生科普演讲比赛在北京联合大学小营校区举行,学校获二等奖1项、三等奖2项。演讲比赛由团市委和市科协主办、学校承办,是北京科技周活动之一,演讲比赛主题为“科学、文明、申奥”,来自20余所北京高校的58名选手参加了比赛。中国教育电视台、北京电视台、中央人民广播电台、《科技日报》《北京青年报》等新闻单位对演讲比赛活动进行了采访和报道。

5月29日

学校召开统战工作会议,熊家华书记主持会议,孙权副书记做题为《调动一切积极因素,为实现我校“十五”发展目标而奋斗》的工作报告,北京市委教育工委副书记李明到会并讲话,200余人参加会议。

5月30日

与东方(华北)大学城开发有限公司合作办学签字仪式在廊坊东方大学城举行。副校长张铃与东方大学城开发有限公司董事长金卫华在意向协议书上签字,双方拟合作创办东方大学城信息技术学院,签字仪式由信息学院领导主持。北京市教委、市高招办、各区县高招办有关领导近50人参加签字仪式。根据协议,东方大学城信息技术学院由信息学院承办,办学地点设在东方(华北)大学城,计划开设自动化技术、计算机应用技术和通信技术3个高职专业。2001年计划招收高职学生135人。

6月4日

根据《北京地区普通高等学校北京市级重点实验室认定管理办法》(京教研〔2001〕1号)文件精神,北京市教委、市科委公布的首批50个北京市重点实验室,其中包括北京联合大学应用文理学院生物活性物质与功能食品实验室。

6月8日

学校召开2001年成人教育工作会议。会议主题是:总结工作,统一思想,提高认识,制定成人教育三年发展规划。会上，副校长高林做题为《统一思想，提高认识，努力开创我校成人教育工作新局面》的工作报告，成教处对制定北京联合大学2001—2003年成人教育发展规划作出说明，继续教育学院、商务学院和学校考试中心作交流发言，分别介绍开展特色专业建设、高职自考和考证培训等方面的工作经验。北京市教委高教处负责人员出席。由校长张妙弟主持会议。

6月8日

北京市教育工委副书记李明等领导到化学工程学院宣布该院正式划归教育口管理。

6月15日

国家教育部颁发《关于确定北京联合大学等高等学校为第二批示范性职业技术学院建设单位的通知》(教发〔2001〕29号)，北京联合大学入选教育部第二批示范性高等职业技术学院建设单位。

6月19日

学校教材建设委员会第一次会议在小营校区召开。教材建设委员会主任高林、副主任孙建京出席会议，教材建设委员会委员、实训教材主编及其他有关人员参加会议，参加会议人员共计15人。会议主要议程有：总结“九五”期间学校教材建设工作；讨论、修改并通过《北京联合大学教材建设委员会工作条例》；对北京市教委资助编写的实训教材进行中期检查。

6月19日

冯虹调任北京联合大学副校长。

7月3日

经国家教育部组织考察和评审，并由北京市教委发布《关于公布我市第一批教育部高职高专教育专业教学改革试点名单的通知》(京教高〔2001〕15号)，确定北京联合大学计算机应用、机电应用技术、通信技术和广告4个专业为第一批教育部高职高专教育教学改革试点专业。

7月13日

北京市首家学生汽车驾驶实训基地揭牌仪式在北京汇联汽车驾驶学校举行。北京汇联汽车驾驶学校由机械工程学院开办，是2000年北京市教委批准的北京市学生汽车驾驶实训基地。实训基地针对学生学员的特点，在教学内容、教学方法、教学时间上进行调整，制订弹性教学计划，便于学生灵活安排实训时间。机械工程学院要求汽车专业学生在取得毕业证书的同时还必须获得驾驶证，并鼓励其他专业的学生在学习本专业知识的同时，参加驾驶培训。

7月15日

根据学校党委《关于加强北京联合大学分校工作的几点意见》(京联党〔2001〕24号)文件精神，成立廊坊分校党委，张铃任党委书记，耿晓冬任党委副书记，王惠连、曹传福、王作楼、兰荣林、王绍光任党委委员。

8月22日—9月1日

第二十一届世界大学生运动会在北京举行，学校1082名志愿者参与了大会的筹备组织、技术支持服务、彩虹志愿者、训练场地和安全保卫工作。受组委会和信息系统总承包商共同委托，完成会议信息系统和4个项目(体操、艺术体操、足球、水球)现场成绩处理系统的技术开发研制任务,其中,"水球现场成绩处理系统软件"受到组委会技术部表彰。大运会组委会、北京市委教育工委分别授予学校"先进集体和组织工作先进单位"荣誉称号,学校团委获志愿者组织金奖、啦啦队组织金奖、文明观众组织金奖,高林、鲍有文等获"大运会先进工作者"荣誉称号,叶继萱等获"优秀共产党员"荣誉称号。北京人民广播电台设立大运会北京联合大学专栏进行了宣传报道。

9 月 21 日

北京听力语言康复技术学院揭牌仪式暨 2001 级新生开学典礼在特殊教育学院举行。北京听力语言康复技术学院由学校与中国残疾人联合会联合举办。中国残疾人联合会主席邓朴方、北京市人大常委会副主任张燕丽、市残疾人联合会副理事长张文义、市教委委员线联平等领导出席揭牌仪式。邓朴方和张燕丽为学院揭牌并讲话。2001 年起,北京听力语言康复技术学院面向全国招收高中毕业生,学制 2 年。首批招收全国 30 个省(自治区)的学生 103 人。该学院是李嘉诚资助"长江新里程"项目之一,也是中国唯一专门培养高水平聋儿语训教师的高等学校,已纳入北京市教委"十五"发展计划。

10 月 20 日

学校在国家奥林匹克中心举行第九届田径运动会,12 所学院代表队参加比赛,信息学院承办运动会。北京市委副书记龙新民、市委教育工委副书记夏强、团市委副书记汪明浩以及市教委有关单位的领导,学校老领导李恩元、李煌果、张玉茹、李月光等参加运动会开幕式并观看比赛。中央电视台、北京电视台、《北京日报》等新闻媒体的记者到现场进行采访,中央电视台对此作专题报道。

10 月 20—21 日

由北京学研究所主办的北京学研讨会在小营校区召开,研讨会主题是"走向现代化的北京"。共有来自 20 多个单位的 60 多位学者提交论文 42 篇。研讨会围绕古都风貌保护与现代化建设方面等问题,特别是面临即将加入 WTO 和申奥成功的形势进行讨论。北京市规划委员会主任单霁翔在研讨上做题为《2008 年奥运会和北京城市建设》的报告,重点介绍奥运会体育设施中心区的选址和场馆总体布局及主中心区的规划等情况,从 10 个方面论述城市规划与建设:北京城市总体规划、交通规划建设、市政基础设施规划、城市环境治理、文化设施建设、重点功能区的建设、历史文化名城保护、危旧房改造、大型居住区的建设和卫星城及小城镇建设。会上为北京学研究所聘任的第三批特邀研究员和顾问颁发聘书。

11 月 1 日

学校召开外事工作会,校长张妙弟做题为《与时俱进,迎接教育国际化的新挑战》的工作报告,商务学院、应用文理学院、国际语言文化学院和旅游学院作会议交流发言,会议主要围绕中外合作办学、引智工作和培养国际型人才等问题进行研讨。由学校党委副书记孙权主持会议,有关部门负责人共 50 余人参加会议。国家教育部和北京市教委有关领导应邀出席。

11 月 26 日

在中央电视台主办的"脑白金杯"CCTV 服装设计暨模特电视大赛中,职业技术师范学院艺术设计系服装专业 1999 级学生马凯设计的服装"沙漠中的草"获得金奖,同时还获得最佳买手和最佳媒体两个单项奖。

11 月 24 日—12 月 3 日

学校召开教学工作会,国家教育部、市教委领导出席会议,学校干部教师 200 余人参加会议。校长张妙弟做题为《努力建设高职示范校,推动联大高等职业教育深入发展》的工作报告。

12月21日

学校召开首届教代会第二次代表大会,会议主要审议通过了《北京联合大学关于校务公开的实施意见》《关于校务公开中学校重大决策公开的实施细则》等8项实施细则。

2002年

2月28日

在国家教育部组织开展的全国教育科学"十五"规划课题申报中,由高林副校长申报的《IT领域高职教育课程结构改革和教材改革的研究与实验》获批立项(项目编号:BJA010098)。

3月25—26日

四年制高职教育专题座谈会在学校召开。会议围绕四年制高职教育发展的必要性、可行性、专业设置范围、设置原则和条件等主题进行研讨,对教育部委托学校起草的《关于发展"四年制高职教育"的几点意见》进行讨论。教育部高教司副司长葛道凯、高职高专处处长王伟,北京市教委高教处有关领导出席。研讨会由教育部主办,北京联合大学承办,全国17所院校参加。

4月5—16日

根据北京市机构编制委员会《关于同意北京联合大学机械工程学院等3所学院并入北京联合大学的函》(京编办〔2002〕2号)和北京联合大学《关于校本部进行专业调整并重新组建学院的意见》(京联党〔2002〕11号)文件精神,学校撤销校本部内原信息学院、应用技术学院和机械工程学院的3个副局级建制学院,统一进行专业调整,重新组建信息学院、机电学院、自动化学院和管理学院4所正处级建制学院,新组建的4所学院财务、人事、资产和后勤等管理职能由学校统一管理,基础课程、英语课程、思想政治课程和体育课程教学任务由校本部相关直属教学部承担。5日,管理学院成立,以原应用技术学院为主体,并入部分管理学相关专业。10日,自动化学院成立,由原信息学院的自动化系和机械工程学院的电气工程系调整合并组成。12日,信息学院取消法人资格,设多媒体教研部、软件教研部、电子教研部、信息系统教研部、通信教研部、网络教研部,纳入校本部直接管理。16日,机电学院成立,由原机械工程学院机械工程系、材料工程系、应用技术系汽车类专业和原应用技术学院机电系组成。

4月23日

全国人大常委会副委员长许嘉璐到特殊教育学院考察调研,北京市人大常委会副主任张燕丽、市人大常委会教科文卫委员会主任林浦生、市教委副主任张国华及学校领导等陪同考察。

6月6日

北京市委副书记龙新民到学校调研,市委副秘书长赵东鸣,市委教育工委副书记、市教委主任耿学超,市委教育工委副书记夏强,市教委副主任张国华陪同调研。龙新民一行听取学校党委书记熊家华和校长张妙弟关于学校基本情况、办学定位、发展高等职业教育情况、今后的办学思路和规划的汇报,龙新民等领导作了重要讲话。随后,各位领导实地考察了实训基地、图书馆、食堂等。

6月6日

根据北京市教委同意创办《北京联合大学人文社科学报》(京教高〔2002〕20号)文件精神,《北京联合大学学报》分刊为人文社会科学版(标准刊号ISSN 1672—4917/CN11—5117/C,大16开本,96页,季刊)和自然科学版(标准刊号ISSN 1005—0310/CN11—3224/N,大16开本,96页,季刊)。

6月10日

受全国高校摄影联合会委托,学校承办第二届"乐凯·凤凰杯"全国高校摄影艺术作品展北京地区巡回展开幕式,开幕式在小营校区图书馆举行。本届摄影作品展共展出全国500多所高校选送的17 000多幅作品,其中继续教育学院有24幅作品入选获奖,占北京地区入选获奖总数的1/2。

6月15日

举行北京联合大学生物化学工程学院新院名揭牌仪式,北京市委副书记龙新民、市教委主任耿学超、市委教育工委副书记夏强、市教委副主任张国华、学校党委书记熊家华、校长张妙弟等50余名领导和专家出席仪式,耿学超和张妙弟在会上发表讲话。

6月24—25日

"高职高专教育课程设置与教学内容体系设计原则的研究与实践"研讨会在小营校区召开。国家教育部高教司高职高专处领导、学校领导,教育部"高职高专教育课程设置与教学内容体系设计原则的研究"课题3个课题组成员院校及辽宁对外经贸职业技术学院的领导和教师26人参加。本课题是国家教育部批准立项课题(教高司〔2000〕40号,项目编号104-2),由副校长高林教授牵头,山西吕梁高等学校、北京经济管理干部学院、湖南农业大学职业技术学院共同组成课题组。研讨会由北京联合大学、上海第二工业大学和上海电机高等专科学校联合发起,高等技术与职业教育研究所具体承办。

6月26日

2002年教学工作会在商务学院召开。大会主题是:提高认识,统一思想,扎扎实实地提高教学质量。北京市教委高教处处长吴淞元出席会议并讲话,校长张妙弟主持会议,副校长高林做《提高认识,统一思想,扎扎实实地提高教学质量》的主题报告。商务学院院长孙明做题为《教育大讨论催化商院走向国际》的大会发言,管理学院、应用文理学院、职业技术师范学院和校本部基础部也在会上交流发言。会议表彰了获得优秀教材和重要科研成果的教师。

5—6月

学校举办第二届社团文化节。主要活动有:"青春岁月"庆祝中国共产主义青年团成立八十周年暨第二届社团节大型文艺汇演,广告设计比赛,书法绘画摄影比赛,网页设计比赛,工程设计大赛等活动。活动评选精品社团10个、示范社团20个、标准社团50个。

8月20日

根据国家教育部学生司《关于同意北京联合大学特殊教育学院成人教育为残疾人举行单独考试的函》文件精神,特殊教育学院获准为北京市残疾学生举办单独招生考试。

8月21—23日

北京联合大学思想政治教育研究会第八次年会在密云县云佛山召开。会议主题是:提高教学质量,加强德育和思想政治工作。校长张妙弟到会并讲话,校党委副书记韩宪洲作工作报告,北京市教育工委宣教处处长冯刚、市德育研究会副理事长魏续臻到会做报告,会上完成研究会换届选举。

8月23日

学校首批获得团体签证的学生赴英国东伦敦大学学习,获团体签证的学生共22名。该项目是经北京市教委审批备案,由学校和英国东伦敦大学开展的教育交流合作项目,项目面向三年级本科在校学生,在修满规定的学分后,可申请到英国读大学四年级课程,中英两校互相承认学分及学籍处理、互相承认毕业证和学士学位。在英学习成绩合格者,发中英双方的毕业证书和工学士学位证书。

9月11—12日

由学校主办、美国加州州立大学和韩国建国大学参加的中美韩三校国际学术研讨会在京召开,主题是"经济、科学和社会对21世纪高等教育的影响"。会议由副校长冯虹主持,校长张妙弟致辞。来自中、美、韩三校的学者及北京市有关方面领导,近百人出席了研讨会。

9月24—27日

由北京联合大学与中央电视科教频道、大连大学联合发起的"改革开放以来新建本科普通高等学校发展战略模式的选择"校长论坛在大连大学举行。围绕新建高校的"定位与特色""创造新模式""国际化战略""队伍建设""校园文化"等主题进行交流,共同探讨解决新建本科院校在发展中的困难和问题。

9月

席文启调任北京联合大学党委书记。

10月8日

根据《教育部关于公布2002年全国普通高等学校优秀教材评奖结果的通知》(教高函〔2002〕22号),王毓银教授主编的《数字电路逻辑设计(脉冲与数字电路第三版)》(高等教育出版社)和高林教授、袁玫副教授主编的《计算机公共基础(一套)》(高等教育出版社)分别获得二等奖。

10月12日

奥林匹克文化研究中心举办北京奥运科学论坛。来自北京奥运会组委会、中国老教授协会体育科学专业委员会、北京大学、清华大学、人民大学、北京师范大学等20余家单位的专家学者出席论坛,6位学者进行大会发言,主要论述奥运文化带给女性的机会和挑战、人文奥运与文化教育艺术的结合、人文奥运和社会公德的建设、北京奥运与环境科学等方面的研究。

11月5日

北京市教委副主任张国华、市教育纪工委副书记符悦群、市教育工会主席张振民到学校检查校务公开工作的情况,孙权副书记汇报工作情况。

11月24日

在第八届"挑战杯"全国大学生课外学术科技作品竞赛中,机电学院学生肖楠晔的作品《梁的强度与刚度可视化全自动审核系统》(指导教师:黄帆,参赛带队教师:焦阳)获得二等奖。

11月27日

北京学研究所与民盟北京市委文化委员会在北京市政协会议中心共同举办“2002年人文奥运研讨会”。来自中央和北京市46个单位的120多位专家学者参加会议,会议就运动员伤残保障、北京的环境保护和建设、北京文化名城的保护与开发、城市的经营与发展、突出奥运会的中国特色与北京特色等问题进行研讨。

11月30日

民族与宗教研究所成立大会在北京联合大学应用文理学院举行。天主教爱国会傅铁山会长题写所名;中国佛教协会会长一诚法师、著名宗教学家任继愈先生、北京基督教三自爱国运动委员会主席石泽生牧师为研究所的成立题词;中国伊斯兰教协会会长陈广元阿訇、中国道教协会会长闵智亭道长等宗教界人士到会祝贺;中国和北京市的各宗教协会、中央民族大学出版社分别送来了锦旗和花篮。中国社科院宗教所、北京市宗教局、市委教育工委、市教委领导及联合大学校领导、应用文理学院部分师生共120余人参加会议。民族与宗教研究所为学校直属单位,挂靠应用文理学院,不定级别,编制3人,所长佟洵,聘请顾问和特聘研究员。研究所下设佛教、道教、伊斯兰教、基督教、天主教和民族问题6个研究室,主要任务是:研究宗教问题,普及宗教知识,宣传党的民族宗教政策,调查北京市的民族宗教状况。

11月

黄海洋调任北京联合大学纪委书记。

12月24日

学校党委召开学风工作会,党委书记席文启、校长张妙弟等领导出席大会,副校长张铃作《用创新精神切实加强学风建设,提高人才培养质量》的主题报告。报告总结工作经验、分析现状和问题,强调学风建设在学校办学、提高质量、培养应用型人才等方面有着重要的地位和特殊意义,提出了“教与学”紧密结合、以学生为本、从严治校与热情关怀相结合、狠抓基础四条原则。北京市委教育工委有关领导、学校有关部门人员200余人出席了会议。

12月26日

学校成立申硕工作领导小组,启动“申硕工程”。校长张妙弟任组长,副校长冯虹、高林任副组长,领导小组办公室设在学校科研处。

2003年

1月3日

经校党委第165次常委会议研究,决定成立招生就业处,撤销就业指导中心。

1月11日

学校召开第一届教职工代表大会第三次全体会议。主要议程:① 审议校长工作报告;② 审议《关于延伸和补充〈北京联合大学“十五”时期发展规划〉的若干意见(草案)及说明》;③ 审议《关于首次实行聘用合同制实施方案》。

1月14日

经校党委第167次常委会研究,决定成立校迎评促建领导小组,正式启动迎接国家教育部“普通高等学校本科教学工作水平评估”和“高职高专院校人才培养工作水平评估”工作。

1月16日

学校发布《关于进一步理顺校本部学校与学院工作关系的决定》(京联党〔2003〕5号),同时出台相关配套文件,主要有:《校本部人事调配管理办法》《校本部招生就业工作管理办法》《关于建立校本部教学单位联席会议制度的意见》《校本部物资购置管理办法》《校本部学院财务开支管理办法》《北京联合大学电子信息技术实验实训基地管理办法》《教师聘任实施方案》《校本部学院创收工作的管理办法》《机关各部门工作流程》。

1月21日

召开共青团北京联合大学第三次代表大会。校党委书记席文启、副书记韩宪州、纪委书记黄海洋、副校长张铃及各学院党政领导出席会议。团市委副书记方力代表团市委向大会致辞。张琴代表共青团北京联合大学第二届委员会做《以"三个代表"重要思想为指导,以服务青年为宗旨,为培养现代化高素质的首都建设者而奋斗》的工作报告。大会选举共青团北京联合大学第三届委员会委员21人,张琴当选为新一届团委书记,谢飞雁、于水波当选为团委副书记。

1月21日

召开共青团北京联合大学第三次代表大会。大会主要内容:听取并审议第二届委员会题为《以"三个代表"思想为指导,以服务青年为宗旨,为培养高素质的首都现代化建设者而奋斗》的工作报告;选举产生第三届委员会。参加会议的团员代表260名,北京大学、朝阳区等20余家单位的团委负责人应邀出席了大会,团市委有关领导出席会议。

1月21日

召开北京联合大学第三次学生代表大会。大会主要内容:听取并审议《认真贯彻"三个代表"重要思想,把握新时代脉搏,与时俱进,勤奋创新,谱写新世纪联大学生会的精彩篇章》的工作报告,选举产生了新一届委员会。参加会议的学生代表280名,北京市学联的有关领导出席会议,中国农业大学等30多所兄弟院校学生会负责人应邀出席会议。

5月22日

北京市新闻出版局发布《关于同意创办〈北京联合大学学报〉(人文社会科学版)的函》(京新出报〔2003〕247号),同意创办《北京联合大学学报(人文社会科学版)》,新编国内统一标准刊号为CN11-5117/C,大16开本,96页,季刊。由市教育委员会主管,北京联合大学主办。

6月23日

机电学院举行校企合作签约仪式,完成2项签约:与美国SPX公司、北京华信诚汽车技术有限公司三方合作建设汽车检测与维修技术实训中心暨美国SPX公司(中国)汽车检测与维修技术培训中心;与台湾欧马集团合作建设数控加工实训中心。北京市副市长范伯元、市教委副主任张国华,校党委书记席文启、校长张妙弟、副校长高林,北京现代汽车有限公司副总经理庄杰及30余家企业的领导出席了签约仪式。

6月26日

台湾研究所召开台情研讨会,就后SARS时期台湾政局发展与2004年3月即将举行的所谓总统大选情势进行评析,提出相应的对策与建议。北京地区11个涉台研究单位、10多位知名台湾问题研究专家、学者应邀出席会议。

7月7日

2003年科技工作会在生物化学工程学院召开。会议主要内容：表彰奖励2002年度优秀科研成果，发布《北京联合大学校级科研机构管理暂行办法》，下发《科学技术工作发展规划》和《学科建设规划》征求意见稿。

7月20日

经北京市教委批准，机电学院与北京现代职业技术学院签订合作办学协议，成立顺义校区。

7月31日

由中国残疾人联合会与北京联合大学合作办学的北京听力语言康复技术学院首届学生毕业典礼在特殊教育学院举行，毕业生共有93人。

8月13日

北京市委常委、教育工委书记朱善璐到学校调研，听取学校党委书记席文启、校长张妙弟的工作汇报，对学校建设发展给予关心、对学校办定位和特色提出建议，希望学校走体制创新的路子，把改革作为重中之重，要抓好队伍建设、提高教学质量。

9月2日

北京市教委发布《关于同意筹建北京联合大学网通软件技术学院的通知》(京教计〔2003〕90号)，同意北京联合大学与中国网络通信有限公司、禾光永业科技有限责任公司合作筹建北京联合大学网通软件技术学院。

9月2日

应用经济与管理研究所成立。研究所的宗旨是“面向首都经济，服务联大发展，突出应用研究，创造名所品牌”。推动应用经济与管理学科的发展，推动经济与管理理论有效服务于社会经济建设；设校内科研岗位3人，聘任吴勤学为所长。

9月2日

制药工程研究所成立。该研究所主要开展北京中药现代化生产技术等方面的研究，实现产学研结合，促进学院间的科研合作和资源共享；挂靠在生物化学工程学院，不定行政级别，暂设校内科研岗位1人，聘任林强为所长。

9月13日

第七届中国国际电子商务大会“电子商务人才教育论坛”在北京国际会议中心召开。论坛由中国电子商务协会主办，北京联合大学承办，校长张妙弟出席并致辞。论坛旨在研讨电子商务发展现状与趋势，推动中国电子商务人才教育发展的交流平台、商业通道、合作平台。国家教育部有关负责人、高等院校电子商务教育机构负责人、电子商务培训机构和认证机构(国际电子商务师认证委员会)人员、电子商务专业师生代表参加论坛。

9月13日

城市管理与社区建设研究所成立。该研究所是与北京市民政局合作成立的，挂靠管理学院，不定行政级别，暂设校内科研岗位2人，聘任李培均为所长。研究所旨在发挥市属高校与政府部门合作优势，加强相关学科建设，推动现代社区发展研究工作。

9月19日

北京学研究所在首都图书馆召开第五次学术研讨会。会议主题：都城的文脉传承与国际化大都市建设。北京学研究所所长张妙弟、名誉所长陶西平、顾问舒乙和来自北京市的专家学者50余人参加会议。大会收到论文20余篇。研讨会由北京学研究所常务副所长马万昌主持。

9月15—22日

由学校纪委书记黄海洋任组长的教育收费检查小组,对应用文理学院、师范学院、继续教育学院、特殊教育学院、生物化工学院、商务学院、广告学院和旅游学院2003年教育(含成教)收费相关情况进行检查。

10月16日

召开2003年招生就业工作总结研讨会。北京高校毕业生就业指导中心和北京市教委规划处的领导到会。党委书记席文启、校长张妙弟、各学院院领导及招生、就业工作负责人出席了会议。副校长高林主持会议。

10月17日

广告学院2002级网络传播班学生张子楠参与航天部宇航服标志的设计,其作品《神舟五号航天服飞行标志》被航天部选中,印制在宇航员杨利伟的宇航服上,随载人飞船"神舟五号"飞上太空。

10月20日

北京联合大学人民武装部成立,与学校学生工作部(处)合署办公。

11月5—7日

第五届海峡两岸高等职业(技职)教育学术研讨会召开。研讨会由北京联合大学、上海第二工业大学、深圳职业技术学院、台北科技大学主办,北京联合大学具体承办。会议主题为:国际化、现代化、社会发展中的高职(技职)教育。国家教育部高教司高职高专处李津石作题为《就业导向—高等职业教育改革与发展的主旋律》的主题报告;北京联合大学校长张妙弟作《发展应用性教育,建设应用性大学》的主题报告。海峡两岸的高教高职界专家学者、代表及有关领导共百余人参加了会议。

11月10日

中共北京市委教育工作委员会发布《关于高东、韩宪洲同志职务任免的通知》(京教工干〔2003〕58号)。《通知》说:"经研究,决定高东同志任中共北京联合大学委员会副书记;免去韩宪洲同志的中共北京联合大学委员会副书记职务。建议:韩宪洲同志任北京联合大学副校长。"

11月15—16日

特殊教育学院举行面向残疾人的单考单招,103名残疾考生参加考试。北京教育考试院党委副书记杜明、成招办副主任丁新生,中国残疾人联合会教育就业处处长李东梅,北京市残疾人联合会教育就业部主任王国峰、李雪梅,校长张妙弟等到学院视察考试工作并慰问残疾考生。这是我国成人高考首次举行面向残疾人的单考单招,中央电视台等全国多家主流新闻媒体进行了宣传报道。

11月21日

北京市机构编制委员会办公室发布《关于调整北京联合大学继续教育学院机构编制的函》(京编办事〔2003〕100号),同意北京联合大学成人教育部(原北京市化工集团职工大学)并入北京联合大学继续教育学院,不再保留北京市化工集团职工大学牌子;北京市化工集团职工大学56名全额拨款事业编制划入北京联合大学继续教育学院。

11 月 24 日

根据《关于北京联合大学台湾研究所若干事宜的决定》(京联党〔2003〕144 号)文件要求,台湾研究所由应用文理学院迁至小营校区,定为正处级单位,定编 5 人。

11 月 26 日

北京市人民政府发布《关于韩宪洲同志任职的通知》(京政任〔2003〕223 号),韩宪洲任北京联合大学副校长。

11 月 27 日

在首都图书馆建馆九十周年庆典开幕式上,举行北京联合大学与首都图书馆合办北京学研究所的揭牌仪式,其宗旨是更好地发挥双方在人才智力和信息资源优势互补作用,推动北京学研究事业进一步发展。校长张妙弟、北京市文化局局长降巩民共同揭牌。根据双方合作协议,北京学研究所实行所长负责制,所长仍由北京联合大学党委任命;设副所长 2 人,双方各 1 人,分别由双方领导提名聘任;在北京联合大学和首都图书馆各设办公室,由副所长分别主持工作。

11 月 30 日

第一期国际认证财务顾问师(RFC)资格认证培训班毕业典礼举行,42 人获得 RFC 资格认证,是中国大陆首批认证的财务顾问师。国际认证财务顾问师的主要职责是帮助家庭和个人进行合理的消费、储蓄、投资、投保,以及未来财务规划。全球已经有 3000 多人取得了 RFC 资格。本期培训班于 2003 年 8 月 23 日开班,是中国大陆第一期 RFC 资格认证培训班。

11 月

在第五届全国烹饪技术比赛中,旅游学院 2001 级烹饪工艺专业学生田峻获得个人赛西餐项目"金奖"和"最佳厨师"荣誉称号;共青团北京联合大学委员会特别授予田峻同学"北京联合大学突出贡献奖"。

12 月 1 日

学校成立就业指导教学科研中心,隶属于学校招生就业处,招生就业处处长兼任负责人,工作人员由该处人员兼职。

12 月 2 日

国家教育部发布《关于批准有关高等学校试办示范性软件职业技术学院的通知》(教高〔2003〕7 号),学校列入首批试办示范性软件职业技术学院的高等学校名单。

12 月 27—28 日

中共北京联合大学第三次代表大会召开。出席会议代表共 209 人。会议主要议程:① 听取和审查第二届委员会工作报告,报告题目为《增进团结 深化改革 加快发展 努力开创建设应用性大学的新局面》;② 听取和审查纪律检查委员会工作报告;③ 选举第三届委员会委员;④ 选举第三届纪律检查委员会委员。选举产生的中共北京联合大学委员会第三届委员会、纪律检查委员会名单如下:

中共北京联合大学第三届委员会委员名单(以姓氏笔画为序):孔繁敏、冯虹、曲学利、许贵才、孙权、张铃、张仲林、张秀国、张妙弟、张宝秀、周明珠、郑一淳、耿凯燕、顾志良、郭淑敏、高东、高林、席文启、黄海洋、韩宪洲、廖文国;

中共北京联合大学第三届委员会书记、副书记、常委委员名单:

书记:席文启;

副书记：孙权、高东；

常委委员(以姓氏笔画为序)：冯虹、孙权、张玲、张妙弟、高东、高林、席文启、黄海洋、韩宪洲。

中共北京联合大学纪律检查委员会名单：

书记：黄海洋；

副书记：平爱华；

委员：平爱华、李玉玲、李庆平、张丽珊、张素琴、郭堃、黄海洋、程雨琴、谢宝春。

2004年

1月1日

北京联合大学东方大学城信息技术学院列入学校直属学院序列，其管理体制仍为董事会领导下的院长负责制。

1月8日

北京市教工委书记朱善璐到生物化学工程学院视察工作，学校党委书记席文启和学院党委书记王丽英等陪同视察学生公寓、食堂、图书馆、实训基地。

1月9日

特殊教育研究所成立暨首届学术演讲会在小营校区举行。国家教育部、中国残疾人联合会、北京市教委、市残疾人联合会等有关领导和应邀到会的兄弟单位代表共150多人出席活动。特殊教育研究所是北京市第一个专业化特殊教育研究机构，属校级科研机构，挂靠特殊教育学院，不定行政级别，暂设校内科研岗位1人。特殊教育学院院长许家成任所长。

3月26—27日

北京联合大学第二届教代会暨第二次工会会员代表大会召开，与会代表200余名。大会主题为"团结动员广大教职工，为把我校建成高水平的应用性大学而奋斗"。会议选举产生新一届教代会常设主席团、新一届工会委员会和工会经费审查委员会。

4月24日

北京联合大学第十届田径运动会在国家奥体中心体育场举行，北京市教委副主任杜松彭出席，运动会的主题是"青春、友谊、团结、奋进"，北京电视台和中央电视台体育频道等媒体进行报道。

5月13日

学校举行新一届党风廉政监督员聘任仪式及党风廉政监督员座谈会。会议由孙权主持，席文启、黄海洋出席会议并讲话。

5月19日

根据北京市教委《关于同意北京联合大学应用技术学院(平谷)更名的批复》(京教人〔2004〕20号)文件精神，北京联合大学应用技术学院(平谷)更名为北京联合大学平谷学院，为校属二级学院，不具有独立法人资格。

5月21—22日

召开人才工作会议。席文启出席会议并讲话，中央党校哲学教研部主任韩庆祥教授和国家行政学院公共管理教研部主任薄贵利教授分别做题为《以人为本 人才强国》和《创新人才资源管理机制》的专题报告，管理学院等4所学院作经验交流发言，参加会议的处级干部71名。

5月24日

学校与北京市人大常委会研究室共办的人民代表大会制度研究所在北京市人大常委会举行揭牌仪式。市人大常委会副主任范远谋参加揭牌仪式。人民代表大会制度研究所的主要职能有：进行各级课题的申报和研究，完成双方交办的有关调研课题；组织国外有关学术著作的翻译工作，开展国外议会制度的研究；举办学术理论研讨会，开展多种形式的学术交流与合作；组织社会调研，总结人民代表大会的实践经验；根据地方各级人大工作需要进行有关培训活动等。研究所设专兼职研究员6名，其中副教授2名，博士后2名，聘任中国当代著名法学家应松年教授、全国人大常委会办公厅研究室副主任阚珂、北京市人大常委会副主任索连生先生、中央党校教务部副主任侯少文教授为顾问，研究所所长为席文启。

5月28日

北京联合大学学生社团联合会成立大会暨第一次学生社团代表大会召开，会议通过了《北京联合大学学生社团联合会章程(草案)》，选举产生16名委员。

5月

在由中国音乐家协会、中国文联、中国社会音乐研究会等五家单位举办的"在灿烂阳光下"全国歌唱大赛上，学校青年教师詹丽琴获得"杰出演唱奖"。参加比赛的选手共36名，来自全国各地。

6月13—17日

高校干部培训中心与北京市教育工委干部处共同举办市属市管高校党委书记研讨班。33所市属市管高校的党委书记参加了研讨班，就有关问题进行研讨。邀请国家教育部副部长袁贵仁做题为《大力加强高校党的建设》的报告，教育工委书记朱善璐作题为"以'三个代表'重要思想为指导，切实加强牢固树立科学的发展观和政绩观"的报告，市教委主任耿学超作题为"北京高等教育改革发展面临的问题与解决思路"的报告。

6月23日

经校党委第21次常委会研究决定，成立北京联合大学广告研究所，为校级院管机构，广告学院院长刘瑞武兼任所长。

7月5日

学校完成《关于延伸和补充〈北京联合大学"十五"时期发展规划〉的若干意见》，提出并解析了"发展应用性教育、培养应用性人才、建设应用型大学"的内涵，确定了学校的办学宗旨和"应用为本"的办学定位。13个分规划的制订工作同期完成。

8月2—4日

中国教育学会特殊教育分会第五次代表大会召开，北京联合大学特殊教育学院党委书记曲学利被选举为秘书长及常务理事，特殊教育学院被选举为秘书长单位。

8月22—23日

"纪念邓小平诞辰100周年"学术研讨会举行。党委书记席文启致开幕词，会议邀请北京大学马克思主义学院院长陈占安、中央党史研究室原副主任石仲泉分别作《关于进一步加强和改进高校公共理论课教学的思考》和《科学社会主义观发展的新形态》的专题报告。120多位校院的专家与专职教师参加了会议。

8月26日

建设应用性大学研讨会召开。会议主题为"发展应用性教育、培养应用性人才、建设应用性大学”,大会收到稿件近100篇。北京市教育科学院副院长吴岩博士作有关合作研究课题的开题报告,校长张妙弟教授做《关于应用性大学“大学圈”问题的初步研究》的发言。

8月31日

根据《关于校对外交流合作处与对外交流培训中心更名的通知》(京联党〔2004〕41号),对外交流合作处更名为国际交流合作处。

9月6日

北京联合大学平谷学院揭牌仪式暨新学期开学典礼举行。市教委副主任线联平,平谷区委、区政府和学校领导以及平谷学院师生参加仪式。平谷学院设置电子信息、生物工程、新医药、新材料、光机电一体化、汽车制造、体育休闲、旅游会展和信息咨询等专业,开展多形式、多层次的成人教育、继续教育、高职专科教育。

9月13日

人民代表大会制度研究所举办专家论坛,纪念人民代表大会成立五十周年。北京市人大常委会、中国政法大学、中国社会科学院、海淀区人大常委会、东城区人大常委会、朝阳区大屯地区、人民代表报和北京联合大学等单位的领导、专家及记者等人员参加论坛。北京大学法学院人民代表大会与议会研究中心执行主任、中国政法大学教授蔡定剑,中国社会科学院法学研究所研究员李林,海淀区人大常委会常务副主任王纪表,东城区人大常委会副主任王建军,市人大常委会副主任索连生相继发言,校党委书记、人民代表大会制度研究所所长席文启就研究所成立的过程、办所宗旨和方针、研究目的和任务,以及研究所未来的发展规划等作了说明。

9月17—18日

北京学研究所召开2004年北京学国际研讨会,主题为“传承都市文脉与建设国际化大都市”,70多位中外专家学者参加。研讨会采取专题演讲和专家论坛相结合的形式,主要研讨在城市发展中如何妥善处理继承传统与现代化建设的关系问题,以及当前城市发展中面临的问题。

9月19日

学校组织廉洁从政知识测试,全校处级及处级以上党员干部(含副处级、调研员)、专兼职纪检、监察干部、各总支和直属支部纪检委员共339人参加,测试采取统一时间、统一地点的开卷考试。

9月21—24日

人民代表大会制度研究所与北京市人大常委会研究室共同举办纪念人民代表大会成立五十周年专题讲座,讲座在北京市民主法制培训基地进行,培训对象为北京市各区县人大机关工作人员,共50余人。全国人大、中央党校及高等院校的专家和学者作了专题报告。北京市人大常委会副主任索连生出席活动并讲话。

9—10月

学校采用国家教育部专家组编制的《中国大学生生活应激量表》《中国大学生心理健康量表》《中国大学生适应量表》和《中国大学生人格量表》开展2004级新生心理健康状况普查。这是学校第一次采用统一的测评工具、在统一的测评时间内完成的全校性的新生心理健康状况普查工作。

10月19日

在北京市教育系统关工委召开的会议上,北京联合大学关心下一代委员会获优秀组织奖,张恩芑等8名老同志获优秀奖。

10月22日

北京大学生奥林匹克协会成立。该协会由北京大学生体育协会领导,与北京联合大学奥林匹克文化研究中心合署办公。

10月22日

根据《关于成立北京联合大学校本部学生业余党校的决定》(京联党〔2004〕47号)文件精神,成立校本部学生业余党校,学生业余党校的领导机构是校长和校务委员会,学校党委副书记高东任党校校长,学生处处长肖芳任常务副校长,办公室设立在学生工作部(处)。

9月14日—10月28日

由北京市大学生体育协会主办、北京联合大学和北京市大学生体育协会足球分会联合承办的"2004年'联大杯'北京市大学生男子足球超级联赛"开幕式在小营校区体育场举行。北京理工大学队、中国人民大学队、清华大学队、北京工业大学队、北京航空航天大学队、北京科技大学队、北京联合大学队、中国农业大学队、北京大学队和北京交通大学队共计10支队伍参加比赛。北京联合大学队和中国人民大学代表队举行首场比赛。

10月

副校长高林教授担任"关于课程开发的课程设计"(Design of a Curriculum on Curriculum Development,简称DCCD)中方课题组负责人。该课题是与德国、马来西亚、爱尔兰等国的五所大学合作共同开展的欧盟立项课题[项目编号:CN/ASIA-LINK/005(84893)],由欧盟亚洲联系(Eyrope Aid Asia-Link)资助支持。德国不来梅大学技术与教育研究所所长劳耐尔(Felix Raunner)教授为项目总负责人。DCCD项目研究的主要目的是为亚洲国家和地区借鉴世界发达国家,尤其是德国,在技术职业教育领域的理论研究成果及实践经验,开展比较研究,建构本国的技术职业教育体系,进行技术职业教育课程开发和教师教育与培训工作,并提供一整套相对完整的理论体系、开发方法和实施方案。

11月2日

北京联合大学第二届女教职工委员会换届大会召开,工会主席孙权宣读《北京联合大学工会关于女教职工委员会换届的决定》,会上审议北京联合大学工会《女教职工委员会条例》试行办法,推选出女教职工委员会主任、副主任,组建女教职工权益工作小组和素质教育工作小组。

11月6日

学校在实验楼报告厅举行学生科学技术协会(简称学生科协)成立大会,党委副书记高东宣布学生科学技术协会成立并发表讲话,北京市科协科普部副部长阎仁浩出席会议并代表北京市科协向大会致辞。

11月29日

中国首届电子商务大赛(个人赛)全国决赛开幕式在北京联合大学举行,管理学院电子商务2001级学生申晋作为北京赛区代表获总决赛银奖,并获中国首批电子商务师执业资格证书,电子商务系系主任支芬和被聘为中国首届电子商务大赛全国评审委员会委员。本大赛是由国家劳动和社会保障部主办的国家级一类竞赛,管理学院负责具体承办,大赛历时近

1 年,分资格赛、技能赛、省级选拔赛和全国决赛 4 个阶段进行。选手参加比赛的人员共计 4 万余名,来自全国 24 个省、自治区、直辖市,69 名进入决赛选手。

12 月 3 日

在中国地质大学召开的 2004 年北京市大学生数学建模与计算机应用竞赛颁奖大会上,学校 9 支学生代表队获奖,其中:获得本科组二等奖 4 支代表队;获得高职组一等奖 2 支代表队;获得高职组二等奖 3 支代表队。

12 月 3 日

商务学院办学道路暨孙明办学理念研讨会在商务学院召开,北京市委教育工委常务副书记张建明、市教育科学研究院副院长吴岩博士出席,英国佩斯利大学、英国诺森比亚大学、香港汇富金融集团等友好合作单位发来贺信、送来花篮,孙明院长做《运用经营理念 勇创办学新路》的主题报告。

12 月 8 日

商务学院举行会展研究所成立大会暨揭牌仪式。会展研究所是校级研究所,挂靠商务学院,不定行政级别,暂设校内科研岗位 2 人,聘任唐少清任所长,李智玲任常务副所长。

12 月 10 日

国家教育部举行《普通高等学校高职高专教育指导性专业目录》新闻发布会,北京联合大学江小明研究员参与发布会。《普通高等学校高职高专教育指导性专业目录》是由江小明研究员和清华大学袁德宁教授共同主持完成的,研究成果以教育部文件形式颁布,即:《普通高等学校高职高专教育指导性专业目录(试行)》(教高〔2004〕3 号)、《普通高等学校高职高专教育专业设置管理办法(试行)》(教高〔2004〕4 号)。

12 月 16 日

旅游学院和中国北京全聚德(集团)股份有限公司签订联合办学协议书,共同创建北京全聚德餐饮管理学院,签字暨揭牌仪式在全聚德亚运村店举行。国家旅游局、中国烹饪协会、中国旅游饭店业协会、北京市教委、北京市旅游局、北京首都旅游集团等有关方面领导出席了签字仪式。中国烹饪协会苏秋成会长、北京首都旅游集团段强董事长为全聚德餐饮管理学院成立揭牌。

2005 年

1 月 22—24 日

学校思想政治教育研究会第九次年会在颐泉山庄召开,会议交流论文 22 篇,完成研究会换届,对专职从事学生思想政治教育工作 10 年以上的人员进行表彰。

3 月 9 日

根据北京市教委《关于同意北京联合大学"国际交流培训中心"更名的批复》(京教人〔2005〕6 号)文件精神,北京联合大学国际交流培训中心更名为北京联合大学国际交流学院,是校属二级学院,不具有独立法人资格。

3 月 16 日

特殊教育学院云南基地揭牌仪式暨 2005 级开学典礼在云南省华夏中专举行。云南省副省长李汉柏、省政协副主席李先猷为基地揭牌,中国残疾人联合会教就部副主任唐淑芬、省残疾人联合会理事长郭志强、联合国爱心基金会、云南省武警总队、云南省教委、云南师范大学、基层特教学校的领导及特殊教育学院党委书记曲学利等20多人出席揭牌仪式和开学典礼。

3月25日

在首届北京市"大学生艺术节艺术展演活动"中,学校大学生艺术团军乐团、民乐团分获二等奖,师范学院合唱团获一等奖,应用文理学院话剧团获二等奖、舞蹈《树叶琴》和《红》获一等奖。

4月15日

人民代表大会制度研究所举行成立一周年庆典暨学术研讨会。北京市人大常委会副主任索连生、市人大常委会副秘书长刘维林,校党委书记兼人民代表大会制度研究所所长席文启、校长张妙弟以及专家学者共30余人出席。

4月23日

台湾研究所"撤所建院"暨台湾研究院建院揭牌仪式举行。全国人大常委会副委员长许嘉璐、国台办副主任孙亚夫、北京市委副书记龙新民等领导,学校党政相关领导,海峡两岸知名人士、专家学者,台商代表,共200多人出席揭牌仪式。其中受邀的台湾嘉宾有:国民党中评委主席团主席、前国民党中央政策会执行长饶颖奇先生,国民党中央常委、中央政策会副执行长朱凤芝女士,前民进党主席许信良先生,前民进党副秘书长钟佳滨先生,台湾大学王晓波教授等。台湾研究院为学校直属科研机构,正处级单位;下设台湾政治与两岸关系、京台经济科技交流与合作、京台历史文化交流与合作、涉台事务四个研究所和综合办公室。海峡两岸关系协会会长汪道涵为台湾研究院题写院名,原国台办副主任唐树备担任名誉院长,著名台湾问题专家徐博东任院长,海峡两岸著名专家学者近90人受聘担任学术顾问和客座教授。北京联合大学台湾研究院是继2004年厦门大学台湾研究院成立之后,大陆高等院校中设立的第二家台湾研究院,也是北京第一所台湾研究院。

5月11日

根据《关于校老干部处更名为离休退休人员工作处的通知》(京联党〔2005〕21号)文件的精神,学校老干部处更名为离休退休人员工作处,增加2个编制,其中1个为处级职数,校机关和直属单位(不含后勤系统)退休人员的管理工作调整到离休退休人员工作处负责。

5月16日

联合国残疾人事务特别报告员、卡塔尔国公主赫萨-阿勒萨尼在中国残疾人联合会与北京市残疾人联合会领导陪同下到特殊教育学院考察访问,并作主题演讲。

5月26日

校学生处举行首期辅导员培训会。国家教育部思政司副司长冯刚、北京市教工委宣教处处长狄涛、校党委副书记高东出席开幕式。狄涛处长作重要发言。冯刚司长做关于辅导员队伍建设的报告。

5月

83岁高龄的离休干部曲凯老师加入中国共产党。

6月21日

校教代会常设主席团听取校职能部门校务公开及提案工作落实情况汇报。

6月22日

机电学院成立技术应用性人才专家指导委员会,北京现代汽车有限公司、北京吉普汽车有限公司、SMC(中国)有限公司、北京京诚机电控股有限公司、北京华德液压集团公司、北京天利深冷设备股份有限公司、中国制冷学会和北京工业设计促进中心等现代化制造业相关企业行业的知名企业家和专家参加，并受聘为专家指导委员会委员。北京市教委副主任张国华、高等教育处处长徐宝力，校党委副书记孙权、高东，副校长高林出席成立大会。

6月24日

应用文理学院召开北京联合大学应用文理学院办学道路研讨会。北京市教委副主任线联平出席，学校党政领导及各学院有关同志100余人参加会议，校党委副书记孙权主持会议。

7月11日

商务学院举行全国首届中小型高校发展战略论坛。北京市副市长范伯元、国家教育部高等教育评估中心副主任李志宏、国家教育发展中心主任张力、北京市教委副主任张国华、北京教科院高教所所长王晓燕等出席论坛。论坛主要围绕大众化高等教育的基本特征及当前存在的主要问题和对策，高等教育大众化背景下中小型高校的认定、定位、特征及其地位和作用等方面进行研讨。国家教育部、北京市有关领导及教育界的专家和部分高校的领导参加论坛。

10月2日

在2005中国首届非职业优秀管乐团队展演中，学校军乐团获得“金音杯”大学组银奖和2万元奖励，军乐团常任指挥、社科部艺术教研室专业教师王辉获优秀指挥奖。展演活动由中国音协管乐学会举办。

10月7日

学校召开2005年教学工作会。学校党委副书记孙权主持会议，北京市教委副主任线联平出席会议。参加会议人员有：校院党政领导，各教学单位、教学管理、科研部门负责人，部分教授，专业、课程、教材负责人，校部机关各部门及直属单位全体中层干部，获奖代表，共计500余人。会议发放《北京联合大学2005年教学工作会工作报告》《北京联合大学学科专业规划建设报告》和《北京联合大学质量监控体系报告》等会议文件。

10月19日

作为2005年北京幽默艺术节暨北京市大学生曲艺节重要演出项目，学校“群声”曲艺团举行曲艺专场演出。“群声”曲艺团成立于2001年4月，是以校内具有曲艺表演特长的学生为主，北京市其他高校和曲艺界的青年艺术人才共同组建的综合性学生曲艺艺术团。著名单弦表演艺术家赵玉明、著名评书表演艺术家连丽如、著名曲艺作家贾建国和北京曲艺团团长、京韵大鼓表演艺术家种玉杰等受聘请为曲艺团客座教授。自成立以来，曲艺团已举行了数次综合曲艺艺术专场演出，培养了许多曲艺爱好者，使民族传统文化在校园中得到弘扬和传播，曲艺团的演出活动受到学校领导的大力支持和著名京韵大鼓老艺术家孙书筠的亲切关怀，并赠名“群声”。演出实况录音也多次在中央电视台《曲苑杂坛》栏目、中央人民广播电台、北京人民广播电台、北京教育广播电台等媒体热播。

10月21日

北汽福田汽车股份有限公司人力资源部的有关领导到校实地考察，就在公司建立毕业生就业基地、在学校建立企业人才培养基地，以及教学、实习的多方面事宜进行探讨，副校长高林、招生就业处与教务处的相关负责人参加座谈。座谈会后，北汽福田有关领导参观学校实训基地,机电学院领导与北汽福田领导就专业实习、毕业设计和双方师资交流等方面的具体问题继续探讨。

10月29日

北京学研究所学术研讨会(第七次)在小营校区图书馆一层会议室举行。会议主题为“北京城市总体规划(2004—2020年)——迈向现代化国际大都市的宏伟蓝图”。研讨内容重点围绕国务院新批复的《北京城市总体规划(2004—2020年)》开展。北京市哲学社会科学规划办副主任李建平、市规划院总规划师杜立群等领导出席会议并发言,北京市规划部门、高等院校、图书馆、政府研究部门等单位的专家学者及媒体记者参加研讨会,共计80多人。会议收到学术论文55篇。研讨会采用专题发言、自由讨论和学术论文等形式进行。

11月18日

北京联合大学和中国传媒大学承办的首届全国大学生广告艺术大赛颁奖典礼在人民大会堂举行,国家教育部副部长吴启迪出席并讲话,张妙弟校长和来自全国各高等院校等单位的领导出席典礼。全国大学生广告艺术大赛是由教育部高等教育司主办、高等学校新闻学学科教学指导委员会组织、面向全国文科类学生的意向广告创意策划实践活动。大赛组委会共征集作品2万余件,参赛院校534所,来自28个省、直辖市及自治区,经过专家评审获全国一等奖的作品17件,二等奖作品42件,三等奖作品123件,优秀奖作品714件。其中广告学院获得全国三等奖3名、优秀奖14名。

11月28日

首届话剧艺术节在小营校区综合楼学生活动中心开幕。学校党委副书记高东、北京京棉纺织集团有限责任公司总经理顾伟达、北京市人民对外友好协会副会长刘树声、北京人民广播电台总编辑陆莹、市政府办公厅高超等嘉宾出席开幕式。本届话剧艺术节由学校团委主办,校话剧团承办,表演剧目共有12个,演出4场。

12月11日

师范学院承办第八届全国大学生运动会北京健美操代表队选拔赛。北京大学、清华大学、北京工业大学、北京化工大学、北京服装学院等高校代表队参加比赛。师范学院学生卢建斌获男子单人操第二名、王培磊获第三名,施海婷、赵佳泥、程美舒三人组合获三人操冠军,蒋韦等6名学生组合获大众自选操比赛并列第一。

12月20日

经校党委第83次常委会研究决定,特殊教育学院的领导体制由党政共同负责制调整为党委领导下的院长负责制。

12月21日

由市总工会、市教育工委、市教育工会组成的建家工作专家验收小组到学校进行建家验收。校长张妙弟、工会主席孙权、常务副主席兰荣林、副主席朱玉英参加验收会。

12月28日

北京市教委副主任张国华到旅游学院调研重点专业建设情况并指导工作,市教委高教处、科研处和学生处等有关领导共18人参加调研。

12月29日

“2005大学生年度人物和年度魅力人物”评选活动在中国人民大学揭晓,特殊教育学院学生姜馨田被评为2005年度“大学生震撼人物”。评选活动由人民网和大学生杂志共同主办,覆盖全国20多个省市、自治区,200多个地(市),得到广东电台、大洋网等近30家媒体和北京大学、中国人民大学等200余家高校的支持参与,收到举荐信近千封,网友选票总数超过200万,有10名大学生当选年度人物。

2006年

1月9日

学校在机电学院召开机电学院产学合作教育研讨会。北京市教委主任耿学超出席会议并讲话,校、院党政领导120多人参加会议。机电学院院长张恩祥在会上做了题为《走产学合作教育之路,培养技术应用性人才》的主题报告。

1月

《旅游学刊》英文版年刊——《中国旅游研究年刊》(Chinese Tourism Research Annual)第一本出版。

2月7日

收到北京市学位办公室转发的国务院学位委员会《关于批准新增博士、硕士学位授予单位的通知》。根据文件精神,北京联合大学获得硕士学位授予单位资格,专门史、计算机应用技术和食品科学3个学科成为硕士学位授权学科点。

2月25日

由团市委、市委宣传部、首都文明办、北京奥组委人事部、北京志愿者协会等联合主办的“志愿北京你我同行”北京十大志愿者颁奖晚会在京举行。特殊教育学院学生郝悦获“北京十大志愿者”称号。北京市委副书记强卫等出席颁奖晚会并为“十大志愿者”颁奖。

2月28日

北京市教育纪工委书记高云华、校纪委书记黄海洋到生物化学工程学院调研,学院党委书记王丽英汇报学院治理教育乱收费等方面的工作情况。

3月15日

在北京市教育系统审计工作会议上,纪委书记黄海洋做题为《重视运用审计结果,提高学校管理水平》的交流发言,介绍学校开展教育收费审计工作方面的成果和典型经验。

4月8日

北京市政治文明建设研究中心揭牌仪式在小营校区图书馆大会议室举行。北京市政协副主席满运来出席揭牌仪式,校内外专家和学者共60余人出席揭牌仪式。北京市政治文明建设研究中心是依托北京联合大学建立的北京市哲学社会科学研究中心之一,主要研究领域包括人民代表大会制度、基本政治制度、基层民主和中国特色社会主义政治文明建设等方面,主要通过社会调查、信息收集、学术研究和社会服务等多种方式的有机结合开展研究与服务。

4月17日

经校党委第103次会议决定,成立了学校“610”办公室,领导防范和处置学校法轮功问题。

5月14日

学校第十一届田径运动会在丰台体育场举行。北京市委教育工委常务副书记张建明、市教委副主任杜松彭、市教育工会主席张青山、北京大学生体育协会秘书长刘启孝等领导和北京奥组委有关负责人出席会议，两万余名师生参加运动会。会上同时举行“我们的2008——北京联合大学奥运教育”启动仪式。第十一届田径运动会由应用文理学院承办。

5月18日

北京市委常委、市委教育工委书记朱善璐到特殊教育学院调研，视察学院图书馆、实训教室、学生宿舍、学生食堂及教学工作等方面情况，与校院领导进行座谈，对特殊教育学院建设与发展等问题作出指示。校长张妙弟、党委副书记孙权、副校长冯虹、特殊教育学院党委书记曲学利、院长许家成等参加座谈。市委教育工委常务副书记张建明、市发改委副主任刘志、市残疾人联合会理事李树华、市教委副主任杜松彭等随行参加调研活动，并一同在学生食堂与学生共进午餐。

5月18—21日

学校应邀组团参加第二届中国(深圳)国际文化产业博览交易会，校党委书记席文启、副校长高林率团出席展览活动，高林在首届中国(深圳)国际职业教育领袖高峰会上做了题为《高等职业教育教师教育的现状与革新》的演讲。学校设主题展示区，以“坚持科学发展观，以教育科研引领教育改革实践”为题目，主要展示学校在高等职业教育方面取得的成果。

5月21日

北京联合大学校友会第一次会员代表大会暨成立大会在小营校区实验楼报告厅举行。校机关相关部门、各学院校友会会员代表共278人参加会议。大会审议并通过《北京联合大学校友会章程(草案)》，审议并通过北京联合大学校友会第一届理事会理事81人和监事会监事5人。同日，召开第一届理事会第一次会议，选举常务理事29人；选举张妙弟为会长，高东为常务副会长，支芬和、刘北宪、孙绍刚、李洪海、张玲、宗春启、高东、顾伟达、蓝烨9人为副会长，张连城为秘书长，肖芳、张伟、张琴、高桥、高超5人为副秘书长；选举黄海洋为监事长。

5月28日

北京市副市长赵凤桐到应用文理学院考察指导工作，听取学院工作汇报，参观生物活性物质与功能食品实验室。市教委副主任张国华陪同。

6月12日

根据《关于成立北京联合大学大学生心理指导中心的通知》(京联发〔2006〕17号)文件精神，学校成立大学生心理指导中心，校党委副书记高东任主任，设办公室，挂靠在校学生处，负责日常工作。心理指导中心主要负责指导各学院开展学生心理普查、建立学生心理健康档案、开展心理健康教育活动、督促建立心理咨询室和开展心理咨询等活动。

9月29日

为迎接国家教育部本科教学工作水平评估，充分发挥班主任在学风建设的作用，校学生处在应用文理学院报告厅举行北京联合大学班主任评估动员会。校党委书记席文启、校长张妙弟、校党委副书记高东、副校长张铃在会上作动员报告，部分学院的班主任代表作会议发言。各学院主管学生工作的院领导、相关部门负责人及全校600余名班主任参加会议。

10月7日

校学生处组织召开学生干部评估动员会。校党委书记席文启、校长张妙弟、校党委副书记高东出席会议，高东作动员报告。校学生会主席纪坤鹏发言并向全体学生发出倡议，张妙弟发表讲话。

10月15—20日

根据国家教育部高等教育教学评估中心安排,教育部普通高等学校本科教学工作水平评估专家组一行13人到校进行为期5天的考察和评估。朱传礼任专家组组长、肖瑞峰任副组长,夏建国、李国臣、袁军堂、张诚一、魏克新、凌云、王鹏飞、马世力、陈解放为专家成员。10月16日,举行北京联合大学本科教学工作水平评估开幕式及汇报会,全体专家组成员、教育部高等教育教学评估中心副主任李志宏、北京市教委主任刘利民等领导与学校党政领导、教师代表一起出席会议。校党委书记席文启代表学校党政领导和全校师生员工致欢迎辞,刘利民、李志宏及专家组组长朱传礼分别代表北京市教委、教育部评估中心和教育部专家组在开幕式上发表讲话。会议播放学校宣传片《合力、实力、奋力》。校长张妙弟做本科教学工作水平评估工作汇报《联合之路、探索之路、奋进之路》,报告分三人部分、用24句话汇报评建工作。之后几天,专家组审阅《自评报告》等评估文件,参加社团节开幕式晚会,考察实践教学中心、信息网络中心、图书馆、物理实验室、体育运动场馆等公共教学设施和学生食堂等生活设施,考察校外实习基地2个,走访校区10个,共计本科学院12个、教学部门5个、职能处室10个,召开8次座谈会,随班听课34节,调阅学生毕业论文(毕业设计)480余篇、考试试卷23门、问卷调查19份,进行计算机基础能力、电子电路和英语口语测试,参观教学成果展览、学生科技文化获奖展示等。20日,评估专家组专家、市教委副主任张国华等领导出席本科评估专家意见反馈会,朱传礼组长宣读了考察评估意见。

10月23日

召开首批注册ASE(智能建筑专业)证书颁发暨北京联合大学ASEA工程技能测试中心成立会议。中国自动化学会副理事长孙柏林出席会议并致辞,中国自动化学会ASEA办公室主任马正午教授,中国建筑业协会智能建筑专业委员会副主任兼秘书长黄久松、专家组主任郭维钧、专家组常务副主任毛剑瑛和自动化学院领导在会议上作报告。共有来自全国智能建筑专业领域的132名工程技术人员通过资格认证,获得中国自动化学会签发的注册ASE(智能建筑专业)资格证书。

10月15日

在全国青少年迎奥运机器人竞赛中,特殊教育学院获得两银、两铜和“优秀组织奖”,3位辅导员获得“优秀辅导教师奖”,韩玉敏老师获得“突出贡献奖”。本活动由中国电子竞技运动发展中心、中国机械工业教育协会等单位联合举办。来自全国各地普通中小学、职业技术学校和特殊教育学院的300多名青少年及他们的指导教师参加了本次邀请赛。

11月5日

北京市副市长赵凤桐视察商务学院,副校长韩宪洲陪同。商务学院副院长刘允新陪同市领导巡视了校园,并介绍了学院的评估情况、后勤社会化情况,重点介绍了学院建设规划。赵副市长仔细询问了学院的基本情况,对校园环境建设和绿化予以充分肯定。

11月11—14日

首届海峡两岸客家高峰论坛在北京举行。论坛由北京联合大学台湾研究院与中华海峡两岸客家文经交流协会(台湾)共同主办。出席论坛的有:中国国民党中评委主席团主席、中华海峡两岸客家文经交流协会(台湾)理事长饶颖奇,世界客属总会会长刘盛良,香港崇正总会会长黎锦文,来自中国内地、台湾和香港等各界客家精英,共计近200人。论坛围绕“客家文化在台湾的传承与发展”和“客属企业家与两岸经济的发展”两大主题进行。全国人大常委会副委员长许嘉璐、国台办副主任郑立中、中央统战部副部长陈喜庆等到会祝贺,饶颖奇率台湾代表团参会。中国国民党主席马英九、荣誉主席连战和副主席吴伯雄等分别向论坛致贺电。本论坛是首次在北京举办的两岸客家人的大型民间交流活动,旨在推动两岸客家乡亲之间的亲情与乡情、交流与合作,推进两岸关系和经济的共同发展。

11月13—15日

现代休闲方式与旅游发展国际研讨会召开。研讨会由旅游学院主办,中国社会科学院旅游研究中心、中国艺术研究院休闲文化研究中心协办。参加研讨会的有:美国宾夕法尼亚州立大学教授、美国前国家休闲研究院主席杰弗瑞·戈比(Geoffrey Godbey),美国《休闲科学》杂志主编、北卡罗来纳州立大学教授卡拉·汉德森(Karla Henderson),澳大利亚格里菲斯大学高级讲师雷蒙德·赫宾斯(Raymond Hibbins),美国俄克拉荷马州立大学终身教授屈海林,新西兰奥塔构大学高级讲师奈尔·卡尔(Neil Carr),中国社会科学院旅游研究中心主任张广瑞,美国休闲研究会会员、中国艺术研究院休闲文化研究中心主任马惠娣,中国社科院旅游研究中心研究员、中央民族大学教授魏小安,哈尔滨工业大学教授、中国社会生活方式研究会会长王雅林,中国人民大学中国休闲经济研究中心主任王琪延,华东师范大学教授楼嘉军,来自北京、上海、湖南、江苏、河北、辽宁、广东、河南、四川、安徽和台湾等十几个省(市)的学术界专家,共计70余人参会。会议研讨内容涉及现代休闲的基本理论、中国休闲实践与旅游发展的现状与未来趋势、休闲活动与旅游发展、休闲与旅游业的发展、不同国家及不同城市的休闲方式比较、生活质量与休闲教育、城市休闲与乡村休闲对旅游业发展的影响,以及女性休闲行为、残疾人休闲方式与康复等方面的问题。共有19位专家、学者作专题演讲。

11月24—25日

校党委举办正处级以上领导干部培训班,全校168名正处级以上领导干部参加。会议主要目的为贯彻落实十六届六中全会精神,加强干部队伍建设。国防大学杨会春教授、国家行政学院胡治岩教授、北汽福田总公司党委书记赵景光、副校长高林分别作关于十六届六中全会精神、关于管理创新与领导艺术、关于福田汽车战略与管理创新,以及关于本科评估整改方案的报告。

11月27日

实践教学中心建设现场会在机电学院召开。校党政领导、校长助理,各学院(分校)书记、院长及主管实践教学副院长和教务部门负责人,校级实践教学中心负责人,校机关和直属单位相关部门负责人参加会议。机电学院院长张恩祥做题为《实践教学——培养技术应用性人才的基本保证》的主题报告。会议同时举行机电学院技术应用性人才培养试点学院揭牌,这是学校第一个技术应用性人才培养试点学院。

11月30日

北京联合大学师范学院教育实习基地建设合作委员会成立大会暨第一次会员大会召开。来自北京的近30所中等职业学校及有关教育机构的70多名校长、教务主任参加会议。

本年

北京联合大学被批准成为联合国教科文组织国际职业技术教育与培训联系中心(UNESO-UNEVOC comtor)网络成员。

2007年

3月1日

根据《关于成立应用科技学院(筹)的通知》(京联党〔2007〕8号)精神,决定以面向信息产业和现代服务业的高职专业为主体,成立应用科技学院。任命院长和副院长(暂定1名),学院级别为正处级。同时,学院成立高职教育教学领导小组和专业教学指导委员会,领导小组成员由应用文理学院、师范学院、旅游学院、生物化学工程学院、信息学院、管理学院、自动化学院、机电学院负责高职教育教学工作的院领导组成,组长由应用科技学院(筹)的院长担任;专业教学指导委员会成员主要由以上学院高职专业的负责人组成,主任由应用科技学院(筹)副院长担任。

3月9—10日

学校思想政治教育研究会召开第十次年会,国家教育部思想政治工作司司长杨振斌受邀出席会议并讲话,校党委书记席文启、副书记高东、第九届理事会组成人员、各学院相关人员共计80余人参加了大会。研究会理事长高东作第九届理事会工作报告。会议选举产生新一届理事会成员29人,高东连任理事长。

3月20日

北京市委常委、市委教育工委书记朱善璐主持召开特殊教育学院改扩建协调会,会议研究决定在原址改扩建,维持现有办学规模。

4月16日

北京市副市长陆昊听取了北京联合大学会展研究所所长李智玲关于第九届科博会调研评估报告的工作汇报。北京市贸促会副会长储祥银、市贸促会宣传部部长吕欣、北京联合大学商务学院刘允新副院长一同听取了汇报。

4月20日

干部任职宣布会议召开,宣布任免决定:柳贡慧任校长、党委常委,张连城任副校长、党委常委。北京市委常委、教育工委书记朱善璐,市委正局级巡视员、组织部副部长李维良等出席大会。

4月26日

根据北京市总工会《关于颁发"首都劳动奖章""首都劳动奖状"表彰2006年群众性"经济技术创新工程"先进个人和先进集体的决定》,文理学院韩建业同志获"首都劳动"奖章。

5月17日

北京大学生优秀村官事迹报告会在学校举行。报告会由北京市委教育工委、北京市人事局组织。管理学院毕业生、大学生"村官"王振宇在报告会上发言。

5月18日

召开党风廉政建设工作会。校院领导班子成员、全校副处级及以上干部参加会议,纪委书记黄海洋主持,校长柳贡慧作工作报告,党委副书记孙权讲话。大会同时启动主题为"加强作风建设,促进社会和谐"的党风廉政宣传教育月活动。

5月19日

中央电视台经济频道举办"春暖2007——点亮星空"大型公益晚会。特殊教育学院"残疾人就业辅导员培训"项目获得远东慈善基金会提供的50万元创业基金。远东慈善基金会由江苏省民政厅登记注册成立,主要资助方向是帮助、提高视障人士的就业能力,特别是能够给视障人士的就业提供帮助的就业培训和岗位培训。

5月12—20日

第七届全国残疾人运动会在昆明举办。特殊教育学院31名学生参加比赛,其中:30名学生代表北京队参赛,取得4金、4银、3铜的成绩;1名学生代表云南队参加比赛,取得1金、3银的成绩。谢青同学在游泳女子组50米自由泳项目中打破世界纪录并获金牌;钟永渊同学在田径女子组F42级铅球项目中打破世界纪录并获金牌。

5月23日

国家教育部发布《关于公布中国人民大学等133所普通高等学校本科教学工作水平评估结论的通知》,北京联合大学本科教学工作水平评估结论为良好。

5月29日

经校党委常委会研究决定,成立北京联合大学现代休闲与旅游发展研究所,该研究所为校级科研机构,挂靠在旅游学院。

5月31日

效力于英超阿森纳足球队的法国著名球星蒂埃里·亨利冒雨到特殊教育学院,观看特殊教育学院聋人足球队比赛并进行指导,并现场表演球技。特殊教育学院向亨利赠送带有球队所有球员签名的队服。

6月6日

由北京市教委、市军训办、中国国防大学军训办等组成的市军训工作检查组到校检查学生军训工作。校党委副书记高东出席军训工作情况汇报会,并在会议上介绍学校军训工作基本情况。汇报会上还专题汇报学生军事技能训练和军事理论训练工作情况。检查组对学校学生军训工作给予肯定。

6月10日

“传承人与学术界对话—北京地区非物质文化遗产保护与传承规律”学术研讨会召开。研讨会由北京联合大学与中央民族大学、首都博物馆及国际亚细亚民俗学会等多家单位联合举办。北京学研究所首席专家张妙弟教授和应用文理学院朱耀廷教授分别向大会致辞,应用文理学院组织教师参加会议,顾军教授做了题为《论非物质文化遗产传承与保护中的官、民、学的关系》的重点发言。

6月15日

北京市教委主任刘利民到特殊教育学院调研,党委书记席文启、学院领导班子成员参加座谈,并陪同视察校园。

6月19日

学校女教授协会邀请于丹做《构建和谐的心灵》的报告。市委教育工委副书记王民忠,市妇女联合会联络部部长刘颖,首都女教授协会会长、清华大学史静寰教授及学校党政领导席文启、孙权与北京市63所高等院校的300名女教授代表参加了这次报告会。

6月20日

在第四届“挑战杯”首都大学生课外学术科技作品竞赛中,北京联合大学获奖作品11件,分别为一等奖1项、二等奖2项、三等奖8项。

6月24日

联合国职教中心主任Maclean教授和北京联合大学柳贡慧校长共同为联合国教科文组

织国际职业技术教育与培训联系中心揭牌,北京联合大学高等技术与职业教育研究所为"中心"执行机构。

6月27日

在北京高校离退休干部基层党组织建设研讨会上,校本部离休干部党总支书记张玉如代表北京联合大学作了交流发言。

7月4日

根据《教育部办公厅关于公布2007年度普通高等教育精品教材书目的通知》(教高厅函〔2007〕46号),高林、袁玫主编的《计算机公共基础》和谭浩强主编的《C语言程序设计教程(第三版)》被评为2007年度普通高等教育精品教材。

7月20日

召开职业教育基于工作过程的课程设计与教师教育国际研讨会。研讨会由高等技术与职业教育研究所和四所国外高校共同主办。在研讨会上,德国不莱梅大学向8位专家颁发"职业教育基于工作过程的课程开发"证书,获证的5位中国专家中有北京联合大学高林教授、鲍洁教授和陶秋燕教授3人。这是德国不莱梅大学第一次在世界范围内颁发此证书。

8月9日

根据《教育部、共青团中央关于表彰全国三好学生、优秀学生干部和先进班集体及其标兵的决定》(教思政〔2007〕13号)文件精神,校学生会主席纪坤鹏获得"2006年全国优秀学生干部"称号。

9月5日

《关于印发〈北京联合大学全日制普通高等教育学生学籍管理规定(试行)〉的通知》颁布。根据通知文件精神,在全校范围内统一学籍管理,执行统一规范,新生、在校生及毕业生均实行集中统一的电子注册。

9月9日

2007级硕士研究生开学典礼举行。2007级硕士研究生是学校获批硕士点后,首批自主招收、独立培养的硕士研究生,共30人,设有专门史、计算机应用技术和食品科学三个专业。

9月13日

《支撑北京郊区可持续旅游发展的产业与环境战略研究》课题结题会召开。北京学研究所所长、课题组组长张妙弟就项目有关情况进行汇报,经专家评议,同意研究课题通过验收。该课题是北京市哲学社会科学规划项目、北京市教委人文社科研究计划重点支持项目(项目编号:SZ200411417014)。

9月14日

与北京金隅集团共设的"金隅奖助学金"协议签约仪式举行。校党委书记席文启、校长柳贡慧、党委副书记高东,北京金隅集团党委书记、董事长王东,总经理蒋卫平等参加了签约仪式。

10月13—21日

在第二届北京大学生艺术展演活动中,学校艺术团参加了全部8项的比赛,获取一等奖5个、二等奖2个和三等奖1个。

10月26日

校工会和校党委宣传部联合举办师德报告会,请教育部思政司副司长冯刚做题为《弘扬大学精神、加强师德建设》的师德报告。校、院、部师德师风建设领导小组成员,历年获市级、校级优秀教师、优秀教育工作者,"三育人"先进、教育创新标兵、青年教师教学基本功比赛获奖者,校部机关各部门和直属单位相关负责人,各学院、各部门教职工代表等300余人听取了报告。报告会由校党委副书记孙权主持。

11月8日

北京联合大学奥运独立训练场馆团队运行工作启动仪式暨第一次全体会议在小营校区图书馆大会议室举行。按照奥组委有关文件和工作要求,本奥运独立训练场馆团队负责独立训练场馆的训练服务、安保服务、交通服务、设施保障服务等运行任务,副校长张连城任场馆团队经理。奥运(足球裁判员)独立训练场馆是北京市45个奥运会独立训练场馆之一,承担奥运足球裁判员独立训练场馆的任务。

10月19日—11月9日

"迎奥运,促健身"2007年体育节举办。10月19日,体育节开幕式在小营校区体育场举行,开幕式上进行了广播操和旗操表演,600多名教职工代表在学校领导的带领下进行健步走活动。本次体育节共举办体育健身活动13项、比赛200余场,其中有竞技性极强的足球、篮球,也有啦啦操、踢毽子等大众健身娱乐项目。全校师生共有5000余人次参与其中。是历年全校体育活动规模中最大的一次。

11月11日

北京奥组委举行"北京奥运会、残奥会志愿者培训基地"授牌仪式。特殊教育学院是全国两家"北京奥运会、残奥会志愿者培训基地"之一,将利用教育资源为奥运会、残奥会作贡献。

11月14日

高校党风廉政建设责任制检查组到校,对学校党委落实党风廉政建设责任制方面的情况进行检查。检查组由北京市委教育工委委员、市教委委员、市教育纪工委书记周燕担任组长,检查组成员有北京市委教育工委、市教委、部分高校纪委书记等有关领导。

11月17日

第二届全国大学生广告艺术大赛颁奖大会在人民大会堂举行。本届大赛是由国家教育部高教司主办,高等学校新闻学学科教学指导委员会组织,北京联合大学广告学院、中国传媒大学广告学院和高等教育出版社承办的面向全国在校大学生的一项广告策划创意实践活动。教育部高等教育司副司长刘桔、高等教育教学评估中心副主任李志宏、北京联合大学校长柳贡慧及部分省市高等教育行政部门、高等学校等相关单位领导出席颁奖大会。本届大赛于2007年1月启动,历时10个月,全国628所高等学校参加。参赛作品分平面、影视、广播、网络、公益、广告策划案6个类别。收到作品4万多件,参与学生、教师12万人,各分赛区推荐作品7107件,最终获奖作品1584件,其中一等奖36个、二等奖93个、三等奖227个、优秀奖1228个,获奖面分布全国29个省、直辖市、自治区。

12月2日

《北京联合大学学报》创刊20周年庆典暨2007年学报顾问、编委联席会议举行。出席会议的有：上级主管部门领导，相关学科的专家学者，期刊学会代表，兄弟学报代表，《北京联合大学学报》顾问、编委，共计50余人。全国政协常委、中共中央宣传部原副部长、学报顾问翟泰丰出席会议并讲话。

12月5—7日

本科评估整改专家组到学校考察，对一年来学校的评估整改工作再次进行了检查和指导。专家组一行8人，朱传礼任组长，成员有魏克新、夏建国、张诚一、刘春生、刘光栋、李纪安、宋烈侠。6日召开本科评估整改专家考察指导大会，教育部评估中心副主任李志宏、北京市教委副主任郭广生和专家组组长朱传礼等上级领导对学校邀请评估专家进校检查整改工作给予充分肯定，汇报会由副校长高林主持，校党委书记席文启致欢迎辞，校长柳贡慧以《巩固 深化、发展、提高》为题，从“依据评估意见，制定整改方案”“狠抓落实，整改工作已见成效”“积极思考，谋划未来发展之路”等方面汇报整改工作的总体情况。7日下午举行的评估整改专家组的意见反馈会，专家组对学校整改工作进行点评和工作指导。

12月15日

2007年科技工作会在商务学院召开。参加会议的有：党委书记席文启、校长柳贡慧、党委副书记孙权、副校长高林、副校长冯虹、副校长张连城，各学院书记、院长、主管科研工作的院领导、科研管理部门负责人，校部机关有关部门和直属教学单位主要负责人，各市级、校级重点建设学科带头人和研究方向学术带头人，各市级、校级科研机构负责人，具有正高级专业技术职务、硕士研究生导师、研究生学位课任课教师等，近300人参会。席文启致开幕词，冯虹作题为《统一认识，科学发展，为实现科技强校而努力工作》的工作报告，副校长高林宣读《关于对2006—2007学年度考核结果为优秀的重点建设学科带头人进行表彰的决定》和《关于奖励2006年度北京联合大学科研成果获得者的决定》，为优秀市级重点建设学科带头人、优秀校级重点建设学科带头人及获得2006年度科研成果奖的各学院代表颁奖。校长柳贡慧作总结讲话并致闭幕词。会议旨在突出应用研究，推动学科发展，坚持科技创新，服务首都建设。会议对2003年科技工作会议以来，学校科学技术和学科建设工作进行全面阐述，对未来几年相关工作进行展望与部署。应用文理学院副院长张宝秀、信息学院院长鲍泓、自动化学院副院长田景文、商务学院党委书记张建林、应用文理学院惠伯棣教授和人文社科部刘小新教授作会议交流发言。北京市哲学社会科学规划办公室主任陈之昌、北京市教委副主任郭广生应邀出席会议并讲话。

2008年

1月17日

学校召开2007年度安全稳定工作总结表彰暨2008年迎奥运校园安保工作动员大会。会议由校保卫处处长孙桂生主持，副校长张连城为获奖的集体和个人颁奖，并作重要讲话，就2008年奥运场馆安保工作进行了动员部署。会上传达了全国政法会议和北京市政法会议的精神。

2月18日

师范学院承办中国职业技术教育学会职教师资专业委员会副主任会议。师范学院是职教师资专业委员会副主任单位。会议主要研究中国职教师资专业委员会2008年工作计划、科研内容和中国中职教师队伍发展报告编撰等问题。国家教育部职业教育与成人教育司和教师工作司有关领导参加会议。来自天津、上海、江西、吉林、湖北等全国20余所副主任单位高校参加了会议。

2月28日

为进一步做好学生精神疾患和心理问题的预防和处理工作,学生处与心理素质教育中心联合下发《关于做好预防学生心理危机事件发生工作的紧急通知》,对相关工作作出安排和要求,要求各学院对已出现的问题进行处理和对可能出现的情况进行排查。这是学校首次面向全体在校学生开展的大规模心理危机排查工作。

3月11—29日

北京市旅游局主办,旅游学院承办的奥运签约酒店西餐培训工作在旅游学院酒店与餐饮管理系实训基地开展,95家奥运签约酒店的约100名人员参加培训。奥运签约饭店西餐厨师培训工作是“北京市市政府折子工程”,旅游学院酒店与餐饮管理系被北京市旅游局认定为承办该项培训工作的单位。

3月29日

由北京奥运经济研究会,德国阿德纳基金会,北京联合大学应用文理学院、奥林匹克文化研究中心共同举办,北京红色久久文化传媒有限公司协办的“2008年奥运会:世界聚焦中国——经济增长,可持续发展,社会凝聚力”高峰论坛在北京五洲皇冠假日酒店召开。论坛设“同一个世界,同一个梦想”“奥运会对举办国经济的影响”“奥运会与提升社会凝聚力”“绿色奥运”“奥运会与媒体”“奥运会与国家品牌”六个专题。参加会议的有:北京奥运经济研究会会长、国际排联第一副主席、亚奥理事会体育运动委员会主席魏纪中,德国奥林匹克体育联合会(DOSB)副主席古德伦·多尔和泰佩尔教授等中外专家和学者参会发表演讲,中国环境保护部、北京奥组委、北京市市委市政府等相关部门领导,高等院校师生、社会各界代表,参会人员约120余人。

4月10日

根据《北京市教育委员会关于公布北京市重点学科名单的通知》(京教研〔2008〕4号)文件,特殊教育学、人文地理学和旅游管理3个学科新增为北京市重点建设学科。

4月14日

应用科技学院挂牌仪式在昌平校区举行。校党委书记席文启到会并讲话,校长柳贡慧主持仪式,校党委副书记孙权宣读应用科技学院专业和人事等安排,应用科技学院党委书记丛森和院长王洪分别发言。

4月18日

2008年奥运会誓师动员大会召开。会议由校长柳贡慧主持,核党委书记席文启出席会议并发表讲话。全校正处级以上干部及各学院保卫、学生、后勤部门主要负责人参加会议。会上举行责任书签订仪式,席文启、柳贡慧分别与各学院党委书记、院长签订《维护学校安全稳定、实现平安奥运目标》责任书;副校长张连城与学校机关、直属单位主要负责人签订了责任书,并以奥运场馆运行团队经理的身份与其5位副经理签订了任务书。张连城通报了“平安奥运行动”和奥运会足球裁判员训练场馆运行团队的工作情况并提出下一步工作要求。党委副书记高东介绍奥运志愿者的前期工作及下一步工作意见。奥运场馆运行团队代表范清惠、校团委书记尹福斌、保卫处长孙桂生分别代表奥运场馆运行团队、奥运志愿者、校全体安保工作者和机关职能部门发言。

5月6日

在“上海之春”国际音乐节管乐艺术周暨创智杯中国第二届非职业优秀管乐团队展演上，学校军乐团获大学组金奖，乐团指挥王辉获优秀指挥奖。

5月8日

校本部离休干部党总支被评为北京高校先进基层党组织。

5月16日

党风廉政建设工作会召开。校院领导班子成员，全校副处级及以上干部参加会议，校党委副书记孙权主持会议，校纪委书记黄海洋做工作报告，校党委书记席文启作重要讲话。会上观看反腐倡廉警示教育片，举行校领导与学院党政一把手签订党风廉政建设责任书的仪式。大会的召开标志着围绕“讲党性、重品行、作表率”开展的党风廉政宣传教育月活动正式启动。

5月20日

商务学院电子商务系2004级赴英留学生在英国苏格兰西部大学顺利完成毕业设计(论文)答辩。这是商务学院留英学生首次在国外举行国内学位的毕业论文答辩。

5月30日

北京联合大学军乐团与美国普渡大学行进表演乐队在解放军军乐厅共同举办《奏响和平友谊号角》的音乐会。

6月12日

干部宣布大会召开，宣布干部任免决定：席文启同志调至北京市人大常委会工作，任命徐永利同志为北京联合大学党委书记。

6月13日

北京市委教育工委《关于公示2007—2008年度北京高校十佳辅导员评选会结果的通知》发布，自动化学院教师王鹤被评为“2007—2008年度北京高校十佳辅导员”；应用文理学院吕红梅等13名辅导员被评为“2007—2008年度北京高校优秀辅导员”

8月28日

北京残奥会圣火取火仪式暨火炬接力启动仪式在北京天坛举行，特殊教育学院聋人大学生姜馨田作为圣火采集使者引燃了奥运圣火。

9月8日

根据《关于教务处、教学督导室、本科评建办公室机构调整的意见》(京联党〔2008〕30号)文件精神，撤销本科评建办公室，将教学督导室并入教务处，原教学督导室的职责纳入教务处职责范围，原教学督导室、本科评建办公室的干部由校党委统一调配，调整后的教务处，处级干部4人(1正3副)，人员编制(含处级干部，不含电教中心)为25人。教务处下设学籍学位科等6个科级机构和处办公室，电教中心仍挂靠教务处。

9月9日

根据《关于向教职工爱心互助基金会捐款活动的通知》精神，学校设立“北京联合大学教职工爱心互助基金”，并成立教职工爱心互助基金会，向身患重疾、遭受意外、生活困难的教职工提供爱心帮助。提出“群办校助、自我积累、自我补充”原则，帮助患重大疾病和特困人员。

9月16日

旅游学院3名奥运志愿者代表旅游学院奥运志愿者“一线入党”的11名新党员，在奥运

(残奥)村C区临时党总支总结大会上宣读入党誓词。

9月6—17日

在北京残奥会上,特殊教育学院学生谢青在女子100米自由泳-S11的决赛中,以1分08秒96的成绩摘得金牌,并打破自己在预赛中创造的世界纪录;特殊教育学院学生姚永全、杜进冉与队友们一起获得男子盲人门球冠军;特殊教育学院学生林珊与队友们一起获得女子盲人门球银牌。

9月18日

根据《教育部 财政部关于批准第三批高等学校特色专业建设点的通知》(教高函〔2008〕21号),北京联合大学机械工程及自动化专业、资源环境与城乡规划管理专业(经费自筹)被评为2008年度国家级高等学校特色专业建设点。

9月25日

中国旅游协会旅游教育分会成立大会在杭州萧山举行,旅游学院院长赵鹏当选为分会副会长,并担任常务理事。

9月27日

在全国教育科学规划办公室召开的国家级科研课题负责人会议上,自动化学院孙建京院长主持申报的"应用型大学发展与学科专业建设研究"入选2008年度国家教育科研规划课题。

9月29日

北京奥运会残奥会总结表彰大会在北京人民大会堂举行,特殊教育学院学生谢青、姚永全荣获中共中央、国务院授予的"奥运会、残奥会先进个人"荣誉称号。

10月14日

在第二届全国大学生艺术展演北京地区选拔赛中,学校管乐团的《强音》和舞蹈团的《鼓舞行》入选参加第二届全国大学生艺术节。

10月18日

建校三十周年庆祝大会在国家体育馆举行。国家教育部副部长袁贵仁、北京市教委主任刘利民等上级领导,北京科技大学党委书记罗维东等国内兄弟单位代表,莫斯科人文大学副校长阿戈耶夫等国外友好合作单位代表,校、院数十位老领导,长期关心、支持学校发展的社会各界朋友、各届校友代表及师生代表等共15 000多人参加了庆祝大会,校党委书记徐永利主持会议,校长柳贡慧致欢迎辞。学生代表向在校工作30年以上的教职工,2008残奥会圣火采集者姜馨田(特殊教育学院学生),残奥会冠军获得者谢青、姚永全、杜进冉(均为特殊教育学院学生),神舟七号宇宙飞船系统总体主管设计师俞进(应用文理学院1993级毕业生)等献花。会上还进行了啦啦操表演和文艺汇演。罗维才、阿戈耶夫分别代表国内兄弟院校和国外友好合作单位讲话,北京2008奥运会、残奥会开闭幕式运营中心主任王宁代表15万校友致辞,应用科技学院支芬和教授、2005级本科生王钊分别代表全校师生发言。北京市委书记刘淇、全国政协副主席罗豪才、中央党史研究室副主任龙新民及北京大学、清华大学、中国台湾建国科技大学、美国旧金山州立大学等近百家国内外单位发来贺信,李岚清、陈至立、韩启德、许嘉璐、林乎加、柳斌等领导为学校题词,北京化工大学、首都经贸大学等数十家单位送来了贺礼、贺信。

此外,为庆祝建校三十周年,学校和各学院先后举办了田径运动会、纪念改革开放三十周年学术研讨会、“奥林匹克与世界”中美韩国际学术研讨会、应用性本科教育国际研讨会、2008 海峡两岸应用性(技术与职业)高等教育学术研讨会和地方文化与地方学学术研讨会等系列活动。

10 月 22 日

在北京奥组委驻会记者和相关合作单位答谢会上,北京联合大学北京奥运会筹办报告课题组获“北京奥运会残奥会新闻宣传贡献奖”先进集体和先进个人。

10 月 31 日

由校学生处主办,校党委宣传部和校团委协办的“联大博学讲堂”活动启动。“联大博学讲堂”主要围绕国际、国内形势和热点、焦点问题,邀请校内外专家、学者为学生开设讲座,引导大学生认清形势,把握大局。

11 月 3 日

干部宣布大会召开,宣布干部任免决定:付晨光、周志成任北京联合大学党委副书记,高东调北京农学院担任党委副书记。

11 月 4—5 日

由北京联合大学、上海第二工业大学、深圳职业技术学院和台北科技大学联合主办的海峡两岸应用性(技术与职业)高等教育学术研讨会在北京举行,会议由北京联合大学承办。本届研讨会主题为“挑战与应对——新形势下的两岸应用性(技术与职业)高等教育”,来自海峡两岸 34 所院校的 148 位专家学者参加。

11 月 17 日

北京市化工学校、北京市医药器械学校并入宣布会在校本部召开。北京市委教育工委副书记、市政府教育督导室主任线联平到会宣读市教委《〈关于北京市化工学校和北京医药器械学校并入北京联合大学的实施方案〉的批复》,宣布北京市化工学校和北京市医药器械学校并入北京联合大学。

11 月 20 日

北京市档案局(馆)举行北京奥运会、残奥会档案工作总结表彰会,北京联合大学档案室被评为北京奥运会、残奥会档案工作先进集体。

11 月 22—27 日

在中国高校自然科学学报研究会第 12 次年会暨第 2 届中国高校“精品·优秀·特色”科技期刊奖颁奖大会上,《北京联合大学学报》编辑部被评为高校科技期刊先进集体,《北京联合大学学报》(自然科学版)被评为中国高校特色科技期刊。

11 月 28 日

学校召开安全保卫工作经验交流会,就弘扬奥运安保精神、以和谐理念推进平安校园建设进行研讨,校党委书记徐永利、副校长韩宪洲参加会议并讲话。

11 月 29 日

应用文理学院实验楼举行“2008 年学术前沿论坛——后奥运与首都经济发展论坛”。本次论坛由北京市社会科学界联合会主办,北京奥运经济研究会、北京联合大学奥林匹克文化研究中心承办。奥林匹克文化研究中心主任、应用文理学院党委书记孔繁敏教授主持论坛。北奥集团董事长杜巍,中国社科院茶产业发展研究中心主任陆尧,首都旅游集团首席研究员李庚,北京体育大学体育产业研究中心主任林显鹏等专家学者参会。与会人士认真分析了奥运后首都经济发展的走势，从体育产业、茶产业、旅游产业等行业发展的角度探讨适合后奥运经济发展的思路，对继续保持首都经济持续发展提出了建设性的建议和意见。

11月

为使学生们感受老北京乡土文化的魅力、了解非物质文化遗产保护的重要意义，应用文理学院团委、历史系、京韵文化社联合举办“非物质文化遗产进校园”大型主题活动月。活动共四个主题：老北京曲艺知识讲座、老北京民间手工艺现场制作展示，老北京地方戏剧专场、老北京曲艺专场。本次活动拉近了学生与传承人的距离，也让这些传承人选择在校大学生作为手艺继承人成为可能。

12月9日

学校召开德育工作研讨会，校党委副书记周志成主持会议。会议对学校三十年来德育工作的发展历史、取得的成绩和特色亮点进行了总结，对存在的问题进行深入探讨，从学生工作队伍建设、把握学生特点、全员育人、学生社团的发展、培养应用性人才等方面展开研讨，对在德育工作中结合学校办学方针、落实学校办学理念等方面提出建议，对学校下一步德育工作的开展具有重要指导意义。

12月18日

特殊教育学院改扩建工程奠基仪式举行。特殊教育学院改扩建工程是北京市重点项目，规划“建设一所国内一流的特殊教育学院”，规划建设小组由北京市发展和改革委员会、北京市规划委员会、北京市教育委员会组成，工程经费全部由市政府投资。改扩建工程是在特殊教育学院原址基础上进行改扩建，项目设计以“爱、阳光、生命”为主题，强调“平等、参与、共享”的基本设计理念，最大限度为特殊教育学院师生提供便捷、舒适的学习及生活环境。按照市委、市政府的要求，项目建成后，特殊教育学院可容纳800名学生规模，将成为首都特殊教育现代化人才培养基地、科研服务基地、培训基地，展示首都特殊教育的示范性窗口，促进北京市教育事业均衡、全面发展。

12月23日

北京高校组织部长联席会第四组片会在北京联合大学举行，来自北京师范大学、北京科技大学等11所兄弟院校的组织部长参加。与会的高校组织部长分别介绍了各自学校2008年的工作情况和2009年的工作打算，各高校工作的亮点和特色，引发了大家浓厚的兴趣和热烈的讨论，会议实现了交流经验、互相启发、增进感情的目的。

12月23日

由北京市委教育工委、市教委主办，北京联合大学承办的2009年北京大学生新年音乐会在中国人民解放军军乐厅拉开帷幕。北京市教育工委常务副书记张建明、市教委副主任杜松彭、北京管乐协会主席、中国人民解放军军乐团团长于海、中国人民解放军军乐团国家一级作曲曲成久、王和声，校、院党政领导、机关各部门领导出席。音乐会演出由北京联合大学管乐团承担。

12月25日

根据中国知网(CNKI)中国学术期刊文献评价统计分析系统提供的“中国学术期刊引证指标统计表(2007)”，按影响因子排序，《旅游学刊》的影响因子(2.673)居CNKI社会科学类期刊的第16名；按五年影响因子排序，《旅游学刊》的5年影响因子(3.437)居CNKI社会科学类期刊的第7名。

12月26日

北京市教委、市大学生体育协会选派的评估专家到校检查,对学校贯彻落实《学校体育工作条例》情况进行验收。评估专家组经考察评议,认为学校体育工作具有“领导重视,认识到位,管理规范,形式多样,成效鲜明”的特色,希望继续发扬优势,推广经验。

12月27日

北京联合大学教师培训学校第一期培训班开班仪式在北院报告厅举行,校党委书记徐永利、校长柳贡慧,校党委副书记孙权、付晨光出席开班仪式。培训学校将采取轮训的方式面向全校教师进行培训。培训内容涉及应用性教育发展趋势和理念教育、教育教学方法改革培训、学科专业建设骨干培训、新教师培训、提高教师的执教水平和执教艺术培训、师德教育等。

12月29日

北京市高等教育学会教材工作研究会五届第二次全体理事人会暨2008年会在北院报告厅召开。北京市高等教育学会常务副会长兼秘书长陈锡章、校党委书记徐永利、北京市高等教育学会教材工作研究会常务副理事长、首都师范大学教务处长王德胜出席会议。会议由研究会副理事长、校教务处副处长周华丽主持,研究会副理事长、常务理事及理事单位共60多家高校代表出席会议。

12月30日

管理学院2006届毕业生、平谷区马坊镇二条街村村支书助理王丽娜回到母校,与学弟学妹就大家关心的就业问题进行座谈。校领导徐永利、柳贡慧、周志成,校党委宣传部、团委、管理学院领导,以及平谷区马坊镇二条街村村支书和两位村民代表参加座谈会。

本年

奥运期间,全校志愿者总数达7000多名,是首都高等院校中志愿者人数最多的高校之一。6名教工进入北京奥运会交通服务运输团队;教师徐博东、范清惠、学生党晶辉和学生杨宇航、钱华分别参与了北京奥运和残奥会火炬传递;教师韩如冰的家庭入选首批41家“奥运人家”。小营校区体育场被奥组委确定作为奥运会足球裁判员训练场,奥运会期间,学校训练场团队共接待了国际足联来自57个国家和地区的裁判员、技术官员和贵宾共计742人次,团队人员上下一心,发扬团队精神,扎实开展工作,圆满完成了训练场的服务任务。多人获得北京市的表彰。

2009年

1月8日

干部宣布视频会议召开,宣布黄先开任北京联合大学副校长。校领导班子成员、学院领导班子成员、校机关和直属单位正职负责人参加会议。会议由校党委副书记付晨光主持。校党委书记徐永利宣读北京市政府任命书。

1月10日

学校召开高等技术与职业教育研究所成立十周年庆典。国家教育部高等学校教育教学评估中心副主任李志宏、北京市教委专职委员孙善学、中国职业教育学会常务副会长刘来泉、北京市教科院副院长吴岩、《中国高教研究》主编王小梅、教育部高教司高职高专处副处长林宇、北京联合大学校长柳贡慧等领导、专家及研究所的全体研究人员、部分老同志共80

余人出席了庆祝大会。所长鲍洁教授向与会代表介绍了高等技术与职业教育研究所10年来所走过的改革、探索、发展之路及所取得的丰硕成果。柳贡慧代表学校对高等技术与职业教育研究所10年来为学校的改革发展所作出的贡献给予了高度的评价。

1月14日

北京联合大学纪检监察办公室被北京市纪委、市人事局、市监察局授予2005—2008年度北京市先进纪检监察组织。

2月9—14日

在国家教育部主办的全国第二届大学生艺术展演活动上,学校器乐作品《强音》获普通组(甲组)一等奖,指导教师为王辉、谢飞雁;舞蹈作品《鼓舞行》获普通组(甲组)一等奖,指导教师为谢飞雁。

2月16日

《旅游学刊》被中国社会科学院文献计量与科学评价研究中心评为"中国人文社会科学核心期刊"(2008年版,即第二版),第2次入选《中国人文社会科学核心期刊》。

2月19日

由北京教育新闻中心联合北京日报、人民网等12家媒体开展的2008年"首都十大年度教育新闻人物"评选揭晓,北京联合大学学生姜馨田与其他9位首都教育界人士获此殊荣。

3月6—7日

学校召开德育研究会第十一次年会。市委教育工委副书记王民忠,国家教育部思政司思政处处长徐艳国、市委教育工委宣教处处长狄涛、市委教育工委宣教处副处长王达品应邀出席年会。大会通过第十一届理事会成员名单,选举周志成担任理事长,对16名坚持学生思想政治工作岗位10年的教职人员进行了表彰。

3月31日

北京奥运会、残奥会文化物品第二次捐赠仪式在北京奥运大厦举行,北京联合大学广告学院获赠奥运会残奥会颁奖礼仪服装两套。

4月3日

学校召开第一次思想政治理论课学科建设工作会议。校长柳贡慧、校党委副书记孙权、周志成出席会议。校思想政治理论课教学指导委员会委员、各协作组组长和各学院社科部教师等近50人参加会议。会议由校思想政治理论课教学指导委员会副主任梁怡主持。周志成做了题为《关于思想政治理论课学科建设和近两年工作的思考》的主题发言,与会人员对学科建设和教学科研实践工作中的有关问题展开讨论。

4月8日

北京市高校第二届多媒体教育软件大奖赛颁奖典礼在首都师范大学国际文化大厦国际报告厅举行。自动化学院郑坚老师制作的"计算机辅助绘图(AutoCAD实训)"获得一等奖。

4月11日

机电学院开展见习工业工程师资格考试,机电学院工业工程专业21名高年级同学参加考试。本次考试是全国第一批见习工业工程师资格考试试点高校承办的首次"见习工业工程师"资格考试,第一批试点高校还有重庆大学、河北科技大学和郑州航院,共计4所。

4月21日

北京市教委主任刘利民到机电学院调研,市教委办公室主任张永凯陪同。校党委书记徐永利、校党委副书记付晨光,机电学院领导班子成员、党校办公室主任张伟、校党委宣传部部长张奕、市人大代表李敬老师参加了工作汇报会。汇报会由机电学院党委书记黄建华主持。

4月21日

北京联合大学特殊教育学院实习医院挂牌暨兼职教授聘任仪式在北京按摩医院举行。中国残疾人联合会副理事长程凯、北京市中医药管理局局长赵静、北京联合大学校长柳贡慧以及特殊教育学院和北京按摩医院领导,特殊教育学院和北京按摩医院职工代表、实习学生代表以及部分新闻媒体记者参加了挂牌仪式。仪式由中国残疾人联合会教育就业部副主任钱鹏江主持。

4月22—24日

在俄罗斯莫斯科人文大学举办的第11届国际大学生广告大赛上,广告学院学生蔡辰的作品"健康生活"获得社会类(公益)广告组一等奖,北京联合大学被大赛组委会授予最佳组织参与奖。广告学院常务副院长张俊玲出席大赛,并在开幕式上作为嘉宾发言。

4月29日

学校与中国教育报、SMC(中国)有限公司共同主办的"校企联手培养应用性人才大讨论"活动在SMC(中国)有限公司举行。校长柳贡慧、校党委副书记周志成、副校长黄先开、SMC(中国)有限公司总经理赵彤、《中国教育报》北京记者站站长蔡继乐出席论坛,学校师生代表和在SMC工作的毕业生参加论坛。论坛就在基础知识学习与实际工作及继续学习的关系、"产学结合"教育现状与目标,以及学校培养和企业需求的衔接上存在的问题等开展讨论,对学校与企业的进一步产学合作提出了希望。论坛活动在SMC(中国)有限公司举行,由机电学院副院长毛智勇和在SMC企业工作的我校毕业生魏冬青共同主持。论坛吸引了《光明日报》、中国教育电视台、《北京日报》等多家媒体的关注,并参与了论坛讨论。

5月2—5日

在北京航空航天大学举行的首都高校第47届大学生田径运动会上,北京联合大学田径代表队以团体总分199分的成绩获得乙组男、女团体第二名。这是学校参加首都高校田径运动会以来取得的最好成绩。

5月6日

管理学院召开2009年北京中小企业发展研讨会,主要议题是邀请北京市发改委中小企业处副处长侯廷远做专题报告,就管理学院(中小企业研究所)与北京市发改委(中小企业处)在学术研究、人才培养、社会服务等方面的合作进行研讨。参加研讨会的主要成员有北京市发改委中小企业处副处长侯廷远、魏颖、管理学院党委书记尹庆民、院长杨宜、副院长兼中小企业研究所所长陶秋燕,以及工商管理教研部和金融保险教研部的部分教师。研讨会由陶秋燕主持,主要议程包括:陶秋燕汇报中小企业研究所成立以来的主要工作和2009年工作计划;侯廷远做专题报告;杨宜介绍"北京市中小企业政策资金支持方式研究"的立项报告,中小企业研究所副所长张波老师介绍"北京中小企业发展报告"项目的思路及工作进展情况;温强介绍"中小企业热点问题研究"项目的进展情况。会上,管理学院与北京市发改委中小企业处双方对合作项目进行了交流,并就正式立项事宜达成共识。

5月11日

特殊教育学院在第四次全国特殊教育工作会议获得由国家教育部、民政部和中国残疾人联合会联合颁发的“全国特殊教育先进单位”奖牌。副校长冯虹、院党委书记曲学利作为特邀代表出席大会。

5月12日

市属市管高校审计协作组(第四组)2009年第一次会议在小营校区召开。北京市教委审计处处长曹永模出席会议。首都经贸大学、北京青年政治学院、北京电子科技职业学院、北京工商大学、北京工业职业技术学院、首都体育学院和北京信息科技大学八所高校的审计机构负责人及部分代表参加会议。

5月14日

北京市教育工会主席张青山到北京联合大学检查工作,校党委书记徐永利对张青山主席来学校检查工作表示欢迎,并对今后的工会工作提出了新的要求。

5月16—17日

自动化学院学生孙跃、娜日莎在2009年“亚龙杯”全国大学生智能建筑工程实践技能竞赛(高职组)中获得二等奖。

5月26日

国家博物馆向应用文科综合实验教学中心调拨了一批珍贵文物,共160余件套。此次活动是国家博物馆首次向高校调拨文物。

6月10日

北苑校区举办“交流·共赢·发展”为主题的校企联谊会,北京同仁堂股份有限公司、拜耳医药保健品有限公司等40家来自北京市医药行业的企业领导、专家及人力资源主管近60人参加,柳贡慧出席并发表讲话。

6月12日

北京市教委召开2009年北京市学生阳光体育推进会。北京联合大学被授予“2008年北京市大学生阳光体育联赛优胜学校”称号。

7月6日

根据《北京市教育委员会办公室关于公布2009年北京市优秀教学团队名单的通知》(京教高办〔2009〕5号),旅游学院高职“烹饪工艺与营养专业实践课程教学团队”和信息学院本科“通信工程专业通信与网络课程群教学团队”获优秀教学团队称号。“烹饪工艺与营养专业实践课程教学团队”被推荐参加2009年国家级教学团队的评审。

7月6日

根据北京市教育委员会办公室《关于公布2009年北京市级特色专业建设点名单的通知》(京教高办〔2009〕6号),应用文理学院历史学专业、生物化学工程学院建筑环境与设备工程专业被北批准为市级特色专业建设点。

7月8日

北京市教育工会主席张青山等七名专家来校,对校工会申报“北京市先进教工之家”工作进行验收。校党委书记徐永利、校长柳贡慧、党委副书记、工会主席付晨光、常务副主席兰荣林、副主席朱玉英、李莉卿参加了验收会。

7月14日

根据市教委办公室《关于公布2009年度北京高等学校市级精品课程名单的通知》，管理学院教师薛万欣主讲的“电子商务网站建设”本科课程、应用科技学院教师李宇红主讲的“市场营销实务”高职课程被评为北京市高等学校精品课程。

7月14日

根据市教委办公室《关于公布2009年北京高等学校实验教学示范中心名单的通知》，应用文科综合实验教学中心成为本校第二个市级实验教学示范中心。

7月23—27日

由国家教育部高等学校文科计算机基础教学指导委员会主办的2009年(第二届)中国大学生文科计算机设计大赛在华中师范大学举行。生物化学工程学院学生代表队创作的作品“中秋节设计”“端午系列海报设计”分获大赛媒体制作设计类作品优胜奖和入围奖。

7月30日

举行与北京诺贝广告有限公司举行终止合作协议签约仪式。校党委书记徐永利、校长柳贡慧、副校长张连城，以及北京诺贝广告有限公司董事长刘瑞武等出席，张连城主持会议。

8月27日

学校专门为家庭经济困难学生开设了“绿色通道”服务站，有87名贫困生办理了缓交学费入学手续，44名特殊困难家庭学生获得助学“爱心助学礼包”。

9月1日

根据《关于表彰全国优秀教师和全国优秀教育工作者的决定》(教人〔2009〕14号)，信息学院李哲英教授获得“全国优秀教师”称号。

9月4日

国家教育部、财政部联合发布了《教育部财政部关于批准第四批高等学校特色专业建设点的通知》，旅游学院旅游管理专业获准立项建设，这是学校继资源环境与城乡规划管理、机械工程及自动化两个专业被批准为国家级特色专业建设点后的第三个国家级特色专业建设点。

9月7日

北京市教育委员会《关于公布2009年北京高等学校市级校外人才培养基地建设单位名单的通知》发布，北京联合大学首旅集团校外人才培养基地项目被确立为北京市2009年40个市级校外人才培养基地建设单位之一。这是本校首个获得市级校外人才培养的基地。

9月1—14日

学校2009级新生军训结营式暨开学典礼在北京盛华新生军训基地、八一军训基地举行。这是学校建校31年来全校新生第一次集中开展军训、集中举办开学典礼。

9月15日

根据《教育部 财政部关于立项建设2009年国家级教学团队的通知》(教高函〔2009〕18号)，旅游学院烹饪工艺与营养专业实践课程教学团队获得“国家级教学团队”称号。这是本校首次获得“国家级教学团队”荣誉。

9月20日

第11届“挑战杯”全国大学生课外学术科技作品竞赛决赛入围作品名单揭晓，由生物化学工程学院赵伟、廖琪丽老师指导,由张志薪、贾宁、吴琼同学合作的课外科技作品《中国林蛙核糖核酸酶基因表达及抑制细菌活性的研究》经过层层选拔,进入全国决赛。

9月23日

召开学习贯彻十七届四中全会精神暨“迎国庆、话中秋”优秀教师和先进个人座谈会。校党委书记徐永利、校长柳贡慧,副书记付晨光、周志成,副校长黄先开,校机关相关部门负责人,部分学院领导以及市级(市级以上)优秀教师、先进个人代表参加会议。

10月1日

2000余名师生参与国庆庆典及志愿服务活动。上午举行的群众游行活动中,学校772名师生参与第20方阵(能源发展方阵)的游行活动,80名师生参与第42方阵的广场合唱团。当晚,学校40余名师生参与广场联欢活动(大学生板块)。学校1200名师生将于10月1—8日参与到国庆游园和地铁志愿服务中。

10月18日

举行1978、1979级校友入学三十年再聚首座谈会,1978、1979级(原各大学分校)校友代表及相关学院校友会负责人40余人参加,校党委书记徐永利、副书记周志成、副校长张连城出席会议并讲话。会议面向北京联合大学1978、1979级校友发起了“1979难忘的年代”征文活动。

10月23日

学校在小营校区北院报告厅举行干部培训学校成立暨教务管理干部培训班开班仪式。校党委书记徐永利、校长柳贡慧、校党委副书记付晨光、副校长黄先开出席仪式。仪式由付晨光主持,徐永利、柳贡慧为干部培训学校揭牌。当日,干部培训学校第一期培训班开课,全校教务管理干部51人报名参加教务管理干部培训班,计划培训时间是一个多月,采取听报告、参观、考察、研讨、写论文、交流等方式完成培训任务。成立干部培训学校是为了进一步加强干部队伍建设,更好地完成大规模培训干部的任务,提高学校干部培训工作的系统化、规范化、科学化水平,提升全校干部的理论素养和履职能力。

10月29日

学校召开“联大精神”师生座谈会。校长柳贡慧、党委副书记周志成出席座谈会,来自信息学院、机电学院、自动化学院、管理学院、国际交流学院的领导、教师及学生代表30余人参加座谈。座谈会的召开旨在通过对学校精神文化展开讨论,促进全校广大师生对学校精神文化进行深入思考,深入分析总结学校优秀传统精神文化,提炼形成联大科学发展需要的精神文化。参会人员结合学校历史优秀传统传承,以及学校在发展中需要的精神、文化等方面进行探讨,提出了很多有深度、有意义的见解。

10月29日

学校被朝阳区人民政府评为2008年征兵先进单位。自2003年学校被列入征兵单位至今,连续6年荣获此项荣誉。

10月30日

北京市教委主任刘利民、市政协教育卫生体育文化委员会主任牛继升及部分市属高校领导到旅游学院调研。

10月30日

在第13届北京·香港经济合作研讨洽谈会服务外包合作论坛暨首批中国服务外包人

才培训中心(北京)服务外包人才培训机构授牌仪式上,学校被授予为第一批中国服务外包人才培训中心(北京)服务外包人才培训机构。授牌仪式在昌平区生命科学园举行,共16家单位被北京市商务委和北京市教委联合认定为第一批中国服务外包人才培训中心(北京)服务外包人才培训机构。

11月10日

国家旅游局"名导进课堂"工程启动仪式在旅游学院举行,国家旅游局人事司司长陈献春、副司长刘桐茂,以及旅游学院院长赵鹏、副院长冯冬明等出席,仪式由刘桐茂副司长主持。来自旅游行业的四位优秀导游参加了启动仪式,他们是:黄山市旅游委员会的全国优秀导游员、全国"三八"红旗手方颖,中国国旅总社的资深日语导游员、全国优秀导游员杨耀华,北京市十佳导游员、北京市导游之星白劲杰,中国旅行社总社的全国优秀导游员、全国旅游系统劳动模范韩泽。仪式结束后,4位"名导"分别进入四个班级,为200余名同学讲授导游人员的职业道德、带团技巧、职业规划等内容,陈献春司长及学院领导也分别走进教室听课;与旅游学院"北京市导游员管理体制研究"课题组人员就导游管理体制的现状、问题及改革方案进行研讨。实施"名导进课堂"工程是国家旅游局全面提升导游人员综合素质的一项重要举措,计划用3年的时间,选拔培养一批高素质的导游培训名师,建立国家级导游师资库,分期、分批组织全国知名导游赴各地巡回演讲,进旅游院校担任兼职教师,开设网上导游培训课堂,提高导游培训的专业水平。

11月11日

国家教育部高等教育司发布《关于公布2009年度普通高等教育精品教材书目的通知》(教高司函〔2009〕203号),由信息学院谭浩强主编的《C语言程序设计教程(第二版)》、由信息学院尚晓航主编的《计算机网络技术基础(第三版)》等获国家级精品教材。

11月12日

学校召开30年德育工作总结研讨会,副书记周志成、副校长韩宪洲出席会议,孙权、魏续臻、高东、郭淑敏等有关德育专家应邀参加会议,部分职能部门负责人、学院主管学生工作的院领导参加会议。会议围绕学校德育工作发展历程、基本经验、展望与思考对《北京联合大学德育30年》(讨论稿)、《北京联合大学德育30年大事记》进行交流与研讨,提出意见与建议。周志成副书记发表总结讲话。

11月17日

北京市教委副主任罗洁带领市教委基建处处长刘占军等人员,赴特殊教育学院出席学院改扩建工程全面启动协调会,在工程施工现场检查工作情况,并听取了学院领导及施工方代表关于项目工程施工情况的汇报。罗洁指出,特殊教育学院改扩建工程是北京市的重点工程,是与首都形象相匹配的工程,重要性不亚于奥运工程,它的质量体现了政府的形象。施工单位一定要在保证质量和工期的前提下,控制好工程造价,搞好工程管理,处理好民扰和扰民问题,注意冬季施工期间的施工质量和安全,通过工程的顺利完成,建立企业良好的信誉和合作的基础,同时希望当地政府大力支持工程建设。校党委书记徐永利、副校长冯虹及基建处、审计处、纪监办和特殊教育学院领导陪同参加活动,丰台区蒲黄榆街道办事处的领导,特殊教育学院所在街道社区的领导和工程监理单位的代表也应邀参加了协调会。

11月17—18日

北京市教委举行2009年北京地区高校毕业生就业工作总结大会,北京联合大学被评为

“2009年北京地区高校毕业生就业工作先进集体”。

11月18日

“三星 Anycall-北京联合大学导聋犬训练基地”开工奠基仪式在顺义龙湾屯镇举行。国家教育部科技产业中心处长贾一伟、北京市残疾人联合会副理事长刘罗成、北京高校产业中心主任翟士良以及相关单位的代表出席奠基仪式。《环球时报》《人民日报》、中央电视台、北京电视台、人民网等十几家媒体单位到现场进行报道。导聋犬训练基地位于顺义区龙湾屯镇联大科技园区内,占地面积26 680平方米,建成后将为北京联合大学特殊教育学院、中国残疾人联合会、北京市残疾人联合会等帮助犬训练研究提供专业的技术支持平台。

11月20日

根据《北京市教育委员会关于公布2009年北京高等学校市级人才培养模式创新试验区名单的通知》(京教函〔2009〕630号),旅游应用型人才培养模式创新试验区被批准为市级人才培养模式创新试验区。

11月21日

第三届全国大学生广告艺术大赛颁奖大会暨组委会会议在北京万寿宾馆多功能厅举行,副校长黄先开应邀出席会议。本届赛事由国家教育部高教司主办、教育部高等学校新闻学学科教学指导委员会组织,北京联合大学广告学院与中国传媒大学广告学院共同承办的全国性高校文科大赛。来自全国不同地区861所高校的师生参加比赛,获奖作品共2077件,其中一等奖47件,二等奖123件,三等奖311件和优秀奖1596件。北京联合大学获得一等奖2件,二等奖2件,三等奖7件,优秀奖39件。

11月28日

《教育部财政部关于批准2009年度国家级实验教学示范中心建设单位的通知》(教高函〔2009〕28号)和《教育部财政部关于批准2009年度人才培养模式创新实验区建设项目的通知》(教高函〔2009〕27号)发布,应用文科综合实验教学中心被评为国家级实验教学示范中心建设单位,服务外包人才培养模式创新实验区被评为国家级人才培养模式创新实验区。

12月28日

北京市科委、北京市教委和中关村管委会批准建立北京联合大学科技园。

12月30日

学校建立教育教学质量年报制度,开始编制教育教学质量状态数据年报。

2010年

1月9日

由北京市法学会主办的纪念北京市法学会成立三十周年大会在北京召开。经北京市政法委批准,北京市法学会授予应用文理学院教授刘隆亨“首都法学研究突出贡献纪念奖”。

1月19日

《北京市教育委员会关于公布第二批北京地区高校示范性就业中心名单的通知》(京教学函〔2010〕16号)发布,北京联合大学就业中心被评为北京市第二批示范性就业中心。

1月29日

学校召开国家级服务外包人才培养模式创新试验区建设项目寒假工作会。校长柳贡慧、副校长黄先开到会并发表重要讲话,与会人员就中国服务外包前景、优势以及服务外包企业对人才的市场需求、项目启动相关事宜等展开研讨。

2月2日

校长柳贡慧等5人赴无锡,与江南大学洽商两校科研合作及联合培养研究生事宜,江南大学校长陈坚接待了柳校长一行。柳贡慧与陈坚签署两校合作协议。应用文理学院副院长姜招峰、教授金宗濂、徐峰、党校办副主任王文杰等陪同前往。

2月24日

北京市教委副主任罗洁在市教委基建处处长刘占军的陪同下来校检查指导工作,考察小营校区和北苑校区情况,校领导汇报了关于小营校区校园建设规划的构想。徐永利书记、柳贡慧校长、冯虹副校长,旅游学院党委书记曹长兴、党校办主任范宝祥、基建处处长李志祺、北苑校区党总支书记于水波、北苑校区管委会主任高玉培等参加检查考察活动。

3月1日

中国残疾人联合会举行北京联合大学特殊教育学院与中国残疾人联合会远程教育启动仪式暨北京联合大学2010级盲人针灸推拿专业开学典礼。这是全国首次开设的盲人远程学历教育班开班。盲人远程学历教育班学员将在两年半的时间内,通过网络和面授相结合的教学方式完成专业学习,考试合格后可获取国家承认的学历证书。

3月30日

市委教育工委督察组来校就辅导员工作进行专项督察,校学生处处长张文杰主持会议,校党委书记徐永利、副书记周志成出席汇报会。督察组分别与学校辅导员代表和学生代表进行座谈交流,就学校辅导员工作推进程度、辅导员队伍满意程度、学生受益程度及效果等相关问题进行交流探讨。

3月31日

“激扬联大”2009年度人物、团队、事件评选结果揭晓仪式举行。张玉如、谭浩强、季俊霞获得“激扬联大”2009年度人物;服务外包人才培养模式创新试验区团队、烹饪工艺与营养专业实践课程教学团队、应用文科综合实验教学中心团队、北京联合大学管乐团、北京联合大学健美操队、第11届“挑战杯”全国大学生课外学术科技竞赛获奖团队获得“激扬联大”2009年度团队;评选出“激扬联大”2009年度事件8件。活动同时揭晓了“2009年度中华人民共和国成立六十周年征文”的获奖名单并颁奖。北京电视台著名主持人李海峰和学校教师宋杰担任主持。仪式分为“我骄傲,我是联大人”“我与联大共奋进”“我们为联大的明天共同奋斗”三部分,通过视频、现场展示、现场访谈等形式回顾并展示了2009年影响学校发展的重要人和事。

4月12日

根据《北京市教育委员会关于公布2010年度北京高等学校市级精品课程名单的通知》(京教函〔2010〕180号),机电学院“机械工程技术综合实践”课程、应用文理学院“城乡规划管理综合实践”课程、旅游学院“英语北京导游”课程被评为2010年北京市精品课程。

4月13日

北京市教育委员会发布《北京市教育委员会关于公布2010年北京市优秀教学团队名单的通知》(京教函〔2010〕186号),应用文科综合实验教学团队和特殊教育教学团队获2010年北京市优秀教学团队。至此本校已有北京市优秀教学团队8个,国家级教学团队1个。

4月14日

北京联合大学、首都师范大学与首都博物馆人才培养基地签约仪式在应用文理学院举行,三方领导共同签订《北京联合大学、首都师范大学、首都博物馆人才培养基地建设协议书》。参加活动的有:校长柳贡慧、副校长黄先开,应用文理学院领导孔繁敏、张宝秀,首都博物馆馆长郭小凌、副馆长高凯军,首都师范大学有关部门负责人。张宝秀主持仪式,会上向郭小凌、高凯军等11位专家颁发了"北京联合大学客座教授"聘书。仪式之前,首都博物馆领导专家一行参观了国家级应用文科综合实验教学中心文物博物馆专业的部分实验室。

4月14日

2010年北京联合大学学生课外科技创新工作现场会在生物化学工程学院召开。校长柳贡慧、校党委副书记周志成出席现场会,校教务处、科研处及各学院相关负责人参加活动。生物化学工程学院院长张恩祥做题为《学生课外科技创新平台建设》的主题汇报,播放了学院学生课外科技创新纪实的视频短片。与会人员参观了院智能车活动室、开放性创新实验室,观看了机器人踢球展示。

4月16日

广告学院表演系赵蕾、马佳等10名同学应邀参加2010年中国上海世界博览会泰州起航仪式。其中,张孜慧、梁潇、阮洁、李一和赵蕾5名同学当选为升旗仪式的"中央旗手",获得了世博会组委会的肯定,为学校赢得了良好的社会声誉。

4月16—17日

学校工会在怀柔黄花城水长城举办"激扬的青春"单身青年教职工拓展联谊活动,60余名单身青年教职工参加活动。活动分为拓展项目、联欢晚会和游园踏青拓展三部分,

4月17日

广告学院2009级影视表演专业学生南丁在2010年国际旅游小姐网络赛区总决赛中取得冠军并获得"最具东方神韵奖"。

4月21日

学校组织哀悼仪式和捐款活动,沉痛悼念青海玉树地震遇难同胞,为灾区重建筹集善款。校党委书记徐永利代表全校师生向遇难同胞表达了缅怀之情,他号召广大师生员工向灾区奉献爱心。

4月30日

北京市纪委副书记王海平在学校党委理论中心组学习(扩大)会上,为校院党委理论中心组成员、新任职干部培训班全体学员作廉洁从政专题报告。

5月7日

功能食品科学技术研究院在应用文理学院举行成立大会。研究院是以北京市重点实验室——生物活性物质与功能食品为基础成立的。

5月11日

北京市海淀区文化馆与北京联合大学共建北京联合大学演艺人才校外培养基地的揭牌仪式,在北京市海淀文化艺术委员会会议室举行。校长柳贡慧、海淀区文化委员会主任刘明星、副主任张文涛、广告学院书记常务副院长张俊玲、副院长张龙、表演系主任王领、海淀区文化委员会文化科科长尹国祥、海淀区文化馆馆长张曙光、书记于越、副馆长朱德仓出席揭牌仪式。

5月14日

国家教育部党组成员、中纪委驻教育部纪检组组长王立英到学校为党委理论学习中心组全体成员、全校正处级及以上干部、新任处级干部培训班学员作高等教育领域廉政建设专题报告。教育部纪检组副组长、教育部监察局局长李胜利一同前来指导工作。

5月15日

北京联合大学残疾人大学生艺术团成立。北京市残疾人联合会副理事长吕争鸣、北京市教委体美处副处长王军、北京市学生活动管理中心党总支书记张萍出席艺术团成立暨北京市残疾人青年演员培训基地揭牌仪式。北京联合大学残疾人大学生艺术团是国内首个残疾人大学生艺术团。

4月23日—5月21日

学校召开2010年教育教学工作会。会议主题是“凝聚改革发展共识，提升教育教学品质”。会议提出学校未来10年教育教学工作的总体目标及各阶段的分目标，明确了教育教学工作的思路及要求。要求在实际工作中，结合自身实际，认真地落实好教育教学工作会议精神，为建设高水平、有特色的应用型大学继续努力奋斗。

5月21日

由北京联合大学、北京市风筝协会、北京科技活动中心共同主办、北京联合大学广告学院承办的北京市第五届大学生风筝比赛暨北京联合大学第五届风筝节于广告学院运动场拉开帷幕。本届风筝节以“携手共进 放飞梦想”为主题，主要分为风筝放飞比赛和风筝放飞表演等活动。中央财经大学等20余所院校参加了本次风筝比赛。

5月26日

中共北京市委副书记、政法委书记、教育工委书记王安顺到学校考察，对学校校园规划建设情况进行调研，市委教育工委常务副书记刘建、市教委副主任罗洁、发展规划处处长周彤、基本建设处处长刘占军和市委教育工委办公室副主任葛巨众等陪同。校领导徐永利、柳贡慧、周志成、黄海洋、冯虹、韩宪洲、黄先开等接待。王安顺一行实地考察小营校区、什刹海校区、丰盛校区、盆儿胡同校区、成寿寺校区，在市委召开座谈会，观看学校专题宣传片，听取校党委书记徐永利汇报学校发展情况、落实“就地整合，就地发展”的思路，以及加强基层党组织建设深入开展创先争优活动等情况，听取校长柳贡慧汇报学校事业发展、学科专业整合的情况，以及努力将联大建设成为北京人满意的高水平有特色的应用型大学的设想和思路。王安顺对学校的发展情况和充满朝气的发展势头感到欣慰，指出：学校现在办学点过于分散不利于学校的管理，对学校的形象和发展都有影响。学校要以十一五的收官之年为契机，加快资源整合，他要求教委要重视，要作为一项“民生工程”来抓，改善学校的办学条件，实实在在改善北京市民子女的就学环境。王安顺指出，质量是学校生存和发展的生命线，学校要进一步优化师资队伍建设，提高办学质量和人才培养质量，办出特色，提升毕业生就业竞争力，适应首都社会发展的需求。

5月27日

北京高等学校实验教学示范中心揭牌仪式暨北京联合大学应用文科实验教学研讨会，在应用文理学院实验楼举行。

5月28日

学校召开第12届德育研究会年会，完成德育研究会理事换届，选举产生新一届理事会成员29人，周志成任理事长；修订了《北京联合大学德育研究会课题管理暂行办法》《北京联合大学优秀辅导员创新研究支持计划实施办法》；进行辅导员团队建设探索，制定实施办法，设立6个辅导员团队建设方向。

6月1日

信息学院院长鲍泓、副院长李金平等参加在武汉华中科技大学举行的国家“十一五”科技支撑计划重点项目“虚拟实验教学环境关键技术研究与应用示范”项目启动大会。该项目由科技部批准立项，国家教育部牵头组织，由华中科技大学、北京航空航天大学、上海交通大学、北京邮电大学、北京联合大学等十余个单位共同承担。信息学院承担电子电路类课程虚拟实验工程示范项目(子课题5)开发。这是该院第一次参与承担国家科技支撑计划重点项目。

6月10日

学校在校部南院报告厅举行2010届硕士研究生毕业典礼暨学位授予仪式。校长、学位评定委员会主席柳贡慧，副校长、校学位评定委员会硕士评定组组长冯虹，党委副书记周志成出席仪式，相关学院主管研究生工作院领导、全体硕士生导师和全体毕业生及在校研究生参加了仪式。冯虹宣读《北京联合大学关于授予徐晓宇等24名研究生硕士学位的决定》，周志成宣读《北京联合大学关于表彰2010年优秀硕士学位论文的决定》和《北京联合大学关于表彰2010届优秀研究生毕业生的决定》，冯虹为获表彰者颁奖并合影。姜招峰教授、2010届优秀毕业生食品科学专业宋玥和2008级专门史专业在校生韩小昆分别代表导师、毕业生和在校生发言。柳贡慧在讲话中向毕业生提出四点希望：一要志存高远、勇担责任；二要继续学习、勇于创新；三要做好联大的宣传员、代言人；四要继续关心和支持母校的发展和建设，在新的征程中创造新的业绩，为母校赢得更大的荣誉，为社会做出更大的贡献。仪式由研究生处处长熊黑钢主持。

6月12日

由北京团市委、北京市教委、北京市科委、北京市科协、北京市学联联合主办的第六届“挑战杯”首都大学生创业计划竞赛结果揭晓，学校推荐竞赛作品10件，2件获得银奖，4件获得铜奖。本次活动于今年4月8日正式启动，有来自66所高校的近500支创业团队的作品参赛，包括高校内部选拔、作品申报、资质审核、网络评审、金奖答辩等环节。《北京万德生态环保板材责任有限公司创业计划书》《口腔抗癌新药——口立康创业计划书》两件作品首次进入金奖答辩环节。

6月18日

根据北京市教委下发《举办2010年北京市大学生数学建模与计算机应用竞赛等四项学科竞赛的通知》(京教函〔2010〕354号)文件精神，决定由北京联合大学承办首届北京市大学生计算机应用大赛。

7月7日

《教育部、财政部关于批准第六批高等学校特色专业建设点的通知》(教高函〔2010〕15号)发布，金融学专业和通信工程专业获准为国家级特色专业建设点。

7月19日

《北京市教育委员会北京市科学技术委员会关于增补北京地区普通高等学校北京市重点实验室的通知》(京教研〔2010〕16号)发布，信息服务工程实验室被增补为北京市重点实验室，这是继“生物活性物质与功能食品实验室”之后学校第二家市级重点实验室。

8月16日

昌平校区启动交接仪式在昌平校区办公楼前举行。昌平校区正式启动后,应用科技学院和广告学院将正式入驻。这是学校占地面积最大的校区,在校学生人数仅次于小营校区。校长柳贡慧,副校长张连城,涉外经济专修学院、智慧园俱乐部有限责任公司董事长张建华,及我校和涉外经济学院各有关职能部门负责人参加了仪式。张连城副校长主持仪式。涉外经济专修学院副院长沈有方先后向学校行政管理处处长刘明连和后勤服务公司副总经理何天增交接了办公楼、教学楼和学生公寓楼钥匙。交接仪式后,校领导和各职能部门负责人视察了新校区。

8月19—22日

由国家教育部主办的2010年第五届全国大学生"飞思卡尔"杯智能车总决赛在杭州电子科技大学举行,北京联合大学潘峰老师指导的摄像头一队、光电管一队分别获得全国二等奖。

9月13日

北京市教委副主任何劲松及市教委基建处处长刘占军到生物化学工程学院检查基建工作,院长张恩祥、副院长刘朝生陪同。

9月26日

学校举行2010级学生军训结营式暨开学典礼。这是继2009年集中到两处基地进行新生军训暨开学典礼后,建校以来首次全校集中举行新生军训结营式暨开学典礼。北京市委教育工委副书记王民忠、全军学生军训办副师职参谋冯耀忠大校应邀参加,校党委书记徐永利、校长柳贡慧、校党委副书记付晨光、周志成,校纪委书记黄海洋,副校长冯虹、张连城、黄先开等出席。

10月9—10日

学校举办大学国际化发展战略研讨会。参加研讨会的国(境)外来宾49位,分别来自13个国家和地区的22所大学,其中有西苏格兰大学、美国西藤山大学、莫斯科人文大学、英国安格利亚鲁斯金大学、法国克里西勒内奥弗莱饭店旅游管理学院、丹麦尼尔斯布鲁克哥本哈根商学院、英国威尔士大学兰彼得学院等16个校级代表团。研讨会分主题发言、分组研讨和签署共建大学国际化合作联盟协议几个阶段。研讨主要围绕高等教育理念的时代演变及人才培养展开,从大学的功能、大学国际化办学模式和国际化合作办学面临挑战与对策研究入手,共议国(境)内外大学国际化发展战略、发展大计、发展成果共享等问题。国家教育部国际交流合作司、北京市人民政府外事办公室、北京市教育委员会等领导出席研讨会并致辞,校院领导及部分教师代表共计60余人参会并学习交流,中央电视台、中国教育电视台、新华网、《光明日报》《中国教育报》《北京晚报》和北京市委教育工委新闻中心等多家媒体参与报道。

校长柳贡慧做题为《北京联合大学的国际化发展战略》的主题发言。报告以我国教育国际化发展为背景,分析本校国际化办学现状、成绩、经验和问题,阐述未来一个时期本校国际化发展战略。报告指出:北京已成为国际化大都市,本校培养的学生必须具有国际视野,通晓国际准则,能处理国际性事务;国际化是学生和学生家长的选择,也是社会的选择;如何实施国际化发展战略,是亟待我们认真研究和谋划的大事。报告强调:注重北京元素,保持学校特色;平等对待各国的文化,尊重各国的文化,虚心学习各国的文化;注重他国文化与本土文化的交融;国际化教育不以盈利为目的。

10日上午,举行大学国际化联盟签约仪式,共有20个国(境)内外大学签字入盟。学校与美国爱治伍德商学院、爱尔兰阿斯隆理工学院等高校达成新的合作意向,增加“2+2”双学士学位培养项目及“3+2”硕士培养项目。

大学国际化发展战略研讨会由我校发起,联盟将致力于为联盟成员提供关于共同感兴趣事务的论坛;通过学生和教师的交流与合作,以及通过大学、商界和地方政府间的沟通与合作,加深彼此之间对教育国际化的理解与认同。

10月28日

学校与昌平中小企业信用促进协会签署合作协议。副校长黄先开代表学校出席签约仪式,校学生处处长张文杰陪同。根据协议,昌平中小企业信用促进协会将每年提供5万元助学金,资助10名品学兼优的贫困在校大学生完成学业;同时提供一定数量的企业实习岗位和就业引导资金,为贫困学生假期接触社会、提高工作技能、顺利就业提供方便;邀请昌平2万余家中小企业的企业家进入学校,无偿开展大学生讲堂活动。学校年内将组织评选受资助的学生,选派实习生,策划邀请企业家进学校作讲座。中国石油大学、中国政法大学和北京印刷学院4所高校同时签约。

10月29日

机电学院孙建东教授的职务发明专利“被动式下肢训练器”转让合同签字仪式在我校举行。龙福康科技发展有限责任公司董事长兼总经理邵晖等5人;副校长冯虹、科研处处长方德英、机电学院院长毛智勇和发明人孙建东等人参加签字仪式,方德英主持签字仪式。门头沟区政府重视此次专利成果转化,区工商业联合会主席奚秀月等4人出席了签字仪式。副校长冯虹在讲话中指出:学校发明专利成果转让一直屈指可数,这次专利成果转让为科研工作者提供了一个学习、借鉴与交流的机会,对激发创新创业活力具有深远的意义。

10月29日

“公益我最秀”——首届“怀柔杯”国际大学生公益广告节启动仪式在小营校区实验楼报告厅举行。“怀柔杯”国际大学生公益广告节由北京联合大学和怀柔区主办、由北京联合大学广告学院和怀柔区商务委员会承办。广告节主题为“环保与生活——环保让生活更美好”。国家教育部高教司副司长刘贵芹、中国广告协会秘书长李国庆、原中国工商管理局局长杨培青、新疆普拉纳品牌策划有限公司董事长谷文通,怀柔区委宣传部长彭丽霞、副区长朱淑霞、商务委员会主任周福枢等和中国传媒大学、中央美术学院、北京航空航天大学等院校的师生代表参会,校党委书记徐永利、校长柳贡慧、副校长黄先开,各机关处室负责人,广告学院全体院领导、相关教职员工、200多名学生代表及全校其他学院师生代表,共计300余人参加了启动仪式。

11月4日

干部任免宣布大会在小营校区北院报告厅召开,宣布关于张楠、鲍泓、陈志刚、黄海洋、韩宪洲同志职务任免决定。北京市委教育工委常务副书记刘建,市委组织部宣教政法干部处副处长焦明宇,市委教育工委委员、干部处处长刘勇出席大会。学校领导班子成员、各学院党政正职、校机关各职能部门和直属单位负责人、师范学院全体现职处级干部参加了大会。校党委书记徐永利主持大会。根据任免文件:张楠同志任中共北京联合大学纪律检查委员会书记,免去黄海洋同志中共北京联合大学纪律检查委员会书记职务,保留副校级;陈志刚同志任中共北京联合大学师范学院委员会书记，免去韩宪洲同志中共北京联合大学师范学院委员会书记、北京联合大学副校长职务，调北京财贸职业学院工作；鲍泓同志任北京联合大学副校长(试用期一年)。

11月5日

理顺学校工会工作体系座谈会在昌平校区召开。会上变更了应用文理学院等7个学院工会的团体法人资格，应用文理学院等7个学院工会不再直接隶属于北京市教育工会，而是作为学校的二级分工会开展工作。徐永利、付晨光、张楠、黄海洋、张连城等校领导参加了座谈会。

11月10日

北京市第三届大学生艺术展演成绩揭晓。学校大学生艺术团参加了本次大学生艺术展演艺术表演类全部项目的比赛，其中管乐团、民乐团和舞蹈团分别获得管乐合奏类一等奖、民乐合奏类一等奖、舞蹈表演类一等奖。

11月15日

北京市委教育工委对在2009—2010年高校辅导员工作中表现突出的个人进行表彰，管理学院辅导员郭燕被授予“2009—2010年北京高校十佳辅导员”称号。

11月16日

古红梅调任北京联合大学副校长。

11月30日

北京高校心理素质教育工作督导评估专家组来校就学生心理素质教育工作进行督导评估。专家组组长由市委教育工委委员李中水担任，成员有市委教育工委宣教处处长狄涛、副处长王达品、安全稳定处副处长王建辉、首都体育学院原党委副书记吴淑荣、首都师范大学心理咨询中心主任蔺桂瑞、北京航空航天大学心理咨询中心主任马喜亭、清华大学心理咨询中心主任李焰、市委教育工委宣教处干部刘锦震共9人。校党委书记徐永利、副校长黄先开出席评估汇报会。

12月9—12日

应用科技学院邱红、陈道志老师带领“联合天翼”等4支学生参赛团队参加第二届全国大学生电子商务“创新、创意及创业”挑战赛总决赛，4支参赛团队均获奖，分别取得了高职类一等奖、二等奖、三等奖和单项奖。

12月13日

经校党委第293次常委会审议讨论，通过了校本部离退休人员集中管理方案，校本部单位(信息学院、管理学院、自动化学院、机电学院、广告学院、应用技术学院、国际交流学院、行政管理处、北苑校区)并入校离退休人员工作处，统一管理，行政关系、党组织关系一并转入。

12月17日

以“送祝福，暖人心，促和谐，求发展”为主题的北京联合大学2010年新婚教职工联谊会在小营校区食堂四楼隆重举行。各学院和直属部门的24名新婚教职工及伴侣在各学院、直属部门工会主席的带领下参加了联谊会。校领导柳贡慧、付晨光、张楠、黄海洋及党校办主任范宝祥等到会祝福。

12月17日

2010年环球旅游小姐世界冠军总决赛在德国纽兰堡举行。广告学院表演系学生周悦冰代表中国参加比赛,获得“世界友谊小姐”称号,是唯一获奖的亚洲选手。

12月19日

由北京联合大学和北京国际法学会联合主办的“钓鱼岛问题与国际法”高层研讨会在应用文理学院举行。柳贡慧、张连城、张宝秀等校院领导出席会议。来自外交部、国家海洋局、中央军委法制局、军事科学院、中央党校、北京大学、中国科学院、北京市法学会等单位的40多位领导和专家学者参加研讨会。

12月19日

在学校召开的法学学科建设研讨会上,举行首都法治研究中心揭牌仪式。副校长张连城与司法部科研处处长任勇安共同为研究中心揭牌。副校长鲍泓、古红梅出席揭牌仪式,司法部、市社科规划办、市人大、市法学会、法学杂志、法律出版社,以及学校各学院专家学者,共计40余人出席揭牌仪式。首都法治研究中心将在经济法研究所的基础上,结合首都法治建设的需要,金融法、财税法、应用经济法等研究方向,进一步拓展研究范围,开展与首都法治建设有关的研究。它是学校开展首都法治研究的重要研究平台,

12月22日

学校召开特殊教育学院体制调整动员大会。宣布从2011年1月1日起,特殊教育学院由学校二级处级法人学院体制,调整为学校二级非法人处级学院体制运行。

12月22日

校学生处举行学校与北京市阳坊胜利集团校企合作协议签约暨兼职教授聘任仪式,校党委副书记周志成代表学校与阳坊胜利集团董事长李胜利正式签署校企合作协议。阳坊胜利集团将从2011年起每年捐助20万元,在学校设立奖学金、奖教金、就业引导金,奖励给学校优秀学生、教师和参加胜利集团提供的实习岗位的学生。

12月24—25日

北京联合大学第三届教职工代表大会暨第三次工会会员代表大会在小营校区召开。大会听取校长工作报告和第二届教代会和工会工作报告,选举产生新一届工会委员会、工会经费审查委员会和教代会常设主席团及其专门工作委员会,出台《关于加强教代会、工会工作的意见》。北京市教育工会主席张青山、学校党政领导班子和部分老领导、专家学者出席了大会。

12月28日

北京市科技委、市教委、中关村科技园区管理委员会发布《关于认定及验收北京市大学科技园的通知》,北京联合大学科技园通过了验收。